诠释学 Ⅱ
真理与方法
——补充和索引
（修订译本）

〔德〕汉斯-格奥尔格·伽达默尔 著

洪汉鼎 译

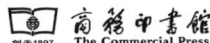

Gadamer, Hans-Georg
Gesammelte Werke
Bd. 2. Hermeneutik: **Wahrheit und Methode. —2. Ergänzungen**, **Register.**
1. Auflage 1986
2. Auflage 1993(durchgesehen)

© 1986/1993 J. C. B. Mohr(Paul Siebeck), Tübingen.
本书根据德国蒂宾根莫尔・西贝克出版社 1986 年版译出

目　录

Ⅰ　导论

1. 在现象学和辩证法之间
   ——一种自我批判的尝试(1985年) ………………… 2

Ⅱ　准备

2. 当今德国哲学中的历史问题(1943年) ……………… 32
3. 精神科学中的真理(1953年) ………………………… 45
4. 什么是真理？(1957年) ……………………………… 54
5. 论理解的循环(1959年) ……………………………… 70
6. 事情的本质和事物的语言(1960年) ………………… 81
7. 作为哲学的概念史(1970年) ………………………… 95
8. 古典诠释学和哲学诠释学(1968年) ………………… 114

Ⅲ　补充

9. 自我理解的疑难性
   ——关于去神话化问题的诠释学讨论(1961年) ……… 150
10. 历史的连续性和存在的瞬间(1965年) ……………… 166

11. 人和语言(1966 年) ………………………………… 182
12. 论未来的规划(1965 年) ……………………………… 194
13. 语义学和诠释学(1968 年) …………………………… 218
14. 语言和理解(1970 年) ………………………………… 230
15. 语言能在多大程度上规定思维?(1970 年) ………… 249
16. 无谈话能力(1972 年) ………………………………… 259

Ⅳ 发展

17. 诠释学问题的普遍性(1966 年) ……………………… 271
18. 修辞学、诠释学和意识形态批判
    ——对《真理与方法》再作后设批判性的解释(1967 年)
    ……………………………………………………… 288
19. 答《诠释学和意识形态批判》(1971 年) ……………… 312
20. 修辞学和诠释学(1976 年) …………………………… 344
21. 逻辑学还是修辞学?
    ——再论诠释学前史(1976 年) ……………………… 365
22. 作为理论和实践双重任务的诠释学(1978 年) ……… 378
23. 实践理性问题(1980 年) ……………………………… 401
24. 文本和解释(1983 年) ………………………………… 414
25. 解析和解构(1985 年) ………………………………… 454

Ⅴ 附录

26. 补注Ⅰ—Ⅵ(1960 年) ………………………………… 471
27. 诠释学与历史主义(1965 年) ………………………… 488

28. 诠释学(1969年)	536
29. 第2版序言(1965年)	551
30. 第3版后记(1972年)	567
31. 汉斯-格奥尔格·伽达默尔自述(1973年)	606
本书论文版源	649
译者注释	656
概念、名词索引(汉—德)	730
概念、名词索引(德—汉)	757
人名索引(汉—德)	794
人名索引(德—汉)	816
本书所引经典文献	845
译后记	849
《真理与方法》(修订译本)译后记	866

I

导　论

1
在现象学和辩证法之间
——一种自我批判的尝试
（1985年）

25年前，我曾把从各个角度出发进行的研究综合成一个统一的哲学体系，如今该是对这种理论构想的逻辑一贯性进行一番检验的时候了，尤其要检查一下该体系的逻辑推论中是否存在断裂和不连贯。它们是否会导致严重的根本错误，抑或它们只是那种必然会或多或少地过时的表达形式方面的问题呢？

在被称作精神科学的领域中如此地把重点放在语文学-历史科学学科上的做法当然已经过时。在社会科学、结构主义和语言学的时代，人们不再会满足于这种与历史学派的浪漫主义遗产相联系的出发点。实际上在我的理论体系中起作用的正是自身的原初经验的局限性。我的体系的目的从一开始就指向诠释学经验的普遍性，假如这种诠释学经验真的是一种普遍的经验，那么它就应该是从任何一个出发点出发都能达到的。①

至于这种研究对于自然科学所提出的相反看法，其有效性无疑就更差了。我很清楚，在我的体系中没有触及自然科学领域的

---

① 在本书内首先我的论文"修辞学、诠释学和意识形态批判"对此有详细的论述，参见本书第232页以下。

诠释学问题,因为该领域超出了我的科学研究的范围。我只是在历史-语文学学科中才有某些资格参与这一问题的研究工作。凡在我不能研究第一手材料的领域中,我都觉得自己没有权利提醒研究者知道他到底干了些什么或与之发生了些什么。诠释学思考的本质就在于,它必须产生于诠释学实践。

早在 1934 年,当我读到莫里茨·石里克对记录陈述的独断论所作的富有成果的批判时就已经明白,在自然科学中也包含着诠释学的疑难。② 但是,当石里克那本书的思想在 30 年代(当时德国与外界日渐隔绝)得到发展的时候,物理主义和科学的统一则是当时流行的对立思潮。盎格鲁-撒克逊研究中的语言学转向(linguistic turn)在那时尚未出现。至于维特根斯坦的后期作品我也只是在彻底检查了自己的思想历程之后才可能进行研究,而且我也是在后来才认识到波普尔对实证主义的批判同我自己的研究方向有着类似的动机。③

因此,我十分清楚自己思想出发点的时代局限性。考虑诠释学实践业已改变的条件那已经是年轻人的任务了,而且这种工作已经在许多方面开始进行。若说我这个年近 80 的老人还能再学习,这似乎是太不自量了。因此,我就让《真理与方法》以及所有的后期论文都保持原封不动,而只是偶尔做一些小小的改动。

然而,我理论体系自身的内在逻辑一贯性就完全是另一码事

---

② M. 石里克:"论认识的基础",载《认识》,第 4 卷(1934 年)。也可参见《1926—1936 年论文集》,维也纳,1938 年,尤其见第 290—295 页和第 300—309 页。

③ 参见 J.C. 威斯海默(Weinsheimer)《伽达默尔的诠释学——读〈真理与方法〉》一书序言,耶鲁,1985 年版。该序言写得非常具有启发性。

了。因此,本书作为我著作集的第2卷就可以对它作些补充。本书的内容分为3个部分:《真理与方法》的准备:这部分文章因其特有的前理解性有时可能对读者有用;补充:这部分文章是在随后的年代中写的。(这两部分文章绝大部分都已在我的《短篇著作集》中发表过。)这本第2卷中最重要的部分是继续发展部分;这种发展,一方面是我已经进行了的,另一方面是通过对自己思想进行批判讨论而进行的。特别是文学理论,它在一开始就表现为我思想的一种扩展,在我著作集的第8和第9卷中详细讨论了它同诠释学实践更紧密的联系。关于诠释学种类的根本性问题既是通过同哈贝马斯的讨论,也是通过同德里达的反复较量而得到某种新的阐明,这些讨论收在本卷中显得很合适。在最后的附录部分编列了补注、《真理与方法》的后期版本中附加的补充、前言和后记。我在1973年写的自述则作为本书的结束。著作集第1卷和第2卷只作了一个共同的索引,这是为强调两者之间的联系。我希望,通过本卷的结构布局能够弥补《真理与方法》的缺陷,并能为年轻一代的继续工作稍尽绵薄之力。[1]

在我编本卷的时候当然不能不考虑我的理论在批评过程中所产生的反应。事物本身就具有效果历史,这是一个诠释学真理,在本卷的编辑时也不能忽视这一真理。在这个意义上,我要指出重印在本书附录中的我为《真理与方法》第2版写的前言和为第3第4版写的后记。今天,当我回顾往事的时候,我发现自己所追求的理论一致性似乎在以下这点上没有完全达到:我未能足够清楚地说明,游戏概念和现代的主观主义思维出发点这两种对立的基本构想是如何达到一致的。我在书中先是讨论艺术游戏,然后考察了与语言游戏有关的谈话的语言基础。这样就提出了更宽广更有决定性的问题,即我到底在多大程度上做到了把诠释学度向作为一种自我意识的对立面而显露出来,这就是说,在理解时不是去扬弃他者的他在性,而是保持这种他在性。这样,我就必须在我业已扩展到语言普遍性的本体论观点中重新召回游戏概念。这就使我把语言游戏同艺术游戏(我在艺术游戏中发现了诠释学典型现象)更紧密地相联系。这样就显然容易使我按照游戏模式去考虑我们世界经验的普遍语言性。在我的《真理与方法》第 2 版的前言以及我的"现象学运动"④这篇论文的结尾中我都已经指出,我在 30 年代关于游戏概念的想法同后期维特根斯坦的思想具有一致性。

如果有人把学说话称作一种学习过程,这只是一种空洞的说法。实际上这是一种游戏,是一种模仿的游戏和交流的游戏。在正在成长的儿童的模仿追求里,发音及发音时感到的娱乐是同意义的闪光相联系的。谁也无法用理性的方式回答儿童是如何第一次开始理解意义这个问题的。在理解意义的活动中总是事先存在了先于语言的意义经验,然后才能进行目光和表情的交流,这样才使一切交流的通道畅通无阻。同样,完满的结束也是不可思议的。谁也不可能讲清楚当今语言学所说的"语言能力"究竟是怎么一回事。所谓的"语言能力"显然并不能像语言的正确成分那样客观地被模仿。"能力"这个表达只不过想说明,在说话时形成的语言能力并不能被描绘成规则应用,从而不能被当作仅仅是合规则地处

---

④ 《短篇著作集》,第 3 卷,第 150—189 页,尤其是第 185 页以下;现收入我的著作集,第 3 卷。

理语言。我们必须把它看作一种在自由的语言练习过程范围内产生的成果,从而使我们最终就像出自自己的能力而"知道"何者正确似的。使语言的普遍性发生诠释学的作用,我的这一尝试的核心就是我要把学习说话和获得世界定向看作人类教化历史无尽地延续的过程。也许这是一种永无止境的过程——虽然它所建立的仍然是类似能力的东西。⑤ 我们可以比较一下外语学习。一般说来,除非我们不断地并完全地进入到一种陌生语言的环境之中,否则我们在学外语时只能说是接近了所谓的语言能力。一般说来,语言能力只有在自己的母语中才能达到,亦即在人们生长和生活的地方所说的语言中才能达到。这就说明,我们是用母语的眼光学会看世界,反过来则可以说,我们语言能力的第一次扩展是在观看周围世界的时候才开始得到表现的。

　　于是问题就在于,这种作为世界游戏之一的语言游戏是如何同艺术游戏相联系的。这两种游戏之间的关系究竟如何?很清楚,在这两种情形中语言都适应于诠释学度向。我认为已令人信服地说明,对于所说出的话的理解必须从对话情景出发,归根结底也就是说,要从问答辩证法出发加以思考,而人们正是在这种问答辩证法中才达到一致意见并用语言表达出共同的世界。⑥ 我已经超出了科林伍德所提出的问答逻辑,因为我认为世界定向并非仅仅表现在从说话者之间发展出问题和回答,而且这种世界定向也是由所谈的事情产生出来的。是事物"提出问题"。因此在文本和

---

⑤　最近我在海伦阿伯召开的新教学院的大会上作了一个关于"语言及其界限"的学术报告,这篇文章收在《进化和语言》,海伦阿伯文集,1985年,第89—99页。

⑥　参见我的著作集,第1卷,第375页以下。

它的解释者之间也有问题和回答在发生作用。文本是用文字写成的,这一点对于问题情景并没有任何影响。这里所涉及的是所谈论的事物,涉及的是它这样或那样的存在。例如通过信件所传递的信息就是借助其他手段来继续的谈话。因此,每一本期待着读者的回答的书都开辟了这样一种谈话。在这种谈话中就有某些事物得到了表达。

那么在艺术作品中,尤其在语言的艺术作品中情况又是如何呢?在那里怎么谈得上理解和相互理解的对话结构呢?在这种艺术作品中既没有作为回答者的作者,也没有可以如此这般地存在着并可被人讨论的事物。文本作品是自为存在的。如果说这里也有问答辩证法,那它也只是发生在一个方向。也就是说,这种辩证法只是从试图理解艺术作品的人身上发生。他向艺术作品提问并且自问,并试图倾听作品的回答。作为这样一个人,他就可能同时既是思考者、提问者,又是回答者,就像在真正的谈话中两个人之间发生的情况一样。但这种正在理解的读者同自己所进行的对话却似乎并不是同文本进行的对话,因为文本是固定的,因而是以完成的形态被给出的。可是,真的有某种以完成的形态而被给出的文本吗?

这里并不出现问答辩证法。也许艺术作品的特征就在于我们永远不可能完全理解艺术作品。这就是说,如果我们带着问题去接触艺术作品,那么我们永远不可能以我们已经"知道了"的方式获得一个最终的答案。我们并不能从艺术作品身上得到一个切合实际的信息——而这就足够了。对于一件艺术作品,我们不可能像对待某个传递信息的报道那样把其中所具有的信息统统收悉,以致它好像完全被采集光了似的。我们在欣赏诗歌作品的时候，不管是用实在的耳朵倾听它还是在默读中用内心的耳朵倾听它，它都表现为一种循环的运动，在这种运动中，回答重又变成问题并诱发出新的回答。这就促成了在艺术作品面前的徘徊逗留——而不管它是什么形式的艺术作品。逗留（Verweilen）显然是艺术经验的真正特色。一件艺术作品是永远不可能被穷尽的。它永远不可能被人把意义掏空。我们正是通过对艺术作品是否感到"空洞"，从而区分出它们是非艺术品即赝品或哗众取宠的东西等等。没有一件艺术作品会永远用同样的方式感染我们。所以我们总是必须作出不同的回答。其他的感受性、注意力和开放性使某个固有的、统一的和同样的形式，亦即艺术陈述的统一性表现为一种永远不可穷尽的回答多样性。但是我认为，利用这种永无止境的多样性来反对艺术作品不可动摇的同一性乃是一种谬见。我认为以下说法似乎正是用来反对尧斯的接受美学和德里达的解构主义的（这两者在这点上是相近的）：坚守文本的意义同一性既不是回复到业已被克服了的古典美学的柏拉图主义，也不是囿于形而上学。

也许人们会问，我把理解的差异性与文本或艺术品的统一性联系起来的试图，特别是我在艺术领域中坚持作品概念（Werkbegriff）的做法难道不正是以一种形而上学意义上的同一性概念为前提的吗？因为如果诠释学意识的反思也承认理解总是不同的理解，那么我们就实际上正确地对待了作为艺术品之特色的反抗性和不可穷尽性。艺术这个例子真的能构成一般诠释学能得以展开的领域吗？

我的回答是：我的诠释学理论的出发点对我来说正是在于，艺术作品乃是对我们理解的一种挑战，因为它总是不断地摆脱掉穷尽一切的处境并把一种永远不能克服的抵抗性同企图把艺术作品置于概念的同一性的倾向对峙起来。我认为，在康德的《判断力批判》一书中人们就可以知道这一点。正因为此，艺术例子就可以行使指导职能，我的《真理与方法》的第一部分对于我的哲学诠释学的整个构想就起着这种指导职能。如果我们把"艺术"的"陈述"的无限多样性承认是"真"的，那么这种职能就变得格外明显。

我从一开始就作为"恶"的无限性的辩护人而著称，这种恶的无限性使我同黑格尔处于似乎是极为紧张的关系之中。[2] 不管怎样，在《真理与方法》那本书中处理反思哲学的界限并转为分析经验概念的那章中，我都试图清楚地说明这一点。我甚至利用黑格尔带有敌意地使用的"反思哲学"这个概念来反对黑格尔自己，并在他的辩证方法中看出他同近代科学思想的不良妥协。如果说黑格尔的辩证方法把正在进行着的经验的外在反思置于思想的自我反思之中，那它只不过是在思想之中的一种调解。

另一方面，我们几乎无法回避意识唯心主义的内在封闭性和反思运动的吸引力，这种反思运动把一切都吸入内在性之中。当海德格尔通过实际性诠释学而超越了此在的先验分析和出发点时，他不是正确的吗？我又如何找出我自己的道路呢？

事实上我是从狄尔泰及其为奠定精神科学基础的探究出发的，并通过批判使自己与这种倾向相脱离。当然，通过这种方式，我很艰难地才达到从开初就致力研究的诠释学问题的普遍性。

人们在我论证的某些论点上会特别感到我的出发点同"历史"

精神科学是一致的。特别是我引进的时间距离的诠释学含义是如此明显地让人认为,这为他者之他在性的根本性意义以及适合于作为谈话之语言的根本作用做了不好准备。也许,首先在一种一般的形式中谈论距离的诠释学功能更为符合事实。它并非总是涉及一种历史距离,它也并非总是那种能够克服错误的共鸣和歪曲的应用的时间距离。距离即使在同时性中也表明是一种诠释学因素,例如,在两个通过谈话试图寻找共同基础的谈话者之间,以及在用外语讲话或在陌生的文化中生活的人之间进行的照面(Begagnung)就是如此。在所有这些照面中人们总会把一些以为是不言而喻的东西当作自己的前意思,因而就不能认识到自己天真地把它想当然地等同起来并造成了误解。对谈话基本含义的认识对于人种学研究及其征询意见技术的疑问性也具有意义。⑦ 同样正确的是,凡时间距离发生作用的地方,它都保持了一种特殊的批判辅助性,因为变化总是此后才发生,而区别也只是此后才能被观察到。我们可以想象一下评价同时代的艺术的困难性,这一点我在我的著作中特别加以注意。

毫无疑问,这种思考扩展了距离经验的含义。但它仍然一直处于一种精神科学理论的论证关系之中。我的诠释学哲学的真正推动力却正好相反。我是在主观唯心主义的危机中成长起来的,在我青年时代,这种主观唯心主义随着人们重新接受克尔凯郭尔对黑格尔的批判而得到勃兴。它给理解的意义指出了一种完全不

---

⑦ 对此可参阅 L.C. 瓦特松(Watson)和 M.B. 瓦特松-弗朗克(Watson-Franke)的新作《解释生活史》,1985年(鲁特格大学出版社)。

同的方向。正是他者打破了我的自我中心主义,因为它使我去理解某物。这种动机从一开始就引导着我。在我写于1943年的文章中(这篇文章我重新发表在本书中⑧)这种动机得到完全的显现。当海德格尔在当时看到这篇短文时,他一方面点头赞赏,但同时又问道:"那么你又怎么处理被抛状态(Geworfenheit)呢?"显然,海德格尔的反问中包含的意思是,在被抛状态这个专门概念中存在着对完全的自我占有和自我意识这种理想的反例。但我却看到了这种他者的特殊现象并正确地试图在谈话中建立起我们世界定向的语言性。这样我认为自己开辟了一个问题域,这个问题域从我的前驱者克尔凯郭尔、戈加滕(Gogarten)、特奥多·赫克尔(Theodor Haecker)、弗里德里希·埃伯纳(Friedrich Ebner)、弗朗茨·罗森茨威格(Franz Rosenzweig)、马丁·布伯(Martin Buber)、维克多·冯·魏茨泽克(Viktor von Weizsäcker)等人开始就吸引了我。

当我在今天试图重新思考我同海德格尔的关系以及我同他的思想的联系时,这一切都历历在目。批评家曾经以完全不同的方式看待这种关系。一般说来,人们都确信是我使用了"效果历史意识"这个概念。实际上我只是重新使用了意识概念,而海德格尔在《存在与时间》中早已清楚地指出了意识概念的本体论前在性(Voreingenommenheit),这对我来说只意味着适应一种对我来说很自然的语言用法。这当然会造成与早期海德格尔的探究密切相连的假象,这种探究从此在出发,而此在只与它的存在相关并通过

---

⑧ 《当今德国哲学中的历史问题》,参见我的著作集,第2卷,第27页以下。

这种存在理解而表明自身。后期海德格尔则力求克服《存在与时间》所具有的先验哲学立场。但我自己引入效果历史意识概念的动机却正在于开辟通往后期海德格尔的通道。当海德格尔关于形而上学概念语言的思想产生时,他陷入了一种语言困境,这种困境导致他依赖荷尔德林的语言并导向一种半诗化的文风。我在自己关于后期海德格尔的一些短篇文章中⑨试图讲清楚,后期海德格尔的语言态度并不表明他已陷入了诗学;相反,在他的思想线索中已经存在着把我引向我自己的研究工作的因素。

我从学于海德格尔是从海德格尔由马堡回到弗赖堡开始的,并以我自己在马堡开始担任教席而告终。那时海德格尔发表了在今天作为艺术作品论文而著称的三篇法兰克福讲演。我是在1936年听到这些讲演的。在那些讲演中出现了"大地"(Erde)这个概念,由于这个概念,海德格尔就又一次极度地违背了他长期以来从德语的语言精神中更新并在讲课中赋予其生命的现代哲学的词汇。这与我自己的探究和我自己关于艺术和哲学关系的经验是这样对立,以致在我心中立即唤起了一种反响。我的哲学诠释学正是试图遵循后期海德格尔的探究方向并以新的方式达到后期海德格尔所想完成的工作。为了这个目标我容忍自己坚持意识概念,尽管海德格尔的本体论批判正是反对这种意识概念的最终建立作用。不过我试图把这个概念限制在它自身之内。海德格尔无疑在这里发现一种倒退到已被他超越了的思想域的倾向——虽说他并未忽视,我的意图同他自己的思想方向乃是一致的,至于我所

---

⑨ 《海德格尔之路——后期著作研究》,蒂宾根,1983年;现收入我的著作集,第3卷。

走过的道路是否能说已在一定程度上赶上了海德格尔的思想历险，这一点不能由我来断定。但我们今天总可以说，这是一条可以由此出发指示出后期海德格尔的某些思想尝试的道路，对于那些不能与海德格尔的思想行程同步的人，这条道路也能使他们了解一些东西。当然人们必须正确地阅读《真理与方法》一书中关于效果历史意识的章节。在这些章节中人们绝不会看到对自我意识的修改，例如某种效果历史的意识或某种以此为基础的诠释学方法。相反，人们必定会在其中发现我们都生活于其中的效果历史对意识的限制。这种效果历史是我们永远不可能完全识破的。正如我当时曾讲过的，效果历史意识"与其说是意识倒不如说是存在"。⑩

因此，当年轻一代批判诠释学的学者中的一些佼佼者，像海纳·安茨（Heiner Anz）、曼福雷德·弗朗克（Manfred Frank）或托马斯·西伯姆（Thomas Seebohm）等人⑪认为我继续使用传统的哲学概念是同我的构思相矛盾的，对此我是不能苟同的。德里达曾用这种论证反对过海德格尔⑫。他认为海德格尔并未能克服实际上由尼采造成的形而上学。按照这种论证，法国最近的尼采崇拜者理所当然地摧毁了存在问题和意义问题。

现在我自己也不得不反对海德格尔，我认为根本不存在形而

---

⑩　［参见我的著作集，第1卷，第367、460页；第2卷，第247页。］

⑪　海纳·安茨：《诗歌用语的含义——诗学的诠释学证明及批判之研究》，慕尼黑，1979年；曼福雷德·弗朗克：《可说的和不可说的——最近法国诠释学和文本学研究》，法兰克福，1980年，以及《什么是新结构主义？》，法兰克福，1984年；托马斯·西伯姆：《论诠释学理性批评》，波恩，1972年。

⑫　《哲学的边缘》，巴黎，1972年，第77页。

上学的语言。我在勒维特的纪念文集中已经说明了这一点。[13] 实际上只存在其内容由语词的运用而规定的形而上学概念,就如所有的语词一样。我们的思想据以活动的概念就如我们日常语言用法中的语词一样很少受固定的前定性的僵硬规则的控制。尽管哲学的语言承荷着沉重的传统负担,例如被转换成拉丁语的亚里士多德形而上学的语言,但它仍然试图使语言提供的所有内容具有灵活性。它甚至能够在拉丁语中重新改造古老的意义指向,例如库萨的尼古拉的这种天才就曾使我长期惊叹不已。这种改造并非必然通过黑格尔式的辩证方法抑或海德格尔的语言力或语言强制而发生。我在我的语境中所使用的概念都通过它们的使用而重新得到定义。它们甚至已不再是海德格尔的本体论神学(Ontotheologie)向我们重新解释过的古典亚里士多德形而上学的概念。它们更多地同柏拉图的传统有关。我有时[例如在代表(Repräsentation)的例子中[14]]通过某些细微的变动而使用的术语像 Mimesis(模仿),Methexis(分享),Partizipation(参与),Anamnesis(回忆),Emanation(流射)等,都带有柏拉图的概念痕迹。就这些概念由亚里士多德所建立的形态来说,它们在亚里士多德那儿至多只是在批判的转义中起作用,并且并不属于形而上学的概念。我要再次提请大家注意我那篇关于善的理念的学术论文,[15]我在那篇文章中试图使人相信,亚里士多德比起

---

[13] "关于黑格尔和海德格尔这一题目的评注",参见《勒维特纪念文集》,斯图加特,1967年,第123—131页,以及《海德格尔之路——后期著作研究》,第61—69页;也可参见我的著作集,第3卷。

[14] [参见我的著作集,第1卷,第74页以下、第146页以下和第210页以下。]

[15] "柏拉图和亚里士多德关于善的理念"(《海德堡科学院会议论文集》,哲学-历史卷,论文集2),海德堡,1978年,第16页[现收入我的著作集,第7卷]。

人们所认为的更是一个柏拉图主义者,而亚里士多德的本体论神学构想只是他从他的物理学出发进行并收集在《形而上学》一书中的一种设想。

这样我就接触到自己同海德格尔的思想真正的分离点了,我的研究,尤其是关于柏拉图的研究的很大部分都与这个分离点有关。⑯（我感到满意的是,正是这些研究向年事已高的海德格尔说明了某些东西。读者可以在我的著作集第 6 卷和第 7 卷的一部分中找到这些文章。）我认为,我们不能把柏拉图读成本体论神学的先驱者。甚至亚里士多德的形而上学还包含有海德格尔当年所阐明的因素之外的因素。对此我认为我能在一定的范围内引证海德格尔自己的话。我首先想到的是海德格尔以前对"著名的类推"的偏好。他在马堡时期经常这样说。亚里士多德的这种 analogia entis(事物的类推)理论对于他自己从早期开始就是作为对抗终极证明理想的保证人而受到他的欢迎,就如它曾以费希特的方式指导过胡塞尔一样。在海德格尔那里为了小心翼翼地同胡塞尔的先验自我解释保持距离而经常使用的术语乃是"同源性"(Gleichursprünglichkeit)——这个术语可能是"类推"的同义词,并且基本上是一种现象学-诠释学用语。引导海德格尔从 Phronesis(实践智慧)概念出发走上他自己道路的并非仅仅是亚里士多德对善的理念的批判。正如海德格尔富有启发的关于 Physis 的文章所指出的,他感到给予自己以推动的正是亚里士多德形而上

---

⑯ ［对此参见我的著作集,第 5、6 卷以及即出的第 7 卷。］

学的中心,正是亚里士多德的物理学。⑰ 这正可以说明,为什么我要赋予语言的对话结构以如此中心的作用。我是从伟大的对话家柏拉图那里,或者说正是从柏拉图所撰写的苏格拉底的对话中学习到,科学意识的独白结构永远不可能使哲学思想达到它的目的。我对第 7 封信注释的解释似乎使我否定了一切对这封信的真实性所具有的怀疑。从那封信我们才能完全理解,为什么哲学的语言自那以后总是经常地在同自己历史的对话中不断地构成——虽说以前它总是随着历史意识的出现而在一种新的、充满紧张的历史重建和思辨改造的两重性中解说着、纠正着、改变着。形而上学的语言总是并永远是一种对话,即使这种对话已经经历了数百年数千年之久的历史距离。正是出于这种理由,所以哲学文本并不是真正的文本或作品,而是进行了诸多时代的一场谈话的记录。

也许我该在这里对一些有关诠释学问题的继续发展和独立的相反解释作些评论,例如汉斯·罗伯特·尧斯和曼福雷德·弗朗克是前者的代表,而雅科斯·德里达则是后者的代表。尧斯所提出的接受美学(Rezeptionsästhetik)用全新的角度指出了文学研究的一个整体度向,这是毫无疑问的。但接受美学是否正确地描绘了我在哲学诠释学中所看到的东西呢？如果人们在这里认为我是在为古典主义和柏拉图主义的肤浅概念讲话,那我就认为人们误解了我在古典型概念的例子中所阐明的理解的历史性。实际情况

---

⑰ "论本质和 Physis(自然)概念",参见亚里士多德:《物理学》,B1,载《亚里士多德全集》,第 1 系列,第 9 卷,第 239 页以下。

正好相反。在《真理与方法》一书中关于古典型的例证将表明，历史的运动性是如何深深地进入了人们称之为古典型的东西（以及那些当然包含某种规范成分而不具备风格特征的东西）的无时间性之中，从而使得理解总是不断地变化和更新。古典型的例证不仅同古典的风格观念毫无关系，而且与那些我总是认作为柏拉图本身意图之变形的柏拉图主义的肤浅概念也毫不相关。⑱ 当奥斯卡·贝克尔在他的批判中谴责我过分沉溺于历史，并用毕达哥拉斯主义关于数、声音和梦的思想来反对我时，他的看法比起尧斯来还算较为正确一些。⑲ 不过，这种指责实际上也不正确。但这里我们并不讨论这个问题。尧斯的接受美学如果想把作为一切接受模式基础的艺术作品消融在声音的多角形平面中，那么我认为这是一种篡改。

我同样不明白的是，尧斯试图使其发生作用的"审美经验"怎么会使艺术经验得到满足。我的"审美无区分"这个颇为费解的概念的要点就在于不该把审美经验太孤立，以致使艺术仅仅变成一种享受的对象。尧斯对视域融合的"否定"在我看来也似乎犯了同样的错误。我在我的分析中已经强调过，视域的显露（Horizontabhebung）在诠释学研究过程中表现为一种整体因素。诠释学反思告诉我们，这种显露任务从本质根据来说是不可能完成的，这也并非表明我们经验的弱点。接受研究不可能摆脱存在于一切解释中的诠释学关联（Implikation）。

---

⑱ 在前面第 12 页提到的关于善的理念的文章中我曾试图使人相信亚里士多德已经进行了这种修正：亚里士多德用元-物理学重新解释了柏拉图的元-数学。

⑲ 《哲学评论》，第 10 卷，1962 年，第 225—237 页。

曼福雷德·弗朗克通过他的依据于德国唯心主义和浪漫主义的内在知识的研究同样在本质上推动了哲学诠释学。但我认为他所说的也并非都很清楚。他在很多出版物[20]中从他那方面批判了我对施莱尔马赫心理学解释所作的批判性研究。他的批判以结构主义和新结构主义的观点作为根据并对于施莱尔马赫正处于现代符号理论开端的语法解释给以极大的注意。他试图褒扬施莱尔马赫的语法解释而反对其心理学的解释。但我认为并不能因此而贬低作为施莱尔马赫真正新贡献的心理学解释。同样，我们也不能仅仅因为预感（Divination）这个概念同"风格"有关就贬低它。好像风格并不属于讲话的具体因素。此外，预感这个概念是施莱尔马赫一直坚持使用的，他于1829年所作的权威性的学术演讲就证明了这一点。[21]

谈论语法解释的纯语言意义，好像有一种不带心理学解释的纯语法解释，这是不对的。诠释学问题正由于语法解释乃是被个体化了的心理学解释所渗透才得到显露，而解释者复杂的条件性就在这种心理学解释中起作用。我愿意承认，我因此而愿意更强

---

[20] 《个体的普遍性——施莱尔马赫的文本结构和文本解释》，法兰克福，1977年，以及《施莱尔马赫导论——诠释学与批判》，1977年（第7—66页）。

[21] 预感概念在那里完全起着我所描述过的作用。显然在预感的程序中牵涉到一种类推的程序。但问题在于这种类推程序是为谁服务的。弗朗克在他那本值得称道的《施莱尔马赫的诠释学》的新版本第52页中引证了下述这句话："一切告知（Mitteilung）都是对感觉的重新认识。"使得解释不可完成的并不是语法解释而是心理学解释，因为语法解释反而使完满的理解得以实现（吕克编，205[3]）。个性化和诠释学问题并不在语法解释中，而是存在于心理学解释中。我认为关键就在于此。弗朗克在反对基默尔的意见时就正确地指出，心理学解释在施莱尔马赫那里从一开始就出现了，并且由于施莱尔马赫而进入了诠释学。

烈地关注施莱尔马赫的辩证法和美学,弗朗克正确地指出了这一点。也许我对施莱尔马赫的个体化理解这一很有价值的观点还可以更好地加以处理。但我在《真理与方法》出版后不久就直接对此作了弥补。[22] 我当时的用意并不在于对施莱尔马赫作全面的评价,而是把他解释成效果历史的始作俑者,效果历史这个概念已由施泰因哈尔(Steinthal)投入使用,并以狄尔泰所赋予的科学理论高度取得了无可争议的统治地位。据我看来,这样就缩小了诠释学问题的范围,并且这种效果历史绝非虚构。[23]

在此期间,曼福雷德·弗朗克最近的研究又为德国读者介绍了新结构主义的基本原理。[24] 这使我在某些方面有所明白。特别是弗朗克的阐述使我认清楚,德里达对 $\mathit{presence}$(在场)的形而上学的指责主要是依据于海德格尔对胡塞尔的批判以及海德格尔以"现成在手状态"(Vorhandenheit)这个术语对希腊本体论所作的批判。但德里达既没有正确地评价胡塞尔也没有正确地评价海德格尔。其实胡塞尔并没有停留于他的《逻辑研究》第 1 卷所谈论的理想的——即某一种的——意义(ideal-einen-Bedeutung)上,而是通过对时间的分析证明了那里所假定的同一性。

时间意识的现象学一般只是表现了客观效用的临时基础。这

---

[22] 参见我的论文"施莱尔马赫诠释学中的语言问题",载《短篇著作集》,第 3 卷,第 129 页以下;也可参见我的著作集,第 4 卷。

[23] W. 安茨在《神学和教会杂志》1985 年第 1—21 页的一篇出色的论文"施莱尔马赫和克尔凯郭尔"中解释了施莱尔马赫的"辩证法"中对于哲学诠释学具有创造性的因素。

[24] 参见 M. 弗朗克的《可说的和不可说的——最近法国诠释学和文本学研究》(法兰克福,1980 年)以及《什么是新结构主义?》(法兰克福,1984 年)。

无疑是胡塞尔的意图并且非常具有说服力。据我看来,即使人们把胡塞尔的先验的终极证明观念以及他对先验自我及其临时自我结构的承认指责为"逻辑研究"的最终保证,这也并不能动摇同一性。

这些指责并未触及自我的同一性以及建立在两个对话者之间的意义同一性。虽说通过他者进行的理解绝不可能达到对被理解物的完全揭示这一点无疑是正确的。但诠释学分析却必须清除一种关于理解和相互理解的错误模式。因此在相互取得一致意见的时候绝不是使区别消失于同一性之中。当我们说我们对某事取得一致意见时,这绝不是说,某人同他者在信念上完全一致了。我们德语对此有个很好的表述,即"Man kommt überein"("达成协议")。借用希腊语言的天才,这可表述为一种更高形式的 syntheke(综合)[4]。如果我们把讲话即 discours 的要素孤立起来并使它成为批判的对象,我认为这是一种观看角度的转向。实际上并不存在这样的要素,而且我们也可以理解,为什么当我们注视着"符号"("Zeichen")的时候必须谈延异(différance 或 différence)。没有一种符号能够在绝对的意义上同含义(Bedeutung)同一。德里达在胡塞尔的《逻辑研究》和《现象学观念(第 1 卷)》的意向性概念中发现了柏拉图主义的影子,他对这种柏拉图主义的批判当然是有道理的。但胡塞尔本人早已澄清了这一点。我认为,从消极的综合概念和同义的意向性学说出发实际上有一条很清晰的路线可通向诠释学经验,而这种诠释学经验凡在它摆脱了先验思维方式的方法压力的地方都可以同我的格言相一致,即"我们有所理解的时候,我们总是以不同的方式在理解"。㉕ 自《真理与方法》完成之后,文学概念在诠释学的问题圈中所取得的地位就一直是我主要的研究课题。大家可以对比一下我的著作集第2卷中的"文本和解释"、"解析和解构"以及第8和第9卷中的文章。正如我曾说过的,我在《真理与方法》中并没有精确地区分语言游戏和艺术游戏之间必要的区别,而实际上语言和艺术之间的联系正是在文学中最能使人把握到,而文学正是通过语言艺术——以及书写艺术——而得到规定的。

诗学自古以来就同修辞学紧密相连,而随着阅读文化的扩展——它在希腊化时代业已开始并在宗教改革时代得到完成——所书写下来的东西,或者用一般的概念说,*litterae*(文学)就被包括在文本之中了。这就意味着,阅读成了诠释学和解释的中心。诠释学和解释都是为阅读服务的,而阅读同时又是理解。凡同文学诠释学有关的地方,它都首先涉及阅读的本质。我们自然可以深信活生生的话语所具有的优先地位,存在于谈话中的语言的本源性。然而阅读却指示了一个更为宽广的范围。这样,更宽泛的文学概念就得到了证明,而这个概念正是我在《真理与方法》第一部分末尾预先为后来的观点指出的。

看来有必要在这里讨论一下阅读和再现(Reproduzieren)之间的区别。虽说我不能像埃米里·贝蒂在他的解释理论中所作的那样把理解和再现完全区别开来,但我必须坚持以下观点,即正是阅读,而不是再现,才是艺术作品本身真正的体验方式,而这种体

㉕ [参见我的著作集,第1卷,第302页。]

验方式则把艺术作品规定为艺术作品。在艺术作品中涉及的乃是一种"真正"词义上的"阅读",正如诗的文本乃是一种"真正"词义上的文本。实际上阅读正是一切与艺术照面的进行方式(die Vollzugsform aller Begegnung mit kunst)。它不仅存在于文本中,而且也存在于绘画和建筑物中。㉖

再现则是另一回事,它是以声音和音调等感性材料达到一种新的实现——因此它涉及的似乎是一种新的创作。的确,再现将把真正的作品表现出来,正如戏剧在舞台上的表演以及音乐在演奏中的表现,我认为,这种生动的再现具有解释的名称乃是正确的。因此无论在再现的情况中或是在阅读的情况中都必须坚持解释的共同性。再现也是理解,虽说理解并非仅仅是再现。再现所涉及的并不是一种完全自由的创造,而是正如"Aufführung"这个词很好地表达的那样是一种演出,通过这种演出对某件固定作品的理解就达到一种新的实现。而在阅读时的情况则不一样,在阅读时,文字固定物的实际意义(Sinnwirklichkeit)是在意义进程本身中得到实现,而没有任何东西发生。因此,在阅读时理解的实现就不像再现时那样,㉗它不是以一种新的感性现象来实现的。

㉖ 参见我的论文"关于绘画和建筑的阅读",载 G.伯姆主编:《M.英达尔纪念文集》,维尔茨堡,1986年。

㉗ 这是一个特别的问题,正如在音乐中关于阅读和再现的关系问题。也许我们会同意在阅读音符时并不能真正体验到音乐,这就构成音乐和文学的区别。这也显然适用于戏剧,因为戏剧原来也不是为阅读而写的。甚至史诗从某种外在意义看以前也是为演唱者而写的。尽管如此,这里还是存在本质区别。音乐是需要有人演奏的,而听众也仿佛要一起演奏。在这个问题上我从格奥加德斯(Georgiades)那里学到很多,这里请读者参阅最新由他的遗著中整理出版的著作《命名和演奏》(哥廷根,1985年)。

阅读是一种特有的、在自身中得到实现的意义进程（Sinnvollzug），从而与剧院和音乐厅里的演出大相径庭，这一点在朗读（Vorlesen）上就可以得到说明。在默读中这点也相当清楚，尽管默读有时也发出声来，例如在古典时代就显然如此。虽说它只是以一种程式化的方式直观地得到实现，它仍然是一种完全的意义进程。它保留着用各种想象去进行补充的可能。我已运用罗曼·英加登的研究对此作了说明。朗读者的情况也是如此：好的朗读者必须时刻牢记他并不是真正的说话者，他只是服务于一种阅读过程。虽说他的朗读在他人看来是再现和表演，也即包含一种在感官世界中新的实现，但它却封闭在阅读过程的内部。

通过这种区分我们肯定可以澄清我在其他论文中一直反复思考的问题，即作者的意图对于诠释学事件究竟起着何种作用。在日常的言语用法中，由于它涉及的并不是穿透僵硬的文字，所以这点比较清楚。我们必须理解他人；我们必须理解他人所意指的究竟是什么。我们可以说并没有同自己相分离，并没有以一种文字的或固定下来的话语向不相识的人作传达或转告，而这个不相识的人则可能由于有意无意的误解而歪曲了他要理解的内容。此外，我们甚至没有同我们正与之说话并倾听我们说话的人相分离。

这位他者在多大程度上理解我所想说的内容，是通过他在多大程度上同意我所说的而得到表现。通过谈话被理解的对象就从意义指向的不确定提升到一种新的确定性，这种确定性能使自己发现被人理解了或被人误解了。这就是谈话中所真正发生的：被意指的内容清楚地表达出来，因为它变成一种共同的东西。因此个别的表述总是处于一种商谈事件（ein kommunikative Geschehen)之中并且根本也不能被理解为个别的表述。因此所谓的 mens auctoris(作者的精神),正如"作者"这个词一样,只是在不涉及生动的谈话,而只涉及固定下来的表述的地方才起一种诠释学的作用。于是那里的问题又出现了:是否只有当我们追溯到原作者的时候才能够理解呢?如果我们追溯到了原作者的意思,这种理解就足够了吗?如果因为我们对原作者一无所知从而不可能追溯时又将怎么办呢?

我认为传统的诠释学并没有完全克服心理主义的后果。在所有的阅读和对文字东西的理解时都涉及一种过程,通过这种过程,被固定在文本中的内容就提升为新的陈述并且必定会得到新的具体实现。真正的谈话的本质就在于,含义总是会超越所说出的话语。所以我认为,把说话者的含义(Meinung)假设为理解的尺度就是一种未曾揭露的本体论误解。看来好像我们可以把说话者的含义以一种复制的方式制造出来,然后把它作为尺度对话语进行衡量。实际上正如我们所看到的,阅读根本不是能同原文进行比较的再现。这种说法就如已由现象学研究克服了的认识论理论一样,即我们在意识中有着一幅我们意指对象的图像,即所谓的表象。一切阅读都会越出僵死的词迹而达到所说的意义本身,所以阅读既不是返回到人们理解为灵魂过程或表达事件的原本的创造过程,也不会把所指内容理解得完全不同于从僵死的词迹出发的理解。这就说明:当某人理解他者所说的内容时,这并不仅仅是一种意指(Gemeintes),而是一种参与(Geteiltes)、一种共同的活动(Gemeinsames)。谁通过阅读把一个文本表达出来(即使在阅读时并非都发出声音),他就把该文本所具有的意义指向置于他自己开辟的意义宇宙之中。这就最终证明了我所遵循的浪漫主义观点,即所有的理解都已经是解释。施莱尔马赫㉘曾经这样明确表述过:"解释同理解的区别就如发声的说话同内心的说话之间的区别一样。"㉙

这也适用于阅读。我们称阅读为理解的阅读。因此阅读本身已经是对所意指的东西的解释。这样阅读就是一切意义进程的共同基本结构。

尽管阅读绝不是再现,但我们所阅读的一切文本都只有在理解中才能得到实现。而被阅读的文本也将经验到一种存在增长,正是这种存在增长才给予作品以完全的当代性(Gegenwärtigkeit)。虽说阅读并不是在舞台或讲台上的再现,但我认为情况正是如此。

我在"文本和解释"那篇文章中已经详细地分析了诠释学必须处理的各种不同形式的文本。然而历史学这种特殊形式的文本却需要一种特别的讨论。即使我们从这一前提出发,即历史研究归根结底也是解释,因而也是意义的进程,我们也必须提出以下问题,即历史学家同他要研究的文本亦即历史本身之间的关系与语文学家同他的文本之间的关系是否两样。历史学家对我在《真理与方法》一书中(第 330 页以下)所指出的观点所表现的反感使我理解到,我并未能摆脱掉把历史理解的特殊方式过于同语文学家的理解方式等同的这种危险。我现在发现,这并不像我在《真理与方法》中所考虑的那样只是一个标准问题。历史学并非仅仅是扩大意义上的语文学(《真理与方法》第 345 页)。毋宁说这是另一种

㉘ 《施莱尔马赫全集》,第 3 卷,第 384 页。
㉙ 《真理与方法》,参见我的著作集,第 1 卷,第 188 页。

意义上的文本,因此理解文本在两种情况里都起作用。

可以作为历史对象呈现的整个传承物并不是像单个文本对于语文学家那种意义上的文本。对于历史学家说来这种传承物的整体是否就如语文学家所面对的文本那样被给出的呢?对于语文学家来说,文本,尤其是诗的文本就像一种先于一切新解释的固定尺度那样是被给予的。而历史学家则相反,他首先需要重构他的基本文本即历史本身。当然,我们不能在两者之间作出截然的区分。历史学家对于他所遇到的文字文本或其他文本首先也得像语文学家一样进行理解。语文学家也同样必须常对他的文本进行重建和评论从而使人们可以理解这些文本,他也要让历史知识像其他学科中一切可能的其他知识一样包括在他对文本的理解中。但在历史学和语文学中,理解的眼光,亦即对意义的注视仍然是不相同的。一件文本的意义同它所想讲的相同。而一件事件的意义则相反,人们只有根据文本和其他证据,甚至通过重新评价这些文本和证据本身的观点才能释读出来。

为了说明问题我想在这里引入一种语文学的意义,这种意义可能是对希腊语词的词义翻译:语文学就是对自己陈述的意义感到乐趣。至于这种意义是以语言形式还是其他形式陈述那是无关紧要的。因此,艺术当然也就是这样的一种意义承载者,科学和哲学也同样如此。但是语文学的这种最广的含义,即理解意义,却与同样试图理解意义的历史学不同。作为科学,语文学和历史学都使用它们的科学方法。但是,一旦涉及的是文本(不管是哪种形式的文本),这些文本却不能仅以方法研究的途径得到理解。每一件文本在科学给它提供帮助之前都要先找到它的读者。对自己陈述的意义感到愉悦,以及对被掩盖的意义进行研究这两者之间的区别已经划出了两种理解方式活动的意义范围。一方面是读者对意义的猜测——而读者这个概念显然可以毫无困难地扩展到一切形式的艺术。另一方面则是读者因其自己的出身和来源而具有的不确定知识,以及自己当下的历史深度。因此,对自己陈述意义的所有文本的解释就总是同先行的理解有关,并在这种先行理解的扩展中得到完成。

历史的文本也同样如此,它部分是由本身的生活史,部分则由通过历史知识的教育而成为每个人所知的东西所预先规定的。在历史研究开始其方法的工作之前,我们都已被置于这样一种把本身传统的内容都包括在内的历史图像之中。与我们所有的历史性一样,那种把传统和来源同批判的历史研究相联结的生命纽带也永远不会完全解开。即使有人试图像兰克那样作为臆想的世界史旁观者来消除掉他自己的个体性,他也仍然是他自己时代的宠儿和他的家乡的骄子。不管是语文学家或是历史学家都无法认出他们自身理解的条件性,这些条件性乃是先于他们而存在并且是先于他们方法上的自我控制而存在的。这对于历史学家和语文学家都是如此,但语文学家的情形却不同于历史学家的情形。对于语文学家,在文本中陈述的意义的同时性是通过他的解释而设立的(如果这种解释是成功的话)。但在另一方面,我们在历史学家那儿发现的则是建立和消除意义关联,以及经常的纠正,摧毁传说,发现错误,经常打破意义结构——这样做都是为了寻求在这后面隐藏着的意义,这种意义也许根本不可能达到意义证据的同时性。

使我继续发展我的研究的另一个方向,是与社会科学和实践哲学的问题有关。因此约尔根·哈贝马斯于60年代对我的研究所表示的批判兴趣就具有了批判的意义。他的批判和我的反批判使我更加意识到我事实上已经进入了的一个领域，因为我已超越了文本和解释的领域而开始研究一切理解的语言性。这就给了我一个机会，使我不断地深入到修辞学部分中去。这个部分在诠释学的历史中已有所表现，但诠释学还要为社会存在形式而占有这部分。本书中的部分文章对这一点也作了证明。

最后我还必须面对同一个问题方向，即更清楚地勾勒出哲学诠释学的科学理论特性，以便理解和解释以及诠释学科学的程序都能在这种特性中证明自己的合法性。于是我提出了自己从一开始就苦苦求索的问题：什么是实践哲学？理论和反思如何才能指向实践的领域？因为在实践的领域中绝不能容忍距离而是要求义务。这个问题在开初是由于克尔凯郭尔的存在激情（Existenzpathos）而吸引着我。在这个问题上我是以亚里士多德的实践哲学的典范为根据的。我力图避免那种关于理论及其应用的错误模式，这种模式从近代科学概念出发对实践概念作了片面规定。康德正是在这点上开始了对近代的自我批判。我一直都相信在康德的《道德形而上学的奠基》中可以发现一种虽说是部分的亦即只是局限在绝对命令之中，但整个说来却是不可动摇的真理，如果启蒙运动的动机是想维护卢梭的批判（这种批判对康德说来按他自己的承认乃是确定的），它就不该缠留在一种社会功利主义之中。

在这个问题背后存在着"一般"具体化（Kontretion des Allgemeinen）这个古老的形而上学问题。我在我的早期对柏拉图和亚里士多德的研究中就已注意到这点。我思想形成时期的第一篇文章(写于1930年)现在正好以"实践知识"为题第一次发表在我的著作集第5卷中。我在那篇文章中联系《尼各马可伦理学》第6卷解释了 Phronesis(实践智慧)的本质,我这样做是由于受了海德格尔的影响。在《真理与方法》中这个问题重又取得了中心地位。如今亚里士多德的实践哲学传统已被人从多方面重新接受。我认为这个问题具有一种真正的现实性,这是毫无疑义的。在我看来这同今天多方与所谓的新亚里士多德主义相联系的政治口号并无关系。什么是实践哲学这个问题对于近代思想的科学概念总是一种不容忽视的真正挑战。我们可以从亚里士多德那里得知希腊的科学这个概念,即 Episteme,所指的是理性知识(Vernunfterkenntnis)。这就是说,它的典范是在数学中而根本不包括经验。因此,近代科学与希腊的科学概念即 Episteme 很少相符,它倒是更接近于 Techne(技术)这一概念。不管怎样,实践知识和政治知识从根本上说与所有那些可学到的知识形式及其应用的结构是不一样的。实践知识实际上就是从自身出发为一切建立在科学基础上的能力指示其位置的知识。这就是苏格拉底追问善的问题的含义,柏拉图和亚里士多德都坚持了这种含义。如果有谁相信,科学因其无可争辩的权能而可以代替实践理性和政治合理性,他就忽视了人类生活形式的引导力量,因为唯有人类的生活形式才能够有意义并理智地利用科学和一切人类的能力,并能对这种利用负责。

但实践哲学本身却并不是这样一种合理性。它是哲学,这就是说,它是一种反思,并且是对人类生活形式所必须是什么的反思。在同样的意义上可以说哲学诠释学也并非理解的艺术,而是理解艺术的理论。但这种种唤起意识的形式都来自于实践,离开了实践就将是纯粹的虚无。这就是从诠释学的问题出发所重新证明的知识和科学的特殊意义。这也正是我自《真理与方法》完成以后一直致力的目标。

补正:关于诠释学和解构主义的讨论在此期间仍在热烈进行。参见 J.哈贝马斯对德里达所作的出色批判(《现代哲学讨论》,法兰克福,1985年,第191页以下),以及关于《文本和解释》的讨论(由德尔梅厄(Dallmayr)用英语写作,在依阿华作准备),还有我对 F.德尔梅厄《城邦和实践》(剑桥,1984年)所作的评论。这些文章都对"解毁和解构"(参见我的著作集,第2卷,第361页以下)作了补充。

II

准备

2
当今德国哲学中的历史问题
（1943年）

如果要对近几十年德国哲学的特征作出描绘，我们会发现它最重要的特征就是它的历史态度。盎格鲁-撒克逊的观察家有时甚至就把它叫作一种沉重的历史态度，他们对德国哲学为何如此着重讨论哲学的历史问题感到奇怪。实际上哲学对其自身历史感兴趣绝非是不言而喻的事情，它包含着一种特有的疑问。假如说哲学和一切认知一样都是研讨真理，那么我们应当怎样认识通向真理的直接道路（Wege）和间接道路（Umwege）呢？无论如何，弗里德里希·尼采在他著名的《不合时宜的考察》第二部中对历史学所作的批判至今仍在我们耳边回响。难道历史意义真的只是19世纪在他那里所看到的我们那个世界的巨大扩展？难道这种历史意义不正是一种标志，它表明自从现代人开始学会用众多的眼睛同时观看世界以来，现代人已根本不再拥有自己的世界？凡在真理借以显现的各种观点开始被人认识的地方，难道这种真理的意义不是早已消解了？

事实上，我们必须认识到，人的此在及其认识的历史性怎样已经对我们成为一个问题。在德国，人们把这个问题称作历史性问题。它并非以前那种探询历史的本质和意义的老问题。人类的事务不断变化,民族和文化兴盛和衰败,这一切一直是哲学反思的对象。作为西方世界观第一个塑造者的希腊人,并未把这种兴衰沉浮认作人类存在的本质,恰好相反,他们从在一切变化之中所持存的东西出发,因为它是真正的秩序。据以思考人的存在的范型是自然、是宇宙的秩序,这种秩序自身保持着并在永恒的轮回中周而复始。希腊人认为人的秩序也该如此常驻不变,而把它的变化认作毁灭。历史就是毁灭史。① 自从基督教产生以来,人的存在的不可重复性才被认作是它固有的本质特征。人类事务的整体,即"这个宇宙",相对于彼岸上帝的唯一本质只是一种非本质,而拯救行为则赋予了人类历史以一种新的意义。拯救行为是不断地作出赞同上帝抑或反对上帝的抉择。人处于被一次性的拯救行为所规定了的拯救史之中。人的每一个瞬间都具有绝对的重要性,但人的整个命运却一直隐藏在上帝的神意和对于事物结局的期待中。因此,人的此在既是有限的,但又和无限相联系。历史具有一种特有的、积极的意义。一千多年来在基督教的西方,人们就从这种前提出发思考历史的形而上学。启蒙时代的进步观念则以世俗化的形态成为这种联系中的一环。确实,即使是历史哲学最后的伟大尝试,即黑格尔对历史中的理性的指明,也仍然是这种意义上的形而上学。随着这种形而上学背景的全面崩溃,历史问题对人的此在意识才成为决定性的。它变成了历史性的问题。

1841年,老谢林应召柏林大学哲学教席,以便抵消黑格尔在

---

① [参见我为 G. 罗厄(Rohr)《柏拉图的历史地位》写的书评,载我的著作集,第5卷,第327—331页。]

政治和科学方面的危险影响。然而,与谢林的想法和意愿相反,他对黑格尔的批判却表明哲学在一般西方文化中的领导地位已告终结。获得承认的并不是谢林自己的哲学,而是对自然科学方法论的偏重。甚至历史问题也按照这种方法论模式加以构造。

当哲学从该世纪中叶的模仿黑格尔主义和学院派唯物主义的深潭中脱身出来时,它仍带有康德及其追问科学之根据的认识论问题的标志。康德在《纯粹理性批判》中回答了纯粹自然科学如何可能的问题。如今人们却在问历史科学如何可能。人们试图(用威廉·狄尔泰的话来说)用"历史理性批判"(Kritik der historischen Vernunft)来取代"纯粹理性批判"。历史问题变成了历史科学问题。历史科学是如何获得其认识论的权力的?然而,这样提问就意味着按自然科学的模式来衡量历史科学。新康德主义历史逻辑学的经典著作有一个引人注目的标题"自然科学概念构造的界限"(Die Grenzen der Naturwissenschaftlichen Begriffsbildung)。亨利希·李凯尔特(Heinrich Rickert)试图在这里指明,历史的对象如何得到标画、为何在历史中找不到像自然科学那种普遍的规律性,而只能认识到个别之物、个体之物。是什么东西使一件单纯的事件(Faktum)成为一种历史事实(Tatsache)?回答是:它的意义,亦即它和人类文化价值体系的关系。在这种探究中,自然科学知识的模型在一切领域取得了支配的地位。历史问题完全变成仅仅是认识论问题,变成历史科学如何可能的问题。

其实,人类所关注的历史问题并非科学认识问题,而是自己的生活意识问题。这也不只是说,我们人类具有一种历史,亦即我们的命运在经历兴盛、繁荣和衰落之中。不如说具有决定意义的是,我们正是在这种命运的沉浮中寻找着我们存在的意义。时代的强力把我们拖入时代，又在我们心中唤起某种支配时代的本己的强力意识，而我们本是根据这种强力来塑造自身的命运。我们在有限性本身中追问意义。这就是历史性问题，就是推动着哲学的历史性问题。这个问题的范围在德国这个浪漫主义的古典国家已得到测定，因为在那儿浪漫主义的遗产在由19世纪带来的现代科学的繁荣中仍得以保持了下来。

正是威廉·狄尔泰这位在威廉二世时代的德国于柏林当了几十年哲学教授的受人尊敬、著名的德国精神的历史作家，在认识论占统治地位的时代，仍然清醒地认识到这个历史性问题并对它作了深刻思考。他的同代人，甚至许多他的学生和朋友也只把他看作一个天才的历史学家，看作德国伟大历史著述传统的一位可尊敬的继承者，称他在哲学史和精神史领域中作出新的、光彩耀人的成就。他的著作涉及多种领域，但只有一些论文和学术论文得到发表。然而在第一次世界大战以后他多卷本的著作集出版了，其中充实了许多重要的遗作。自此以后，狄尔泰显然也被人认作一位哲学家，认作思考历史性问题的思想家。奥特伽·伽塞特（Ortega Y. Gasset）[5]甚至走得更远，他把狄尔泰称作19世纪下半叶最伟大的思想家。

然而我们当然必须学会从与狄尔泰本人方法论观点相反的角度去阅读狄尔泰的著作。因为从表面看来，狄尔泰的著作与新康德主义认识论的提问具有相似的出发点，他通过指出精神科学本身的原则从而试图为它制订一种独立的哲学基础。他在某种描述的和解析的心理学里看到一切精神科学的基础。他在1892年写的一篇《关于一门描述和解析的心理学的观念》(Ideen zu einer beschreibenden und zergliedernden Psychologie)的经典论文中[6]，克服了心理学领域中的自然科学方法论，并赋予精神科学自身以方法论的自我意识。因此，他似乎同样受到认识论提问的控制，这种提问问的是科学的可能性，而不追问什么是历史。然而，实际上他并未仅限于反思我们的历史知识，这种反思正是历史科学的前提，狄尔泰反复思考的是我们人的存在，这种存在受它关于其历史的知识的规定。他把人的此在的根本特性描述为"生命"(Leben)。他认为生命也是一切历史认识最终都要返回到的"核心的"原始事实(die "kernhafte" Urtatsache)。人类生活中的所有客体都应返回到生命的思维构造工作(die gedankenbildende Arbeit)，而不是返回到一种认识论的主体。艺术、国家、社会、宗教以及在这个领域中存在的一切绝对的价值、善行和准则都最终来源于生命的思维构造工作。如果它们要求绝对有效性，那这只能由"时代视界的限制"来解释，这就是说，缺乏历史视界。例如，经过历史启蒙的人知道，与偷窃行为相比，杀人并非必然是更重的罪行。他知道，古老的日耳曼法对偷窃的惩罚更甚于杀人，因为偷窃是卑鄙的、非人性的。只有不知道这一切的人才会相信这里存在绝对的等级秩序。于是历史的启蒙就导致了对无条件者之有条件性的认识，导致对历史相对性的认识，但狄尔泰未因此成为历史相对主义的代表，因为他所思考的并不是相对性，而是生命这个"核心"事实，它是所有相对性的根据。

生命的思维构造工作是如何进行的？狄尔泰把他的哲学建立在理解的内在经验上，理解为我们揭示了概念无法通达的现实。

所有的历史知识都是这样的理解。但理解并不仅仅是历史科学的行事方法,而是人的存在的根本规定。关键在于,我们具有内在的体验。在"回忆"(Erinnerung)中形成这种体验,被扩展为对意义的理解。当狄尔泰认识到这种对意义的理解和自然科学的认识过程具有完全不同的结构时,他就和浪漫主义思想相联系。这里不是从一物类推到另一物、又类推到另外一物,以便从中抽象出普遍性,相反,在这里个别体验就已经是一种意义的整体,是一种关联。而且,个别体验虽说是整个生命过程的一部分,但它的意义却以一种独特的方式和这个整体相联系。这当然不是说某人终极的体验才实现并规定了生命整体的意义。不如说,生活命运的意义本身就是一个不是由终点,而是由某种构造意义的中心出发构造而成的整体。整体关联的意义不是由最近的体验构成,而是由具有决定意义的体验构成。即使是一个瞬间都可能对整个生命具有决定意义。

由于狄尔泰依赖浪漫主义理论,因此他宁可从音乐的理解来阐明这种关系。虽说一首乐曲就是诸多单个音调的排列,但乐曲的结构却并非因最后一个音才得以构成。毋宁说这里早已具有充满意义的动机,整首乐曲就是从这个中心出发得到构成并组成一个整体单位。对历史的理解也是这样一种从中心出发的理解。历史的完整意义很可能只在普遍的历史中才得以实现。因此,恩斯特·特勒尔奇(Ernst Troeltsch)曾把狄尔泰的愿望说成"从相对性到整体性"。但这里重要的在于:整体性并不是一直延续到当前的已完成了的历史整体,而是从一个中心出发,从一种中心化着的意义出发得到构造的。

事实上，这样构造的意义关联（Bedentungszusammenhang）同时就是一种效果关联（Wirkungszusammenhang），这就是说，它并不是在理解中才得以构造，它同时也是作为力量的联系而起作用。历史始终同时既是意义联系又是力量联系。比如狄尔泰指出：一个时代就代表一种统一的意义联系。他把这种联系叫作时代的"结构"。因此，只有这样说才有意义，即人们必须从该时代的结构出发理解该时代的所有现象。仅仅认识陌生时代或陌生环境的纯粹影响或作用，这还不足以满足理解。只有当人体验到对他有所准备、有所感受的影响时，他才会满足。他的这种感受性就是结构。反之，如果人们想完全打断对这种历史效果线索的追问，那就是一种错误的片面性。对影响的经验最终还须取决于，产生这种影响的东西是切近并发生作用的东西。历史并非仅是意义联系，而且是力量的现实联系。让我们仍然用人的生活命运的例子来说明这一点。人的生活命运当然是按照它向之趋近的规律而展现的。但这种命运的环境也随之造成：Daimon und Kairos，即前定性和机会是一起出现的。历史永远既是意义又是现实，既是意义又是力量。

狄尔泰并非偶然地比较美学的理解。因为他关于历史存在及其力量和意义作用的整个理论都有一个前提：即理解的距离是既存的，而历史理性的自主权则是可能的。因此，就像美学理解是在理解着的距离中实现的那样，历史的理解也建立在这种距离之上。狄尔泰甚至恰恰把这理解成生命本身的运动，即思虑（Besinnung）正是从生命中产生出来。从消极方面说，这表示：生命必须摆脱用概念进行的认识，以便构成自己的客观化物。然而真的存在这种理解的自由吗？相信通过历史的启蒙就能变得自由的这种信念在历史自我意识的结构点上有其决定性的根据：即自我意识是在一种无限的、不可逆转的过程中被把握的。康德和观念论就是从这点出发的：每一种已达到的知识本身又可能重又成为一种新知识的对象。当我知道之时，我同样可以知道我知道。这种反思运动是无限的。这种结构对于历史自我意识就意味着，寻找其自我意识的精神正是由此而不断改变着其自身的存在。一旦精神把握自身它就已经与以前的自己变得不同。让我们举例说明这一点：如果某人意识到自己的愤怒，那这种已达到的自我意识已经是一种改变，虽说并非就是自己愤怒的消失。黑格尔在他的《精神现象学》中描写了自我意识趋向自身的这种运动。然而，当黑格尔在哲学自我意识里看到了这种运动的绝对终点时，狄尔泰却把这种形而上学的要求斥之为独断的。这样历史理性的无限制性就对他开启了。历史的理解意味着自我意识的不断增强，意味着生命视域的不断扩展。这里既没有停顿也没有回复。作为精神的历史学家，狄尔泰的广博性就依据于这种在理解中进行的生命无限扩展。狄尔泰是历史启蒙的思想家。历史意识就是形而上学的终结。

这里存在一个要点，当今的哲学研究根据这一点被指向了一条新的道路。

这种理解的自由真的存在吗？事件（Geschehen）的无限联系真的能在这种理解的自由中表现为历史的本质？当我们追问历史自我意识的界限时我们追问的不正是历史的本质？尼采就是最先踏上这种提问之路的人。在他《不合时宜的考察》第二部中他询问历史（Historie）对于生活的用处和害处，他在书中勾画了一幅他的时代所经受的历史病态的惊人图景。他指出，所有促进生命的冲动如何被这种历史病深深毁坏，所有联结的尺度和价值如何因此而丧失，以致人们学会用任意的陌生的标准并不断用其他的价值观进行衡量。但尼采的批评同时也是建设性的。因为他公布了生活的尺度，这种尺度可以衡量一种文化可以不受损害地承担多少历史。历史的自我意识可以有各种样式，它可以是保持性的，或构造范型的或导致毁灭的。在推动历史的这种种方式的真正平衡状态中必须保持可塑的力量，唯此力量才能使文化保持活力。文化需要一种被神话装扮过的视界，它也需要与历史启蒙相对立的限制。但是否有一种回复？抑或任何回复都是不必要的？相信历史理性的理解具有无限性的信念也许是一种幻想？是对我们历史存在和历史意识错误的自我解释？这正是具有决定意义的问题。

存在着许多问题，能使我们对历史理性无限制性的信念产生怀疑。我想到对历史精神的自然常数的追问、对它的生物学前提的追问。我想到对历史的开端的追问。历史真的始于人类开始流传下关于自己的自我意识之时？创造历史的决定难道不比这种自我意识更早？是否存在一种比所有历史时代的前提——犁的发明具有更重要意义的行动？史前民族用以反映自身命运的神话是什么？然而，自从哲学研究超出狄尔泰作出了一些重要进步以来，狄尔泰关于历史理解的问题在今天仍向我们呈现出新的面目。马丁·海德格尔在《存在与时间》中以基本的提问联系涉及人的此在的历史性。他把历史问题从本体论的前提中解放出来，而狄尔泰则仍处于这种前提之下来看问题。海德格尔指出，存在并非必定和总是意指对象性，实际上关键的东西乃在于"制订出存在的事物（Ontische）和历史的事物（Historische）之间属的差别"。人的此在的存在是一种历史性的存在。但这表明,它不像自然科学对象的此在那样是现成在手的,只是比自然科学的对象更为脆弱和可变易。相反,在更原始的意义上,历史性,亦即时间性才意味着存在,而不是自然科学力图认识的现成在手的东西。历史理性之所以存在,只是因为人的此在是时间性的、历史性的。世界历史之所以存在,只是因为人的这种时间性此在"具有世界"。编年史之所以存在,只是因为人的历史性此在本身就是时间。

从这种观点出发,狄尔泰的学说就获得了一种新的面目。首先我们可以问,这种理解的自由究竟代表什么?难道它不是一种纯粹的假象?狄尔泰相信理解可以摆脱借助概念的认识,但他据此所指的难道不就是一种变得不可相信的形而上学的概念?我们所有的理解难道不总是受到概念的指导?历史的理解自夸它不带前见。但这种无前见性不正总是一种有限的无前见性?这种要求不正总有一种论战性的意义,亦即要摆脱这种或那种前见?实际上,要求不带前见(正如人的生活经验所教导我们的)实际上不正总是掩盖了前见的顽固性,这种前见规定着我们而又不被我们察觉?我们可以从历史学家的工作方法中充分认识这一点。他们要求持批判态度,也就是说,用类似法官审慎的公正态度来倾听某个历史问题的材料和证据,以便深入到事物的本质。然而,这种所谓的批判难道不总以起主导作用的前见隐蔽的有效性为根据?在对材料和证据进行批判时最终总有一种信念标准,这种标准只与人们认为可能的东西、准备相信的东西有关。最后,还可以再说几句。历史就像现实生活一样,只有当它深入到(hineinsprechen)我们先已具有的关于事物、人和时代的判断中时,它才同我们攀谈时

(ansprechen)。所有关于意义的理解都有一个前提,即我们要带有这样一种前见的联系。海德格尔把这种情况称作诠释学循环(hermeneutischen Zirkel):我们只能理解我们已知的东西,只能听出我们已读进去的东西。若按自然科学的认识标准来衡量,这似乎是无法容忍的。但实际上唯其如此历史的理解才可能。关键不在于避开这种循环,而是从正确的方式进入这种循环。

由此就产生出第二点:对意义的揭示并不像狄尔泰所认为的那样出自于理解的距离,而是来自于我们自己处在历史的效果联系之中。历史的理解本身总是对效果和继续效果的经验。它的束缚性正好意味着它的历史效用力(Wirkungskraft)。因此具有历史意义的东西要比在行动过程中的理解更为本源地可通达。历史性的此在始终具有一种处境、一种观点和一个视界。这就像一幅绘画中的透视法,亦即按"较近""较远"编排的事物的次序,包含一种人们必须占据的视点。然而人们总是通过自己的编排才进入同事物的存在关系并附属于事物的秩序。这样才使事件的一次性、瞬间的充实性得到呈现。与此相反,前透视法的绘画却把所有的事物都展现在一种展开的永恒性以及对一种彼岸意义的一览无余之中。因此历史的真理却不是某种观念的透视,而是一种不可重复的决定的联结物。

于是又产生出第三个观点,我总觉得急迫地需要说出这一点:理解具有无限制的自由不仅是一种被哲学思考所揭示的幻觉,而且当我们试图理解时我们就能经验到这种理解自由的限制。正由于理解的自由必然受到限制,所以只有在自我放弃,亦即遇到不可理解之物时,理解才真正得以实现。我这里所指的并非某种未作研究便下的好心决定，而是我们大家都知道的我们道德生活经验中的一个因素：在我和你关系中的理解。这种经验告诉我们：在我和你之间，除非当其中之一提出要求以对方的存在和意见来理解对方，否则绝不会产生真正的相互理解。要先于对方所说的话语之前"进行理解"(Verstehend)，这实际就是拒绝对方的要求。这就是一种不让对方对自己说什么的方式。然而，如果有谁能够让对方说些什么，能够让对方的要求发生作用，而不去事先理解对方并因此而限制对方，那他才能获得真正的自我认识。这样他才会有所领悟。所以我们处于狭隘生活经历中的自我并不像狄尔泰所认为的那样会在自主的理解中得到某种真正的扩展，而是在和不理解的东西相遇时才得到这种扩展。也许只有当我们感受到一个完全陌生的历史世界的气息时我们才会认识到自己固有的历史存在。历史存在者的基本特性显然就是要显明(bedeutend zu sein)，但这是一种积极的说法；而趋向历史的存在则是让某物对自己有所显明(sich etwas bedeuten zu lassen)。在我和你之间因此只产生出真正的联结，而在我们和历史之间则只产生出历史命运的联结。

  从这个观点出发就有一个问题成为历史诠释学的中心，这个问题至今一直疑窦重重，这就是神话问题。它是所有历史方法论问题中最为晦暗不明的问题。如果我们想要科学性的说明，我们究竟该怎样解释神话呢？我们在作说明时必然感受的不言而喻，富有成果的前见究竟是什么？神话的意义和童话的意义是隐藏得最深层的意义。它们的意义用何衡量？难道我们不曾觉得不存在足以解释神话和童话之意义的方法？难道归根到底和实际上情况不是这样吗？即我们根本无法解释神话，因为神话是在解释我们？

实际上，只要神话在诉说，它们就是真正的卓越者，是真正的全知者，它们在黑暗中闪烁照明并对我们进行教导。神话和童话似乎从一开始就充满知识，因此它们具有真正的历史深度。在历史奥秘中透露的精神并不是我们的历史理性精神。因此，我们这些历史人在被儿童称作自己的东西的神话和童话面前显得茫然无助。因此，我们经过启蒙的理性仍处于神话力量的控制之下。人类的精神史并不是解脱世界的神话的过程，不是用逻各斯、用理性去消解神话的过程。这种模式是建筑在历史启蒙的偏见上，建筑在一种天真的前提上，即进行理性思考者的理性是使这种模式获胜并得到统治的足够根据。实际上，理性本身不可能做到这一点。理性本身只是一种历史的可能性——和机会。它既不能理解自己，又不能理解神话的现实性，理性其实反倒受神话的包围并永远处于神话的支配之中。

认为历史启蒙具有全能力量的想法只是一种假相。历史的真正本质存在于和这种启蒙相抵抗之处，存在于能证明自己具有持续当前性的事物身上。神话并不是历史现实的面具，仿佛理性能从事物中得出这种历史现实，从而使自身成为历史的理性。相反，它倒是揭示了历史的本质力量。我们自身历史意识的视界并非是受过启蒙的意识的不带神话的、无尽的沙漠。这种启蒙状态其实受到历史的束缚和限制，是我们命运实现过程中的一个阶段。如果这种启蒙状态把自己认为是历史意识的无命运支配的自由，它就误解了自己。但这只是说明：历史就是我们从来曾是和现在所是。它是我们命运的联结纽带。

3

精神科学中的真理

（1953年）

由于精神科学具有较大的公开性，因此我们很难对于其研究方式找到正当的理解。我们很难明确表述精神科学中属真理的东西及其得出的结论。但在精神科学的某些领域中，因其对象明了易懂，这一点仿佛倒更容易做到。如果一个国民经济学家必须在今天谈论他的工作对于公众福利的意义，那么他肯定能得到普遍的理解。如果一个艺术科学家为我们展示一些美的东西，即使它们只是一些远古时代的发掘物，他也可能得到普遍的理解。因为即使那些很古老的东西也会唤起一种令人惊异的普遍兴趣。但哲学家的情况却正相反，他们并不能提供显而易见或大家都信的结果，而只能表述一些需要思考和反思的东西，这些东西正是在精神科学的工作中向思考者展现了自身。

一

现代的科学概念是由17世纪自然科学的发展所铸造的。我们对自然日益增长的统治应当归功于这种发展，因此人们又期待关于人和社会的科学也能达到对人文-历史世界类似的统治。实际上自从科学使我们对自然的统治日益加甚，人们对精神科学期待得还更多,我们对文化感到的不适非但没有减轻,反而加重了。自然科学的方法并没有包容所有知识价值,它甚至从未包含过最重要的知识价值,那就是对自然手段和人的统治所为之服务的最终目标。人们期待从精神科学及其中的哲学里得出的知识乃是另外种类、另外等级的知识。于是我们将不再谈论自然科学方法的运用为所有科学提供的共同性,而是谈论精神科学使其表现得如此有意义、如此值得思考的一次性。

1. 在精神科学中究竟什么才真正是科学的?我们真的可以毫无问题地把自然科学的研究概念运用到精神科学中去?因为自然科学所考虑的东西,例如去发现新的、从未认识过的东西,开辟一条安全的、经由所有可反复检验的道路达到这种新的真理等等,这一切在精神科学中似乎只处于次要的地位。精神科学知识的丰硕成果似乎更接近于艺术家的直觉本能而不是自然科学研究的方法精神。确实,在每一个研究领域中人们可能说一切天才创造都是重复同样的东西。但在自然科学研究的方法工作中却总是不断产生出新的见识,就此而言,科学本身就藏身在方法的运用中。

精神科学的研究当然也要运用方法。在通俗科学的美文学中,通过某种可验证性也显示出方法的运用——但这种验证性却是用于材料而不是用于从这些材料中得出的结果。在精神科学领域中,科学并不因其方法论而能保证其真理性。在业余爱好者非科学的作品中甚至有可能倒比有意识地运用研究方法的作品中存在更多的真理。实际上可以指出,过去一个世纪中精神科学的发展虽说总把自然科学作为自己的榜样,但它最强烈、最根本的动力却并非来自这种经验科学的出色激情,而是来自浪漫主义和德国唯心主义的精神。正是在浪漫主义和唯心主义中活跃着关于启蒙的界限以及科学方法的界限的知识。

2. 虽说精神科学因此而对我们有如此的意义，然而，人类渴求真理之心真的就因此而得到了满足？精神科学通过研究和理解进入历史的宽广领域，虽说它由此扩展了人类关于整个过去的精神视界，但当代的真理追求不仅不会因此而得到满足，而且它本身也已似乎变得可疑。精神科学在其自身中所构造的历史意义带来了一种适应可变标准的习惯，而这种习惯由于使用自己的标准而导致了不确定性。尼采在他《不合时宜的考察》第二部中就已明白，历史学对生活不光有用，同时也有害。历史主义在所有事物中都发现历史局限性，从而摧毁了历史研究的实用意义。历史主义的精致的理解艺术削弱了企图达到绝对价值的力量，而生活的道德现实就存在于这种绝对价值之中。历史主义的认识论顶峰就是相对主义，它导致的后果则是虚无主义。

关于所有认识都受当代活跃的历史和社会力量所限制的这一见解并不只是从理论上削弱我们的认识信念，而且也表明我们的认识相对于时代的意志力毫无实际的自卫能力。精神科学被勒令效力于这种倾向，而且被从它的知识在社会、政治、宗教抑或无论其他什么方面所意味的权力价值（Machtwert）来评价。于是，它就强化了权力对精神施加的压力。精神科学比起自然科学毫无疑问更容易受恐怖统治的伤害，因为它不像自然科学那样具有令人称羡的确定尺度，可以从有目的的伪装和隐藏中区分出真实的、正确的东西。于是，精神科学用以与一切研究的道德习俗相联结起来的最后的道德共同性也陷入了危机。

如果谁从完全怀疑的角度考虑精神科学中真理所具有的这种可疑性,那他首先更愿在一个自然科学家以及由自然科学的观念世界规定的门外汉圈子中引用一个无可怀疑的证据:伟大的物理学家赫尔曼·赫尔姆霍茨(Hermann Helmholtz)在大约100年前就讲过自然科学和精神科学的区别。他认为精神科学这门特殊科学具有合理性和先见之明的优势,他的这种观点今天仍然值得我们重视。虽说他按照自然科学的方法来衡量精神科学的工作方式,并从这个角度进行描述,因此我们很可以理解他用以得出精神科学结论的那种充满预感的直接推论(Kurzschluss)显然无法满足他的逻辑要求。但他发现,这正是精神科学达到真理的实际方法,并且还需要其他种类的人的条件来得出这种直接结论。凡属于记忆、想象、机敏、缪斯的敏感和世界经验的东西当然与自然科学工作者所需要的工具完全不同,但它也是一种工具,只是它们不能被造出来,而是通过进入到人类历史巨大的传承物中才得到增长。这里起作用的并不只是启蒙时代的老格言:鼓起勇气,运用你的理性。这里起作用的恰好也是相反的东西:权威性(Autorität)。

我们必须正确地思考上述话的含义,权威性并不是一种要求盲目听从和禁止思考的权力优势。权威性真正的本质毋宁在于:它不是一种非理性的优势,甚至我们可以说,它可以是一种理性本身的要求,它乃是另外一种优势,以克服自己判断的观点作为前提。听从权威性就意味着领会到,他者——以及从传承物和历史中发出的其他声音——可能比自己看得更好。每一个在精神科学中寻找通路的年轻初学者都会从自己的经验中认识到这一点。我自己就记得作为一个初学者如何和一个饱学之士争论一个科学问题，我自认为对此问题上所知甚好。后来他突然教了我一件我不知道的事情，于是我很愤怒地问他：您怎么知道这个的？他的回答是：等您到了我这般年纪，您也会明白的。

　　这是一个正确的回答。然而，作为一个自然科学的教师或学生，有谁愿意承认这样一种回答？我们多半不会说，为什么初学者的这种或那种语文学或历史学的猜测"不可能"。这是一个机敏问题，是通过不断地和事情打交道学会的，但不是教会的，不能被说明的。因此，在这样一种教育的情境中几乎毫无例外，博学的老师总是对的，初学者总是错的。当然，和这种特别的真理条件相联系，相对于自然科学研究者我们也没有绝对确定的尺度，以区分真正的成就和空洞的要求，是的，我们甚至经常怀疑自己所说的是否真的包含着我们所认为的真理。

二

　　倾听传承物并使自己置身于其中，这显然是精神科学中行之有效的寻求真理之途。甚至我们作为历史学家对传承物进行的一切批判，最终都是为了使我们得以亲近我们处身其中的真正的传承物。条件性并不是对历史认识的妨碍，而是真理本身的一个要素。如果我们不想随意地陷入这种条件的限制，我们就必须同时考虑这种条件。将那种存在与认识者的角度相分离的真理的幻象加以摧毁，在这里正可以成为"科学的"任务。我们有限性的标志正在于能一直想到这种有限性并使自己免于幻想。而对历史方法之客观性的天真信念就是一种这样的幻想。但是，取代这种信念的却并不是衰弱的相对主义。我们本身的存在以及我们能从过去的历史中听出的东西既不是任意的也不是随意的。

我们历史地认识的东西其实归根结底就是我们自己。精神科学的认识都带有某种自我认识。尽管在自我认识中比在任何地方都更容易产生失望,但在自我认识中也比任何地方更能达到对人的存在的深刻洞见。因此,正如我们所知,在精神科学中,从历史传承物中听出的并非只是我们自己,而且恰恰也有其他东西:从中我们经验到一种推动(Anstoß),从而使我们能超越自我。因此,并非简单地满足我们期待的研究,这种研究不具推动性的(Unansfössige)——就能获得我们的支持;相反,它是要我们认识到——与我们自身相反——何处存在新的推动。

对上述两点疑虑的反思却对我们的任务产生了直接的实际后果。谁要想促进精神科学的发展,谁就只能在极少情况里作出实际的帮助。在精神科学中得到帮助的只是人,而且在这个领域中充满了不确定性,因为衡量精神科学成就的尺度极难控制。由于我们真正支持的并非不具推动性的研究,这使我们面临一个几乎无法解决的任务,要去认识我们无法看到的新的富有成果的东西。因为我们的方法挡住了自己的目光。任何一种自由的管理方式都无法满足这项任务。

三

从我们的思考中又引出这样一个问题,为什么在大众时代精神科学的状况是如此困难。在一个严密组织的社会中每一个利益集团都按其经济和社会权力的尺度发生作用。他们对科学研究工作的评价标准,也完全看它的结果有利还是损害他们本身的权力。

因此，每一种研究都担心它的自由受到干涉，甚至自然科学家也知道，如果他们的研究成果不利于统治者的利益，那么贯彻执行就会遇到困难。经济和社会的利益对科学施加着压力。

然而，在精神科学领域中，这种压力可以说是从内部进攻的。它本身就处于把适应权力利益的东西视为真实的东西这一危险之中。因为它的研究具有一种不确定性因素，因此，其他人的赞同对于精神科学就非常重要。如果专家具有"权威性"，他们就成为这样的人。然而由于他们的特殊参与的工作对所有人都是不确定的，因此，希望和公众的判断相一致，希望使自己的研究在公众中得到共鸣，这一切早已是精神科学工作者未曾察觉地携带的意图。比如，在政治历史的写作中，祖国的利益就特别明显。同样的历史事件即使在最严肃的另一民族的研究者笔下也会显出极大的不同，这已广为人知。这并不是出于效果的考虑，而是由于内心的附属性，正是这种附属性规定了他们的立场。但由于事情很容易逆转，因此他们就会寻求有利于公开效果的立场。

但我们必须认识到，这并不是鉴于人的弱点而偶尔产生的一种附带的败坏现象，这正是我们时代的标志，正是从这种普遍的弱点中产生出一种行使权力和统治的制度。谁掌握新闻单位技术工具，他就不仅能决定公众意见——而且由于操纵了公众意见他可以控制公众的意见去达到自己的目的。正因为我们在形成判断时太具依赖性，而不是根据通过启蒙建立起来的自我估价，这种权力手段就具有恶魔般强大的力量。谁不承认自己的依赖性并相信自己具有并不存在的自由，那他就是作茧自缚。其实令人可怕的就在于，受威吓的人自己在威吓自己。理性本身可以贿赂，这正是人类近百年来造成的具有灾难性的体验。

精神科学对此有特殊体会,但它也由此具有一种防止滥用权力和贿赂理性的可能性。因为它的自我认识使它无法期待从更多的科学得到它至今尚未做到的事。完成了的启蒙的理想本身就是一种矛盾,因此精神科学就有了自己特定的任务:在科学研究中总是永远承认自己的有限性和历史条件性,并且不断地反对启蒙运动的自我神化幻想。它不能推卸在社会上发挥作用的责任。面对现代世界通过操纵舆论从而控制公众意见的局面,精神科学越过家庭和学校对从中生长出来的人产生直接的影响。它就称精神科学中的真理为自由之永不熄灭的痕迹。

这使我们最后回想起柏拉图早已说过的一个观点:他把存在于 Logoi,即说话中的科学称作滋养灵魂,正如吃喝是身体的营养。"人们在买东西的时候同样要怀疑他是否被欺骗买了坏东西。的确,买知识甚至比买饮食有更大的危险,因为你从批发商或零售商那里买来饮食,把它放在特别的器皿里带回家,在把它当作食品吃下肚之前,你可以把它放在家里,找一个懂得什么是可以吃的,什么是不能吃的,应当吃多少,以及应当在什么时候吃的人来看看,这样,买饮食的危险就不那么大了。可是你买知识的货物却不能把它放在别的器皿里,你付钱买它的时候,必须把它立刻接纳到灵魂里并受其影响,要不是大受其害,就是大得其益。"②

柏拉图笔下的苏格拉底用这些话警告一个年轻人,不要不假思索地相信当时某个令人称羡的智者上的课。他发现在诡辩术和

---

② 《普罗泰戈拉篇》,314,a、b。

真正的哲学之间存在一种与在 Logoi，即讲话之中的知识相联系的二义性。但他同样也认识到作出正确决定的特殊意义。

　　这种认识可以运用到探究精神科学中的真理的问题上，由此，它就在整个科学中成为一门特殊学科。只要它转向人的教育和教化，那么即使它自称的认识或真正的认识都会对一切人类事务产生直接影响。在精神科学中并不存在区分正确和错误的手段，它所使用的只是 Logoi，讲话。而正是借助于这种手段才能达到人能达到的最高真理。构成精神科学之思考实际上只是它的本质特征：它就是 Logoi，讲话，且"只是"讲话。

4
什么是真理？
（1957年）

直接从历史境遇的意义来理解，则彼拉多（Pilatus）的问题"什么是真理"（《新约圣经·约翰福音》，第18章，第38行）是一个中立性的问题。[7]在当时的巴勒斯坦的国家法情况下，担任约旦行政长官的蓬丁乌斯·彼拉多讲这句话的意思是要说明，由一个像耶稣那样的人所宣称为真理的东西和国家丝毫没有关系。面对这种情况国家机关所采取的自由主义的宽容的态度具有某种很值得注意的东西。如果我们想在古代国家或近代国家直到自由主义时代的国家之间寻找相似性的东西那将是徒劳的。正是这种摇摆于犹太"国王"和罗马执政官之间的国家暴力的特殊国家法状况，使这样一种宽容态度根本上成为可能。也许宽容的政治观点总是相似的；那么由宽容理想所提出的政治任务就在于建立相似的国家政权平衡状态。

如果人们相信，由于现代国家原则上承认了科学的自由，因此这种问题在现代国家中不复存在，那是一种幻想。因为把科学自由作为依据，这一直是一种危险的抽象。科学家只要一走出宁静的研究所和受禁止入内招牌保护的实验室，并把他的知识公布于众，科学自由就不再能使他摆脱政治责任的束缚。尽管真理的观念无条件和明确地支配着科学家的生活,但是他说话时的坦率性是有局限的和暧昧的。他必须知道并对他的话所起的效果负责。这种联系极端不利的一面在于,由于他要考虑效果,他就陷入了一种境地,即他力求去说事实上是公众舆论或国家的权力利益指使他说的话,而且劝说自己把它作为真理而接受。在发表意见的局限和思想的不自由之间存在着一种内在的联系。我们不想隐瞒,在彼拉多所提出的意义上的"什么是真理"这个问题,直到今天仍然决定着我们的生活。

Ⅱ45

然而还有另外一种声调,我们很熟悉用这种声调倾听彼拉多的问题,当尼采说,新约中唯一有价值的话就是彼拉多的问题时,他就是用这种声调聆听这个问题的。按照这种声调,彼拉多的话对于"狂热的宗教徒"表示了一种怀疑。尼采引用这一点并非偶然。因为尼采对他那个时代的基督教所作的批判也是一个心理学家对宗教狂热者的批判。

尼采把这种怀疑极端化为对科学的怀疑。实际上科学与宗教狂热者确有共同之处。因为科学总是要求证明并且提出证明,所以它也和宗教狂热者一样地不宽容。如果一个人总想证明他所说的必然是真理,那他正是最不宽容的。尼采认为科学是不宽容的,因为它压根儿就是一种虚弱的标志,是生命的晚期产品,是一种亚历山大城遗物,是辩证法的发明者苏格拉底带到这个世界上来的颓废的遗产,其实在这个世界中并没有"不正当的证明",而只有正当的自我确信无须证明地指示和诉说出来。

这种从心理学角度对真理的断言产生的怀疑当然并不针对科学本身。没有人会在这点上跟随尼采。但事实上仍有对科学的怀疑,它是在"什么是真理"这句话背后作为第三层次的东西出现的。科学真的像它声称的那样是真理最后的审定者和唯一承担者吗?

我们要感谢科学把我们从众多成见中解放出来并使我们从众多幻觉中醒悟过来。科学的真理要求就在于对未经验证的成见提出疑问,并用这种方式使我们对事物的认识达到比迄今为止所知的更多更好。与此同时,对我们而言,科学的方法在一切存在事物上扩展得越远,从科学前提出发而来的对真理的追问能否在其完整的距离内获得允许就变得越发可疑。我们焦虑不安地自问:科学的方法究竟可以推广到多远?因为存在着太多我们必须知道答案的问题,而科学却不让我们知晓这些问题。科学使这些问题丧失信誉,也就是把这些问题说成是无意义的问题,从而禁止这些问题。因为对于科学来说,唯有满足其传导真理和证明真理的方法的才具有意义。这种对科学的真理要求表现出的不快感首先表现在宗教、哲学和世界观中。对科学持怀疑态度的人就是引证这些学科来划出科学专门化的界限,指出方法的研究相对于重要的生活问题所具有的局限性。

如果我们对彼拉多的问题的三个层次先都作了这样的说明,那就清楚,唯在第三层次即真理和科学的内在联系上,才成为问题,而这个层次对于我们最为重要。因此,我们首先要评价这一事实,即真理和科学根本上具有极为优先的联系。

众所周知,正是科学构成西方文明的特点,而后又构成它的具有控制性的一致性。但如果我们要想了解这种联系,我们就必须回溯到这种西方科学的起源,亦即回溯到它的希腊根源。希腊科学与人们在此之前所知并一直当作知识的一切东西相比具有一些新的因素。当希腊人形成这种科学之时,他们就使西方与东方相区别并使西方走上了自己的发展道路。它是一种对不知的、少见的、令人惊奇的事物而进行认识（Kenntnis）、再认识（Erkenntnis）、研究（Erforschung）的独特的追求，是一种对人们自己解释并认作真的事物（实际上应当怀疑的事物）的同样独特的怀疑，正是这种独特的追求和怀疑创造了科学。也许荷马史诗中的一个场面可以当作富有教益的例子：人们问特莱马赫是谁，回答说："我的母亲叫潘涅罗帕，但没有人确切地知道谁是我的父亲，有人说，他是奥德赛。"这种直至最极端的怀疑揭示了希腊人的特殊才能，这种才能把他们渴求认识和要求真理的直接性发展成了科学。

当海德格尔在当代追溯希腊关于真理这个词的意义时，这就表达了一种令人信服的认识。说 Aletheia（真理）的真实意义是去蔽（Unverborgenheit），这并非海德格尔的首创。但海德格尔使我们认识到这对于存在之思具有何种意义，亦即我们必须从事物的遮蔽性（Verborgenheit）和掩饰性（Verhohlenheit）上以掠夺的方式赢获真理。遮蔽性和掩饰性——这两者共属一体。事物总是从自身出发保持在遮蔽性之中；据说赫拉克利特曾说过"自然喜欢把自己隐藏起来"。而掩饰性也正是人的言行所固有的。因为人的话语并非总是传达真理，它也熟悉假象、幻觉和伪装。因此，在真的存在和真的话语之间就有一种原始的联系。在者的去蔽就在陈述的揭露（Unverhohlenheit，直言不讳、毫不掩饰）中得到表达。

最精妙地进行这种联系的讲话方式就是理论（Lehre）。在此我们必须说明，理论教导对于我们来说并不是讲话唯一的、首要的经验，而它却很可能是由希腊哲学家首先想出的讲话经验，且这种讲话经验竭其所能造就了科学。一当希腊人很快认识到，在话语中主要保持和隐藏的就是让事物本身处于其可理解状态中时，于是，讲话，逻各斯(logos)就经常被正当地翻译成了理性。在特定的讲话方式中得到展现和转达的正是事物本身的理性，人们把这种讲话方式叫作陈述或判断，希腊语是 apophansis。后来的逻辑学为此词构造了判断这个概念。对于判断的规定是，它和所有其他讲话方式不同之处在于它只想成为真的，它的衡量尺度只在于它按在者的存在样式去敞开在者。有无数种讲话的形式，诸如命令、请求、咒骂以及尚须加以说明的完全谜一般的疑问现象，用这些讲话形式也能说明一些真实的东西。但它们的最终规定性并不仅仅是按在者本身来指明在者。

　　在讲话中完全指明真理的究竟是何种经验？真理就是去蔽(Unverborgenheit)。让去蔽呈现出来，也就是显现(Offenbarmachen)，这就是讲话的意义。人们呈现，并以这种方式呈现，向他人转达有如呈现在他人面前的东西。亚里士多德如是说：如果一个判断把事物中的联系如其所是地呈现出来，它就是一个真判断，如果在其话语中呈现的联系并非是事物本身中的联系，它就是一个错误的判断。因此，话语的真理性就以话语与事物是否符合来确定，亦即视话语的呈现是否符合所呈现的事物而定。于是就产生了从逻辑学角度看十分可信的真理定义，真理就是 adaequatio intellectus ad rem(知性对事物的符合)。这样就设定了一个毋庸置疑的自明的前提；话语，也就是在话语中讲出的 intellectus(知性)都有这样衡量自身的可能性，即只把存在的东西在某人所说的话语里加以表述，而且它还能如事物所是的样子指明事物。由于注意到还存在话语的其他真理可能性,我们在哲学中把它称之为命题真理(Satzwahrheit)。真理的所处就是判断。

这可能是一种片面的主张,亚里士多德对此并未提出清晰的证据。但它却是从希腊的逻各斯理论中发展出来并且成为近代科学概念发展的基础。由希腊人创造的科学最初和我们的科学概念是完全不同的。真正的科学并不是自然科学,更不是历史学,而只有数学才算真正的科学。因为数学的对象是一种纯理性的存在,又因为它可以在封闭的演绎联系中得到表现,因此它就是所有科学的典范。现代科学的看法则正相反,数学并非因其对象的存在方式而是作为最完美的认识方法而成为典范。近代科学的形态经历了与希腊和基督教西方科学形态的根本决裂。如今占统治地位的是方法概念。近代意义的方法尽管能在不同的学科中具有多样性,但它却是一种统一的方法。由方法概念规定的认识理想就在于我们这样有意识地大步走上一条认识的道路,以致有可能永远继续走这条道路。方法(methodos)就叫作"跟踪之路"(Weg des Nachgehens)。总是可以像人们走过的路一样让人跟随着走,这就是方法,它标志出科学的进程。但由此就必然会对随着真理要求能出现的东西进行限制。如果说可验证性(Nachprüfbarkeit)——不管何种方式的验证——才构成真理(veritas)的特性,那么衡量知识的尺度就不再是它的真理,而只是它的确实性。于是由笛卡尔表述的古典的确实性规则就成为现代科学的基本伦理,它只让满足确实性理想的东西作为满足真理的条件。

现代科学的这种本质对于我们整个生活具有决定性的作用。因为证实的理想,即把知识限制于可验证性,都只有在仿造

Ⅱ48

(Nachmachen)中才得到实现。这就是现代科学,整个计划和技术世界就从它的进步规则中生长出来。技术化给我们带来的文明和困境的问题并不在于知识和实际运用之间缺乏正确的仲裁。其实正是科学的认识方式本身才使它不可能有这种仲裁。它本身就是一种技术。

对于科学概念随着近代的开始而经历的转变所作的真正反思就在于要看到,在这种转变中同样包含着希腊关于存在思想的根本原理。现代物理学以古代形而上学作为前提。海德格尔认识到西方思想具有从这种悠远历史中继承而来的烙印,这构成他对当代历史性的自我意识的本质意义。因为这种认识确定了西方文明史的不可避免性,从而拒斥了一切重建古老理想的浪漫主义尝试,不管它们是中世纪的理想,抑或希腊化——人文主义的道路。即使由黑格尔创造的历史哲学和哲学史的模式也不能令人满意。因为按黑格尔的观点,希腊哲学只是对那种在精神的自我意识中得到其近代实现的东西的一种思辨预演而已:思辨唯心主义及其对思辨科学的要求本身最终成了一种无力的复辟。科学是我们文明的核心——无论人们如何斥骂它。

然而,并非直到今天哲学才开始发现其中的问题。毋宁说这里存在着我们整个文明意识未曾解决的困难,这种困难是现代科学从对"学派"的批判及其阴影中得来的。从哲学角度看应该这样来提问题:我们能否并在何种意义用何种方式追溯到构筑在科学中的深层知识?无需强调,我们每个人的实际生活经验总在不断地进行这种追溯。我们总是能希望其他人发现我们当作真理但又无法证明的东西。确实,我们甚至不需要总是把证明的方法当作使其他人获得见解的正确方法。按照逻辑形式，陈述有赖于可客观化(Objektivierbarkeit)，但我们却逐渐地超越了这种可客观化的界限。我们经常生活在对这种并非可客观化的东西的传达形式中，这种传达形式为我们提供了语言，甚至是诗人的语言。

虽然科学要求通过客观认识克服主观经验的偶然性，通过概念的单义性克服语言多义标志。但问题在于，在科学本身内部真的存在这样一种作为判断的本质和陈述真理性本质的可客观化界限吗？

该问题的答案绝非不言而喻。在当今哲学中存在着一种巨大的，其意义确实不容忽视的思潮，上述问题的答案就包含在这种思潮中。这种思潮相信，一切哲学的整个秘密和唯一任务就在于精确地构造陈述，从而使它能够清晰地陈述意指的事物。哲学必须构造一种符号体系，这种体系不依赖自然语言比喻的多义性，也不依赖现代文化民族使用的多种语言以及由此造成的不断的误解和分歧，而是要达到数学的清晰和精确。数理逻辑在这里成了解决科学迄今为止留给哲学的所有问题的途径。这股思潮发自于唯名论的故乡并扩展到整个世界，它表现为18世纪观念的复活。作为一种哲学它当然困扰于固有的逻辑困难。它自己也开始认识到这一点。它证明，由封闭在这种约定中的体系本身根本不可能导出约定的符号体系，因为每提出一种人工语言就已经以另一种人们说的语言为前提。这就是元语言所遇到的逻辑难题。但其实还有另外的解决方法。我们所操并生活于其中的语言具有一种突出的地位。它同时就为所有相随而来的逻辑分析提供了内容的预先所与性(Vorgegebenheit)。而且它并不是陈述的单纯集合。因为要说出真理的陈述除了要满足逻辑分析外还必须满足其他完全不同的条件。它的去蔽要求并非仅在于让存在的东西提示出来。仅仅把存在的东西通过陈述提示出来是不够的。因为问题恰好在于，是否所有存在的事物都能在话语中被提示出来，人们是否通过提示他能提示的东西而不阻碍承认那些仍然是存在的和被经验的东西。

我认为精神科学为该问题提供了意味深长的证据。即使在精神科学中也有一些能从属于现代科学方法概念的因素。我们每个人都必须在可能的范围内把所有认识的可证实性作为一种理想。但我们必须承认，这种理想很难达到，而那些力求最精确地达到该理想的研究者却常常未能讲出真正重要的东西。因此我们就会发现，在精神科学中存在着某些不可能以同样方式在自然科学中想到的东西，亦即有时一位研究者从一本业余爱好者的书中能学到比从其他专门学者的书中能学到的东西更多。当然这只限于例外的情况。但是存在这种情况就表明，在真理认识和可陈述性之间有一种并非按陈述的可证实性来衡量的关系。我们从精神科学中深切地认识到这一点，因此我们很有理由对某种确定的科学工作类型抱有不信任，这些科学工作将其借以进行的方法前前后后并且首先是在下面——也就是在脚注中——完全清楚地指明了。这种工作真的询问着某些新东西？真的认识到什么？抑或只是很好地仿制人们借以认识的方法，由于这种方法只以外在形式出现，从而人们就以这样的方式表达科学工作？我们必须承认在精神科学中的情况正好相反，最巨大和最有成果的成就远远先于可证实性的理想。这一点从哲学上讲是很有意义的。因为这并不是指那些没有独创性的研究者出于一种幻觉而装得像一个博学者，而富有成果的研究者则必须以一种革命的方式把迄今为止在科学中适用的一切都撇在一边。相反,这里表明一种实际的关系,按照这种关系,凡使科学可能的,则它同样也能阻碍科学认识的成就。这里涉及的是真理和非真理的原则关系。

这种关系表明在以下这点,仅仅把存在的东西如其所是地呈现出来虽说是真实的,但这样做也同时指出哪些东西可以继续作有意义的追问,并能在进一步的认识中得到揭示。仅仅取得认识的进步,而不同时提出可能的真理,这是不可能的。因此,这里涉及的绝不是一种量的关系,似乎我们只能保持知识的有限范围。相反,情况并不仅是当我们认识真理的时候,我们总是同时遮蔽和遗忘真理,而是当我们追问真理的时候,我们必然已经陷在自己诠释学境遇的藩篱之中。但这就表明,我们根本不能认识某些真实的东西,因为我们在并不自觉的情况下已经陷入了前见。甚至在科学工作的实践中也有诸如"模式"(Mode)之类的东西。

我们知道,模式具有何等巨大的力量和强制力。然而在科学中"模式"这个词听起来却特别糟糕。因为我们的要求自然在于,超越仅仅要求模式的东西。但问题却在于,科学中同样存在模式是否真的无关宏旨。我们借以认识真理的方法是否必然会使我们每一个进步远离从之出发的前提,并把前提置于不言而喻的黑暗之中,从而使我们极难超越这种前提,难以检验新的前提并获得真正新的认识。不仅存在生活的官僚化,而且还有科学的官僚化。我们问道:这到底是科学的本质,还仅是科学的一种文化病,就像我们在其他领域如当我们惊异于行政机构大楼和保险机关的庞大建筑时发现的类似病态?也许它真的是真理的本质,就如希腊人当初对真理的思考那样,因此它也是我们认识能力的本质,就如希腊科学首先创造的那样,正如我们上面所见,现代科学只是把希腊科学的前提——这些前提主要表现在逻各斯,陈述和判断诸概念中——推向极端而已。在当代德国由胡塞尔和海德格尔规定的现象学研究试图对此作出说明,它追问超越逻辑的陈述的真理条件是什么。我认为原则上可以说:不可能存在绝对是真的陈述。

众所周知,这种论点就是黑格尔通过辩证法达到理性自我建构的出发点。"句子的形式不足以讲出思辨的真理。"因为真理是整体。于是,黑格尔对陈述和句子所作的这种批判本身就与整体陈述性理想相联系,亦即与辩证过程的整体相联系,这种过程唯有在绝对知识中才被人认识。这种理想又一次把希腊人的观点极端化了。为陈述的逻辑自身设置的界限并不是由黑格尔规定的,而是鉴于针对黑格尔的历史经验的科学才真正得到规定。致力于历史世界经验研究的狄尔泰的工作也在海德格尔的新的工作中起过重要的作用。

如果想把握陈述的真理,那么没有一种陈述仅从其揭示的内容出发就可得到把握。任何陈述都受动机推动。每一个陈述都有其未曾说出的前提。唯有同时考虑到这种前提的人才能真正衡量某个陈述的真理性。因此我断定:所有陈述之动机的最终逻辑形式就是问题。在逻辑学中据优先地位的并不是判断,而是问题,就如柏拉图的对话以及希腊逻辑学的辩证法起源历史地证明的那样。但问题优先于陈述只是表明,陈述本质上就是回答。没有一种陈述不表现为某种方式的回答。而对陈述的理解也必然是从对该陈述回答的问题的理解获得其唯一的尺度。这是不言而喻的,每个人都能从其生活经验认识到这一点。如果有人提出一个使人无法理解的断言,那么,人们就要试图解释这个断言来自何处。他到底提出了什么问题,从而他的陈述可以作为该问题的回答? 如果一个陈述是一个应是真的陈述,则我们就必须试着自己找出可以让陈述作为其答案的问题来。当然,要找出可以让陈述作为其真答案的那个问题并不容易。这之所以不容易,主要是因为问题本身并非我们能够任意设想的每一个问题。因为每一个问题本身又是一种回答。这就是我们在这里所陷入的辩证法。每个问题都受动机推动。它的意义也绝不会在本身中完全表现出来。③ 我在上面指出了威胁我们科学文化的亚历山大主义问题,只要问题的起源在这种科学文化中变得复杂困难,那么这里就会有它的根。对于研究者来说,在科学中具有决定意义的就是发现问题。但发现问题则意味着能够打破一直统治我们整个思考和认识的封闭的、不可穿透的、遗留下来的前见。具有这种打破能力,并以这种方式发现新问题,使新回答成为可能,这些就是研究者的任务。所有陈述的意义域都源自于问题境遇(Fragesituation)。

我在这里使用了"境遇"(Situation)概念,这是表明,科学的问题和科学的陈述只是某种可由境遇这个概念来规定的、极为普遍关系的特例。甚至在美国的实用主义中就早已有了境遇和真理的联系。实用主义把能够对付某种境遇作为真理的标志。认识的成果就在于排除某种疑难境遇——我并不认为这里所举实用主义处理事情的方法就已足够。这只是表明实用主义把一切所谓的哲学问题和形而上学问题简单地撇在一边,因为它所关心的只是能够

---

③ [参见我的著作集,第1卷,第304、368页、第374页以下。]

应付境遇。为了达到进步,它把整个传统的独断论重负扔掉。——我认为这是一种错误的结论。我所说的问题占有优先地位绝非实用主义的含义。而真实的回答同样也并非与处理结果这个尺度相联系。不过,实用主义也有其正确之处,即我们必须超越问题与陈述意义之间的形式联系。如果我们摒弃科学上问题和答案的理论关系,转而思考人被称呼、被询问和自问的具体境遇,我们就能非常具体地发现问题具有的人际现象。这样就清楚地表明陈述的本质能在自身中经验到一种扩展。仅仅说陈述就是回答并且指示出一个问题还是不够的,应该说问题与回答一样在其共同的陈述性质中本身就有一种诠释学功能。它们两者都是谈话(Anrede)。这并不只是说,在我们陈述的内容中总有一些来自于社会环境的东西起作用。虽然这样说也是正确的。但问题却并不在此,而是在于真理只有作为一种谈话才可能存在于陈述之中。构成陈述之真理的境遇域就包含陈述向之诉说什么的人。

现代存在主义哲学完全有意识地引出了这个结论。我想到雅斯贝斯的交往哲学,它的要点在于,科学的绝对必要性将在人类此在的根本问题,如有限性、历史性、过失、死亡——简而言之,所谓的"边际境遇"——所到之处找到终点。交往在此并非由无可反驳的证据传送知识,而是存在与存在的交往(Commercium)。我们说话时本身就在听人家说话并且像我回答你的问题一样,因为对于他的你来说,他本身就是一个你。当然,我觉得,针对匿名的、普通的、无可反驳的科学真理概念提出一个生存真理的对立概念是不够的。毋宁说在雅斯贝斯指出的真理与可能的存在的这种联系之后还隐藏着一个普遍的哲学问题。

海德格尔关于真理本质的追问在这里才真正超越了主观性的疑难范围。他的思考经历了从"用具"(Zeug)转到"作品"(Werk)再到"事物"(Ding)之道路,他的这一思路把科学问题以及历史科学问题都远远抛在后头。现在正是不可忘记这一点的时候,即存在的历史性在此在知道并且作为科学而表现出历史性之处占据着统治地位。当人们把历史科学的诠释学从主观性的疑难中解脱出来(海德格尔正是遵循这一思路)时,在从施莱尔马赫直到狄尔泰的浪漫主义和历史主义学派中发展出来的历史科学诠释学就变成了一种全新的任务。唯一在这方面已做过最早研究的是汉斯·利普斯(Hans Lipps),虽说他的诠释学逻辑④并不能提供一种真正的诠释学,但他却相对于语言的逻辑平面化成功地表现了语言的束缚性。

正如上面所说,每个陈述都有其境遇域和谈话功能,这只是继续研究的基础,以便把所有陈述的有限性和历史性都归溯到我们存在的基本有限性。陈述并非只是一个以前存在的事情的再现(Vergegenwärtigen),这首先说明,陈述属于历史存在的整体,并不能和它同在的一切事物具有同时性。如果我们想理解流传给我们的句子,我们就必须进行历史思考,从这种思考中得出这些句子在何处和怎样被说出,它原来的动机背景是什么,它原来的意义是什么。因此,要想象句子的本来面目,我们就必须同时想象起它的历史视界。但这显然还不足以描绘我们真正所做的工作。因为我

---

④ [参见 H. 利普斯:《诠释学逻辑研究》,载著作集,第 2 卷,法兰克福,1976 年(第 1 版 1938 年)。]

们和传承物的交往并非只限于用历史的重构来传达它的意义从而达到对它的理解。也许语文学家会这样做。然而即使语文学家也会承认他实际所做的不止这些。假如古代并没有成为一种经典,不是所有陈述、思考和创作的典范,那就不会有古典语文学。但这也适用于所有其他语文学,在这些语文学中,其他的、陌生的或往昔的语言都向我们展现了它们的魅力。真正的语文学并非只是历史学,而且这是因为历史学本身其实也是一种 ratio philosophandi(哲学理性),是一种认识真理的方法。谁进行历史的研究,他就总会一起被下面这一点所规定,即他本身必定经验着历史。因此,历史总是要不断地重写,因为当代总是对我们有所规定。这里的关键并非只是重构、与过去达到同时。理解的固有谜团和问题就在于,这样同时构造的东西本身总是已经和我们同时作为一种意愿真实的存在。纯粹重构过去的意义好像和直接作为真实说给我们听的东西混合了起来。我认为这是我们对历史意识的自我把握必须作的最重要修正之一,它证明共时性(Gleichzeitigkeit)是一种最高的辩证法问题。历史认识绝不单是再现当时的情况(Vergegenwärtigung)。同样,理解也不仅是重构一种意义结构成物(Nachkonstruktion eines Sinngebildes),有意识地解释一种无意识的产物。相反,互相理解则是对某物的理解。与此相应,理解过去就意味着倾听过去中曾作为有效的而说给我们听的东西。对于诠释学来说,问题优先于陈述,就意味着自己询问要去理解的问题。把当前的视界和历史视界相融合就是历史精神科学的工作。但它所推进的只是我们因为自己存在而一直已经在做的工作。

当我使用"共时性"这个概念时,我是要把克尔凯郭尔提出的这个概念的应用方式能够为我们所用。正是克尔凯郭尔用"共时性"(Gleichzeitigkeit)来标志基督教布道的真理性。他认为基督存在的本质任务就是用共时性去扬弃过去的距离。他出于神学根据以矛盾的形式表现的观点其实完全适用于我们与传承物和过去的关系。我认为是语言引导着过去视界和当前视界的不断综合。Ⅱ56
我们能互相理解,是通过我们相互谈话,通过我们常常偏离了谈话题目,但最终又通过讲话把话中所说的事物带到我们面前。情况之所以如此,是因为语言自有其自身的历史性。我们每一个人都有自己的语言。根本不存在一种对所有人都共同的语言的问题,只有一种惊异,虽说我们大众都有不同的语言,但我们却能越过个体、民族和时间的界限达到理解,解决这种惊异的答案当然不在于,由于我们在谈论这些事物,它们就作为一种共同事物呈现在我们面前。事物究竟怎样,只有在我们谈论它时才呈现出来。我们所谓真理的意思,诸如敞开性、事物的去蔽等等都有其本身的时间性和历史性。我们在追求真理的努力中惊异地所提供的只是以下事实:不通过谈话、回答和由此获得的一致意见,我们就不能说出真理。语言和谈话的本质中最令人惊异之处在于:当我和他人谈论某事的时候,即使我本人也并不局限于我所意指的事物之上,谈话双方都不可能用他的意见包括所有真理,然而整个真理却能把谈话双方包括在各人的意见中。和我们的历史性存在相适合的诠释学的任务在于,揭示语言与谈话的意义关系,正是这种意义关联超越我们在产生着作用。

5
论理解的循环
（1959年）

我们必须从个别理解整体并从整体理解个别这一诠释学规则，来自于古代的修辞学并经由近代诠释学而从一种说话艺术转变为理解的艺术。不管在修辞学中还是在诠释学中，它都是一种循环的关系。对整体得以被意指的意义的预期是通过以下这点而达到清楚的理解，即从整体出发规定着自己的部分也从它这方面规定着该整体。

我们可以从外语学习中认识到这点。我们知道，在我们试图在句子的语言意义中理解句子的个别成分之前，首先我们必须"构造"（konstruieren）这个句子。但这种造句过程本身又受到一种意义期待的支配，这种意义期待则来自于以前发生的事情的联系。这种意义期待当然是可以修正的，只要文本要求这样做。这就意味着，这种意义期待会得到改变，而文本则会在另一种意义期待之下结合进一个意义统一体。所以，理解的运动就这样不断地从整体到部分又从部分到整体。理解的任务就在于从同心圆中扩展被理解的意义统一体。所有个别和整体的一致就是当时理解正确性的标准，缺乏这种一致则意味着理解的失败。

施莱尔马赫对这种部分和整体的诠释学循环既按其客观方面

又按其主观方面作了区别。正如个别词是处于句子的联系之中一样，个别文本也处于一个作家著作的联系之中，而作家的作品又处于有关的文字类以及文学整体之中，但从另一方面看，该文本作为某个创造瞬间的表现又属于它的作者的灵魂生活的整体。唯有在这种客观类型和主观类型的整体中理解才能实现。——依据这种理论，狄尔泰而后又谈到"结构"和"集中心"，整体的理解就产生于这一集中。他由此又把一直作为一切解释之基本原理的原则扩展到历史世界之中，这条原则就是：我们必须从文本自身出发理解文本。

Ⅱ 58

然而，对理解的循环运动作如此理解是否适当还是个问题。施莱尔马赫作为主观解释而阐发的观点也许完全可以撇开不管。当我们试图理解某个文本的时候，我们并非把自身置入作者的灵魂状态中，假如真要说自身置入的话，那么我们是把自己置身于他的意见之中。但这无非就是说，我们试图承认他人所说的具有事实的正确性。如果我们想理解的话，我们甚至会努力去增强他的论据。因此，在谈话中，尤其是在理解书面文字时会发生这样的情况，即我们在一种有意义物领域中运动，这种有意义的东西本身就是可以理解的，并且作为这种可理解的东西，它本身不会促使人回到他人的主观性中去。诠释学的任务即是阐明这种理解的奇迹，理解并不是一种充满神秘感的灵魂的分享，而是一种对共同意义的参与。

即使是施莱尔马赫所描述的这种理解循环的客观方面也没有触及事物的核心。一切相互理解和一切理解的目的均在于达到在某事上的一致。因此，诠释学历来的任务就是，把没出现的或被干扰的一致性建立起来。诠释学的历史可以证明这一点。比如我们可以想一下奥古斯丁,他想把旧约和基督教的福音调解起来,或者想一下早期的新教,他们也面临着同样的问题,最后还可以想一下启蒙时代,那时认为,对一件文本的"完全理解"只有通过历史解释的途径才能达到,因此,启蒙时代里显然已接近于放弃一致。——当浪漫主义和施莱尔马赫建立了一种普遍范围的历史意识,并把他们所由产生并置身于其中的传统之束缚形成不再当作对一切诠释学努力都有效的坚固基础时,就产生了一些全新的东西。施莱尔马赫的直接先驱者之一,即语文学家阿斯特(F. Ast),对诠释学的任务有一种十分坚定的内容性的理解,因为他要求,诠释学应该在古代和基督教之间,在新发现的真正古典文化和基督教传统之间建立一致性。这和启蒙时代相比已经有点新意,因为如今已不再涉及对传统的权威为一方和以自然理性为另一方的两方之间作调解,而是涉及两种传统因素的调解,这两种因素都是通过启蒙而被意识到,从而提出了它们之间和解的任务。

我认为,古典文化与基督教义具有统一性的理论对于诠释学现象具有一种真理要素,但施莱尔马赫和他的后继者则不正确地把它抛弃了。阿斯特通过他的思辨能力防止了在历史中只找寻过去而不找寻当代真理的做法,从施莱尔马赫继承下来的诠释学相对于这些背景就显得比较浅薄地流行于方法的诠释学了。

如果从海德格尔提出的问题角度对待这一点。那就可以发现更多的东西。从海德格尔的存在分析出发,理解的循环结构就重新获得其内容的含义。海德格尔写道,"循环不可以被贬低为一种恶性循环,即使被认为是一种可以容忍的恶性循环也不行。在这种循环中蕴藏着最原始认识的一种积极的可能性。当然,这种可能性只有在如下情况才能得到真实理解,这就是:解释(Auslegung)理解到它的首要的、不断的和最终的任务是不让向来就有的前有、前见与前把握以偶发奇想和流俗之见的方式出现。它的任务而是从事情本身出发来清理前有、前见和前把握,从而确保课题的科学性"。⑤

海德格尔在此所讲的首先并不是一种对理解实践的要求,而是描述理解性解释(das verstehende Auslegen)的进行方式本身。海德格尔诠释学反思的成就并不在于指出这里存在一种循环,而在于指出这种循环具有本体论的积极意义。每一个了解自己所做事的解释者都明白这种描述。⑥ 所有正确的解释都必须避免随心所欲的偶发奇想和未曾注意的思维习惯的束缚,从而把目光指向"事物本身"(在语文学家那儿唯有与事物有关的才算有意义的文本)。

对于解释者来说,让事物这样来作规定并不是一种一次性的"勇敢"决定,而是真正"首要的、经常的和最终的任务"。因为解释者必须经过从自身方面经常不断经历的整个迷误过程才能注视事物本身。谁想理解文本,谁就一直在进行筹划。一当文本中显示出第一种意义,他就事先筹划整体的意义。正因为人们已经用某种意义期待来阅读文本,所以这种意义才能重复出现。正是通过这种预先筹划,才产生了对搁在那里的东西的理解,而这种预先筹划则通过不断继续深入到意义之中而进行修正。

以下的描述当然只是一种粗略的概述:对预先筹划的每一种

---

⑤ 《存在与时间》,第 154 页。
⑥ 例如可参见 E. 施泰格在《解释艺术》第 11 页以下相应的描述。

修正都可能是对意义一种新筹划的预先筹划；相互矛盾的筹划可以互相加工，直到清楚地确定意义的统一体；解释是带着前把握进行的，这种前把握将被合适的概念取代；正是这种不断更新的重新筹划构成理解和解释的意义运动的，这就是海德格尔所描述的过程。谁想进行理解，谁就可能面临那种并不是由事物本身而来的前意见(Vor-Meinungen)的干扰。因此，理解的经常性任务就是构造正确的、与事物相称的筹划，这就叫先行冒险(Vorwegnahmen)，而且这种先行应该不断"由事物本身"得到证明。除了构造出自我保证的前意见外，没有任何其他的"客观性"。这有其很好的意思：解释者并非从自身业已具有的前意见出发走向"文本"，而是明确地检查本身具有的前意见是否合法，亦即检验它的来源和作用。

我们必须把这种基本要求当作我们实际一直在运用的做法的极端化。我们必须彻底抛弃如下观点，即在听某人讲话或去参加一个讲座时绝不能对内容带有任何前意见并且必须忘记自己所有的前意见，相反，应该一直把对他人或文本的意见的敞开包括在内，把它们置于与自己所有意见的一种关系之中，或把自己的意见置于它们的意见之中。换句话说，尽管意见是一种流动的多种可能性，但在这种意见的多样性中，亦即读者能有意义地发现并因而能够期待的意见的多样性中却并非可以任意的意见，如果谁没有听到对方实际说的意思，那他最终也不能把它置于自己多种意义期待之中。因此这里还有一个尺度。诠释学任务越过自身进入一种实际的提问，而且总是受这种实际提问的共同规定。据此，诠释学工作就具有了坚实的根据。谁想理解，谁就不能一开始听任自己随心所欲的前意见，以便尽可能始终一贯地和顽强地不听错文本的意见——直到不可能不听到这些意见并且摧毁任意的理解。谁想理解文本，谁就得准备让文本讲话。因此，受过诠释学训练的意识必定一开始就感受到文本的他在性。但这种感受却既不是以事物的"中性"也不是自我的消解为前提的，而是包含着对自己前意见和前见的明显占有。这就是说，要意识到自己的先入之见，从而让文本在其他在性中显示出来，因而让它的实际真理可能针对自己的前意见而得到表现。

当海德格尔在所谓对"搁在那儿"(dasteht)的东西的"阅读"中发现理解的前结构时，他对此是作了完全正确的现象学描述。他还提出了一个可从中引申出任务的例子。他在《存在与时间》具体说明了关于存在问题的一般陈述，并使之成为诠释学问题（《存在与时间》，第312页以下）。为了按照前有、前见和前把握来说明存在问题的诠释学境遇，他曾经在形而上学历史的根本转折点上批判地检验了他的这个指向形而上学的问题。他所做的正是历史诠释学意识无论如何要求做的工作。受方法论意识引导的理解必不会力图简单地得出预期推断，而是要意识到这种预期推断，以便能控制这种推断并从事物出发获得正确的理解。这就是海德格尔的意思，因为他要求在对前有、前见和前把握加工时从事物本身出发"确保"科学的论题。

因此，诠释学循环在海德格尔的分析中获得一种全新的含义。迄今为止的理论总把理解的循环结构局限于个体与整体的形式关系的范围内，亦即局限于它的主观反思：先对整体作预测然后在个体中作解释(Explikation)。按照这种理论，循环运动就仅仅围绕文本进行并在对文本完成了的理解中被扬弃。这种理解理论在一种预感行为中达到顶点,这种预感行为完全从作者的角度着想,并由此而消除掉文本所具有的一切陌生和疏异性。海德格尔则正相反,他认为对文本的理解一直受到前理解的前把握活动支配。海德格尔所描写的不过就是把历史意识具体化的任务。这项任务要求人们意识到自己的前意见和前见,并努力把历史意识渗透到理解的过程中,从而使把握历史他者以及由此运用的历史方法不只是看出人们放置进去的东西。

整体和部分循环的内容意义是所有理解的基础,但我认为它必须由某种进一步的规定所补充;我想把它称为"完全性的前把握"(Vorgriff der Vollkommenheit)。这就设定了一个引导一切理解的前提。这前提就是,只有真正表现出完全意义统一体的东西才是可理解的。因此当我们在阅读一个文本时,我们就要构成这种完满性前提。只有当此前提真的不可能实现,也就是说,该文本变得不可理解时,我们才对它产生疑问,才对传承物产生怀疑并试图作出补救。至于我们在这种文本批判的考虑中遵循何种规则仍可撇开不管,因为这里的关键在于,运用这些规则的合法性是无法和文本的内容理解分割开的。

完全性的前把握引导着我们的所有理解,但它本身又表明是一种当时内容的规定者。它不仅预先假定了一种内在的意义统一性来指导读者,而且读者的理解同样会经常受到先验意义期待的引导,这种意义期待产生于与所意指东西的真理的关系。这就像收信人理解该信所包含的消息一样,他首先用写信人的眼光看待信中描写的事情,也就是说把他写的事当真——而并非试图把写信人的意见理解为真的。我们理解传承下来的文本,情况也是如此,我们是以来自于我们自己的事实关系的意义期待作为根据进行理解的。正如我们相信某个记者的消息是因为他在当场或是消息灵通,同样,当我们面对传承下来的文本时我们也基本上开启了这种可能性,即这种文本可能比我们自己的前意见知道得更清楚。只有当我们把所说出的话当真的试图失败时,我们才会力图把文本当作某个他者——心理上或历史上——的意见来"理解"。⑦ 完满性前见所包含的不仅仅指文本应该完全说出它的意见,而且还指它所讲的东西具有完全的真理性。理解主要是指:对事物的理解,然后才是指:突出和理解他人的意见本身。所有诠释学条件中首要的一条就是事物理解(Sachverständnis),即和同一的事物打交道。从这种事物理解中规定何者可作为统一的意义并据此来运用完全性的前把握。于是,隶属性的意义,亦即在历史-诠释学过程中的传统因素,才通过作为基础和承载者前见的共同性得到实现。诠释学必须从以下观点出发:谁想理解,谁就和传承物讲出的事物相联结,并且和传统有一种联系或获得一种联系,传承物就是从这种传统中说话的。另一方面诠释学意识也知道,它不可能以毋庸置疑的统一性和这种事物相联结,好像这种统一性乃是某种传统的不中断的继续生存。实际上在熟悉和陌生之间有一种对立性,诠释学任务就建立在这种对立之上,只不过不能把这种任务按施莱尔马赫从心理学上理解成隐藏个性秘密的跨度(Spannweite),

---

⑦ 我于1958年在威尼斯会议上作的关于美学判断的演讲中试图指出,甚至美学判断——就如历史判断一样——也具有次要性质并且证明了"完全性的前把握"。[该文现收于 D. 亨利希、H. R. 尧斯编:《艺术理论》,法兰克福,1982年,第59—69页。]

其实它是真正诠释学的任务,也就是说要注视说出的东西:传承物据以和我们说话的语言,它说给我们听的故事。传承物对我们所具有的陌生和熟悉之间的位置,乃是具有历史意味的已远逝的对象性与对传统的隶属性之间的中间地带。诠释学的真正位置就处于这个中间地带。

诠释学在这种中间位置找到它的立足点,从这种中间位置出发就会把迄今为止的诠释学一直撇在一边的东西置于中心位置:时间距离及其对于理解的意义。时间并非主要是一种因其分开、遥远而必须被沟通的鸿沟,实际上它是事件的承载基础,当下的理解就根植于该基础之中。因此,时间距离并不是某种必须被克服的东西。认为我们可以置身于时代精神之中,以该时代的概念和观念而不是以自己的概念和观念来思考,并以此达到历史客观性,这只不过是历史主义天真的前提。

实际上应该把时间距离当作理解的积极的和建设性的可能性来认识。时间距离被习俗和传统的持续性填满,正是在习俗和传统的光照中所有传承物向我们显示。在这里谈论事件具有真正的创造性也许并非不必要。大家都知道凡我们未从时间距离获得确切的尺度,我们的判断就非常软弱无力。所以关于当代艺术的判断对于科学意识也具有类似受怀疑的不确定性。实际上无法控制的前见就是我们据以从事创造的根据,它能赋予创造一种与其真实内容和真实意义并不一致的过度共鸣。只有当所有这些实际关联都已逐渐消退,这些作品本身的结构才会显露出来,我们才能对作品中所说的进行那种可以要求普遍性有效性的理解。把文本或艺术创作品中存在的真实的意义析取出来,本身乃一个无尽的过程。引导这种析取的时间距离是在经常的运动和扩展中得到理解的,这就是它对于理解具有的创造性方面。时间距离可以让具有特定性质的前见消退,并使对真正的理解有帮助的前见浮现出来。

时间距离⑧通常可以解决诠释学真正批判性的任务,即把真的前见与伪的前见区分开来。受过诠释学训练的意识会因此包含一种历史意识。这样它就必然会意识到那些引导理解的前见,从而把作为他者意见的传承物显露出来并让它起作用。让前见本身如此显露当然要求暂时中止它的作用,因为只要某种前见在规定着我们,我们就知道和考虑它不是一个判断。只要一种前见在不断地、不被察觉地起作用,它就不可能被带到我的面前,只有当它如所说的那样被刺激,它才能被带到我面前。只有让它与传承物接触,它才会提供刺激。因为引诱人去理解的东西本身必须已在他在性中起作用。使理解得以开始的首要一步是有某些东西向我们诉说,这就是所有诠释学条件中最首要的一条。现在我们可以发现由此要求的乃是彻底搁置自己的前见。从逻辑上看,对判断的搁置,尤其是对前见的搁置,都具有一种问题结构。

问题的本质就在于可能性的敞开(Offenlegen)和保留(offenhalten)。如果某项前见出现疑问——鉴于某个他者和某件文本对我们所说的东西——那绝不意味着可以把它简单地搬到一边并让他者或他在性直接取代它的位置起作用。觉得可以从自身出发采纳这种预见,这毋宁是历史客观主义的天真想法。事实上只有

---

⑧ [关于这种对于原来文本的改变,可参见我的著作集,第1卷,第304页。]

在前见产生作用的时候,才能使自己的前见正确地产生作用。只有让自己的前见充分发挥作用,它才能和其他前见一样产生作用,从而让其他前见也能充分发挥作用。

所谓的历史主义的天真就在于,它逃避这种反思,并且因信赖其工作程序的方法而忘却了自己的历史性。我们必须摆脱一种有害于理解的历史思考而转向一种更好理解的历史思考。真正的历史思考必须同时想到它自己的历史性。只有这样,它才不会去追逐某个历史对象(历史对象是我们不断研究的对象)的幽灵,而是学会在对象中认出自身的他在性并因而认识自己和他者。真正的历史对象根本就不是对象,而是自己和他者的统一体,是一种关系,在这种关系中同时存在着历史的实在和历史理解的实在。一种名副其实的诠释学将会在理解本身中展示这种特有的历史实在。我把这所要求的称之为"效果历史"(Wirkungsgeschichte)。理解是一种效果历史事件。它要证明,和一切理解相适应的就是语言性,诠释学事件就在语言性中发展。

6
事情的本质和事物的语言
（1960年）

如果说本文是以两个就各方面看来均意指相同事情的讲话方式作为分析的对象，那么其主要的意图在于阐明，尽管当今哲学思维的出发点和方法论理想各不相同，但仍有一种事实上的趋同统治着当今的哲学思维。通过说明在这似乎相同的哲学思维中存在问题的对峙，因而在这些以其区别所认识的哲学思维里，相同的推动力的作用就得以同时表现出来。我们可能很少首先在这里想到语言用法。因为语言用法似乎证明两种用法完全可以互换。例如我们常说"事情的本性就是如此"，我们也可以说"事物为自己说话"，或者说"事物引导明白无误的语言"。上述这两种说法涉及的都是某种保证用语，它无须提出任何理由说明我们为何要把某事当真，相反，它要拒绝进一步证明的要求。甚至在上述例句中出现的"事情"（Sache）和"事物"（Ding）这两个概念似乎指的也是同样的意思。这两个概念表达的都是某种不太确定的所指物。与此相应，当我们说事情的"本质"或事物的"语言"时，甚至这两个说法的含义也有些相同，即它们以论战的方式否认和事物打交道时可以采取随心所欲的态度，尤其否认纯粹的意见、任意的猜测或对事情的断言、任意的否定或固执己见。

然而，一旦我们更为留神，并探究到语言用法的隐蔽区别，则可以完全互换的表面现象就会烟消云散。事情这个概念主要由其对立概念人而得到规定。事情和人这种对立的意义原本在于人对于事情具有显见的优先地位。人似乎是因其自身的存在而受尊崇的东西，相反，事情则是被使用的、完全受我们支配的东西。说到"事情的本质"这个说法，它的要点就在于，即使这种供我们使用、被我们支配的东西实际上也有自身的存在，根据这种存在，它就可以从它的本质出发抗拒不符合事实的支配欲，从积极的角度讲，它规定了某种确定的、与事实相符的态度。于是，人对于事情的优势地位也就转化到它的反面。与人和人之间适应的灵活性相反，事情的本质则是我们必须考虑的不变的给定性。因此，事情这个概念能保持其自身的重要性，它要求我们具有自我遗忘的精神，甚至强迫我们不去考虑别人。

由此就产生了事实性（Sachlichkeit）的口号，我们也把这个口号当作哲学信念，就如康德在其《纯粹理性批判》作为箴言的那句培根的名言所说：De nobis ipsis silemus, de re autem quae agitur...（我们对于我们自身不欲有所言，但关于事物应当从事物本身讨论……）。

在古典哲学思想家中，这种事实性的最伟大代言人是黑格尔，他谈论事情的作为，并且认为真正的哲学思辨就是让事情自己活动，而不让我们随心所欲的想法，亦即我们的反思活动对事情发生作用。在本世纪初曾经表达了一种新的哲学研究观点的著名的现象学口号"回到事情本身去"，其含义也与上述的意思类同。现象学分析要揭露的就是不符合事实的、有偏见的、任意的构造和理论及其未经检验的前提,实际上它正是通过对现象进行不带先入之见的分析证实上述谬误。

但是事情(Sache)这个概念表述的不仅仅是罗马法的 res(物)概念,在德语的"Sache"这个词及其含义中注入的主要是拉丁语 causa(问题或讼争)所指的东西。"Sache"在德语的语言用法中主要意指 causa,即需要商谈的有争议的事情。它本来就是两个争执的派别置于中间的事情,因为需要对这件事作决定而现在尚未作出决定。这件事应该被保证不受任一派别的专横操纵,在这种情况下,事实性的含义恰好与派别性相反,即与那种为派别的目的而滥用权力的行为相反。"事情的本质"这个法学概念当然不是指派别之间争执的事情,而是为立法者制订法律以及解释法律时的个人好恶设定的界限。求助于事情的本质表明一种与人的好恶无关的秩序,并想使活生生的司法精神胜过法律的文字。甚至在法学中,事情的本质也是自身起作用的东西,是人们必须尊重的东西。

如果我们再看一下"事物的语言"的含义,我们似乎被置于完全相似的方向之中。事物的语言也是我们听得不够从而应该更好地听从的东西。同样,这个用语也有某种论战的强调。它表明,我们通常根本不打算就其本身的存在听从事物,相反却把事物置于人的算计以及通过科学的理性化对自然的统治之下。在一个日益技术化的世界中谈论对事物的尊崇愈发不能被人理解。这种观念正在消失,只有诗人仍然忠实于这种观念。至于我们毕竟尚能谈论事物的语言,这就使我们记起事物实际上是什么东西,它不是供使用被消费的材料,不是供人使用然后扔到一边的工具,而是在自身中有其存在,"推挤到无中"(海德格尔语)的东西。它本身的自在存在由于人类专横的支配欲而遭到忽视,正如一种成为需要被倾听的语言。⑨ 因此,事物的语言这个表述并不是唯有魔术家梅林或用童话精神才能证明的神话——神话的诗意的真理,这个表述将唤醒我们心中沉睡已久的关于这样的事物之存在的回忆,而这种事物总是能如其所是地存在。

在某种意义上可以说这两个短语其实讲的是相同的——而且是真实的——东西。习惯用语恰恰不只是变得面目全非的语言训练的僵死物。它们同时是一种共同精神的遗产,只要我们正确地理解它们并深入其隐藏的丰富含义,它们就能使我们重新认识这种共同精神。因此,对此处这两个习惯用语的分析告诉我们,它们在某种意义上讲的是相同的东西,即某种与人类任意专横相对立而我们必须记住的东西。然而事情还不仅于此。虽说"事情的本质"和"事物的语言"这两个概念以几乎可以互换的方式被使用,并且由共同的对立命题得到规定,但在这种共性背后仍然隐藏着一种并非偶然的区别。阐明这两个短语隐蔽的弦外之音中存在的对峙似乎是一件哲学任务,我想指出,当今哲学所从事的正是解决这种对峙,它标出了我们共同所处的问题困境。

对于哲学意识来说,在"事情的本质"这个概念中汇聚了一种可以从许多方面感觉到的对哲学唯心主义的反抗,尤其是反对这种唯心主义在19世纪下半叶复活的新康德主义形式。新康德主义尽管引用康德的思想,以使他成为当时的进步信念和科学骄傲

---

⑨ 在我1960年发表于雷克拉姆集刊上对海德格尔艺术作品的解释中,我强调这个思想是海德格尔后期作品重要的出发点(现载《海德格尔之路——后期著作研究》,蒂宾根,1983年,第81—93页,也可参见我的著作集,第3卷)。

的代言人,但它从根本上说来绝不可能从自在之物开始。由于康德的后继者明确地抛弃了形而上学的唯心主义,因此他们在思想上不可能再回到康德关于自在之物和现象的二元论。只有重新解释康德的思想,康德的那些语词才能适应自身已变得自明的信念,与此相应,唯心主义就意味着完全通过认识来规定对象。于是,自在之物就被理解成只是继续规定这个无限的任务的方向目标而已,甚至胡塞尔,尽管他与新康德主义相反,较少从科学事实出发而更多地从日常经验出发,但他也试图为自在之物理论提供现象学的证明,他的出发点在于,感觉事物的各种侧显(Abschattungen)构成某种经验的持续性。自在之物理论的意思似乎只能指:事物的一个方面可以连续不断地在其他方面感觉到,正是这种连续的可感知使得我们经验的统一联系成为可能。甚至胡塞尔也是从我们认识的进步观念出发理解自在之物的观念,因为我们认识的进步观念在科学研究中有其最后的证明。

在道德哲学领域当然不存在类似情况。因为自卢梭和康德以来就再也不可能设想人类的道德完善性。然而,对新康德主义的现象学批判即使在这里也找到了出发点,而且是针对康德道德哲学的形式主义。康德关于义务现象的出发点以及他对绝对命令无条件性的证明,似乎要把道德律所提供的任何内容都从道德哲学中驱逐出去。马克斯·舍勒(Max Scheler)对康德伦理学的形式主义所作的批判就批判的消极面来看非常软弱,但它构思出一种质料的价值伦理学从而证明了本身的丰富成果。舍勒对新康德主义生产概念所作的现象学批判也表现为一种重要的推动,它特别导致了尼古拉·哈特曼（Nicolai Hartmann）放弃新康德主义，并形成了他"知识形而上学"（Metaphysik der Erkenntnis）的构想。⑩哈特曼认为，知识绝不引起认识对象的改变——更不用说代表认识对象的制造——所有存在事物不管是否被认识都无所谓，这正是对任何形式的先验唯心主义的反驳，也是对胡塞尔构造研究的反驳。从积极的角度看，尼古拉·哈特曼相信，承认在者的自在存在及其独立于一切人的主观性正可以开辟出一条到达新的本体论的道路。这样他就接近于新"实在论"，这种新实在论同时也在英国——在那里是全面地——高奏凯歌。

我认为，如此地抛弃先验哲学的反思是对其意义的巨大误解，这是自黑格尔逝世以来哲学认识衰落的后果。如果这种摒弃在当今的哲学思维中仍然一再重复发生，那它当然有根据。如果我们让神创秩序的优越存在现实性——人的专横意志遇到这种神创秩序的存在现实性就会撞得粉身碎骨（格哈德·克吕格尔）〔Gerhard Krüger〕，以及自然界对于人和人的历史表现的冷漠（卡尔·勒维特〔Karl Löwith〕）发生作用，那么这种有争议的摒弃就可以理解为向事情本质的一种求助。然而，我认为如此求助于事情的本质可以在这样一个共同前提上找到其界限，这种前提未经置疑地曾统治着所有试图重新构造事物自在存在的行为。该前提认为，人的主观性就是意志，当我们把自在存在作为界限来对抗人的存在的意志规定时，这种意志仍有不可置疑的作用。"按照事情"就表

---

⑩ 对此最早的文献是 N. 哈特曼于 1914 年发表在《精神科学》杂志上的对舍勒的评论（见哈特曼：《短论集》，第 3 卷，第 365 页）。参见我的文章"知识形而上学"，载《逻各斯》，1924 年（现收入我的著作集，第 4 卷）。

明，这些现代主观主义的批判者们根本没有脱离他们所批判的对象，而只是从另一方面说出对立的命题。新康德主义把科学文化的进步作为主线，批判家们则以自在存在形而上学的片面性来对抗新康德主义的片面性，实际上这种形而上学与其对手都同样认为意志的规定性具有先在的统治地位。

面对这种情况人们必然会问事情的本质：这个口号是否并非可疑的战斗口号、所有这些试图相反的古典形而上学是否表明了一种真正的优越性，并且提出了仍然存在的任务。我认为古典形而上学的优越性就在于，它一开始就超越了把主观性和意志作为一方，客观性和自在存在作为另一方的二元论，因为它思考二者之间前在的相辅相成（Entsprechung）。当然这是一种神学的相辅相成，古典形而上学关于认识符合实情的真理概念即以此为根据。因为灵魂和事情两者的结合就在于它们两者的被创造性（Kreatürlichkeit）。正如被创造的灵魂是为了与在者相聚，被创造的事情就是为着要真，即要被认识。这就是创世主的无限精神，有限的精神觉得无法解决的谜就在这种精神中得到解决。创造的本质和现实性状就在于，灵魂和事情具有这种协调一致。

然而哲学却无疑不再能够利用这种神学的根据，也不想再重复它的世俗形态，有如思辨唯心主义以它的有限性和无限性的辩证中介所表现的。然而哲学又不能掉头不顾这种一致性的真理。在这个意义上就继续存在着形而上学的任务，当然这种任务不再作为形而上学，亦即不能通过追溯到无限的理智来得到解决。这样问题就来了。存在能公正评判这种一致性的有限的可能吗？这种一致性是否有一种根据，它无须寻求神性精神的无限性，但却能公正评判灵魂和存在无限的一致性？我认为有这样的根据。这种根据是一条道路，哲学思维根据这条道路会变得日益明确，这条道路制造了这种一致性。这就是语言的道路。

我觉得，近几十年语言现象占据哲学研究的中心绝非偶然。也许我们甚至可以说，今天以益格鲁-撒克逊的唯名论为一方和大陆形而上学传统为另一方，在不同民族之间存在的巨大哲学鸿沟正是在此标志下开始得到沟通。无论如何，在英国和美国从对逻辑人工语言疑难的深刻反思中发展起来的语言分析，以触目的方式接近了E.胡塞尔现象学派的研究思路。正如在海德格尔对现象学的发展中，由于承认了人的此在的有限性和历史性从而根本改变了形而上学的任务一样，逻辑实证主义反形而上学的热情也随着承认说出的语言具有独立的意义而被消解（维特根斯坦）。从信息直到神话和传说都是一种"指示"（马丁·海德格尔），语言则是它们共同的论题。我认为我们必须提出以下问题，如果我们想真正地思考语言，那么语言最终是否必然要被称为"事物的语言"，事物的语言是否使灵魂和存在的原始一致性这样得以证明，以致有限的意识也能对它有所了解。

语言是意识借以和在者联系的媒介，这本身绝不是新的论断。黑格尔就已经把语言叫作意识的媒介，[11]主观精神与客观存在就是通过这种媒介进行中介。今天，恩斯特·卡西尔（Ernst Cassirer）把科学事实这个新康德主义狭窄的出发点扩展成一种符号形式的哲学，它不仅把自然科学和精神科学都包括在一起，而且还赋

---

[11]［《精神现象学》，霍夫迈斯特编，第459页。］

予人类的所有文化活动一种先验的基础。

卡西尔的出发点是:语言、艺术和宗教都是表象形式,亦即以某种感性的形式表现某种精神。通过对所有这些精神体现形式所作的先验反思,则先验唯心主义必然会被提升到一种新的、真正的普遍性。符号形式是精神在感性显现的流动时间性中的成形(Gestaltwerdungen),它也是联结的媒介,因为它既是客观的显现又是精神的痕迹。——人们当然会问,卡西尔所设想的这样一种对精神的基本力量所作的分析是否真的解释了语言现象的唯一性。因为语言并不和艺术、法律、宗教并列,而是所有这些显现借以进行的媒介。语言概念由此在符号形式,亦即表达精神的形式内部并非只获得一种特殊的标志。相反,只要语言还被当作符号形式,它就尚未在其真正的领域内被认识。甚至对于源自赫尔德和洪堡的唯心主义语言哲学毋宁说也可以提出与符号形式哲学相关的批判性问题,当语言哲学针对其"形式"的时候,它是否未曾把语言和它所说的以及由它所中介的东西相脱离。尽管语言是通过它的现实性表现我们寻求的一致性,但语言真正的现实性不正在于它根本不是形式的力量和能力,而是通过其可能的语言表达而对一切存在者作先行的把握?与其说语言是人的语言倒不如说它是事物的语言,难道不是这样吗?

词和物的内在的隶属性是在思想的开端就经由语言而被提升为问题,这个问题从这个角度出发重又获得人们的兴趣。希腊人提出的名称的正确性问题只是一种词语巫术的最后回声,亦即把词当作事物本身,当作它所代表的存在。确实,希腊哲学思维是随着这种名称魔术的消失才开始的,它的第一步就是语言批判。然而这种哲学也保留了许多关于原始的世界经验自我遗忘性的天真想法,它认为显现在逻各斯中的事物的本质是在者本身的自我表现。柏拉图在《斐多篇》中把逃入逻各斯(die Flucht in die Logoi)称作"第二好的行驶"(zweitbeste Fahrt),因为在这里,在者只是在逻各斯的映象中而不是在它直接的现实性中被考察,他的说法中具有对这种表现形式一丝讥讽的味道。事物的真实存在最终恰恰是在它的语言显现中才能通达,亦即在它被意指物的观念性中才能通达,这种被意指物显然不能为经验的无思想的眼力所掌握,因此,被意指物本身、因而事物显现的语言性本身却未被经验到。由于形而上学把事物的真实存在理解成"精神"(Geist)可以通达的本质,这种存在经验的语言性就被掩蔽起来了。

希腊形而上学的基督教遗产,经院哲学的中世纪也完全从类(species)的角度把词认作它的完美体现,而没有把握它的道成肉身之谜。形而上学的思考最初考虑的就是世界经验的语言性,这种语言性最后变成某种次要的、偶然的东西,它将对事物的思维的瞥见通过语言惯例来加以图示化并离开了原始的存在经验。实际上正是世界经验的语言性隐藏自身在事物先于其语言显现的先行性的假象背后。尤其是那种任何事物都具有普通客体化可解的假象,这种假象受到语言普遍性的支持,而语言则因这种假象而变得晦暗不明。至少在印欧语系中,语言能够把一般的命名功能扩展到任一句子成分,并能把一切成分都构成进一步陈述的可能的主语,于是就增强了普遍物化的假象,这种假象把语言降低成只是理解的工具。现代语言分析试图通过制订人工符号系统揭露语言的文字诱惑,但它并未对这种客体化的基本前提提出疑问。它只是通过自我限制告诉我们,引进人工符号系统绝不可能真正脱出语言的轨迹,只要所有这样的系统都要以自然语言为前提。正如古典语言哲学揭示了询问语言的起源是一个站不住脚的问题,对人工语言观念的深刻反思也将导致这种观念的自我扬弃,并将证明自然语言的合法性。然而这样做的含义通常未被人考虑到。我们当然知道,语言只有在被人说,亦即在人们知道互相理解的地方才具有现实性。然而和语言相适应的这样一种存在是什么?是一种理解工具的存在?我认为亚里士多德就已指出过语言真正的存在性质,因为他把协调(Syntheke)这个概念和其朴素的"习俗"(Konvention)意义相分离。⑫

由于亚里士多德从协调概念中排除掉所有关于创造(Stiftung)和产生(Entstehung)的含义,从而他指明了那种灵魂和世界的一致性的方向,这种一致性既在语言本身的现象中闪现,又独立于无限精神强有力的向外涌现,而这种向外涌现乃是形而上学赋予这种一致性的神学基础。在语言中实现的关于事物的理解,既不表明事物具有优先地位,也不表明运用语言理解手段的人类精神具有优先地位。相反,正是在语言的世界经验中得到具体体现的这种一致性总是绝对前行的。

这可以从本身就构成语言的结构因素的现象中得到极好的阐明,亦即节奏。理查德·赫尼希斯瓦尔德(Richard Hönigswald)在他的思维心理学分析中早已强调过,⑬节奏的本质就存在于存在和灵魂之间特有的中间领域。通过节奏的节奏化而得到的序列

---

⑫ [《解释篇》,4,16b31 以下。]
⑬ [R. 赫尼希斯瓦尔德:《节奏问题》,莱比锡,1926 年。]

并非必定代表现象本身的节奏。相反,节奏化只有在某种均匀有节奏的过程中才能被听到,从而才以节奏的方式组合起来——或者更恰当地说,当我们想感受某种均匀有节奏的过程时,那就不是只能,而是必须跟从这种节奏。然而这里说的必须又是什么意思呢?它是针对事物的本质的吗?当然不是。那么"现象的本己节奏"又是指什么?难道现象不正因为被有节奏地或节奏化地听到才如其所是的吗?一致性一方面是比听觉过程要更原始,另一方面又比节奏化的把握更原始,它就存在于两者之间。

诗人对这一点特别了解,尤其是那些试图解释自己受其支配的诗化精神进行方式的诗人,例如荷尔德林。当他们把语言的前定性和世界的前定性(亦即事物的秩序的前定性)都和诗歌的原始体验相分离,并把诗的想象描写成世界和灵魂在变成诗歌语言过程中的相互融合(Sicheinschwingen),这正是他们所描写的节奏体验。用语言表达的诗歌创作以有限的方式确保了灵魂和世界的对话(das einander Zugesprochensein)。正是在这里证实了语言的存在具有其中心地位。最近的哲学思想认为很自然的即从主体性出发则完全陷入了谬误。语言绝不能被认为是主体性前行的世界筹划,它既不是个别意识的筹划,也不是民族精神的筹划。这一切都是神话,就像天才概念一样,天才概念之所以在美学理论中起着支配性的作用,因为该概念把创造物的产生理解成一种无意识的创造,并从类推解释有意识的制造。艺术品不能从某项方案按计划的实施——哪怕它是梦游般无意识的方案——角度来理解,就如世界历史过程可以为我的有限的意识当作某项计划的实施。无论在历史中或是艺术中其实都是幸运和成功诱惑人们进行从后果而来的预卜(oracula ex eventu),实际上它们却掩盖了讲述出它们的事件、词或行为。

我认为,自我解释在所有这些领域中保持着一种其实并无正当理由的优先地位,这是现代主观主义的后果。实际上我们无须承认诗人在解释他的诗作时有什么特权地位,就如政治家对他本身参与其中的事件作为历史解释时也不该有特权地位。在所有这些情况中唯一可以运用的真正的自我理解概念不能从完成了的自我意识模式出发来考虑,⑭而要从宗教经验的角度来考虑。宗教经验总是包含以下意思:人类自我理解的歧途只有通过神的恩典才能找到其真正的目标,亦即达到这样一种观点,即任何道路都可以达到自我的拯救。所有人的自我理解都受其不充分所规定。这也完全适用于作品和行动。艺术和历史因此按照其自身的存在而避免了从意识主观性出发的解释。它们属于那种诠释学普遍性,这种普遍性由超越一切个体意识的语言的进行方式和现实性得到描绘。⑮ 在语言中,在我们世界经验的语言性中存在着适合于我们这些有限众生的有限和无限的中介。在语言中被解释的总是有限的经验,这种经验绝不会碰到无限的意指只能猜测而又不能说出的界限。语言本身的进行进程永远不受限制,绝不是不断地接近被意指的意义,而是在它的每一步进程中不断表现这种意义。是作品的成功,而不是它的意指才构成它的意义。把意义表述出来的是遇到的词,而不是隐藏进意指的主观性中的词。正是传统开启并划定了我们的历史视野——而不是"自在"(an sich)发生的

---

⑭ [参见我的论文"自我理解的疑难性",本书第121页以下。]

⑮ 除《真理与方法》(我的著作集,第1卷)外,另参见本书第219页以下的论文"诠释学问题的普遍性"(以及有关的后期论文,参见本书第232页以下)。

历史的晦暗的事件。

于是,我们在讲到事情的本质和事物的语言时作为其间特征的对意指的摒弃就获得一种积极的意义和具体实现。由此也使这两句短语之间存在的对峙真正被揭示。看来好像同样的东西其实并不相同。这是有所不同的东西,不管是从意指的主观性和意志的专横性体验到限制,还是从语言显示的世界中在者前行的运行角度来考虑。我认为,和我们的有限性相适合的那种一致性经验不能依靠反抗其他意谓并要求注意的事情的本质,它只能依靠像事物自身表达出来那样被听从的事物的语言,形而上学曾把这种一致性说成被造物互相之间的原始符合,尤其是被创造的灵魂与被创造的事物的符合。

7
作为哲学的概念史

(1970年)

"作为哲学的概念史"这个题目会造成一种假象,似乎这样就把哲学思考中一种次级的探究角度和一门辅助学科不恰当地提高为一种普遍的要求,因为该题目似乎包含这样的断定,概念史就是哲学,甚或断定哲学应该是概念史。毫无疑问,这两个论点都是那种其正确性并没有现成根据,因此我们必须对其加以论证的论题。

不管怎样,本文题目蕴含着哲学究为何物的陈述,亦即哲学的概念史构成哲学的本质——这和"实证"科学的陈述里概念的功能不一样。如果说在实证科学中概念的有效性是按能获得被经验控制的认识来衡量的话,那么哲学显然就不具备这种意义上的对象。这就开启了哲学的可疑性。我们能否说明哲学的对象而又不陷入追问我们所用概念的恰当性问题之中呢?既然我们在哲学中根本不知道用什么东西来衡量,那么这里的"恰当"究指何物呢?

唯有西方哲学传统可能包含对这个问题的历史答案。我们也只能对这种传统发问。因为在其他文化中,尤其在辽远的东方文化里发展起来的对奥秘和智慧的谜一般的陈述方式,和西方称作哲学的东西最终毕竟没有可验证的关系,尤其是我们以其名义发问的科学本身就是一种西方的发现。如果说哲学没有自己的对象,没有可据以测量,并用自己的概念和语言诸工具进行测量的对象,那这岂不是说哲学的对象就是概念本身? 概念就是真实的存在,我们通常就是这样使用"概念"这个词的。例如,如果有人想特别赞扬某人交朋友的能力,就可以说这就是朋友的概念。如果把概念称作哲学的对象,也就是把思想的自我展开当作哲学的对象,那么它如何对存在的事物作解释和认识呢? 从亚里士多德直到黑格尔的传统回答:对,就是这样。亚里士多德在他的《形而上学》一书γ章中对哲学,尤其是称为第一哲学的形而上学——"哲学"其实就是"认识"——作了如此规定,他说:所有其他科学都有其确定的领域,它们在该领域中自有特定的对象。但哲学作为我们在此寻找的科学却没有这种界定的对象。哲学把存在作为对象,并且与这个探求存在的问题本身相联系的乃是对彼此相互区别的存在方式的观看(Blick):不变的永恒和上帝,自身不断运动者,自然,自我束缚的 Ethas(伦理),人。因此我们就这样面对着形而上学传统的主要论题,形而上学传统发展到康德哲学就取得了自然形而上学和道德形而上学的形式,在这种传统中,关于上帝的知识与道德哲学具有特别的联系。

然而,这种形而上学的对象领域在科学时代又能意味什么? 这不仅是说,正是康德通过他对纯粹理性的批判,亦即通过批判人能够从纯概念获得认识的能力,从而摧毁了迄今为止划分为理性宇宙学、理性心理学和理性神学三部门的形而上学传统形态。我们在今天首先也发现,科学要求作为人类唯一合法的认识方式——这种要求当然很少是由于科学本身,更多是受到惊异于科学后果的公众的支持——这种要求如何导致在人们通常称之为哲学的内部把科学理论和逻辑以及语言分析摆到了突出地位。伴随这种日益增长趋势产生如下现象,人们通常叫作哲学的另外东西被作为世界观或意识形态而从哲学中排除出去,并最终受到一种外来的批判,这种批判不允许哲学再作为认识产生作用。这就产生了下列问题:哲学还能是什么,哲学在科学的要求之外究竟还能真正主张些什么呢?

门外汉会这样回答:相对于世界观和意识形态那种轻率的沾沾自喜的结构,科学的哲学将要求自己运用明确的概念。这其实是门外汉早就要求的,他们期待哲学家能很好地定义他的所有概念。究竟这种作定义的要求是否合理,是否符合哲学的要求和任务,究竟何种东西才在科学的领域中有其无可动摇的合法性,这一切都需要追问。因为就在概念的明确性这个前提中还有另外一个前提,即概念就是我们制作用来说明对象并把它置于认识之中的工具。我们可以看到,我们一般所认识的最恰当的定义和最精确地构造的概念只有在整个对象世界由思维本身而产生的地方才能找到,也就是在数学中能找到。在数学里没有经验的作用,因为当理性在解答数或几何图形等难解之谜以及承担解释时,理性是自我证明的。

语言和哲学思维是否像从现成的工具箱里取工具那样取出或扔掉哲学的概念,并用这种方式找到认识并驳斥不符合认识目的的知识?我们可以说:在某种意义上是这样,只要概念分析一直包括语言批判,并通过对概念进行仔细的逻辑分析揭露虚假的问题和虚假的成见。但这种尤其在本世纪初怀着巨大热情从哲学逻辑中产生的明晰的概念语言的理想本身却受到这种努力自身内在发展的束缚。用纯人工语言表达哲学思想的观点在其逻辑自我分析过程中被证明是不可能的,因为只要我们想引进人工语言,我们就必定需要用我们所说的语言。然而众所周知,我们所说的语言经常会导致我们认识的谬误。培根就已揭露了语言的偶像(idola fori),即语言使用的成见,会阻碍不带偏见的研究和认识。

但事实是否仅止于此？如果说语言总混有成见,这是否意味着在语言中只会产生非真理？语言并非只是这样。语言乃是对世界的包罗万象的预先设置(Vorausgelegtheit),因而是不可取代的。在用哲学方式进行批判的思维之先,世界对我们总已被揭示在语言之中。世界就在我们学习语言的过程中、学会母语的过程中对我们表现出来。这与其说是谬误不如说是阐明。这当然也包含以下意思,在这种语言揭示中开始的概念构造过程从来没有最初的开端。它和铁匠用某种合适的材料打造一件新工具不一样。因为概念的构造总是在我们所说的语言中、在那种通过语言对世界的阐释中进行继续思考,这就绝不可能从零开始。因此,世界的揭示得以展现的语言无疑就是经验的产物和成果。但这里的"经验"并不具有直接所与物的独断论含义,本世纪的哲学运动业已充分揭露了这种所与物的本体论—形而上学的偏见性,不管是在现象学—诠释学传统还是在唯名论传统哪一个阵营里。经验并不是最初的感觉(sensation)。可以叫作经验的并不是感觉及其材料的出发点。我们已经看到,即使我们感觉的所与物也是在解释联系中得到展现,把某物认作真的感知则在感觉材料的直接性之前就已揭示了感觉的证据。因此我们可以说：从诠释学角度来看,概念构成一直受到人们所说语言的束缚。如果情况真的如此,那么哲学唯一正当的道路就是认识到词和概念的关系是规定我们思维的关系。

我说词和概念的关系,而不说复数的词和复数的概念的关系。我用它来指对词和概念均适宜的内涵统一:适合于这种关系的不是复数的词,也不是迄今语言理论研究认为不言而喻的复数的语言。所有被人说的语言都只有作为对某人所说的话,作为促成人之间交往的话语的统一体才能牢固地建立起来。单个词的统一性先于许多词或语言的所有多样性而存在。这种统一性包含着一种值得用词把握的东西的内涵无限性。倘若"单个词"(das Wort)就是福音的整体,并且在每个我(pro me)的现实性意义上代表福音的整体,那么 Verbum(动词)这个神学概念在这点上就很有启发性。

概念的情况也是如此。所谓的概念体系即是我们每人必须自己定义、界定和规定的观念的众多——这些都与对哲学的概念性和作为概念的哲学的彻底追问无关。因为哲学涉及的是概念"的"统一性。比如柏拉图,他曾谈到他的理念论,以及他从哲学上研讨这种"屡被谈论的"理念论,他曾讲到一以及问一如何又是"多"等等。又如黑格尔,他在其《逻辑学》中想对上帝的观点进行反思,上帝的观点在创世之初就作为存在的可能性整体处于它的精神之中,最后以作为这种可能性的完成了的自我展开的"那个概念"(dem Begriff)而结束。哲学对象的统一性的给定乃在于:正如词的统一性是可说性(Sagwürdigen)的统一性一样,哲学思想的统一性就是可思想性(Denkwürdigen)的统一性。因此,任何一个单独的概念定义都不具有自明的哲学合法性——它总是思维的统一体，单个概念的功能只有在这种统一体中才得其合法的意义规定。如果我们现在提出什么是概念史的任务的问题，那我们就可以确定，它并不是哲学史研究的补充工作，而是属于哲学进程并作为"哲学"本身应该进行的工作。

我们可以从它的一个对立立场及其界限来说明，亦即从所谓的问题史角度来说明。从我们的思考就能说明，为什么这种传统的，在新康德主义以及过去50到100年间成为占统治地位的哲学史的研究方式实际上是不能令人满意的。问题史的研究取得过巨大成就是不容置疑的。——它构造了一个本身很有道理的前提。如果说哲学家的学说体系未能按照逻辑学或数学的典范把自身安置成一种呈现前进姿态的知识，如果说哲学立场的来回转移——除了康德不谈——不能把自身转换成一种科学的稳定进步路线，那么这些学说试图回答的问题就一直是一些同样的问题并且一直要求人们对它们重新认识。这就是问题史有意识要祛除所有哲学思考历史相对化危险的方法。虽说它不想严格地声称或不能声称，在对同一些问题进行的分析和处理中总是有一种哲学史中表现的直线式进步。尼古拉·哈特曼——我们在这个问题上的进步都应归功于他——曾谨慎地指出：问题史的根本意义就是深化（并不断精致化）问题意识。哲学的进步就在于此。从我这里提出的思考出发，则这种问题史的方法就显出一种独断论因素。它包含着不能令人信服的前提。可以用一个例子来说明这一点。

自由问题显然是个最能满足作为同一个问题这种条件的问题之一。要想成为一个哲学问题的条件事实上就在于：它是无法解决的。这就是说，它必须是如此范围广泛和性质根本的问题，以致总是被我们不断重新提出,因为没有一种可能"解答"可以完全解答这个问题。亚里士多德就曾这样描述过辩证法问题的本质,辩证法问题就是人们可以和对手不断进行争论、又不能下定论的大问题。但问题在于:真的存在"这个"自由问题吗?对自由的追问在所有时代都是同样的吗?柏拉图的《国家篇》中有一个寓意深刻的神话,说灵魂在出生之前选择自身命运,如果它抱怨自己选择的后果,它就会得到如下答复,"aitia helomenou,即你自己要对你的选择负责"。⑯ 柏拉图的这个神话难道与斯多葛派道德哲学里占主导地位的自由概念是一样的吗?斯多葛派道德哲学坚决地主张:保持独立和自由的唯一途径就是心灵不要依赖自己以外的任何其他的东西,这种自由概念与柏拉图的神话是同样的问题吗?当基督教神学编造并试图解决人的自由和神的天意之间的对立这个难解的神学之谜时,涉及的也是同样的问题吗?当我们在自然科学时代提出这样一个问题:既然自然事件完全是确定的,既然所有自然科学都必然有一个前提,即在自然界中没有神迹出现,那又如何理解自由的可能性呢?这个问题也是和上述问题一样的问题吗?由此所表述的意志决定论和非决定论问题难道也是同样的问题吗?

我们只要对这个所谓同一的问题作进一步的分析就会发现,在这个所谓的同一问题性中隐藏着怎样一种独断。一个这样的问题就是一个从未受到真正发问的问题。每个受到真正发问的问题都受动机支配。当我们真正理解一个问题并且也许想回答它时,我们都知道我们为什么要对某事发问,我们也必然知道我们为什

---

⑯ [《国家篇》,X,617e4。]

么受到询问。因此我认为关于自由问题的例子足以表明，该问题每次的提问(Jeweilige Fragestellung)并未因其涉及的是同一个自由问题这个前提而被人理解。其实关键在于要把真正的问题，即它怎样提出——而不是把那种抽象表述的问题可能性——视作我们必须理解的东西。每一个问题都受动机支配。每个问题是从其动机的方式获得其意义。我们可以从所谓的教育性问题上完全认识这一点，当某人被问及某事，那个发问者其实并非因为真想知道该问题的结果而问他。我们完全清楚提问人知道他所提的问题。如果我问的是我早已知道的问题，那这到底算一种怎样的问题呢？对于这种教育性问题，我们必须根据诠释学理由判定它根本不具备教育性。这类问题只有通过检查性的继续对话最终引到"开放的"问题，以此克服它违背本质的缺点，从而才可以算是正确的问题。只有这种问题才能测出某人究竟懂得什么。——只有我知道某个问题为什么被问，才可能真正回答这个问题，但这表明，即使在哲学无穷无尽地追问的那些大问题中，这些问题的意义也是受问题的动机规定的。因此，如果我们谈论自由问题时遮蔽了赋予该问题以意义的提问角度，亦即在实际上构成问题的紧迫性、它如何被问的角度，那就是一种独断论的说明。我们只要承认哲学从整体说来只是一种发问，我们就必须询问它的问题是如何提出的，这就是说：哲学到底是在何种概念性中运动的。因为正是概念性铸造了提问的立场。因此关键就在于问题是如何提出的，记住这点我们就能学会作出提问。如果我问：在一种受因果律的自然科学统治的世界观中自由的含义是什么，那么这个问题的立场以及因果律这个概念的含义都已进入了这个问题的意义之中。于是我们就要问：什么是因果性，它是否构成自由问题里要问东西的整个范围？正是由于缺乏这种认识，因此在20年代和30年代产生了现代物理学驳斥因果性的奇特的废话。

这种论断也可以具有积极的作用。如果说问题的意义是在提问的过程中和使这种提问成为可能的概念性中真正形成的，那么概念与语言的关系就不仅是语言批判（Sprachkritik）的关系，而且还是一个语言发明（Sprachfindung）的问题。我认为这就是哲学最极度惊险的戏剧，即哲学就是不断地努力寻找语言，说得更感人一点：哲学就是不断感到有语言困境。这并非海德格尔的创新。

语言发明在哲学中所产生的作用显然是很突出的。这从专门术语在哲学中所产生的作用就可以看出：概念的语言形式是专门术语，这就是说是一种十分清晰、清楚划定意义界限的词。然而每个人都知道，类似用数学符号的演算那种精确性作专门术语式的讲话是不可能的。虽说讲话时也允许使用专门术语，但这只是表明，这种专门术语不断进入到讲话的理解过程中，并在这种理解过程中行使其语言功能。在科学，尤其在数学中总要求创造固定的术语，以便行使精确固定的认识功能，与此可能性相反，我们发现哲学的语言用语与语言中发生的可证明方式并无二致。这里要求的显然是一种特定的可证明方式（Ausweisbarkeit），如果我们要想证明我们提问方法的合理性，那我们的首要任务就在于提出词和概念、日常口语与用概念词表达的思想之间的联系，只有这样才能说明哲学概念词的概念性起源的隐蔽性。我们在本世纪曾经历过一个经典的例子，这就是发现在"主体"（Subjekt）概念中隐藏的概念史背景及其本体论的内涵。"主体"的希腊词是 hypokeimenon,意思是作为根据或基础的东西(Zugrundeliegende),这个词被亚里士多德用来指那种相对于存在物不同现象形式的变化而本身不变的、并作为这种变化性质之根据的东西。然而,当今天人们使用主体这个词的时候是否还能听出这个作为其他一切事物根据的 hypokeimenon、subiectum 的意思呢?比如像我们这些置身于笛卡尔主义的传统中,用主体概念去思考自我反思、自我认识的人能听出原先希腊文的含义吗?谁还能听出"主体"原来的含义就是"作为根据或基础的东西"?但我也要问,谁又没有听出这种含义?谁不是这样假定,凡被自我反思规定的东西都像这样一种存在物存在于那里,而在其性质变化中仍然保持着作为根据和承载者的东西?正因为未曾发现这个概念的原始历史含义,才会使人们把主体想成由其自我意识规定的,本身是唯一的东西,从而才使人们发现自己遇到一个恼人的问题,怎样才能从主体"显著的孤立状态"中摆脱出来。于是就产生了外部世界的实在性问题。正是本世纪的批判才使人们开始把我们的思想和意识如何才能达到外部世界这个问题当作错误的问题,因为意识根本无非就是对某事的意识。把自我意识置于世界意识之上是一个本体论偏见,它最终是建筑在具有 hypokeimenon 意思的主体概念所产生的无法控制的继续影响之上,亦即建筑在与此含义相适应的拉丁文的实体概念的无法控制的继续影响之上。自我意识规定了与其他一切存在物不同的具有自我意识的实体。然而具有广延的外在的自然与自我意识的实体又如何联系呢?这两种根本不同的实体如何互相作用——这就是近代哲学初期著名的问题,这个问题成了所谓自然科学与精神科学具有不同方法的二元论根据。

但这个问题首先只是作个例子而已,从它要引出一个普遍的问题:用概念史作解释是否总具有意义并总是必要?

对这个问题我只想作一个限制性的回答:只要概念仍然一起活在语言的生命中,则概念史的解释就总是有意义的——但这也同时表明,一种完全觉知的理想是无意义的。[8]因为语言具有自我遗忘性,只有打断说话进程并使该进程中某些东西突然停顿的"反自然的"批判的努力,才能对一个词及其概念意义产生觉知并作出主题的解释。我曾对我的小女儿作过以下观察:当她学写字时,有一天在做功课时问道:"草莓是怎么写的?"当她得到答案后若有所思地指出:"真奇怪,当我听到这个词的时候,我根本不理解这个词,只有当我把它忘了之后,我才又进入这个词。"进入词,这其实就是我们讲话的方式。假如我现在真能打住我想转达的欲求,并把我刚说出的词带入反思并置于反思之中,那么讲话的过程就被完全阻断了。自我遗忘就这样地属于语言的本质。正是出于这种理由,概念解释——概念史就是概念解释——永远只能是不完全的。它只有在以下情况中才是有用的和重要的:或者揭露由陌生语言或僵化的语言引起的遮蔽,或者解开语言困境,从而我们进入紧张的反思。因为语言困境必然会把反思者完全带入意识。只有面对可支配的语言表达可能性而感到一种不满足的人才会进行哲学思考,如果我们真的解开敢于说出唯有依靠自身才证明合适的概念陈述的人的困境,我们才能进行共同思考。

我们必须把握哲学概念语言的希腊起源,但也还要加上德国神秘学的语言及其对概念语言的渗透——直到黑格尔和海德格尔独创的概念构造。这些就是语言困境的特例,也是对思考和共同思考的特别要求。

巴门尼德(Parmenides)在他的哲学诗中提出了存在学说,它是西方思想的伟大开端。这个理论为后人提出了一个无法解决的问题,甚至连柏拉图都承认自己不能正确把握这一问题,即在巴门尼德那里存在究竟意味着什么。对此问题现代的研究仍然分歧重重。赫尔曼·柯亨(Hermann Cohen)认为,该理论其实是把同一律作为最高的思维要求。历史的研究则反对这种体系化的时代错误。因此人们正确地反驳说,这里所指的存在其实就是世界,就是存在者的整体,爱奥尼亚人用 ta panta(一切)这个名称追问的就是这个整体。[17] 巴门尼德的存在究竟是一种最高哲学概念的前声,抑或是所有存在物的集合名称,这个问题并不能以二者择一作出决定。相反,我们必须感受到语言困境,这种困境在巨大的思绪跃动中发明了 to on 这个表达,亦即存在者,抽象的单数的存在者——以前人们只说 onta,即许多存在物。如果我们要想跟随这里发生的思想,我们就必须衡量这种说法所具有的新的冒险行动。

另外还要表明,用这种中性的单数名词还不能完全认识这个所意指概念。因为用这种存在者什么不能指呢!比如,它就会像填塞得很好的球一样具有充足的理由。只要思想试图思考尚无语言表述的事物,并因此不能确实坚持自己的思维意向,那么我们就

---

[17] [参见 H. 波埃德(Boedes):《作为早期希腊哲学询问目标的根据和现状》,海牙,1962 年,第 23 页以下。]

能看到上面描述过的语言困境的例子。

同样也可以指明柏拉图如何达到以下认识,即对于思维的每种规定,对于每一个句子、每一个判断、每一个陈述,都必然要既思考同一性又思考差异性。如果我们要把某物作为它所是之物来思考,那么我们就必然会把它思考成与其他物不同的事物。同一性和差异性总是不可分解地联系在一起。在后来的哲学中我们把这种概念称为反思概念(Reflexionsbegriffe),因为它标志了一种互相转化的辩证关系。当柏拉图阐明这个伟大发现时,他把这个所谓的反思概念呈现在引人注意的联系中,他把同一性和差异性这两个在思维中总一起出现的概念与静和动并置在一起。人们会问,它们互相有什么关系。其中的一组概念是描述世界的:这里是静,那里是动,另一组概念即同一性和差异性则只是出现在思想中的。两组概念都可以具有辩证的意义,因为离开了动也无法思考静。但它们却是完全不同类的概念。柏拉图认为这种不同是属于同一层次的。在其《蒂迈欧篇》中他就直接说过,创世者让人的精神完全认识到同一性和差异性,这样人类就可以认识天体轨道的规律性以及与黄道相联系的偏离现象,从而在共造这种运动的时候学会思维。

另一个简单的例子是亚里士多德的 hylē,即质料概念。[18] 当我们说质料的时候,当然我们已经通过世界远离了亚里士多德原本想用他的概念表达的理解。因为 hylē 原本是人们用来制造某

---

[18] [参见我的论文"真的存在质料吗?——对哲学和科学概念构造的研究",载我的著作集,第 6 卷,第 206—217 页。]

物的建筑材料，亚里士多德把它当作一种本体论原则。它表明了希腊人的技术精神，因为他们把这样一个词置于哲学的中心地位。至于形式则是作为一种技术努力和成就的结果而出现，这种成就是对尚未具备形式东西的塑型。如果认为这样一个质性的概念只是一种自为自在的材料，然后由聪明的工匠取在手中并加上"形式"，认为这就是亚里士多德关于 hylē 的思想，那么这就贬低了亚里士多德。其实，亚里士多德想用这种来自于工匠世界的质性概念描述一种本体论关系，描述一种存在的结构因素，这种因素在所有关于存在物的思想和认识中不仅对围绕我们的自然而起作用，而且还在数学（noētē hylē 思考原料）领域中产生作用。他想指出，当我们把某物认作或规定为某物，我们总把它当作一种尚未规定的东西，唯有通过一种附加的规定才能把它和其他事物相区别。因此他说，hylē 具有种类功能。与此相应的是亚里士多德经典性的定义理论，按照这种理论，定义中包含最近的种和属差。于是，hylē 在亚里士多德的思想中就取得一种本体论的功能。

如果说哲学概念性的特征就在于，思想总是处于要为它真正想说的东西找寻某种真正合适的表述语的困境之中，那么所有哲学都有以下危险，即思想会沉陷于其自身之后，陷于其概念语言手段的不合适之中。这在上面举出的例子中很容易就可以看出。甚至巴门尼德的直接追随者芝诺就曾提出以下问题：存在究竟在何处？什么是存在所据的场所？如果存在在某物之中，则这个包容存在的某物本身又须在某物之中。显然芝诺这个思想尖锐的提问者并不能掌握存在学说的哲学意义，他把"存在"完全只理解为"一切物"。然而，让后继者背上思想成就衰败的负担是不正确的。哲学思想的语言困境就是思想者本人的困境。只要遭到语言拒绝，思想者就不能确切地掌握他思想的意义方向。并非只有芝诺，巴门尼德本人也像上面提到的那样谈论存在，他把存在比作一个具有牢固支撑的球。——也许亚里士多德本人——并非只是"亚里士多德派"——也未能对质料概念具有的本体论功能做过恰当的思考和概念的阐释，从而使亚里士多德派不能保持住原本的思想意图。因此，当代的解释者唯有通过概念史意识，才能追索思想的真实意图，因为概念史意识似乎置身于那种寻找自身语言的思想的现实（actus）中。

最后让我从最近的哲学中举一个例子，它也许可以表明，一个经由传统凝固的概念是如何进入到语言的生命中并能从事新的概念工作。"实体"（Substanz）概念似乎完全是从经院学派的亚里士多德主义传下来并从那里得到规定的。当我们讲到正在研究其本质或反应的化学实体时，我们也是在亚里士多德的意义上使用这个词的。实体在这里就是我们对之进行探究的存在东西（Vorliegende）。但这还不是这个词的所有意思。我们也在另外的、强调其价值的意思上使用这个词，并从这个词中引申出"非本质的"（substanzlos）和"实质的"（substantiell）这两个评价性的词，比如当我们发现某项计划实质性不够，我们就是指这项计划太含糊，太没有确定性。如果我们说某人有实质，那就是说除了他与我们打交道时显示的样子之外，他还胸有成竹。我们可以说经院学派——亚里士多德主义的实体概念在此已转变到一种全新的层面之中。在这个术语这种新的应用范围里，关于实体和功能，保存的本质及其变化的规定的旧的（对于现代科学已完全不适用的）概念因素就获得一种新的生命，并且变成很难被取代的词——这只是说明，这些词重新获得了生命。对"实体"这个词的历史所作的概念史反思从消极方面认识到由伽利略的力学导致的放弃实体的认识——从积极方面则认识到黑格尔对实体概念创造性的重建，这种重建呈现在他的客观精神学说里。一般说来，人造的概念不会成为语言用词。语言通常都反对人工的塑造或从外来语中借用词，因而不会把它们接纳在一般的语用法中。但语言却用新的意义接纳了实体这个词，黑格尔还为它提供了哲学上的合理性，因为他对我们说，我们所是的东西并非只是通过个别思考着的我的自我意识，而是通过在社会和国家中展开的精神的现实性来思考的。

以上讨论的例子表明，在语言用法和概念构造之间具有多么紧密的关系。概念史跟随思想的运动，思想的运动总要越出习惯的语言用法并把词汇的意义方向从其原来的应用范围中解放出来，对它进行扩展或限制，作比较或区别，就如亚里士多德在《形而上学》δ章的概念表中系统地所作的那样。此外概念的构造也可以重新对语言生命起反作用，就如黑格尔正确地把实体概念扩大运用于精神的东西那样。但一般说来情况正好相反，生动的语言用法的范围通常都会抵御哲学家专业术语的僵硬用法。不管怎样，概念塑造与语言用法之间的关系是最具光彩的关系。在实际的语言用法中，人们从来不会固守自己规定的专业术语用法。我以前曾经有机会指出，[19]亚里士多德在他本身的语言用法中也并

---

[19] "亚里士多德的告诫（Protreptikos）……"，载《赫尔墨斯》，第63卷，1927年，第138—164页[现收入我的著作集，第5卷，第164—186页]。

不遵照由他自己在尼各马可伦理学中对 phronēsis（实践智慧）和 sophia（理论智慧）作的区别，甚至康德对 transzendent（超验）和 transzendental（先验）所作的著名区分也从未在语言生命中获得承认。在我青年时代，亦即新康德主义盛行时代，如果有人对"贝多芬的先验音乐"这用法进行嘲讽式的批评："写这句话的人根本不知道先验和超验的区别"，这只能说是吹毛求疵者的傲慢。显然，只有想理解康德哲学的人才需要谨遵这种区别。然而语言用法却具有自主性，因而无须这种人为的规定。语言用法的这种自主性当然并不排除我们能够区分好的德语和坏的德语，甚至也不排除我们能讲到错误的语言用法。但语言用法的自主性在这些情况下恰好表明，在我们看来，类似学校在德文课上经常对违反通常语言用法所作的批评指责其实包含着某些糟糕因素，而比其他教育更为重要的语言教育并不是由知道得更好的人作的改正，它只有通过榜样才能达到。[20]

哲学的概念用词与语言的生命保持着联系，而且日常生动的语言用法在使用精心塑造的专业术语时也共同起作用，这一点不该看作哲学概念构造的缺陷。正是在这种承担着概念构造的语言生命的继续作用中，产生了概念史的任务。它所涉及的并非只是对单个概念作历史的解释，而是要复活在哲学语言用法的断裂处所表现的思想的张力，因为概念的努力就在哲学语言用法的断裂处"扭曲"。词和概念的关系在这种"扭曲"（Verwerfungen）处裂

---

[20] ［参见我1979年在德国语言和诗歌学院授予我西格蒙德-弗洛伊德奖时作的答谢辞《好的德语》（《年鉴》，1980年，第76—82页），重印于《赞美理论》，法兰克福，1983年，第164—173页。］

开,而日常用词则经过人工处理变成新的概念陈述,这种"扭曲"就是概念史能成为哲学的合法性。因为在此过程中出现的就是未曾意识到的哲学,这种哲学存在于日常语言和科学语言的语词构造和概念构造过程中。这个过程超越了所有有意识的概念塑造,让它起作用就是证明哲学概念的方法,从而"合适性"概念就获得一种新的、哲学的意义——这不是像经验科学中那样按照经验的预先给予来衡量,而是按表现为我们语言的世界定向的经验整体来衡量。概念史的证明所能成就的就是把哲学的表述从学院派的僵化中解救出来,并使它重获日常讲话的活力。但这就是说,要重新回到从概念词走向语言词的道路上去,并离开从语言的词走向概念词的道路。哲学在这里就像音乐。我们在西门子的实验室能听到的音乐都由技术设备滤去了泛音,这根本不是音乐。音乐具有自己的构造,在此构造中泛音与它能在新的发音效果和声音的陈述能力中制造出的所有声音一起发音。哲学思维的情况也是如此。我们使用的词的泛音使我们保持了思维任务的无限性这个哲学任务,唯有如此才能——在所有的限制中——完成哲学的任务。因此,哲学思维和共同思维将必须打破所谓化学提炼的概念的僵化。

打破这种僵化概念的艺术的永恒典范就是柏拉图的对话以及柏拉图笔下的苏格拉底指导的谈话。那些不言而喻而形成的规范概念就在这种对话中断裂,尽管在这些规范概念背后有一种不再负责的实在性根据本身力量的优势活动,同时由于我们自我理解的新的实现,对我们道德-政治自我解释中的正规概念所真正意指东西的新发觉,从而我们被引导走上哲学思考的道路。因此,对我们来说关键不在于概念史研究,而是在于把从概念史的研究中学到的学科运用到我们的概念中去,从而能把一种真正的联系性带到我们的思想之中。但由此就引出以下结论:哲学语言的理想并不在于从语言的生命中分解出一种专业术语的、清晰的规范概念,而是把概念思维和语言及存在于语言中的真理整体重新联结。唯有在真正的讲话或谈话中,哲学才有其真正的、它自己的试金石,除此之外,别无他途。

8
古典诠释学和哲学诠释学
(1968年)

"诠释学"(Hermeneutik)这一名称,正如在我们科学语言开始时可以发现的那些源自希腊的语词的情况一样,是具有相当不同的反思层次。诠释学首先代表一种具有技艺高超的实践。它表示了一种可以补充说"技艺"(Techne)的构词法(Wortbildung)。这种艺术就其根本而言就是宣告、口译、阐明和解释的艺术,当然也包括作为其基础的理解的艺术,凡在某物的意义并非开放和明显时,就需要这种艺术。在最早使用该词的时候㉑就存在某种含糊性。赫尔默斯(Hermes)是诸神的信使,他把诸神的旨意传达给凡人——在荷马的描述里,他通常是从字面上转达诸神告诉他的消息。然而,特别在世俗的使用中,hermēneus(诠释)的任务却恰好在于把一种用陌生的或不可理解的方式表达的东西翻译成可理解的语言。翻译这个职业因而总有某种"自由"。翻译总以完全理解陌生的语言,而且还以对被表达东西本来含义(Sinn-Meinung)的理解为前提。谁想成为一个翻译者,谁就必须把他人意指的东

㉑ [这个词的词源真的与信使神"赫尔默斯"有关,如词的使用和古代词源学所认为的那样,这在最新的研究(贝弗尼斯特〔S. Benveniste〕)里是受到怀疑的。]

西重新用语言表达出来。"诠释学"的工作就总是这样从一个世界到另一个世界的转换,从神的世界转换到人的世界,从一个陌生的语言世界转换到另一个自己的语言世界。(人间的翻译家总是只能用自己的语言作翻译。)因为翻译真正的任务就在于"有收效的传达"(ausrichten)某种事情,所以 hermēneus(诠释)的意义就在翻译和实际命令、单纯的通知和要求服从之间摇摆。虽然 hermēneia 通常被认作完全中性意义的"思想的表述"(Aussage von Gedanken),然而引人注目的是,柏拉图[22]并没有把这个词理解成思想的表达,而只是理解成具有命令性质的国王的知识、传令官的知识。因此,诠释学必然被理解成与占卜术相近的艺术:[23]一门转达神的旨意的艺术接近于从符号中猜出神意或未来的艺术。——然而,诠释学中引人注意的却一直是另外一种纯认知意义的成分;因为亚里士多德在《解释篇》(Peri hermēneias)中谈到 logos apophantikos(陈述语句)的时候仅仅指出陈述的逻辑含义。与此相应,在后希腊化时期,hermēneia 和 hermēneus 的纯认知含义得到了发展,并且可以表示"博学的阐释"和"阐释者"或"翻译者"。当然,作为艺术的"诠释学"还会从古老的宗教来源[24]中增添一点东西:它是一门我们必须把它的要求当作命令一般加以服从的艺术,一门会让我们充满惊奇的艺术,因为它能理解和解释那种对我们封闭的东西——陌生的话语或他人未曾说出的信念。它也

---

[22] 柏拉图:《政治家篇》,260d。
[23] 《依庇诺米篇》,975c。
[24] 福第欧斯(Photios):《古典文献精选》,7;柏拉图:《伊安篇》,534e;《法律篇》,907d。

是一种 ars(技能),用德语说就是一种技艺学(Kunstlehre),就如演讲术或书写术或计算术——它与其说是一门"科学",不如说是一种实用的技巧。

这种意义在这个古老的词后来回响的词义中也存在,例如在后来的神学和法学诠释学中所表现的:它是一种"技术",或至少是一种可以作为工具使用的"技术",并且总是包含一种规范的职能:解释者并非只理解它的技术,而且也把规范——神的或人的规则——表达出来。

当我们今天讲到"诠释学",我们是处于近代的科学传统之中。与此相应,"诠释学"这个用语也正是在这个时候开始的,也就是说,它是随着现代方法论概念和科学概念的产生而使用的。于是它就一直包含一种方法论意识。人们不仅掌握解释的技术,而且能够从理论上证明这种解释技术。"诠释学"第一次作为书名出现是在1654年,作者是丹恩豪尔(J. Dannhauer)。㉕自那以后,人们区分了一种神学—语文学的诠释学和一种法学的诠释学。

从神学上讲,"诠释学"表示一种正确解释圣经的技术,这门本身相当古老的技术早在教父时代就被用到方法论的思考上,这首先表现在奥古斯丁的《论基督教学说》(De doctrina christiana)一书里。基督教教义学的任务是由犹太民族如何从救世史角度解释旧约的特定历史和新约中耶稣的泛世说教这两者之间的紧张关系所规定的。因此诠释学就必须用方法论的反思帮助并找出解决的办法。奥古斯丁在《论基督教学说》一书中借助新柏拉图主义的观

㉕ J. 丹恩豪尔:《圣经诠释学或圣经文献解释方法》(1654年)。

点讲述了灵魂如何超越语词和道德的意义而上升到精神意义的过程。由于他用一种统一的观点把古代的诠释学遗产联系起来,从而他解决了教义学的问题。

古代诠释学的核心是寓意解释(allegorischen Interpretation)问题。寓意解释本身相当古老。Hyponoia,即背后的意思,乃是表示寓意含义的原本的词。这种寓意解释早在智者派(Sophistik)时代就已流行,当时塔特(A. Tate)就这样断定,而且后来的纸章书也证明了这一点。作为其根据的历史联系是很清楚的:由于被认作属于贵族社会的荷马史诗的价值观已丧失了其约束力,从而人们要求一种新的解释艺术来对待传承物。这与城邦的民主化进程是一起发生的,当时城邦的新贵们采用了旧贵族伦理。它的表现就是智者派的教育观念:奥德赛取代了阿喀琉斯的地位,而且常常表现出智者派的特征。尤其在希腊化时期斯多葛派对荷马的解释中寓意解释被用成了一种普遍的方法。奥里根(Origines)和奥古斯丁概述的教父时代的诠释学就是以此为出发点的。这种诠释学在中世纪被卡西安(Cassian)加以系统化,并发展成为四重文字意义的方法。[9]

由于宗教改革派激烈地反对教会理论的传统及其用多种文字意义方法处理圣经经文,[26]他们就转回到圣经的文字研究,从而诠释学获得了一种新的促进。尤其是寓意的方法受到他们的抨击,

---

[26] 参见 K. 霍尔(Holl)对路德诠释学的研究《路德对解释技术的发展所作的贡献》(1920年),以及 G. 埃伯林后来的研究《福音教义解释——对路德诠释学的研究》(1942年);"路德诠释学的开端",载《神学与教会杂志》,第48卷(1951年);"诠释学神学?",载《词和信仰》,第2卷,蒂宾根,1969年,第99—120页。

寓意的理解仅限于比喻的意义——例如在耶稣的讲话中——能自我证明的情况下才被采用。于是诠释学内部就出现了一种新的方法学意识，这种意识试图成为客观的、受对象制约的、摆脱一切主观意愿的方法。然而，其中心动机仍是一个通常的想法：无论是近代的神学诠释学还是近代的人文主义诠释学，都是要正确解释那些包含需要重新争得真正权威性东西的文本。因此，促进诠释学努力的动机并不像后来施莱尔马赫所说的那样，是因为某些传承物难以理解，可能造成误解，相反，而是因为现存的传统由于发现其被掩盖了的根源而被破坏并变形，因而需要重新理解传承物。传承物被遮蔽或歪曲的原始意义（Ur-Sinn）应当再被探索和重新说明。诠释学总是试图通过对原始根源的追溯来对那些由于曲解、变形或误用而被破坏了的东西获得一种新的理解——例如教会的理论传统对圣经的歪曲，经院哲学粗陋的拉丁文对古典作家的歪曲，地方性的法律实施对罗马法的歪曲等等。新的努力并非只为更正确地理解，而是让典范重新在其本意上发挥作用，就如福音的布道、预言的解释或对强制规定的神律的解释等等。

然而自近代开始，在诠释学这种事实方面的起因之外还有一种形式方面的动机在起作用，因为专门使用数学语言的新科学方法意识正朝着符号语言的普遍解释理论方向发展。为了达到它的普遍性，诠释学被作为逻辑学的一部分来进行详细讨论。[27] 沃尔夫（Chr. Wolff）的《逻辑学》中划出专门一章来写诠释学，[28] 这对18

---

[27]　参见 L. 盖尔德塞策（Geldsetzer）为格奥尔格·弗里德里希·迈耶的《普遍解释技术试探》重印本（1965 年）写的导言，尤其是第 X 页以下。

[28]　Chr. 沃尔夫：《理性哲学或逻辑哲学》（1732 年），第 3 部分，第 3 篇，第 6、7 章。

世纪确实产生了决定性作用。这里有一种逻辑学—哲学的兴趣在起作用,它试图以一种普通语义学来奠定诠释学的基础。这种普通语义学的概要首先是迈耶(Georg Friedrich Maier)为我们提供的,他的卓越的前驱则是克拉顿尼乌斯(Chladenius)。㉙——但是一般来说,在17世纪,在神学和语文学里成长起来的诠释学学科仍是片段零散的,它更多为说教目的而不是为哲学目的服务的。虽说为了实用的目的,它发展了一些方法学的基本规则,这些规则绝大部分均取自于古代语法学和修辞学(奎因梯利安〔Quintillian〕㉚),但总体说来仍然只是一些片段解释的集合,这些片段解释是用来阐发对圣经(或者在人文主义领域中对古典作家)的理解。"指南"(Clavis)、"钥匙"(Schlüssel)是当时经常使用的书名,如在弗兰西斯(M. Flacius)那里。㉛

古典新教派诠释学的概念词汇全都来自古代修辞学。梅兰希顿(Melanchton)把修辞学的基本概念转用于对书籍的正确研究(bonisauctoribus legendis),这在后期古典修辞学及其文字研究中有其典范作用(哈里卡那斯的狄奥尼斯[10]),从而他这种做法是划时代的。所以那种想从整体理解一切个别的要求可以追溯到caput(整体)和membra(部分)的关系,古代修辞学就以此为典范。这种诠释学原则在弗兰西斯那里达到了最紧张的运用,因为他为

㉙ J. A. 克拉顿尼乌斯:《正确解释合理性的讲话和著作导论》(1742年,重印版1970年)。

㉚ 奎因梯利安:《演说方法》。

㉛ M. 弗兰西斯:《圣经指南》(1567年),参阅"论圣经文字的合理认识"(《圣经指南》的一部分),德文拉丁文对照本,1968年重印版。

着反对《新约全书》的个别解释而使用的教义统一规则极大地限制了路德教派的圣经自解原则。

因依赖古典修辞学而预先置于这些"诠释学"中的一般诠释学原则当然不能证明它对这些文献具有哲学兴趣。同样,在新教诠释学的早期历史中业已反映出一种较深的哲学疑难,这种疑难到本世纪才完全暴露出来。路德教派的原则"圣经自身解释自身"(sacra scriptura sui ipsius interpres)虽说公开拒斥了罗马教会的独断论传统,然而因为这句话绝非赞同天真的灵感论,更因为遵循大学问家路德圣经翻译原则的威腾堡神学为了证明自己的工作的正确而附加上大量语文学和注释学的技能,所以每一种解释的疑难必然也同时要诉诸于自身解释自身这一原则。这个原则的自相矛盾是非常明显的,以致天主教教义传统的捍卫者、特伦托宗教会议和反宗教改革的文献也不可能不发现它的理论弱点。不可否认,新约的圣经注释也不可能没有独断论的指导原则,这种原则一部分系统地包括在《信仰文献》中,部分则被选择为最重要的论题(loci praecipui)。理查德·西蒙(Richard Simon)对弗兰西斯的批判[32]在我们今天看来仍是关于"前理解"的诠释学疑难最杰出的文件,它将表明,在这个疑难中隐藏着本世纪的哲学才刚刚揭露出来的本体论的含义。随着对语词灵感理论的拒斥,早期启蒙运动的神学诠释学最终也试图获得普遍的理解规则。尤其历史圣经批判就是在那时找到它的最早的合法性。斯宾诺莎的《神学政治论》就是这种批判的主要结果。他的批判,例如对奇迹概念的批判,就是

---

[32] R.西蒙:《新约圣经文本批评史》(1969年);《论圣经作者的灵感》(1687年)。

由理性的这种要求而获得合理性的,即只承认合理性的东西,亦即只承认可能的东西。它不仅是批判,它同时也包括一种积极的转变,因为理性所攻击的圣经里的那些东西也要求一种自然的解释。这就导致了向历史性东西的转变,亦即从所谓的(以及不可理解的)奇迹历史转向(可理解的)奇迹信仰。㉝

虔信派的诠释学(pietistische Hermeneutik)抵制了它的消极启蒙的影响,自 A. H. 弗兰克(Francke)以来这种诠释学就把使人虔信的运用与文本的解释紧密联系。这里涌现了古典修辞学及其情绪作用理论的传统,该传统特别影响了布道理论(sermo),它在新教仪式中取得一种新的、巨大的作用。J. J. 兰巴赫(Rambach)㉞富有影响的诠释学明确地把应用的精巧(subtilitas applicandi)与理解和解释的精巧(subtilitas intelligendi und explicandi)相提并论,这显然和布道的意义相适应。完全源自于人文主义竞赛观念的 subtilitas(精巧性)一词也许极好地表明,解释的"方法"——就如一切规则的应用——要用一种本身不能由规则保证的判断力。㉟ 这对将理论应用于诠释学实践产生了持久的限制。此外,诠释学作为神学的辅助学科在 18 世纪后期仍在不断地寻求和教义兴趣的协调(例如埃内斯蒂〔Ernesti〕、塞姆勒〔Semler〕)。

只有到了施莱尔马赫(受 F. 施莱格尔的启发)才使诠释学作为一种普遍的理解和解释的理论而摆脱了一切独断论的和偶然的

㉝ [参见我在"诠释学和历史主义"一文中对斯特劳斯关于斯宾诺莎解释所作的批判论述,本书第 414 页以下。]

㉞ J. J. 兰巴赫:《圣经诠释学原则》(1723 年)。

㉟ 康德:《判断力批判》(1799 年第 3 版),Ⅶ。

因素,这些因素在施莱尔马赫那里只在专门用于圣经研究时才偶尔发生作用。施莱尔马赫用他的诠释学理论捍卫了神学的科学性,特别是反对灵感神学,因为灵感神学从根本上使通过文本注释、历史神学和语文学等来理解圣经的方法验证性发生了疑问。然而施莱尔马赫普遍诠释学概念的背后动机并不仅是这种神学-科学政治的兴趣,而是一种哲学动机。浪漫主义时代最深刻的推动力之一就在于相信谈话是一种特别的、非独断的、无法由独断论取代的真理源泉。如果说康德和费希特把"我思"的冲动作为一切哲学的最高原则,那么施莱格尔(F. Schlegel)和施莱尔马赫这一代以强烈的友谊关怀著称的浪漫主义者则把这种原则转换成一种个性形而上学。个性的不可讲说性也为转向历史世界打下了基础,这种历史世界随着革命时代与传统的决裂而进入人们的意识。能够建立友谊、谈话、写信、一般交往——所有这些浪漫主义具有生活感的特征都迎合着对理解和误解的兴趣,于是,这种人类的原始经验就在施莱尔马赫的诠释学中构成方法论的出发点。从他开始,对文本的理解、对陌生的、疏异的、歪曲的、僵化在文字中的精神线索的理解,换言之,对文学尤其是对圣经作生动的解释就成为特别的运用。

自然,施莱尔马赫的诠释学也并没有完全摆脱旧的诠释学文献的学究气——他的哲学著作在某种程度上仍受到其他唯心主义大思想家的影响。他既没有费希特强大的演绎力,也没有谢林精巧的思辨,更没有黑格尔概念术的顽固性——即使在他作哲学思考时,他仍是一个谈话者。他的著作更像一个演说家的备忘录。尤其是他对诠释学的贡献受到很大的限制,从诠释学角度看最令人感兴趣的东西,亦即他对思想和讲话的看法却根本不在《诠释学》一书中,而是收在他的辩证法讲演中。如果我们期待一种可供使用的批判的辩证法,那我们将一无所获。㊱ 在施莱尔马赫那里,原来给予诠释学努力以其意义的文本的基本规范意义却退到了次要的位置。理解就是依据精神的同质性(Kongenialität)来再现地复制原来的思想创造过程。这就是施莱尔马赫根据一切生命都是个体化的这种形而上学观点所教导的内容。这样语言的作用就突出了,并且以某种形式基本克服了那种只限于书面文字的学术性的局限性。施莱尔马赫把理解建立在谈话和人与人之间的相互理解的基础上,这意味着诠释学基础的深化,从而有可能建立一种以诠释学为基础的科学体系。诠释学成为所有历史精神科学的基础,而不仅仅是神学的基础。"权威"文本的独断论前提——由于这种前提,所有的诠释学工作,无论是神学家还是人文主义语文学家(不谈法学家)的诠释学工作曾有其原本的调解作用——如今已消失了。因而历史主义就有了自由发展的天地。

在施莱尔马赫的追随者那里,尤其是心理学解释受到浪漫主义学派天才无意识创造理论的支持,这两者一起构成精神科学最主要的理论基础。这在施泰因塔尔(Steinthal)身上表现得最富有启发,㊲并且在狄尔泰那里导致一种试图在"描述和分析心理学"基础上重新系统地建立精神科学概念的想法。施莱尔马赫当然没有想到要为历史科学作哲学论证。相反,他本身就属于由康德和

㊱ [G. 瓦蒂莫(Vattimo):《施莱尔马赫的解释哲学》,米兰诺,1968 年。]
㊲ H. 施泰因塔尔:《心理学和语言科学导论》,1881 年。

费希特建立的先验唯心主义的思想阵营。尤其是费希特的《全部知识学基础》几乎与《纯粹理性批判》具有同样划时代的意义。正如费希特那本书的书名所示,这里涉及的是从一种统一的"最高原理"或原则,即理性的冲动(费希特不讲"事实"〔Tatsache〕,而说"本原行动"〔Tathandlung〕)中导引出所有知识,这种从康德的"批判的"唯心主义向"绝对的"唯心主义的转向成为所有后来哲学家的基础:席勒、施莱尔马赫、谢林、弗里德里希·施莱格尔和威廉·冯·洪堡——直到伯克、兰克、德罗伊森和狄尔泰。"历史学派"尽管拒绝以费希特和黑格尔的方式先验地构造世界史,但也同样具有唯心主义哲学的理论基础,这在埃里希·罗特哈克(Erich Rothacker)㊳身上尤其能得到证明。著名语文学家奥古斯丁·伯克(August Boeckh)关于"语言科学百科全书"的讲座很有影响。他在讲座中把语文学的任务规定为"对已认识东西的认识"(Erkennen des Erkannten)。由此就为语文学的次级特性找到一个极好的公式。在人文主义中重新发现并被人一直模仿的古典文献的规范意义逐渐变得失去历史作用了。伯克从这种"理解"的基本任务出发,把不同的解释方式区分为语法解释、文学分类解释、历史-现实解释和心理-个性解释。在这里狄尔泰就和他的理解心理学相联系。

显然主要由于 J. St. 穆勒(Mill)"归纳逻辑"的影响才使"认识论"指向在这时得到了改变,当狄尔泰为反对在赫巴特(Herbart)和费希特基础上扩展的实验心理学而为"理解"心理学观念辩护

㊳ [《精神科学导论》,蒂宾根,1920 年。]

时,他仍然具有"经验"的一般立场,这种经验当然是以根据"意识的句子"和体验概念建立的形式出现的。对于狄尔泰来说,历史学家 J. G. 德罗伊森(Droysen)据以建立其富有思想的历史学的历史哲学和历史神学背景,以及狄尔泰的朋友、思辨的路德教派瓦腾堡的约尔克(Yorck von Wartenburg)对同时代人天真的历史主义作的严厉批判,都意味着不断的警告。上述两人都为狄尔泰后来开拓新的发展道路作出了贡献。在狄尔泰那里构成诠释学心理学基础的体验概念(Erlebnisbegriff)通过对表达(Ausdruck)和含义(Bedeutung)的区分得到补充,这部分是由于胡塞尔心理学批判的影响(见其《逻辑研究》的导论)及其柏拉图式的意义理论,部分是由于和黑格尔的客观精神理论重新联系,这主要是出于狄尔泰对青年黑格尔的研究。㊴——这在 20 世纪产生了很多结果。狄尔泰的工作由 G. 米施(Misch)、B. 克罗图伊森(Groethuysen)、E. 斯潘格(Spranger)、Th. 利特(Litt)、J. 瓦赫(Wach)、H. 弗雷耶(Freyer)、E. 罗特哈克、O. 博尔诺(Bollnow)等人继续下去。从施莱尔马赫直到狄尔泰及其后的整个诠释学的唯心主义传统却被法学史家 E. 贝蒂(Betti)加以吸收。㊵

当然,狄尔泰自己无法真正解决这个令他苦恼的任务,即把"历史的意识"与科学的真理要求从理论上加以调解。E. 特勒尔奇(Troeltsch)按狄尔泰的意思从理论上解决相对主义问题的名言"从相对性到整体性",就如他本人的工作一样仍然陷于它想克

㊴ W. 狄尔泰:《狄尔泰全集》,第 4 卷、第 8 卷,现在也可参看第 18 卷、第 19 卷。
㊵ E. 贝蒂:《一般解释学基础》(1954 年);《作为精神科学方法论的一般解释学》(1967 年)。

服的历史主义之中。值得注意的是,特勒尔奇在他的三卷本的历史主义著作中也总是一再偏到(杰出的)历史解释之中,相反,狄尔泰则试图在一切相对性的背后回到一种稳固性,因此他构造了一种与生命的多方面性相符合的富有极大影响的世界观类型理论。但这只是在很有限的意义上克服了历史主义。因为规定各种类型理论的基础是"世界观"概念,这就是说,是一种不再能进行深入研究的"意识观点"(Bewusstseinsstellung)概念,这种意识观点我们只能描述或与其他世界观相比较,但必须作为某种"生命的表现现象"起作用。"通过概念的认识愿望",也就是哲学的真理要求,为了"历史意识"而必须被抛弃,这就是狄尔泰未经反思的独断论前提,它和费希特被人极大地误用了的话"人选择何种哲学有赖于他是何种人"[41]大相径庭,这句话清楚表明了对唯心主义的信奉。

独断论因素在狄尔泰的后继者那里表现得非常明显:当时风行一时的教育学-人类学的、心理学的、社会学的、艺术理论的、历史的类型学说实际地表明,它们的成果其实依赖于作为它们根据的隐秘的独断论。马克斯·韦伯(Max Weber)、斯潘格、利特、品德尔(Pinder)、克莱希默(Kretschmer)、杨恩希(Jaensch)、莱尔希(Lersch)等人的所有这些类型学都表明,它们都本具有有限的真理价值,然而如果它们想把握所有现象的全体性,亦即想成为完备的类型学,则它们就会同样丧失这些真理价值。把某种类型学"扩建"成包容一切的理论从根本上说来就意味着它的自我消解,即丧失了它的独断的真理内核。就连雅斯贝斯的《世界观的心理学》也

---

[41] J.G.费希特:《著作集》,I.H.费希特编(1845/48年),第1卷,第434页。

未能像他后来在其《哲学》里所要求的(和达到的)那样完全避免了马克斯·韦伯和狄尔泰后继者的一切类型学的问题。类型学的思维方式其实只是从一种极端的唯名论的观点来看才是合理的。甚至马克斯·韦伯惨淡经营的彻底唯名论也认识到自己的局限性,它也要用完全非理性的任意设定的让步来作补充,他说每个人都必须选择自己想追随的"他的上帝"。㊷

随着施莱尔马赫的一般基础而开创的这一时期的神学诠释学也以同样方式陷入了它的独断论的困境中。施莱尔马赫诠释学讲演录的出版商吕克(Lücke)就极为强调其中的神学因素。19世纪的神学教义学全都回复到具有信仰规则的老的新教诠释学的疑难处。与此相对的是自由主义神学对所有教义学进行批判的历史要求,从而导致了对神学特殊任务日益增长的冷漠态度。于是,在自由主义神学时代基本上不再有专门的神学诠释学疑难。

在极端历史主义的进程以及在辩证神学[巴尔特(Karl Barth)、图尔纳森(Thurneysen)]的推动下,本应纳入反神话化运动中R.布尔特曼(Bultmann)的诠释学思考在历史诠释学和教义诠释学之间建立了真正的调解,这可以说是一件划时代的事件。当然,在历史-个性化的分析和基督福音的布讲之间仍具有理论上不能解决的两难困境,但布尔特曼的"神话"概念很快证明是在现代启蒙运动基础上建立的有最充分前提的构造体系。他否定神话语言中具有的真理要求——这被认为是一种最片面的诠释学论断。

㊷ D. 亨利希(Henrich):《马克斯·韦伯科学理论的统一性》(1952年)。

G. 博恩卡姆(Bornkamm)以其渊博的学识指出,[43]关于反神话化的争论仍具有极为普遍的诠释学兴趣,因为在这场争论中,教义学和诠释学之间旧有的对峙仍以经过时代修正的方式存在。布尔特曼的神学自我思考摆脱了唯心主义,并且接近了海德格尔的思想。卡尔·巴尔特和辩证神学提出的要求也在这里发生作用,因为它使人认识到"关于上帝的讲话"(Reden über Gott)的人类的和神学的疑难。布尔特曼试图找寻一种"积极的"、亦即可以从方法上证明的、无须丢弃历史神学成就的解决方案。他觉得海德格尔《存在与时间》的存在主义哲学在这方面提供了一种中立的人类学的立场,从这个立场出发,信仰的自我理解就能得到本体论的证明。[44] 人类此在趋向本真状态的未来性以及相反的情况,即在世界中的沉沦,都可以通过信仰和罪责概念得到神学的阐明。虽说这并非海德格尔意义上对存在问题的阐明,而只是一种人类学的转义解释。但布尔特曼根据能在(Seinkönnen)的"本真性"证明上帝问题对于人的存在具有普遍的重要意义,这是真正的诠释学收获。他的重点在前理解(Vorverständnisse)概念——假如我们完全不谈这种诠释学意识在注释学方面取得的丰富成就的话。

但是,海德格尔的哲学新见解并非只在神学上产生了积极的影响,而且有可能首先摧毁那种在狄尔泰学派里占统治地位的相

---

[43] G. 博恩卡姆:"最近讨论的鲁道夫·布尔特曼的神学",载《神学评论》,1963年,第29期,½分刊,第33—141页。

[44] 关于存在主义哲学的这样一种"中立的"要求的疑难,可参见 K. 勒维特的"现象学向哲学发展的基本特征及其与新教神学的关系",载《神学评论》,1930年,第2期,第26页以下、第333页以下。

对主义的和类型学的顽固基础。G. 米施的贡献在于他把狄尔泰与胡塞尔和海德格尔加以对比,从而重新激发了狄尔泰对哲学的推动力,㊺尽管他对狄尔泰生命哲学发端的构筑表明狄尔泰最后是与海德格尔对立的——其实,狄尔泰在"先验意识"之后重返回到"生命"立场,对于海德格尔建立其哲学乃是一个重要的支撑。由 G. 米施和其他人把狄尔泰许多零散的论文都收集在《狄尔泰全集》第 5 至 8 卷中,以及米施写的非常内行的导言使狄尔泰被其历史学成就掩盖了的哲学研究在 20 年代第一次为世人所知。由于狄尔泰(以及克尔凯郭尔)的观念进入了存在哲学的基础,诠释学问题就获得了其哲学上的彻底性。海德格尔在当时构造了"事实性诠释学"(Hermeneutik der Faktizität)概念,并且据此针对胡塞尔的现象学的本质本体论提出了一项矛盾的任务,即仍然去解释"存在"的"不可前思性"(das Unvordenkliche)(谢林),甚至把存在本身解释为"理解"(Verstehen)和"阐释"(Auslegung),即解释成根据其自身可能性的自我筹划。于是诠释学的发展达到一个关键点,即诠释学现象的工具主义的方法意义必须返回本体论上去。"理解"不再是人的思想对那些可以用方法归类并归入到科学过程中去的东西的行为,而是构成人的此在的基本运动性。海德格尔把理解当作存在的基本活动,从而赋予理解以刻画性(Charakterisierung)和着重性(Akzentuierung),理解的这种刻画性和着重性于是就汇入了在理论上首先是由尼采阐明的解释概念里。这种阐明依据于对自我意识表述的怀疑,正如尼采所明确说的,这将比笛

㊺ G. 米施:《现象学和生命哲学》(1929 年)。

卡尔的怀疑来得更妙。⁴⁶ 在尼采那里这种怀疑的结果完全改变了一般真理的意义，以致解释过程就变成权力意志的一种形式，并由此而获得本体论意义。

我认为，在20世纪，无论在青年海德格尔还是雅斯贝斯那里，历史性这个概念也具有这种类似的本体论意义。历史性不再是对理性及其掌握真理要求的限制，相反却表现为真理认识的积极条件。这样历史相对主义的论证就失去了它的现实基础。绝对真理的标准已被证明只是抽象的-形而上学的偶像，并失去了一切方法论的含义。历史性不再招引历史相对主义的幽灵，而胡塞尔的《作为严格科学的哲学》那篇纲领性的论文却正是对这种幽灵的强烈警告。

重新复活的克尔凯郭尔的思想影响首先和最有效地向这种新方向适应，这种影响通过乌那马诺（Unamano）和其他人激发了对唯心主义的新的批判，并发展出作为另一个我的你的观点。例如在特奥多·海克尔（Theodor Haecker）、弗里德里希·戈加滕（Friedrich Gogarlen）、爱德华·格里斯巴赫（Eduard Griese-bach）、弗迪南德·埃伯纳（Fordinand Ebner）、马丁·布伯、卡尔·雅斯贝斯、维克多·冯·魏茨泽克（Viktor von Weizsäcker）以及在卡尔·勒维特（Karl Löwith）的《人际作用中的个人》（Das Individuum in der Rolle des Mitmenschen）一书（慕尼黑，1928年）中都可以看到这一点。

E. 贝蒂试图通过机智的辩证法在主观和客观的共同作用中

---

⁴⁶ 《尼采全集》，第7卷，第3分册，第40[25]页；也可参见第40[10]、[20]页。

证明浪漫主义诠释学遗产的合理性,然而,自从《存在与时间》指出主体概念具有本体论上的前把握性,以及后期海德格尔在"转向"(Kehre)思想中冲破了先验哲学反思的范围之后,甚至这种机智的辩证法也必然不能令人满意。构成揭蔽(Entbergung)和遮蔽(Verbergung)活动范围的真理"事件"(Ereignis)给予一切揭蔽——包括对理解科学的揭蔽——以一种新的本体论价值。于是才可能对传统诠释学产生一系列新的疑问。

唯心主义诠释学的心理学基础本身就有问题:难道文本的意义真的只限于"所意指的"意义(mens auctoris 作者的意思)吗?理解难道只不过是原始创作的再现吗?显然,这种观点对于法学诠释学是不适合的,因为法学诠释学曾经产生了明显的法权创造性的作用。但人们通常把这种作用归为法学诠释学正规的任务,并把它看作与"科学"无关的实际应用。科学客观性的概念要求坚持由 mens auctoris 构成的法则。但这种法则真能满足人们的要求吗?比如在对艺术作品的解释中(这些艺术作品在导演、乐队指挥和翻译家那里本身还具有一种实际产品的形式)情况又是如何呢?难道我们能否认再现的艺术家"解释着"原来的作品——而并非从中创造出一种新作品?我们可以从音乐或戏剧作品中详细区分适当的和"不允许的"或"违背风格的"再现解释。我们有何理由把这种再现的解释意义和科学的意义相区别呢?这种再现真的像梦幻一般无知无觉?再现的意义内容并不限于由作者有意识地赋予的意义所产生的东西。众所周知,艺术家的自我解释都会引起疑问。他们的作品的意义仍然为实际的解解提出一种明确的接近任务。再现根本不是随心所欲的任意发挥,正如科学承担的解释一样。

历史事件的意义和含义的情况又如何呢？同代人的意识的显著特征是：他们虽然"体验着"该历史,却不知道它是怎样发生的。与此相反,狄尔泰却自始至终一直坚持他的体验(Erlebnisse)概念具有系统的结果。这正如标准的传记和自传对于狄尔泰历史作用关系理论所说的。⑰ 甚至 R. G. 科林伍德⑱运用克罗齐(Benedetto Croce)的黑格尔主义辩证方法对实证主义的方法论意识所作的机智的批判,由于他的重演(reenactment)理论也仍然囿于主观主义的问题堆中,因为它把认真领会已执行的计划作为历史理解的模式。在这方面黑格尔更彻底。黑格尔要求在历史中认识理性,他的这一要求的根据是"精神"概念,精神概念的本质就在于,它"陷于时间之中",并且唯有从它的历史中才能获得其内容的规定性。然而,即使对于黑格尔也存在有"世界历史的个体",他称之为"世界精神代理人"(Geschäftsträger des Weltgeistes),他们的个人决定和爱好与那种"处于时间中"的东西完全一致。但这种例外情况对于黑格尔来说却并不规定历史理解的意义,而是从把握由哲学家所作出的历史必然性角度被规定为例外。施莱尔马赫曾经走出了的指望历史学家与他的对象同气质(Kongenialität)的出路显然并不能实际继续下去。这种方法使世界历史仿佛变成美学的戏剧。这样做一方面意味着对历史学家提出了过分的要求,同时又低估了他把自己的视

---

⑰ 参见《狄尔泰全集》,第 8 卷。
⑱ 科林伍德:《思想——一篇自传》(1955 年)。

野和过去的视野相交合的任务。

宗教文献的布道意义的情况又是如何呢？这里也表明同气质概念是荒谬的。因为它召回了灵感理论的幽灵。然而，即使对圣经的历史注释在此也受到限制，特别是与圣经作者的"自我理解"这个主导概念发生抵触。难道圣经的福音意义不是必然会不同于新约作者神学观点的单纯相加吗？因此虔信派的诠释学（A. H. 弗兰克、兰巴赫）的观点仍然值得我们注意，他们在其解释理论里除了理解和解释外还附加上应用（Applikation），从而突出了"文献"与当代的联系。这里就隐藏着诠释学的中心动机，即要真正严肃地对待人的历史性。所以唯心主义诠释学确实也考虑到这一点，尤其是 E. 贝蒂的"意义相应规则"（Kanon der Sinnentsprechung）。可是只有断然承认前理解概念和效果历史原则或者发挥效果历史意识，才能提供一个充分的方法论基础。《新约》神学的规则概念（Kanonbegriff）作为一种特例在此找到了它的合法性。如果我们坚持要把 mens auctoris（作者的意思或作者意指的意义）作为规范，那么即使《旧约》的神学意义也很难得到证明，正如 G. V. 拉德（Rad）的积极成果首先所指明的，拉德的研究超越了这种观点的限制。与这种情况相适应，最新的诠释学讨论同样也延伸到了天主教神学［斯塔克尔（E. Stachel）、比塞尔（E. Biser）、柯雷特（Coreth）］。[49]

在文学理论中也出现了类似理论，部分地是以"接受美学"这

---

[49] G. 斯塔克尔：《新诠释学》（1967年）；E. 比塞尔：《神学的语言理论和诠释学》（1970年）；E. 柯雷特：《诠释学基本问题》（1969年）。

一名称出现的(尧斯、伊泽尔〔Iser〕、格里克〔K. J. Gerigk〕)。但也正是在这个领域,对限制于方法论的语文学的反对也日益强烈(赫施〔D. Hirsch〕、托马斯·西伯姆〔Th. Seebohm〕),[50]这些人忧心研究的客观性会因此而受到损害。

法学诠释学令人尊敬的传统借助于这个问题获得了新的生命。在现代法律教义学中,这种诠释学本来只起着一种可怜的作用,只不过是自身完满实现的教义学身上无法避免的污点而已。但无论如何我们绝不能忽视:它是一种正规的学科,并执行着补充法律的教义学功能。作为这样一门学科它行使一种不可或缺的任务,因为它在所定法律的普遍性和个别案例的具体性之间无法取消的裂缝中架起了沟通的桥梁。甚至亚里士多德在尼各马可伦理学中讨论自然法问题和 epieikeia(公正)概念时就在法学理论内部划出了诠释学的地盘。对法学诠释学历史的回顾也表明,[51]理解地进行解释的问题和应用问题不可分割地联系在一起。自从法学接受了罗马法之后,这个双重任务对它就显得尤为重要。那时不仅要理解罗马法学家,而且也要同时把罗马法的教义学应用于近代的文化世界。[52] 于是在法学内就造成了诠释学任务和教义学任务相当密切的联系,正如神学所承担的那样。只要罗马法仍然保持它的法律效用,那么罗马法的解释理论就无法解除罗马法的历

---

[50] R. 尧斯:《文学史对文学的挑战》(1970 年)、《美学经验和文学诠释学》(法兰克福,1977 年);W. 伊泽尔:《文本的集合结构》(1970 年)、《内含的读者》(慕尼黑,1972 年);E. D. 赫施:《解释的有效性》(1976 年);Th. 西伯姆:《诠释学理性批判》(1972 年)。

[51] 参见 C. Fr. 瓦尔赫(Walch)、C. H. 埃克阿德:《法学诠释学》,前言(1779 年)。

[52] 此外参见 P. 科夏克(Koschaker):《欧洲和罗马法》(1958 年)。

史疏异性。梯鲍特（A. F. J. Thibaut）在 1806 年对罗马法的解释表明,[53]解释理论不能只依赖立法者观点,而必须把"法律的根据"提高为真正的诠释学规则,这是不言而喻的。

随着现代法律编纂学的创立,解释罗马法这一古典的首要任务在实践的意义上就失去了其教义学的兴趣,并成为法学史提问的组成部分。所以它可能作为法学史毫无保留地归入历史科学的方法论思想之中。反之,法学诠释学作为一门法学教义学的辅助学科则成了法学的新风格。不过,"法律具体化"[54]这一基本任务仍然存在,并且法学史和规范科学的关系十分复杂,并非简单地能用法学史取代诠释学。在法律文本颁布之前或之时对历史环境和立法者的实际考虑作历史的解释也许从诠释学看来是富有启发的——然而 ratio legis（法律理性）却并未消解在这种解释之中,它对所有司法权仍是一种不可避免的诠释学主管。这样诠释学问题也同样在所有法律学中生了根,正如对于神学及其经常性的"应用"任务所发生的情况一样。

我们必然会问：神学和法律学难道未为普通诠释学作出了本质的贡献吗？显然,神学、法律科学和历史-语文科学自身固有的方法论疑难是不足以展开这一问题的。关键在于要指明历史认识自身观点的局限,并给予教义学解释以一种有限的合法性。[55] 这

---

[53]　A. F. J. 梯鲍特:《罗马法的逻辑解释理论》(1799 年,1806 年第 2 版,1967 年重印版)。

[54]　K. 英吉希(Engisch):"当代法律和法学中的具体化观念",载《海德堡科学院论文集》(1953 年)。

[55]　参见 E. 罗特哈克:《精神科学中的独断思考形式和历史主义问题》(美因茨,1954 年)。

当然与科学的无前提性概念发生矛盾。㊼ 由于这种理由,我在《真理与方法》中所进行的探究,是从一种经验领域出发,这种经验领域在某种意义上必须被认为是独断的,因为它的价值要求需要绝对承认并且不容置疑,这就是艺术的经验。理解在这个领域就意味着承认和同意:"领会打动我们的东西"(E. 斯泰格〔E. Staiger〕)。作为科学工作而保持其所有严肃性的艺术科学或文艺科学的客观性无论如何都处于艺术经验或诗歌经验之后。因此在真正的艺术经验中应用(applicatio)与理解(intellectio)和解释(explicatio)根本不可能分开的。这对于艺术科学不可能不产生后果。这里存在的问题首先由泽德尔迈尔(H. Sedlmayr)在其关于第一艺术科学和第二艺术科学的区分中进行了讨论。㊽ 艺术科学和文艺科学研究所发展出的多种方法最终总要靠以下这点验证其成效:它究竟在多大程度上帮助艺术品的经验达到较高的清晰性和合适性。它本身就需要诠释学组合。于是,在法学诠释学中具有世袭领地的应用结构就获得了典范价值。由此产生的法学史理解和法学教义学理解的重新靠拢显然不能抛弃它们的区别,就如贝蒂和维亚克尔(F. Wieacker)所强调的。然而,作为所有理解之本质因素的"应用"意义并不是对某种原本自为东西的事后和外在的"应用"。为预先规定的目标而运用某种手段或在我们的行为中运用规则通常并不是指我们把一种自我独立的事实,例如一种

㊼ 参见 E. 斯潘格:"论科学的无前提性",载《柏林科学院论文集》(1929 年),该书证明这个口号产生于 1870 年以后的文化斗争,这当然并未对其不受限制的普遍性造成丝毫的怀疑。

㊽ H. 泽德尔迈尔:《艺术和真理》(1959 年)。

“纯理论”被认识的事物归置于某种实际的目标。相反，手段和规则一般说来是从目标和行为得到规定或概括的。黑格尔在其《精神现象学》中就已分析过规律和偶然的辩证关系，具体的规定性正是在这种辩证关系中得到相互投射的。(58)

哲学分析揭露出理解具有应用结构，但它绝不意味着限制“无前提的”准备状态，以便理解文本本身所讲的，它也绝不允许我们把文本“自己的”意思与文本相脱离，从而使事先想好的观点产生 Ⅱ109
作用。反思仅仅揭示理解置身于其中的条件，当我们力图理解文本的陈述时，这些条件作为我们的“前理解”总是早已在运用之中。但这绝不是说，只要精神科学尚未提升到**科学**并组合进**科学的统一**之中，我们就必须让“精神科学”作为“不精密的”科学继续带着它的一切令人遗憾的缺陷苟且偷生。相反，哲学诠释学将得出这样的结果，即只有让理解者自己的前提产生作用，理解才是可能的。解释者创造性的贡献不可取消地附属于理解的意义本身。这并非证明主观偏见的私人性和任意性是合理的。因为这里涉及的事物——我们想要理解的文本——才是使之发生作用的唯一的尺度。然而，那些无法抛弃的、必要的时间距离、文化距离、阶级距离、种族距离——抑或个人距离——却总是超主观的因素，它赋予一切理解以紧迫感和生命。我们也可以这样描述这种实情：解释者和文本都有其各自的“视域”，所谓的理解就是这两个视域的融合。于是，无论在新教科学（首先在恩斯特·富克斯〔Ernst Fuchs〕和格哈德·埃贝林〔Gerhard Ebeling〕），还是在诸如**文学**

(58) 〔《精神现象学》，霍夫迈斯特编，第 189 页以下。〕

批评以及海德格尔哲学思想的继续发展中,诠释学的问题都基本上摆脱了主观-心理学基础,并进入到客观的、经过效果历史中介的意义方向之中。

中介这种距离的基本事实就是语言,解释者(或翻译者!)用语言把所理解的东西重新表述出来。神学家和诗学家都同样谈论语言事件。因此诠释学在某种意义上也以其独特的方式靠近了从新实证主义形而上学批判中产生出来的分析哲学。自从分析哲学不再坚持通过人工符号语言分析讲话方式和弄清一切陈述的意义以便一劳永逸地消除"语言的邪魔"之后,它最终也无法超越语言在语言游戏中的作用,正如维特根斯坦的《哲学研究》所表明的。阿佩尔(K. O. Apel)曾正确地强调指出,"语言游戏"概念当然只能不连续地描述传承物的连续性。[59] 只要诠释学通过对理解条件(前理解、问题前行性、一切陈述的动机史)的反思去克服存在于所与概念中的实证主义幼稚性,那它同时也是对实证主义方法思想的批判。至于它在多大程度上遵循先验理论的模式(阿佩尔)或遵循历史辩证法的模式(哈贝马斯),那是有待商议的。[60]

诠释学无论如何总有其本身独立的研究范围。尽管它有形式普遍性,但它却不能合法地归置于逻辑学之中。在某种意义上诠释学是和逻辑学分享这种普遍性,在某种意义上它甚至比逻辑学

---

[59] K. O. 阿佩尔:"维特根斯坦和理解问题",载《神学和教会杂志》,第63卷(1966年),第49—87页。[现载《哲学的转变》,法兰克福,1973年,第1卷,第335—377页。]

[60] 参见《诠释学和辩证法》中的论文以及我的《真理与方法》后记(1972年第3版;我的著作集,第2卷,第449页以下)。

具有更大的普遍性。虽然任何陈述的联系均可从其逻辑结构进行观察：语法规则、句法规则以及逻辑一贯性规则总可运用于讲话和思考的联系之上。但真正生动的讲话关联却很少能满足陈述逻辑（Aussagelogik）的严格要求。讲话和谈话并不是逻辑判断意义上的"陈述"，因为逻辑判断意义上的陈述的单义性和含义对每个人来说都是可检验的和可设想的，反之，讲话和谈话都具有偶然因素。讲话和谈话都出现在交往过程之中，科学陈述或科学证明方式的独白性只是这种过程中的一个特例。语言的进行方式是对话，甚至可说是灵魂和自己的对话，就如柏拉图对思想所描述的。在这种意义上可以说诠释学就是最具有普遍性的理解理论和相互理解理论。它并非仅就每个陈述的逻辑值上理解每一陈述，而是把它理解为对问题的回答，但这就是说：谁想进行理解，谁就必须理解问题，而正因为理解是从其动机史出发获得意义的，它就必然会超越靠逻辑把握的陈述内容。黑格尔的精神辩证法就已基本上包含了这种观点，B. 克罗齐、科林伍德和其他一些人又使这种观点得到重生。《问答逻辑》（The logic of question and answer）是科林伍德《自传》中最有阅读价值的一章。然而即使纯现象学分析也无法回避这一事实：即既不存在孤立的知觉，也不存在孤立的判断。这是由 H. 利普的《诠释学逻辑》（Hermeneutische Logik）根据胡塞尔匿名意向性理论从现象学角度所证明的，并在海德格尔生存论世界概念的影响下得到详细说明的。在英国，奥斯汀（J. L. Austin）在同一个方向上继续推进了后期维特根斯坦的思想转折。

　　随着从科学语言返回到日常生活的语言，从经验科学返回到

"生活世界"(胡塞尔)的经验,就会引出以下结论:诠释学不该被归并于"逻辑学"之中,而必须归溯到古老的修辞学传统之中,我在前面已经指出,[61]诠释学和修辞学传统早已紧密联系在一起。由此它重又连接起在18世纪已中断的思想线索。当时维柯(G. B. Vico)作为那不勒斯的修辞学教授首先针对"现代"科学的独白要求捍卫了古老的修辞学传统,他把现代科学称为critica(考证)。他特别突出了修辞学对于教育和造就共通感(sensus communis)所具有的意义,实际上诠释学和修辞学一样都具有eikos,亦即说服论证的作用。修辞学传统尽管在德国——除了赫尔德——于18世纪已彻底中断,但它却以不为人知的方式确实保存在美学和诠释学领域中,正如多克霍恩(K. L. Dockhorn)首先指出了的。[62] 和现代数理逻辑及其继续发展的独白要求相反,在今天的修辞学和法理学中出现了对上述要求的抵抗,这是由佩雷尔曼(Ch. Perelman)及其学派表现出的。[63]

与此相关还有一个范围极广的诠释学问题域,它和语言在诠释学中占据的中心地位相联系。语言并不只是各种媒介中的一种——在"符号形式"(symbolische Formen)(卡西尔)的世界内——它和理性潜在的共同性具有特别的关联。在语言中实现交往活动的正是理性,R. 赫尼希斯瓦尔德就曾经强调:语言并非只

---

[61] 参见本书第95页以下。
[62] K. L. 多克霍恩:"关于伽达默尔《真理与方法》一书的评论",载《哥廷根学报》,第218卷(1966年)。
[63] 参见 M. 纳汤松(Natanson)和 H. W. 约翰斯通(Johnstone)编辑出版的《哲学、修辞学和论辩》(1965年)。

是"事实"(Faktum),而是"原则"(Prinzip)。诠释学向度的普遍性即以此为基础。奥古斯丁和托马斯的意义理论就已谈到这种普遍性,因为他们发现事物的意义超过了符号(语词)的意义,因而证明了超越 sensus litteralis(文字意义)的合理性。当然,今天的诠释学不能简单地跟随这种超越,这就是说,它将不使新的喻意法登上宝座。因为这就需要预先设置一种上帝用以与我们讲话的创世语言。但我们却无法避免下述考虑:"意义"不仅进入到话语和文字中,而且也进入到所有人的创作之中,而从中阅读出意义就是诠释学的任务。黑格尔的"客观精神"理论就表达了这种意思,而且他的精神哲学中的客观精神部分一直是生动独立于他的辩证法体系的(参见尼古拉·哈特曼的客观精神理论以及克罗齐和金蒂尔的唯心主义)。并非只有艺术的语言才提出合理的理解要求,而是各种形式的人类文化创作都提出这种要求。这个问题还可以进一步扩展。还有什么东西不属于我们语言作出的世界定向(Weltorientierung)呢?人类对世界的所有认识都是靠语言媒介的。第一次的世界定向是在学习讲话中完成的。但事情还不仅如此,我们的"在世存在"的语言性最终表达了整个经验范围。亚里士多德所描述的并由 F. 培根作为近代经验科学基础加以构筑的归纳逻辑,[64]作为科学经验的逻辑理论也许是不能令人满意的,需要修正的[65]——于是趋向于世界的语言表达就作为它的补充而出现。泰米斯修斯(Themistius)在他的亚里士多德评注中就已经用学习讲

---

[64] 亚里士多德:《后分析篇》,第 2 章,第 19 节。
[65] K. R. 波普尔:《研究逻辑》(1966 年第 2 版)。

话来解释亚里士多德的有关章节(《后分析篇》,B19),而现代语言学(乔姆斯基〔N. Chomsky〕)和心理学(皮亚杰〔J. Piaget〕)则在这个领域作出了新的进步。但这还有更为深远的意义:所有经验都是在不断交往地继续构造我们世界认识的过程中实现的。比起A.伯克为语文学家的工作所描绘的公式,经验是在更深刻更普遍意义上对已认识东西的不断认识(Erkenntnis von Erkanntem)。因为我们生活于其中的传承物并不是只由文本和文物所构成,只传达语言所写下的或历史文献所证明的意义,而把我们生活的真正决定因素、创作条件等都排除"在外"的所谓的文化传承物。正相反,经常提供,即 traditur(传承),给我们的乃是一个作为开放的整体的在交往活动中不断经验着的世界本身。而这无非只是经验。凡在哪里世界被经验了,陌生性被抛弃了,凡在哪里出现了明白易懂、理解领会和通晓掌握,那里就有经验,并且最后,诠释学作为哲学理论最首要的任务就在于指出,唯有把一切科学认识都组合进个别人对个别事物的知识才能叫作"经验",有如波兰尼(M. Polanyi)所指明的那样。⑯

所以,诠释学领域就涉及已经历了数千年的哲学概念的工作。诠释学作为思维着的经验的传承物必须被理解成唯一巨大的谈话,所有的当前都加入到这种谈话之中,而又不能以优异的方式掌握并批判地控制这种谈话。这就是问题史的弱点,即它只能把哲学史当作证实自身问题的观点来阅读,而不能把它当作揭露我们本身观点局限性的批判的参与者。这当然需要进行诠释学的反

---

⑯ M.波兰尼:《人的知识》,芝加哥,1958年。

思。诠释学反思告诉我们,哲学的语言总具有某些不合适性,在哲学语言的意向中总能追寻到比陈述中所发现的以及用语词所表达的更多的东西。固定在哲学语言中并流传下来的概念词并不是标志某种明确意义的固定标号和记号,有如数学家和逻辑学家的符号系统和应用这些系统的情况那样。哲学概念词乃产生于发生在语言中的人解释世界的交往活动,并且受它的继续推动,发生变化并丰富自身,不断进入到新的关联之中并遮蔽旧的关联,时而旷废到半无思想状态,时而又在新提问着的思考中重新活跃起来。

因此,所有哲学的概念工作都以诠释学度向作为基础,这种度向目前人们是以一个不甚精确的词"概念史"来标志的。但它并不是一种次要的研究,它也不表明我们可以不讲事物而只讲我们所用的理解手段,相反,它是在构成我们概念使用中的批判因素。那些要求明确定义的外行们的狂怒,甚至那种片面的语义学的认识论所要求的清晰性的幻想,都同样未能认清语言究竟是什么,未能认清概念的语言是不能被发明、任意改变、任意使用和任意抛弃的,它是从我们得以进行思维活动的因素中产生出来的。在人造的专业术语形式中出现的只是这种活生生的思维和讲话之流的僵硬外壳。甚至人造的专业术语也是受我们在讲话中进行的交往事件所引导和推动,而理解和赞同正是在这种交往事件中才得以建立。[57] 我认为这就是英国的后期分析哲学和诠释学之间的聚合点。但它们之间的符合仍是有限的。正如狄尔泰在19世纪描绘

---

[57] 参见"概念史和哲学的语言",载《北莱茵-威斯特伐伦州研究工作联合会会刊》,第170卷(1971年)(现载我的著作集,第4卷)。

美国经验论缺乏历史教养一样,作过历史反思的诠释学的批判要求就在于,不要用逻辑结构去控制讲话的方式——这只是"分析"哲学的理想,而要用其中整个表现的历史经验来同化(Aneignung)用语言传达的内容。

诠释学问题在社会科学的逻辑领域也得到了一种新的刺激。我们显然必须承认诠释学向度是一切世界经验的基础,而且正如托马斯·库恩指出的那样,它在自然科学的研究中也起作用。[68] 但它在社会科学中的作用却更大。因为只要社会具有一种以语言进行理解的此在,[69] 则社会科学自身的对象领域本身(并不仅仅它的理论构造)就会受到诠释学向度的控制。对精神科学中幼稚的客观主义所作的诠释学批判在某种意义上可以在受到马克思主义启发的意识形态批判中(哈贝马斯——并参见汉斯·阿尔伯特〔Hans Albert〕针锋相对的论战)[70] 找到它的相应物。同样,用谈话进行治疗也是一种卓越的诠释学现象,对此首先由拉康(J. Lacan)和利科尔(P. Ricoeur)[71] 重新讨论了它的理论基础。当然,

---

[68] Th.库恩:《科学革命的结构》,芝加哥,1963年。

[69] 查尔斯·泰勒(Charles Taylor):"解释和人的科学",载《形而上学评论》,第25卷(1971年),第3—51页。现载 C.泰勒:《人学中的阐释和解释》,法兰克福,1975年,第154—219页。

[70] 哈贝马斯:"论社会科学的逻辑",载《哲学评论》,附刊5(1967年);《诠释学与意识形态批判》(1971年);汉斯·阿尔伯特:《构造与批判》(1972年);以及哈贝马斯后期讨论诠释学的著作,参见《交往行为理论》,两卷本,法兰克福,1981年,第1卷,第143页和第192页以下。

[71] P.利科尔:《论解释——一篇关于弗洛伊德的论文》(1965年,德译本,1969年);《解释的冲突》,1969年;"诠释学与意识形态批判",载《消除神话和意识形态》,卡斯特里,1973年;《隐喻》,巴黎,1975年;J.拉康:《作品集》,1966年。

我很怀疑精神病和社会病之间会具有多大的相似性。[72] 社会科学家与社会的关系绝不同于精神分析家与其病人的关系。意识形态批判是指使自己摆脱一切意识形态的前占有,但它并不比作为一门社会技术的"实证主义"社会科学更少独断性。而对这种中介试图我觉得德里达针对诠释学提出的解构(Dekonstruktion)对立理论是可以理解的。[73] 但诠释学经验却能针对这种解构的"意义"理论为自己的权利作辩护。必须在文学(écriture)中寻找"意义",这和形而上学毫不相干(除了尼采)。

如果我们跟随诠释学的观点,那么所有理解的努力原则上都旨在达到可能的意见一致(Konsensus)、可能的相互一致,而且如果要产生理解,本身就必须以起联结作用的意见一致为根据。这绝不是独断的假设,而只是简单的现象学描述。凡不存在联结的地方就不可能有谈话。因此意识形态批判作为最终决定者就必须由本身引导进行合理的讨论,从而能以不强迫的方式达到意见一致。这一点在精神分析的过程中即可得到证明。精神分析谈话疗法的结果并不只是建筑在对病人作任意的反思研究。在医生的帮助下通过谈话疗法使病人最后得解除他的神经阻滞,这还不是精神分析的全部目的。它的最终目的毋宁在于使病人重新获得他和他人交往的自然能力,这就是说使他回到基本的意见一致中去,这样才能使人和其他人作有意义的交谈。

这里出现了不容忽视的区别。意识形态批判要求成为解放性

---

[72] 参见 J. 哈贝马斯编:《诠释学与意识形态批判》(1971年)。

[73] 《文字和区分》,巴黎,1967年。

的反思,与此相应,治疗性的对话则要求意识到无意识的面具并由此清除这种面具。两者都以自己的知识作为前提并声称自己具有科学的基础。与此相反,诠释学反思却从不包含这类内容性的、前行性的要求。它并不声称自己知道实际的社会条件只会造成歪曲的交往。它似乎早已了解人们会知道从未受曲解的正确的交往中必然产生什么。诠释学也不是指像治疗医生那样工作,治疗医生把病人引导到对自身生命历史和真正本质较高的认识,从而使病人的反思过程达到良好的结果。无论在意识形态批判中还是在精神分析中,解释都意味着受到一种先行知识的引导,要从这种先行知识出发使事先想好的固定想法和成见得到消除。在这种意义上可以说这两者都是"启蒙"(Aufklärung)。与此相反,诠释学经验则对所有先行知识的要求均持怀疑态度。布尔特曼提出的前理解概念所指的并不是以下这种知识:我们的成见应该在理解的进程中产生作用……诸如"启蒙"、"解放"、"非强制性的对话"等概念在诠释学经验的具体化过程中表明自己只不过是可怜的抽象。诠释学经验认识到,成见能够扎根很深,而纯自我认识极少能消解成见的威力。现代启蒙之父之一的笛卡尔对此了解得很清楚,因为他很少通过争辩,而是通过沉思,通过不断重复后的反思来试图证明他的新方法概念的合理性。我们不该把这斥为纯粹修辞的粉饰。没有修辞的粉饰就没有交往,就没有哲学和科学的贡献。因为它们都必须通过修辞手段才能生效。整部思想史都证明修辞学和诠释学的古老亲近关系。但诠释学却经常包含一种超出纯修辞学的因素:它总包含着一种与他人用词表达的意见进行照面(Begegnung)。这也适用于要理解的文本以及所有其他此类文化的作品。为了被理解,诠释学必须发挥自己的说服力。因此诠释学就是哲学,因为它并未限于成为一门"只是"理解他人意见的技艺理论。诠释学反思包含这一因素,即在理解某物或某人的时候都要进行自我批判。谁要理解,谁就不具有优势地位,相反却要承认自己猜测的真理应该受到检查。所有的理解都包含这一点,因此,一切理解都有助于继续深造效果历史意识。

取得相互一致意见的基本模式是对话、谈话。如果谈话者之一绝对地相信自己具有比别人优越的地位,从而声称自己事先具有别人被囿于其中的成见的知识,则这种谈话显然是不可能的。他这样做就是陷入了自己的成见之中。如果对话的一方不让谈话自由进行,则通过对话达到一致在原则上是不可能的。我们可以举个例子来说明,比如某人在社会交往中扮演心理学家或精神分析者的角色,对于他人的陈述根本不去认真对待,而是要求用精神分析的方式去看透这些陈述。在这种情况下,社会生活赖以建立的伙伴关系就会受到破坏。这个问题主要由保尔·利科尔进行过系统的讨论,是在他谈到"解释的冲突"时讨论的。在讨论中,利科尔把马克思、尼采和弗洛伊德作为一方,把对"符号"的理解的现象学意向性作为另一方,并试图找出两者间的辩证中介。这两者中一方是探究起源,类似考古学,另一方则针对所指的意义,恰似目的论。在利科尔看来这只是一种准备性的区分,只是为一种普遍诠释学作准备。普遍诠释学必须通过符号来阐明对符号的理解和自我理解这两者的根本功能。——我认为这样一种普遍诠释学理论是不牢固的。这里列出的对符号的理解的方式尽管具有不同的、并不一样的符号意义,但却并未构成不同的"意义"。一种理解方式会开辟出另一种理解方式,因为它总是意味着他者。一种方式在理解符号想说什么,另一种方式则在理解符号想隐藏或伪装什么。这就是"理解"具有的完全不同的意义。

诠释学的普遍性最终有赖于它的理论的和先验的特性在多大程度上局限于它在科学中的效用,或者它是否证明了 sensus communis(共通感)原则,以及证明了那种将一切科学应用组合进实践意识中的方式。诠释学——从如此普遍的角度理解——接近于"实践哲学"(praktische Philosophie),里特(J. Ritter)和他的学派促进了实践哲学在德国先验哲学传统中的复活。哲学诠释学本身已意识到这种结果。⑭ 一种理解实践的理论当然是理论而不是实践,然而实践的理论也因此而并非一种"技术"或所谓社会实践科学化工作:它是一种哲学思考,思考对一切自然和社会的科学-技术统治所设置的界限。这就是真理,面对近代的科学概念而捍卫这些真理,这就是哲学诠释学最重要的任务之一。⑮

---

⑭ 参见 J. 里特:《形而上学和政治》(1969 年);M. 里德尔:《为实践哲学恢复名誉》(1972 年)。

⑮ 伽达默尔:"理论、技术、实践",载《新人类学》,第 1 卷导论(1972 年)[现载我的著作集,第 4 卷]。

III

补充

9

自我理解的疑难性
——关于去神话化问题的诠释学讨论

（1961年）

  鲁道夫·布尔特曼关于《新约》去神话化的纲领性论文的发表在当时曾引起了极大的轰动，如果谁耳闻目睹了这一事实，并考虑到这篇论文的影响一直持续到今天，那他就不会自欺欺人地说这里所涉及的仅仅是一个神学问题，是专门的教义学问题。对于熟悉布尔特曼神学工作的专家来说，这篇文章绝非是什么耸人听闻的东西。布尔特曼只是阐述了长期以来在神学家的注释工作中所发生的事实。但这一点却正是哲学思考能对神学讨论作出贡献之处。去神话化的问题无疑也具有一种普遍的诠释学因素。神学问题所涉及的并不是去神话化的诠释学现象本身，而是去神话化的教义后果。也就是说，被去神话化的东西的界限是否由布尔特曼从新教神学的教义立场出发正确地划分出来了。——下面的探讨想从一个依我看来尚未足够发生作用的角度来阐明这个问题的诠释学因素。它所提的问题是，对《新约》的理解究竟是从信仰的自我理解的主导概念出发就能充分地理解，还是有一种胜过个体的自我理解，亦即他的自我存在的完全不同的因素在起作用。据此，这里就该提出理解和游戏的关系。为此尚需要说几点诠释学观点揭示其位置的考虑。

这里必须说明的第一点是：理解作为诠释学任务始终已经包含着一种反思的向度。理解并非是某种认识的单纯复制，也就是说，它不是认识的单纯的重复实现，而是意识到认识实现本身的重复性。正如奥古斯丁·伯克所表述的，这是对已被认识的事物的认识(ein Erkennen des Erkannten)。这个表面看来似乎是矛盾的表述概括了浪漫主义诠释学的观点，在浪漫主义诠释学看来，诠释学现象的反思结构是非常清楚的。理解的实现就是要求在某一认识过程中使无意识的东西被意识到。因此，浪漫主义诠释学是建筑在康德美学的一个基本概念即天才概念之上，天才"无意识地"——像自然本身一样——亦即并非有意识地运用规则，并非通过单纯地模仿典范而创造杰作。

由此就已表明了诠释学问题所处的特殊位置。显然，只要问题所涉及的是纯粹的接受和照原样复制某种精神传统，那么这里就不存在诠释学问题，例如对古代经典作品的人文主义的重新发现就是这种情况，它主要是以模仿和直接追随，即和古典作家进行直接的竞争为目的，而不是对这一精神传统单纯的理解。诠释问题显然只存在于这样的情况中，即那里没有一个强大的传统把人们自己对传统的看法归并于自身之中，而是人们突然意识到自己与面临的传承物处于陌生的关系中，或者是他根本不属于这种传承，或者是把他与传承物相联结的传统再也不能毫无疑问地占有他。

后一种情况即是这里所要谈的诠释学问题的因素。无论是对基督教传承物的理解，还是对古代的经典作品的理解在我们看来都包含着历史的意识。尽管把我们和伟大的希腊——基督教传统相联结的东西，仍然还很有生命力，但是对不再毫无疑问地属于这一传统的这种他在性的意识，对我们所有人具有决定作用。这一点在开始对传统进行历史批判的时候，尤其在由斯宾诺莎和他的神学政治论所开创的对圣经的批判中可以看得很清楚。在对圣经的批判中清楚地表明，当理解者不再能直接理解传承物中所说的内容时，他就不得不绕道而行，而历史理解的道路就是一条无法回避的迂回之路。旨在从历史境况出发解释传承物意义的发生学论断，只有当由于理性本身的反对而不可能直接达到对所表述的真理的洞见时才会出现。

显然，这种历史解释的迂回道路并非在现代启蒙的标志中才出现。例如面对《旧约》基督教神学很快就面临着一个任务，通过注释尽量剔去《旧约》中与基督教教义和道德理论不相吻合的内容，另外，除了奥古斯丁在《论基督教的学说》中所表现的寓意的和类型学的解释外，历史反思也服务于这一目的。但在这种情况中，基督教教会的教义传统仍然是不可动摇的基础。历史的思考只是理解《圣经》的罕见和偶尔使用的辅助性手段。——随着近代自然科学和自然科学批判的出现，这种情况才得到根本的改变。《圣经》中根据现代科学能够从纯粹理性出发加以认识的东西只是一个很窄的领域，而那些只有通过返回到历史条件才能理解的领域却大大增长。虽然斯宾诺莎认为，理性在圣经中看到的道德真理是不证自明的，但这种自明性在某种意义上等同于欧几里得几何学的自明性，这种几何学直接包含着对理性来说是显而易见的真理，因此人们根本不会提出关于这种洞见之历史起源的问题。于是，在《圣经》传承物中以这种方式不言而喻地存在的道德真理在斯宾诺莎看来仅仅是圣经传承物整体中的一小部分。圣经从总体上来说对理性是陌生。如果人们想理解圣经，那就必须参与历史反思，就如在奇迹批判中那样。

现在就是这种贯穿于终结了的浪漫主义中的对传承物的完全陌生性的坚信——作为对当前的绝对他在性的反面——被提高为诠释学过程的基本方法前提。正是通过以下一点诠释学才成了一种普遍的方法论，即它设定所要理解的内容的陌生性为前提，并因而把通过学会理解而克服这种陌生性变成一种任务。很能说明问题的是，施莱尔马赫根本不认为对欧几里得几何学的原理本身历史地进行理解，亦即通过回溯到欧几里得生活中那些使欧几里得思想得以完成创造性的时刻而理解欧几里得的原理是一种荒谬的想法。于是心理学——历史的理解就作为真正方法论科学的方法而取代了直接的对事实的洞察。这样圣经学即在神学释义视角下的神学就被提升为一种真正的历史——批判的科学。诠释学成了历史方法中的普遍方法：在《圣经》注释领域中进行这种历史——批判思考显然导致了教义学和诠释学之间的严重对立，这种对立直至今日仍然贯穿于对新约所进行的神学研究中。

可是，历史学派，尤其是它的最敏锐的方法论者德罗伊森所赋予历史学家任务的决定性形式之中的历史学派却根本不接受历史对象的完全客观主义的异化。德罗伊森对这种"太监式的客观性"（eunuchenhafte Objektivität）报以辛辣的嘲弄，并反过来把对统治着历史的强大的道德力量的依附性称作一切历史理解的前提条件。他有一句名言，即历史学家的任务就是探索地进行理解，这句名言甚至本身就具有某种神学的因素。天意的计划对人是隐而不露的,但在人类对世界历史之联系的不倦的探索中历史精神预感到那对我们隐蔽着的整体的含义。理解在此并不仅仅是偶然地由于历史学家与他的历史对象相接近和气质相似而获得支持的普遍方法。并不是本身偶然的同情的问题,而是在对对象以及视角的选择中(在这种视角中对象表现为一个历史问题)才有某种理解的本己的历史性在起作用。

显然,对于历史研究的方法自我意识来说很难确认事情的这一面。因为即使是历史精神科学也受到近代科学思想的影响。虽说对启蒙时代理性主义进行的浪漫主义批判打破了自然法的统治,但历史研究之路仍然认为自己是通往人对自身进行完全的历史解释的途径,这种解释的结果必然导致希腊-基督教传统的最后的教义残余之消融。与这种理想相适应的历史客观主义从一种科学的思想中吸取力量,这种科学思想的真正背景就是近代的哲学主观主义。虽说德罗伊森努力抵抗这种哲学主观主义,但直到海德格尔在《存在与时间》中所进行的对哲学主观主义的彻底批判才第一次从哲学上论证了德罗伊森的历史神学观点,并且证明了狄尔泰的真正对手是瓦登堡的约尔克伯爵,后者是立场坚定的路德派,与他相比,狄尔泰受近代科学概念的影响却强得多。由于海德格尔不再把此在的历史性视为对此在之认识可能性的限制和对科学客观性理想的威胁,而是从积极的意义上把这种历史性纳入本体论的课题,从而被历史学派尊奉为方法的理解概念就变为一种包罗万象的哲学概念。按照《存在与时间》中的观点,理解就是此在本身历史性的实现方式。此在的未来性,即此在的时间性所具有的基本的筹划特性,被另一个规定即被抛状态的规定(Bestimmung der Geworfenheit)所限制。这种规定不仅表明了独立的自我占有的界限,同时也开辟并决定了我们之所是的那种积极的可能性。自我理解的概念在某种意义上虽说是先验唯心主义的遗产并且其本身在当代已经由胡塞尔得到扩展,但它只是在海德格尔那儿才第一次获得了它真正的历史性,并由此才有能力承担起表述信仰之自我理解这一神学要求,因为并不是自我意识的独立的自身媒介,而是一个人身上所发生的,特别是从神学角度看在呼唤启示时所发生的对于自我的经验才能够去掉信仰之自我理解中的错误的诺斯替派自我确信要求。

格哈德·克吕格尔在一篇论卡尔·巴尔特的《罗马信简》的论文中早已试图沿着这个方向使辩证神学倾向彻底化。① 海德格尔在马堡逗留时期也从一场难忘的冲突中得益匪浅,这场冲突是由于鲁道夫·布尔特曼从海德格尔对近代的客观主义的主观主义的批判中得出了神学上的收益而引起的。

然而海德格尔并没有停留在先验论模式上,在《存在与时间》中这种先验论模式还规定了自我理解概念。早在《存在与时间》中根本的问题也不是以何种方式才能理解"存在",而是以何种方式理解就是"存在"。对存在的理解是人类此在的生存论标志。在这里存在已经不被理解为意识客体化活动的结果,如在胡塞尔的现象学中就是这种情况,而是当问题是针对正在理解自我的此在本

---

① [参见我的论文"在时间之间",载《大学》(*Universitas*),第 27 卷(1972 年),第 1221—1227 页,重印于《哲学年鉴》,蒂宾根,1977 年,第 222—230 页。]

身时，追问存在的问题就进入了一种完全不同的领域。先验的模式最终必然失败。先验自我的无限的对立面被纳入了本体论的问题中。在这个意义上可以说，《存在与时间》已经开始扬弃那种海德格尔后来称之为形而上学本质的存在遗忘（Seinsvergessenheit）。他所谓的"转折"（die Kehre）仅在于承认我们不可能在先验的反思中克服先验的存在遗忘。就此而言，一切后来的"存在事件"（Seinsgeschehen）、作为存在"澄明"（Lichtung des Seins）的"在此"（Da）等概念早已作为结论而隐藏于《存在与时间》的最初萌芽之中。

语言的秘密在海德格尔的晚期思想中所起的作用足以说明，对自我理解之历史性的深入不仅把意识概念，而且也把自我性概念从它的中心地位中驱逐出去。因为还有什么比起我们处于其中的语言这个神秘的领域更加无意识、更加无我的呢？语言领域使存在的东西得以表达，从而使存在"本身到时"（sich zeitigt）。然而凡是适合于语言之秘密的东西，同样也适合于理解概念。但即使理解也不应被理解为理解着的意识的一种简单的活动，而应理解为存在事件本身的一种方式。完全从形式上来说，语言和理解在海德格尔的思想中所据有的优先性是指"关系"相对于它的关系成分即理解着的我和被理解的东西所具有的先行性。但是我仍然认为有可能在诠释学意识本身中证明海德格尔关于"存在"的陈述以及从"转向"经验中发展出的问题方向，我在《真理与方法》中曾经做过这种尝试。理解和理解对象之间的关系优先于理解和理解对象，正如说话者和被述说的对象之间的关系是指一种运动的实现过程，这个过程不可能在关系的任一方成员中具有坚固的基础。

理解并不是具有唯心主义自称所具有的那种不言自喻之确实性的自我理解,但它也不仅仅是对唯心主义的革命批判,这种批判把自我理解概念理解为自身所发生的并由此使自身变成真正自我的东西。反之我则相信,在理解中有一种吾丧吾的因素,这种因素对于神学诠释学来说也是值得重视的,并且应该根据游戏结构的主线加以研究。

这里我们就不得不直接回溯到古代并回溯到在希腊思想的开端所存在的神话和逻各斯之间的独特关系。按照流行的解释模式,消除世界祛魅化的过程必然从神话达到逻各斯,这一模式在我看来是一种近代的偏见。如果人们以这种模式为基础,那就不可能理解诸如阿提卡的哲学如何可能与希腊的启蒙倾向相对并在宗教传统和哲学思想之间建立起一种世俗的和解。我们要感谢格哈德·克吕格尔对希腊哲学尤其是柏拉图哲学思维之宗教前提的无与伦比的阐明。② 古代希腊的神话和逻各斯的历史比起启蒙的模式有着完全不同的复杂的结构。面对这个事实人们甚至可以理解古代科学研究对神话的宗教起源价值所抱有的极大不信任,以及它对固定的礼仪传统形式所给予的偏爱。因为神话的可变性,即它总是可以通过诗人而获得新的解释这种开放性,最终迫使人们认识到,下列问题提错了:这样一种古代的神话究竟在何种意义下被"相信",而如果神话一旦进入诗的游戏中是否就不再被相信。事实上神话和思维着的意识具有极为内在的联系,因而以概念语

---

② [G. 克吕格尔:《洞见和激情:柏拉图思想的本质》,法兰克福,1939 年,1983 年第 5 版以及我的论文"哲学和宗教"(至今尚未发表),现载我的著作集,第 7 卷。]

言对神话所作的哲学解释对其揭示和掩盖,令人敬畏的畏惧和精神的自由之间的不断摇摆并没有增添什么本质上新的东西,而这种来回摆动则伴随着整个希腊神话的历史。如果我们想正确地理解布尔特曼去神话化(Entmythologisierung)的纲领中所蕴含的神话概念,那么回忆一下这种背景是很有用的。布尔特曼在纲领中称之为神话世界观并用科学世界观与之作对比的(后者作为世界观能够使我们大家都觉得它是真实的)东西几乎不具有人们在围绕布尔特曼纲领进行的争论中所赋予它的最终有效性的含义。从根本上说,基督教神学家与圣经传统的关系并非与希腊人和他的神话的关系有什么根本性的不同。布尔特曼对去神话化概念所作的偶然的并在某种意义上可说是附带的表述,实际上只是对他整个释义神学的概括,根本不具有启蒙的含义。自由历史圣经学的学生在圣经传承物中寻找的毋宁是与一切历史启蒙相背离的东西,是作为启示和福音诠释的真正承担者并表现为真正的信仰召唤的东西。

铸成布尔特曼概念的正是这种积极的教义学兴趣,而不是一种进步的启蒙兴趣。因此他的神话概念完全是一个描述性的概念。它所涉及的是某些历史—偶然性的东西,并且不管存在于新的去神话化概念中的神学问题可能是多么地根本,反正这里涉及的是一种实际的诠释问题,它根本不触及一切诠释的诠释学原则。毋宁说他的诠释学意义恰恰在于,人们不能教条地固守某种确定的神话概念,以使人们由此出发可以一劳永逸地断定,在圣经文献中对于现代人来说哪些可以通过科学的启蒙而被揭示为纯粹的神话,哪些则不能。不是从近代科学出发,而是必须积极地从接受福音宣道出发,从信仰的内在要求出发来确定哪些是纯粹的神话。这种"去神话化"的另一个例子就是希腊诗人面对他的民族神话传统所具有并行使的极大自由。即使是这些也并非"启蒙",而是诗人发挥他的精神力量和行使批判权力。人们只要想一下品达(Pindar)或埃斯库罗斯(Aischylos),于是就产生了从游戏自由着眼去思考信仰与理解之间的关系的必要性。

把僵死的信仰严肃性及游戏的任意性相联系一开始也许会令人吃惊。确实,如果我们以通常的方式把游戏和游戏活动理解为一种主观行为,而不把一种自成一体的动念整体(就其本身而言仍是游戏者的主观性)包括在自身之中,那么信仰和游戏的这种对立的位置的意义就会完全消失。所以,正如我希望在我的著作中已经说明的那样,③ 这种游戏概念似乎正是合法的、本源的概念,因而我们应该从游戏立场上对信仰和理解之间的关系给以一种真正的注意。

在一个既定的游戏空间内部的来回运动不是从人的游戏和主观性的游戏行为中引申而来,恰好相反,对于人的主观性来说,游戏的本质经验恰好在于,那些完全服从自己规律性的东西在这里取得了主导地位。与某个特定方向的运动相适应的是相反方向的运动。决定游戏者意识的是游戏来回运动具有一种特殊的自由和轻松。它就像是自发地进行的———一种失重的平衡状态,"在这种状态中纯粹的太少(das reine Zuwenig)不可思议地在转变着——转身跃入那种空洞的太多(jenes leere Zuviel)"(里尔克〔Rilke〕)。

---

③ 〔参见我的著作集,第1卷,第107页以下、第491页以下。〕

从竞争状态中个人所获得的成绩的提高,却具有某些诸如他在其中扮演一个角色之游戏的轻松性所吸引这样的东西。究竟什么东西被带入游戏或处于游戏之中,这并不取决于我们自身,而是由我们称之为游戏的关系所掌握。对于作为游戏的主体而参与游戏的个人来说,可能一开始这好像是一种适应,人们使自己去适应游戏或服从它,亦即人们放弃自己意志力的独立性。比如两个一起拉锯的人之所以能让锯自由地游戏是通过他们表面看起来是在互相适应,从而使一个人的运动力用完之时即让另一个人的运动力投入进来。这看起来就好像是两个人之间有一种默契,一个人有意使自己的行为与另一个人一致。但这还不是游戏。构成游戏的并不是彼此相对的两者的主观行为,而是运动本身的形态,这种运动形态就像在无意识的目的论中所说的,属于个人的行为。神经病学家维克多·冯·魏茨泽克的功劳就是通过实验研究了这种现象并在他的著作《格式塔圈》(Der Gestaltkreis)中对此作出了理论的分析。我认为他的另一个功绩是指出了獴和蛇之间互相对峙的紧张关系不能被描述为一方对另一方之侵略意图的反应,而是一种具有绝对同时性的相互行为。这里真正起决定作用的不是两者中的任何一方,而是包括了各个人的运动行为在内的整个运动之统一形式。从理论概括的角度来说就是个人的自我,他们的行为以及他们对自身的理解都同时溶化到一个更高的规定中,这个规定才是真正的决定者。

这就是我想用以观察信仰和理解之关系的视角。信仰的自我理解显然是这样规定的,即从神学角度看,信仰并不是人的可能性,而是上帝向信仰者所显现的恩赐。然而,只要人的自我理解是由现代科学和科学方法论所统治,那就很难在人的内部自我理解中真正确认这种神学观点和宗教经验。在现代科学和方法论基础上建筑起来的知识概念不能容忍对它普遍性的要求的任何限制。根据这种要求,一切自我理解均表现为一种自我占有,这种自我占有最不能容忍的是,使它与自身相分离的东西与它背道而驰。在这里游戏概念就可以变得很重要。因为加入到游戏之中,这种如痴如醉的自我遗忘并不是被体验的自我占有的失落,而是被积极地体验为一种超越自身的自由的轻松。这从自我理解的主观方面来看是根本不可能统一把握的。正如荷兰历史学家赫伊津哈(Huizinga)曾阐述过的,游戏者的意识处于相信和不相信之不可区分的平衡之中,"野蛮人根本不知道存在和游戏之间的概念区别"。

然而不单单是野蛮人不知道这种概念区别,自我理解的要求在任何地方总是被提出——只要人作为人,这个要求又何处不被提出?——它总是被包括在详细规定了的界限内。诠释学意识并不与其自身的透视性竞争,这种意识的透视性按黑格尔的说法就是绝对知识并构成存在的最高方式。我们不仅仅在信仰领域谈到自我理解。一切理解归根结底都是自我理解,但并非是一种事先具有的或最终达到自我占有的方式的自我理解。因为这种自我理解总是仅仅在对某件事的理解中实现并且不具有自由地自我实现的性质。我们这个自我并不占有自身,不如说它是自己显现的。神学家确实也说信仰就是其中有一个新人产生这样的事件。神学家还说,应该相信和理解的是语词,通过语词我们就克服了我们生活于其中的关于自我深不可测的不可知性。正如哈曼(J. G. Hamann)清楚地指出的,自我理解概念原本具有一种神学的色彩。④他提到这样一个事实,即我们并不理解自己,除非是在上帝面前。

但上帝就是语词。在神学的思想中人类的语词早就开始被用来为说明上帝的语调和三位一体之神秘性服务的。尤其是奥古斯丁以无数不同的方式从人与人之间语词和对话角度描述了三位一体的超越人的神秘。语词和对话无疑在自身中具有游戏的因素,人们如何敢于说出一句话或是"隐藏在胸中",如何从他人口中引出一句话并从他口中得到回答,如何自己作出回答,每句话又是如何在它被说出和被理解的某种关系中"进行游戏",所有这一切都指出了理解和游戏具有共同的结构。儿童借以认识世界的也正是语言游戏。确实,我们所学到的一切都是在语言游戏中进行的。当然我们并不是说,当我们讲话的时候只是在玩儿而并不是严肃认真的。毋宁说,我们所找到的语词似乎是捕住了我们自己的意思并把它们纳入到超出我们的想法暂时性的联系中。那个倾听着大人的语言并模仿这种语言的儿童是何时才理解他所使用的言语呢?游戏是从何时开始具有了严肃性,而这种严肃性又从何时开始不再是游戏了呢?语词的所有意义之确定似乎是在游戏中从语词的情境价值中生长出来的。正如文字代表了语言出声状态的确定,并能发出声音以反作用于语言的发声形式一样,生动的谈话和语言的生命具有其游戏的地方,那里亦是一种往返运动。无人可以确定一个词的意

---

④ 参见发表在《海德堡研究》丛书中雷纳特·克诺尔(Renate Knoll)的海德堡大学博士论文《J. G. 哈曼和 Fr. H. 雅可比》,载《海德堡研究》,1963 年第 7 期。[关于"自我理解"这个表述,参见《海德格尔之路——后期著作研究》,第 35 页以下和注释 10,现载我的著作集,第 3 卷。]

义,而说话能力也并非仅仅意味着正确学会了词的固定意义并会使用它们。语言的生命只是存在于我们从学习说话时就开始的游戏的不断的继续游戏之中。新的用词之参加到游戏之中和旧词语的消亡同样不被人注意,同样是无意识地发生的。而人的相互共存正是在这种持续的游戏中实现的。在相互说话中发生的相互理解本身又是一种游戏。当两人互相对话时,他们说的是相同的语言。他们并不知道他们是通过讲这种语言而继续作这种语言游戏。但他们每人说的也都是自己的语言。相互理解的实现是通过话和话相对,但却不是停滞不动。而是在互相对话中我们总是进入对方的想象世界,就好像我们参与到他的世界之中而对方也参与到我们的世界之中。我们就这样相互游戏直到作为给予和拿取的游戏——即真正的谈话——开始。没有人可以否认在这种真正的谈话中存在着一些偶然性、意外的好处,以及最终也有某些轻松、升华的东西,这些都属于游戏的本质。确实,谈话的升华并不使人感到是自我占有的丧失,而是我们本身的丰富,尽管我们自身对此并未觉察。

我觉得在和文本打交道以及理解保存在宗教文献中的福音启示的含义时的情况也与此类似。传承物的生命,尤其是福音预告的生命就存在于这种理解的游戏之中。只要一篇文本保持沉默,则对它的理解就尚未开始。然而文本是能够开始讲话的(这里不谈为此必须具备哪些前提条件)。但是文本并非是以无生命的僵死状态说着它的话,始终说着相同的话,相反它总是给向它提问的人以新的回答并向回答它的人提出新的疑问。对文本的理解是一种谈话方式的自我理解。对这一点可以由此得到证实,如果在和某件文本的具体交往中,只有当文本中诉说的东西能够以自己的解释语言表达出来时，才可能产生理解。解释属于理解的本质统一性。对某人所讲的东西必须被他所接受，从而以自己的语言用自己的话说出并找到回答。这也完全适用了福音启示的文本，假如人们觉得这个文本不是自己说出来的，它也就不会真正被理解。而使对文本的理解和解释得以真正实现的就是布道。正是布道，而不是神学家们解释性的评论和诠释工作才直接服务于福音启示，因为布道不仅把对圣经所说的话的理解传达给教徒，而且布道者自己也对此深信不疑。理解之真正的实现并不在于布道本身，而是在于布道作为一种向每个人发出的召唤让人获知的方式。

如果说在布道中产生的是一种自我理解，那么即使不说它是对自身的消极性理解但也一定是一种很矛盾的理解，在这种理解中人们听到皈依宗教的召唤。这种自我理解显然并未成为《新约》的神学解释的标准。此外，《新约》文本本身已经是对福音的解释，因而它并不想在自身中被理解，而想被理解为福音的传介者。那么这是不是给了文本以说话的自由，从而等于使它们似乎成为无我的证据呢？不管我们该怎样感谢新神学研究为认识《新约》的作者本身神学含义所作的贡献，新教的福音启示则是通过所有这些中介方式传播的，这可以和传统的流传或神话传说通过鸿篇巨制不断变化创新的方式相比较。诠释过程的真正实现在我看来既在于扩展解释者的自我理解又在于扩展被解释物的自我理解。因此，"去神话化"不仅发生在神学家的行为中，它也发生在《圣经》本身之中。但是无论在神学家的声音中还是在圣经本身中，"去神话化"并不是正确理解的确切保证。真正的理解事件远远超越了可以通过方法的努力和批判的自我控制而达到对他者之言语的理解。确实,它远远超越了我们可以意识到的东西。适应于一切谈话的是,通过谈话就有一些东西变成了其他的东西。此外,对召唤皈依并允诺我们对我们自身以更好理解的上帝的话,我们不能像面对一个人们必须让它放置在那儿的语词那样去理解。在那里进行理解的根本不是我们自己。始终有一个过去(Vergangenheit)在让我们说:我理解了。

10
历史的连续性和存在的瞬间

(1965年)

进行一场既不知其开端又不知其终结的谈话,这无异于一场冒险,尽管如此,我们却常常要进行这样的冒险。要以哲学在最近10年间学会的观点谈论历史问题,情况也是如此。

本文的论题已经表明,这里讨论的是与本世纪哲学相联系的提问立场。如果我们记得,本世纪头20年对历史——自由主义科学,尤其是19世纪历史神学的批判带有何等的突然性,引起何其深广的共鸣,则我们就能理解"历史的连续性和存在的瞬间"这个论题是对历史问题立场本身合法性的疑问,从而是对整个世纪的疑问。

如果我们想简略地指出以前对历史所作的哲学反思达到哪些根本的内容,它的根本问题何在,则我就想回顾一下德国西南学派的历史哲学,亦即海德堡的新康德主义(如果可以把历史科学的认识论称作一种历史哲学的话),并且还想回忆一下威廉·狄尔泰的历史哲学(如果可以把形而上学在历史中的消解称作一种历史哲学的话)。认识论思想是海德堡的新康德主义从康德出发扩展到历史科学中的思想,它的提问立场是:历史研究的对象如何和自然科学研究对象的既定性方式(Gegebenheitsweise)相区别?如何才使一件事实成为历史事实？

为了回答这种历史方法论的提问,产生了关于既存物(Gegebenen)的价值关系的理论:发生的事件唯有通过和某种价值体系的关联才能成为历史事实。如此证明历史认识的合法化是从文化统一概念及其在价值哲学中系统的自我观点为基础的。对此可以提出一个批判的问题,我们究竟有多大把握可以把真正的历史归入到历史性之中,而不是只把在作用不变领域中提升出来的东西归入历史性中。

另一方面,如果我们用精神科学的心理学检验一下新康德主义的这种认识论历史哲学坚定的反对者威廉·狄尔泰本身命题的结果,我们就会发现,虽说他也确实询问历史过程的本质结构,并试图用合适的概念说明散布在时间中的历史联系的连续性,但他这样做的出发点却仍是心理学,是存在于本人生活经历中的内部自我确信。这种自我确信甚至还用来证明历史事件的连续性。这种事件连续性的自我确信在自传中具有其最出色的表现及其以文学的方式固定的实现。正是在自传中,人们试图从丰富的生活经历——这些经历的编排以及本身所赖以生活的状况——出发,把它们当作一种意义关联进行回顾,从而获得某种生命历史整体的统一性。然而不可否认,自传只能从特定的角度反映我们称为历史的东西。在自传中被理解的东西总处于观察者本身解释的熟悉的光线之中。在回顾时包括进理解统一性中的是体验过的过去和自我体验的历史。即使我们把自我认识这整个难题撇在一边,我们仍然不清楚,从这种心理学的体验连续性中如何产生出包括在完全不同、巨大尺度中的历史联系。

对于 19 世纪历史哲学思想，尤其是对本世纪两种引人注目观点所进行的批判至少是以"存在的瞬间"(der Augenblick der Existenz)这样的提示语来说明的。这里涉及的原始事实(Urfaktum)显然不是这一问题：即历史的联系是如何被我们进行着回忆和想象的意识合法地认识和陈述的？我们在这里提出的并作为历史问题加以认识的真正的问题是以历史性(Geschichtlichkeit)这个概念来表达的。

历史性这个词早就在一种朴素的意义上被使用过，它主要由威廉·狄尔泰的哲学朋友，瓦登堡的约尔克伯爵使它成为一个概念，并经过狄尔泰的中介，最终在本世纪的哲学中经过海德格尔和雅斯贝斯达到了顶峰。其中的新义在于，这个历史性概念包含了一种本体论的陈述。约尔克就已说过"存在者状态上的和历史的东西的类差别"。历史性概念并不表述某种关于事件过程联系，说它是真实的，而是表述处于历史中的人的存在方式，人的自身存在基本上只能通过历史性概念方可理解。

瞬间概念也属于这种联系。它指的根本不是表明历史、决定历史的时间点，而是人类此在的历史性得到经验的瞬间。

历史性概念首先由于鲁道夫·布尔特曼才进入到神学之中。在他无数博学的、前后一贯的注释工作中，对人类此在历史性的洞察和决定性的瞬间恰好是主导概念。等待末日的问题在神秘的解释中代表告别辞，但在约翰福音中却通过注释被简化成末世的瞬间，它可以指任何一个瞬间，作为决定信仰的瞬间它表示对基督教福音的接受或拒绝。因此，随着这个概念而展开讨论的是一个真正现实的题目，它的改变了的重点在于，当我们追溯"瞬间"这个概念达到历史性这个极端的顶峰时,历史的连续性对我们就重新成为一个问题。

历史的连续性使我们又回到流逝的时间之谜。时间从不停顿,这是亚里士多德和奥古斯丁进行时间分析时的老问题。尤其是奥古斯丁的时间分析为我们阐明了希腊和古典思想遗留下的本体论困境,当它们想说明什么是时间时就陷入了这个困境。在任何瞬间都不可能被认作现存的东西究竟是什么?因为就在我把它认作现在的当口,这个现在已不再是现在。在无限的过去中展现的现在,从无尽的将来中涌现的现在使以下问题迷惑难解:什么是现在,这种流逝过去的,即将来的并又流逝去的时间之流究竟是什么?

时间的本体论疑难就在于,用古代发展的存在哲学无法说出或把握它真正的存在。我觉得,在历史的连续性概念中反映的也是这个问题。当然不能说历史的连续性是直接从不断重复展现的现在的日常经验中感受到疑难的。也许连续性经验的基础完全不同于不停流逝的时间经验。在对历史存在的追问中被问及的历史的连续性最终发现:尽管有形形色色的过去性,但却根本不存在不同时就是变易的时间流逝。于是历史意识的真理仿佛得到了完美的体现:在时间的流逝中总包括着变易,在变易中又总包括着时间流逝,历史联系的连续性总是不断地从无尽的变化之流中构筑起来。

这种基本观点产生了如下结果,凡在这种历史之流中被体验为流逝或变易的,均有赖于人们表述或区分这种所谓流逝着的事件之链的规定。这是一种极端唯名论的基本态度,它实际上把一切事件的内部划分,按意义的区分,都相对化成灭亡或出生、变易或流逝。历史的划分就是我们决定意义的意识作的划分。因为它最终是任意的,因此就不具备真正的历史现实性。我们必须批判地放弃这种建筑在希腊本体论前提上关于历史的观点,并且注意这一基本现象,这种现象揭露了这种观察方式中隐含的错误的唯名论命题。

在事件中也存在某些类似非连续性的因素。我们可以用时代经验(Epochenerfahrung)的方式认识这种非连续性。⑤ 运用现象学方法可以证明确实存在这种因素,它们并非产生于我们事后的编排、分类以及以控制为目的的认识兴趣,而是确确实实的历史现实。存在着如划分时代这样一种原始的经验。历史学家划分的历史时代植根于真实的时代经验,并且最终必须在这种经验中得到证明。虽说时代本来只不过是一种天文学概念,表示作为人们计算根据的星宿排列。与此相应,历史意义上的时代则是一种阶段,人们根据这种阶段计算新的时代。但这是否说明这只是约定和任意的呢?标志时代阶段的历史排列并非人们据以计算的时间的外在尺度,相反它规定时间内容本身,亦即规定我们所称的历史。我一直特别注意——也许因为它古色古香的表达方式——康德谈到法国革命时所说的话:"这样的事件不会遗忘。"一件事件不会遗忘——当然这句话说的只是:没有人能遗忘这件事——显然是指事件的意义。正因为没有人能遗忘,所以语言就把该事件当作一

---

⑤ [参见我的后期论文"论空洞的时间和充满的时间",载《短篇著作集》,第 3 卷,第 221—236 页,现载我的著作集,第 3 卷。]

种行为的本质并且可以说:该事件不会遗忘。语言在这里指示出某些东西。正是这某些东西存在人的意识中,而意识通常会忘却很多东西。区分的经验和非连续性的经验,不断改变之中的驻足的经验就是以此为据。

如果今天有人说:我们进入了原子能时代(automic age),它的意思就是——我们当然有理由非常认真地对待这句话——由此产生了一些新的因素,它们不可能很快就又被另一些新因素淘汰,相反我们必将按这种新因素以一种性质不同、清晰的方式把以前的时代称作旧时代。比如战争对于我们就成为与发现原子能这个划时代事件之前性质根本不同的事物。正因为产生了某些因素,据此以前的时代才成为旧时代。如果发生了这类事,则时间本身也会变旧,但这并不是说,过去似乎已经沉没,不再具有现实意义,不再与当前有关,从而成为一种均匀的,可看透的过去的时间范围,而是说时间本身的未来也正处于划时代事件的划时代意义之中。我认为,有丰富的现象证明的经验可以说明如此表现的就是真实的事件本身。

当然我们永远不可能确切地知道,我们是否有权把某件事件说成其有真正划时代的含义。然而,尽管对未来的任何陈述有这种不确定性,但只要可以因该事件及其直接作用而使人确信:它是划时代的,这就足够了。除了这种巨大的历史命运经验,我们还可以提出其他类似的经验,我想提出三种这类划时代经验的形式。

其一是变老的经验(die Alterserfahrung)。我认为它作为一种非连续性经验是每一个人都会直接遇到的。虽然我们每人都有出生年月,并且按照计算天数和钟点的时间计算方式来生活并算出我们的年龄,然而,诸如孩子长大成人的成熟却没有过程,我们无法用流逝的时间这种衡量手段去跟踪这个过程。因为孩子突然之间已不再是孩子,在以前构成其熟悉本质的一切突然都不可再现地消失了,不再存在。或举另一个例子,即我们逐渐变老的例子:当我们重新见到某个人时会有这样的感觉:啊,他已经变老了。这种经验也不是指这个人在持续流逝的时间中达到某个确定的点,而是指对于他本人以及那个碰到他的人来说,他已经变样了。以前的那个青年,充满活力的青年时代已经消失,也许从中会产生出某些非常美好、非常丰富多彩的东西,而这些东西在匆匆忙忙的年代中并没有得到表现。

或者再举另外的例子,即我们熟知的对以往时代的计算的例子。从一个朝代到另一个朝代的过渡,比如某个统治者逝世,由其后继者接任统治,无论是在本王朝之内的更替或是以革命形式导致的更替,都意味着时代的划分。我们之所以用这样的事件划分时代,并不是因为它特别方便,就像星宿一样使每个人都可以看到,而是因为它事实上使某个民族人民的生活共同注意到,从现在起一切都改变了,以前存在的一切都不再存在。因此,时代经验就感到事件本身具有一种内在的非连续性,这种非连续性并非事后历史传记的划分从而需要证明其合法性。我甚至想说,我们正因为此才经验到历史的现实性。因为人们在这里经验的并不是可以完全想象和再现出来的过去(Gewesen),而是通过发生而存在并且永远不可能不发生的事物。

我想到的第三个例子是时间转折的"绝对时代",亦即通过基督的诞生而进入到古代历史意识中的时代经验。我之所以讲这种经验是因为它并非出于宗教真理的理由,而是出于概念的理由必定被称作绝对的时代经验。因为随着这种新联系的经验和基督教的福音宣告,我们已在新的意义上发现了作为历史的历史。历史是人的命运经验,是幸运和不幸的轮番交替,是环境对于一种幸运的和有效的行为或充满痛苦的失败的顺从或抵抗——这一切当然都是人的原始经验。唯有针对这种原始经验我们才能确定何种意义因素能解释这种经验,基督教的绝对时代经验能带来何种新的意义因素。

于是我们就可以把这种新的因素和希腊的历史经验作比较。如果我们以希腊人的方式观察历史经验,并且突出能为我们显露基督教历史思想的因素,那么历史在希腊人看来不过就是偏离秩序。

希腊人认为最根本的就是 perihodos,即"阶段",阶段是天体周转中保持不变的东西。最根本的就是人类群体生活中不变的真理、道德秩序、国家秩序、民间风俗等等。每一个思考者都不得不在人类存在的恒定性中看待人类此在的存在。不管哲学家以最完美的形式提出并为人类行为提供的典范是古代伦理学的德行概念范畴,或是组织好的国家、城邦、秩序的理想——不管怎样,历史总是对这种持存秩序的偏离。它是人所具有的在组织好的整体中无法扬弃的非秩序因素。⑥

从新的历史意识角度讲则正好相反——我暂且不谈究竟在何种程度上存在犹太历史意识,这种意识先于新的历史意识并在某

---

⑥ [参见我为罗厄写的书评,载我的著作集,第 5 卷,第 327—331 页。]

种程度上只是通过基督教历史经验的修正才成为普遍的意识——虽然根据基督教信念,历史中的秩序是无法认识的,但却确实存在这样一种秩序,它是天意,是神旨。在历史事件的来去和沉浮中我们有限的认识能力无法认识整体的意义,因为我们无法看到整体的意图和目的。随着基督教布道的神圣信仰却也产生以下观点:无秩序的现象用更高的观点看却具有一种秩序,因此,历史也许只是一种让人猜测的历史,但在上帝的旨意中却无论如何是无可争辩的现实的神圣秩序。

卡尔·勒维特的《世界历史和神迹》(Weltgeschichte und Heilsgeschehen)一书非常生动地说明,这种基督教的历史观如何产生了一种历史哲学,它声称自己了解神旨,甚至最终还要求像自然科学认识自然现象那样认识历史事件及其秩序,因为从这种知识出发就能规划和制造历史,而不管这种历史是否是一种表现基督教历史哲学的世俗最终目标的政治乌托邦和历史乌托邦的形式。

这种乌托邦历史期待的形式最终表现为基督教历史哲学世俗化的结果,它并非只是无望地和基督教神的谜底不可认识的基本经验处于冲突之中,我认为它本身就有关于人类此在有限性的内在矛盾,因为人类此在作规划的前见是产生不出从被理解的历史中引出定会出现的未来这一要求的。

这种历史哲学真的找到通向历史现实之路了吗?我觉得时代经验本身在这里正好证明了它的反面,即历史的现实性并不是以认知地再现事件或认知地统治事件的方式,而是在命运的经验中赋予我们的。我们具有的,诸如某些事情变化了,旧事物都变得陈旧,并出现了新事物等经验都是某种转变(Übergang)的经验,它并不确保连续性,相反,倒证实非连续性,并表现为和历史现实性的相遇。

我总是深深沉醉在诗人荷尔德林的一篇短文中,它开头一句话是"沉沦的祖国"。它是对《恩培多克勒之死》(der Tod des Empedokles)这一剧本的理论研究,荷尔德林在所有变化反应的措辞和动机中始终把英雄之死作为他带给时代的献祭品,从而理解为未来的奠基。在这篇只有在施瓦本才写得出的复杂的论文中,荷尔德林说明,实际上每一个瞬间都是转变的瞬间,也就是从两种相互对立的现实中转身脱身,其一是转身而去、自我消解的现实,其二是迎面而来、正在生成的现实。荷尔德林用"理想的"消解和"现实的"新的生成来勾勒我用新和旧的不同所表示的时代经验。引导他这样做的观点是把整体当作活生生的统一体。有机体在材料的不断变化中保持统一性,在每一次消解中重又产生新的东西,生命就是这样构成的。在人类历史的变化过程中生命的形式就在于,自我的消解的因素正是借助于对新事物的经验才经验到它自身的统一性。荷尔德林在这里想对我们说的就是,旧事物,亦即对待旧事物的表现方式,其实属于生成中的新事物本身的现实性。荷尔德林认为,视死如归,通过悲剧的调解使生命重生,这些悲剧式的肯定都是悲剧的伟大形式,但这一切并不直接属于我试图在此发展的观点因而应该撇在一边。我们也完全不要管那些悲剧式的词藻,以及那些突出理想的旧事物相对于现实的新事物的生成的得意的表述。只要我们根据自身的历史经验本身来看待这种经验就够了。在荷尔德林的论文中还包括以下观点,了解和认识并

II 141

不是把某种封闭的东西如其所是地再现出来,只有从新因素出发、根据今天的情况所作的再现才能获得它的可能性和实现。但这就是说:所有这样的再现和了解本身就是一种事件,就是历史。并非只有把摇摆着的诗人精神附加到消失着、消解着的历史世界之上才能构筑历史意义的观念性,其实世界本身就不会忘记,它是从无尽创造可能中创造新的生活形式,从而获得其本身的观念性。悲剧式的肯定,对过去的理想的看法。这些同时就是对存在的、持存的真理的认识。

这样我就接触到整体观点,这种观点从我自己的研究中已变得尤为重要。是什么把悲剧的英雄提升为命运的角色,由于他的死亡就使生命得到更新?什么是观众接受悲剧灾难时的感情净化,或曰新的无畏?真理在这种经验中究竟构造了什么?

我们在这里称之为真理的就是回忆的实在(erinnerte Wirklichkeit)。我们并非把发生的一切都回忆成真的、有意义的东西。不仅悲剧诗人,甚至我们情感不懈的理想化力量也经常进行理想化的构想,把存在过和消失的东西提升为持存的、真实的东西。如果我们获悉一个熟人的死讯,则就会出现我这里描述的最深刻的经验:这个人的存在方式怎样突然改变了,他怎样变得持存不动、更为纯化,并不是说他在道德上更好或更可爱,但他被封闭在持存的轮廓中使人周知——这只是因为我们不能再从他身上期待些什么,不能再从他身上经验到什么,不能再对他施以爱。我认为用这个极端例子描写的经验就是一种认识。在这种认识中出现的就是真理。这里所说的绝不是通常所谓的美化,而是这种超越变灭无常的东西的自我提升(Sich-Erheben),它超越了历史时间之流冲毁一切僵死界限一切僵死外廓的流逝活动。这里突然出现了某些东西并保持下来，这似乎有助于表达一种真理。

从这方面出发不仅可以构成非连续性的真正经验，而且还可以构成历史的连续性的经验。我上面描写的都可以在克尔凯郭尔的"瞬间"（Augenblick）概念中重新找到，在眼睛的那种充实了的一瞥之中不再是指均匀流逝着的改变中的一个标记，而是不得不选择的、唯一的瞬间，因为它只是一种现在，永不再来。从这种观点出发则历史的连续性不再被看作流逝的时间事件再现的连续性，而是对非连续性经验提出提问，提问非连续性如何包括连续性，在何种意义上包括连续性。

我在自己的探索中曾这样说过：如果我们在传承物中遇到某些可以理解的东西，那么这种行为本身就是发生（Geschehen）。如果我们从传承物中取出一个词，让它自己说话，这也是一种事件的发生。这当然不是把历史理解为一种过程，而是理解在历史中向我们诉说、向我们走来而与我们相遇的东西。

我也许为上述现象选了含义太多的表述，我认为我们所有的历史理解都受到一种效果历史意识的规定。

我用这个表述想说明的首先是，我们本身并不能和事件（发生）本身相分离，也不能与它相对立，从而把过去变成我们的客体。如果我们真的这样想，就难以认识到真正的历史经验。我们总是已经处在历史之中。用赫尔德的话来讲，我们不仅本身就是这种环环相扣的长链中的一环，而且我们每时每刻都可能从这种源自过去、迎面走来并传承给我们的东西中理解自己。我把这叫作"效果历史意识"（Wirkungsgeschichtliches Bewußtsein），因为我想用这个概念一方面说明，我们的意识受到效果历史的规定，受到现实事件的规定，这种事件不可能像与过去遥相对峙那样与我们的意识相分离。另一方面我还想说明，它还能在我们心中不断重新制造出这种产生的意识——就像所有我们经验到的过去必然使我们能以某种方式获悉它的真理。

我首先要根据所有理解都有语言性来作证明。我所指的是极朴实的事情，它根本没有奥秘。这里说的只是：我们的历史意识充满了关于它在知识、关于陌生历史世界陌生性的知识，这种历史意识用思维着的历史认识巨大努力力图把它本身的概念与陌生时代和陌生世界的概念区分开来，然而这两种概念最终却总是相互调解。举个例子：从最古老的文化传承给我们的最陌生的法律形式将作为在法律可能的共同范围内得到理解的法律形态被我们把握。如果我们能够解释人们如何把引人注意的巴比伦证物（以及可以处理的东西）理解为法律证物，从而使人们可以理解它，那么这并非只是我们历史意识的证明。不仅这种历史距离要通过语言来沟通，而且这种沟通是在所有特定历史意识之前发生作用的。这就恰好构成语言现象中心地位，语言不仅统治着历史解释的过程，而且是传递过去消失的事物的形式。我们已经习惯于用某种历史的傲慢看待以下事实：古代或中世纪的作家如何以极为天真的类型学的或道德的方式，在过去的证据中要求直接证明他们自认为真实的东西。我们说他们这样做缺乏历史感。然而，这样一种以直接道德的或诸如此类方式实现的理解以及归置过去传承物的方式仍是一种语言发生（geschehen），它和现代科学中的历史解释过程一样。只是因为未曾改变地流传下来的词突然具有完全改变了的意义，我们才能最清楚地看到这一点。任何和传承物所作的天真的打交道都是一种在瞬间上的应用，这种应用我们可以最大限度地发现它的不科学性和错误之处，但这种应用仍然属于创造性的误解，文化的流传联系就从这种误解中产生出来。在所有的历史认识中总活跃着这类与我们的关联。

我把语言作为中介的方式，超越所有距离和非连续性的历史连续性就存在于这种中介方式之中，我认为这已由以上说明的现象得到很好的证明。然而其中还存在着根本的真理：语言总是只存在于谈话之中。语言是自我实现的，只有在相互的说话中语言才能实现它的任务，在这种谈话中词被给予对方，而我们共同指引的语言就在这种谈话中使相互寻找的语言尽情发挥作用。如果使语言脱离在讲话和回答中被理解的直接境遇，则这种语言概念必定会在一个根本向度上使语言缩短。语言进行的直接性包括对这一问题的回答，即尽管我们每人每刻都会遇到区分和抉择，但历史的连续性却仍然继续进行这种区分和抉择，并使之成为可能。因为以下这一切也是谈话：过去的文本，过去的证物，人类构造能力的构成如何达到我们的方式。这里不存在研究者面对丰富研究对象的那种抽身旁观（unbeteiligtem Gegenüber 或译不参与的面对）。相反，这种经验处于一种交往事件之中，这种交往事件具有谈话的基本结构。在这种交往中并不是每个人都各讲各的，而是一方倾听另一方的说话，并且因为他倾听对方的说话，也作出了与对方没有问没有说时不一样的回答。一方因其被不一样地被提问而作出不一样的回答，以及他因为对某个答案有疑问而提问，我觉得正是这种结构同样适用于与历史传承物的交往。并非只有艺术品才对我们说话——一切我们获悉的人类的音信都对我们说话。

从我提出的这条思路出发就能得出以下结论：本文题目中历史的连续性和存在的瞬间让人感到的对立其实是错误的夸大。我已经指出，非连续性存在于发生（Geschehen）的过程中，正是在对瞬间的这种刻画中才可能保持和经验历史的连续性。连续性并不是处于完美历史主义极端中的平静的确定性；可以在发生事件的任何地方把发生（Geschehen）表述成一种新的开端，因为变化和消逝就是每个瞬间真正的现实，并且作为一种转变而确保了发生（Geschehen）的连续性。这绝不是一种毫无疑问的确定性，相反是对所有人的经验意识提出的任务。它在传承物和传统中得到实现。但在传承物和传统中根本没有自身实现的平静的确定性。传承物和传统并不具备有机生命的纯洁性。如果它们被当作无生命的僵死物看待，则也可以用革命的热情进行斗争。传统和传承物并非在顽固地坚守拿过来的东西中保持其真正的意义，它们而是表现为在与我们谈话中经验的、不间断的参与者，从而保持其真正的意义。它们回答我们的问题并提出新的问题，这样就证明了它们自己的现实性和继续发生作用的活力。

凡是再现的意识理解为把过去的事物拿过来、保持住，并与创新意志相对置的东西都根本不是活生生的传统。传统真正的真理埋藏得更深，存在于我们迎向未来，证实新事物的时候才变得现实的领域中。海德格尔在数十年前曾告诉我们，过去并非首要存在于回忆中，而是存在于遗忘中，我称它是别人向我表明的最伟大的观点。确实，这就是过去附属于人的此在本身的方式。正因为过去具有这种遗忘的此在，它才能保持一些东西并被人回忆。所有流逝而去的东西都沉入一种遗忘，正是这种遗忘才能抓住并保持住藏身在遗忘之中、陷入遗忘之中的东西。这里就存在着引出历史连续性的任务。对于处在历史中的人来说，保持住经常失落东西的回忆并不是旁观的认识者客体化行为，而是传承物的生命过程本身。对于这种生命过程来说，关键不在于把过去的视野任意无限地扩展，而在于提出问题找到答案，这种答案将从我们所是出发使我们作为我们未来的可能性持续存在下去。

11
人和语言
(1966年)

亚里士多德为人的本质下了一个经典性的定义,根据这个定义,人就是具有逻各斯的生物。在西方文化传统中,这个定义以这样一种形式成为一种规范的定义,即人是 animal rationale,具有理性的动物,也就是说人是由于能够思维而和其他动物相区别。这样,人们就以理性或思想这样的含义解释了逻各斯这个希腊词。实际上,逻各斯这个词的主要意思是语言。亚里士多德曾用如下方法来区别人和动物:⑦动物之间是通过互相指示哪些东西在激起它们的欲望从而可以去寻求这种东西,哪些东西在伤害它们从而可以避开这种东西而达到相互理解的。这就是动物的本性所能做到的。唯有人则除了本性之外还有逻各斯。这样,人才能互相表达出哪些东西有用,哪些东西有害,什么是正确的,什么是错误的。这是一个相当奥妙的论断。那些有用或有害的东西乃是这样一些东西,这些东西本身并没有追求价值,而是为了别的根本还未存在的东西,它们只是服务于获得这些东西。因此,人最显著的特征就在于他超越了实际现存的东西,就在于他具有对未来的感觉。

---

⑦ [《政治学》,A2,1253a9 以下。]

同时，亚里士多德又补充说，正是因为人有这种感觉，才会产生公正和不公正的意义——而所有这一切都是因为人唯一作为具有逻各斯的个体。人能够思想，能够说话。人能够说话，也就是说他能够通过他的话语表达出当下并未出现的东西，从而使其他人能够预先了解。人能够把自己意指的所有东西表达出来从而使他人知道，甚至比这更重要的是，正由于人能够用这种方式相互之间传递信息，因此，只有人之间才存在共同的意见，这就是一般概念，尤其是那些使人类能够没有谋杀和互相残杀的——以社会生活的形式，以政治宪法的组织形式或以劳动分工的经济生活形式等——共同生活成为可能的一般概念。所有这一切皆由于一个简单的论断，即人是一种具有语言的生物。

有人可能会认为，这种显而易见令人信服的观点在我们思考人的本性问题的时候就一直保证着语言现象的优先地位。如果我们把动物之间相互理解的方法也称为语言，那么我们说动物的语言和人借以接受和相互传递客观世界信息的语言完全不同，这不是最为不言而喻的吗？而且，人类语言的符号不像动物的表达标志那样固定，而是保持着可变性，这种可变性不光表现在人类有许多种语言，更在于在同一种语言内人能用相同的表述表达不同的事物，或者能够用不同的表述表达同一种事物。

然而，西方哲学思想实际上并没有把语言的本质作为哲学思考的中心。虽然有一个明显的暗示，即在《旧约·创世记》中，上帝通过让人类的始祖按照自己的意愿命名世界上所有的存在物，以此授予他对世界的统治权。巴比伦塔[11]的故事同样也表明了语言对人类生活的根本意义。然而，恰恰是西方基督教的宗教传统以某种方式阻碍了有关语言的思想，以致关于语言起源的问题只有到了启蒙时代才被重新提出。当人们不再用《圣经》的《创世记》而是在人的本性中寻求对语言起源问题的回答时，这就意味着一个重大的进展。因为随之就必不可免会跨出新的一步：语言的天然性质使我们不可能提出人类还没有语言时的原始状况的问题，以及语言的起源问题。赫尔德和威廉·冯·洪堡把语言的原始人类性认为是人类的原始语言性，并指出这种现象对于人类世界观点具有根本性的意义。威廉·冯·洪堡的研究领域是人类语言结构的多样性，他一度当过文化部长，后来退出公众生活潜心学术研究。他是一个来自于特洛尔区的智者，通过自己晚年的研究工作而成为现代语言学的创始人。

但是，威廉·冯·洪堡创立的语言哲学和语言学还绝不意味着亚里士多德基本观点的真正重建。通过把各民族的语言作为自己的研究对象，洪堡开辟了一条认识道路，从而使他能通过一种新的有希望的方法既说明不同时代不同民族的区别性，也说明作为这种区别性之基础的人类共同本性。但这样做法仅仅使人具有一种能力而且仅仅阐明了这种能力的结构规律性——亦即我们所谓语法、句法和词汇等——这种做法同时也限制了人和语言问题的视域。人们想通过语言这面镜子学会认识各民族的世界观，甚至想以此认识他们文化发展的细节。——我想到对印度日耳曼人家庭文化状况的认识，对此我们要感谢维克多·汉（Viktor Hehn）关于人工培植的植物和家畜的极好的研究。语言学就像其他史前史一样是人类精神的史前史。但语言现象通过这种方法仅仅具有某种极好的表达领域的含义，人们可以通过这个领域研究人的本性和人性在历史中的发展。但凭借这种方法却并不能进入哲学思想的核心。因为笛卡尔主义把意识定义成自我意识的思想仍然是所有近代思想的背景。自我意识是一切确定性不可动摇的基础，一切事实中最为确实无疑的事实，我作为这种自我意识才知道我自己，自我意识在近代思想中成为衡量所有能满足科学认识要求的东西的标准。语言科学研究最终也依据于这同一基础。那种在语言塑造的能量中具有其证明形式的，乃是主体的自发性，所以表现在语言中的世界观也可以根据这个原则作为富有成果的解释——语言为人类思想提出的谜根本不可能在此出现。因为对自身深不可测的无意识性正是语言的一种本性。就这点来说，**语言(die Sprache)这个概念**只是后来才使用并非偶然。逻各斯这个词不仅仅指思想和语言，它还指概念和规律，语言这个概念的出现以语言意识为前提。但这仅仅是一种反思活动的结果，在这种反思活动中，思维者从讲话的无意识过程反思出来，并和自身保持一种距离。但语言固有之谜却在于，我们绝不能完全做到这一点。毋宁说，一切关于语言的思维早已再次落进语言的窠臼。我们只能在语言中进行思维，我们的思维只能寓于语言之中正是语言给思想提出的深奥之谜。

　　语言并不是意识借以和世界打交道的一种工具(Mitee)。它并不是与符号和用具(Werkzeug)——这两者当然都属于人的本质标志——并列的第三种器械(Instrument)。语言根本不是器械用具。因为用具的本性就在于我们能掌握对它的使用，这就是说，当我们要用它时可以把它拿起来，一旦这件工具完成它的使命又可以把它放在一边。但这和我们使用语言的词汇时大不一样，虽说我们也是把已到了嘴边的词讲出来,一旦用过这些词后又把它们放回到我们掌握的词汇库中。因此,这种类比是错误的,因为我们永远不可能发现自己是一种与世界相对的意识,并在一种仿佛是没有语言的状况中采用理解的工具。毋宁说,在所有我们关于自我的知识和关于外界的知识中,我们总是早已被我们自己的语言包围。我们通过学着讲话而长大成人、认识世界、认识人类并最终认识我们自己。学着说话并不是指学着使用一种早已存在的工具去标明我们已熟悉和认识的世界,而是指像世界与我们照面的那样去赢得对世界自身的熟悉和了解。

这是一种何等深奥又隐蔽的过程。认为孩子说出一个词、第一个词的看法是何等的荒唐。谁要是试图让孩子在一种和人类语音完全隔绝的环境中成长,然后从这些孩子们第一次喃喃学语的发音中去发现现存人类语言的一种表达方式,并把这种表达方式冠以"原始"语言的创造,以此来发现人类的原始语言,那又将是一种何等的荒唐。这类想法的荒唐性在于它希图通过某种人工方法排除掉我们被生活于其中的语言世界所包围的实际事实。实际上,我们总是早已处于语言之家中正如我们早已居于世界之家中。我又在亚里士多德那儿发现他关于如何学习说话有最机智的描述。[8] 当然,亚里士多德的描述根本不是指学习说话,而是指思维,也就是指获得一般概念。在现象的变动中,在不断交替变更的印象之流中,诸如固定不变的东西到底是如何产生的?显然,这首先是由于人有保持的能力,也就是说记忆力,记忆力使我们能够把

---

[8] [《后分析篇》,B19,99b35 以下。]

某种东西认作是同一的东西,这是抽象思维第一个伟大成果。从变动不居的现象中观察到一种共同的现象,于是,从我们称之为经验的日积月累的重新认识中,就渐渐地出现了经验的统一性。但从这种统一性中产生了以一般认识的方式对所经验之物的明显支配。于是亚里士多德问道:这种一般知识究竟怎么可能产生呢?显然不是通过以下这种方法:即我们经验着一件又一件的现象,而后,突然间,当某种现象再一次出现,并被我们确认为与以前经验到的现象一样,于是我们就获得了一般知识。然而这种个别现象并不是因某种神秘的力量能表达出一般从而与所有其他个别现象相区别。毋宁说,它与所有其他个别现象一模一样。然而,关于一般的知识确实在某个阶段产生了。这是从何开始的呢?亚里士多德对此作了一个绝好的比喻:一支正在疾速逃遁的部队是如何停住的呢?这支部队是以哪一刻开始停住的?显然不是由于第一个士兵停住了,或是第二个或是第三个士兵停住了。我们也不能说当相当数目正在逃遁的士兵站住时这支队伍就停住了,显然也不能说部队是在最后一个士兵收住脚步时停住的。因为部队并不是在最后一个士兵停住时才开始停止前进。从开始停到完全停住经过了很长一段时间。这支部队是怎样开始停步,这种停步的行动怎样扩展,最后直到整个部队完全停步,也就是再一次地遵守统一的命令,这一切都未曾被人清楚地描述,或者有计划地掌握,或者精确地了解过。然而,这个过程却无可怀疑地发生着。关于一般知识的情况也正是如此。同样,一般概念如何进入语言的过程也正是如此。

Ⅱ 150

我们所有的思想和认识总是由于对世界的语言解释而具有成

见,进入这种语言的解释就意味着在这个世界中成长(aufwachsen)。在这个意义上可以说语言就是人的有限性的真实标志。语言总是超越我们。个体的意识并不是衡量他的存在的标准。实际上,根本不存在语言真的属于其中并诉说它的个体意识。那么语言是如何存在呢?显然不可能离开个体意识而存在。但语言也不存在于许多个体意识的单纯集合之中。

没有一个人会在讲话时真正意识到自己的讲话。只有在例外的情况下人们才会对他正在说的语言产生意识。例如,当一个人带着某种目的要说什么,并且话已来到了嘴边,他突然打住了,因为他发现自己将要说的事情显得有点奇怪或滑稽,以致他会自问"真的可以这样讲吗?"在这种时刻我们会对自己讲的语言产生即刻的意识,因为这时语言不做它自己的工作。那么什么是语言自己的工作呢?我认为可以在这里区分出三点。

1. 首先是讲话具有本质上的自我遗忘性(Selbstvergessenheit)。生动的谈话根本意识不到语言学划分的语言结构,语法和句法等等。现代教育不得不用母语而不用像拉丁文那种死语言教语法和句法,这是特殊的违反常情的情况。每个人都被要求清楚地认识他作为母语掌握的语言的语法,这其实是一种巨大的抽象结果。语言的实际进展过程会使语法在任何时刻都完全消失在用语法所说的话之后。在学习外语的时候,我们每个人也都有过关于这种现象的极好体验。这就是课本中和课堂上使用的例句。这些例句的任务是使学外语的人抽象认识某种语言现象。以前,当人们还认识到这种抽象任务就是学习语言的语法和句法时,当时所用的句子都是一些高雅而无意义的句子,这种句子讲的是恺撒或卡尔叔叔如何如何。更新的教育则倾向于使用大量充斥外国有趣信息的例句。这种方法有一种未曾料到的副作用,由于这种句子中所说的内容吸引了学习者的注意力,因而遮蔽了作为一种语法例句的功能。因此,语言越是生动地进行,我们就越少意识到语言。这样,从语言的自我遗忘性中引出的结论就是,语言的真正存在就在它所说的之中,它所说的东西构成我们生活于其中的共同世界,从外语的(活语言的和死语言的)文学作品中传给我们的整个传统的长链也属于这个世界。语言的真实存在就是当我们听到它,听到它所说的话语时,就能融身于其中的东西。

2.我认为语言存在的第二个基本特征是它的无我性(Ichlosigkeit)。只要一个人所说的是其他人不理解的语言,他就不算在讲话。因为讲话的含义就是对某人讲话。讲话中所用的词所以是合适的词,并非仅因为这些词向我自己表现所意指的事情,而是因为它们使我正与之讲话的另一个人也了解这件事情。

在这个意义上可以说,讲话并不属于"我"的范围而属于"我们"的范围。因此,弗迪南德·埃伯纳以前曾经正确地给他一篇著名的文章《词和精神的现实》(Das Wort und die geitstigen Realitäten)加上副标题"圣灵论残篇"(Pneumatologische Fragmente)。因为语言的精神现实性就是把我和你统一起来的Pneuma(灵魂)即精神的现实性。正如人们早就注意到的讲话的现实性在于谈话。但在每一次谈话中总有一种精神起作用,这种精神或是好的或是坏的,或是执拗地中断交流的精神,或是在我和你之间进行中介和交流的精神。

正如我在其他地方指出,⑨每一种谈话的进行方式都可以用游戏概念作出描述。当然我们必须摆脱一种思维习惯,这种思维习惯从游戏者的意识出发思考游戏的本质。这种主要因席勒而流行的游戏者定义仅从游戏的主观现象出发把握游戏的真实结构。但游戏实际上是一个运动过程,它包括进行游戏的人(die Spielenden)或进行游戏的东西(das Spielende)。因此,当我们讲到"波浪的游戏"或"游戏着的苍蝇"或"参加者的自由游戏"时,绝不仅仅是一种譬喻。其实,对于正在进行游戏的意识来说,游戏吸引人的地方恰恰在于游戏意识全神贯注地加入到展开自身动力的活动关联之中。当游戏者本人全神贯注地参与到游戏中,这个游戏才算在进行,也就是说,游戏者再也不把自己当作不认真的,仅仅在作游戏的人。那些不能把全副身心投入到游戏中的人,我们就称之为不能进行游戏的人。因此我认为:游戏的基本原则,就是要满足游戏的精神——轻松的精神、自由的精神和成功的喜悦的精神——并满足游戏者。游戏的这种基本规则都和以语言起作用的谈话的规则具有相似的结构。如果人们相互开始谈话并将谈话进行下去,在这种谈话中个人袖手旁观或放开的意愿再也不具决定性作用,而是谈话主题的规律引出陈述和相反的陈述,并在最后使它们相互融合。因此,如果一次谈话成功了,那么正如我们所说的,谈话者就在那里被谈话所满足了。这种彼此相对的谈话游戏还可以进而在灵魂与自身的内在谈话中进行,对此柏拉图很妙地称之为思想。

---

⑨ 《真理与方法》,参见我的著作集,第1卷,第三部分,第491页以下。

3. 由此引出第三个因素，我想把它称为语言的普遍性。语言并不是一个封闭的可言说领域，仿佛与这个领域相对另有一个不可言说的领域。其实不然。语言是包容一切的。没有任何东西可以完全避开被言说，只要我们的意指活动指及某物，某物就无法避免被言说。正是由于理性的普遍性，我们的讲话能力才具有不倦的发展。因此，每一场谈话都具有内在的无限性，都是无穷尽的。如果某个谈话者结束对话，那或者是因为他认为所讲的对他已经足够，或者认为已经无话可讲。但每次这样的中断都与重新谈话具有内在的联系。

我们每人都有过被要求以一种令人不快的方式作出陈述的经验。作为一个极端的例子，我们可以想到一场审讯或者在法庭前的陈述。在这种情况里，我们所必须回答的问题就像是针对意欲表达自己并进入谈话的讲话精神所设置的障碍（"在此我说"或"回答我的问题！"）。所有讲出的话的真实含义绝不只在自身，而是或多或少地与未讲的话有关。每一个陈述都受动机支配，这就是说，我们可以对所说的每一句话有意发问"为什么你说这些？"只有在所说出的话中同时也理解到未说出的话，这个陈述才被理解。我们尤其在提问中认识到这个情况。对于不理解其动机的问题，我们就不可能找到答案。因为只有问题的动机史才敞开了可以从中提出或给出答案的领域。因此，不论在提问还是回答中实际上都有一场无穷的谈话，说话和回答就存在于这种谈话的空间中。一切说出的东西都处在这个空间中。

我们可以用我们每人都有的一个经验来解释这一点。我指的是翻译者和外国翻译作品的读者。翻译者面对的是语言的文本，亦即口头或文字表述的内容,翻译者必须把它们翻译成自己的语言。他受到文本本身内容的束缚。因此,他只有先使自己成为这些内容的讲述者,才能把文本的内容从陌生的语言材料转换成他自己的语言材料。但这就意味着他必须获得与原来外语中所说内容相应的陈述的无尽的领域。任何人都知道这是何等地困难。任何人都知道译文会使本来在外语中所说的东西显得平淡无味。这是在一种平面上的反映,从而使译文的词义和句子形式都能遵从原文,但这样,译文就没有空间了。[12] 这里缺少第三个维度,从而原本的内容,即原文中所说的东西不能在其意义领域内建立起来。这是任何翻译都无法避免的局限性。没有一种译文能代替原文。但如果有人认为,原文中的陈述经过翻译者以平面形式的投射后,应该更容易理解,因为原文中绝大多数可能的背景或词外之意将不再保存下来——如果有人认为,这种简化的意义必能使理解更加容易,那就错了。任何一种译文都不可能像原文那样容易理解。因为所说话中涉及的许多意义——意义总是一种方向意义(Richtungssinn)——仅仅在原文中才得以表述,而在所有的跟读(Nachsagen)和跟说(Nachsprechen)中都会滑落。因此,翻译者的任务绝不能仅仅照搬所说的话,而是把自身置入所说的话的方向即意义中,这样才能把要说的东西转换进自己陈述的方向中。

这个问题在口译时表现得最为清楚。口译就是通过口译者的中介使两个操不同语言的人之间的对话成为可能。如果一个口译者仅仅把一方所说的字和句转化成另一种语言的字和句,他就会使谈话变得陌生而不可理解。他必须做的并不是用词义完全相同的词译出另一方所讲的话,而毋宁是通过略去许多话而把一方想说的或已说的翻译出来。他翻译的有限性同样必须获得空间,在这个领域里唯有谈话,亦即与所有相互理解相符的内在无限性,才是可能的。 Ⅱ154

因此,如果我们仅仅在唯有语言充填的领域,在人的共在领域,在总是新生出一致性的相互理解的领域——这是一个对于人类生活如同我们呼吸的空气一样不可须臾离开的领域——中看语言,那么语言就是人的存在的真正媒介。正如亚里士多德所说,人实际上就是具有语言的生物。一切与人有关的事情,我们都应该让它们说给我们听。

12

论未来的规划

(1965年)

如果我们说,首先并不是自然科学本身的进步,而是自然科学之技术——经济应用的合理化才导致了我们现在所处的工业革命新阶段,这大概不是一种夸张。据我看,并不是未曾预料到的对自然统治的增长,而是对社会生活的科学控制方法的发展才铸造了我们时代的面目。正因为此才使自19世纪开始的现代科学的胜利进军成了一种统治一切的社会因素。于是作为我们文明之基础的科学思想掌握了社会实践的所有领域。科学的市场研究、科学地指挥战争、科学的外交政策、科学地培养后代、科学地领导人等等,这一切使专家统治在经济和社会中占据了中心地位。

于是就首次提出了世界秩序问题。这里所指的并非对现存的秩序的认识,而是对尚未存在的秩序的规划和创造。然而我们要问,总要对某种尚未存在的东西进行规划和创造,这一问题究竟提得是否正确。很清楚,在各民族之间并不存在人们所希望的世界秩序。这从以下事实中可以说明,即当今人们对于正确秩序的看法大相径庭,因而是放弃共存的口号占据了统治地位。然而这个产生于核武器均势的口号却包含着一种威胁这一问题之意义的表述。如果关于正确秩序的不同看法从一开始就是不可调和的,那么谈论一种应该创造的世界秩序到底还有什么意义？如果人们并不知道一切中间的步骤，或者说一切可能的步骤将会导向怎样的结果，那么人们又如何能用世界秩序的尺度来衡量规划呢？世界范围内的任何规划难道不是取决于一种确定的共同目的观的存在吗？当然也有一些振奋人心的领域，例如世界卫生保健领域、世界交通以及世界食物供应领域等等。然而是否能够在这条道路上继续前进并且逐步扩大合理、统一控制管理的领域，从而最终达到一种完全有控制的并合理地组织起来的世界？与此相反，人们认为，世界秩序的概念和起主导作用的秩序观必然会有内容上的不同。如果人们给这些概念加入它可能的反命题则这一点从方法上看是很清楚的。从本性上看，我们关于正确、善等等的观念还不如不正确和坏的观念那样明确，那样确定。消极的和私人的东西显然占有优先地位，它作为应该被否定和应该被排除的东西却从自身出发硬要强加于我们的变革意志，并由此来突出自己。于是，本该消除的非秩序概念却往往更容易确定并产生出更为不同的甚至对立的秩序意义。但是把仍然由非秩序统治着而应该产生秩序的部分领域扩展到整个世界秩序，这样做是否合理？让我们以经济的非秩序作为例子。在经济领域中似乎最容易获得一种合理的秩序观。凡阻碍经济合理化的状态都可以被称为非秩序。然而在普遍福利概念中显然存在着对世界经济秩序的不同观点，这些不同观点不可能融化为某个个别大世界工厂的合理性观点。于是问题就纷至沓来，例如是否应该为了普遍增长福利而容忍企业主获取过高利润，抑或是否应该从福利政策理由出发选择一种国有化的从而是官僚化的经济，尽管这种经济效益比较低。然而，这难道还是

II 156

纯经济问题吗？当然不是。正因为这里有其他的政治因素在起作用，因此经济因素就基本上没有被触及。正在增长着的世界经济合作的合理性似乎成为一种真正的尺度，而世界秩序的意义就是由这种尺度而得到定义。

然而这里却包含着一种可疑的前提。这就是经济视角可以和政治视角相分离。我们是否可以像谈论经济的非秩序状况和合理的世界经济秩序状况那样规定政治上的非秩序状况，消除这种非秩序性就能合理地把握住政治秩序概念？也许我们可以说：就如普遍的福利是世界经济的尺度一样，对于世界政治来说则在避免全球性的自我毁灭这一点上存在着一种同样无歧义的尺度。可是这是一种真正的平行关系吗？真的可以由此产生出使人们可能达到理性一致的政治秩序观吗？假如我们说，维护和平是一切政治的目的，那么如果涉及的是常规战争，这种说法就只能在很有限的范围内是明白无误的。因为从字义上理解就是说：所谓现状（status quo）就是该保持的世界秩序——这个结论目前在核均势压力下确实继续有效并日益缩小着世界政治可能变化的活动余地。可是这难道是政治尺度，是值得追求的理想吗？政治当然是以状态的可变性为前提的。在这个世界上存在着"正确的"并能为"正确的"世界政治秩序服务的政治变革，对此绝不会有人有异议。然而由此又提出了以下问题：这种正确性以什么作为标准？以一种政治秩序观作标准？即使涉及的是极为合理的世界政治秩序观，比如关于欧洲统一的观点，但这种尺度也会变得极为不确定。如果由于欧洲的统一而破坏了现存的世界经济和世界政治的相互联系并打破了联邦的统一，那还能说这样是"正确的"，亦即是一种世界秩序的进步吗？由此而可能产生的究竟是更多的秩序还是更多的非秩序呢？

我们可以把这个问题提得更为彻底些，即是否可能设想出某种政治秩序观，它并不必然会引起反对的观点？能否设想出一些政治秩序观，它们不给任何现存的政治权力以机会，而只有当它们对其他政治权力不利时才给某种权力以机会？我们能说这种权力利益对立的存在是非秩序吗？难道它不是政治秩序的本质？

把不发达国家的存在看作非秩序，也许更能说明问题。众所周知，我们把排除这种非秩序的努力称为发展政策。由此立刻就产生了合理的实际问题，例如人口政策和食物供应政策等一类的问题。显而易见，一切人口增长的过度压力都被视为非秩序，从另一方面来说对食物的浪费、土地的荒芜、食物源的破坏等都可视作非秩序。然而所有这些特定的秩序观都渗透在世界政治之中，在世界政治中则有无数的视角起着决定作用，因此要想普遍明确地制定出一种政治秩序观似乎是毫无希望的。

同样也不存在一个合理的理由，可以使我们以为合理的规划和秩序获得成功之领域的扩展必然会使我们接近合理的世界政治秩序。我们可以同样有理由得出相反的结论，并不得不承认正在增长着的危险性，即把合理的联系用于不合理的目的，就如俗语所说"宁要大炮不要黄油"。我们还必须更彻底地问，难道不正是我们的经济和社会生活的科学化——只要想一下舆论研究以及制造舆论的战略——尽管没有增加但却使人们意识到最终目标，亦即关于应有的世界秩序的内容之不可靠性？这种科学化第一次把我们整个世界的塑造变成可以科学地通报和控制计划的对象，从而它在实际上掩盖了秩序尺度的不确定性。是否这种任务压根儿就提错了？不管在无数部分领域中采取了多少科学合理的行动，但我们究竟能否把整个世界的秩序认作为这种合理规划和实施的对象？

这个问题尽管和我们时代的科学信仰极为不相符，但我们必须把这个问题置于一个更为一般问题的背景之上来看，这个更为一般的问题是自17世纪以来通过近代科学的产生而提出的，并且至今仍未得到解决。一切对于我们世界之秩序可能性的反思都必须从以下这一深刻对峙出发，即以科学的权威为一方与打着宗教、传统习俗和习惯烙印的人民的生活方式为另一方之间的对峙。我们也许从古老的亚洲文化或所谓不发达国家的生活方式和欧洲文明的接触中所产生的对峙形式中了解到这种对峙。但这只体现了这个一般问题的特殊情形。据我看，最紧急的问题并不在于我们如何能够把西方文明和远东国家的陌生传统相调和，并使之达到一种富有成效的平衡，而在于应该如何在我们自身的文化基础上评价这种经由科学才可能实现的文明过程的意义，并把它和我们社会的宗教和道德传统相调和。因为这才是我们如今正在研究的世界秩序问题。这个问题通过欧洲科学的文明成果到处以同样的彻底性被提出来。

回顾一下上一世纪的历史就很清楚，从17世纪开始得到贯彻的新的科学思想一开始只能很犹豫地、逐步地扩展它所内含的普遍可能性。因此，我们也许可以说，除了唯一的核物理学以外作为当今工业革命之标志的种种发展全部都建筑在19世纪科学发现的基础之上，这就是说：从科学上看这一切发展在当时就已经可能。然而只要基督教的和道德的传统规范立场竭力反对，即使自由的 19 世纪在利用科学发现中也是很犹豫的。我想起了达尔文主义所必须克服的反抗。如今这一类的障碍似乎已经消除，由此，我们科学发现的技术应用可能性得到了释放。专家们提供了在他的科学中所存在的可能性，而一旦遇到要决定可能性的可行性时，公众意识总是转向科学。但是，即使在这里也有例外。我们可以想一下在遗传发生学中出现的培育人种的可能性，面对这种可能性人们对其后果怀着不可克服的极大惊恐。

确实存在着足够的警告呼声，这种呼声一个世纪以来一直以悲观主义文化批判的形式使我们时有所闻。虽说这些呼声主要在受到被抽去立足之地之威胁的阶层中，例如贵族、大资产者以及知识界中得到共鸣，但它只有很少的内在可信性，因为它们从总体上来看还是站在现代科学文明的基础上。我想到了马克斯·韦伯逼迫浪漫主义秘传者斯忒芬·乔治（Stefan George）的方式，这种方式很值得思考。这并不是说这种呼声就其自身并没有文献价值。它所证明的并非它所声称的。当它宣告文化的没落时，它在实际上证明了正在没落的生活传统的价值与不断证明自身的科学信仰之间存在着某种不成比例。这个问题应该提得更彻底一点。在我看来，如果现代科学思想始终只局限于自己的圈子之内，亦即只看到用科学方法掌握事物的可能性——似乎在可能达到的手段和可能性领域与生活规范和目的之间的不成比例根本不存在一样，那么这是很具有灾难性的。而且以下情况似乎也成了科学思想的内在的倾向，这就是在获得手段和"掌握"手段中的不断进步倾向似乎使目的问题成了多余，从而陷入了深深的无知之中。

所以，关于我们今天和未来世界之秩序形式的问题总是作为一种纯怀疑性的问题被提出，我们究竟能做什么？我们如何才能把事情做好？我们能够据以进行规划的基础究竟怎样？我们必须改变什么注意什么，从而使我们对世界的管理变得更好更顺利？关于一个管理完善的世界的观念，似乎是最进步的国家按其生活情调和政治信仰全力以赴为之奋斗的理想。值得注意的是，这种理想表现为一种完美管理的理想而不是表现为在内容上确定的关于未来的理想，例如作为柏拉图的乌托邦国家赖以为基础的正义国家，或作为通过某种政治制度、某个民族或种族对其他制度民族和种族的统治而形成的世界国家。毋宁说在管理的理想中有一种不具备特定内容的秩序观，这里所宣称一切管理的目的并不是何种秩序应该占统治地位，而在于一切事物都该有它的秩序。因而从本质上来说管理观念中包含有中性的理想。这里所追求的是运转良好这一自我价值。也许以下希望并不是一种空想，即希望我们当前浩大的世界能够对付这样一种中性的管理理想的基础并能够在此基础上相互平衡。这就接近于由此出发把世界管理的观念看作未来的秩序形式。在这种秩序形式中政治的实际化就可能得以真正实现。那么这种世界管理的形式理想真是世界秩序观念的完成吗？

这一切都已经存在过。熟悉柏拉图对话集的人都知道，在智者的启蒙时代专门知识的观念曾获得过一种相类似的、普遍的意义。它在希腊人那儿被称为技术（Techne），是关于能够自身完美的可制造物的知识。要制造的对象的种类和外观构成了整个过程得以进行的视角。选择正确的手段，正确的材料，各个具体工作阶段的合乎技术的进程,这一切都趋向一种理想的完美,它证实了从亚里士多德那儿引证的话:"技术依恋幸运,幸运依恋技术。"⑩谁掌握了它的艺术,谁就无需再求幸运。

尽管如此,一切技术的本质在于它不是为了自身而存在,也不是为了某个为其自身而存在的要制造的对象而存在。至于说到要制造的对象的种类和外观,则毋宁说这取决于需要,对象就是为了需要而制造的。然而那制造出需要对象的人的知识和能力本身却并不了解这一需要。他既不懂得他所制造的东西该如何正确使用,更不知道该如何把它用于正确的目的。因此必须有一种新的专门知识来考虑对事物的正当使用,亦即考虑把这手段应用于正当目的。由于我们需要的世界显然是一个这样的手段和目的相结合的整体等级结构,因此就好像是从自身产生出一种至高技术的观念,一种专门知识的观念,这种知识懂得如何正确使用一切专门知识:是一种至高无上的专门知识:即政治技术。这样一种观念有意义吗?政治家真是一切专家之专家,政治艺术就是最高的专门知识?诚然,称之为国家的就是希腊的城邦(Polis)而不是世界,但由于希腊关于 Polis 的思想指的只是 Polis 的内部秩序而并非我们今天所称的国家关系的国际大政治,所以还只是一个尺度问题。完善地管理的世界就等于理想的 Polis。

然而,问题在于:被柏拉图称为政治艺术的一切专门知识之专门知识是否不仅仅是与按柏拉图的看法必须对其祖国之腐败负责的人的无知行径的批判的对立面。技术的理想,可教可学的专门

---

⑩ [《尼各马可伦理学》,4,1140a19。]

知识的理想究竟是否满足了向人的政治存在所提出的要求？这里不是讨论柏拉图哲学中技术思想的范围和界限的地方，更不是谈另一个问题，即柏拉图自己的哲学究竟在多大程度上追随某种政治理想，当然这种政治理想不可能是我们的政治理想。但为了澄清现实问题，回忆一下柏拉图还是有益的。他教我们对下列想法产生怀疑，即人类科学的增长能够把握并驾驭整个人类的社会存在和国家存在。我们可以在这里回想一下笛卡尔主义关于思维的东西和广延的东西之间的对立，这一对立尽管有各种变化，但它正确地估计了把"科学"应用于"自我意识"的根本问题。直到"临时道德"(provisorischen Moral)的笛卡尔视为遥远目标的新科学被应用于社会，这个问题才真正得到认真对待。康德把人作为"两个世界的公民"的说法对此作出了恰当的表达。人在其存在整体中可以变为客体，从而使人会制造人，而且是在人的一切社会生活关系中，也就是说可能会有一个专家，这个专家不是"他"自身，但是他不仅"管理"着"他"，而且"管理"着一切其他人，而且这个专家又因他自己的管理而同时被管理，这一切导致公开的纠纷，从而使柏拉图的专门知识表现为讽刺书，虽说这种讽刺书被饰以各种鲜亮的色彩，饰以先验的神性和善的知识。

即使我们完全撇开一个有计划合理性的世界组织之计划者以及理智的管理者在这个世界中的地位问题不谈，与"科学"对人的具体生活情境以及其中产生作用的理性进行统治的看法相联系的纠葛也是无法解决的。我认为这里希腊的思想也非常具有现实性。正是亚里士多德关于技术和 Phronesis(实践知识)的区分完全反映了这种复杂性。在具体生活情境中认识可行性的实践知识所具有的完善性并不像技术中专门知识所具有的那种完美性。技术是可教的又是可学的,技术方面的成就显然不依赖于掌握这门技术的人从道德或政治角度来看是一个什么样的人,但是对于阐明并指导人的实际生活情境的知识和理性来说,情况就正好相反。当然,这里在某种程度上也存在把某种普遍知识应用于某种具体情况这样的现象。我们所理解关于人的知识、政治经验和处事智慧中也包含着——当然从某种程度来说是不确切的类比推理——一般知识及其运用的因素。假如不是这样的话,就根本不可能有教和学的可能。而且亚里士多德在他的伦理学和政治学草案中所阐述的哲学知识也是不可能的。同样,这里也不涉及规律与事例的逻辑关系,也不涉及与现代科学思想相适应的对过程的预测和先知。即使人们以一种社会物理学的空想作基础,也摆脱不了柏拉图由此指出的纠葛,即柏拉图把政治家,亦即所有从事政治活动的人尊奉为最高级的专家。这样一种社会物理学家(如果允许我这么称呼的话)的知识可能会造就一种社会的技术员,这种技术员会制造出一切可能想出来的东西,但他仍然是一个不懂得在自己能生产的东西中到底该生产什么的人。亚里士多德详尽地思考了这种纠葛,并因此而把处理具体情况的实践知识叫作"另一类的知识"。[11] 亚里士多德这里所主张的并不是愚蠢的非理性主义,而是在一种实践政治意义上懂得发现可行性的理性的闪光。因此,一切实际的生活抉择都在于对导致既定目标的各种可能性的权衡。不难理解,自马克斯·韦伯以来的社会科学都把其科学合理性建

---

⑪ [《尼各马可伦理学》,9,1141b33 和 1142a30。]

筑在手段选择的合理性之上，而且如今都想使越来越多的过去处于"政治"抉择之下的领域具体化。但是，既然马克斯·韦伯已经把他不带价值倾向的社会学的慷慨激昂和一种同样慷慨激昂的对每人都必须选择的上帝的皈依相结合——那么使我们能够把既定的目标作为出发点的这样一种抽象还能不能进行呢？如果回答是肯定的，即么一切就只取决于专门知识，我们也就接近了美好的时刻。因为在专家之间达成相互理解的前景比起政治家之间达成相互理解远为广阔。甚至有人试图把所谓专家小组在进行国际协商时不能达成一致的原因归咎于政府的政治指示。这点究竟是否合适。虽说存在着个别领域，在那里该怎么办成为一个纯粹的目标合理性问题，这些领域中似乎比较容易在专家之间达成一致。然而还没有一个自我控制的尺度以便仅仅在法庭的专家鉴定中能使专家的陈述局限于他学术上真正能够负责的范围内。很有可能在法庭辩论场合中这种意义上的理想的专家却几乎用不上，因为法庭面临的进行判决的必要性总是迫使人们去应用其不可辩驳性不一定可靠的断定。不仅间接证据是不确定的。占统治地位的社会偏见和政治偏见的总体所起的作用越强，那么纯专家以及受科学保证的目的合理性的概念就越是形同虚设。社会科学如果不同时蕴含了确定目标的优先性它就不可能掌握手段-目标的联系，这一点适用于现代社会科学的整个领域，如果我们对这种蕴含的内在条件寻根究底，那么在科学所寻求的无时间性的真理和使用科学的人的现时的观念之间的矛盾最终就会显露出来。

可行的事情并非就是可能的事情或在可能的事情中最具优越性的事。不如说，这一个与另一个相比所具有的优越性和优势都是按人们自己设置的或为某人设置的尺度衡量的。正是在社会中有效的东西即打上了道德和政治信念印记的规范思想，指导着一切教育和自我教育，也就是指导着旨在追求科学客观性的教育。

Ⅱ164

这当然不是说，除了适应现存的社会秩序及其标准的道德和政治理想外再不存在其他的道德和政治理想。毋宁说这等于是再一次遭受到一次颠倒的抽象。有效的尺度并不仅仅是由他者（甚至是由父辈）设定的，就像把法律应用于某一情况那样我们必须应用的尺度，相反，而是个人的每个具体抉择也对在整体中有效的东西起着参与决定作用。

这和所谓的语言正确性情况相像。在语言中也存在一种无可争辩的普遍有效性，这种普遍有效性甚至于承受某种法典化。例如学校中的语言课就内在必然地由学校教师所统治，教师把这种金科玉律强加于学生。然而语言是有生命的，它的生命并不在于僵硬地应用规划，而在于不断扩展语言的用法，也就是说归根结底是通过每个人的行动。

在本世纪的哲学中这些真理中的一部分是由备受诽谤的存在主义哲学所代表的。尤其是境遇概念（der Begriff der Situation）在背离新康德主义学派的科学方法论中产生了巨大的作用。实际上，正如雅斯贝斯所分析的，在这个概念中有一种逻辑的动机，其复杂性超过了一般和特殊以及规律和事例的简单关系。置身于某种境遇之中应是包含着某种对象化的知识所不可达到的因素。人们并非徒然地在这样的联系中使用比喻性的用法，例如，为了超出一般的通晓而认识到真正的可行性和可能性人们就必须身临其境。境遇并不具备纯粹的相对性质,以致关于客观所与的知识就足以使人了解一切。即使是科学所准备的一切关于客观所与的足够知识也不能预先推知出从境遇场所中产生的前景。

这种思考的结果似乎是:从古时候传下来的制作和制造观念是一种错误的认识模式。在每人都可学会的科学知识(如技术)与某个人自己最内行的知识之间的对峙本身是一种古老的对峙,但是在现代科学产生之前没有发展为真正的二律背反,这绝非偶然。在亚里士多德那里政治艺术和政治感觉(技术以及实践知识)之间的关系似乎根本不存在疑问。凡存在可学习的知识的领域,我们都必须学习。但这始终仅仅是知识和能力的部分领域,它绝不可能涵盖道德和政治行动的领域。人类知识的一切形式都要与之相适应的总体知识也给一切技术以尺度。从原则意义上来说技术是填补自然为人的工作留下的漏洞,因而始终只是对我们知识的一种补充。与此相反,在今天,现代科学的方法理想用以分离并划定其对象的巨大抽象,则在不断超越自身的科学知识与一切现实抉择之不可逆反的最终有效性之间,以及在专家与政治家之间造成了质的区别。无论如何看来是缺少构成政治家知识的理性模式。

马克斯·韦伯堂吉诃德式地在不带价值倾向的科学与世界观的抉择之间所作的鲜明区分使这种缺乏明朗化了。作为现代科学的构造思想之基础的制造理想在这里导致了一种疑问。如果我们用古老的控制(Steuern)模式来代替制作模式,也许这种漏洞就会被补上。因为控制并不是制作——毋宁说是对所与的自我适应。

在这里显然有两个构成控制之本质的因素内在统一地互相联结，一是保持一种在精确限定的活动领域内摇摆的平衡，二是操纵，亦即规定在保持这种摇摆的平衡情况下有可能的继续运动的方向。这说明我们的一切计划和行动都是在一种我们的生活条件所表现出的不稳定的平衡状态内实现的。这种平衡观不仅仅是一种最古老的政治秩序观念，这种古老的观念限制并规定了行动的自由程度。平衡其实是生活本身的基本规定，一切未定的、尚未确定的生命可能性都与之相联系。技术和科学文明时代的人像其他任何一个生物一样不可能摆脱这种规定。我们甚至可以在这种基本规定中发现他自身自由的本质条件。只有在保持着平衡力的地方人类意志和作用因素才能产生决定作用。这一点我们自古以来就可以从政治中认识到。获得行动自由是以创造一种平衡状态为前提的。在现代自然科学中我们也看到相类似的情况。人们越来越热衷于追踪调节，同时又远离以下天真信仰即以为用我们粗陋手段就可以呈现出生命体的自我调节体系。我们所有的研究，只要它是传递知识的，确实都使我们恰好能以始终是符合实际的方式以人工手段干涉自然过程。这样，相对于计划和制作，控制的认识模式日益获得更重要的地位。当然，即使是这种模式也不应该隐瞒，一切控制都须具备什么前提——何种关于目标和方向的知识。柏拉图正是根据舵手的能力描绘了一切能力的界限。舵手把他的乘客安全地送到一块地方——但来到这块地方对于乘客是否好，关于这一点掌舵者全然不知。阿伽门农的轮船舵手可能是在他主人遭谋杀以后才遭到怀疑的。

也许没有比医生的境遇这例子更能说明上述问题的了。在这个例子中科学与医生救护的具体做法之间的冲突体现在一种职业活动的统一中。一切类似的纠葛都表明,凡是有科学培训基础的职业都必须在生活实践和科学之间进行调解,比如法官、牧师、教师等都是如此,这一点是不言自明的,但医学的情况却具有一种特殊的模式特点。在这里是具有极其丰富的超群的可能性的现代科学直接与医生的救护和治疗这种自古以来每个医务人员都碰到的基本境遇发生了矛盾。这种冲突以极端的方式超出了自古以来医学科学所带有的疑问性。医学在何种程度上可被理解为"科学"亦即理解为一种实际的科学,一种技术,即制造能力,这个问题本身是一个老之又老的医学问题,因为一切其他有关生产的专门知识都在自己的活动中找到其知识的证明,而医学的活动却具有一种不可消除的模棱两可性。医生所采取的措施在多大程度上有助于病人恢复健康,抑或这种健康的恢复完全是自然发生的,这在单个病例中无法确定,因而整个治疗技艺——这和其他技术很不相同——自古以来就需要特别的辩解。⑫

看来人们称之为健康之物的结构就在于,它所涉及的并不是一种界线分明的事物,而是一个自古以来用平衡概念才能加以描述的状态。而平衡概念就在于,它在一定的范围内来回摆动,这种摆动能自我调节平衡,只有在越出所允许的摆动范围时才会完全失去平衡,从而必须通过一种新的努力才能很费力地重新达到平衡——假如这还可能的话。因此,成功的重建无非是指重新形成

---

⑫ [关于这个问题参见我的《治疗术辩解》,载《短篇著作集》,第1卷,第211—219页,现载我的著作集,第4卷,以及"理论、技术、实践",载《新人类学》,前言,由我和P.福格勒主编,斯图加特,1972年,第1卷,第Ⅸ—ⅩⅩⅩⅥ页,现载我的著作集,第4卷。]

摆动的平衡。这就给"干涉"(Eingriff)以一个特定的尺度。干涉是指从外部干涉一个自我平衡自我调节的体系。因此,任何要在这种平衡中排除障碍的干涉都有不自觉地改变其他平衡条件的危险。而科学的可能性越大,这种危险就越增长。说得更一般一些就是:这里在通过自然科学的因果分析才能获得的知识和做这种可分离的联系,与康德所指出的只有从目的论观点才能理解的个体组织之间存在着根本的对峙。就此而言,现代医学就陷入了来自现代科学生物学领域的一般问题之中。在这个领域中所取得的进步,尤其是通过所谓的信息论和控制论所取得的进步,使得在康德看来似乎是完全不能达到的草茎牛顿[13]的理想失去了不少空想思想的明确性。同样,关于形态学的方法也根本不能确定。情况反而是我们从来就未能认识到,为什么形态学的方法不能最好地与因果分析取得一致。所谓的行为研究也在它观察显然不能被看作机械的因果联系行为的时候提出了它自己的方法前提,但并不因此而使它对行为的这种解释包含某种矛盾。即使有一天能够成功地做到在曲颈瓶里生产出生命有机体,那么对如此生产出来的有机体的行为进行研究也不会无意义,科学思想允许两种方法并存并把它们置于同一个目的之下,即科学地认识经验领域并适当地支配这种领域。支配能力绝不仅仅限于制造能力。它还包括对人们尚未掌握的过程的预见能力,比如对于生物在特定情况下之行为的预见。

因此,我们的问题绝不是方法二元论的问题,而是特殊的医学问题,我认为这个问题恰好是科学管理现代世界秩序这个题目的典型情况。现代医学在征服原本很危险的人类疾病状况中所取得的巨大进步又导致了复杂问题的产生，而那些献身于希波克拉底誓言的医生们最终必须对此作出解释。这显然不是说，救护和治疗的实际必要性证明了科学之技术运用的模式太特殊。而是说，正是我们的知识水平，也就是说知识的局限性最终使得医生不得不相信手感和直觉，而在这些都不起作用时，就得指靠纯粹的碰运气了。因此，我认为，设想一种也能帮助医学达到一种我们今天尚不能设想的科学完美性的完美的生物学这绝不是一种矛盾。但我认为恰好这就促使我们今天所看到的尚处于萌芽状态的纷乱变得更为明显。例如我想到通过今天的医学技术所实现的延长临死者的试验。在这样的实践中，作为病人而构成正在进行救护的医生的真正的对立面的这个人的统一体似乎等于再没有地位了。上面讲到生物遗传学的育种可能性时也指出过类似的情况。看来生命的局限性和有限性使得具有最高可能性的自然科学与人类自我理解之间不可避免地产生冲突。

现在这里在做——亦即根据某种设计进行制造——和控制——亦即重新形成平衡并在不断更新的条件下把持方向——之彼岸，可能有一种行为方式变得重要起来，这种行为方式顾及到一切支配意志的界限，而亚里士多德很正确地未把它算作技术，这就是：向自己讨教(des Mit-sich-zu-Rate-Gehen)。这是个人(或者团体)面临要求作出抉择的情境时所使用的。这里涉及的不再是专家的知识，不是作为知者而和其他人相对立的专家的知识，而是人们所需要的但并不向人提供科学的知识，人们面对各种不同的可能性，于是他们反复权衡，何者是正确的。世界上并不存在一种有权要求一般有效性的知识。因此就需要一种包含着另外一种共同性而不是一般有效性的商议。这种商议也让其他人发表意见，把自己与他人相对比。因此，它不能以科学的风格自始至终得到实现。因为这里涉及的不仅是找到达到某种固定目标的正确手段，而首先涉及的乃是对何者该存在、何者不该存在——何者正当、何者不正当的观念。这就是在有关可行性的自我咨询中以不可表达的方式形成的真正共同的东西。这种咨询的结果不仅是完成一项 Ⅱ169 工作或达到某种人们所追求的状况，而是产生了一种联带（Solidarität），把所有人联合为一体。

让我们把这种思考运用到现代世界的境遇以及我们所面临的任务中去。过去人们不谈如何科学地解决我们所面临的行星的政治秩序任务问题。现在人们明确表示，在这方面科学也大有发展前途，虽说还根本没有达到使西方文明能够不受阻碍地扩展，并最终排挤或扼杀一切其他的人类秩序形式。但恰好这一点就是问题所在。生产一种统一的机器文明人，这种人学会使用一种相应统一的文明语言——英语担当这个角色最为恰当——这样显然会使科学地管理世界的理想变得更加容易实现。但根本的问题在于，这样一种理想本身是否能够被向往。我们也许从语言发展进程中就可以看出，我们这个星球上的文明平衡过程应该如何实现。使用技术器械所要求并使之成为可能的符号系统发展出一种独特的辩证法。符号系统不再仅仅是达到技术目标的工具。它排除了凡是用它的手段不能表示出来的传达的目的。例如国际交往语言的良好运行就依据于其中可传递东西必须在一定界限之内。服务于追求科学的统一的某种普遍科学语言的逻辑-认识论的完美化，将具有同样的面目。这种完美性可能会成功地减少阻碍人与人之间相互理解的不精确性和多义性。因此，人们根本不需要去追求某种未来的世界语言。而是只要把各种活生生的民族语言同时纳入一种可变换系统，从而由一种理想的翻译机器来保证理解的明确性也许就足够了。这一切也许是可能做到而且也许为时已不远。然而这里也不可避免这种普遍的手段变成普遍的目标。我们由此而获得的可能并不是说出一切人们所能想到的并在人们之间互相传递的工具，相反，我们获得的将可能是保证只有被纳入程序编排并被传递的东西才能被我们所思考的工具。在这一发展中，我们最终已处于这种状况。由于现代大众媒介的普及而具有一种新的进行方式的令人忧虑的语言操纵现象已经清楚地证明了，这里所存在的目的和手段的辩证关系。目前这种情况还只出现在对阵线的描画中。在世界的一部分地区被称为民主和自由的东西，在世界的另部分地区则被称为操纵舆论和愚弄公众的语言操纵，但这只不过是这个体系之不完善的一种表现。包裹一切的语言操纵本身上升为目的，从而隐入不为人注意之中。

我们必须看到这种极端的观点，以便认清，在一切源初的人类世界经验中存在着事先已规定了我们的不可扬弃的条件，这意味着什么。说我们生于其中、长于其中的语言，并非仅仅是为掌握文明机器服务的符号系统，这并不意味着对我们母语的浪漫主义偶像化。不如说在任何语言中都存在着公式化的倾向。通过语言来解释世界在学习语言中总是同时具有语言操纵的性质。事情是通过词语得到说明的。二到三岁是天才的学习语言的年龄，它由于环境交往的逼迫而终结。但我仍然觉得，和任何人为地构造起来的符号系列不一样，语言生命的实现和进一步发展与历史的人类存在于其中的活生生的传统是不可分离的。这就为一切语言生命保证了一种内在的无限性，这种内在无限性主要表现在人可以通过学习陌生的语言而进入陌生的世界解释之中并根据陌生的东西经验自身的丰富与匮乏。这一点也正是人的不可扬弃之有限性的表现。每一个个人都必须学习说话并且在这种过程中将有他自己的历史，即使在最完善的机器时代也不会摆脱历史。我们将进入的后历史时代将在这一点上发现它的局限。

我们在这里所证明的，当然看起来并不完全符合于现代世界的尺度。在意识到科学应用的界限时，如果也能同时意识到是何物在科学之前并独立于科学而把人民分开和结合，法律和道德形式，我们自己的传统，史诗传说和历史的内容，如何决定了共同生活的特点，这也许是正确的。但这样的意识难道不总是局限于狭小的知识分子团体之内，而与此同时我们时代的技术梦幻则越来越对人类的意识起着催眠的作用吗？

然而——决定着人的信念并以千百种直接或间接的教育方式，对人的信念发生作用的东西尽管也可以由科学专家们计划、安排和规定——但最终得到贯彻并继续起作用的是受自己的传统束缚的人的意识。人类将在我们这个联系越来越紧密的世界中越来越认识到，把各国人民相区分的不仅仅是经济-技术发展的差别，也不仅仅因为消灭了经济-技术发展差别就能使人们相联结，而恰恰是各民族之间不可消除的区别，自然的、历史地形成的区别才把我们作为人而相互联结。

最终我们可以提出以下问题，面对我们时代的强大的科学文明倾向，这样一种回想究竟可能有何意义。对技术所作的可受人拥护的批评与一切其他文化批判一样具有内在的不公正性,这在上面已经讲到了。我们也并不期望对当代技术梦幻之界限的认识能够或应该影响文明进步的规律。因此就要提出如下问题,这种认识究竟能起什么作用,这是一个不可能作出概括性回答的一般性问题。

于是,凡是在人们离统治自然力还相距很远因而不得不经常和肉体痛苦、贫穷和疾病作斗争的地方,统治自然的可能性也就会具有另外的意义并获得更高的评价。在这种落后国家中的精英将全力以赴以科学为根据进行计划——他们将对来自于这些国家的宗教和社会传统的阻力特别敏感。假如不管在什么情况下计划的实际性都要求自我控制的高度道德水平,那么在这种情况下,这种实际性也与政治信仰和有意识的意识形态批判相联系。相反,在高度发达国家中人们虽然还从未用一种没有理想的饮食终日来和允诺要提高人类福利的计划者的幻想相对立。在那里人们必须和存在于占有关系或获利可能性中的进步的障碍作斗争。但是在现代工业社会的生活中人们摆脱外部痛苦和过量工作而获得的自由越多,人们好像越是能够控制速度,人们就越发不期待光靠未来的科学计划来医治社会弊端。这里不仅涉及各国经济发展中的差别,而且还有古老的文化传统之间的差别,这种差别在一个相互联系日益紧密的世界中进入一切人意识之中,只有当计划和进步使得任何目的似乎都可以达到时,认识人与人之间以及各民族之间存在之差别就会成为一种迫切的要求。这种认识几乎不再是科学的成就,而毋宁说是科学批判的成就。这首先是宽容教育。[13] 已

---

[13] [参见我的论文"宽容观念",载我的著作集,第4卷。]

被证明了的国家共同生活秩序观，例如民主的理想（东方意义或西方意义上的民主）在这样的认识中觉察到自己的前提。经济进步在世界的任何地区都是可向往的，但它的含义却并非一样。

最后请允许我再回过来说一下哲学在上述境遇中的作用。哲学在趋向完美的科学文化中究竟还有没有作用？这里必须指出在哲学观点和对哲学本身的观点中某些流传很广的倾向。向哲学家提出一种给具体科学的专门化以概括性知识的所谓超科学要求——这是从古典哲学时代流传下来的任务，因为当时古典哲学本身还是一种总体科学——这乃是科学上的外行想法。期望从哲学中得到逻辑和方法论的一般知识，在我看来也同样是浅薄的：似乎具体科学并不是从其他对它们有用的科学而是从哲学获得方法和符号系统。哲学的科学方法论对此绝对不是必不可少的。诚然，这是哲学的合法任务。但作为普遍意识的哲学在今天究竟有什么作用这个问题，从哲学上是得不到解答的。不如说哲学是以对这个问题的解答为前提。要对存在的事物有所认识，当然也属于对什么是科学有所认识。但同时也必须时时想着，并非存在的一切都是或能够是科学的对象。

对于意识究竟能起什么作用的问题，从根本上说来，在当今哲学讨论中有两种回答。一种回答的出发点是，意识应该深化人们对今天实际存在东西的理解并使之彻底化。这个任务包括摧毁对古代美好时光的一切浪漫主义幻想，并承认安全感在一个从基督教角度理解的世界中已不复存在。由此可以得出，应该承认上帝在我们面前隐蔽起来了，而我们则生活在神的阴暗之中（马丁·布伯）或者也应该承认我们的形而上学传统越是在科学的统治中得到完善，那么关于"存在"的问题就越是沉落于存在遗忘之中（马丁·海德格尔）。这样哲学思想就被理解为一种世界的末世论（Weltlicher Eschatologie），亦即，论证了对一种世道翻转的期待，这种期待虽然不能说出它期待的是什么，但由于它事先知道当代的最终结果，所以它必然随着世道的转变而实现。人们可以对奢望能绝然认识一切存在之物的这种极端表示赞赏，认为它没有遭受到不公正的文化批判，而这种文化批判的不公正则在于，它们欣赏自己所否认的东西，并因而阻碍了对真实存在东西的认识。如果这种极端主义在一切事物中看到的都是虚无，那么它能正确地看到真实存在的东西吗？

关于意识能起什么作用这个问题还有另一种可能的回答，据我看来，这种回答与我们的要求，即要认识，要使我们能认识的一切成为实际这种要求是完全一致的。当代所怀有的那种技术梦幻难道不可能真的是一种梦幻吗？因为我们这个世界所完成的变化和变革之日益加快的互相更迭，用我们生活之持久的现实性来衡量确实具有某些幻想和不真实的因素。对存在之物的认识则恰好可以使人们意识到，就是在那些一切都显得变化如何剧烈的地方事物的变化却如此之少。绝对不可能得出为维持现存秩序（和非秩序）作辩护的结论。这里关键毋宁在于要纠正我们的意识，使其重新能够为学会在变化了的以及我们能够和应该改变的事物背后保存没有改变的和现实的因素。在我看来，保守派和革命派都需要以同样方式纠正他们的意识。不可改变的持久的现实性——生和死、青年和老年、家乡和异乡、约束和自由——要求得到每个人的承认。它划分出人类可以在其中进行规划的领域，并划出了它能够成功的界限。世界各地区和世界各国家,权力和思想的革命,在这个星球上(以及这个星球以外的)对我们生活进行谋划和设置等等,不管科学有多大能耐,都不能越过一个尺度,一个也许无人认识但却确实是为每个人设置的尺度。

13
语义学和诠释学
(1968年)

在当今哲学研究方向中,语义学和诠释学具有特别的现实意义,我认为这绝非偶然。语义学和诠释学都从我们思维的语言表达形式出发。它们不再忽略所有精神体验的基本所与形式。因为两者均与语言打交道,它们都明显具有真正普遍的观察角度。因为,在语言的所与性中又有什么不是符号、什么不是理解过程中的一个环节呢?

语义学仿佛是以外部对语言的所与领域作观察性的描述,因此,它甚至能发展一种与这些符号相关的分类方式。这要归功于美国研究者查尔斯·莫里斯[14]。另一方面,诠释学则注意这种符号世界运用过程中的内在因素,或者说是注意讲话的内在过程,这种过程从外部看则显示为我们对这个符号世界的内在使用(die In-Gebrauchnahme einer Zeichenwelt)。两者都按各自的方法以我们与世界的整体关系(此关系是通过语言表现出来的)为研究主题。而且两者都追溯到现存语言多元论的背后,从而作出自己的说明。

我觉得语义学分析的功绩就在于认识到语言的整体结构并由此指出符号,象征的单义性以及语言表述的逻辑形式化等错误理想的局限性。语义学结构分析的重大价值尤其在于它解除孤立的语词符号所具有的同一性假象,而且它以不同的方式做到这一点:或者指出语词的同义词,或者表现为意义更深远的形式,即证明单个语词的表达是完全不可转义、不可转换的。我称第二种做法意义更为深远,因为它追溯到隐藏在同义词背后的因素。同样的思想可以使用多种表达,同一样事物可以使用多种词汇,按照对事物只是作指称和命名的观点,这一切也许使区别、分类和区分成为可能,然而,单个语词符号越不孤立,表达式的意义就具有越强的个体性。同义性的概念渐渐消解。最后出现了一种语义学理想,认为在某种确定的语境中仅有一种表达式才能作为正确的、合适的词,别无它者。诗歌的语词运用也许是最具个体化的一种,在诗的语词运用中似乎有种个性化的递增,从史诗的语词运用到戏剧、抒情诗直到诗的诗歌结构逐级递增。它表现为抒情诗在实际上是绝对无法翻译的。

也许举一句诗的例子可以说明语义学因素能起何种作用。伊默曼(K. Immermann)有一句诗文:"Die Zähre rinnt"(意为"泪如泉涌")。每一个第一次听到用 Zähre 代替 Träne 的语词用法的人也许会非常惊讶,[15]因为它用一个非常古老的词代替了人们惯用的词。但我们却可以在与一首真正诗歌相关之处——就像这里举的例子——考虑诗这种类型的语境,从而最后接受诗人这种选择。我们将会发现,由于使用了与日常用语流泪相对的 Zhäre 这个词导致了一种不一样的、稍许改变的意义。我们也许会怀疑,这是否真是一种意义区别?难道这只不过是具有美学上的意义,或者说难道这种区别不就只具有情感角度或音调悦耳的价值吗?当然,也许用 Zähre 这词听起来和 Träne 两样。然而不正是因为它的意义，Träne 才可以用 Zähre 来替换吗？

我们必须认真地思考这种反对意见。因为事实上要想为某个表述的意义（Sinn）或所指（Bedeutung）或意思（Meaning）找到更好的定义是很难的，倒是找个可替换的词来得容易些。如果用某个表述取代另一个表述，同时又不改变其整体意义，那么该表述就和被它取代的表述具有相同的意义。然而，这种替换理论究竟能在多大程度上适用于讲话这个语言现象真正的统一体的意义，这还是大可怀疑的。毫无疑问这里涉及的是讲话的统一体而并非可替换的单个表述。语义学分析恰好能够克服把词孤立开来的意义理论。按这种较宽泛的观点，我们就必须把定义语词意义的替换理论限制在它的效用范围之内。语言构成物的结构并不能简单地从单个表述的一致以及可替换性得到描述。等效的运用当然存在，但这种等效关系却并非不可改变的配列关系（Zuordnungen），而是有如时代精神随着年代更替发生语义变换那样不断进行的产生和死灭。我们也许注意到英语的表述在我们今天社会生活中的兴盛。因此，语义学分析可以轻而易举地看出时代的区别和历史的进程，并尤其能认出某个结构整体在新的整体结构中的产生过程。它的描述精确性证明了，当某个语词领域转入新的关联中会产生不连贯——这种不连贯通常证明，在这里可以看到真正新的因素。

这点尤其适用于隐喻逻辑（die Logik der Metapher）。长期以来，隐喻一直具有转换的假象，也就是说，隐喻能回溯到自身被创造出来从而能转换到新的应用领域中的原始意义域，假如这种关联被承认的话。一旦语词在其隐喻的运用中扎下根并失去它的接受和转换性质,它才开始在新的关联中发展出有如"自己本真的"含义。因此,如果我们在语言中使用的某种表述,例如"开花"这个词中认出其在植物世界中本来的功能,并认为用这个词描述一种生物甚或社会和文化等更高生活统一体的做法是不适当的、转义的使用,那显然是纯粹学校所教的语法惯例。制订一种词汇表及其运用规则只是概略地实现下述做法,即用这种方式经常把表述植入新的运用领域从而建立语言的结构。

因此语义学有确定的限制。我们当然可以从对语言的基本语义结构作全面分析的观点出发,把所有现存的语言都当作语言的表现形态。但这样做就会把讲话中经常出现的个性化倾向与一切讲话均具有的约定倾向相对立。因为我们绝不可能太偏离语言约定,这正是语言的生命。谁讲一种他人无法理解的私人语言,他就根本不能算是在讲话。但从另一方面讲:如果谁只讲选词、句法和文风上已完全依照约定性(习惯)的语言,那他就会丧失谈话(Anrede)和感召(Evokation)的力量,这种力量只有通过语言词汇和语言手段的个性化才可能得到。

这种过程的绝好例子是一向存在于专业术语和生活用语之间的张力。专业术语非常死板,这种现象不仅为研究者熟知,就连努力接受教育的门外汉也非常熟悉。专业术语具有一种特别的范围,无法置于语言真正的生命之中。然而,对于这种清晰定义的并在生动的交往中进入语言生命中的专业术语具有本质意义的却是,只有运用多义的、含糊的谈话的交往力量才能达到那种以前是受单义性限制的解释能力。科学可以保护自己的概念免遭这种含糊性，但方法的"纯洁性"却只有在特定领域才能达到。存在于语言世界关联中的世界定向联系是它的前提。例如，可以想一下物理学的力概念以及"力量"这个日常用语所带有的，能使门外汉了解科学知识的含义。我曾指出，厄廷格尔（F. Chr. Oetinger）和赫尔德如何用这种方式把牛顿的发现融入到一般意识之中。力这个概念是从日常生活的力量经验出发得到理解的。尽管如此，这个概念词仍然在德语中生根并且愈益个性化，一直达到无法翻译的程度。谁要想把歌德的诗"天荒有力"（Im Anfang war die Kraft）用另一种语言表达出来，就必然要和歌德一样考虑"但我随即得到警告，难道我不与力同在？"

如果看到日常语言中常见的个性化倾向，那实际上就会在诗歌中看到这种个性化倾向的完美表现。然而，如果这是正确的，那么替换理论是否足以满足语言表述的意义概念就大可疑问。抒情诗以极端的例子表明了不可翻译性，以致要想把一种语言转换成另一种语言就不可能不损害它整个的诗的诉说力，这就使用一种表述替换另一种表述的替换观念宣告失败。但这和高度个性化的诗歌语言具有普遍意义这种特殊现象并没有关系。如果我说得不错，那么替换性和语言过程中的个性化因素乃是相矛盾的。当我们在谈话时，由于修辞的丰富，或因为讲话人未能马上找到更好的表达从而进行自我修正，于是就用另外的表述来代替某一个表述，或者在原有表述之外再提出另外类似的表述，即使如此，话语的意义也是在表述的互相更替的过程中建立起来，而并非从这种流逝的一次性中涌现出来。只有当我们用意义相同的词取代所用的词，这才叫作涌现出来。这样我们就能触及到语义学自我扬弃并发生转变的关节点。语义学是一种符号理论,尤其是一种语言符号的理论。但符号又是工具。它就像人类活动的其他工具一样按照人的爱好来使用或被扔在一边。"人控制他的工具",这就是说"人按目的运用工具"。我们当然也可以说,当人用某种语言向他人传达时,他就必须控制这门语言。但真正的谈话又不仅止于选择工具以达到确定的交往目标。人所控制的语言就是人生活于其中的语言,这就是说,人想传达的不过是在语言形式中"认识"的东西。所谓人"选择"他的词,只是为交往造出的现象或效果,谈话就藏身于这种现象和效果之中。"自由的"谈话就在自我遗忘的状态中达到在语言媒介中所唤起的事物。这点甚至适用于理解以文字固定下来的讲话,亦即文本。因为在人们理解文本的时候,文本也重又融化进话语的意义运动之中。

于是,除了把文本的语言著述作为整体进行分析并析出其语义结构的研究领域之外,又浮现出另一种提问和研究方向,这就是诠释学方向。诠释学的根据就在于,语言总是回溯到自身,回溯到它所表现的表述性之背后。语言并不融化在它所讲出、表达出的东西之中。这里出现的诠释学度向显然指对人们思考和传达的东西具有的客体性所作的限制。语言表述并不是不够清晰、需要改的东西,如果语言就是它所能是的东西,那它就必定总是要回到它所唤起和传达的东西背后去。因为在讲话中总是蕴含着讲话所包含的意义,这种意义唯有作为幕后的意义才能行使它的意义功能,因此,当意义出现在表述中时,它就失去了自己的意义功能。为了说明这一点,我想区分讲话以这种方式返回其身之后的两种形式:在讲话中未曾说出的但通过讲话呈现出来的,以及通过讲话掩盖了的。

首先让我们看看那些尽管具有不可说性却仍然讲出的东西。这里出现的就是所有讲话都具有的广阔的偶缘性（Okkasionalität）范围，正是这种偶缘性一起构成了讲话的意义。偶缘性亦即依赖于使用某个表述的时机（Gelegenheit）。诠释学分析可以表明，这种对时机的依赖性本身并不是偶然的，不像所谓的"这里"、"这个"等偶然的表述，在其语义本性中不具备固定的、可赋予的内容，偶缘性类似某种可以设置内容的空白形式，我们可以把变化的内容置入这种空白形式。不过，诠释学分析还将表明，这种时机性正好构成讲话的本质。因为每个陈述并非简单地在其语言和逻辑的构造中具有清晰的意义，其实任何陈述都受动机驱使。唯有陈述背后的问题才赋予它们意义。诠释学的问题功能反过来重又揭开陈述作为回答的陈述意义，我不想在这里谈论处境仍然很糟糕的问题诠释学。有许多种问题，而且每个人都知道，为了完全揭示问题的问题意义，问题无需具备句法的特征。我指的是问题语调，通过这种语调，作为陈述句句法构造的话语就能具备问题性质。最好的例子就是那些具有问题性质的句子也可以反过来获得陈述句的性质。我们把这种句子称之为修辞学问题。所谓修辞学问题仅从形式上看是一个问题，而按其内容本身却是一种断定。如果我们想分析这种疑问句的性质如何会变成肯定的、断言性的，那就可以看出，修辞学的疑问句之所以变成肯定性的，是因为它假定了一个答案。通过提问，这种句子好像已预先提出了一种共同的答案。

在已说的东西中指出未说的最正式的形式是回溯到问题。人们必然会问，这种蕴含形式究竟是包罗一切的，抑或还有其他类似的蕴含形式。例如,它是否适用于诸多从严格意义上讲根本不能算陈述的陈述,因为这些陈述没有把某种意指事实关系的信息、传达作为其真正的、唯一的意图,而是具有完全不同的功能意义？我指的是像诅咒或祝福、宗教传统的布道,以及命令或抱怨等这类讲话现象。这些都是讲话的方式,它们因为不具备重复性所以才能表述自己的意义,如果要想把这种话语写下来,亦即把它们变成一种传达性的陈述,就会完全改变这种陈述的意义,例如,"我说我在诅咒你",就会完全改变该陈述的诅咒性质,尽管没有破坏原话。现在的问题在于：这里的词语是对作为动机的问题的答案吗？这里的词是否要通过问题并且唯有通过问题才能被理解？显然,如果不从行为关联去接受其意义定向,则这类从诅咒到祝福的所有陈述的意义都不可能被感受到。这种陈述形式也具有偶缘性是毋庸置疑的,因为被说东西的时机性在理解中达到了满足。

当我们面对一件具有卓越"文学"意义的"文本"的时候,又会出现一种新的疑难。因为这种文本的"意义"并非偶然地受动机驱使,相反,它需要"总是"在诉说,"总是"在回答,也就是说,它不可避免地同时激起文本作为对其回答的问题。这种文本正好就是传统诠释学,例如神学诠释学、法学诠释学以及文学批评等等的优先对象,因为正是针对这种"文本"才提出以下任务,即从文字中唤醒被凝固在文字中的意义。

然而又有另一种诠释学反思的形式更深地进入我们语言行为的诠释学条件之中,这种反思并不单指未说的,而是指被讲话所掩盖的。通过讲话本身的过程可以产生掩盖作用,这在撒谎这个特例中为人周知。这种复杂的、从东方的客套话直到人与人之间明显的失信等包括谎言在内的人际关系的缠结，并不具备语义学性质。谎言连篇的人吹牛不打草稿，而且毫不脸红，这就是说，他甚至还能掩盖那种就是他的谈话的掩盖行为。然而，谎言的这种性质只有在语言的艺术品中才具有语言现实性，因为唯有在这里，我们才仅仅依靠语言来揭示现实，并把这当作一项任务。被称为谎言的掩饰方式在全部诗歌陈述的语言整体性中具有其真正的语义结构。现代语言学家谈论文本的谎言标志，借助这种标志，文本中的陈述才被认出是为了掩饰而设置的。谎言并非就是某些错误的断言。它涉及的是本身知晓的掩饰的谈话。因此，识破谎言或者说认清谎言的撒谎性（如撒谎者的真实意图一样），这就是语言在诗的上下文中所起的表达任务。

　　反之，掩饰则具有完全另外的错误含义。正确断言的语言行为与错误断言的语言行为并无区别。错误并不是语义学现象，也不是诠释学现象，虽说与这两者都有关系。错误的陈述是错误观点的"正确"表达，然而作为一种表述现象或语言现象它与正确观点的表达相比并无特别之处。也许谎言是一种特别的语言现象，然而一般说来只是一种无害的掩饰行为。我说无害的，这不仅是由于谎言总是短命的，而且因为它处于语言的世界交往中，它的这种交往的证明在于：谎言以谈话的交往真理价值为前提，并在识破或揭露谎言时重新制造出来。被揭露在撒谎的人会承认这一点，只有当谎言不再把自己当作这种掩饰，它才获得一种新的、规定所有世界关系的性质。我们称这种现象为欺骗（Verlogenheit），在这种欺骗状态中，真实的或真理的意义就丧失殆尽。这种欺骗自己不会承认，它通过讲话而确保自己不被揭露。它把讲话的模糊性扩展到自己身上,以此坚持欺骗。讲话的力量在这里处于其包容一切的展示之中,虽说总是以暴露社会判决的形式。于是,欺骗就成了自我异化的典型,自我异化能遇到语言意识并要求通过诠释学反思的努力消解这种异化。从诠释学角度看,谈话的参与者认识到欺骗,这就意味着把对方排除在交往之外,因为他的话语站不住脚。

因为诠释学是在相互理解和自我理解不能出现的时候才插手干预。我在下面将要讨论的并且诠释学反思首先要研究的两种由谈话来掩盖的强有力的形式,恰好适合这种规定整个世界态度的由谈话作的掩饰。其一是悄悄地利用成见。我们在讲话时受到前概念和前理解的指引,这些前概念和前理解总是被掩饰,为了意识到这种成见,需要在讲话意向指向中具有真正的断裂,这正是我们谈话的基本特性。一般说来这会导致一种新的经验。前见会因为这种新经验而站不住脚。然而,作为基础的成见非常强大,它要求具有不言而喻的确定性,并把自己表现为无偏见的,从而加强自己的作用,通过这一系列做法成见就得到确保。我们把这种强化成见的语言形成认作一切教义学都具有的顽固的重复性。但我们也可以从科学中认出这种成见,比如为了获得不带有偏见的知识和科学的客观性,人们就选出某种科学(例如物理学)的方法,并把它不加修正地转用到其他领域,例如转用到社会知识上。更有甚者,把科学作为社会决策过程中最高的权力,这种情况在我们今天日益增多。唯有诠释学反思可以表明,这样就将忽视了与知识联结在一起的旨趣。我们把这种诠释学反思叫作意识形态批判(Ideologiekritik),这种批判将会引起对意识形态的怀疑,亦即把假想的客观性解释为社会权力关系真正稳定的表达。意识形态批判借助于历史反思和社会反思将使人们认识在社会上占统治地位的成见并消解这种成见，也就是说它将扬弃存在于这种成见不受控制的影响中的掩饰。这是一种特别困难的任务。因为对不言自明东西的怀疑会唤起所有实际证据的抵抗。但诠释学理论正是在这儿产生作用：它可能在受到巨大的习惯和成见闭锁的地方促成一种普遍的接受状态。意识形态批判只是诠释学反思的特殊形式，它力求批判地消解某种特定的成见。

然而，诠释学反思却具有普遍的作用范围。与科学相反，它并不在涉及意识形态怀疑这种特定社会问题方面力争获得承认，而是在科学方法论的自我解释方面力争获得承认。科学的基础是以其客观的方法成为对象的东西的个别性。作为现代方法的科学受到放弃开端所规定，亦即排除掉一切违背本身进程的方法论的东西。正因为此它证明自己的职权范围是不受限制的，并且从来不会被自我证明所难住。于是它就唤起了认识的整体性现象，社会的成见或利益就在这种现象的掩护下为自己辩护。只要想一下专家在当今社会的作用，想一想科学和政治、战争和司法更多由专家决定而不是政治委员会决定的方式，而社会的意志本来是该在政治委员会中得到体现的。

诠释学批判只有当它引起自我反思、自己的批判努力，亦即反思本身的所处的束缚性和依赖性，然后才能获得真正的创造性。我觉得只有这样做诠释学反思才接近了真正的认识理想，因为它甚至对反思的幻象也进行思考。要是哪种批判的意识到处指出成见性和依赖性，但却认为自己是绝对正确的、不带偏见、无须依赖的,这种反思必定会落入谬误。因为它本身也是受到批判对象的驱使。相对于它所消解的对象,它具有无法消解的依赖性。要求完全不带成见,这只是天真的想法,不管这种天真表现为绝对启蒙运动的幻想,抑或摆脱一切形而上学传统前见的经验论的幻想,或者通过意识形态批判克服科学的幻想。我觉得,经过诠释学阐明的意识无论如何都会因其把自身带入反思而使一种更为优越的真理发生作用。它的真理就是翻译的真理。它的优越性在于能把陌生的东西变成熟悉的东西,它并非只是批判地消除或非批判地复制陌生的东西,而是用自己的概念把陌生的东西置于自己的视野中,并使它重新起作用。翻译会让他者的真理观点相对于自身而得到保存,从而使陌生的因素和自身的因素在一种新的形态中相互交流。从某种意义上说,现存语言表述的东西将被保存在这种诠释学反思实践的形式中,亦即从其自己的语言世界结构中解放出来。但它将把自身——而并非我们自己的意见——带到一种新的语言世界解释之中。在思想无尽地扩展运动的过程中,在让他者相对于自身发挥作用的过程中,理性力量得到了展示。理性知道人的认识是有限的并将永远是有限的,哪怕它能认识到自己的界限。因此,诠释学反思就是对思维着的意识的自我批判,它把其所有的抽象观念和科学知识都重新置于人类世界经验的整体中,哲学不管明显还是不明显总是对传统思维企图的批判,它完全是这样一种诠释学进程,它把导致语义学分析的结构整体性融化在翻译和把握的不断进程中,而我们就是在该进程中生活和交往。

14
语言和理解

(1970年)

理解问题在最近几年具有了日益增长的现实意义——当然这是与世界政治和社会政治形势的尖锐化和贯穿于我们当代之紧张空气的加剧相联系的。我们到处可以见到，人们企图在地区、民族、联盟及世代之间建立相互理解的努力遭到失败，其原因好像缺少共同语言，而所用的主导概念却像火上加油，反而使人们共同力求消除的对立和紧张固定化并尖锐化。我们只要想一下"民主"或"自由"的概念就可以明白这一点。

因此，就无须再用什么证据来证明以下论题，即一切理解都是语言问题，一切理解都在语言性的媒介中获得成功或失败。一切理解现象，一切构成所谓诠释学对象的理解和误解现象都表现为语言现象。我打算在下面所讨论的论点则更为激进一步。我的论点是，不仅人与人之间的相互理解过程表现为语言现象，而且当理解过程的对象是语言以外的领域，或者倾听的是无声的书写文字的时候，理解过程本身也表现为一种语言现象，一种被柏拉图描述为思维之本质的灵魂与自身的内心对话的语言现象。

一切理解都是语言的理解，这是一个挑战性的断定。为了举出充分的反例，我们只需看看我们周围和我们自己的经验，在这些反例中恰好是默然的、无言的理解才表现为最高、最内在的理解方式。谁努力去倾听语言,谁就会立刻碰到这类现象,例如"默契"或"无声的猜测"等等。这样就显然会提出一个问题,从某种意义上说这难道不是语言性的模式?我希望自己能够更清楚地说明,为何这样讲是有意义的。

对于其他现象,即语言本身导致我们产生的现象情况又是如何呢?(我指的是"无言的惊讶"或"无声的赞赏"之类现象)关于这里所遇到的现象我们可以这么说:这使我们哑然无言。它使我们哑然无言显然在于它太过于明显,在我们日益开阔的眼光前它显得太过于巨大,以致用语言已不足以对这种现象进行把握。说使人哑然无言的现象也是语言性的形式之一,这种断言是否过分大胆?这难道不就是那些硬要把一切本来很正常的事物本末倒置的哲学家的荒谬的独断论吗?但是,如果说某人哑然无言,这不啻是说,该人想说的话太多以致他竟不知道从何说起。语言的失灵(Versagen)证明语言为一切事物找寻表达的能力(Vermögen)——而这恰好说明某人哑然无言也是一种说话方式——这种说话方式人们不是用来结束他的讲话,而是开始讲话。

我想首先用我所列举的第一个语言的反例,即我们所说的"默契"(stilles Einvestandnis)来证明这一点。这种语言表达方式具有何种诠释学价值?我们今天多方探讨的理解问题,尤其是在不能提供精确验证方法的科学中的理解问题在于,正是一种理解的纯粹内在的自明性使人豁然开朗,例如当我在某种情境下突然理解了某种句子的联系,理解了某人的陈述时,就是这种情况。这也就是说,我突然完全清楚地明白对方说的对在哪里或错在哪里。

这种理解经验显然总是以理解困难即达成一致的障碍为前提。因此,一切理解愿望的努力总是开始于,某人所遇到的东西使他感到陌生,具有挑战性,使其迷惑。

对于我们的理解遇到障碍这种情况,希腊人有一个很好的词,他们称这种现象为 atopon。这个词的原意是:失去方位,即某些不能列入我们理解预料的公式之中从而使我们愣住了的东西。哲学起源于惊奇这一著名的柏拉图观点,指的就是这种愣住(Stutzen),也就是说,我们不再能对我们的世界方位继续作前公式化的预料,从而唤起了我们的思考。亚里士多德曾经对此作过很出色的描述。他说,我们的预料取决于我们对某种联系具有多少洞见。他举例说:如果有人对于$\sqrt{2}$是不合理的,因此不可能合理地表述一个正方形的边长为对角线之关系这一点表示奇怪,那么人们就会由此看出,他不是一个数学家,作为数学家,只会对某人认为这种关系是合理的这一点表示奇怪。不管这如何涉及知识和对事物的深入程度,但发愣总是相对的。所有这样的愣住、惊奇以及在理解中的不能继续显然始终都是为着理解的继续进行,为了更深入的认识!

因此我认为:如果我们要想真正把握理解在我们整个人的存在以及社会的人的存在中的地位,那么我们就必须有意识地首先从理解受阻的这一特殊角度出发认识理解现象。达成一致的前提是存在着对达成一致的阻碍。而旨在消除理解之障碍的理解-欲望的任务正是针对理解和一致中相对少见的障碍提出的。换句话说,"默契"的例子并不是对理解之语言性的异议,而是保证了理解之语言性的广度和普遍性。在我看来这是一个基本真理,在我们通过几个世纪以来把近代科学的方法概念绝对化为我们的自我理解的方法概念以后,我们应该重新尊重这一真理。

近代科学是产生于17世纪的科学,它是以方法论思想和从方法上保证认识进步的思想为基础。它把通向世界的某种形式特权化,从而以一种唯一的方式改变了我们这个星球,但这种形式既不是我们所具有的唯一通道,也不是包罗万象的通道。这种通向世界的通道通过方法上的割裂和有意识的提问——如实验——为我们的新行动选定了用这种割裂的方法而进行主题研究的个别领域。这就是数学自然科学,尤其是17世纪伽利略机械力学的伟大成就。众所周知,发现自由落体定律以及斜面定律的精神成就不是通过纯粹的观测获得的。当时根本不存在真空。自由落体只是一种抽象。每一个人可能都还记得,他在学校里做实验,看到在相对真空中小铅片和羽毛如何以相同的速度下落时自己感到多么惊奇。对于伽利略来说,如果他想不考虑媒介的抵抗力,那么他就要把自然界并不存在的条件分离出来。只有这样的抽象才使人们有可能在数学上精确地描述在自然现象中构成结果的诸因素,从而使人类有控制的干预成为可能。

伽利略建立的机械力学实际上是我们技术文明之母。这里出现了某种特定的方法论的认识方式,它在我们非方法论的,包括我们生活经验所有领域的对世界的认识和科学的认识成就之间引起了对峙。康德伟大的哲学功绩在于,他从概念上为这种近代的对峙问题找到了一种令人信服的解答。因为17世纪和18世纪的哲学都苦恼于以下这个不可解决的任务,即要把形而上学传统巨大的全知性与新的科学统一起来——这是一种在从概念出发的理性科学和经验科学之间不可能达到真正平衡的企图。但康德却找到了解决方法。他利用英国的形而上学批判，批判性地把理性和理性的概念认识限制于经验范围之内的所与东西，虽说他的这一做法意味着形而上学这一独断论的理性科学的崩溃，但这个被他的同代人称为"粉碎一切者"的哥尼斯堡温和的康德教授却同时又是建立在严格的实践理性自律原则之上的道德哲学的伟大创始人。他把自由作为理性的唯一要素，也就是说，他指出，如果不承认自由，那么人的实践理性以及人类的道德此在和社会此在都是不能设想的，从他与源于近代自然科学的一切决定论倾向相反，为自由概念之下的思想开辟了新的合法性。实际上康德的道德哲学的动力，尤其是由费希特所介绍的康德道德哲学的动力是伟大的"历史世界观"开路先锋的支柱：尤其是威廉·冯·洪堡、兰克和德罗伊森。但是即使是黑格尔和所有其他积极或消极地受他影响的人也都自始至终充满着自由概念，从而相对于一切纯粹历史科学的方法主义而保持着在哲学上的伟大和整体的特征。

然而，即使是这种新科学和新科学所带有的方法理想之间的联系也使理解现象变得陌生。就如对于自然探索者来说，自然界开始是无法认识的陌生的东西，自然科学家必须通过计算和有目的的强制，通过辅以实验节选才能把它表述出来，同样使用理解的科学也是逐渐地从这种形式的方法概念出发进行理解，并因此而把理解主要并首先看作是对误解的排除，看作是对存在于我和你之间的陌生性的消除。但是难道你就像通过定义而作为实验性自然研究的对象那样陌生吗？我们应该承认：取得一致先于误解，因此，理解总是一再回归到重新产生的一致。我认为，这就给了理解的普遍性以完全的合法性。

但为什么说理解现象是一种语言的现象？为什么"默契",即作为世界定向之共同性而一再被重建的"默契"就意味着语言性呢？这样提问就已隐含着答案。因为正是语言不断建造并担负着这种世界定向的共同性。相互对话(Miteinandersprechen)主要不是互相争论(sich-miteinander-Auseinandersetzen)。在我看来,现代社会内部的对峙有一个明显的特点,这就是它很喜欢这样运用我们的语言。相互对话(Miteinanderreden)也不是各谈各的(Aneinandervorbeireden)。毋宁说在相互对话中构造了话题的共同视角。人类交往真正的现实性就在于,谈话并不是以自己的意见反对他人的意见,或把自己的意见作为对他人意见的添补。谈话改变着谈话双方。一种成功的谈话就在于,人们不再会重新回到引起谈话的不一致状态,而是达到了共同性(Gemeinsamkeit),这种共同性是如此的共同,以致它不再是我的意见或你的意见,而是对世界的共同解释。正是这种共同性才使道德的统一性和社会统一性成为可能。一切正当的或作为正当而产生作用的东西,按其本质都要求共同性,这种共同性就建筑在人的自我理解之中。实际上共同的意见不断地在相互对话中形成,然后又回归到相互一致和自我理解的沉默之中。我认为根据这个理由则我的断定就得到了证明,即一切超出语词的理解形式都回归到在讲话和相互对话中得到扩展的理解。

如果我从这种观点出发,那么这无非就是说在一切理解中都存在着一种潜在的语言相关性,因此我们总可能——这是我们理性的骄傲——在出现意见不一致的地方通过相互对话而达成一致。我们并非总能够成功，但是我们的社会生活的前提就在于相互对话可以在最广阔的范围内达到在顽固坚持己见的情况下所封锁了的东西。如果有人认为我在这里所据以出发并力图使其成为可信的理解的普遍性内含着一种对我们社会世界的和谐的或保守的基本态度，那真是一个严重的误会。"理解"我们世界的安排和秩序，我们在这个世界上相互理解，不仅要以对现存秩序的承认和维护为前提，而且当然也同样要以对僵化或异化了的东西的批判和斗争为前提。

这反过来又表现在我们如何进行对话并形成一致的方式。我们可以从代代相继中观察到这一点。尤其是像上一世纪发生的情况那样，当世界历史穿上了七里靴，[16]我们就能目睹新语言是如何产生的。新语言在这里当然不是指某种完全新的语言，但显然也不仅仅是指对同一事物表述方式的改变，而是指随着新视角，新目的的出现也产生了新的讲话。新的语言带来了对相互理解的干扰，但同时在交往过程中也带来了对这种干扰的克服。至少这是一切交往的理想目标。在特定的条件下这种目标可能被证明为是达不到的。属于这种特定条件的首先是人际一致性的病态断裂，这种病态的断裂被称之为神经官能症症状，于是就产生这样的问题，即在社会生活中，交往过程在总体上是否同样也能为扩散和维护一种"错误"的意识服务。这至少是意识形态批判的论点，即在各社会利益阵营中的对立使得交往过程实际上成为不可能，就如患精神病的情况一样。但正如在患精神病的情况中治疗就在于使病人重新与社会的理解共同体相联系，意识形态批判本身的意义也是在于纠正错误的意识，从而重新建立起正确的一致。在某种一致深受干扰的特殊情况下也许需要一些特殊的重建形式,这种形式基于对干扰的清楚认识。但它们由此却正证明了相互理解本身的重要作用。

此外不言而喻的是,语言总是在保守性和革命爆发的对抗中过着其充满紧张的生活。当我们进入学校时,我们都曾体验过语言的最初压力。学校中所不允许的正是在我们健全的语言想象看来是正确的东西!在图画课上也一样,正是这种课常常使学校的孩子们失去了对图画的兴趣并荒废了画画。实际上学校是社会顺应潮流派(Konformismus)总体中的一个机构。当然只是其他机构中的一个。我当然不想被人误解为,似乎我是对学校提出控告。我的意思是说:这**是**社会,是社会总是在起着规范性和跟随潮流的作用。这也绝不是说,一切社会教育都不过是一种压抑过程,而语言教育则纯粹是这种压抑的工具。因为尽管有各种顺应潮流派存在,但语言仍然是活的。从我们的生活和我们经验的变化中产生出新的语言搭配和表达方式。使语言成为某种共同东西、从而又一再产生新动力促使这种共同性发生变化的对抗也总是继续存在。

于是,我们将提出以下问题,这种自然的社会顺应潮流派和产生于批判观点的挣脱社会的力量之间的关系在一种高度工业化的技术文明中是否发生质的变化。在语言用法和语言生活中不被察觉的变化,流行话和时髦语的出现和消亡总是一而再地不断进行,特别是突变时代在它的衰落过程中恰恰可以通过对语言变化的观察而反映出来,例如修昔底斯(Thukydides)对被围困的雅典城内发生鼠疫的后果所作的著名描绘就是这种情况。但在我们当今的情况下所涉及的却是完全新的另一种形式的东西,是从未存在过的东西。我指的是有明确目的的语言操纵(Sprachreglung)。它似乎是由技术文明发明的事实。然而,我们称之为语言操纵的不再是学校教师或公众舆论机构无意的语言操纵,而是被有意识地加以利用的政治工具。它借助于某种集中控制的交往系统通过技术方法来规定语言操纵,从而使事实具有强烈的影响。有一个现实的例子使我们发现我们如今仍然处于一种自身变化着的语言运动之中,这就是德国的另一半被称之为德意志民主共和国。众所周知这种表达方式被官方语言操纵禁止了数十年之久,没有人会看不出,为此而提出的"中德"(Mitteldeutschland)这个叫法带有鲜明的政治色彩。这里应该撇开一切内容的问题而只注意过程本身。今天制造舆论的技术形式使集中控制的语言操纵能起到一种特殊的扭转社会自然潮流的影响。我们当今的问题是,我们应该如何把集中控制的制造舆论政策和以下要求相一致,即高扬理性,从自由的认识和批判的判断出发来共同决定社会生活。

人们可能会认为解决这个问题的办法是,科学的标志正在于使我们有可能独立于公众舆论和政治,并培养人们从自由的思想出发形成判断。在其最特有的领域内可以说这确实是科学的标志。但这是否意味着,科学也是依靠自己的力量而达到影响公众呢?尽管科学按照自己的意图是想摆脱一切操纵——但公众对科学可怕的评价却和这个愿望完全相对。公众评价不断地限制着它在研究者那儿惊奇地发现的批判的自由,公众评价甚至在事实上涉及政治权力之争的地方也首先要引证科学的权威。

究竟是否存在着一种人们应该倾听的科学自己的语言?这种

说法显然有双重意义：一方面它发展出自己的语言手段以便在研究过程中写成文字并进行交流；另一方面（这是另一种意义），科学使用一种能使公众意识理解并能克服科学之传奇式的不可理解性的语言。但在科学研究内部发展起来的交往系统究竟是否具有自己的语言特性呢？如果我们从这种意义上谈论科学语言，那么我们所指的显然是那种不是从日常语言中产生的交往系统。最好的例子就是数学及其在自然科学中的作用。数学本身究竟为何物，这是它的私有秘密。即使物理学家也不知晓。数学所认识的，它的对象、它的问题都是某种独特的东西。数学在自身中发展，它作为理性而自我观照、逗留在自身进行研究，这显然是人类理性的伟大奇迹之一。但作为一种描述世界的语言，数学只是我们整个语言行为符号系统中的一种，而不是一种自己独特的语言。众所周知，每当物理学家想在他的方程式之外使他人或是只想使自己理解，他自己在那里算了些什么的时候，他总会陷入最难堪的困境。物理学家常常处于这种综合任务的紧张之中，恰恰是大物理学家在那种情况下常常以一种机智的方式变得很有诗才。原子颗粒如何进行它的一切活动，它们如何捕捉电子和进行其他的老实的和狡猾的程序等等，这一切都完全是童话的语言，而物理学家就用这种语言力图使自己理解并在一定范围内也使我们大家都理解他在方程中所精确反映的内容。

但这里的问题是：物理学家用以获得并表述他知识的数学并不是一种特有的语言，而是属于物理学家用以说出他想说的话的各种语言手段之中的。换句话说：科学性的讲话始终是用在自身中存在、发展并变化的语言来传递某种专业语言或专业表述——

我们称之为学术性的术语。这种综合和传递的任务在物理学家那里达到特别的高峰,因为他在所有自然研究者中是最多地用数学说话的。正因为他是广泛使用数学符号的极端例子,所以他尤其富有学识意义。在富有诗意的隐喻技巧里可以看出对于物理学来说数学只是语言的一部分,但绝不是独立的部分。只有当语言,尤其是现成的语言,作为各种文化的世界视角而有其现实性时,语言才是独立的。于是问题就在于,科学的语言与思维和科学以外的语言与思维之间是什么关系。在我们日常说话可伸缩的自由中所发生的情况难道仅仅是对科学语言的靠拢?谁否认这一点,人们可能向他提出异议,虽说现在看起来似乎现成的语言还是不可缺少的,但我们大家还必须学得更好一些,以至于最终我们可以不用语词而理解物理学的方程,甚至能用方程式算出我们自身和我们的行为,这样我们除科学语言之外就不再需要其他语言了。实际上当代逻辑演算就以这种单义的人工语言作为目的。但对这一点是有争议的。维柯和赫尔德则相反把诗看作人类的原始语言,而认为现代语言的理智主义化是语言的悲惨命运而不是语言观念的完善。问题在于:认为现在存在着向科学语言靠拢的日益增长的趋势,每一种语言都把向这一目标的靠拢作为自身的完善,这种看法究竟是否正确?

为了能够阐明这个问题,我想对两个现象进行对照。其中之一是 Aussage(陈述),另一种现象是 das Wort(话)。我想先说明一下这两个概念。当我说"das Wort"时,我所指的并不是像辞典上写的其复数是 Wörter 的单字。我所指的也不是其复数是 Worte(言语)可以同其他词一起构成句子的言词。我指的是只有单数的

"Wort"。这是话,是对某个人说的,是某人让别人对自己说的话,是在一定的明确的生活联系中所出现(fällt)的、其统一性也只有从这种生活联系的共同性中才能感受的话。我们最好回忆一下在这个单数的"Wort"背后最终还存在着《新约》的语言用法。因为不管 Wort 在《新约》中指的是什么——当浮士德想翻译《约翰福音》时,曾对它冥思苦想——这个发散力量的活性的词对于歌德来说并不是一个单个的魔词,而是(这里并非暗示道成肉身事件)通过人类理性的联结指向人"对存在的渴望"。

如果我在这种意义上把"Wort"与"Aussage"相对照,那么"Aussage"的意义也就一目了然。我们说的是在陈述逻辑即陈述演算联系中的陈述,在现代数学的逻辑形式化中的陈述。这种对于我们说来不言而喻的表达方式归根结底溯源于我们西方文化最有影响的抉择之一,这就是在陈述基础上的逻辑构造。亚里士多德作为这种逻辑某个部分的创立者,作为逻辑思想推论过程最杰出的分析者,通过陈述句及其推论关系的形式化创立了这种逻辑学。我们都知道以下著名的三段论例子:"凡人皆死。德罗斯是人,所以德罗斯会死。"这里所进行的是怎样一种抽象过程呢?显然这里只对于所被陈述的内容。其他一切语言形式和说话形式都没有成为分析的对象,而只有陈述句才是分析的对象。希腊词叫作 apophansis(展示),logos apophantikos(展示的话),亦即话、命题,其唯一的意义就是引起 apophanesthai(自我展示),即引起被说出内容的自我展现。这是一个命题,它从一切它没有明确说出来的内容中抽象出来,从这个意义上说,这是一个理论性的句子。唯有那种通过它的已被说出而显露出来的东西,才在这里成为分析的对象和逻辑推论的基础。

于是我发问:真的存在这样的纯陈述句?何时存在?哪里存在?陈述句无论如何不是唯一存在的说话方式。亚里士多德在讲他的陈述理论时谈到这一点,很清楚我们还应该想到以下方式,即祈祷和请求,咒骂和命令。我们甚至必须把一种最不可思议的中间现象考虑在内,即疑问句,它特有的本质显然是,比起其他句子它和陈述句最为接近,但却显然不允许有一种在陈述逻辑意义上的逻辑存在。也许有一种疑问逻辑。属于这种逻辑的内容也许是,对某问题的回答必然会唤起新的问题。也许还存在着请求逻辑,比如第一个请求永远不是最后的请求。但这是否该称为"逻辑",抑或逻辑就只与纯粹陈述联系有关?而且陈述的界限如何定?我们是否可以把一个陈述和它的动机联系相分离?

现代科学的方法论中当然不常谈这些。因为科学方法的本质就在于,它的陈述就等于是一种从方法上保证了真理的宝库。科学宝库如同其他宝库一样具有可供任意使用的贮藏。实际上近代科学的本质就在于它不断地丰富着可供任意使用的知识贮藏。一切关于科学的社会责任和人道责任的问题,即自广岛以来我们的良心迫使我们去考虑的问题,都由于以下事实而尖锐化了,即近代科学的方法论后果就在于,科学不再能像控制事实联系本身那样控制科学知识的应用目的。正是近代科学的方法抽象使科学得以创造成就,因为它使我们称之为技术的实际应用成为可能。因此,作为科学之应用的技术本身不再能被人所控制。如果我争辩说,科学可能会限制自身,那么我绝不是一个宿命论者和人类社会灭亡的预言家。相反我认为,不是科学本身,归根结底而是我们一切人的能力和政治能力,才能唯一做到保证合乎理性地运用我们的能力,或至少使我们避免最严重的灾难。由此可以看出,陈述真理的抽象以及建筑在陈述句之上的逻辑在近代科学中是完全合理的——只不过我们必须为此付出很高的代价,这是近代科学按其本质不可能为我们免除的,这就是:面对科学为我们建立的制造能力的普遍性,任何通过理论理性以及借助科学手段对制造能力作的限制都不能与之相适应。毫无疑问,这里有一种"纯粹"的陈述句,但这是说,陈述句中表述的知识能够为一切可能的目的服务。

我当然要自问,难道不正是这个例子,即把孤立的陈述句作为改变世界的技术力量之基础的例子,事实上表明了陈述从来不可能在完全的孤立中发生。难道在这里一切陈述都是有动机的这一点不是事实?作为抽象之基础以及作为集中于创造能力之基础的(它在17世纪最终导致了近代科学这种伟大的方法思想)是与中世纪宗教观的分离以及自我节制和自救的决心。这就是求知欲的动机基础,这种求知欲同时又是创造能力,并由此嘲弄了一切界限和控制。与此相反,在具有高度文明的东方亚洲,知识的标志就在于,对知识的技术应用受到社会理性约束力的控制,从而自己能力的可能性就得不到实现。使这种做法成为可能,但我们却缺乏的力量究竟是什么,这是对宗教研究者、文化历史学家,归根结底是对我们一直未曾找到的真正精通中国语言和文化的哲学家提出的问题。

无论如何我认为,近代科学和技术文化的极端例子表明,只要我们看到科学的整体,那么把陈述孤立起来,把陈述和一切动机联系相分离的做法是大有疑问的。因此,我们所理解为陈述的都是一种有动机驱使的陈述,这一点仍然是正确的。有些情况下存在着尤其可以有多种说法的现象,例如审讯和作证等。正是出于法律审讯的机智和法律诉讼的必要,向作证者,至少是在某些案例中,向作证者提的问题往往是他自己并不知道对方为何要问他的问题。在一定的情况下,证人所作的陈述的价值全在于,他们没有可能有意地为被告开脱或加重罪责,因为证人看不透他回答的问题与案例之间的联系,因此,每个曾作过证人或被审讯过的人都知道,要一个人回答他自己不知道对方为何要问的问题,这是多么残忍。和这种作证陈述的"纯粹"陈述虚构相适应的是同样具有虚构性的纯事实确证,正是这种虚构的"仅限于事实",才给了辩护人以机会。法庭上的陈述这一极端例子告诉我们,人们都是有动机驱使地在说话,因此我们不是作陈述,而是进行回答。但回答问题意味着,实现问题的意义以及问题的动机背景。众所周知,最困难不过的就是要回答所谓的"愚蠢的问题",也就是回答那些提得很邪乎,丝毫不显示出其明确的意义指向的问题。

从中可以看出,陈述从来不在自身中完全包括它的含义内容。在逻辑学中,人们早就把这一点作为偶缘性问题加以认识。存在于一切语言中的所谓"偶缘性的"表述的特征是,它不像其他表达方式那样把其含义完全包含在自身中。例如,如果我说"这里"、"这里"是指什么,这并不因为这个词被说出或被写出来了,所以就对每个人来说都可理解,而是我们必须知道,这个"这里"曾经在哪里或现在在哪里。"这里"这个词本身意义的实现要求用说出这个词的时机,即 occasio,来充实。这种表达方式因此就使逻辑现象学分析具有特别的兴趣,因为我们可以在这些意义中表明,它们把情境和时机都包括在它自己的意义内容中。这个所谓的"偶缘性的"表述的特殊问题看来在许多方面都需要扩展。汉斯·利普斯在他《诠释学逻辑研究》(Untersuchungen zur hermeneutischen Logik)一书中做了这项工作,⑭同样它在现代英国分析哲学中,例如在所谓的"奥斯丁派",即奥斯丁的后继者那里也是一个重要的提问,奥斯丁曾经给出书名《我们如何用词来做事?》(How to do Things with Words?)⑮这就是从自身转化成行动的说话形式的例子,这些形式和纯粹的陈述概念形成鲜明对照。

让我们把这个界线模糊的孤立的陈述概念和"Wort"相对置,但这个"Wort"不是在说话中存在的最小的单位。我们所说的"Wort"或别人对我们说的"Wort"并不是语言分析的那种语法要素,即在学习说话的具体现象中可以表明它和一个句子的语调相比是何等次要的那种语法要素。可以真正作为意义之最小单位的"Wort"并不是作为分析一段话的最终成分的"Wort"。但这个"Wort"也不是名称,说话并不是命名,因为正如《旧约·创世记》所指出的,在名称和命名时就存在给出名称的错误含义。我们总是处在命名的任意性和自由性中,恰恰这一点不是我们的基本语言关系:并不存在第一个 Wort。所谓第一个词的说法本身就是充满矛盾的。每一个词的含义都是以某个词的系统为基础。比如我也不能够说:"我引进了一个词。"虽说总是有人这样说,但他们过高估计自己了。并不是他们引进这个词。他们

---

⑭ [蒂宾根,1938年,现载《利普斯选集》,第2卷,法兰克福,1976年。]
⑮ [J.L.奥斯丁:《我们如何用词来做事?》,剑桥,1955年。]

至多不过是对某种表述提出了建议,或给他们所定义的专业表述打上印记。但这是否会成为一个词却并不由他们决定。词是自己引进的。只有当它进入了交往的使用,才会变成一个词。它并不是通过某个提出这种建议的人的引进行为,而显然是因为这个词"自己引进了"才成为"Wort"。甚至"习惯用语"的说法也始终还影响着与我们的语言世界经验之实质无关的事物。看起来就好像人们在裤兜里装着这些语词,而当要使用它们时就把它们拿出来,似乎习惯用语是由使用它的人任意使用的。实际上语言恰恰不取决于使用它的人。习惯用语实际上也意味着,语言拒绝被滥用。正是语言本身规定了什么叫语言的使用,这里并不存在语言的神秘化,而是指一种不能被归结为个人主观意见的语言要求。是我们在说话,不是我们中的任何一个人,而是我们大家,这就是"语言"的存在方式。

语词也不是通过符号或其他表述现象的词义的"理想统一"而得到完全显现。虽说现象学,尤其是胡塞尔在他的《逻辑研究》中阐明了一切符号和语词的含义之间的区别,这是本世纪初逻辑学和现象学最为重要的成就之一。胡塞尔正确地指出,一个词的含义与在使用词时加进的现实心理观念图像毫无关系。由于一个词具有一种含义——并且始终是这同一种含义——从而使这词理想化,这种理想化使词和一切其他意思的含义相区别,比如和符号-含义相区别。我们认识到一个词的含义并不简单地具有心理本性,这种认识显然极为重要,但从另一方面看只谈论词义的理想统一是不够的。语言的基础显然在于,尽管词有确定的含义但词却不具备单义性,词具有一种摆动的含义范围,而正是这种摆动性才构成了说话现象特有的冒险性。正是在说话过程中,在继续说话的过程中,在某种语言语境的构造中,话语中带有含义的因素通过相互挪动整理而固定下来。

我们尤其从理解外文的文本中可以看出这一点。我们都清楚地知道,词义的摆动如何在某个句子结构的意义统一体的贯通和再现中渐渐地固定下来。当然这样说是一种很不完全的描述。我们只要想一想翻译的过程,就可以发现这种描述是多么不完整。因为翻译的整个苦恼就在于,一个句子所具有的含义统一体并不是简单地通过把它的各个句子成分安置到另一种语言的相应的句子成分上去就能准确地表达出来,假如这样就会出现我们一般在翻译过来的书中所看到的可怕形象——没有思想内容的字母。这里所缺乏的并且是唯一构成语言的要素乃是,一个词给出另外的词,每一个词都是人从另一个词中引申而来同时又从自身出发使谈话得以继续。如果一句翻译的句子不是被翻译艺术大师彻底地改动从而使人看不出在它后面还有另外一句生动的句子,那么这个句子就像一张与风景相对照的地图一样。一个句子的含义并不仅仅存在于系统和上下文之中,这种所谓在上下文之中(In-ei-nem-Kontext-Stehen)同时也意味着,即使这种上下文使该词的含义十分明确,但这个含义仍然不能完全和该词所具有的多重含义相分离。词在它出现于其中的谈话中所具有的词义当然不仅仅是这次谈话中的含义,而是还有其他意思存在,而所有这些共在含义的存在就构成了存在于生动谈话中的引申力。因此可以说,每一场谈话都显示出继续谈话的可能性。人们始终可以沿着谈话开始时的方向逐渐展开谈话。这就是我们下述论点的真理之所在,即讲话是在"谈话"的要素中发生的。

如果我们不是从可孤立的陈述出发，而是从同时即是谈话生活的我们对世界之态度的整体出发理解语言现象，那么我们就能更好地理解为何语言现象这样充满谜一般的性质，如此吸引人又远拒于人。说话是被我们解释为一般理性本质的最深的自我遗忘的活动。每个人都有过如下体验：即自己在说话中突然顿住，以及当一个人有意识地注意自己要说的话时却突然说不出话来。我和我的小女儿的一段小小的经历可以说明这点：我的女儿要写"草莓"，她就问这个词该怎么写。当有人告诉她以后，她说："真奇怪，当我听到这个词的时候，我根本不理解这个词，只有当我把它忘了之后，我才又进入这个词。"因此，处于词之中，也就是说不再把词作为对象运用，显然是一切语言行为的基本模式。语言有一种隐匿和隐匿自身的力量。因此，在语言中所发生的东西，都能免受自己反思的控制而同时隐入无意识之中。如果我们认识了语言的这种显露-隐藏性质，那么我们就必然会超出陈述逻辑的范围而进入更广的视野。在语言的生命统一体中，科学语言仅仅是一种被整合的因素，特别是还存在着其他话语的形式，那就是我们在哲学宗教和诗歌式的讲话中看到的话语。在这些现象中词是另一种自我遗忘的走向世界的通道。我们处于词之家中。词对于谈论的东西就像一种城堡。这一点在诗歌的用语中尤其看得清楚。

15
语言能在多大程度上规定思维？
（1970年）

这里我们首先必须弄清的是：为什么这个题目对于我们来说是一个问题？在这个问题后面存在着何种对我们思维的怀疑或批判？这是一种原则性的怀疑，它怀疑我们是否能够从我们语言教育、语言修养和以语言作媒介的思维方式的禁区中走出来并能够使自己面对着一种和我们的前意见、前规范、前期待不相符合的现实。在当今的条件下，即由于广泛流行的人类此在意识对人类的未来感到的不安，这种怀疑成为一种渐渐进入我们所有人意识之中的怀疑，即如果我们仍然像现在这样走下去，如果我们仍然继续实行工业化和人类劳动的利润化并把我们这个星球渐渐地组织成一个巨大的工厂，那么我们就不仅在生物意义上而且在人类自身理想的意义上都危及了人的生存条件，甚至走向自我毁灭。于是就促使我们今天以特别的警觉询问一下，在我们的世界行为中是否有某些错误的东西，或者我们是否在我们经由语言媒介的世界经验中就已经受偏见的影响，甚而更糟的是，我们是否在任凭某种强制性的摆布，这种强制性一直可以追溯到我们最初的世界经验的语言结构，并把我们的眼光引向死胡同。事实情况逐渐表明，如果我们仍然按老办法进行——虽说还不是屈指可数但却可以肯定地预告——地球上将不再可能有生命。对这一点可以作出极为肯定的预告,就像我们根据天文学的计算不得不预告地球将与另一个巨大星体相撞一样。因此,这是一个具有真正现实性的题目,即是否真正是语言使我们处于这种多祸害的危境之中。

没有人会否认我们的语言对我们的思维具有影响。我们是用语词进行思维。思维就是指自身思考某些东西,而自身思考某些东西又是指自身讲出某些东西。因此我认为,柏拉图把思维称为灵魂和自身的对话,称为一种不断进行自我超越(Sich-Überholen),反过来又对自身和自己的意见和观点发生怀疑、提出异议的对话,他这样认识思维的本质是十分正确的。如果说有什么东西能标志我们人类的思维,那就是这种永无止境、永不最终导向某物的和我们自身的对话。这就把我们和那种无限精神的理想相区别,对于这种无限精神的理想来说,一切存在和真实的东西都展现在一种单一的已开启的生命瞥见中。正是在我们的语言经验中,在我们进入和成长于这种和自身的内心对话中——这同时又是先期的和其他人的对话并把他人牵入和我们对话的过程——世界才在一切经验领域向我们唯一展现和整理出来。但这也就是说,通向整理和定向的只有一条路,这条道路是从提供给我们的具体经验的给予性出发导向某些定向点,这些定向点我们认之为概念或共相,对于共相来说,当时的具体的东西都是一种个别情况。

这一点亚里士多德在他对一切经验上升为概念和一般之途径所作的出色描绘中表达得很清楚。⑯ 在那里他描述了如何以各种

---

⑯ [《后分析篇》,B19,100a3 以下。]

感觉中形成经验的统一体、如何又从经验的多样性中最终渐渐地形成某种如对一般的领悟,这种一般是在变化着的经验生活诸方面的长河中保持不变的东西。亚里士多德给这种过程找到了一个很好的比喻。他问道:到底怎样才达到对一般的认识呢?是通过经验的积累、通过我们不断地重复相同的经验并重新认作这种相同经验?是的,这是自然而然的,但正是在这里存在着一个问题:什么叫作把它们认作"相同的经验",而何时才形成一般性的统一体呢?这就好像一支正在逃跑中的军队一样:在逃跑的军队中最终有一个人开始向后张望,看敌人究竟离多远,当他看到敌人根本还没逼近,于是就停了一会儿,接着第二个士兵停了下来。无论是第一个士兵,或是第二个或第三个士兵,这些都不是整个部队——但最终整个部队却停了下来。这和学习说话也一样。根本不存在第一个词;我们却是在语言和世界中边学习边生长。是否可以由此推论说,一切都取决于我们如何通过学习语言和学习我们以对话方式所学会的一切东西而进入我们未来的世界定向的前设定(Vorschematisierungen)之中呢?这就是如今人们所说的"社会化"过程:进入到社会行为中去。这也必然是一种进入协议,进入通过协议而组成的社会生活,这也就具有了成为意识形态的嫌疑。正如学习说话从根本上说就是经常练习掌握习惯用语和论证方式一样,我们总的信念和意见的形成也是一条在事先形成的意义表达结构中运动的道路。那么什么是真理呢?如何才能把这种预先形成的用语和表述材料融会贯通,从而达到那种我们极少才具有的感觉,即我们真正讲出了我们所指的意思这样的完美地步呢?

正如在说话中发生的情形一样,在我们整个生活定向中,我们所熟悉的也是传统地预先形成的世界。问题在于,在我们的自我理解中,我们是否可以像我刚才讲的说话中较少出现的情形那样,有时候觉得自己达到了确实说出了自己想说的话这样的完美地步。也就是说:我们能否做到自己所理解的就是真实存在的?完全的理解和精确的讲述这两种现象就是我们世界定向的极限情况,是我们和自身无止尽的内心对话的极限。但我却认为:正因为这种对话是无止尽的,正因为这种以预先形成的讲话公式向我们提供的事物定向不断地进入到我们相互理解和自身理解活动的自发过程之中,才给我们开启了我们真正理解的、真正能够在精神上据为己有的东西的无限性。灵魂与自身的内心对话永无止境。这就是我用来反驳说语言有意识形态嫌疑这种观点的论点。

这就是我有理由要捍卫的理解和说话的普遍性要求。我们可以用语言表达一切,我们也能力求做到对一切事物互相理解。诚然,我们总是受到我们自己的能力和可能之有限性的局限,而只有一种真正无止尽的对话才能完全实现这一要求,这也是事实。这是不言而喻的。但问题是不是有一系列针对我们以语言为媒介的世界经验的普遍性的激烈的反对意见呢?一种论点就是认为一切语言性的世界观都具有相对性,这是由美国人从洪堡的遗产中吸取并以新的经验研究思考使之活跃起来的。根据这种理论,不同的语言是不同的世界观和对世界的看法,而且我们不可能摆脱我们被包围在其图式之中的个别世界观:在尼采《权力意志》一书的格言中早已指出,上帝真正的创造活动就在于,上帝创造了语法,也就是说,上帝把我们安置在我们掌握世界这一图式之中,从而使我们不可能去追溯这种图式的背后。思维对我们说话能力和说话习惯具有的这种依赖性难道不是强制性的吗？如果我们在一个开始形成一种洲际全球平衡文化的世界中环顾四周，从而不再仅仅用以前西方哲学的不言而喻性说话，那么会出现何种命运的意义呢？我们难道不会对以下观点进行反思，即我们所有的哲学概念语言和从这些哲学概念语言移植到科学中并加以改造的概念语言不过是这种究其根源起源于希腊的世界观的一种？这就是形而上学的语言，我们从语法中认识了它的范畴，例如主语和谓语、名词和动词、主词和功能词。我们曾以如今仍然很活跃的警世的意识察觉到，在例如功能词这样的概念中也回响着我们整个欧洲文化的前图式。因此，在这些问题背后总是有一个可怕的问题，即我们在我们一切思维中，甚至在批判地消除一切形而上学的概念如实体和偶性，主体和它的特性等等（甚至包括我们整个的谓词逻辑在内）时是否就不再彻底思考这一结论，即早在一切文字传承物之前数世纪印欧语系的民族就形成了作为语言结构和世界态度的东西？这正是当我们也许正处于我们语言文化的终点的今天提出的问题，这个终点是随着技术文明及其数学符号化而慢慢出现的。

但这并非是对语言所发的多余的怀疑，我们确实应该向自己发问，从这里出发一切事物究竟在何种程度上被预先规定。最终是否确实在一切世界历史之前世界历史命运剧中就有了一种注定，这种注定通过我们的说话迫使我们去思维，如果它继续这样发展下去，就会导致人类的技术自我毁灭？

也许人们可以对此进行反驳说，这种对自身的怀疑是否会人为地剥夺我们自己的理性。在这个问题上难道我们不是站在同一个基地上并且知道，我们所说的正是某些现实的东西，而当我讲到一种由来已久的人类的自我危害并看到西方历史的一种命运联系的时候(这首先是最近由海德格尔教给我们认识的)，这并不是某种哲学家的幻想国中的黑色的画？这一切将来总有一天会成为人类不言自明的知识。我们今天日益清楚地看到并首先是通过海德格尔而认识到，希腊的形而上学就是技术的开端。从西方哲学中成长起来的概念形成通过漫长的历史道路导致了把征服欲作为对现实的基本经验。然而我们难道真的该认为，我们开始认识到的事物是无法超越的界限么？

我们在这里要讨论的第二个责难，主要是由哈贝马斯为反对我们的理论而阐发的。他的问题是，当我宣称，我们是借助于语言才把世界经验表述为共同的经验时，是否把语言以外的经验方式低估了。虽说语言的多样性无可非议，但正如我们中每一个稍微会用其他语言进行思维的人都知道的，这种相对性并不是说，它把我们驱赶进一道永远不可能摆脱的桎梏中。然而，难道不存在非语言形式的其他现实经验吗？这种经验就是统治和劳动的经验。这就是哈贝马斯用来反对诠释学要求之普遍性的两个论据。[17] 他显然把语言的理解解释为一种内在意义运动的封闭圈子(我不明白他为什么要这样认为)并把它称为民族的文化传统。然而，民族的文化传统首先是统治形式和统治艺术的传统，是自由理想、秩序目标等等传统。谁否认我们人类特有的能力不仅存在于说话之中？我们应该承认，任何语言性的世界经验都是世界的经验而不

---

[17] [J.哈贝马斯："诠释学的普遍要求"，载《诠释学和辩证法：伽达默尔纪念文集》，两卷本，R.布勒纳、K.克拉默和R.维尔出版，蒂宾根，1970年，第1卷，第73—104页；并参见我的论文"诠释学问题的普遍性"，本书第219页以下。]

是语言的经验。我们在语言的解释中所表达的难道不是和现实的相遇么？与统治和不自由的相遇，导致了我们政治观念的发展，我们在掌握劳动过程中作为我们人类自我发现的道路加以经验的就是劳动的世界、能力的世界。认为我们人的自我理解、我们的评价、我们与自身的谈话并非首先是在我们人类在统治和劳动中生存的具体经验中才有它具体的实现和批判的作用，这是一种错误的抽象。我们在一个语言世界中活动并通过预先形成的语言经验进入我们的世界，这一情况根本不会使我们失去批判的可能性。恰好相反：只要我们使自己置身于同其他具有新的批判思考和新的经验的思维不同的人的谈话之中，就可以为自己开辟超越我们的习俗和一切前定经验的可能性。在我们的世界中基本上涉及的仍然是一开始就涉及的相同的东西，这就是在语言上被纳入习俗传统和社会规范之中，而在这一切习俗传统和社会规范的后面则存在着经济利益和统治利益。而正是在我们人类的经验世界中，我们依靠我们的判断力，亦即依靠我们对于一切习俗采取批判态度的能力。事实上我们要把它归功于我们理性所具有的语言效力，我们并不是由于语言而使理性受到了阻碍。确实，我们的世界经验并非仅仅在学习说话和语言练习中发生，这十分正确。正如哈贝马斯借助于皮亚杰的研究所指出的，还存在着前语言的世界经验。存在着手势、神色和表情等把我们相联系的语言，以及笑和哭（普莱斯纳〔H. Plessner〕曾让我们注意笑和哭的诠释学），还存在着经由科学而建造起来的世界，在这个世界中精确的数学符号的特殊语言最终使理论构成有了固定的基础并使人具有制造和操纵的能力，这种能力对我们来说正是一种 homo faber 即人类技术发明能力的自我表现。但所有这些人类自我表现的形式本身却必定要不断被纳入那种灵魂和自己的内心对话之中。

我承认,这种现象证明,在语言和习俗的相对性之后,存在着一种共同的东西,它根本不是语言,而是一种旨在可能被语言化的共同的东西,也许用"理性"这样一个词来称谓它也还算可以。当然存在着某种把语言称之为语言的东西,这就是,作为语言的语言以一种特有的方式和所有其他的交往行为相区别。我们称这种区别为书写和书面文字。像某人和另一人或某人和自己进行的有说服力的谈话,这样以如此直观和生动的方式相互不可分离的东西却能够接受这种僵死的书画文字形式(这种书面文字形式能破译、能阅读、能用新的意义阐释),从而使我们整个世界或多或少地——也许这种情况不会再延续多久——变成一个文字的世界,一个通过书写和书面文字进行管理的世界,这到底意味着什么?文字的普遍性是以什么东西为基础?在文字中又会发生什么?撇开一切文字的区别性我也许可以说:一切文字都要求被理解,要求一种犹如对内心耳朵增强提升的东西。这一点在涉及诗歌之类时是不言而喻的,即使在哲学领域中我也经常对学生说:你们必须竖起你们的耳朵,你们必须知道,当你们把一个词放在口中时,你们并不是在使用一种随心所欲的工具,不合人意就可能被扔到角落里去的工具,实际上你们已固定在某种思维方向上,这种思维方向自古以来又远远超越你们而去。我们所作的始终是一种回溯(Rückverwandlung)。从广义上我想把它称为"翻译"(Übersetzung)。阅读已经是翻译,而翻译则是再一次翻译。我们可以思考一下这种情况,什么叫我们在翻译,这就是说,我们把某种死的东西转释为一种新的阅读理解过程,或者说从某种用陌生的语言表述出来的作为文本存在的东西转译成另一种我们自己的语言。

翻译过程从根本上包括了人类理解世界和社会交往的全部秘密。翻译是内心的预见,即在整体上预先把握意义和对被预见的东西的明确的确证的不可分割的统一。一切说话本身都具有这种先认识和确证的性质。亨利希·冯·克莱斯特(Heinrich von Kleist)写过一篇名为《论思想在谈话中的逐渐完成》(Über die allmähliche Verfertigung der Gedanken beim Reden)的好文章。我认为,每个考学生的教授,都首先必须在一份保证书上签名,证明他看过这篇文章。这篇文章描述了亨利希·冯·克莱斯特在柏林报考硕士时的经历。那时的考试是公开的,当然来听者只是未来的考生(这在今天也是如此)。亨利希·冯·克莱斯特描写了考试是如何进行的,考试中教授如何像子弹出膛一样提出一个问题,而考生也必须像子弹出膛那样讲出答案。然而如今我们都知道:任何一个人都知道答案的问题只有傻瓜才能回答。问题应该自我设立,这就是说,问题应该包括一种回答可能的开放性。所作出的回答合乎理性是人们能够评价的唯一可能的考试成绩。计算机和鹦鹉可以用快得多的速度找出一个"正确"答案。克莱斯特还为这种经验找到一个很漂亮的词:思想的孕育必须置于运动之中。在讲话中的情况即是:一个词给出了另一个词,并由此发展了我们的思想。一个词是真正的词,是当它在说话中从还被预先公式化了的语言宝库和语言用法中被提供出来。人们说着这种词,而这种词又把人们远远引向他们自身也许看不出的后果和目标。这就是语言的世界指向之普遍性的背景，换言之，亦即我们的世界知识对于我们来说并不是我们要学会吃力地逐段逐段背出来的无限的文本。"背诵"（Aufsagen）这个词应该使我们意识到它根本不是讲话。背诵与讲话相反。背诵早已知道接下去的是什么，从而不会遇到突然灵机一动这种可能的好处。我们都知道在最坏的演员那儿所具有的经验，这种演员只是背诵，使我们觉得当他说出第一个词时就总是在想着下一个词。这其实根本不是说话。只有当我们冒险提出某些东西并跟从它的含义的时候，我们的说话才是说话。总而言之我想说，在关于我们理解的语言性问题上的真正误解实际上是对语言的误解，似乎语言只不过是词、句子、概念、观点和意见等等的组合。语言实际上只是一种词，这种词的效能为我们开辟了继续说话和彼此谈话的无限性以及和自己说话和让自己说话的自由。语言并不是强加在我们身上的人们制造出来的习俗，前图式化的负担，而是使语言整体不断重新流动起来的生成力和创造力。

16
无谈话能力
（1972年）

我们马上就会理解这里提出的是怎样一个问题，以及这个问题是从何种事实出发的。是谈话的艺术消失了？难道我们没有看到当代社会生活中日益增长着一种人类行为的独白化？这是与科学技术思维方式相联系的当代文明的一般现象，还是现代世界中特殊的使青年人缄口的自我异化和孤独的经验？甚至是决心抛弃一切理解愿望，是对统治着公众生活被其他人诉之为无谈话能力的假理解的愤怒的反抗？以上这些就是每一个听到本文讨论的题目时马上会想到的问题。

谈话的能力是人的自然能力。亚里士多德说人是拥有语言的生物，而语言只可能存在于谈话中。尽管语言可以规范化，可以在词典、语法和文学中有一种相对的固定化——但语言固有的生动性，它的老化和更新、它的粗糙化和精美化，直至达到高度的文学艺术风格形式，这一切都依赖于互相进行谈话的人之间生动的交流。语言仅仅存在于谈话之中。

但谈话在人们之间所产生的作用却极为不同。有一次我在柏林的一家旅馆观察过一个芬兰军官军事代表团，他们围着一个巨大的圆桌坐着沉默不语地沉思着，而在每个人与他的邻座之间都隔着遥远的心灵苔原，就像隔着一段不可跨越的距离。但是有哪一个北方国家的旅行者又会对南方国家如西班牙或意大利市场和广场上经常出现的大叫大嚷的谈话热潮不感到惊奇呢！然而，我们也许既不应该把前一种情况看作缺乏谈话愿望，也不应把后一种现象视为具有特殊的谈话天才。因为谈话也许还有些不同于在它声音强弱中变化着的群体生活的中交往方式。而对无谈话能力的抱怨指的也不是这点。谈话应该在一种更高要求的意义上来加以理解。

我们用一种相反的现象来说明一下吧，这种现象也许对我们谈话能力的退化并不是无责任的：我指的是电话中的谈话。我们已经非常习惯于在电话中进行长时间的谈话。在两个站在一起的人之间是几乎感觉不到在打电话时由于谈话只限于声音而出现的交往的贫困化。但谈话的问题绝不会出现在以下情况中，即两个生活有紧密联系的人继续编织谈话的线索。无谈话能力的问题毋宁是说，人们是否能做到足够坦率并感到对方也很坦率，以便使谈话的线索能够继续下去。而在这里电话谈话的经验就像照相有底片一样是文件档案式的。在电话中几乎完全不可能窥察到对方是否有参加谈话的坦率的诚意，电话中人们从不可能感受到这样一种经验，它常常使人们相互接近，一步一步更深入到谈话之中，最终两人都深深地陷入到谈话之中，从而产生出一种使谈话双方之间不可分离的共同性。我把电话中的谈话称作照相底片式的谈话。因为通过以电缆为媒介人工的接近，人们几乎感觉不到使人们能够互相靠拢的探问和谛听这种气氛。在每一次电话通话中不管对话者如何确信他是怎样高兴，但总有一些野蛮的干扰或被干扰存在。

我们的这一比较第一次使我们感觉到，要进行能够把谈话引向人类共同性深处的真正谈话的条件相距多么遥远，以及在现代文明中有哪些与谈话相对立的反对力量得到了发展。也许刚刚处在技术完善开端的现代信息技术——如果可以相信技术预言家的话——不久就将把书籍和报纸甚至把从人的相互接触中可能产生的真正的教诲都完全变成多余的东西，这种信息技术使我们回忆起它的对立面，这就是曾经改变了世界的谈话巨人：孔子和释迦牟尼、耶稣和苏格拉底。虽说我们也阅读他们的谈话，但它们只是其他人的记录，这些人不能保持和再现谈话原有的超凡魅力。这种超凡的魅力只存在于生动自发的问和答，讲话和听别人讲话之中。虽然这些记录具有一种特殊的文件式的力量。在某种意义上它们是文学，也就是说，它们以书写的艺术为前提，这种艺术懂得如何用文学的手段描绘和塑造生动的现实。但这种记录与想象力的文学游戏不同，它具有一种独特的透明度，它表明它是以真人真事为背景的。神学家弗朗茨·奥佛伯克（Franz Overbeck）正确地考察过这一点，并在运用到《新约》时用了"原文学"（Urliteratur）的概念，这种原文学与真正的文学相比要早得多，就像原始时代相对于有历史记载的时代一样。

在此再看一下另外一种类似现象是有好处的。无谈话能力并非我们所知道的唯一的交往衰退现象。我们早已观察到信件和通讯的减少。17和18世纪爱写洋洋万言长信的人早已属于过去的年代。显然，对于通信这种通讯方式来说，用巡回邮车——这完全是按字母意思指邮车马匹的巡回——相互作答的邮车时代，比起以几乎可以完全同时进行问与答的电话技术时代要有利得多。了解美国的人都知道，在美国现在人们比古代写信要少得多。确实，现代人们用信件彼此通讯（这即使在古代也是尽可能减少），尽可能局限于那些既不能使用语言的创造力，又不能使用心灵的感受力，也不能使用创造性的想象力，或许用电传打字机可以干得比羽毛笔更好这样的事情。信变成了一种落后的通讯工具。

即使是在哲学思维的领域，谈话现象，尤其是两人之间被称为对话的那样最佳的谈话形式也起着一种作用，而且在我们把其认识为一般文化现象的相反领域也起着作用。首先使谈话现象相对于哲学思维后果严重的独白性具有一种批判作用的是浪漫主义时代及其在 20 世纪的复兴。像弗里德里希·施莱尔马赫这样的谈话大师、友谊的天才，或者弗里德里希·施莱格尔，他的敏感使他更加热衷于谈话而不是固执己见，他们两人同时都是某种辩证法的哲学辩护士，这种辩证法认为柏拉图式的对话模式和谈话模式具有自己的真理优势。很容易看出这种优势存在于何处。如果有两个人相遇并彼此进行交流，那么总是好像有两个世界，两种世界视角和两种相对立的世界观。这并不是如大思想家的思想以其概念的严格性和他们所制定的理论试图使其得以传播的那种对一个世界的一种看法。即使柏拉图也并非仅仅出于对谈话大师，即苏格拉底的崇敬才以对话形式写下他的哲学。他在对话中就已经看到一种真理的原则，即话只有通过被他人接受并得到他人赞同才能得到验证。思维的结果如果得不到另一个与他的思想同步的其他人的赞同，这种思维的结果就没有说服力。确实，人的每一种观点都带有某些偶然因素。人们经验世界的方式，看、听甚或品尝等等都保持着它特有的不可扬弃的秘密。"谁用手指指着一种气味?"(里尔克)正如我们对世界的感性认识永远是个人的感觉一样,我们的欲望和利益也各不相同,而大家所共有的并且能够把握大家所共有的东西的理性面对我们每个个性内在的盲目性却显得软弱无力,因此,和其他人的谈话,他的反对或赞同,他的理解或误解都意味着我们个性的某种扩展,并且是对理性激励我们去达到的可能的共同性的检验。我们可以想出一系列的对话哲学都是从这一经验出发的,即从整个世界反映在其中的不可混淆的个人的观点以及在一切个人的观点中表现得不一样的整体世界出发。正是莱布尼茨伟大的形而上学概念使歌德也叹为观止,莱布尼茨说,单个的个人是宇宙的多面镜,而在多面镜中反映出来的整体就是那同一个宇宙本身,这样就可以构造出一个谈话的宇宙。

使浪漫主义通过揭示个性的不解之秘密转而反对抽象的一般概念的东西,在本世纪初对19世纪学院哲学的批判以及对自由主义的进步信念的批判中得到了复兴。恰恰是德国浪漫主义的学生,丹麦作家克尔凯郭尔在19世纪40年代以高超的写作艺术对黑格尔唯心主义的学院统治宣战,这并非偶然,克尔凯郭尔在20世纪由于他的作品被译成德文因而在整个欧洲获得影响。正是在海德堡(以及德国的其他许多地方),克尔凯郭尔的思想把"你"的经验以及联结我与你的话的经验与新康德主义的唯心主义相对立。在海德堡尤其是因雅斯贝斯而受到促进的克尔凯郭尔复兴在《创造》(Die Kreatur)杂志上得到了有效的表达。像弗朗茨·罗森茨威格和马丁·布伯,弗里德里希·戈加滕和弗迪南德·埃伯纳这样一些人(为了提及源自不同阵营的犹太教、基督教和天主教的思想家)以及一个有威望的精神病医生维克多·冯·魏茨泽克都统一于一个信念,即谈话是通向真理之路。

什么是谈话?我们想到的当然是在两个人之间进行的一种过程,这种过程尽管具有扩张性和潜在的无限性却具有本身的统一性和封闭性。对我们而言所谓谈话就是,在我们心中留下某些痕迹的东西。这并不是说我们在谈话中经验到某些新的东西从而才使谈话成为一场谈话,而是说我们在其他人那儿遇到了在我们自己的世界经验中未曾接触过的东西。促使哲学家对独白性思维进行批判的东西,个人在自身身上就可以经验到。谈话具有一种转变力。凡一场成功的谈话总给我们留下某些东西,而且在我们心中留下了改变我们的某些东西。因此,谈话与友谊比肩而立。⑬只有在谈话中(以及就像达成某种默契而相视而笑中)才能互相成为朋友并造就一种共同性,在这种共同性中,每人对于对方都是同一个人,因为双方都找到了对方并且在对方身上找到了自己。

然而为了不要老是只讲谈话的这种极端和深奥的意义,我们想把我们的注意力转向存在于我们生活中的各种谈话形式,以及处于本文所要讨论的特殊威胁下的谈话形式。这首先是教育式的谈话。这并不是说它本身就具有特别重要的意义。而是说,在教育式的谈话中可能特别清楚地表明,在无能力谈话的经验背后存在的究竟是什么东西。虽然教师和学生之间的谈话肯定是谈话经验的原始形式,而一切我们上面已经谈到的富有魅力的谈话大师

---

⑬ [参阅我为《U. 赫尔希(Hölscher)纪念文集》(维尔茨堡,1985 年)所写的论文"友谊和自我认识",载我的著作集,第 7 卷。]

都是大师和教师,他们都通过谈话教育他们的学生和追随者。但是在教师的情况中显然存在着一种特殊的困难,即要在自身中保持能使大部分人折服的谈话能力。一切教书的人都认为他必须讲话并能够讲话,而他越是能够前后一贯、有联系地讲话,他就越以为他在传播他的学说。这就是我们大家都知道的讲台危险。我想起了我在学生时代在胡塞尔那里上讨论课的情景。众所周知,这种讨论课应该尽可能地引导学生进行研究式的谈话或至少是教育式的谈话。20年代初作为弗赖堡的现象学大师怀着深深的传教使命感并在哲学教学工作中确实很出色的胡塞尔,却不是一位谈话的大师。在讨论课上他先提出一个问题,在得到简短的回答后接着他就这个回答进行两小时不间断的独白式讲学。讨论课结束,他和他的助手海德格尔走出课堂时,他对海德格尔说:"今天可进行了一场热烈的讨论。"——这种经验在今天导致了像讲座危机这样的情况。这里的无讲话能力显然主要是在教师这一边。就教师原本是科学传授者而言,那么就是在于现代科学和理论构成的独白式结构。我们在大学生活中曾一再试图通过讨论而使讲座气氛变得活跃一点,当然在这里我们也不得不出相反的经验,这就是要把听众倾听的行为转向提问和反问的主动行为是极其困难、鲜有成功的。最后在教师的情况中只要它超出小范围谈话的亲密气氛,那么就存在着一种无法消除的谈话困难。柏拉图早已意识到这一点:一场谈话从来不可能与许多人同时进行,或仅在许多人在场的情况下也不可能进行谈话。我们的所谓讲台讨论(Podiumsdiskussion),在半圆桌上的谈话只是一种半死的谈话(halbtote Gespräche)。但确实存在其他的、真正的,亦即个体化的谈话情境，在这种情境中谈话才保持它真正的功能。我想把三种谈话形式区别开来：协商谈话（Verhandlungsgespräch）、治疗谈话（Heilgespräch）和知己的谈话（vertrauliche Gespräch）。

光从字面上就可以看出协商谈话强调的是交换性，在意见交换中谈话双方相互接近。显然这里涉及的是社会实践的形式。在两个业务伙伴之间的谈判或政治谈判都不具有所谓个人交换意见的性质。在谈判中如果谈话是有成果的，那么虽然谈话也达到一种平衡，这是谈话的本来规定，但是在相互交流其条件中达到平衡的人却并不是作为个人说话和出场的，而是作为由他们代表的党派利益的代言人。尽管如此，如果能更仔细地研究一下富有成果的商人或政治家究竟具有何种真正的谈话天才，他们如何懂得克服对方身上存在的妨碍平衡的障碍，这也是颇有吸引力的。这里显然有一个关键的前提，即要善于把对方当作对方。在这种情况下就是要了解与自己利益相对的对方的真正利益，而被正确预感到的对方利益也许就已经包含了达成一致的可能性。就此而言，协商谈话中本身就表现出谈话的重要规定，这就是为了能够谈话，就必须能够倾听。和对方接触即使在仅仅涉及金钱或权力利益的地方也能使自己超越自己的界限。

对我们的题目具有特殊启发力的是治疗性谈话，尤其是在精神分析门诊中经常使用的治疗谈话。因为在这里，无谈话能力恰好是出发点，由此出发重新学习谈话就是治疗过程本身。把病人最终驱赶入完全无助的病态干扰就在于，和周围世界的自然交往被神经错乱的观念打断了。病人愈是深深地沉溺于这种错乱观念之中，以致使他不再能去真正倾听他人的谈话，他就愈是沉溺于自己病态的观念之中。但正是由于他不能忍受和人类自然的谈话共同体的分离才使他最终认识到自己病了,从而使他去求医。这里描写的是对我们的论题极有意义的出发情形。极端的例子总是比一般的例子更有教益。精神分析性的治疗谈话之特殊性恰好在于,构成这种特殊病情的无谈话能力,唯有通过谈话才能获得治疗。但从这种过程中学到的东西却不能够简单地转用到其他领域。首先精神分析家并不仅仅是谈话伙伴,他还是知情者,他要突破病人的反抗努力去开启受禁忌的无意识领域。虽说人们说得很有道理,谈话本身是共同的启发工作,它并非仅仅是医生知识的运用。但另外一个与此相联系的条件却是专业性的,它限制了把精神分析式的治疗谈话转用到社会实践的谈话生活:这里的首要前提是病人认识到自己有病,也就是说,无谈话能力在这里是自己承认的。

但我们所思考的本来的论题却相反,是一种自己不承认的无谈话能力。它的典型形式恰好相反,即人们不是看到自己的无能力,而是看到他人的无能力。人们说"和你没什么好谈的"。而对方的感觉和体验则是未被理解。这就使人一开始就哑然无言,甚或被气得咬紧嘴唇。因此"无谈话能力"归根到底总是某个自己不能谈话,或者不能成功地与他人展开谈话的人们所提出的诊断,但是他人无能力始终也同时是自己的无能力。

我想从主观和客观两个方面来分析这种无能力。亦即一方面谈谈主观的无能力,即无能力倾听,另一方面谈谈客观的无能力,这种客观无能力的基础就是不存在共同语言。无能力倾听是一种众所周知的现象,因此我们根本无需想象其他特别具有这种无能力现象的人。我们从自身就足可体验到这种情况,因为我们常常漏听或错听。这难道不是人类的基本经验之一,即我们不能及时地感觉到他人身上发生的事情,我们的耳朵不够灵,因而不能听出对方的沉默和观点?抑或人们听错了?这种情况的发生似乎是不能令人信服的。我曾有一次——由于莱比锡地方当局的(本身无关紧要的)侵犯——被关于警察局监牢中。在那里走廊上整天有人被喊去受审讯。我几乎在每一次听到呼喊时都以为听到了自己的名字——我心里这种期待竟如此迫切!漏听和错听——这两者都源于相同的在自身中可能出现的原因。漏听或错听的人总是经常倾听自己的人,他的耳朵好像总是充满了他经常对自己说的话,因为他总是在追逐自己的欲望和兴趣,以致不能倾听对方的话,这就是我所强调的我们不同层次的本质特性。但尽管如此,我们总是能重新具有谈话的能力,亦即倾听对方的话的能力,我认为这就是意味着人向人道的真正升华。

当然,也可能存在着客观的原因,我们越是习惯于当代科学文明的独白状态,越是习惯于听任匿名的通讯技术的摆布,人们之间的共同语言也就越会日趋崩溃。我们可以想一下宴会上的谈话以及在某些值得同情的美国富人的豪华住宅中由于现代化技术设备和他无谓的浪费才达到的谈话的受抑的极端形式。在这种住宅中,餐厅布置得使每个就餐者从他的菜盘上一抬起头就可以舒适地看到专门为他设置的电视屏幕。我们还可以勾画出更为先进的技术进步,譬如说人们可以戴上一副眼镜,这种眼镜不能透视,而是只能看到电视,就像人们有时看到有人在奥登森林中漫游,同时听着漫游者身边带着晶体管收音机中播放的熟悉的音乐一样。这

无谈话能力

些例子只是想说明，确实存在着使人们有可能荒废说话能力的客观的社会条件，而说话就是和某人的说话或回答某人问题，也就是我们称之为的谈话。

然而极端例子也可以说明一般情况。我们可以看到，人们之间的相互理解既创造着一种共同的语言，反之又是以共同语言为前提。人们之间的疏远表现在，他们不再说（如人们所说的）同一种语言，而人们之间的接近就在于：他们找到了一种共同的语言。确实，凡是缺乏共同语言的地方，相互理解就极为困难。而只要人们寻找共同语言并最终找到了共同语言，那么相互理解就一定能成功。我们可以在操不同母语的人之间结结巴巴谈话的极端例子中认识这一点，他们只知道对方语言的只言片语，但却感觉到迫切需要相互说点什么。在这种情况下，人们如何在实际交往中，甚至在个人或理论性的谈话中最终达到理解，甚至最终达成一致，这也许可以成为一种象征，它表明，即使是在似乎缺乏语言的地方也可能达到相互理解，只要有耐心、敏感、有同情心和宽容，以及对作为我们生命之一部分的理性的无条件的信任。我们经常体验到，即使是在不同气质、不同政治观点的人们之间，也能进行谈话。"无谈话能力"在我看来与其说是对方实际具有的缺点，还不如说是人们对不想跟从他们思想的人提出的一种谴责。

IV

发 展

17
诠释学问题的普遍性

（1966年）

为什么语言问题在当今的哲学讨论中占据了类似思想这一概念或者说"思考自身的思想"这一概念于一个半世纪以前所处的中心地位？我想用这个问题间接地对我们必须称之为近代的中心问题的这个问题——一个由于近代科学的存在而向我们提出的问题——作一个回答。我指的问题是，当我们经历了自己的生活历史和生活命运之后，我们作为人所具有的天然的世界观和世界经验如何和那种表现科学见解的不容置疑的、匿名的权威发生关系。自从17世纪以来，哲学的真正任务一直在于把人的认识能力和创造能力的新运用和我们人类生活经验的总体相调解。这个任务曾以不同方式表达出来，并包括今天我们这代人所从事的试图，因为我们这代人把我们在世存在的基本进行方式，亦即语言这个论题，作为包罗万象的世界构造形式置于哲学的中心地位。因此，我们总是想到凝固在非语言符号中的科学陈述，我们总是具有以下任务，把通过科学而可支配的并受我们随意操纵的对象世界，亦即我们称之为技术世界和那种既不是任意的也不再是可由我们操纵的、而仅仅要求我们尊重的我们存在的基本秩序重新联结起来。

我想对一些简单明了的现象进行解释，诠释学观点的普遍性即与此相关。我联系到海德格尔在他早期发展的说话方式以及原本产生于新教神学并经由威廉·狄尔泰引入我们世纪的观点的继续发挥而把这种观点称为"诠释学的"。

什么是诠释学？我想从与我们的此在休戚相关领域中遇到的两种异化经验开始讲述这个问题。我指的是审美意识的异化经验和历史意识的异化经验。我想说明的问题在这两种情况中都可以用很少几句话说明：审美意识承认一种我们既不能否认也不能缩小其价值的可能性，即：我们或者批判地或者赞同地使自己和一种艺术构成物(Gebilde)的性质发生关系，这句话的意思是说，我们本身具有的判断力将最终决定判断对象的陈述力及其效果。我们所拒绝的艺术品不会对我们说什么东西——或者说，我们之所以拒绝它，正是因为它无法对我们说什么东西。这就在艺术一词最广的意义上刻画了我们和艺术的关系，正如黑格尔指出的那样，艺术显然包括了整个古希腊-非基督教的宗教世界，它是艺术-宗教，是以人类形象的回答体验神性的方式。当这整个经验世界异化成审美判断的对象时，它显然就失去它原来毫无疑义的权威。此外，我们还必须承认，对我们而言——艺术传承物的世界，艺术用如此多的人类世界为我们赢得的伟大共时性(Gleichzeitigkeit)远不只是我们能任意地接受或拒斥的一种对象。当我们被一件艺术品吸引时，它就再也不让我们随意地撇开它或仅仅按我们自己的主张接受它或拒斥它，这种情况难道不是真的吗？那些千百年流传下来的人类艺术天才的创造物确实并非为这种美学的接受或拒斥而创作，这难道不也是真的吗？任何一个和过去的宗教文化联系的艺术家都只能带着如下意图创作他的艺术品，即：他所创造的作品将在它所说和所表达的东西上被人接受,被纳入人类彼此生活的世界。艺术的意识,审美的意识,它们都是第二性的意识。相对于从艺术品本身引出的直接的真实性要求,它们只是第二性的。当我们根据一件艺术品的美学特性对它进行判断时,它就疏离了一些实际上与我们更为亲近的东西。当我们离开抓住我们的直接的真实性要求、不再追求这种要求时,总是会发生这种向审美判断的异化。因此,我思考的出发点之一就是,在艺术经验领域起作用的审美主权,一旦面对我们在艺术陈述的形式中遇到的真正的经验现实,它就表现为一种异化。①

大约 30 年以前,这里提出的问题曾以一种被歪曲的形式出现过,那时,国社党的艺术政策为了实现和达到它自己的政治目的,曾试图用艺术与民族紧密联系的话对纯美学文化的形式主义进行批判。尽管这种说法在执行这种口号的人那里遭到滥用,但我们不能否认,艺术与民族紧密联系的观点包含一种真知灼见。每一件真正的艺术创作总是隶属于它的社会群体,而这种群体总是和受艺术批判影响和威胁的文化社会相区别。

异化经验的第二种模式是我们所谓的历史意识,这是一种逐渐建立的,在接纳过去生活的见证物时保持一种自我批评距离的高贵的艺术。兰克消除个体性的著名公式曾经披上一件作为历史思想风俗习惯的通俗形式:历史意识的任务是,从时代精神出发理解该时代的所有证据,把这些证据从我们自己当今生活的令人喜

---

① [对此参见我 1958 年写的"审美意识的疑难",以及我的著作集第 8 卷中的其他文章。]

欢的现实性中解救出来,把过去作为一种人类现象来认识而无须作道德上的美化。② 在他著名的论文《历史对生命的作用和损害》(Über Nutzen und Nachteil der Historie für das Leben)中,尼采系统阐述了这种历史距离和始终与当代联系在一起的直接的塑造意志(Formungswillen)之间的矛盾。与此同时,他揭露了这种所谓"亚历山大式"的衰弱的生存形式意志(Formwillen)的许多后果,这种生存形式意志表现为现代历史科学。我们可以回忆他对现代精神的评价软弱的指责,由于现代精神如此习惯于在各种不同的、变化的情况下考虑事物,它已变得眼花缭乱,以致不能对呈现给它的东西形成自己的观点,不能对与它劈面相遇的事物决定自己的立场。尼采把这种历史客观主义的价值盲目性归溯到陌生的历史世界和当代的生活力量之间的冲突。

显然,尼采是一个狂热的见证者。但我们在过去 100 年间以这种历史意识所作出的历史经验十分有力地告诉我们,历史意识与它的历史客观性的要求具有本身特有的困难。即使是对那些看起来已经极为成功地达到了兰克个体主义自我消融的要求的历史学研究巨著,我们仍然能够准确无误地把它们归属于写作这些著作时所处时代的政治倾向,这对于我们科学经验已是毋庸置疑的事实。当我们阅读蒙姆森(Th. Mommsen)的罗马史的时候,我们知道唯有谁才可能写作这本书,也就是说,这位历史学家在他所处时代的何种政治境况中把过去年代的各种见解组织成一种富有意

---

② [参见 O. 福斯勒(Vossler)的"兰克的历史问题",该文是 L. 兰克所著《法兰西史——主要是 16 世纪和 17 世纪的历史》(莱比锡,1943 年)一书的导言。另见 O. 福斯勒:《精神与历史——论文集》,慕尼黑,1964 年,第 184—214 页。]

味的陈述。从普鲁士编年史学家中选几个著名的名字,例如特赖奇克(Treitschke)和西贝尔(Sybel),通过他们的著作我们同样可以认出这一点。这就首先清楚地表明,历史方法的自我理解所表述的,并非历史经验的整个现实。尽可能地控制我们自己当代的偏见从而不误解过去的证据,这无疑是一个正确的目标。但这显然不是在此要完成的理解过去及其传承物的整个任务。真正的情况可能是——追随这种思想,实际上乃是在对历史科学的自我观点作批判考察时提出的首要任务之一——唯有历史研究中不重要的事才会让我们接近这种完全消除个体性的理想,而那些重大创造性的研究成果总是保存了一些具有在过去中直接反映当代和在当代中直接反映过去的巨大魔力。我由之出发的这第二种异化经验,即历史科学,仅仅表达了我们的实际经验——即我们与历史传承物的实际照面——的一个部分,它所了解的仅仅是这种历史传承物的一种异化形式。

如果我把诠释学意识作为某种必须要发展的、包容一切的可能性而和上述异化例子相比较,那么,我们首先就必须克服科学理论的简单化,正是由于这种简单化,我们按传统方式称之为"诠释学科学"的东西才被归属到近代科学观念之中。例如,如果我们考虑施莱尔马赫的诠释学,就会发现,他关于这门诠释学学科的观点特别受到这种近代科学思想的限制,施莱尔马赫曾经把历史浪漫主义的观点引入他的诠释学,与此同时,他在头脑中仍然清楚地保留着基督教神学的考虑,并试图使他的诠释学作为一种普遍的理解技术理论而对解释《圣经》这项特殊工作有所帮助。施莱尔马赫把诠释学定义为避免误解的艺术。这种描述当然没有完全曲解诠释学的努力。陌生的东西很容易引起误解,这种误解由于时代的距离、语言用法的改变或语词意义和想象方式的转变使我们易于发生。因此,我们必须通过受控制的方法思考来消除误解。只不过这样就产生一个问题,当我说理解就是避免误解,这种说法是否对理解现象作出了恰当的定义?事实上,每一种误解不都是以某种如基本认同(tragendes Einverständnis)这样的东西为前提吗?

在此我试图使大家注意一种生活经验。例如,我们说,理解和误解是在我和你之间发生的。然而,"我和你"这个表述证明了一种令人惊奇的异化。根本不存在这种东西。既不存在"这个"我,也不存在"那个"你,只有一种对我而言的你说(Du-Sagen eines Ich)和相对于你的我说(Ich-Sagen gegenüber einem Du),但这些都是发生在理解之前的境况。我们都知道,每一个你说都以某种深层的共同一致为前提。这里负载有某种持久的东西。而且,当我们试图对持有不同意见的问题达到一致时,这种深层因素总是开始起作用,尽管我们极少意识到这种负载的因素。如今,诠释学科学却要我们相信,我们必须理解的文本乃是某种陌生的东西,它力图把我们诱引至误解,而我们的任务就是,通过一种受控制的历史训练过程,通过历史批判、通过与心理学导引能力相联系的可控制的方法把误解可能借以潜入的一切因素排除掉。依我看来,这种说法从某个方面说是正确的,但它仅仅是对一种包罗万象的生活现象非常片面的描述,这种生活现象构成了把我们都包括在一起的"我们—存在"。依我之见,我们的任务就是,超越作为审美意识、历史意识和被局限为避免误解之技术的诠释学意识之基础的成见,并且克服存在于这些意识中的异化。

那么,在这三种经验中被我们所遗漏的是什么呢?为什么这些经验的个别性对我们如经敏感呢?面对大量早已使我们深受感染并且我们称之为艺术中的"古典"的东西,审美意识是什么呢?③什么将对我们产生深刻印象,什么将被我们发现为有意义的,不是早就以这种方式决定了么?所有我们带着一种直觉的、哪怕是错误的但对我们的意识首先却是有用的确定性说,"这是古典的,它将永世流传",这些东西早已预先决定了我们进行审美判断的可能性。的确不存在一种纯粹的形式标准,它可以要求从高超的艺术技巧去判断和认可造型水平或塑造程度。相反,我们处在一种由不断向我们传来的声音而给予的我们感性和精神存在的审美共振之中——它是所有清晰的审美判断的前提。

历史意识的情况也是如此。在此,我们显然同样必须承认,有无数和我们自己的当代及其历史意识深度没有关系的历史研究任务。但我无疑认为,我们的文化和我们的当代由之生存的巨大的过去视域,无疑影响着我们对未来的一切向往、希望和畏惧。历史是与我们的未来相联系,并且本身只是根据我们的未来而存在。这些我们都从海德格尔那里学到过,因为他清楚地展示了,未来对于我们可能的回忆和记忆从而对于我们的整个历史所具有的首要地位。

这一点也表现在海德格尔关于诠释学循环创造性的论述中,

---

③ 〔如果把我在《真理与方法》(见我的著作集,第1卷,第290页以下)中关于"古典型的例证"所说的当作承认一种柏拉图化了的古典风格理想(H. R. 尧斯:《审美经验和文学诠释学》,法兰克福,1979年),而不是对一种历史范畴的解释,那就是一种误解。〕

我曾对这种观点作过如下表述:构成我们存在的与其说是我们的判断,不如说是我们的前见。④[17]这是一种带有挑战性的表述,因为,我用这种表述使一种积极的前见概念恢复了它的合法地位,这种概念是被法国和英国的启蒙学者从我们的语言用法中驱逐出去了。我们可以指出,前见概念本来并不仅仅具有我们加给它的那种含义。前见并非必然是不正确的或错误的,从而会歪曲真理。事实上,从我们存在的历史性就可以推出,从文字意义上讲,前见构成了我们整个经验能力的先行指向。前见是我们开启世界的先入之见,正是它们构成我们经验事物的条件,构成我们遭遇到的事物对我们诉说的条件。这当然不是说,我们被一堵偏见的墙所包围,只让那些持有其护照的东西通过狭窄的入口,并坚持:"这里不会说出新东西。"相反,我们欢迎的正是那些向我们好奇心有预告新东西的客人。然而,我们从何知道我们所接纳的客人是能向我们讲出某种新东西的人呢?⑤ 难道我们听新东西的期待以及准备不是同样必然受到早已占据了我们的老东西的规定吗?这就足以证明,为何和权威概念具有密切内在联系的前见概念需要从诠释学角度恢复名誉。然而,如同每一种观点一样,这种观点同样也不完全确切。诠释学经验的本质并不是什么等在外面渴望进来的东西,相反,我们是被某种东西所支配,而且正是借助于这种支配我们的东西才会向新的、不同的、真实的东西开放。柏拉图把这一点

---

④ [《真理与方法》,见我的著作集,第 1 卷,第 278 页以下,以及"论理解的循环",本书第 57 页以下。]

⑤ [关于"新东西"的概念,参见《老东西和新东西》,1981 年,萨尔茨堡文艺节上的开幕词(载我的著作集,第 4 卷)。]

说得很清楚,他巧妙地把躯体的食物和精神的食粮作了比较:即使我们能拒绝前者(例如,根据医生的建议),但我们总是早已接受了后者。⑥

当然现在的问题是,面对近代科学的存在,我们怎样保证自己存在所具有的诠释学条件性的合法性,因为近代科学遵循不带先入之见和无成见的原则。我们显然不能通过为科学制定规则并建议它严格遵守这种规则来使我们存在的诠释学条件取得合法性——且不说这种说法总是有点儿滑稽。科学不会帮我们这种忙。科学将以一种超越对它的控制的内在必然性继续自己的道路,它将创造出越来越多令人惊奇的知识和控制力量。它不可能有其他途径。因为某种研究可能有培养出超人的危险而去阻止遗传学家的研究,这显然是愚蠢的。因此,这个问题并不是说,我们的人类意识把自己置于和科学进程相对立的地位,竟然宣称要发展一种反科学。尽管如此,我们却不能避免下述问题,即我们在审美意识和历史意识这类显然无害的对象中所意识到的东西是否也表现了一种在现代自然科学和我们对待世界的技术态度中存在的问题?如果我们根据现代科学的基础建立一个将我们周围的一切都加以改变的充满新技术目的的世界,我们就不会假定为此而获得了决定性知识的研究者会对这种技术的可利用性只轻率加以一瞥。真正的研究者是被一种真诚追求知识的热望所推动而绝不受其他欲望推动。尽管如此,我们仍然必须提出以下问题,面对建筑在我们现代科学之上的整个文明是否不断有什么东西被忽略

---

⑥ [《普罗塔戈拉》,314a。]

了——如果使这些认识和创造成为可能的先决条件仍然处在半明半暗之中,结果是否会使运用这些知识的人本身都遭到毁灭。⑦

这个问题确实具有普遍性。诠释学问题,正如我已加以阐明的那样,绝不局限于我开始自己研究的领域。真正的关键是确立一种理论基础,从而能够承担当代文化的基本事实,承担科学及其工业的、技术的利用。统计学为我们提供了一个有用的例子,表明诠释学因素如何囊括了科学的全部过程。作为一个极端的例子,它表明,科学总是处于方法论抽象的限制条件之中,而现代科学的成果有赖于如下事实,即其他提问的可能性都被抽象所掩蔽。在统计学中这种事实表现得很明显,因为,统计学所要回答问题的前把握性使它特别适合于宣传的目的。要想取得宣传效果,就必须事先影响它的宣传对象的判断,并试图限制他们的判断能力。因此,统计学所确立的东西看起来似乎是一种事实的语言,但是,这些事实所回答的是什么问题,如果提出另外的问题又将由哪些事实开始讲话,这些却是诠释学的提问。只有诠释学的研究才能判定这些事实所含意义,并判定由这些事实引出的结论的合法性。

然而我却抢先并且是无意地使用了以下这种说法,即何种答案回答何种问题依事实而定。事实上,这就是诠释学的原始现象:没有一种陈述不能被理解为对某个问题的回答,并且也只能这样来理解各种陈述。这一点丝毫也没有损害给人深刻印象的近代科学方法论。谁想学习科学,谁就必须学会掌握它的方法论。然而我们同样知道,方法论本身并不能在任何意义上保证其应用的创造性。正

---

⑦ [在此期间许多在讨论的科学的责任性问题,依我看来是一个道德问题。]

相反（生活中的任何经验都可以证明），存在着运用方法论而毫无成果的事实，那就是，把方法用到并非真正值得认识的事物身上，用到那些还没有成为以真问题为基础的研究对象的事物身上。

近代科学的方法论自我意识当然反对这种论点。例如一个历史学家会提出异议：谈论这样一种历史传统当然很好，在这种历史传统中唯有过去的声音才获得其意义，并且那些规定当代的前见也是通过这种历史传统而产生。但在严肃的历史研究问题中情况就完全不一样。比如，我们怎么可能当真地认为，对15世纪城市纳税制度或者对爱斯基摩人的婚姻习俗的解释是从对当代意识及其预期中才获得其意义的？但是，这些乃是历史知识的问题，认识这些问题完全不依赖作为任务的任何当代关系。

为了回答这种反驳，即这种观点的极端性也许类似于我们在某些大工业研究机构中看到的情形，特别是在美国和俄国发生的情形，我指的是所谓的随机试验（Seriengrossversuch）。在这类试验中，人们投入所需的各种材料而根本不考虑浪费和代价，怀着侥幸心理，指望千百项措施中的某一项终有一天会导致一项引人注意的发现，也就是说，将成为对某个人们可以继续进一步研究的问题的解答。无疑，现代人文科学研究在某种程度上也以这种方式进行。比如，我们可以想一下，大量的出版物尤其是越来越完善的索引。现代历史研究能否通过这种程序增加我们的机会，从而真正注意到重要的事实并使我们的知识相应地丰富起来，这个问题还有待解决。但是，即使这样做了，人们还是可以问：从1000个历史学家中摘出无数的研究成果，也即确立事实联系的观点，以便使第1001个历史学家能发现某些重要的东西，这真是一种理想吗？当然，我这样说是给真正的学术研究画了一幅漫画。但在每一幅漫画中都有真理的因素,而我所勾勒的这幅漫画就包含着对以下问题的间接回答,即,究竟是什么造成了有创造性的研究者?是因为他学会了方法吗?然而,那些从未创造过任何新东西的人同样学会了方法。唯有想象(Phantasie)才是学者的决定性任务。想象在此当然不是指构想各种事情的模糊能力,相反,它具有一种诠释学的功能,并使人能敏感地发现什么是有问题的,使人能提出真正的、有创造性的问题——一般说来,只有掌握其科学的所有方法的人才能具有想象力。

作为柏拉图研究者,我特别喜欢苏格拉底和智者派艺术家进行争论的难忘场面,他用他的问题使他们陷入绝望,直到最后,他们再也不能忍受苏格拉底的问题,因而要求让自己担任显然更有成效的提问者角色。然而,结果怎样呢?他们根本不知道该问点儿什么。他们根本想不出值得深入研究并坚持给出后果的问题。

我从这个例子中得出如下推论。我一开始只从某些方面对诠释学意识进行描述,但它的真正仅仅总是在于,我们可以看出何者是该问的问题。如果我们所面对的不仅仅是各个民族的艺术传统,不仅仅是历史传统,不仅仅是处于其诠释学前提条件中的现代科学原则,而是我们的全部经验生活,我认为,我们这才算是成功地把科学的经验加入到了我们自身的、普遍的和人类的生活经验。因为,现在我们已经达到了可以称为(就像约翰纳斯·洛曼〔Johannes Lohmann〕所称⑧)"语言的世界构成"(sprachliche Welt-

---

⑧ "哲学和语学科学",载《促进哲学和具体科学关系的文集》,第15卷(1965年)。

konstitution)的基本层次。这种基本层次就是预先规定我们一切认识可能性的效果历史意识。我撇开不谈下述事实,即学者——甚至自然科学家——也许都不能完全独立于社会习俗及环境中的一切可能因素——我的意思是说,在他的科学经验内部,并不是"铁定般的推论规则"(赫尔姆霍茨语),而是不可预见的命运为他提供了有成果的思想,例如牛顿的苹果落地及其他偶然的观察燃起了科学灵感的火花。

效果历史意识在语言性中得到实现。我们可以从有思想的语言研究者那里得知,语言在其生命和进程中,绝不能被想成仅仅是自身变化的,相反,有一种目的论在其中起作用。这句话的意思是说,为了说出某些事物,不断构成的语词以及出现在语言中的表达手段都不是偶然地组合的,因为它们绝不会再次抽身出来;相反,却以这种方式建立起一种对世界的明确表述——这是一种似乎是受操纵的进程,我们总是可以在学习说话的孩子身上观察到这种进程。对此,请允许我引用亚里士多德的一段话,我对此要作比较详细的解释,因为,它从某个方面巧妙地描绘了语言的构成。这就是亚里士多德所说的 epagoge,亦即普遍性的形成。普遍性是如何形成的? 在哲学中我们说,达到一般概念,然而,甚至语词在这个意义上也显然是一般的。那么,语词如何成其为"语词",也就是说,语词是如何具有普遍意义的呢? 一个具有感觉的存在在其第一次统觉中,发现自己处于一个刺激因素的汹涌的海洋之中,如同我们所说,最后有一天他终于开始认识到某些东西。显然,我们借此并不是说他本来是盲目的,相反,当我们说"认识"(erkennen)时候,我们指的是"重新认出"(wiederekennen),亦即从流逝过去的形象之流中辨认出（herauserkennen）某些同一的东西。用这种方式辨认出的东西显然会保持住。但这究竟是如何发生的呢？一个孩子何时首次认出自己的母亲？是他第一次看到自己母亲的时候吗？不！那么，究竟什么时候呢？这是怎样发生的呢？我们究竟能否说，这是一次性的事件，即一种首次的认识把孩子从茫然无知的黑暗中解放出来？我认为我们显然不能这样说。亚里士多德绝妙地描述了这一点。他说，这和一支正在逃跑的军队情况一样，他们由于恐慌而逃跑，直到最后终于有个人停下来，回头观看敌人是否仍然危险地紧追在身后。这支军队并不是在某个士兵停步时停住的。然后，另一个士兵又停步了。同样这支军队也不是由于有两个士兵停步而停住。那么，这支军队究竟何时停住的呢？它突然又重整旗鼓起来。突然重又听从了指挥。亚里士多德的描述包含着一个巧妙的双关语，因为，在希腊语中命令亦指 arche，亦即原则（principium）。原则在什么时候成其为原则？通过何种能力？这个问题其实就是普遍性何时出现（Zustandekommen）的问题。⑨

如果我没有误解约翰纳斯·洛曼的陈述，那么，正是这种目的论在语言的生命中不断产生作用。当洛曼把语言倾向说成是使特定的形式得以扩充的历史的真实动因时，他当然知道，这种目的论是在这些——用一个美妙的德文词来说——Zustandekommen，即来到存在（Zum-Stehen-Kommen）的形式中实现的。我认为，这里所展示的，正是我们关于世界的整个人类经验的真正实现方式。学说话当然是一个特别有创造性的阶段，经过一段时间，我们就把

---

⑨ ［参见亚里士多德：《后分析篇》，B19，100a3 以下。］

一个3岁孩子的天才改变成一个善于遣词造句的能人。然而在使用那些最终产生的对世界的语言解释时,我们开始阶段的某些创造性的东西还是存在着的。例如,在我们试图进行翻译的时候,在生活或文学或其他领域中,我们都碰到过这种情况,也就是说,我们都熟悉当自己找不到合适词的时候那种奇怪的、不舒服的、转弯抹角的感觉。一旦我们找到了合适的表述(它们不一定总是一个词),一旦我们确信找到了这种表述,这时它就"停顿"(steht),就有某些东西来到"存在",我们又在陌生的语言事件洪流中找到立足之地,而语言事件的无穷变化则会使我们失去方向。我在此描述的是整个人类经验世界的模式。我把这种经验称为诠释学的。因为,我们如此描述的过程不断重复地贯穿于我们熟悉的经验中。在这个过程中,总是有一个已解释了的,并早已在它的基本关系上组织好了的世界,它作为某种新的东西进入经验,它打乱了曾引导我们的期待的东西,并在这种激变中进行重新组织。误解和陌生性并不是首要因素,因此,不能把避免误解看作诠释学的特殊任务,实际情况正好相反,只有通过熟悉和一致同意,才使我们走出异己世界成为可能,才使从异己世界中找出一些东西成为可能,从而才可能扩大、丰富我们自己关于世界的经验。

诠释学度向所具有的普遍性要求就该如此理解。理解和语言紧密相连。但是,这个断言并不会导致任何形式的语言相对主义(Sprachrelativismus)。虽说人生活在语言之中的说法确实是正确的。但语言并不是一种信号系统,并不是当我们进入办公室或转换站时借助于电报键盘发出的信号。这种信号并不是说话,因为,它并不具备语言塑造和世界经验之行为的无限性。虽然我们完全生活于语言之中,这却绝不是相对主义,因为,这绝对不是监禁在一种语言之中——甚至不可能监禁在我们的母语之中。当我们学习一门外语时都能体验到这一点,尤其是当我们在会一点外语的情况下旅行时,掌握一门外语,意味着当我们在外国用外语讲话时用不着不断地求助于我们自己的世界和本国语言的词汇。我们对这门外语了解得越多,就越少察觉到对本国语言的侧视,只有当我们对外语了解得不够好的情况下才会有这种感觉。不管怎么说,这已经是讲话,尽管可能是一种结结巴巴的讲话,因为结结巴巴是对讲话意图的一种阻挠,因而也就打开了可能表述的无限领域。在这种意义上可以说,我们生活于其中的任何语言都是无限的,然而,如果以此推论说,因为有各种各样的语言,所以理性是有缺陷的,这就大错特错了。事实正好相反。正是通过我们的有限性,我们存在的特殊性(这点正是在语言种类的繁多中可以看得很明显),才在我们所属(指向我们所是)的真理方向上开辟了无限的对话。

如果这种说法是正确的,那么,我们一开始讲的由科学创立的现代工业——劳动世界的关系就首先在语言层次上反映出来。我们生活在所有生活形式的水准正被日益拉平的时代——这对于维持地球上的生命是一种合理的必然的要求。例如,人类的食物问题,只有通过克服存在于地球各地的大量浪费才能解决。毋庸讳言,甚至在个体生命内部,机器工业世界也作为一种技术完美的领域而不断扩展。当我们听现代情人的谈话时,我们有时会自问,他们究竟是在用语词交流还是用广告标志以及来自现代工业世界符号语言的技术术语进行交流。工业化时代拉平的生活方式不可避免也影响了语言,正如事实上语言词汇枯竭的现象愈演愈热,因此使语言非常近似于一种技术符号系统。如我所做,用"尽管"来连接第三格的人不久将变成一种博物馆里的陈列品。这一类拉平倾向是不可抗拒的。尽管如此,只要我们想在互相之间说点什么,我们自己的语言世界就仍然在同时增长。这是人与人之间的实际关系。每一个人首先是一种语言的圈子,这种语言的圈子和其他的语言圈子发生接触,从而出现越来越多的语言圈子。由此产生的总是语言,是以词汇和语法出现的语言,而且永远伴随着内在的谈话的无限性,这种谈话是在每一个讲话者和他的谈话对象之间进行。这就是诠释学的基本度向。真正的说话,即要说出一点东西而不是给出预定的信号,而是寻找一些借此能与他者联系的语词,这就是普遍的人类任务——但这对于试图把文字写下来的传承物讲出来的人则是一项特别的任务,例如对于要把写下的教义转达给别人听的神学家就是如此。

18

修辞学、诠释学和意识形态批判
——对《真理与方法》再作后设批判性的解释

(1967年)

哲学诠释学的任务在于充分揭示整个诠释学的广泛领域，并指出它对我们整个世界理解的根本意义，这种理解以各种形式发生，从人际交往直到社会操纵，从个人在社会中的经验（如他对于社会所产生的经验），从源于宗教和法律、艺术和哲学而建立起来的传统直到革命意识的解放性反思力，但这并不排除它仍是单个研究者从中取得自己出发点的有限的经验和经验领域。我本人的试图与狄尔泰对德国浪漫主义遗产所作的哲学上的继续发展相联系，因为他把精神科学的理论作为研究的论题，他同时把它置于一个新的、大大扩展了的基点上：艺术经验以其独具的成效卓著的共时性(Gleichzeitigkeit)要求对付精神科学的历史疏异化。以此去追问所有科学的根基，并且反过来，以预先把握一切科学的真理为瞄准点，这应该表现在人类所有世界经验根本的语言性上，而人类世界经验的实现方式则是一种经常自我更新的共时性。因此，出发点现象在对人类世界关系的普遍的语言性的分析中特别突出，这就不可避免了。这很吻合诠释学问题的科学史起源，而诠释学问题的缘起则是由于文字的传承物，亦即通过文字的固定化、持续性而对时间距离感到陌生了的传承物。这样就使我们能把翻译的多层性(vielschichtige)问题提升为人类世界交往的语言性模型,并依照翻译的结构发展出如何使陌生变成熟悉的普遍问题。

然而,"趋向文本的存在"(Sein zum Texte)[10]却并非仅限于诠释学领域——除非"文本"超越了狭义的用法,超越了"上帝用他的手写成的"文本,即自然之书(liber naturae),这种文本还包括从物理学直到社会学和人类学的所有科学。然而,仅用翻译的模式绝不能把握语言在人的行为举止中所意味的多样性。虽说,在阅读这本最伟大的"书"时会表现出构成理解和理解性——也许还有理解力——的紧张和松弛,然而对于诠释学问题的普遍性却不可能产生怀疑。这绝不是一个次要的论题。诠释学绝非只是浪漫主义精神科学的辅助学科。

然而,人类语言性的普遍现象也伸展到其他的领域。因此,诠释学论题还延伸到规定着人类世界经验语言性的其他关联之中。这些关联中的一部分已在《真理与方法》中作过说明。在那里,效果历史意识是作为人类语言观念在其历史中某些阶段的有意识说明;然而,正如约翰纳斯·洛曼在他《哲学和语言科学》(Philosophie und Sprachwissenschaft)[11]一书以及在格诺蒙讨论我的试图这段时期所指出,[12]这个论题还要延伸到其他完全不同的领域。洛曼把我概要描述过的"语言概念在西方思想里的发展"在语言史范围内的前后跨度都延长了。作为向后的延伸,他把"'概念'的起

---

[10] O. 马尔夸特(Marquard)在1966年海德堡哲学大会就是这样说的。
[11] "经验和思维",载《促进哲学和具体科学关系的文集》,第15卷(1965年)。
[12] 同上书,第37卷,1965年,第709—718页。

源追溯成在一种被思考的形式中给予实际'概括'的对象的理智手段的起源"(714)，在古印欧语的"词干变位"类型中认识概念的语法形式，这种语法形式在 Copule（连接系词）中得到最明显的表达——他用这种方法引出理论作为西方最根本的创造的可能性。作为向前的延伸，他重又根据语言形式的发展把西方的思想史说成从词干变化到词语变化的转变过程，而西方的思想史正是使现代意义上的科学能够支配世界。

真正普遍的语言性在另一种意义上是诠释学的本质前提，几乎就像语言解释艺术的积极性与消极性的相对，此外，这种真正普遍的语言性还证明了修辞学。我在自己书中注意到，修辞学和诠释学之间的联系可以从多方面进行扩展，克劳斯·多克霍恩在哥廷根学术报告中丰富的补充和证明已经表明了这一点。[13] 但语言性最终乃是深深植根于人类存在的社会性之中，因此，诠释学提问的权利和界限也必定成为社会科学理论家从事的工作。哈贝马斯[14]最近就把哲学诠释学和社会科学的逻辑相联系，并从社会科学的认识兴趣出发评价哲学诠释学。

似乎有必要把贯串于修辞学、诠释学和社会学的普遍性的相互依赖作为论题，并且阐明这种普遍性的各种合法性。比起这些学科都具有的某种因与实践的关联而被规定的科学要求两义性（这在修辞学和诠释学身上表现得最为明显），这乃是更为重要的要求。

---

[13] 《年度文集》，第 3、4 合期（1966 年），第 169—206 页。
[14] 《哲学评论》，附刊 5(1967 年)，第 149—180 页[另见《社会科学的逻辑》，法兰克福，1970 年，1982 年增补版]。

因为修辞学并非只是讲话形式的理论和说服的手段，而是从一种自然的能力发展成实际的技能，无须对它的手段作任何理论反思，这是众所周知的。同样，理解的艺术——不管其手段和方法是什么——当然也并不直接依赖于它据以遵从其规则的意识。在理解的艺术中，每个人都具有的自然能力也转变成一种能力，人们可以通过这种能力通达到一切他者，而理论则至多只能说个为什么。在这两种情形中，在理论与它被抽象出来并被我们称作的实践之间存在一种事后的关系。修辞学属于最早的希腊哲学，理解的艺术则是牢固的传统联系后来被消解的结果，以及想把消逝的传统保持住并在明了的意识中扬弃它的努力的结果。

亚里士多德写了第一部修辞学的历史。对此我们只剩下残简断编。不管怎样，修辞学理论总是由亚里士多德构造的，他是为着完成最初由柏拉图设想的纲领。柏拉图在其同时代的雄辩者所提出的表面要求背后发现了一个唯有哲学家和辩证论者才能解决的真正任务，亦即：在掌握能引起有效影响的讲话时，要把适当的论据提给那些对此特别能接受的灵魂。这是一种在理论上很有启发性的提法，但它却蕴含着两个柏拉图式的前提：第一个前提，唯有认识真理，亦即理念的人，才懂得如何确定地找出修辞学论证中的"或然性"伪论据；第二个前提，他对于应该施加影响的对象的灵魂必须非常熟悉。亚里士多德的修辞学主要就是对后一个论点的草拟。在他的修辞学中，他提出了话语与灵魂相适应的理论，这种相适应是柏拉图在《斐德罗篇》中所要求的，它表现为讲话艺术的人类学基础。

修辞学理论是早就准备好的一场争论的结果，这场争论由于一种新的讲话艺术和教育观念的出现而得到解决,它们令人入迷、使人吃惊,我们称之为诡辩论。当时作为一种教人学会把一切都头足倒置的可怕的全新能力,讲话艺术从西西里涌入等级森严,但却很容易受引诱的青年人所生活着的雅典。于是,人们就把这种巨大的独裁者(如高尔吉亚〔Gorgias〕对讲话艺术的称呼[15])作为一种新的教育科目。从普罗泰戈拉直到伊索克拉特,这些大师们都要求不仅教人讲话,而且要求教人形成能预见政治结果的正确公民意识。然而,唯有柏拉图才创造了修辞学的基础,从这种基础出发,这种新的、震撼一切的讲话艺术——阿里斯托芬(Aristophanes)足够清楚地向我们说明了这一切——才找到它的界限和合法地位。它也同样证明了柏拉图学院的哲学辩证法和亚里士多德关于逻辑学和修辞学的证明。

理解的历史也同样古老而受人尊崇。如果想在存在着真正的理解艺术的地方认识诠释学,那么,如果不从《伊利亚特》中的涅斯托耳开始,至少须从《奥德赛》开始。我们可以引证说,这种新的诡辩术的教育运动其实推动了对著名诗词的解释,并且富有艺术地把它们作为教育的例子,我们可以像古德特(Hermann Gundert)一样把这种例子与苏格拉底的诠释学相对置。[16] 然而,这还远不是一种理解的理论,对于诠释学问题的产生最有特色的是,趋近遥远、克服陌生,并在过去和现在之间架起沟通的桥梁。诠释学出现在近代,该时代已经认识到自己和以往时代的距离。在宗教改革

---

[15] 《高尔吉亚篇》,456a以下。
[16] 赫尔曼·古德特:"诠释学",载《奥托·雷根伯根纪念文集》,1952年。

派理解圣经的神学要求及其圣经自解原则中已经具有类似的因素，然而，只有当启蒙运动和浪漫主义中生长出历史意识并对所有传承物建立起原先中断的关系之时，这种因素才得到真正的扩展。和这种诠释学理论的历史相联系，它总是旨在解释"用文字记载的生命表现"这项任务，虽说施莱尔马赫对诠释学作理论加工时是和表现在口头谈话过程中的理解相关联。与此相反，修辞学却针对讲话效果的直接性，虽说它也涉及充满艺术的写作方法，并发展出文风和文体的理论，但它的真正实施过程却并不在于阅读，而在于讲话。朗读的话被置于中心地位当然已表明了一种倾向，讲话艺术乃以书面文字的艺术手段为根据并和它原本的境遇相脱离。这里出现了与诗学相互的作用，诗学的语言对象完完全全就是艺术，它从口语向书面语的转换以及从书面语向口语的转换不会造成任何损失。

Ⅱ236

但这种讲话艺术本身和它作用的直接性相联系。克劳斯·多克霍恩用他的渊博的学识已经指出，从西塞罗、奎因梯利安直到18世纪英格兰的政治修辞学把激起效果作为最重要的说服手段是在何种情况下产生的。然而，对于作为诠释学努力对象的书面表述而言，激起效果这项对于讲话者而言最根本的任务却作用甚微，与这种区别相关的是：讲话者吸引着他的听众。讲话者论证的明显性使听众心服口服。批判的思考不能也不该让听众折服于话语的信服力。与此相反，对书写下来的东西进行阅读和解释则需要远离并脱离它的作者、它的规定性、它的意图和未曾说出的倾向，因此，把握文本的意义就具有一种自我创造的特性，它更类似于讲话者的艺术而不是听众的行为。因此，我们必须理解，解释艺术的理论工具很大程度上都取自于修辞学,对此,我曾多次指出,而多克霍恩则在更广的基础上作了阐明。

对于理解所作的理论思考除了赞同修辞学的观点还能赞同哪种观点呢?修辞学自古以来就是真理要求的唯一辩护者,它相对于科学的证明和确定性要求捍卫了似真性(Wahrscheinliche)、明显性(Verisimile)以及对共同理性的阐明。无须证明的信服和阐明显然既是理解和解释的目的和尺度,也是讲话艺术和说服艺术的目标和尺度——明晰的信服和一般掌握观点的整个宽广领域不会因科学的进步而日益缩小(尽管它仍是如此宽广),相反它会扩展到每一种新的研究认识之中,以便使用这种认识、适应这种认识。修辞学的普遍存在是不受限制的。正是通过修辞学,科学才成为生活的一种社会因素。仅从物理学出发,我们对于如此明显地改变了此在的现代物理学能知道点什么?所有旨在越出专家圈子的表述(也许该说,只要它并不局限于内行专家的小圈子)都要归功于它具有的修辞学因素才会产生作用。正如亨利·高黑尔(Henri Gouhier)所指出的,[17]甚至连笛卡尔这样一个热情地为方法和确定性作辩护的伟大人物,在他的所有著作中也是一个大量使用修辞学手段的著作家。修辞学在社会生活中的基本作用是毋庸置疑的。一切能够成为实用的科学都有赖于修辞学。——另一方面,诠释学的作用也同样普遍。原本是由于对流传下来的文本不理解或有误解才要求诠释学,但这种不理解或有误解只是在所有人类的世界定向中作为不寻常的(atopon)、无法归入熟悉的经

---

[17] 亨利·高黑尔:"反抗真实"(卡斯特里编:《修辞学与巴洛克》,罗马,1955年)。

验期待秩序中去的特例而已。正如随着认识的进步，奇迹（mirabilia）会因其被理解而失去陌生性，对传承物的每一次成功的占有也会使它消融于一种新的、本己的熟悉性之中，在这种熟悉性中，传承物属于我们，我们也属于传承物。双方都汇入一个包容了历史和当代、自己和他者的共同世界，这个世界可以在人们的互相讲话中感受其自己的语言表达。甚至从理解方面也可以表明人类语言的普遍性，那是一种自身无限的因素，它承载一切，不仅承载由语言流传下来的文化，而且承载所有的一切，因为一切事物都被带进理解性之中，我们就在这种理解性中进行活动。柏拉图可能曾经正确地以此为出发点，即谁在话语的镜子中观察事物，谁就能发现这些事物完全的、未被简化的真理。当柏拉图教导我们说，一切认识首先是对该认识是什么的重新认识，这种说法同样具有一种深刻的、正确的含义。"最初的"认识如同第一个词一样也不可能。甚至其后果似乎还不能看出的最新的认识也只不过是以前的认识，因为它是从以前的认识中产生出来，并且进入到主体之间相互理解的媒介之中。

人类语言性中的修辞学因素和诠释学因素就是如此完全地渗透在一起。如果相互理解（Verständigung）和一致意见（Einverständnis）的形成过程中没有承载人类关系，那就绝不会有讲话者和讲话艺术——如果"一场谈话"的一致意见没有受到干扰，从而相互理解不是必须去寻求的话，那就根本不会有诠释学任务。因此，把语言性局限于修辞学有助于消除以下假象，仿佛诠释学仅仅局限于审美—人文科学的传统，仿佛诠释学哲学必须研究与"现实"存在的世界相对的、在"文化传承物"中得到展现的"意义"世界。

诠释学命题同样必须为社会科学的逻辑所注意,这也符合诠释学命题的普遍性。因此,哈贝马斯研究了《真理与方法》中对"效果历史意识"和"翻译"模式的分析,并赋予它们一种克服社会科学逻辑中实证主义的僵化及其未经过历史反思的语言学基础的积极功能。[18] 和诠释学的这种关系因此同样属于应该为社会科学的方法论服务这样一个理所当然的前提。由于受到最大应用范围的前决定(Vorentscheidung),它当然和诠释学疑难的传统出发点,亦即美学——浪漫主义精神科学构成的出发点相分离。方法的异化构成现代科学的本质,甚至完全在"人文科学"意义上使用的"真理与方法",也具有该书名所蕴含的反命题,虽说方法的异化从未被排除过,[19]但精神科学当然还是分析的出发点,因为精神科学与之相关的经验与方法和科学根本不相干,而是在科学之外的经验,例如艺术经验和被它的历史传承物打上印记的文化经验。诠释学经验在所有这些经验中以同样的方式起作用,而且它本身并不是方法论异化的对象,而是它的前提条件,因为它赋予科学以问题,并因此而使方法的运用成为可能。现代社会科学则相反,倘若诠释学反思对于它是不可避免的(正如《真理与方法》对于精神科学所证明的),它却提出一个要求,就如哈贝马斯所说,要通过"受到控制的"异化把理解"从一种前科学的操作提升为一种经过反思的操作过程",也可以说是要通过"机智的方法训练"(172/174)。

自古以来,科学的道路就是要通过可学习的、可控制的实施方

---

[18] [哈贝马斯:"论社会科学的逻辑",载《哲学评论》,附刊5,1967年。]
[19] [参见第2版前言,本书第437页以下。]

法达到凭个人的聪明偶尔地、甚而以不可靠的、无法控制的方法所能完成的工作。诠释学条件的唤起意识在进行理解的精神科学中起作用,如果对这种条件的认识把并不想"理解",而是试图根据沉积在语言性中的理解性科学地把握社会实在结构的社会科学引导到有助于其工作的方法运用,这当然是一种科学的胜利。诠释学反思显然不能受它的规定而局限于这种科学范围内的功能,尤其不能不做以下工作,即对于社会科学所从事的理解的方法疏异化重新运用诠释学反思——哪怕会因此而再次和实证主义的贬低诠释学的做法针锋相对。

然而我们却首先发现,诠释学疑难如何在社会科学理论内部起作用并从中显现出来。

首先是"语言学命题"(124页以下)。如果语言性被描述为诠释学意识的实施方式,那么就会在作为人类社会性的基本结构的语言性中认识社会科学有效的先天性,而从这种先天性出发,那种把社会看作一种可观察、可操纵的功能整体的行为主义-实证主义理论就会被证明是荒谬的。这种观点能使人有所启发,只要人类社会生存在制度之中,它就以这样的形式被人理解、流传、改革,简而言之,被构成社会的个体的内在自我理解所决定。哈贝马斯针对维特根斯坦的语言游戏理论和温赫(P. Winch)[20]对这种理论的运用认为,所有社会科学陈述的语言先天性的诠释学权利就在于,它从效果历史的思想出发,对趋向社会科学对象领域的交往过程提出了异议。

---

[20] 温赫:《社会科学的观念》,伦敦/纽约,1958年(德文版,1966年)。

此外，当哈贝马斯根据与所有人的理解和行为相适应的前理解（Vorverstandnisse）和根本的前见制约性（Vorurteilsbedingtheit）进行分析时，他对于诠释学反思提出的要求仍然是完全不一样的。试图反思自己的前见并控制自己前理解的效果历史意识虽说终止了天真的客观主义（这种客观主义导致了实证主义科学理论和社会科学的现象学和语言分析基础的错误），但究竟是何者引导着这种反思？这个问题曾经是普遍历史的问题，亦即想象历史有一个目标，这种目标产生于社会行为的目标想象。如果诠释学反思满足于一般的考虑，即我们永远不可能超越本身立场的限制，那么它是没有后果的。虽说就内容而言，历史哲学的要求受到这种考虑的责难，但历史意识却仍会不断地从它自己的未来指向性中不断设想出前理解的普遍历史。什么东西能有助于其暂时性和根本的可超越性的认识？

然而，在诠释学反思产生作用的地方到底发生了什么？效果历史反思与它意识到的传统究竟处于何种关系？我认为，我的观点就在于，它就是承认我们效果历史局限性和有限性的必然结果，诠释学教导我们，要把继续生活着的、"自然生长的"传统与对此反思的占有之间的对立当作独断的来揭露。在这种对立命题的背后隐藏着一种独断的客观主义，这种客观主义甚至歪曲了反思概念。在理解科学中的理解者同样不能从他诠释学境遇的效果历史关联中反思出来，因此他的理解活动本身也并不组合进这种事件之中。历史学家，甚至所谓批判科学的历史学家也很少消除掉继续存在的传统（例如民族国家的传统），因此，他作为一个民族的历史学家反倒陷入这种构成和继续构成着的传统，而最重要的是：他越是有意识地反思到自己的诠释学局限,他就越具有这种局限。德罗伊森曾清楚地识破了历史学家那种"阉人般的客观性"在其方法论的天真无知,但他对19世纪市民文化的民族国家意识起的作用最大——至少比起兰克的史诗意识作用更大,这种史诗宁愿对极权国家中的政治漠不关心。理解本身就是事件(Geschehen)。只有天真的、未经反思的历史主义才会在历史-诠释学科学中看到一种扬弃了传统力量的全新东西。我试图从语言性角度为继续存在于社会传承物中经常的调解提出清晰的证明,这种语言性能够承载所有理解。

哈贝马斯反对这种证明,即科学的媒介通过反思而得到深刻的改变。这正是源自18世纪精神的德国唯心主义赋予我们的永恒的遗产。虽说黑格尔的反思经验不能再在绝对意识中得到实现,"语言唯心主义"的情况也是如此(179),这种唯心主义不断地表现为纯粹的"文化传承物",对它的诠释学占有和构成,面对不仅从语言,而且也从劳动和统治中编织起来的社会生活联系的现实整体,它就是一种可怜的衰弱不堪。诠释学反思必须转向意识形态批判。

哈贝马斯因此和社会学认识兴趣的中心动机相联系。正如修辞学(作为理论)通过话语的力量驳斥意识的妖魔化(Verzauberung),其方式是把事实和真实与它所谓造就的可能性相区别;正如诠释学把受干扰的主体间的一致重新置于交往的相互反思之中,尤其把一种异化成错误客观主义的认识置回到它的诠释学基础,同样,在社会科学的反思中,则有一种解放的兴趣在产生作用,它通过使人认识而消除外部的和内在的社会强制力。如果说修辞学和诠释学只是试图通过语言解释证明合法性,那么,意识形态批判虽说本身也是用语言解释的反思行为,但它却可以揭露"语言的蒙蔽"(178)。

在精神分析治疗领域也有这种为社会生活所要求的反思的解放力量。被识破的压抑会使错误的强制失去力量,对一切行动的动机构造过程进行反思所达到的最终状况与行动者本人指向的意义一起发生——在精神分析的情形中这点受到治疗任务的限制,因而只表现为一种边际概念——同样,社会现实也只有在这样一种虚构的终极状态中才可能从诠释学角度恰当地领会。实际上,社会生活产生于理解的动机和现实强制力量的交织,社会研究在不断进步的构造过程中掌握和领会着这种交织,但为了行动不得不释放这种交织。

毋庸争论,这种社会理论概念自有其道理。从所有的行为动机与理解意义共同发生这种边际概念出发解释诠释学的贡献,这样做是否正确把握了诠释学的贡献,这点似乎大可疑问。诠释学问题是否只因在意义并未有意贯彻时也能被体验到,所以它才如此普遍,并对所有历史和当代的人际经验都极为重要?如果把理解意义的领域("文化传承物")与其他的,即只是可作为现实因素认识的社会现实参数分割开,这就会缩减诠释学领域的普通性。仿佛作为错误语言意识的意识形态不仅可以作为理解的意义而存在,而且还能在它"真正的"意义,例如统治利益的意义上被理解似的。这点也适用于精神分析家所意识到的无意识动机。

《真理与方法》在艺术经验和精神科学中获得发展诠释学向度的出发点,这点在这里看来似乎对它真正适用范围的可信性造成了困难。当然,在《真理与方法》第三部分中被称为普遍的贯彻太粗略、太片面。但事实上从诠释学的提问角度看,把劳动和统治等现实因素划在它们的范围之外,这当然也是荒谬的。在诠释学努力中被反思的前见有何不同?它们还可能从别的什么地方而来?来源于文化传承物?当然也是。但文化传承物又缘何构成?语言唯心主义仿佛真是一种荒唐的怪诞——如果它不想独自具有一种方法的功能。哈贝马斯曾经说过:"诠释学仿佛从内部撞上传统关系的墙(Traditionszusammenhang)。"(177)如果这种说法的意思是反对一种并不包括在我们去理解的、可理解或不可理解的世界中的,而是凝固在对变化(而不是对行为)的固定观察中"从外部而来的"(von außen)东西,那这种说法还有点道理。但我认为,把文化传承物绝对化的做法是错误的。它意味着:于想理解一切能被理解的东西。在这个意义上才能理解这一命题"能被理解的存在就是语言。"㉑

我们并未因此而局限于一种意义世界,这种意义世界在对已认识东西的认识时(A.伯克)仿佛是一种认识的次要对象,是对业已认知东西的占有,并把"文化传承物"的领域纳入最终规定社会生活的真正的经济和政治现实之中——其实在语言之镜中反映出的就是一切存在的东西。在语言之镜中,也唯有在此中,我们才遇到它处无法遇到的东西,因为这就是我们(但并非只是我们意指的和由我们认知的东西)。最后,语言根本不是镜子,我们在语言中所看到的并不是我们和一切存在的反映(Widerspiegelung),而是对与我们共在的和劳动及统治真正联系的、构成我们世界的东西

㉑ [参见我的著作集,第1卷,第478页。]

的解释和发挥。语言并不是最终发现的一切社会-历史过程和行为的匿名主体,只为我们的观察目光提供它行动和客体化的整体,语言只是游戏,是我们都参与其中的游戏。在游戏中无人能优于他者。每一个人都"在游戏中"(dran)并且不断处于游戏的进程中。当我们进行理解,尤其当我们识破成见或揭露伪装现实的借口时,所进行的就是这样一种游戏。的确,在游戏时我们最多只是在"理解"。当我们识破了在我们看来是奇怪的、不可理解的东西时,最后,当我们把它们都置于我们用语言归置的世界中,那时一切都将被领悟,这就像在一盘象棋难局中,只有最终的解救对策才使棋子处于荒谬位置的必要性被人理解。

但这是否说明,只有当我们识破借口、揭露错误的非分要求之后才能理解?哈贝马斯似乎把这点作为前提。至少他认为,只有当反思做到这一点时,才能证明反思的力量,如果我们一直停留在语言精心编造的谎言之中并且继续编织这种谎言,这就证明它的软弱无力。他的前提就是,在诠释学科学之中进行的反思"动摇了生活实践的独断论"。与此相反,他把以下这点当作无法证明的、背弃启蒙运动遗产的命题,即澄清理解的成见结构也能汇入对权威的认可,亦即对一种独断权力的认可!——这种命题甚至可以用以下方式表述:保守主义(并不是伯克那一代保守主义,而是经历了德国历史上三次巨大崩溃却又未能用革命方式动摇现存社会秩序这代人的保守主义)能够看出轻易隐藏着的真理。当我从解放性启蒙运动抽象的反命题中分解出权威和理性,并肯定它们本质上矛盾的关系时,我所讲的只是能看出的要求,并不是某种"基

本信念"(174)。㉒

我认为,启蒙运动的反命题忽视了一个真理,这点具有灾难性的后果——而且,因为人们赋予反思以一种错误的权力,所以就唯心主义地忽视了它真正的依赖性。应该承认,权威是以无数统治秩序的形式行使独断权力的,从关于军队和管理机关命令的教育秩序直到政治权力的权力等级或传教者的权力等级秩序。然而,这幅证明权威的顺从图景绝不能说明,为什么这一切都是秩序而并非具体权力行使的无序。我觉得,有必要为现实的权威关系找到确定的承认。问题仅仅在于这种承认建立在何种基础之上。显然,这种承认通常只是面对权力表达出软弱者的实际退却,但这并不是承认,也不建筑在权威之上。只需要研究一下诸如权威丧失或权威崩溃(及其反面)的过程,就会发现权威是什么,它据何而来。权威并不源于独断的权力,而是源于对独断的承认。对独断的承认不过就是认为,权威比认识更为重要,因而使人相信它是正确的。承认仅仅以此"为基础"。它也因为被"自由地"承认而行使统治。倾听它的并不是盲目的顺从。

然而,所谓并不存在权威的丧失和解放性的批判,这种观点在我看来却是不被允许的。我们是否可以说:通过解放性的反思批判导致权威的丧失,抑或:权威丧失表现在批判和解放之中,这一切也许只能听其自然,而根本不是真正的二者选一。然而,引起争论的只在于,反思是否总能消解实质性的关系抑或也能把它们置

㉒ [参见我目前发表的论文"论权威和批判自由的联系",瑞士精神病学档案馆,载《神经外科学和精神病学》,第133卷(1983年),第11—16页。]

于意识之中。由我（根据亚里士多德的伦理学）提出的学习和教育过程却被哈贝马斯奇怪地当作片面的说法。说传统本身是而且永远是成见起作用的唯一根据——就如哈贝马斯归诸我头上的——这和我的论题完全不符,我说的是权威以认识为根据。成年人能够——但他并不必须！——出于理智接受他顺从地保持的观点。传统不是证明,至少不是反思要求的证明。然而这正是问题所在：反思在何处要求证明？到处？我把它与人类此在的有限性和反思本质上的个别性相对置。这里涉及的问题是,人究竟是把反思的功能置于唤起意识这一边,用其他的可能性和实际起作用的相对抗,然后,为了其他可能性而谴责现存的东西,但又同样能够有意识地接受与传统事实上相对抗的观点,或者说唤起意识只消解起作用的传统。当哈贝马斯说(176)[305]"权威可以摆脱它身上纯粹的统治因素(——我把这解释成：不是权威的东西——),并能在非强力的理智如合理的决定的推动下消解掉"时,我就根本无法知道,我们究竟争论的是什么。至多只是争,"合理的决定"是否能从某种社会科学中(根据某种进步！)分离出来还是不能分离出来。但这点留待以后再谈。

　　哈贝马斯使用的反思和唤起意识的概念在诠释学反思看来乃是受过独断的感染,我曾希望,我所作的诠释学反思在这个问题上会有效果。我们通过胡塞尔(在他匿名意向性的理论中)和海德格尔(在对隐藏在唯心主义的主体和客体概念中的本体论缩减的证明中)学会识破承载在反思概念中的错误的对象化。很可能有一种内在的意向性回转,它绝不会把共同意指的东西提升为讨论的对象。布伦坦诺(Brentano)(在接受亚里士多德的观点时)已经发现这一点。我不知道,假如不从这一点出发,我们究竟怎么能理解语言谜一般的存在形式。我们必须(用 L. 洛曼的话来讲)把在语言扩展中发生的"有效的"反思和明确的、主题的反思相区别,后面这种反思是在西方思想史中形成的,它通过把一切都变成对象,从而作为一种科学创造了地球上明日文明的前提条件。

哈贝马斯据以捍卫经验科学免成一种任意语言游戏的究竟是何种独特的感情。谁使经验科学的必然性——按照尽可能地用技术支配世界的观点——发生疑问?至多是研究者本人会因为自己和科学的关系用纯主观的理由否认他工作的技术动机。现代科学的实际应用深刻地改变了我们的世界和我们的语言,这一点无人会否认。但恰好是"也改变了我们的语言"。这绝不意味着以哈贝马斯强加于我的那种形式,亦即用语言表达的意识规定着生活实践的物质存在,我只是说,根本不存在不以一种语言表达的意识表现出来的具有其真正强制力的社会现实。现实并不发生"在语言的背后"(179)[309],而是发生在能够完全理解世界(或根本不能理解世界)的东西背后,它也发生在语言之中。

当然,这样就使"近乎自然性"(Naturwüchsigkeit)(例如在 173/4)[302/3]概念变得大可怀疑,马克思早就把它当作与现代阶级社会的劳动世界相反的概念,而哈贝马斯也很喜欢运用这个概念("传承物近乎自然的本质",以及"近乎自然关系的因果性")。这是一种浪漫主义——这种浪漫主义在传统和以历史意识为根据的反思之间造成一种人为的鸿沟。但"语言的唯心主义"却有一种优点,它不会陷入这种浪漫主义。

哈贝马斯根据他本人也要求的历史条件对先验哲学的内在论

发出疑问,这使他的批判达到了顶点。这确实是个核心问题。凡是认真看待人类此在有限性的人,凡根本不想构造"意识本身"或 intellectus\|archetypus(原型理智)或某种能产生作用的先验自我(ein transzendentales Ego)的人都无法避免以下问题:他本人作为先验自我的思想如何可能被感知。然而,正是在这里我却发现,我所发展的诠释学领域根本没有任何实际的困难。

帕伦伯格(W. Pannenberg)与我的研究所作的极其有用的争辩[23]使我认识到,黑格尔于历史中证明理性的要求,与人们总是像"最后的历史学家"(166)那样运用的、不断自身超越的普遍历史概念之间,存在着如何深刻的区别。对于黑格尔的世界历史哲学的要求当然可以争论。但黑格尔毕竟知道:"那埋葬你的人的脚已经站在了门口",而且我们可以发现,通过所有世界历史的揭露,所有自由的目的思想都会彰显出来,我们绝不能像超越意识那样地超越这种彰显。同样,每个历史学家都必然会提出的要求是,用今天的眼光(并且用今天之未来的眼光)把握一切事件的意义,这其实是一种完全不一样的并且非常谦虚的要求。没有人能够否认,历史均以未来为前提。因此,一种普遍历史的概念就不可避免地是当代历史意识"在实际意图"中的向度之一。然而,把黑格尔局限在一切当代的解释需要上,这对于他是否公正?"用实际的意图"——今天没有人会超出这种要求,甚至连烙记着自身有限性的意识以及对概念的专断表示的不信任都能想到这一点。我们真的

---

[23] W.帕伦伯格:"诠释学和普遍历史",载《神学和教会杂志》,第60卷,1963年,第90—121页。

想根据实际的意图把黑格尔还原吗?

根据我的理解,我和帕伦伯格的讨论在这一点上并没有任何结果。因为即使帕伦伯格也不想复活黑格尔的要求——当然只有一点区别,对于基督教的神学家而言,一切普遍历史概念的"实际意图"都在道成肉身(Inkarnation)的绝对历史性中有其坚固的根据。

然而,问题仍然存在。如果面对修辞学的普遍性和意识形态批判的实际性仍然能够提出诠释学疑难,那它就必须证明它自身的普遍性,而这正好与现代科学采纳诠释学反思并使其为科学服务的要求针锋相对(采用"对智慧进行方法上的训练")。它只有在不陷于先验反思那难以理解的内在性,而是从本身出发能够说出,面对现代科学——而并非在科学之中——这种反思到底能够作出些什么时,才能证明这种普遍性。

正因为诠释学反思能够唤醒一切意识,所以,它首先必须在科学自身内部表明这一点。对既存前理解的反思将使我们发现某些原本在我背后发生的东西。但只是某些——而不是所有这类东西。因为,效果历史意识是一种无法扬弃的方式,与其说它是意识,倒不如说它是存在。但这并不说明,它无须经常地唤醒意识就能避免意识形态的僵化。只有通过这种反思,我才能面对自己不再感到不自由,而是能对我前理解的正确与否作出自由的判断——尽管这种自由只在于,我学会对充满前见所看的事物获得一种新的理解。但这里又蕴含着以下观点,那引导着我前理解的前见也总是一起发生作用——直到这种前见被抛弃掉,而这却总是可以被称为一种改造(Umbildung)。这就是经验不知疲倦的力量,它总是在一切已为人所知的事物中构成新的前理解。

我的诠释学研究出发领域是艺术科学以及语文学-历史科学领域,从这些领域出发可以很容易表明,诠释学反思是如何起作用的。只要想一下,在艺术科学中,风格史研究的自主性如何因艺术概念的诠释学反思——抑或对某个时期和某个风格概念的诠释学反思——而动摇,圣像学(Ikonographie)如何从它原先的边缘地位凸现出来,关于体验和表达概念的诠释学反思又具有何种文学后果——虽说只不过是有意识地继续推进那早已涌现出来的研究倾向(反作用也是一种作用)。因为坚固的成见被动摇预示着科学的进步,这是完全不言而喻的。它使新的问题成为可能,而历史研究通过概念史意识所能获得的成果,我们经常能够体验到。我相信自己已经在这个领域指出,历史的疏异如何以"视域融合"(Horizontverschmelzung)的形式得到调解。我要感谢哈贝马斯深刻的研究,他使我在社会科学之中发现诠释学的贡献,特别是他把实证主义科学理论的前理解、先验现象学的前理解和一般语言学的前理解和诠释学向度加以对照,从而使我认识到诠释学在社会科学内部所作的贡献。

然而诠释学反思的功能却并不仅限于科学。一切现代科学均有一种固有的深深的疏异,这种疏异是科学对于自然意识的过高要求,它在现代科学的开始阶段就通过方法概念而达到反思的意识。诠释学反思并不能对此有任何改变。但它可以通过显露在科学中起引导作用的前理解,从而开启新的问题域,并以此间接地为方法的研究服务。它还可以使人认识到,科学的方法论为科学的进步作出了怎样的成就,科学提出了何种简化和抽象的要求从而把自然意识不知所措地甩在身后——但这种自然意识作为通过科学达到的发明和信息的消受者却经常追随着科学。对此我们可以用维特根斯坦的话来这样表达：科学的"语言游戏"总是和表现为母语的后设语言相关联。通过科学所获得的知识经过现代通讯工具并在恰当的(有时是不恰当地过于)拖迟之后经由学校和教育而进入社会的意识。于是它就表现为"社会语言的"现实性。

这对于自然科学本身当然无关紧要。真正的自然科学家本来就明白，他的科学知识领域在人类现实的整体中如何特殊。他并没有分享公众强加给他的神化。这些公众——以及进入公众社会的科学家——非常需要对科学的前提和界限进行诠释学反思。所谓的人文科学(Humaniora)却总是很容易和一般意识调解，只要它能够接近这种一般意识，因为它的对象就直接属于文化传承物和传统的教育事业。然而，现代社会科学却和它的对象，亦即社会现实，处于一种特有的紧张关系，这种关系特别需要诠释学反思。社会科学的进步要归功于方法的疏异，但这种疏异在此却和整个人类—社会世界相关。它发现自己因此而受到科学的支配，这种支配表现为计划、操纵、组织、发展等形式，简而言之，表现为从外部决定每一个个人和团体生活的无数种作用。照料着社会机器运转的社会工程师似乎和他所从属的社会相分离了。

经过诠释学反思的社会学却不能遵循这种做法。哈贝马斯对社会科学逻辑所作的清醒的分析断然提出另一种类的认识兴趣，它使社会学家与社会的技术专家相区别。他把它称为仅仅旨在反思的解放性认识兴趣，并以精神分析的例子作为依据。

确实，诠释学在精神分析领域必然产生的作用是根本性的，而且正如上面指出的那样，在该领域中，无意识动机对于诠释学理论同样表现为没有限制，而且心理疗法在该领域中被描述成"把中断的教育过程补充进完整的（可以被讲述的）历史中去"(189)，而诠释学和封闭在谈话中的语言圈子也在这里找到它们的位置，我认为，这首先是学自拉康。[24]

但显然这还不是问题的全部。由弗洛伊德制订的解释范围要求具有真正自然科学假说的性质，亦即适用于认识的规律。这必然表现为方法论疏异在精神分析内部所产生的作用，而且它也确实如此。尽管成功的分析结果获得了它自己的证明，但精神分析的认识要求却绝不能化简成一种实用性的要求。但这意味着，精神分析显然要再一次地经受诠释学的反思。精神分析学家对于自己所属社会现实中的地位又将如何处理？他要深入到有意识的浅薄解释之后进行追问，揭开经过伪装的自我理解，识破社会禁忌的压抑作用，这一切都属于解放性的反思，精神分析学家就把他的病人引入这种反思。然而，假如他在自己并不能合法地作为医生，而只能作为社会的游戏成员的地方行使这种反思，他就失去自己的社会作用。谁根据某些现存之外的东西来"识破"他的游戏伙伴，亦即不认真看待伙伴的作为，那他就是一个破坏游戏的人，就是人人避之唯恐不及的人。精神分析学家要求的反思的解放性力量必然会在社会意识中找到它的界限，分析者在这种意识中就像他的病人一样和其他人一起进行理解。诠释学反思教导我们，尽管社

---

[24] ［参见他的《作品集》，汀槛出版社（Aux Editions du Seuil），巴黎，1996年；以及赫尔曼·朗格（Hermann Lang）出的海德堡博士论文《语言和无意识——雅克·拉康的精神分析基础》，法兰克福，1973年。］

会共同体中存在着各种对立和干扰,但它总能重新回到社会的一致意见,正是由于这种一致意见,社会共同体才能够存在。

但这样就使精神分析理论和社会学理论之间的类似性产生了疑问。它们将在何处找到各自的界限?病人的角色在何处中止而社会伙伴角色又在何处以非职业性的权利进入?深入追问和挖掘真相针对何种社会意识的自我解释才是合适的(例如用一种革命的改造意愿),针对何种社会意识的自我解释则是不合适的?这些问题看来无法回答。似乎会产生以下不可避免的后果,即一切统治强权的消解必然会浮现在基本的解放性的意识面前——这就是说,无政府主义的乌托邦必然会成为它最终的榜样。——我认为,这从诠释学角度看当然是一种错误的意识。

19

答《诠释学和意识形态批判》*

(1971年)

诠释学是相互理解(Verständigung)的艺术。然而,对诠释学的问题要达到相互理解,却似乎具有特别的困难——至少在讨论中所涉及的诸如科学、批判和反思等概念均未经澄清时就是这样。因为我们生活在这样一个时代,在此时代,科学正在越来越广泛的程度上实施对自然的统治并指导对人类共同生活的管理,而且我们的文明——这文明不倦地纠正着其成就的缺陷,不断地提出新的科学研究任务,而再度进步、规划和对灾祸的预防就以此种任务为根据——的骄傲还助长了一种真正的蒙蔽力量。坚持通过科学不断实现对世界的统治导致一种这样的体系,个人的实践意识听命于这种体系,毫无主见地屈服于这种体系,或者用革命的方式——这种做法同样不算有主见——反对这种体系以保护自身。

阐明这种蒙蔽与那种反抗科学及其技术应用的浪漫主义文化批判并不相干。不管是把"理性的丧失"(the eclipse of reason),抑或日益增长的"存在遗忘",还是"真理与方法"的对峙作为思考

---

* 〔所引论文页码见于《诠释学与意识形态批判论文集》(法兰克福,1971年),正是针对这部论文集我作的答复。〕

的对象——只有受到蒙蔽的科学意识才会忽视以下事实,即关于人类社会的真正目标的争论,或者在制作的前统治中对存在的追问,抑或关于我们的历史传统和未来的认识,均指示一门知识,这门知识并非科学,但它却引导着一切人类的生活实践,并且正是在这种生活实践有意关心科学的进步和应用时起引导作用。

现代科学自17世纪以来创造了一个新世界,它毫不留情地放弃了对实体的认识,把自己局限于用数学方式对自然的设计以及测量、实验等方法的运用,并从而开辟了统治自然的建设性道路。技术文明全球性的扩展正是以此为指导。尽管如此,但却只是到了本世纪,那在我们的科学进步意识和社会-政治意识之间的对峙才随着日益增长的成果而不断尖锐化。然而,科学知识和社会-政治知识之间的冲突却是一个很老的问题。正是这种冲突使苏格拉底付出了生命,因为他证明了工匠的专业知识导致了其对真正值得认识的东西,也就是善的无知。在柏拉图笔下的苏格拉底身上重复着这一切。柏拉图用辩证法这门引导谈话的艺术不仅来对比专业人员有限的专业知识,而且也用来对比所有科学的最高典范,亦即数学——虽说他仍在数学的统治中发现了询问真正的存在和最高的善这个最后的"辩证法"问题的必不可少的条件。

亚里士多德的伦理学尽管对制造知识(techne 技术)和实践知识(phronesis 实践智慧)之间的区别作了基本的说明,但即使在那里仍然有几处不甚清楚,例如政治家和政治活动家的政治知识与专家的技术知识彼此如何区别。虽说那里也列出了很清楚的等级,例如尽管在战时所有其他的"技术"都要服务于全军统帅,但这统帅最终是为和平服务,而政治家则无论在和平时期和战时均操心所有人的幸福。但那也有问题。比如谁是政治家？是身居政治要务的专家？抑或是作为选民的组成部分通过投票作决定的公民（以及因此有其"公民"职务的人）？柏拉图在《卡尔米德篇》中论证了把政治科学作为科学之科学的专家理想是荒谬的。㉕ 显然，我们不能按照制造知识的模式来理解作为实践-政治决定之基础的知识，并在其中发现最高级的技术知识，也即制造人类幸福的知识。因此，像柏拉图如何喜欢向雅典大人物的儿子们示威，以及亚里士多德——尽管他本人不是雅典的公民，而只是在雅典教授知识——如何把理想地立国和制宪的外来专家们称作诡辩论者（而不是称为政治学家）并对他们作了批驳，这些都是难以明说的。确实，这些专家都不能算作政治家，也即不能算作自己城邦中扮演领导角色的公民。然而，即使这一切对于亚里士多德都朗若白昼，并且他已针对技术知识的结构而出色地制订了实践知识本身的结构——但仍然还存在一个问题：亚里士多德本人作出这种划分并教授的究竟是何种知识？实践的（和政治的）科学究竟是一种什么样的知识？

这种知识并不简单就是亚里士多德当作 phronesis 来描述和分析的那种实践知识更为高级的形式。虽说亚里士多德清楚地区分了"实践哲学"和"理论科学"，他认为实践哲学的"对象"并不是永远固定的东西和最久远的原则和公理，而是处于经常变化之中的人类实践。但实践哲学在某种意义上却仍然是理论性的，因为

㉕ 参见第9届达姆施塔特对话文集《专家的界限》中我的论文"人及其未来"，第160—168页。

它所教导的并不是去解释和决定某种具体实践情境的实际操作知识,而是促成关于人的行为及其"政治"此在形式的"一般"知识。因此,在西方科学史的传统中,实践哲学(scientia practica)作为一种独特的科学形式既不是理论的科学,又不能通过它是"与实践有关"就充分被刻画的科学。作为一种学说,它绝不是"操作知识"(Handlungswissen)。㉖ 但它难道不是一种技术或"技艺学"? 它不能被比作语法学或修辞学,这些学科是为一种技术性的能力——讲话或书写——准备技术性的规则意识,这种意识一方面能够控制实践,另一方面则也是学说。这些技艺学因其超越单纯的经验的优点似乎为讲话或书写工作赋予最终的有效性,有如所有其他我们为了生产产品而使用的技术和工匠的知识。实践哲学并不像语法学或修辞学作为一种技艺学那样是对人类社会实践的规则知识,毋宁说它是对此类知识的反思,从而最终是"一般的"和"理论的"知识。另一方面,学说和讲话在这里处于一种特有的条件之中,因为所有道德哲学的知识以及相应的所有一般国家学说均与特殊的学习者的经验条件相联系。亚里士多德完全承认,只有当学生已成熟得足以把一般的话语以独立的责任感运用到他们生活经验的具体环境之中,则这种关于每个人最独特的具体实践的"一般话语"才是正当的。因此,实践的科学虽然也许是一种"一般的"知识,但这种知识与其说是制造的知识,倒不如说是一种批判。

㉖ 恩斯特·施密特(Ernst Schmidt)在对多纳尔德·莫纳(J. Donald Monan)的《亚里士多德的道德知识及其方法论》一书的批评中就已正确地指出了这一点(《哲学评论》,第 17 卷,1971 年,第 249 页以下)。

这就似乎与哲学诠释学相近了。只要人们还把诠释学定义成理解的艺术，并把诸如讲话艺术和写作艺术等这类艺术的运用理解成与能力有关的行为，则这类学科性的知识就能作为有意识的规则运用并可以叫作技艺学。施莱尔马赫和他的后继者就是这样把诠释学理解成"技艺学"（Kunstlehre）。但这却并不是"哲学的"诠释学。哲学诠释学不会把一种能力提升为规则意识。这种"提升"总是一种非常矛盾的过程，因为规则意识也相反会重又"提升"为"自动的"能力。哲学诠释学则正相反，它是对这种能力以及作为这种能力基础的知识作的反思。因此，它并不是用于克服特定的理解困难，有如在阅读文本和与别人谈话时所发生的那样，它所从事的工作，正如哈贝马斯所称，乃是一种"批判的反思知识"。但什么叫批判的反思知识呢？

让我们设法对上面所说的这种知识有一具体的印象。哲学诠释学从事的反思似乎在以下意义上是批判性的，即它揭露天真的客观主义，而以自然科学为榜样的历史科学的自我理解就受到这种客观主义的束缚。意识形态批判在这一点上可以利用诠释学反思，因为它从社会批判角度解释了所有理解都具有的成见性——或者说诠释学反思从以下方式揭露了语词错误的假设，有如维特根斯坦通过追溯到与实践相关的说话所具有的诠释学原始境遇对心理学概念所作的批判。甚至这种对语言魔法的批判也证明了我们的自我理解，从而可以更正确地对待我们的经验。——批判的反思例如也可以如此受到诠释学的指导，即它保护可理解的讲话免受逻辑学的错误要求，这种错误要求曾为哲学文本提供衡量陈述演算的特定尺度，并想证明（卡尔纳普或吐根哈特）当海德格尔或黑格尔谈论无的时候,这种说法是没有意义的,因为它不能满足逻辑学的条件。但哲学诠释学却可以在此批判地指出,如此运用诠释学经验是不恰当的,从而会背离人们应当理解的东西。例如"走向无的无"(nichtende Nichts)并不像卡尔纳普所说是表达一种情感,而是表达一种需要去理解的思想运动。——在我看来,当有人譬如在柏拉图的对话中检验苏格拉底论证方式的逻辑合理性的时候,诠释学反思似乎是同样富有成效的。诠释学反思在这里可以发现,这种苏格拉底式引导谈话的交往过程就是理解和相互理解的过程,这种过程与逻辑分析家的认识目标根本不相干。㉗——在所有此类情况中,反思的批判显然都依据于某种由诠释学经验及其语言过程所代表的最高当局。它被提升为批判的意识:什么是目前陈述的意图(scopus),哪些诠释学努力要求拥有真正存在的权利。

反思的批判涉及的完全是对一种自我理解的修正。就此而言,这种诠释学反思是"哲学的"——这并非因为它从一开始就要求某种哲学的合法性,恰恰相反,是因为它否定了某种"哲学的"要求。它所批判的并不是诸如自然研究过程或逻辑分析过程等科学的过程,而是正如前面所说,在这种运用中缺乏的方法合理性。根据这类批判工作来建立哲学的合法性,这当然不算什么特别。也许除了指出这一事实外,哲学活动不存在别的合理性证明,即虽说总是处于反"形而上学"要求的这种否定性的预期之中,例如处于怀疑论、语言批判或科学理论的预期之中,哲学

㉗ 柏拉图:《第七封信》,343A7:"因为并非讲话者的'灵魂'遭反驳。"

但是，哲学诠释学的要求却伸展得更为深远。它提出了普遍性的要求。它以此来证明这种普遍性的要求：即理解和相互理解原本和最初并不是指从方法角度训练的与文本的关系，而是人类社会生活的进行形式，人类社会生活的最后形态就是交谈共同体（Gesprächsgemeinschaft）。没有任何东西，包括一般世界经验，能同这种交谈共同体相脱离。无论是现代科学的专门化及其日益增长的经营秘传，还是物质的劳动和它的组织形式，甚或用统治形式管理社会的政治统治机构和管理机构，它们都不处于这种普遍的实践理性（以及非理性）的媒介之外。

然而，诠释学经验的普遍性也很有争议。难道它不是由于自己的语言进行方式而局限于一种相互交往理解的圈子之中，而这种圈子似乎在多种方式下是欺骗性的？这首先就是科学本身及其理论构造的事实。但哈贝马斯却在此发现了异议："现代科学当然可以合法地提出达到关于'事物'的真实陈述的要求，它可以无须参照人的话语这面镜子，而采用独白的方式进行。"虽说他承认这种"用独白的方式"构造的科学理论必须在日常语言的对话中使人理解，但他却在其中发现了一个对于诠释学乃是全新的问题，即诠释学要受到这种理论语言的限制。由于诠释学从一起始本来就只与口语构造和流传下来的文化打交道，因此，要解释语言如何脱离对话的结构并能取得严格的理论构造，就成为一项新的任务。

我不能理解这种解释。专业语言和日常语言之间的差别千百年来就已存在。难道数学是门新的学科？自古以来对专家、萨满教徒和医生的定义不就在于他们并不使用大家都能理解的理解手段？能被看作近代的问题的至多是这一问题，即专家不再把他的知识翻译成普通的日常语言这一点看作他自己的任务，因而这种诠释学综合的任务就成为一项特别的任务。但这样一种诠释学的任务却并未因此改变。也许哈贝马斯的意思只是说，对于在诸如数学和当今数理自然科学领域中存在的理论构造，我们无须诉诸于日常语言就能"理解"？这点当然毋庸置疑。如果声称我们所有的世界经验都只不过是一种语言过程，我们色彩感的发展只不过在于使用色彩词的不同，这是荒谬的。㉘ 甚至连皮亚杰的发生学认识（哈贝马斯和这种理论有关系）似乎也认为存在一种前语言地起作用的范畴适用语，但像赫尔姆特·普莱斯特㉙、米切尔·波兰尼㉚和汉斯·库恩兹㉛等人特别注意的各种非语言的交往形式，却使得所有想根据一种语言普遍性否认其他语言之外的理解形式的论点显得可笑。相反，言语是这些形式的被传达了的特定存在。然而正如哈贝马斯正确地认识到的，正是在理解的可传达性中存在着诠释学的论题(77页)。所以，如果我们想避免关于语词的争论，那么我们最好放弃这个引号，例如不要在我们的语言世界解释

Ⅱ256

㉘ 这是波曼说的（第98页），他甚至议论我说"被理解的一切无非只是语言"——"再没有具体的意义……"，并把这归咎于一种过分表述的诠释学提问立场。但他本人却在这里陷入他批判我的多义性——他低估了所有诠释学哲学与诠释学实践的本质关系。我们将会知道，在这种情况下将会发生什么（并不是"相信"）。波曼在他对我作的最有裨益的批判中指责我的"多义性"，显然一部分原因是出于我的概念的弱点，另一部分原因却正是诠释学经验的本质，即要使自己暂时不作决断，并且经常要试图做到，把人们理解成对另一件事的陈述的东西从事实角度明显地找出来。

㉙ 现载《哲学人类学：人的状况》，法兰克福，1970年。

㉚ 载《缄默的向度》，纽约，1966年。

㉛ 例如与我在《哲学研究》第20卷(1961年)的批判性争论。

作为理解着的解释这一意义上去"理解"人工符号系统。这样我们就当然不能再说,自然科学无须"参照人的话语这面镜子"而达到关于"事物"的东述。自然科学认识的是怎样一种"事物"?诠释学的要求是而且始终是,只把那种不可理解的和不是普遍的,而只是在内行之间才"可理解的"东西整合到语言的世界解释的统一性当中。严格说来,以下这点并不能作为对此要求的反驳,即现代科学发展出了它自己的特殊语言、专业语言和人工符号系统,并在这些系统中"独白式"地操作,也即在所有日常语言的交往之外达到"理解"和"相互理解"。提出这种反驳的哈贝马斯本人很清楚地知道,这种构成现代社会工程师和专家思路的"理解"和自我理解恰好缺乏那种能够使他们承担社会责任的反思。

哈贝马斯如此清楚地知道这一点,以致为了使反思得到重视,他还生动地描绘了一门批判的反思科学的例子,这个例子或许应当成为社会反思的一个典范,这就是精神分析。精神分析进行批判的、解放的反思,它通过反思把受到扭曲的交往从它的障碍中解救出来并重新建立交往。在社会领域中值得重视的也是这种解放的反思。并非只有精神病人在防御其神经疾病时要受到系统扭曲的交往的痛苦,从根本上说,每一种和占统治地位的社会制度相一致并支持它的强权性质的社会意识都有这种痛苦。这是并未被提出来讨论的前提条件,哈贝马斯正是在这个前提条件下进行论证。

正如精神分析家对出于治疗愿望而上门的病人总要给予一种最负责任的解放性的反思工作,同样在社会领域内,我们也要使人认识到所有形式的强权统治,并使之加以消除。哈贝马斯和齐格尔用不同的方式以语言的欺骗性这个原则性的论题对此作了特别具体的论述。他们这样做的意图,在某种意义上当然是把理解技术化,通过这种技术化克服语言交往的多义性。但又不止于此。哈贝马斯虽然也争论这种元语言的可能性,但精神分析对于他却有另外的含义,这就是它的方法特殊性,它既是说明性的科学(因此而可能是技术)同时又是解放性的反思。他认为在精神分析这种情形中,语言必定被欺骗了,因为在精神病中我们会发现一种非常彻底和系统的交往阻挠,如果治疗性的谈话不在非常特别和复杂的条件下进行,它就必然会失败。在谈话中,尽管精神分析最终在病人的认可中得到证实,尽管在征兆消除后病人重又恢复了正常的交往能力,但那种把谈论伙伴联结在一起的基本认同(das tragende Einverständnis)的前提却不能兑现。哈贝马斯在此进而使自己与洛伦兹关于"语言毁坏"那富于启发的描述发生联系。

但他自愿补充了他认为的关键:正如病人学会识破未曾识破的强权、学会解除压抑并有意识地克服压抑一样,在社会领域也是如此,我们要通过意识形态批判识破并消解社会统治关系中未被识破的强权。哲学诠释学充满自信的谈话乐观主义却无法做到这一点,因为它仅仅坚持建筑在占统治地位的社会成见基础之上的虚假认同。它缺乏批判的反思。因此需要一种对"受到系统扭曲的交往"的深层诠释学解释。因为我们"必须假定,我们熟悉的传统和语言游戏的深层同意(Hintergrundkonsensus)不仅在受干扰的家族制度的病理个例中,而且在整个社会制度中也可存在一种强迫整合的意识,一种伪交往的结果"。哈贝马斯反驳了把交往局限于"在传统领域中起作用的信念",并在其中发现一种深层诠释学提出的把解释私人化的不可能的要求。显然他就是在这种意义上理解我对于医生的社会角色以及心理治疗受限制的条件等说法的。

事实上这就接近了我提出的反驳,即只要解放性的反思工作是以职业的责任性进行,病人和医生就可以在确定的社会角色游戏中进行游戏并被局限于这种社会角色游戏。如果越过医生治疗的范围并在解放性的反思中把他人的社会意识作为"病态的"来"处理",这就不可能属于医生的社会合法性(例如外行的分析家)。——我这样说并没有误解精神分析疗法所特有的治疗特性,这就是独占("转用")和释放的复杂混合,它构成正在进行治疗的分析者的艺术。无论是洛伦兹出色地描述的过程(哈贝马斯即以此为根据),还是齐格尔的解释,我都完全承认这种"治疗"并不能作为一种技术来描述,而只能看作一种共同的反思工作。此外,我还承认,当分析者不再作为医生而是作为社会成员来行使他的社会作用时,分析者并不能把他的分析经验和知识简单地抛在一边。但这并不能改变以下情况,即这种精神分析因素的混合在社会交往中意味着一种干扰因素。我并没有说这种情况是可以避免的。比如说人们也会给笔相学者写信并把信交付他们,但却并不想因此而触动他们的笔相学家的权能,而且在这种特殊权能之外,确实还有这样的事情:人们通过对话的运用、主要通过倾听和其他人的有效影响却也可以让自己对于人的知识、另外的信息和疏异的观察发生作用,并为了"纯"理性的谈话而避免公开。例如可以想一下沙特关于他人的注视所作的著名描写。

尽管如此,处于社会伙伴关系中的这种诠释学境遇,仍然同处于分析关系中的诠释学境遇大相径庭。如果我对某人叙述一个梦,而且我在这样做时并没有分析的意图,或者我的角色根本不是作为病人,那么我的叙述当然就没有引导分析梦的含义的意义。如果听者在倾听时这么做了,那么他就缺乏这种诠释学意图。毋宁说这里的意图是要说出自己梦幻的无意识游戏,从而使人家也可以加入到童话的幻想或诗意的构想力中去。这种诠释学要求是合理的,它和那种在分析领域中十分常见的现象毫无矛盾。如果有人忽视了被描述的诠释学境遇,例如不把让·保罗的梦幻诗理解成构想力富有意义的游戏,而是当作非常严肃一部秘传的无意识的象征,那么拒绝这种做法是完全正确的。这里正是诠释学对深层心理学合法性的批评,这种批评绝不局限于审美的教化愉悦。例如,当有人以热烈的情绪讨论某个政治问题,而且试图通过甚至令人生气的尖锐的论辩去说服他人,这样他就会有一个诠释学要求,即要得到对方的反驳,而不是按照"谁生气,谁就错"的格言去看待他有情绪的深层心理活动。我们下面还会回过头来讨论精神分析和诠释学反思的这种关系以及混淆这两种"语言游戏"的危险。

这样在解放性反思的作用里,就有了精神分析对于诠释学批判和在社会交往内部的批判所具有的典范意义,解放性反思在此起了它的治疗作用。这种反思通过使未看清的东西变成可看清的,从而摆脱了那种强行支配个人的东西。当然,这是与诠释学反思不同意义上的批判反思,诠释学反思,如我所描述的,是要摧毁不正确的自我理解,揭露方法运用的失当。这并不是说以精神分析为典范的批判会和这种诠释学批判相矛盾(虽说我想指出,诠释学批判必定会拒绝采用这种典范)。但这种以精神分析为典范的批判相对于诠释学批判却是不够的。诠释学科学为维护自身而通过诠释学反思驳斥以下说法,即说它的方法是非科学的,因为它否认科学(science)的客观性。意识形态批判在这一点上甚至赞同哲学诠释学。但它又转而批判诠释学,因为诠释学以不能容忍的方式坚持对因袭而流传下来的成见的传统主义的把握,而自从工业革命爆发和科学的勃兴以来,这种传统因素在社会生活中只具有次要的作用。

K. O. 阿佩尔当然作过这种批判,而他显然是误解了哲学诠释学谈到应用时的含义。哲学诠释学在谈论应用时所涉及的是一种在所有理解中蕴含的因素。人们确实应当严肃地看到,我所提出的对诠释学经验的分析,是以诠释学科学富有成效的实践作为对象,其中根本没有"有意识的应用",而这种"有意识的应用"能使人担心认识会被败坏成意识形态。这种误解曾使贝蒂感到不安。——显然,这里有应用意识(Applikationsbewuβtsein)概念不清的作用。正如阿佩尔所指出的,应用意识确实是针对理解科学的客观主义自我理解并同样鉴于理解的生活实践而被当作一种诠释学要求提出来的。就此而言,一种哲学诠释学,正如我所试图发展的,肯定是"规范的",也即是在这一意义上:它致力于用某种更好的哲学来代替一种较坏的哲学。但是,它并不推销一种新的实践,而且也并未说过,诠释学实践总是在具体上受到某种应用意识和应用意图的指引,更又何从谈起有意去证明起作用的传统的合法性。

当然,错误的自我理解会对实践过程起反作用,同样,恰当的自我理解也会有反作用,只要这种自我理解从理论方面摧毁了这种起因于理论的实践扭曲。但是,效果历史反思的任务绝不是去追求现实化和追求"应用",正相反,它不仅要通过科学方法的正规手段,而且要通过具体内容的反思来阻止并破坏一切在理解传统时的现实化做法。阿佩尔对我说了他的心里话,他说:"在具有应用意识的解释方法的责任领域内,为了使理解在某种情况下不受限制,必须使当时的现实应用增加难度。"(141)我想走得更远,因此我不说"在某种情况下",而说"在任何情况下"——只不过我不把此命题作为应用意识的结果,而是当作真正科学责任的满足,我认为,这种科学责任经常只有在意识形态的成见作为背景产生作用的情况下才会受到损害,因为伪科学的方法思考不会感觉到这种责任。在这点上我和阿佩尔(32)一样,确实发现一种意识形态被败坏的危险。这是否如阿佩尔(35)所说类似于那种被他称为"存在主义"的诠释学精神科学,对此我没有把握,因为我并不明白他所指的到底是什么意思。但这肯定不同于哲学诠释学所指向的领域或哲学诠释学本身。相反,诠释学反思却能在这里成为"实践的":它使人们意识到前见,从而使任何意识形态都变得可疑。

我们最好用具体例子来证明这一点。为了不超出我的判断权限之外,让我们来看一下本世纪关于前苏格拉底解释的历史。在这里,每一种解释都有某种前见在起作用,乔埃尔(K. Joeel)是宗教学的前见,卡尔·赖因哈特(K. Reinhardt)是逻辑解释的前见,维尔纳·耶格(W. Jaeger)是捉摸不透的宗教一神论的前见(正如布吕克㉜出色地指出的),至于我自己,当然受到海德格尔对

㉜ [参见《亚里士多德》,法兰克福,1935年第4版,1974年,第213页以下。]

存在问题解释的影响，试图根据古典哲学从哲学思考的角度来理解"神性"[33]，因而在所有这些例子中我们都可观察到一种前见在起指导作用，由于这些前见均对迄今为止的前见作了修正，因此它们具有建设性的作用。这并不是把事先想好的意见应用于文本，而是试图对于存在的东西进行理解和更好的理解，因为我们识破了他人的前见。但我们之所以能够识破，只是因为我们用了新的眼光看待存在的东西。诠释学反思并未脱离诠释学实践。

当然，我们必须注意不要按照直接进步的模式来理解这种诠释学研究活动。阿佩尔关于诠释学问题的讨论因其援引皮尔士和罗伊斯而大为增色，他在所有的意义理解中都制订出实践关系，因此，当他要求提出一个不受限制的解释共同体（Interpretationsgemeinschaft）的观念时，他是完全正确的。显然，这样一种解释共同体的特征就是证明理解努力的真理要求的合法性。但我怀疑把这种合法性证明仅限于进步观念是否正确。业已被证明的解释可能性的多样性绝不排除这些可能性会相互取代。事实也是如此，在这种解释实践的进程中出现的辩证反题也绝不会保证它达到真正的综合。相反，我们绝不能在这种历史科学的领域中用那种只是局部地存在的进步来看待解释事件的"结果"，而是要在和知识的下滑和衰落相对立的成就中看待这种结果：即语言的重新赋予生气和意义的重新获得，这种意义是通过传承物向我们诉说的。只有按照绝对知识的尺度，也即并非人类知识的尺度，才能说它是

---

[33] ［参见我的论文"论早期希腊思想中的神性"，载我的著作集，第6卷，第154页。］

危险的相对主义。

在历史意识出现之前统治传统领域的是天真的应用,我认为,如果把这种天真的应用等同于所有理解中都具有的应用因素,这当然也是一种误解。㉞ 毫无疑问,理解的实践因传统的断裂和历史意识的出现而得到修正。尽管如此,我从来就不相信,历史意识及其在历史精神科学中的形成乃是传统权力被瓦解的根据,甚至传统的断裂本身对此不起决定性作用(传统的断裂是随近代而开始,并在法国大革命中达到其第一次极端的顶峰)。我觉得,历史精神科学与其说是通过对这种传统断裂的反应而被呼唤出的,还不如说它们从一开始就对这种传统断裂发生作用或仅仅肯定这种断裂。显然,尽管精神科学具有浪漫主义的源头,但它本身却是一种断裂的传统现象,并且在某种意义上继续发展了批判的启蒙。我把它称为那个时代启蒙的反光镜,㉟ 但从另一方面看,其中显然也有浪漫主义修复的功力在起作用。无论对它持欢迎还是批判态度,这都丝毫不影响这种专门的认识成就风靡一时。例如可以想一下劳默尔的《斯道佛时代的历史》。它完全不同于有意识的应用。毋宁说,它内在地渗透了批判的启蒙,这启蒙对天真地相信传承物会继续生效以及共同规定历史视域的继续发生作用的传统进行批判,这属于历史科学的本质,而且这绝非仅仅存在于浪漫主义精神科学的故乡。例如伯罗奔尼撒战争期间的雅典史、对伯里克利或对吉布的克里昂的评价在德意志帝国的传统中看起来就完全

㉞ [参见我的著作集,第1卷,第344页以下、第407页。]

㉟ 参见我的著作集,第1卷,第278页。

不同于用美国民主制的眼光所看的——尽管这两种传统都非常年轻。——对于马克思主义传统,情况也是如此。例如,如果我用阶级斗争的范畴阅读齐格尔的思想,那我绝不会搞错(有如他所担心的),这样做时会意识到何种效果历史反思——如果他认为,在某种情况下,会因此而达到一种合理的证明,那他就搞错了。诠释学反思仅限于开启那种如果没有诠释学反思就不会被觉察到的认知机遇。诠释学反思本身并不有助于获得真理标准。

关于有意识应用的说法在其他领域也受到极大的误解。令我惊讶的是,阿佩尔提出的导演和音乐家的例子中居然在有意识应用的意义上谈论现实化(Aktua Lisierung),仿佛与要重新复苏的作品的联系并不必支配整个解释一样。实际上,我们之所以把成功的导演或音乐的复制尊崇为解释,是因为作品本身以其真正的内容被重新表述出来。反之,如果要求我们在复制的工作中提出粗略的现实化倾向,并对当代作出过分清楚的暗示,那我们当然会觉得不合适。口译是诠释学任务现存的典范,如果忽视了口译者并不是翻译,而是通过说话把他所理解的部分用另一种语言提供给另一方,那就是极大地低估了口译者的形象。我觉得在这里一个客观化的概念总是受到与事实不符的意义和意义透明度的引导。

诠释学经验并非起自于近代科学,而是自从出现了诠释学提问立场之后就包含了一种从未减缓过的冲突。它并不能被归入在他在中认识自我这种唯心主义的框架内,从而使意义被完全把握住并流传下来,这种唯心主义的意义-理解概念按我的看法不仅使阿佩尔弄错了,而且也使绝大多数我的批判者误入歧途。这样一种简化为唯心主义的哲学诠释学需要作出批判性的补充,这一点我承认,而且在对19世纪黑格尔后继者德罗伊森和狄尔泰的批判中我也试图指出这一点。但这难道不正是一种诠释学的动力,即通过解释来"理解"陌生的东西、捉摸不透的神意、宗教典籍或古典作家的作品?难道这不正说明理解者相对于说话者和有待理解者总具有一种基本的劣势吗?

因此,诠释学的这种原始规定因近代传统的断裂和另一种完全不同的精确认识理想的出现而得到轮廓清楚的描述。然而,提出诠释学任务的根本条件——对此任务人们并不愿真正承认而我则试图重新提出——从来就是获得一种占优势的意义的条件。当我在我的研究中提出时间距离的诠释学创造性[36],并且在根本上强调所有理解和效果历史反思的有限性和不可结束性时,我所说的并不是独创的观点。这只不过是真正诠释学论题的发挥。它在历史经验中完全可找到自己真正的证明。在历史领域,它确实与意义透明度无关。"历史学"必须不断防范人文精神的淡化。历史经验并不是关于意义、计划和理性的经验,只有用绝对知识哲学的永恒眼光才会要求在历史中把握理性。这样,历史经验实际上又把诠释学任务重新置于其本来的位置。它必须重新破译历史的意义残篇,这些意义残篇由于事实的晦暗而受到限制和破坏,当然,首先是由于那种使未来对每一个当下意识变得日益模糊的黄昏而受到限制和破坏。甚至属于理解结构的"完全性前把握"[37]也强调

---

[36] [参见我的著作集,第1卷,第301页以下。]

[37] [参见我的著作集,第1卷,第299页以下;第2卷,第61页以下。]

它的"前把握",因为要被理解东西的优势即使不通过解释也可得到保障。因此,当阿佩尔、哈贝马斯以及经过重大修正的齐格尔依赖一种说明性科学的观点把诠释学反思提升为完全唯心主义的意义度向时,这就非常令人吃惊。这实际上就存在于这些精神分析作者所设想的典范作用当中。

这样,我们就又回到那种把精神分析的解放性反思应用于社会领域的所谓转用的合法性这个问题上来。对于那些足以冷静地预知和预示历史的人而言,历史究竟是他们所否认的无法识破的东西,抑或这种因素只是对于业已变得理智的人类不再起作用的未成形,这一切都有赖于精神分析的知识究竟有多少有效性。绝非偶然,精神分析这门科学在关于诠释学的讨论中得到特别的重视,而且阿佩尔、哈贝马斯和齐格尔的论述都很有教益。但是它的人类学收获是否得到正确表达?例如,当阿佩尔说自然生物完全在有意识的欲求控制下被保存下来,这种理想就有赖于这种转用的合法性。因为人是一种社会生物。

为了证明这一点,哈贝马斯为交往权能的元诠释学理论制订了广泛的基础。当他根据深层心理学经验勾勒出"我-它结构"(Ich-Es-Strukturen)和"超-我-结构"(Über-Ich-Strukturen)之形成理论后,他似乎觉得转用到社会领域已经完全不成问题。根据这种普遍的"交往权能理论"(Theorie der kommunikativen Kompetenz),"掌握角色活动的基本性质理论"乃是对立面。我不知道自己是否正确地理解了哈贝马斯。"交往权能"这个表述显然是仿照乔姆斯基的语言权能,它指的是对理解和相互理解能力的毫无疑问的掌握,正如说话权能意味着言语能力的掌握一样。正如语言学的理想就在于提出语言权能的理论,并且最终建设性阐明语言的一切例外现象和各种变体,同样,相对于日常语言的理解也必须达到类似的理解。如果研究工作尚不足以达到这一点,那丝毫也不会改变以下基本事实,即借助于对造成系统扭曲交往的条件的认识,我们可以达到理想的理解实施,这种实施必然会导致认同。唯有这种认同才能成为合理的真理标准。反之,缺乏这种理论,就会使人陷入强制性认同的 tragenden Einverstaendnis(基本的认同),并且无法识破这一点。

交往权能理论至少能用于证明识破受扭曲的社会交往这种要求的合法性,就此而言,它是同精神分析在治疗性谈话中的活动相当的。然而,个例并不能决定全体。因此我们必须采用这样一些团体,其中每一团体都生存于相互认同之中。因此当认同在这些团体之间受到了破坏并且被寻求时,我们这里所说的就不是精神分裂的个人与语言共同体之间的某种东西。那么,这里是谁的精神分裂了呢?例如,在说到"民主"这个词的时候,究竟发生了何种解符号化(Desymbolisation)?根据何种权能?当然在这些团体的背后都必然有着关于自由究竟为何物的观点,这是不言而喻的。因此哈贝马斯也说:不受强制的、能解决这种扭曲的合理的谈话总是以对某种正确生活的预期为前提。唯有如此,这样的谈话才能成功。"按真正的认同来衡量的真理观念包含着成年(Muendigkeit)的观念"(100)。

对于这种从善的观念引导出真的观念、从"纯粹"理智概念引导出存在的真理标准,我觉得很明显是来自于形而上学。纯粹理智概念起源于中世纪的理智论,它以天使作为代表,这种天使具有恰当的方式去观察上帝的本质。我很难在这里不把哈贝马斯归于错误的本体论自我理解之中，就像对阿佩尔通过合理性扬弃自然生物的做法我的感觉一样。当然，哈贝马斯恰好也谴责我有错误的本体论倾向，因为，例如我不能在权威和启蒙之间看到绝对的对立。按照哈贝马斯的观点，这当然是错误的。因为它的前提是，起证明作用的承认无须权威证明的认同而自由地起作用㊳。但这种前提是不允许的。真的根本不能建立这种前提吗？当哈贝马斯承认，在没有强制和统治的社会生活这种主导观念中存在这种不带有强制的赞同时，他自己不正是提出了这样的前提？我自己当然从未见过这种"理想的"关系，而只见过所有具体经验的例子，在这些例子中人们谈论自然的权威以及他们所找到的信徒。这里总是谈到强制交往，例如，凡在爱、典范的选择、自愿的服从等使上下级关系固定化的地方，我就觉得有一种独断的成见与人们认为的"理性"有关系。因此我就无法发现，在社会领域中，交往权能及其理论统治如何能拆除团体之间的障碍，这些团体在相互的批判中都斥责对方的一致意见具有强制性质。而且"温和的生产权力"（齐格尔，249）好像也是必不可少的，因而，另一种完全不同的权能的要求也是必不可缺的，也即政治活动的权能——它的目标就是在缺乏交往可能性的地方引起交往的可能。

在这一点上，齐格尔的论辩对我很有启发，他的论辩实际上是

㊳ 当冯·波曼（见前引书第89页）要我们注意17世纪和18世纪，尤其要阅读莱辛时，他是完全正确的。我自己首先就以斯宾诺莎为依据，还有笛卡尔，在其他情况下则依据克拉顿尼乌斯，这说明我从来就不属于"完全反对启蒙"的蒙昧主义这一边（见前引书第115页）。

答《诠释学和意识形态批判》

针对我而不是针对哈贝马斯。虽说我根本不知道,当他说到一种"理解的责任"(也许这是理性的同义词?)和一种"批判的权利"(难道这也不正是理性的同义词?)时,他到底说的是什么。仿佛这两个命题一个并不包含另一个似的。但我在下面这一点上赞同他的意见,即交往理解的可能性受条件的支配,这种条件不可能由谈话重新创造出来,而是构成一种先行的一致。我认为这确实对每一次谈话都基本适用。这完全不是强迫,而是使谈话成为可能。齐格尔的以下说法完全正确:谁参与谈话,谁就已经同意把谈话的条件视为既定的。反之,拒绝谈话,或用"与你没什么好说的"表明谈话企图的破裂,则意味着这样一种情境,在此交往的理解受到极大的干扰,从而根本不可能期待有交往的试图。

这当然是一种一般不能称之为神经障碍的干扰。恰好相反,这是情绪上的固执或蒙蔽等日常经验,这种经验通常甚至是双方的,并且双方都对对方进行谴责。因此,它并不代表一种交往权能的干扰,而是无法克服的意见分歧。对于这种对立的信念当然可以说到无对话可能。但它的背景与精神病的背景却大相径庭。它是由于团体信念统治的缘故,这种团体信念陷于词藻的作用范围,从而就能落入有损于对话的境地。把它比作精神分析者归于精神病患者并试图治疗的病态的无对话能力,这就会导致谬误。在社会和政治集团之间不可沟通的对立是以利益的区别和经验的差别为基础的。它们从谈话中产生,这就是说,它们的不可沟通性并非与生俱来,而是理解试图的结果——而且这种情况永远不会终结,而是和那种在精神上永不穷尽的解释共同体中重新进行的谈话相联系,而这种解释共同体可以归属到交往权能的概念之中。这里谈到的蒙蔽是以自认为单独占有正确的信念为前提。凡是这样认为,则就是一种固有的蒙蔽。与此相反,我认为,当哲学诠释学认为交往的真正含义就是对相互的成见进行检验,甚至当它面对"文本"这种文化传承物时仍然坚持这种相互关系,它就一直是正确的。

然而,我有时所用的说法,即关键在于取得和传统的联系,却容易引起误解。我的说法绝不带有偏爱人们必须盲目地顺从的传统这层意思。相反,"和传统的联系"意思只是说,传统并未中止于被人们当作自己的源头所认识和意识的东西,从而使传统无法保存在某种正确的历史意识之中。对既存事物的改变与对既存事物的捍卫同样都是与传统相联系的形式。传统本身也只有在经常的变化中才能存在。于是,和传统"取得联系"就成为一种经验的表述,按照这种经验,我们的计划和愿望经常都是赶在了现实的前头,也就是说,未与现实相关。因此,关键就要在预期的愿望和可行性之间、在单纯的愿望和实际的愿望之间进行调解,也就是把预期植入现实的材料之中。

这确实并非没有批判的区别。我甚至可以说,只有在这种实践关联中"决定的"东西才是真正的批判。我与齐格尔一样认为,如果一种批判,一方面针对对方的或占统治地位的社会成见而指出它们的强制性,另一方又声称要通过交往来消解这种蒙蔽关系,那么这种批判就处于一种十分尴尬的境地。批判必须忽略根本的差别。在精神分析的例子中,病人的痛苦和治疗愿望为医生的治疗行为准备了基础,从而使医生可以建立他的权威,并且无须强制地来解释受抑制的动机。这里的基础是一方自愿服从于另一方。

但在社会生活中的情况则正好相反,对方的抵制以及反对对方的抵制乃是各方的共同前提。

这一点在我看来是如此理所当然,以致当我的批判者如齐格尔以及更根本地说哈贝马斯等指责我,说我根据我的诠释学想否认革命意识和改革意识的合法性时,我感到非常愕然。当我对哈贝马斯提出反驳说医生-病人关系对于社会的对话是不够的,并且向他提出问题:"相对于对社会意识的何种自我解释——所有的伦理习俗都是这样的自我解释——则寻根究底的追问才是合适的,例如在革命的变革意愿中?相对于何种自我解释是不合适的?"我这样问乃是针对由哈贝马斯提出的类比。对这个问题的回答在精神分析的例子里是通过内行的医生的权威给出的。但在社会和政治领域中却缺少这种交往分析的特殊基础,即病人是由于知道自己生病而自愿地接受这种分析。因此,我认为这些问题实际上无法从诠释学角度来回答。它们建筑在政治-社会信念的基础上。但这绝不是说,与认可传统相区别的革命变革意愿因此就无法证明它的合法性。这两种信念都无法或不需要用诠释学从理论上证明它的合法性。诠释学理论本身根本无法决定以下前提正确与否,即社会受到阶级斗争的统治、在阶级之间根本不存在对话基础。我的批判者们显然忽视了在对诠释学经验进行反思时的效用要求,否则他们就不会对以下论题提出异议,即凡在相互理解可能的地方都是以某种一致(Solidaritaet)作为前提。他们倒是提出了这种前提。我的观点中没有什么可使他们作这种抨击,好像这种"基本的认同"保守的方面多于革命的方面,被我当作保守的,而不是革命性的一致加以使用。这是理性本身的观念,它无法放弃普遍认同的观念。这是大家都赞同的一致。

只有和年轻一代的讨论,尤其是和哈贝马斯的讨论才告诉我,意识形态批判者的 intentio obliqua(服从的意向)也同样保持了我所强调的"保守的前见"。我通过对这种据说正确的觉察进行研究得出结论,即保守的前见在这里究竟能含有何种诠释学意义,也即要使人认识,在谈话中究竟要求多少不言而喻的前提。虽说齐格尔引证了我承认自己保守主义的话,但他却在开始自己陈述之处中断了引文。但他的陈述却是说确定的认识就是因此而成为可能。我认为关键就在于认识机会。但这却也是人们唯一能够讨论的地方:我认为可以在这种前提下所认识到的东西,究竟是不是真实的。我认为齐格尔从他相反的前见出发却达到了相同的结果,而且在以下这点与我完全一致,即哈贝马斯赋予了反思一种错误的权力。也许这是与我作根据的经验相同的经验,但却作了相反的评价,这种评价导致了他对哈贝马斯作的相应批判,这种批判恰好体现在他对伯恩斯坦修正主义所作的批判上。因此,齐格尔按照他对诠释学的理解,就顺理成章地对诠释学作出批判:"它也许根本不会由于反批判,而唯有通过革命斗争本身才会从这种(大家统一的一致)幻梦中惊醒过来。"但我认为这个命题并不会顺理成章地开辟出一种讨论……

让我们回到讨论的主题上来——即诠释学实践的理论基础。我与我的批判者在一点上意见相同,并且因为他们迫使我提出这一点而感谢他们:正如意识形态批判根据自我反思而超越了理解的"技艺学",我觉得诠释学反思也是理解本身的一个组成部分，我甚至认为，把反思和实践相分离包含着一种独断的谬误，这也同样适用于"解放性的反思"这个概念。这也是为何我觉得用"解放"概念描述黑格尔《精神现象学》中变易精神所经历的各个形态的进展很糟糕的原因。当然，作为变化的辩证法经验在黑格尔那里是通过觉悟而起作用。但我却认为，布伯纳根据情况正确地强调了黑格尔现象学辩证法中的某些因素，也即，从另一种精神形态产生的某种精神形态其实并非产生于另一种精神形态，而是开拓了一种新的直接性。㊴ 精神形态的发展阶段是按照它的终点而设计而并非由其开端而推导。这就是促使我对之加以阐述的原因，关键在于倒过来阅读《精神现象学》，把它颠倒如同实际思维过程一样，从主体到在主体中扩展出来并超越其意识的实体。这种逆向趋势包括对绝对知识观念的彻底批判。知识的绝对透明性类似于唯心主义对恶的无限性的掩饰，有限的人类正是在这种恶的无限性中创造其经验。

我这样就用黑格尔式的语言表达了我的思想，然而，这就成为批判性评论的对象，特别是波曼的批判，他认为我使用克尔凯郭尔、库萨的尼古拉以及特别是黑格尔的概念都是不合法的，因为我使用的概念语言手段都脱离了它们的系统联系。㊵ 这种批判并非没有一点道理，特别是就黑格尔的概念语言来说，更可以说言之成理，因为我在《真理与方法》中对黑格尔作的批判性论

㊴ 前引书，第231页以下。
㊵ ［参见我的著作集，第1卷，第99页以下。］

战显然非常不能令人满意。[41] 尽管如此,我也想在此为我描述性地获得古典作家的思想的做法作辩护。由于我是根据最宽泛的经验意义使用黑格尔描述的"辩证的意识经验概念",因此根据我的看法,我是实事求是地提出我对黑格尔的批评。完成的经验并不是知识的完成,而是对于新的经验有着完满的开放性,这就是诠释学反思针对绝对知识概念而使人认识到的真理。它在这一点上乃是明白无误的。

关于解放的说法也没有什么两样。我认为在这里使用的反思概念并非不是独断的。它并没有表达实践所特有的觉悟(Bewuβtmachung),而是像哈贝马斯曾经表达过的那样,建筑在某种"反事实的认同"的基础上。这里隐藏着预知的要求——在实际的接触之前,对此人们并不同意。然而诠释学实践的意义就在于,不要从这种反事实的认同出发,而要尽可能地促成这种认同,并且它所导致的结果,不外乎是说:通过具体的批判而达到确信。作为哈贝马斯之基础的反思概念的独断性质,也许可以在以下例子中表现出来:在正确地批判社会对专家的迷信时,他要求"摆脱受技术限制的合理性的反思阶段"。[42] 这里蕴含了一种我认为是错误的阶段观念。即使面对社会中"科学的新作用",下面这一点在社会中也是有效的,即制造能力——亚里士多德称之为技术(techne)——的合理性,是一种不同的,但却并非低于存在于公民

---

[41] 在此我请读者注意我的论文"黑格尔逻辑学的观念"(载《黑格尔辩证法》,蒂宾根,1971年,第49—69页)[现载我的著作集,第3卷,第65—86页]。
[42] 哈贝马斯:《理论与实践》,第232页。

的合理认同中的反思性。诠释学反思就着眼于对这种合理性的阐明。如果缺少批判论据之间经常进行的相互作用,那么它的目标就确实不能达到,但这些论据应该是反映谈话伙伴的具体信念的。

我认为,在合理认识的动机中扬弃自然的规定性这一理想,乃是一种独断的过分拔高,它并不适合于人的状况。在个体心理学和深层心理学中的情况就是如此。通过疾病和健康、对医生帮助的依赖和治疗后的康复之间的对立,这一点已被设定:分析只具备有限的作用范围。正如"反馈"理论所明确承认的,甚至分析者本人也不能分析到底。我觉得没有资格从深层心理学的这种基本状态中得出人类学-心理学结果,对此只要注意一下平衡概念以及围绕平衡状态的游戏存在方式,我在其他地方用它来说明健康的本体论性质。[43]

另一方面,因为哈贝马斯讲到"深层诠释学"(Tiefenhermeneutik),所以我必须摆明我自己的论点,我觉得把诠释学还原为"文化传承物"和在该领域起作用的意义透明性的理想,都被唯心主义地淡化过。意义的理解既不能局限于 mens auctoris(作者的意思),又不能局限于 mens actoris(行为者的意图),这是我最本质的观点。当然这并不是说,理解的最高峰就在于阐明无意识的动机,相反,理解乃是越出个体的有限视域,勾勒出各种意义路线,从而使历史传承物开口说话。正如阿佩尔正确地强调过的,诠释学的意义向度是同理想的解释共同体无尽的谈话相

---

[43] 尤见"治疗术辩解",载《短篇著作集》,第 1 卷,第 211 页以下[现载我的著作集,第 4 卷]。

关联。我在《真理与方法》中^㊹试图指出科林伍德重演理论的不可行,从而相应地,在对作者的文学作品或行为者的历史行为的深层心理学解释中,肯定经常可以发现某种忍俊不禁的语言游戏的混淆。

在诠释学实践与其训练中总是有一种效果历史因素在共同规定理解者的意识,这就使它与一种纯技术的可学性相区别,虽说可以把这种技术叫作社会技术或批判的方法。但这里也有反向的作用,即被理解的东西也总会产生出某种确信力,它会共同影响新信念的构成。我绝不否认,对事物本身意见的抽象是一种正确的理解努力。谁想进行理解,谁就无须赞同他理解的东西。但我认为,诠释学经验告诉我们:这种抽象的力量永远只是一种有限的力量。我们理解的东西也总是在为自己说话。诠释学宇宙的范围就建筑在这一点上。由于诠释学宇宙在它全部活动范围产生作用,这就会迫使理解者让他的前见产生作用。这一切就是从实践而且只有从实践中才能产生的反思结果。当我把这一切都比作"趋向文本的存在"时,人们也许会因为我是个老的语言学家而原谅我。实际上,诠释学经验完全渗透在人类实践的一般本质之中,对于文字所写内容的理解虽说是根本的、但却是以次要的方式被包括在这种实践中。从根本上说,理性生物的谈话能力能达到多远,诠释学经验也就能达到多远。

因此,我感到不能不承认这一事实,即具有说服力的论辩领域(而并非具有逻辑强制性的领域)就是诠释学和修辞学所共有的领域。在现代科学文化中为修辞学作辩护很困难(甚至当齐格尔用

㊹ [参见我的著作集,第 1 卷,第 376 页以下。]

维柯来作说明的时候也误解了修辞学中的理性特征,因为他显然认为,通常只有煽动者才会具有如 in utramque partem disputare(两面争辩)那样的卑鄙的能力,并且认为 Carneades 就是这种煽动者)。显然自古以来,讲话艺术要顾及效果,但即使如此,它也根本未能脱离理性的领域,而维柯赋予 copia 即丰富的观察角度以特有的价值也就非常正确。另一方面我觉得像哈贝马斯所作的论断非常不符合现实,按照他的判断,修辞学具有一种为了进行不受强制的合理谈话而必须放弃的强制性质。如果说修辞学包含一种强制因素,那么绝对可以肯定,社会实践——也许还有革命实践——如果没有这种强制因素,那就根本不可想象。我觉得以下这点很值得注意,即我们时代的科学文化并未降低修辞学的意义,而是补充增加了这种意义,只要看一看大众媒介(或者哈贝马斯对"公众意见"的杰出分析)就能明白这一点。

操纵(Manipulation)这个概念在这里的含义非常含糊不清。任何一种通过讲话造成的情绪影响在某种意义上都是这样一种操纵。然而,修辞学历来就作为社会生活的一个组成因素却并不是纯粹的社会技术。亚里士多德就不把修辞学叫作 techne(技术),而是叫作 dynamis(能力)[45],从而属于 zoon logon echon(有语言天才的动物)。即使我们工业社会所发展的舆论形成的技术形式,在任何方面也总包含一种赞同的因素,它或者来自于可以隐瞒其赞同意见的消费者,也可以以下具有决定性的方式表现出来,即我们的大众媒介并非一种统一政治意志的简单延伸,而是政治争论的

---

[45] [《修辞学》,A2,1355b。]

展示之地,这种争论有时反映着,有时则是决定着社会的政治进程。相反,深层诠释学理论要证明对社会进行批判的解放性反思,甚至期待从自然语言的一种理论中能"推导出作为任何讲话之必要规则的理性讲话原则,哪怕这种讲话受到歪曲,与它的意愿相反",这种深层诠释学理论蕴含着——尤其是面对现代社会国家的组织和其中的舆论形成形式——社会工程师的角色,社会工程师的工作不是放任自流,而是制造舆论。这将使社会工程师持有舆论工具,并用垄断舆论的权力而持有由他代表的真理。这并不是虚构的想象。修辞学不会被人抛弃,仿佛不再需要它,不再依赖它。

显然,修辞学与诠释学一样,作为生活的实施形式,并不依赖于哈贝马斯称作正确生活的预期。这种预期是一切社会伙伴关系及其相互理解努力的基础。同样有效的一点是:必然引导着一切从理性理想出发的信念试图的理性理想,同时也禁止在其他的蒙蔽中要求正确的洞见。因此在自由交往中,共同生活的理想既是有约束力的,又是不确定的。在这种正式范围内存在着极为不同的生活目标。甚至那事实上对于所有实践理性都具有本质意义的对正确生活的期待,也必须具体体现,这就是说,这种预期必须接受纯愿望和实现真正目标的意愿尖锐的对立。

我认为,对我来说最关键的问题乃是认识一个老问题,亚里士多德在他对柏拉图的善的一般理念进行批判时就已看到这个问题。㊻ 人类的善就是在人的实践中遇到的东西,它并非无须具体

㊻ [参见我的海德堡学术论文"柏拉图和亚里士多德关于善的理念",海德堡,1978年,现载我的著作集,第7卷。]

境遇就可得到规定,在具体境遇中才会有某些因素比其他因素更为优异。只有这样,而并非反事实的认同,才是批判的善的经验。它必须在境遇的具体化中加以发展,这样一种正确生活的理念作为一般理念乃是"空泛的"。㊼ 这里有一个至关重要的事实,即实践理性的知识并不是一种面对未知者而意识到自己优越性的知识,相反,在这里任何人都会提出这种要求:去认识对于整体的合理性。但这对于人类的社会共同生活则意味着必须说服其他人——这意思当然不是说,政治学以及社会生活的成形只不过就是谈话共同体,从而把摆脱一切统治压力的自由谈话看作真正的治疗手段。政治要求理性把利益导向意志的构成,而一切社会和政治的意志表达都有赖于通过修辞学构成共同的信念。这就包含着人们总必须顾及正确对待对立信念的可能性,不管这种信念存在于个人抑或社会领域。我认为这点也属于理性这个概念。我很乐意承认诠释学经验造就了西方文化传统的特殊内容,这种诠释学经验的道路导致我要求采用一个具有最广泛运用的概念。我指的就是游戏概念。我们并非仅从现代经济学的游戏理论中了解这个概念。我认为,它倒是反映了和人的理性活动相联系的多元性,同样也反映了把互相冲突的力量结合进一个整体的多元性。力量的游戏受到信念、论辩和经验游戏的补充。对话模式在正确的运用中保持着它的丰硕成果:在力量的交换中,就如在观点的相互冲突中一样,建立起一种共同性,这种共同性超越了个体和个体所从属的团体。

㊼ 亚里士多德:《尼各马可伦理学》,A4,1096b20: μάταιον τὸ εἶδος.

20
修辞学和诠释学
（1976年）

在尤吉乌斯学会[18]的报告里，我们几乎无法选出一个比修辞学和诠释学这一题目更为强调的对立论题。因为尤吉乌斯的与众不同之处，而且并非仅仅是因为莱布尼茨把自己看成这位17世纪近代科学伟大开拓者的真正伙伴，恰恰是他断然否弃辩证法和诠释学的方法，并且转向经验和一种（从奴隶般地神化亚里士多德的观点看当然是纯化了的）证明逻辑。他不仅本身就生长在以辩证法和诠释学作为根据的人文主义文化之中，而且后来还承认这种文化具有准备性的价值，并且认为，护教神学（Kontroverstheologie）强化了"辩证法和诠释学能力"乃是很重要的（1638年给雅克·拉古斯的信）。当然，这些都是写在一封信里，它更多地具有教育-外交的含意而并非一种真正的评价，因为尤吉乌斯实际上只想使他早期的学生对科学的方法论和逻辑学产生兴趣。尽管如此，这种灵活的态度仍然表明了普遍存在的修辞学教育，这对于那时的科学大人物（Mann der Wissenschaft）是理所当然的。只有从这种背景出发，才能真正评价像尤吉乌斯这样作为新科学思想先驱人物特有的贡献。

如果想理解人文科学的认识论和科学命运——直到它以浪漫主义精神科学的形态出现的方法论构造，那么，"修辞学"的背景就具有独特的讨论意义。它并不是诠释学理论在这种联系中所产生的作用——这种作用不过是次要的——而是修辞学的古典传统、中世纪传统和人文主义传统,这才是关键所在。修辞学是三种艺术(Trivium)[19]的一部分,它引导着某种因其渗透一切而几乎不被人注意的不言而喻的生活。但这却表明,在旧时代的悄悄变化中,渐渐地开辟了历史科学的新纪元。诠释学理论的历史肇始于拒绝对路德新教作反宗教改革的、特利恩特宗派式的攻击,从路德到梅兰希顿和弗兰西斯、经由开初的理性主义和与其相对的虔信主义,直到在浪漫主义时代产生的历史世界观,这种历史的发展并不在认识论和科学理论的观点内展开,而是在神学争论的紧迫性中得到发展,这种神学争论则是由宗教改革引起的。显然,正是出于对现代历史精神科学前史的追问,才使得威廉·狄尔泰和约金姆·瓦赫写成这部历史。

在这里起作用的是和前理解概念相联系的诠释学真理。甚至对诠释学历史的研究也同样处于前理解这种普遍的诠释学法则的支配,这可以首先从三个例子得到说明。

第一个例子就是威廉·狄尔泰研究诠释学历史的基础,亦即狄尔泰作为一个年轻的学者写的柏林科学院的征奖论文,该文因马丁·雷德克尔对狄尔泰未完成的《施莱尔马赫传》第 2 卷的编辑而最终于 1966 年得以发表,该文在 1900 年只有像概略说明那样的极小一部分才为人所知。[48] 狄尔泰在该文中对弗兰西斯作了出色的、附有大量引文的说明。他对弗兰西斯的诠释学理论作了检

---

[48] 威廉·狄尔泰:《施莱尔马赫传》,第 2 卷,第 595 页以下。

验和评价，提出了他自己意识到的历史意义和科学的、历史—批判方法的尺度。按照这种尺度衡量，在弗兰西斯的工作中混杂着天才的正确预见和不可思议地陷入独断主义的狭隘和空洞的形式主义。确实，如果在解释宗教文献时仅仅提出自由主义时代历史神学所研究的问题（狄尔泰本人就属于这个时代），那就没什么可说了。要从每件文本本身的联系理解文本而不要屈从于独断的强制，这是一种值得称赞的意图，如果我们像施莱尔马赫那样强调"心理学"解释，这种做法在运用于《新约》时最终导致了教义的解体，每一位《新约》的作者都可以置于这种诠释学观点之中，这就导致损害了以《圣经》自解原则为基础的宗教改革教义学。这是狄尔泰含蓄地认可的结果。这是他对弗兰西斯进行批判的基础，因为他在弗兰西斯对整个宗教文献或教义原则的非历史和抽象的逻辑概括中看到了他注释的缺点。同样，教义学和注释之间的对峙也从另外一方面展现了狄尔泰的观点，在对弗朗茨（H. Franz）及其强调文献整体的上下文要甚于单个文本观点的批判时，他的观点得到完全展现。对历史神学的批判是在最近 50 年才开始，在对"福音启示"（Kerygma）概念的争论中达到顶点，这种批判使我们易于接受教规的诠释学合法性以及弗兰西斯身上独断兴趣的诠释学合法性。

在研究诠释学历史的过程中前理解起作用的第二个例子是由盖尔德塞策（L. Geldsetzer）提出的独断型诠释学（die dogmatische Hermeneutik）和探究型诠释学（die zetetische Hermeneutik）的区别。[49] 借助于把一种和独断论相联系、受到机构及其权威确认的、

---

[49] 参见盖尔德塞策在编辑出版他的梯鲍特和弗兰西斯的诠释学新版本里所作的最值得一谈的导言。

总以捍卫独断的教规为目的的解释和非独断的、公开的、探求性的,有时甚至在进行解释时导致"不可理解"的文本的解释相区别,诠释学的历史显示出一种打上现代科学理论意义的前理解的形态。在这点上可以说,虽然最近的诠释学也支持神学-教义学的兴趣,但它却显然更接近一种法学诠释学,这种法学诠释学非常独断地认为自己就是去实施由法律固定下的法制。然而问题恰好在于,如果在制订法律的过程中忽视了解释法律时的探究因素,并认为法学诠释学的本质仅仅在于把个别案例归入一般法律,这是否就是对法学诠释学的误解。关于法律和案例之间辩证关系的新观点(黑格尔为这种辩证关系提供了具有决定意义的思维手段),在这点上很可能改变了我们法学诠释学的前理解。司法判例的作用历来限制着概括模式。它实际上是对法律的正确解释(而不仅是它的正确运用)。这也同样适用于与一切实际任务无关的《圣经》的解释或对古典作家进行必要的修正。正如"信仰类推"(Analogie des Glaubens)对于《圣经》的解释并不是坚固的、独断的预先确定,语言也是如此,如果对于古典文本的语言用科学理论的客观性概念进行衡量,并把这种文本的示范性质当作对理解的独断限制,那么古典文本的语言就是无法理解的。我认为,独断诠释学和探究诠释学的区别本身就是独断的,因此应该对它进行诠释学的消解。

第三种有趣的前理解把诠释学的历史置于一种特别的角度,这种前理解最近由哈索·耶格(Hasso Jaeger)在论诠释学的前史这篇学术性很强的讲演中提出。㊿ 耶格把丹恩豪尔摆在中心地

㊿ 《概念史档案》,第18卷(1974年),第35—84页。

位,正是通过丹恩豪尔才第一次出现"诠释学"这个词,并且发现通过解释的逻辑来扩展亚里士多德的逻辑。他在丹恩豪尔身上看到了人文主义公众文学精神(res publica Litteraria)最后的证据,而后的理性主义使这种精神僵化,非理性主义和从施莱尔马赫经由狄尔泰到胡塞尔和海德格尔(还有更糟糕的)的现代主观主义则使其产生出其有害的结果。令人惊讶的是,该作者既没有提到人文主义运动与宗教改革《圣经》自解原则的联系,也没有提到修辞学在整个解释疑难中所产生的特定作用。

毫无疑问(并且狄尔泰也清楚认识到),宗教改革运动的《圣经》自解原则本身也和它的理论辩护一样都适合于普遍的人文主义转向,这种转向摒弃了经院哲学的教条风格及其对教会权威的依靠,并且要求阅读原版的文本。因此,它也属于重新发现古典作家这种更为广阔的人文主义联系之中,而这里的古典作家当然主要指西塞罗的古典拉丁文。然而,这并非只是一种理论的发现,而是同样属于模仿(imitatio)规律,属于复兴古典讲话艺术和文体艺术的规律,于是,修辞学就成为无所不在的了。

当然,这并不意味着朗诵艺术的重生。古典的讲话艺术失去其古典的领域,亦即城邦和共和国,又如何能被重新唤起?自从罗马共和国终结以来,修辞学就失去它的政治中心地位,在中世纪它只是由教会管理的学院文化中的一个因素。如果不经过许多极为明显的作用改变,修辞学就不可能经历人文主义所力图达到的复兴。重新发现古典文化和两件具有重大后果的事情相联系,即印刷术的发明,以及随宗教改革运动而导致的阅读和写作范围的极大扩展,这种扩展乃是和普遍僧侣精神(allgemeine Priestertum)

的理论相联系的。由此就开始了一个过程,经过长达千年的中介,它最终不仅导致了扫除文盲,甚至导致了一种默读文化(Kultur des stillen Lesens),这种文化把说话、大声读出的词和真正讲出的话都置于次要的地位——这是一种巨大的内在化进程,只是当大众媒介开启了新的说话通道,我们才意识到这一点。

修辞学的基础更多地有赖于西塞罗和奎因梯利安而不是亚里士多德,因此,修辞学的人文主义复兴很快就偏离它的起源,并且进入到新的、改变其形式和作用的力量领域。虽说它的理论形态可以理解成一种或然性的逻辑,并且和辩证法结成一种不可分离的统一体。这样它就从逻辑形式主义学派和以权威为依据的神学独断论中解放出来。通过这种方式,或然性的逻辑就更加处于逻辑学的标准之内,而不会危及亚里士多德的分析篇所提供的必然性逻辑的优先地位。

因此,在文艺复兴时期也重复着类似的冲突,就如古典时代在修辞学和哲学之间发生的冲突一样。然而,当时对修辞学的权利和效用发难并且在争辩中取胜的却不再是哲学,而是现代科学和与其相适应的判断、推理和证明的逻辑。

对于近代科学的优势而言,辩护词是一种说话的证据,18世纪初期在以传统自傲的那不勒斯,吉安姆巴蒂斯塔·维柯就把辩护词作为修辞学不可或缺的证据。[51] 同样,维柯用他的论辩所维护的修辞学的教化功能这件事实在当时一直存在,而且一直持存至今——当然主要不是在讲话艺术的真实运用和尊重讲话艺术的

---

[51] 维柯:《论我们时代的研究方法》。[参见我的著作集,第1卷,第24页以下。]

艺术理解中,而是把修辞学传统转用到对古典文本的阅读。

因此,虽说好像存在着纯粹运用古老的讲话艺术理论,最终却出现了某些新的因素,亦即对于解释文本作说明的新的诠释学。于是,修辞学和诠释学就在某一点上具有深刻的相似性:说话能力和理解能力一样,都是人的自然能力,它们都无须有意识地运用艺术规则就能完整地形成,只要把自然的天赋与正确的培养和练习结合起来。

如果古典修辞学的传统只是指有意识的技巧训练,只存在于写下来的话语的文体艺术之中,并且与法律的、政治的以及指示性的讲话艺术相区别,那就完全是一种论题的限制。最具有特点的是,德国著名学者梅兰希顿在这里附加上了 das genos didaskalikon(学说类)即学术讲演。[52] 更有特色的是,梅兰希顿认为,修辞学,亦即古典优美讲话艺术(ars bene dicendi)真正的益处就在于,年轻人不能缺少良好的阅读艺术(ars bene legendi),亦即理解和评判讲话、长时间的争论以及书籍和文本的能力。[53] 虽说梅兰希顿讨论的主要是一种学习和训练说话能力的补充性动机,但在梅兰希顿的解释过程中,阅读以及传达和认识文本中附加性的宗教真理却渐渐地被提到人文主义模仿理想之上。于是,梅兰希顿的修辞学讲演对于新教的教育事业的形成产生了决定性的作用。

于是,修辞学的任务就此扩展到诠释学,虽说当时并未准确地意识到这种转移,甚至连诠释学这个新的名词都未发现。然而,修

---

[52] 《梅兰希顿全集》,第 13 卷,第 423 页以下。
[53] 同上书,第 417 页。

辞学的巨大遗产对于解释文本这种新的工作在关键点上仍起作用。正如真正的修辞学对于柏拉图的学生来说,乃是无法和关于事物的真理的知识(rerum cognitio)相分离,否则便会陷入绝对的否定中,[54]同样,对文本的解释也有一个不言而喻的前提,即被解释的文本包含着关于事物的真理。修辞学最早的复兴是在人文主义时代,当时的修辞学还完全处于模仿(Imitatio)的理想支配之下,因而,上述这点可能被当作毋庸置疑的。此外,对于我们正在研究的向诠释学的转化,这一点也是完全有作用的。因为,不管在梅兰希顿身上,还是在弗兰西斯·伊吕里库斯(Flacius Illyricus)这个新教诠释学第一个创立者身上,关于宗教经典可理解性的神学争论都是推动性的根据。因此,诸如能否用理解的艺术揭开错误句子中的真实含义这类问题是根本不可能出现的。只是随着17世纪日益增长的方法意识才使情况发生了变化——也许察巴雷拉(Zabarella)在这一点上很有影响——而且诠释学的科学理论根据也发生了变化。我们可以在丹恩豪尔身上观察到这一点,他把修辞学驱逐到附录之中,并且试图根据亚里士多德的逻辑学建立新的诠释学。这当然不是说,丹恩豪尔根本不和修辞学传统有任何联系,因为修辞学构成了解释文本的典范。

    首先让我们看一下梅兰希顿,虽说路德派神学的《圣经》自解原则在他的修辞学讲演里是不言而喻的前提,并且起着重要的作用,但这一原则却并不统治论辩的艺术风格,他的论辩完全保持着

---

[54] 《梅兰希顿全集》,第13卷,rerum cognitio ad docendum necessaria(对事物的认识必然成为学说);柏拉图:《斐德罗篇》,262c。

亚里士多德学派的精神。梅兰希顿力图完全根据我们描述的向阅读的新转变来一般证明修辞学的意义和价值。“如果不依靠某种为他提供的部分的编排、讲话者的分段和意图，以及对晦暗不清的事物进行讨论和澄清的方法的艺术，那就没人能够清楚地把握冗长的说明和复杂的讨论。”(55)这里梅兰希顿想到的当然是神学争论，但他所遵循的却完全是亚里士多德的传统，中世纪和人文主义的传统，因为他把修辞学与辩证法紧密地联系在一起，这就是说，他并没有赋予修辞学以特别的领域，而是强调修辞学的普遍可应用性和有用性。

“首要的，或者说最关键的就是主要的意图和中心的观点，或者如我们所说，话语的要点(der Scopus der Rede)。”(56)梅兰希顿因此引进了一个在稍后弗兰西斯的诠释学中占统治地位的概念，他从亚里士多德伦理学的方法论导读中借用了这一概念。这里梅兰希顿显然不是指狭义上的讲话，因为他说，希腊人在刚开始的时候就对他们的书籍(词义如此!)经常这样发问。文本的基本意图对于准确的理解乃是最根本的。这一点其实对于梅兰希顿提出的最重要的理论也是根本性的，这无疑就是他的 Loci Commune(共同论题)理论。他把它作为 inventio(发明)的一个部分引进，并且遵循古代论题学传统，但又充分意识到其中存在的诠释学疑难。他强调，这些“包含着整个艺术源泉和总体”(57)的最重要的章节并非只是更大的观点储存库，虽说对于讲话者或学者而言，尽可能多地

---

(55) 《梅兰希顿全集》，第 13 卷，第 417 页。

(56) 同上书，第 442 页以下。

(57) 同上书，第 470 页。

涉及观点乃是最有用的——因为,实际上这种Loci(论题)的正确搜集就包含着知识的整体。这就蕴含着对修辞学论题学(Topik)的肤浅性所作的诠释学批判。[58] 这种批判又反过来激起了对自身操作过程的证明。因为,梅兰希顿是第一个根据有意义的选择和搜集宗教经典的关键之处而建立起旧教的教义学的人,这就是1519年问世的Loci Praecipui(讲话或著作的主题)。后来对新教自解原则作的天主教批判是完全不正确的,因为,它在回顾这些教义命题的提出时指责了新教自解原则的不一致。虽说以下这点无可非议,即每一种选择都包含着解释,从而具有独断的含义,但旧教神学的诠释学要求却在于,从《圣经》本身以及从它的意图来证明教义的抽象。当然还有另外一个问题,即宗教改革派的神学家究竟在多大程度上遵循他们的原则。

关键在于寓意解释的重新兴起,寓意解释对于《旧约》当然具有某种不可或缺性,正如今天可以在所谓的"类型学"解释中看到这一点。占卜者和预言家的解释都和路德派的注释实践有显著的联系,这也许能表明自解原则的继续生效。梅兰希顿说:"这里传达的并不仅仅是寓意,而是首先把历史本身与信仰和著作的Loci

---

[58] 梅兰希顿的门徒们显然并没有以同样的方式意识到这个疑难。我在约翰纳斯·斯图姆(Johannes Sturm)的《论拉丁语言的翻译方法》(出版于1581年)中找到如下一段文字:"在新时代,我们这些门生积极致力于学习普遍论题。其中有一些我们是从埃拉斯穆斯(Erasmus)所出版的关于研究方法的书中摘引出来的。我们荣耀回忆起的菲利浦(梅兰希顿)曾传授了一些共同论题,而另一些人也传授了另一些共同论题。我认为,我们不仅应当陈述关于德行和恶行的共同论题,而且也应当讲到所有事物的共同论题……这些共同论题可能有助于你们记忆或回忆。"梅兰希顿的学生关于收集Loci(论题)的诠释学度向显然并不是像他们老师那样清楚的。

communes(共同论题)相联系,然后才会从这种 Loci(论题)中产生出寓意。然而,假如不具备出色的学术能力,就没人能够遵循这种过程。"[59]这段文字以妥协的态度证明了我们的解释的立场,即自解原则声称具有其基本的地位。

我们可以继续推论,把修辞学因素当作后期诠释学的基本原理,但这也许只能算一种一般的思考。诠释学涉及的是阅读这项新任务。和说出的话语不同,写下的文本或者复写的文本被剥夺了讲话者通常能提供的理解辅助手段。文本应该概括在某个正确强调的概念之下,而且每一个人都知道,以真正合适的强调重新给出某个文本的命题乃是多么困难。整个理解过程在理想的——因而是从不可能完全实现的——情况下才进入正确的强调。丹恩豪尔曾正确地指出:"除了通过活生生的教师,几乎没有其他方法能使文学被人理解。没有这类帮助,谁能阅读僧侣们的古老手稿?只有根据讲话者提出的圆周句、逗号、冒号等规定才能认识标点符号。"这段文字证明:标点符号这种阅读的新辅助手段乃是依据古老的修辞学组织术。

然而,这个问题的全部范围是从虔信派诠释学的角度理解的,它从奥古斯特·赫尔曼·弗兰克开始,然后通过兰巴赫及其后继者得到发展。只是到了这个时候,古典修辞学的古老篇章,亦即唤起情绪一章才被认作一种诠释学原则。出于精神最根本规定的情绪存在于所有的话语中,而且人们都认识到以下经验:"在传播同样词句时,如果它们用不同的情绪和姿势说出来,那它们就会有完

---

[59] 《梅兰希顿全集》,第13卷,第452页。

全不同的意义。"承认所有话语都存在情绪改变的因素,其中就有由施莱尔马赫建立的"心理学"解释的根源以及后来所谓的移情理论的根源,兰巴赫这样说:"作者的精神对于解释者具有极大的吸引力,以至于解释者渐渐地成了作者的第二个自我。"

但我们已经说得太远了。最早的诠释学自我思考在宗教改革时代就已由弗兰西斯作出。弗兰西斯当然首先只是一个语文学家和人文主义者,这正是路德的宗教改革要争取得到的。弗兰西斯无可争辩的功绩在于,通过发展他的诠释学,使路德派的圣经自解原则免受三位一体神学家的攻击。他为宗教经典所作的辩护必然要进行两条战线的战斗。一方面,要反对和《圣经》不符合的西塞罗主义的人文主义文风理想;另一方面,要反对反宗教改革的攻击,这种攻击认为,如果不借助教会学术传统作解释,宗教经典就根本无法理解。不用这种万能的教义钥匙去理解宗教经典,正是弗兰西斯所撰写的所谓《圣经指南》(Clavis scripturae sacrae)这部秘诀性著作的根本意图。弗兰西斯以更完全的彻底性在这里讨论了宗教经典困难性的原因,为此,他甚至从他的天主教批判者理查德·西蒙(Richard Simon)那儿得到具有讽刺意味的赞扬——西蒙还赞扬他对教义学说的博识。然而,弗兰西斯认为,对于整个自解原则来说,宗教经典在神学上具有根本性的最主要的困难并非一般性的困难,即用陌生语言写成的文本向理解提出的困难。这只是该问题扩展得最远的方面,弗兰西斯作为一个卓越的希伯来语学者和希腊语学者对此是特别内行的。实际上,更重要的是宗教原因。"对于神学理论,所有的人因其本性不仅感到困难、无知,而且会急切地趋向于相反的意义;我们不仅无法热爱它们、追求它们、理解它们,而且反而会认为它们是愚蠢的、不虔诚的、甚至害怕它们。"

这里显然触及到所有诠释学的中心动机,亦即要克服疏异性,认同陌生东西,通达它特别的,甚至是唯一的结构,与此结构相比,所有所谓的文本疏异性,亦即语言的疏异性、时代观的疏异性、表达方式的疏异性等等都显得次要。因为,这里涉及新教教会的原始动机,亦即准则和预告以及神恩之间的对立。如果由于这种教义的利益而把这里所建立的诠释学也叫作独断的,那就太轻率了。它当然会服务于基督教信仰的不言而喻性以及信仰福音。尽管如此,它在原则上仍是一种纯诠释学的努力。它是对新教自解原则的加工和证明,这一原则的运用证实了"用信仰来证明"的宗教前提。

如果把解释文本的任务置于现代科学理论的偏见之中,并且依照科学性的尺度进行,那实际上是一种目光短浅的看法。在任何具体情况下解释的任务,从来就不是仅仅是对任意一句话的意义作逻辑-技术的查明,这种做法完全不会顾及所说话语的真理这种问题。每一种理解一件文本的意义的努力都意味着接受文本所提出的挑战。假如结果是要用更好的知识进行批判并且证明被理解命题的错误所在,那么它的真理要求才是所有努力的前提。在弗兰西斯创立他的诠释学的方法中我们也能看到这一点。他了解福音代表着哪一种挑战。当他详述正确理解宗教文献的所有条件时,这绝不是过于啰唆,也不是独断的限制。这里所涉及的并不只是(举个例子来说)如弗兰西斯所要求的倾听神的话这种虔诚的期待,而是涉及摆脱一切忧虑的精神的条件,这种精神在所有困难的事情和事务中必定明显存在(第88页)。或者说,除了要熟记我们根本不理解的东西,"并希望有朝一日上帝能使我们明白"这种建议之外,还存在另外的建议,这个建议也许更为普遍,并且在阅读每一篇宗教文献时都会让人感到有用,亦即,首先要把握住整个文本的"Scopus",即目的和意图。

Ⅱ286

宗教文献要求的特殊性绝不会因这种普遍的建议而被淡化,相反会因其运用而得到恰当的突出。"我们必须注意到,此书并不像大部分书籍那样只包含一种理论,而是包含两种理论,即神律和福音。虽说它们本质上乃是相互对立,但却能够相互协调,因为当神律揭露我们罪恶之时,就间接地使我们(通过基督)接受了宽恕。"这也是一种诠释学事件。它表明,《圣经》也要求一种特别的占有形式,亦即通过信仰者接受虔诚的布道。这就是我们必须依之阅读宗教文献的目的,甚至当我们作为纯粹的历史学家去研究它们,甚或作为无神论者根据例如马克思主义的基础认为,整个宗教全是"错的",也须遵循这种目的。这种文本——像所有其他种类的文本一样——必须按其意向(Intention)来理解。

所有关于宗教文献的讲经和解释,尤其是那些唤起宗教文献、使其重新成为福音的布道讲话,都处于福音的教会要求之中。这就承认了一种诠释学的思考,但这种要求却绝不证明,我们可以把弗兰西斯的诠释学理论叫作独断论的。弗兰西斯诠释学理论所提供的只是对路德提出的自解原则的精确理论证明。如果说弗兰西斯的诠释学理论把宗教文本理解成宗教的布道,这和人文主义和语文学的正确解释原则也并不冲突。它从不要求《新约》文本无法证明的独断的前假定(Vorannahmen),而是表现为优于这种文本的权威性(Instanz)。他的整个诠释学都遵循一条原理,即唯有联系才能真正规定单个字、单句话的意义:"ut sensus locorum tum ex scopo scripti aut textus, cum ex toto contextu petatur"(不管是从著作或文本的目的而来,还是从整个语境而来的段落的意义,都应当被研究)。这里非常清楚地表现出反对所有与文献相悖的理论传统。它恰好说明,弗兰西斯像梅兰希顿一样跟从路德,因为他警告了寓意的危险。正是这种 scopus totius scripti(整个著作的目的)的理论防止了这种企图。

如果研究得更仔细一点,它显然就是修辞学的古典隐喻概念(Begriffsmetaphern),这一概念由于要反对宗教文献教义地服从于教会的理论权威而提出。scopus 这个词被称作文本的头或脸,这点通常从标题就可以明显地看出,但首先是从思路的主要线索得出的。于是,古老的修辞学的 dispositio(配置、组织)观点被采纳并得到了改建。人们必须小心地注意(借用这种表述方法)头在何处、胸在何处、手在何处、脚在何处,而这些个别的器官和部分又是如何构成整体。弗兰西斯就说过文本的"解剖学"(Anatomie)。这是真正的柏拉图说法。不讲词和句子的纯粹排列,而把每一种说话都像一个活的生物一样组织起来,都具有自己的躯体,这样,每一次讲话既不会没有头,也不会没有脚,而是从里到外都互相处于良好的和谐关系,和整体也是这样的关系。《斐德罗篇》就是这样说的(264c)。甚至亚里士多德也遵循这种修辞学概念,他在《诗学》中如此描述悲剧的构造:hōsper zōon hen holon(正如一个作为单个和整体的生物)。(60) 我们德语有句成语“das hat Hand und Fuß”(这有手有脚,引申为某事很有道理)也属于这同一种传统。

然而,以下这点也是真正的柏拉图观点(亚里士多德的解释和证明就针对这点),即修辞学的本质并非只局限于这种可表述为技术规则的技艺学之中。柏拉图在《斐德罗篇》中批判道,修辞学教师所从事的事业还处在真正的艺术之“前”。因为,真正的修辞学艺术既不能脱离关于真理的知识,也不能脱离关于“灵魂”的知识。这里所指的是听者的内心状况,为了达到说服的目的起见,听者的情绪和激情应当用话语来激起。《斐德罗篇》就是如此说,整个修辞学至今在日常用法中与人打交道时就遵循这种 argumentum ad hominem(为了人的论证)原理。

显然,在 17 和 18 世纪得到发展的近代科学时代和理性主义的时代,修辞学和诠释学之间的联系被闭锁了。最近 H. 耶格首先注意到丹恩豪尔用他的“好的解释者观念”(idea boni interpretis)所起的作用。(61) 丹恩豪尔似乎是第一个使用诠释学这个术语的人,而且显然以亚里士多德工具论里的相应篇章为依据。耶格指出,丹恩豪尔的要求就在于,继续发展并完成亚里士多德以其 Peri hermenias(《解释篇》)这篇著作所开辟的思路。正如他自己所说:“通过补充一座新城的做法去扩展亚里士多德的工具论。”他的指向也是逻辑学,他把它作为一种更广的部分,作为一种更广义的哲学科学,作为解释科学而建立起来,并且以一种极为普遍的方 Ⅱ288

(60) 《诗学》,23,1459a20。

(61) [H. 耶格:“诠释学前史研究”,载《概念史档案》,第 18 卷(1974 年),第 35—84 页、第 41 页以下。]

式使神学诠释学和法学诠释学得到预先整理,也使所有特殊应用的逻辑学和语法学得到预先整理。于是丹恩豪尔就删除了他所称为的雄辩术的解释,亦即人们用文本所力图达到的使用和利用以及人们通常称之为的 accomodatio textus(文本的适应),并且试图通过他的诠释学达到一种可与逻辑学相匹敌的、在一般理解文本时的人性的和逻辑的正确性。正是这种趋于一种新逻辑学的倾向导致他拿分析逻辑来对比,并最后明确地摒弃分析逻辑。分析逻辑和诠释学是逻辑学的两个部分,两者都要达到真理,并教导我们如何驳斥谬误。它们的区别在于,诠释学也教我们研究错误句子的真实意义,而分析逻辑则只从真实的原则推导出结论的真理。因此,诠释学只考虑句子的"意义",而不管它的实际正确性。

丹恩豪尔十分清楚其中的困难,即作者所指的意义通常并不很清晰,也不会用得很明确。这其实是人的弱点,甚至一句单一的话也可能有多种意义。但他只要求通过诠释学努力来消除这种多义性。他的这种思考究竟如何理性化,这从下面可以看出,即他认为,诠释学的理想就在于把不合逻辑的话语转变得合乎逻辑,从而使其顺顺当当。这样做的关键就在于,把诸如诗歌类型的这种话语重新归置,以使其在其自身中得到证明,从而不可能欺骗任何人。这种真实的位置就是合逻辑的话语、纯粹的陈述、绝对的判断和独特的说话方式。

我认为,像 H. 耶格那样把诠释学的这种逻辑学定位称颂为诠释学观念的真正实现乃是错误的。作为 17 世纪初斯特拉斯堡的神学家,丹恩豪尔本人也承认自己是亚里士多德《工具论》的学生,这部《工具论》把他从同代人的辩证法迷阵中解救出来。如果撇开新教诠释学的科学理论分类而只看内容，那么他就几乎完全赞同新教诠释学，当他超越和修辞学的联系，他就会直接依靠弗兰西斯，因为弗兰西斯在这方面赋予了足够的注意。实际上，他作为新教神学家也显然承认修辞学的作用。在他的《圣经诠释学》(Hermeneutica sacrae scripturae)一书中，他大段引证奥古斯丁，以便证明，在宗教文献中绝不存在纯粹的质朴性(有如按西塞罗学派的修辞学理想可能呈现的那样)，而只存在一种特殊的辩才 Ⅱ289
(Beredsamkeit)，有如在具有最高权威的人和几乎带有神性的人身上所看到的。我们可以看到，人文主义修辞学的文体规则在17世纪是怎样取得有效的，甚至基督教神学家也只有和奥古斯丁一起捍卫《圣经》的修辞学层面才能自保。丹恩豪尔对于诠释学的方法自我理解的这种理性主义新定向从内容上革新的东西，与宗教改革派的自解原则激起的诠释学活动本身毫无关系。丹恩豪尔本人也经常卷入有争议的神学问题，并且像其他路德派教徒一样把以下这点作为根据，即诠释学能力和理解宗教文献的能力是所有人都共有的。诠释学的训练在他那儿同样也被用作对教皇论者的驳斥。(62)

此外，不管我们是从逻辑学方向发展他的方法的自我理解，还是从修辞学和辩证法的方向发展他的方法论，诠释学这门“艺术”总具有一种超越所有应用形式——不管是对于《圣经》的应用，还是对于古典作品的应用、法律文本的应用——的普遍性。普遍性

(62) 上面提到的斯图姆无疑是以这种方式依赖于亚里士多德的。他曾经这样警告耶稣会士“ut magis sint Aristotelici quam theologi”(他们〔指耶稣会士〕比神学家还更亚里士多德派)。

在这两种方向中都存在,并以其特定的疑难为根据,这种疑难存在于"技艺学"(Kunstlehre)这一概念之中,其根源则是由亚里士多德引进的概念构造。相对于技术或技艺学的"纯"例,修辞学和诠释学就表现为特例。两者都涉及语言性的普遍性而与制作的某种特定的实际领域无关。与此相联系,它们都或多或少地从自然的、一般人的讲话能力或理解能力过渡到有意识地运用讲话和理解的艺术规则。但这里还有另一个重要方面,从现代科学概念出发或从古代的技术概念出发均无法发现这个方面。在这两种情况中,"纯艺术"和日常生活实践的自然条件和社会条件的分离只是在有限的情况下才可能。就修辞学而言,脱离自然的状况和自然的练习并不会帮助单纯的规则知识及其认识成为真正的雄辩,它同时又反过来表明,如果讲话的单纯艺术性不具有合适的内容,那它就只能是空洞的诡辩术。

如果我们转到正确解释的艺术,那我们就必须谈到一种特有的居间领域,亦即用文字或铅字固定下来的话语。从一方面说,这种固定增加了理解的困难,甚至在语言-语法的条件完全得到满足的情况下也是如此。因为必须把僵死的语词唤醒成为生动的说话。但从另一方面说,这种固定又意味着理解的容易,因为固定下来的东西以不变的形式呈现给重复的理解努力。这里谈的并非死板地计算文字固定所产生的积极面和消极面。因为在诠释学中涉及的是解释文本,而文本不管用作朗读,还是用作默读,都是某种话语,因此,在任何情况下,书写艺术都与解释和理解的任务相对立。所以,在吟诵文化的早期时代就有一种特殊的写作艺术,它要为朗诵正确地指出文本根据。这就是在希腊人和罗马人的古典时代发生过决定性作用的重要的文体学观点。随着默读这种一般的准备以及印刷术的出现,从而使其他的阅读辅助手段,诸如标点符号和分段等变得格外重要。这也显然会改变写作艺术的要求。由此可以联想到在塔西佗的《对话集》中讨论过的雄辩术衰落的原因:正是在印刷术中存在着史诗文化衰落的原因以及改变书写艺术的原因,这种原因和改变了的朗读术相适应。我们可以看到,修辞学和诠释学和手工艺人的具体的知识模式有多大的不同,而"技术"(techne)概念就恰好和这种模式相联系。

甚至在施莱尔马赫身上也存在技艺学这个概念的疑难,当他把该概念用到修辞学和诠释学上去的时候,这个疑难就明显地表现出来。在理解和解释之间存在的相互联系完全类似于讲话和讲话术之间存在的相互联系。在这两种情况下,合规则运用的成分被精心归置,以致使人感到,在修辞学和诠释学中完全和逻辑学一样谈论一种理论意识倒是更为正确,亦即谈论一种或多或少脱离了应用功能的"哲学的"说明任务。

这就必然会出现一种特别的特殊地位,它和亚里士多德的实践哲学具有的意义相当。虽说它也叫作哲学(philosophia),因而是指一种"理论的"而并非实践的兴趣。尽管如此,就如亚里士多德在他的伦理学中所强调的那样,它从事的却并非纯为着知识,而是为着 arete(德行),亦即为着实际的存在和活动。因此,我认为以下这点非常引人注目,即我们也可以同样地讲到亚里士多德在《形而上学》第6卷中叫创制哲学(poietike philosophia)的以及显然把诗学和修辞学都包括在内的东西。这二者都并不是在技术知识意义上的技术。二者都以人的普遍能力为基础。它与技术相比所具有的特殊地位当然不像实践哲学的观念那样具有明显的标记,实践哲学的观念因其与柏拉图善的理念的争论性关系而独具特色。此外我还认为,可以把诗哲学的特殊地位和界限像实践哲学一样地称作亚里士多德思想的结果,无论如何历史已产生了这种后果。分为语法学、辩证法和修辞学并在修辞学中把诗学包括在内的这三位一体艺术和一切特定的生产、制造某物的方法相比也有同样一种普遍的地位,那种特定的生产、制造方法一般则适合于实践和引导实践的合理性。这三位一体艺术绝不是科学,而是"自由的"艺术,也就是说,它们属于人类此在的基本活动。它们并不是人们的所作所学,从而使人成为掌握了其所学的人。相反,能够造就这种能力倒属于人本身的可能性,使人成为所是和能够是的存在。

这就是我们研究其发展的修辞学和诠释学的关系所最终阐明的道理。甚至解释和理解的艺术也不是一种我们可以学会的技能,从而使我们成为一个掌握了其所学的东西的人,即一个专业的口译者。它属于人本身。因此,所谓的"精神科学"在过去和现在都正确地被叫作 Humaniora 或 humanities(人学或人文科学)。由于作为近代之本质特征的方法和科学的勃兴使得这一点变得模糊不清。实际上,如果一种文化赋予科学以及以科学为基础的技术学以领导地位,就根本不会冲破人类作为人的共同世界和社会而生存于其中的更广的范围。在这种更广的范围中,修辞学和诠释学具有一种无可争辩的、包容一切的地位。

21

逻辑学还是修辞学？——再论诠释学前史

II 292

（1976 年）

H.-E. 哈索·耶格以他的论文“诠释学早期历史研究”（Studien zur Frühgeschichte der Hermeneutik）(63)为我们关于诠释学前期历史的认识增添了崭新的一章。我们早就知道，“诠释学”这个词首先出现在约翰·孔哈德·丹恩豪尔的一篇文章中，并且至少从狄尔泰以来就很明确，诠释学具有某种人文主义的前史。随着耶格对丹恩豪尔的评价，这幅图景就起了变化。首先，耶格指出，丹恩豪尔从青年时代就开始遵循某种解释逻辑的纲领，并早在1629 年就为这种逻辑使用了“诠释学”（Hermeneutica）这个名称。耶格和狄尔泰相反，他不想再把这种诠释学看作浪漫主义诠释学的神学的——从而也是非常可怜的——预备阶段，而是看作人文主义运动的一种特有的创造，它和路德和教皇之间所进行的关于《圣经》解释原则（Schriftprinzip）的争论毫无关系。狄尔泰当然向我们指出，正是这种争论才第一次形成了新教《圣经》注释的诠释学原理，我们可以在弗兰西斯·伊吕里库斯那里发现这些原理的

(63) 《概念史档案》，XVIII/1，第 35—84 页。文中的页数可以表明这种贡献。

证明。H. 耶格则试图尽可能地排除其中的神学成分。

耶格本人的真正兴趣则在于指明"诠释学"是 17 世纪的科学理论概念,这在丹恩豪尔的《好的解释者观念》(*Idea bori interpretis*,1630 年)中得到说明。

耶格的具有深厚学识基础的概念史研究恰当地运用了语词史的观点,到最后这种语词史的立场几乎完全占据了他的贡献,以至于使他把狄尔泰所说的关于《圣经》解释的神学争论文献[64]完全撇在一边。正如耶格所指出,丹恩豪尔运用诠释学这个词本身并没有前史。而新学科的科学理论证明——正如丹恩豪尔所说的 die oikonomia(简省证明学说)——才是他真正的工作。

耶格关于丹恩豪尔的论述(47—59)不仅使丹恩豪尔的科学理论概念而且连诠释学这个名词的提出都能令人理解。丹恩豪尔曾独立地重新发现了亚里士多德的《工具论》,并由这种发现而确定其整个精神的存在。这当然是重新回到真正的亚里士多德,这种回复使他免受拉米斯[20]逻辑学(60)的影响,并在阿尔托弗(Altorfer)的亚里士多德主义中找到了证明。丹恩豪尔除了亚里士多德的《解释篇》提出的陈述逻辑之外又提出 hermeneutica generalis(普遍诠释)作为一座"新城"(50)。亚里士多德《工具论》的主题因此而被扩展到对他人的讲话和对文章的解释。

耶格指出,丹恩豪尔因此而和新的分析理论相联系,这种理论正统治着当时的亚里士多德主义,并作为 methodus resolutiva(解

---

[64] "施莱尔马赫的诠释学体系与老的新教诠释学的对立"(1860 年),载《狄尔泰全集》,第 14 卷,第 2 分册,第 595—787 页;"诠释学的产生"(1864/1900 年),载《狄尔泰全集》,第 5 卷,第 317—338 页。

析法)而为人所知(51f.)。如果耶格能出版他事先预告的大作,那么我们可以对上述情况了解到更多的东西。就我所知,这种methodus(方法)是亚里士多德的逻辑学和柏拉图辩证法在古典后期混合形式的自由扩展,不过亚里士多德本人对此讲得很少:无论是在把推论过程和证明过程变成逻辑论题,还是在运用时涉及实践考虑的结构(找到通向目标的手段),亚里士多德显然总是联系到几何学的analyein(分析)概念,这一点不应被耶格关于新柏拉图主义把分析用作掌握原理之途径的论述所遮蔽(52)。对这种分析的依靠对于丹恩豪尔的诠释学纲领乃是决定性的。丹恩豪尔显然在亚里士多德的《解释篇》中实际上发现了一种综合过程(话语由其部分组合而成)。他把作为分析的诠释学挪到这种综合的陈述逻辑之旁,亚里士多德分析论的这种扩展具有重要的后果。正如形式推论理论只保证内在合乎逻辑性而并不确保它的实际正确性,诠释学在丹恩豪尔那里也只表明某个陈述的正确意义,但并不指明一个正确陈述的意义。它并不追求从原理出发进行推导。在这里丹恩豪尔是非常极端的,并且耶格指出,丹恩豪尔在这点上遵循古代和中世纪关于sensus(意义)和sententia(语句)的区别的理论(56)。与此相反,其他人则在诠释学中看到一条虽说是间接的和次要的但却是特有的通向真理认识之道路。这显然也是凯克曼(Keckermann)的观点(1614),凯克曼曾直率地讲到一种clavis intelligentiae(理智的钥匙)(71f.)。

情况很有可能,丹恩豪尔不管怎样是在把Hermeneutica(诠释)和analytic(分析论)加以联系——换句话说:是在把诠释学归并到逻辑学(61)。

耶格对 hermeneia(诠释)这个词在人文主义时代的出现所作的语词史补充研究也证明了这一点(65—73)。丹恩豪尔整个术语表的前史将这一点表现得更清楚。我们从中可以受到足够的启发。我认为,最有趣的是阿莫尼奥斯·赫缪(Ammonios Hermeiu)所起的作用。他在亚里士多德的《解释篇》中发现了思想最初的语词化过程(Verwortung),这就是说,并非只是把一种语言翻译成另一种语言或是把含糊不清的表述翻译成清楚的表述,而且也是思想本身用语言清晰表述(64f.)。尽管在耶格论文的结尾处(81f.)指出了诠释学的这一"灵魂",但在丹恩豪尔那儿,这种动机却似乎还未起作用。

也许,对丹恩豪尔诠释学观点作这样的表述是恰当的,但我觉得,耶格所遵循的思路是片面的。如果我们通览了这位博学的作者提出的整个语词史材料,尤其是语词的古典存在形式,那就绝不会让自己只局限于逻辑学和科学理论。诠释学这一语词的相关领域指示的倒是修辞学的领域。因为这并不符合作者的本意,所以让我们强调作者提出的材料中的这一方面。首先是在柏拉图的《伊庇诺米篇》中引人注目地产生了诠释学这一语词(84〔注释〕,160)。根据其和占卜术(Mantik)的类似关系,我们无法怀疑,这里涉及的是真正的语言用法。这一语词指的是和神的交往,这种交往并非十分容易,因为不依靠技巧就很难明了神的暗示的意义。我不知道为何作者不喜欢这种观点。没有人会认为,这种技巧在柏拉图看来非常崇高。但这在这里并不起作用。但我们不应忽视这里涉及的任务是与耶格承认的人文主义诠释学具有的任务相同,也就是说,这里同样涉及被耶格指责的新的任务,亦即,使不理解的东西成为可理解的任务(这正是口译者从事工作的基本情形)。

同样我也无法理解,为何作者要如此回避诠释学一词和赫尔墨斯神的关系。我也根本感受不到作者对以下事情感受到的胜利感,即从赫尔墨斯神导出诠释学这个词的说法被现代语言学揭露为只是一种虚构,而且我们如果不掌握这一点,就无法了解这个词的词源学意义(84〔注释〕,160)。然而,我即使注意到这点,也绝不会因此会对(如我所看到的)奥古斯丁与整个传统是如何理解这个词而感到迷惑。引证贝弗尼斯特(S. Benveniste)(41〔注释〕,17a)也无济于事。传统的证据十分重要——但却不是作为一种语言科学的论据,它只是有效地指出,诠释学现象必须以及正被看得如何宽广而普遍:它被看作"一切思想的使节"(Nuntius für alles Gedachte)。

我觉得,对《民法大全》(Corpus juris civilis)的摘引是个新贡献。其中提到经纪人职业所特有的理解技巧,这种技巧能使缔约双方对交易的价格达成一致意见。耶格引证了法国人文主义者安东尼·孔德(Antoine Conte)的观点(38f.),这对人很有启发。从他的引证可以看出,经纪人事务中出现的特定通译技巧早已为法国人文主义者在一种普遍的意义上加以理解。他说,为这种服务支付的报酬并不像经纪人的工作所获得的利润那样声名狼藉。它涉及的是最广义上的通译工作和中介工作。但正如与经纪人相比较所表明的,这种通译的功能并非仅限于机械的语言的翻译,也并不限于仅对含糊不清的东西进行阐明,而是表现为一种包容一切的理解手段,它能在各派别利益(voluntatum contrahentium)之间进行调解。和《伊庇诺米篇》完全一样，这里涉及的是一种普遍的中介活动，这种活动不仅存在于科学的联系之中，更存在于实际生活的过程中。（当然，在这种语词应用中仅仅涉及促进理解的一种实际技巧，而根本不涉及对这种技巧的规则作逻辑分析。）

不过，无论是古代的语言用法还是人文主义复兴的语言用法，它们都毋庸置疑地指示着修辞学的领域而并非逻辑学的领域。在我看来，这才是关键所在，我期待这位博学的作者作出不同于他在论文中提出的另外说明。我认为，他讨论的并不吻合人文主义传统所准备好的整个领域。他所经常使用的 res publica litteraria（大众文学物）这种普遍的措辞并不能解释修辞学和逻辑学的区别。丹恩豪尔关于《逻辑学》的看法真的和察巴雷拉（Zabarella）的影响相联系（74）？抑或和在斯特拉斯堡特别有影响的法国人文主义（以及反拉米斯主义）逻辑学家的影响相联系？

特别有趣的是，甚至丹恩豪尔也指出印刷术的扩展对于诠释学的意义。毫无疑问，正是通过印刷术才使语言交往的生活发生了根本变化。默读习惯和一般僧侣精神的宗教改革激情具有特别联系，它表现出一种需要新的受过训练的引导的新情况。自从用嘴说的词和由行家朗诵的词不再主宰交往过程以来，作为文本意义轨迹的文字符号与被意指的意义之间的距离就大大增加。这里出现了一个全新的问题，它不仅涉及理解和解释的任务范围，而且涉及书写艺术本身。我们无论如何都可以理解，这里寻找的是诠释学真正的作者身份。丹恩豪尔提出的科学理论变形并没有考虑到这一点。正是梅兰希顿本人把修辞学转用到解释术上，从而成

为至关重要的人物。(65)

至于狄尔泰作为依据的弗兰西斯，我们也不能像耶格所作的那样，把他简单地归到神学家的争论文学之中。虽说弗兰西斯的《圣经指南》乃是为他的神学关注服务，但它的基础却完完全全是一般意义上的语文学——人文主义的。弗兰西斯试图证明，《圣经》如同所有其他文本一样是完全能被理解的。作为一个伟大的希伯来语言学家和语文学家，他捍卫路德的口号 sacra scriptura sui ipsius interpres（《圣经》是自身解释自身）而反对天主教特利恩特会议的争论，这种争论主张教会的理论传统不可或缺。这里无法讨论弗兰西斯究竟在多大程度上实现了他的意图，抑或讨论在他证明《圣经》的可理解性时是否受到未经证明的独断的前概念指引，抑或这一点是否像狄尔泰所指出的那样真是一种缺陷。我认为，他那作为一切解释努力之根据的“Scopus”（目的）理论实际上和路德的辩解神学紧密联系，从而使这种新的诠释学思考最终不能和力求阅读《圣经》行为的宗教意义相分离。(66) 然而，这难道不适用于人文主义传统，并以完全合适的方式适用于它的模仿理想？我认为，所要解释的文本的正式的和规范的意义——正如在解释法律时一样——是整个解释努力中决定性的因素。这绝不意味着对诠释学要求的限制，即要把很难理解的文本归置到理解之中去。 Ⅱ297

弗兰西斯在他的论辩中很小心地保留了阅读《圣经》的 periti。这是典型的人文主义的遗传特征。但这对以下这点却不产生作

(65) 我在尤吉乌斯学会的一次演讲中已经指出了这一点，参见“修辞学和诠释学”，1976 年。[现载本书第 276 页以下。]

(66) 参见前面注释中引证的研究论文。

用，即诠释学发展的基础仍然是宗教改革的要求，要使每个人都成为《圣经》的读者。（与此相反，法学诠释学一直只是一种职业化的学科。）这也表现出它与修辞学的相近之处。修辞学也是一种专家从事的工作。即使讲话的艺术需要运用人们能够学会的特殊技巧手段，但它和理解的艺术一样，基本上只是人的自然能力。“诠释学”这个词就像修辞学一样，都只表明是对这种手段的运用。在18世纪和19世纪，对于那些掌握理解的艺术并能把它用于别人身上的人，人们都把他们比作牧师（Seelsorger），因为他们掌握了“诠释学”，也就是说，掌握了理解他人并使他人理解自己的艺术。(67)

这位博学的作者就像Res publica litteraria universalis（普通大众文学物）忠实的辩护者一样地说话，他像叔本华一样地抱怨它的衰亡（40〔注释〕，16）。他目睹了它在18世纪的衰亡，他认为，这种衰亡导致了他所描述的人文主义诠释学迅速受到死板的理性主义（而且就像人们必定会补充的那样，受到虔信派神学反倾向）的压制。因此，他的论文充满了论战的声调。他想痛斥从狄尔泰直到当代诠释学的整个精神科学的浪漫主义传统，但他首先要痛斥的是这种传统在“海德格尔和布尔特曼方向”上的最新发展（35）。

---

(67) 参见我的著作集，第1卷，第312页以下。那里需要补充：约翰·彼得·海贝尔（Johann Peter Hebel）给他的朋友赫施（Hitzig）的信中说到（1804年11月）：“霍夫拉特·福尔茨这位掌握了所有诠释学中最杰出的诠释学的人正在练习理解人的弱点并作出解释……”。[1874—1809年的信，载《全集》，第1卷，W.采特纳编辑出版，卡尔斯鲁厄，1957年，第230页。]在绍伊默（H. Seume）的散文作品中也可以发现该意思的表述（绍伊默在莱比锡跟莫鲁斯〔Morus〕研究过神学）。

这位作者显然紧紧盯着"建构性诠释学"(die konstruktive Hermeneutik)这一概念,这个概念本是他创造的,他以一种相当幽默的方式把它和胡塞尔赋予意义的行为这个概念相联系(83f.)。对于胡塞尔的这种理论有人提出了反驳,这种反驳主要是从海德格尔对胡塞尔作的本体论批判出发的。这和"建构性诠释学"到底有什么关系?"建构性诠释学"到底是什么?同样,关于语言的表达力的说法和海德格尔的"语言会讲话"也只有极小的相关。海德格尔这种挑衅性的话指的是,语言对于每一个别讲话者具有先行性(Vorgängigkeit)。因此,在某种意义上我们可以说——当然不是在作者所强调的意义上——,语言对于思想有一种确定的、然而又是受限制的前定性(Vorgegebenheit)。我觉得,"语言会说话"这句表述所包含的合理性的意义具有一种新柏拉图主义的因素,即正是某种语词,但也确实是思想的语词,才在话语和讲话里清晰表达出来。作者在他论文的结论中也触及到这种动机,他引用了普罗丁的"论心灵"(psyche)(82),但他却并未因此而得益。我认为,我已经指出过,这种理论不但可能依据于奥古斯丁,而且也能以库萨的尼古拉为根据。[68] 虔信主义对解释的"心理学化"(Psychologisierung)所起的作用可以成为人文主义-修辞学遗产和浪漫主义理论之间具有决定性的中介(A.H.弗朗克、兰巴赫)。但耶格却根本没有提到这一点。

他认为,新的诠释学没有传统乃是一种令人满意的事情。不管这样说有什么意思,他只能在不同的意义上和狄尔泰以及由海

---

[68] 参见我的著作集,第1卷,第424页以下。

德格尔出发而发展的哲学诠释学的立场发生关系。狄尔泰曾试图指出神学诠释学的传统,施莱尔马赫以及后浪漫主义时代的历史方法就处于这种传统之中。前浪漫主义的前历史实际上只是前历史而并不是历史。只是随着神学的解释理论和语文学的解释理论扩展成一种普遍的历史方法论观念,才诞生了耶格意义上的"新诠释学"。

与此相反,由海德格尔对意识唯心主义的批判所开启的诠释学理论的转向却有着很老的历史,我们可以在其中发现诠释学问题和亚里士多德以来实践哲学传统的联系,而这种联系正是 J. 里特和我所主张的。我们不能把这种联系简单地置之不理,天知道为何耶格对"解释"(Deuten)和"理解"如此恼火。这两者至多不过是分析的程序,它与那种非理性主义的冒险活动丝毫不相干。相反它能符合古典的修辞学传统,根据耶格的论文(它促使我去研究丹恩豪尔)我知道,甚至亚里士多德的逻辑学作为 Methodus resolutiva(解析方法)意义上的分析理论对于诠释学的理论构筑也只是一种其他的、可能的方向而已。然而我从耶格广征博引的文章中却无法得出这种"而已"。我不明白,为什么丹恩豪尔的逻辑亚里士多德主义相对于弗兰西斯和神学诠释学却该在 res publia litteraria(大众文学物)内部取得一种优越地位。

耶格所谓的"新诠释学"是一种相当复杂的构成物,这一点大家都愿意承认。它的论题和倾向有时会得到漫画式的误解。然而,耶格为之作斗争的新诠释学这个词到底指什么意思?在耶格那里,这个词具有非理性的神奇武器的意思。他用"解释"(Deuten)这个词到底指什么意思?如果他以此指的是施莱尔马赫以及狄尔泰把解释心理学化的做法,我还可以赞成他。然而,从他作为"大众文学物"的成员所感受到的巨大距离出发,则狄尔泰和 E. 贝蒂对唯心主义-诠释学传统的概括与海德格尔和我的贡献就在他看来合而为一了(35)。他觉得,精神科学的方法论和揭示一切方法论之界限的哲学反思乃是一回事。该怎样理解这一切?它们都是恶魔?

我发现,只有一条道路才能使我搞清,把不同的事物这样视为一物到底是什么意思,它又如何能自圆其说。这条路就存在于古代与现代之争(querelle des anciens et des modernes)的出发点中,列奥·斯特劳斯(Leo Strauss)在他早期关于斯宾诺莎的书中就曾选择过这种方向。⑥ 在那本书里斯特劳斯明显倾向于古代。自那时以来,这场斗争对于历史意识的产生具有的意义才被浪漫主义方面注意到(参见由 H. R. 尧斯作序的佩拉尔特〔M. Perrault〕的新版书⑦)。这里涉及一个最严肃的问题。所有被叫作"诠释学者"的人,包括德国唯心主义哲学在内,当然都属于"现代"。狄尔泰一生都和历史相对主义的幽灵缠在一起,这就可以很好地勾画出这种"现代"的疑难。

几十年来,我一直在考虑以下问题:赞同古代在今天将意味着什么?不管怎样,它总有以下意思,即它的辩护者并非用古代人的

---

⑥ 列奥·斯特劳斯:《斯宾诺莎的宗教批判是他圣经学的基础》,柏林,1930 年。并参见我的论文"诠释学和历史主义",本书第 387 页以下。

⑦ 佩拉尔特:《就艺术和科学而言古代和现代之比较》(Parallèle des anciens et des modernes en ce qui regarde les arts et les sciences)(1688 年),并有 H. R. 尧斯作的序:"在古代与现代之争中的审美规范和历史反思",慕尼黑,1964 年。

眼光看事物想问题，而是作为一个当今的历史家来看这种看法、想这种想法。因此，耶格本人也处于一种诠释学问题之中，这至少通过下面一点把他和古代区别开来，即他是用粗野的讽刺拒斥当代的诠释学。我们无法说，这种研究就像他提出的后浪漫主义时代的前提一样，亦即，本身要具有历史意识。这点既适用于他，也适用于被他称为"现代"的人。但这绝不是说，只要承认这一点，就能把"新诠释学"这门特殊的理论回射到过去的年代。毋庸置疑，诸如把奥古斯丁的基督教时代和基督教创始时期的游牧文化相区别的历史距离，这些对于奥古斯丁本人也是一个真正的诠释学问题。基督教接受《旧约》的宗教文献并非完全没有问题。在这个意义上可以说，《基督教学说》具有一种诠释学维度。

我们不能这样把"新诠释学"一股脑儿地算作现代主义的错误。也许诠释学反思的任务就在于：超越在古典的古代与现代之争中发生的对立，既不谈现代的进步信念，也不谈纯粹模仿古代的满足。这就是说，一方面识破由于自我意识的优先性和方法论科学性的确定信条导致的偏见——另一方面又要控制住对立的偏见，就好像我们能把基督教的年代和现代科学都撇在一边。席勒在他对歌德的特性所作的著名描绘中早就清楚地表达了这一点。正确地描绘古人，并不意味着回到古代或是模仿古人。在诠释学的意义上这只是说，以自我意识为基础的近代哲学思想意识到自己的片面性，并且提出了诠释学的经验，即有时我们倒更容易理解古代而不是现代。难道这就是耶格针对"建构性诠释学"和胡塞尔的"赋予意义的行为"所指责的"主观主义"？也许这很合我意。但这和作者的意思却并不一致。这和他对海德格尔的影射又如何协调一致？然后又该怎么办？比耶格指责的新诠释学更不带传统？抑或完全不顾我们和耶格都置身其中的传统？

22

作为理论和实践双重任务的诠释学

(1978年)

不仅诠释学这个词已经很古老,而且,不管诠释学这个词在今天是否重又与解释(Interpretation)、阐释(Auslegung)、翻译抑或只与理解相联系,其所指的事情无论如何却远远先于近代发展起来的方法论科学的观念。甚至近代的语言用法也反映出使诠释学事务得以显现的那种独特的理论和实践的双重方面和矛盾性质。18世纪末和19世纪初,在一些作家笔下曾零零星星地出现过诠释学这个词,这表明当时这个词——也许是来自于神学——已经进入到了日常用语,当然,那时它是单指实际的理解能力,也就是说,对别人进行可理解的、充满同情的沟通。这大概是在牧师那儿得到特别的强调。所以我曾在德国著作家亨利希·绍伊默(Heinrich Seume,他曾在莱比锡当过马鲁斯的学生)和约翰·彼特·海贝尔(Johann Peter Hebel)那儿发现过这个词。施莱尔马赫是近代把诠释学发展成精神科学的一般方法论的创始人,甚至他也坚决地以下述观点为根据,即理解的艺术并非仅以文本为研究对象,它同样处于人际交往的事务之中。

因此,诠释学并非只是一种科学的方法,或是标明某类特定的科学。它首先指的是人的自然能力。

像"诠释学"这样一种会在实践和理论的含义之间左右摇摆的表达式随处可见。例如,我们可以在日常与人交往中讲诸如"逻辑"或逻辑错误而根本不指逻辑学这门特殊的哲学学科。"修辞学"这个词的情况也是如此,我们不仅用它指可以学习的讲话艺术,同时也用它指自然天赋及其活动。很明显,正如没有自然天赋则学习一门可学的东西只会取得很有限的成果,缺乏讲话的自然天赋的人也不可能通过方法论的训练而在讲话时应付自如。对于理解的艺术,对于诠释学,情况也确实是如此。

这一切都有其科学理论意义。类似于对自然天赋进行训练并使之达到理论意识的这类科学到底是什么?这对于科学史也是一个尚未解决的问题。理解的艺术应该如何归属?诠释学究竟是接近于修辞学抑或必须把它置于逻辑学和科学的方法论一边?我最近写了一些文章试图对这个科学史问题进行探究。⑦这个科学史探究表明,就像语言用法所表现的,那种作为现代科学之基础的方法论概念已经消解了过去那种明确指向这种人类自然能力的"科学"概念。

因此就出现了这样一个普遍性的问题,即在科学体系内部至今是否继续存在着一种因素,它更接近于科学概念的古老传统而不是现代科学的方法论概念。我们总是可以问,这是否至少适用于所谓的精神科学精确划定的领域——而不要管在包括现代自然科学在内的所有知识欲中是否有一种诠释学向度在起作用。

---

⑦ 参见《短篇著作集》,第4卷,第148—172页以及第164—172页。[现载本书第276页以下。]

然而至少有一种科学理论的典范,它似乎能赋予这种精神科学的方法论转向以某种合理性,这就是亚里士多德创建的"实践哲学"。⑫

亚里士多德把柏拉图的辩证法理解为一种理论的知识,相对于这种辩证法,他要为实践哲学要求一种特殊的独立性,并且开启了一种实践哲学的传统,这种传统延至19世纪一直在发挥它的作用,并直到20世纪被所谓的"政治科学"或"政治学"所取代。但在亚里士多德为反对柏拉图的辩证法统一科学而用以提出实践哲学观念的所有规定中,这种所谓"实践哲学"的科学理论方面却仍非常模糊。直到今天,仍有人试图在亚里士多德伦理学的"方法"中——亚里士多德把伦理学作为"实践哲学"而引入,而在伦理学中实践合理性的德行(Die Tugend der praktischen Vernunftigkeit),也即 Phronesis(实践智慧)据有中心的地位——仅仅看到一种实践理性的作用(任何人的行为都服从实践合理性的标准——这是亚里士多德对于实践哲学思考的贡献——但这并不说明实践哲学的方法是什么)。因此,在这个问题上产生争论是不足为奇的,因为亚里士多德关于科学的方法论和系统意义的论述总体而言很少,他显然较少想到科学的方法特性而更多地想到其对象领域的区别。《形而上学》卷六(E)第一章和卷十一(K)第七章尤其证明了这一点,虽说在那里物理学(以及其最终目标"第一哲学")是作为理论科学而与实践科学和创制科学判然有别。但是,

---

⑫ 当我1978年1月在明斯特谈论文本的论点时,我利用机会对我的同事约金姆·里特的记忆力表示了称道,他对此问题的研究包含着很多有益的观点。

如果我们要检验理论科学和非理论科学的区别如何被证明，我们就会发现，那里仅仅讲到这些知识的对象不同。这显然符合亚里士多德的一般方法原理，即方法必须依其对象而定，对象定了，事情也就清楚了。在物理学中其对象是通过自我运动来规定，与此相反，生产性知识的对象，也即要生产的产品，其源泉乃在生产者及其知识和能力之中，同样，实践—政治活动的对象也受活动者和他的知识所规定。这就可能出现一种假象，仿佛亚里士多德在这里说的是技术性的知识（例如医生的知识）和能够作出理性决定的人（prohairesis）的实践知识，仿佛就是这种知识本身构成了与物理学的理论知识相对应的创制的科学或实践的科学。显然情况并非如此。这里所区分的种种科学（除此之外，在理论领域内还有物理学、数学和神学等进一步的区分）是被视为同一类知识，它们都寻求认识 Archai（最高原则）和 Aitiai（理由原因）。这里涉及的是最高原则的研究（Archeforschung），这就是说，这里并不涉及处于应用中的医生、工匠或政治家的知识，而是涉及可以被讲出和传授的一般性知识。

值得注意的是，亚里士多德在这里根本没有考虑这种区别。显然在他看来不言而喻的是，在这些领域中普遍的知识根本不会提出任何独立的要求，而总是包含有转用到个别例子的具体运用。但我们的研究却表明，我们必须把那些以实践的或创制的活动或生产过程（包括话语的创作和"生产"的过程在内）当作讨论对象的哲学科学作为对这些活动或生产过程的研究与这些活动或生产过程本身明确区分出来。实践哲学并不是实践合理性的德行。

当然，人们在将现代的理论概念应用于实践哲学时颇费踌躇，因为这种哲学按其自我标志就已经是实践的。因此，最大的困难问题就是找出在这些领域内所适用的这种科学特性所依赖的诸种特殊条件。无论如何，亚里士多德本人是用含糊的暗示来说明这些特定条件，说它们不是很清楚。在实践哲学方面，情况又是特别的复杂，因此更要求某种亚里士多德角度的方法论反思。实践哲学需要一种特别的合法性。显然，关键性的问题在于，这种实践的科学必须和人类生活中包容一切的善的问题打交道，它不像Technai（技术学）仅限于某个确定的领域。此外，"实践哲学"这个用语恰好说明，它并不打算利用某种宇宙论的、本体论的或形而上学的关于实践问题的论证。如果这里必须局限于对人而言是重要的东西即实践的善，那么处理这种实践活动问题的方法显然就和实践理性（praktische Vernunft）具有根本的区别。甚至在"理论哲学"这种看似累赘的表述中以及在"实践哲学"这个自我标志中就已经包含着迄今为止仍在哲学家的反思中反映出的因素，即哲学并不能完全放弃那种不仅要认识，而且本身就要有实际作用的要求，也就是说，作为"人类生活中善的科学"本身就要求促进这种善。在被称之为 Technai（技术学）的创制科学（poietische Wissenschaften）中，这一点对我们也是特别清楚的，它们甚而就是"技艺学问"（Kunstlehren），对于这种技艺学问来说，唯有实际的使用才是决定性的。政治伦理学的情况虽然完全不一样，但它也不可能放弃这样一种实践的要求。所以这种要求直至今天仍然一直被人提出。伦理学并非只描述有效的规范，而且也证明这些规范的效用，甚或制定更为正确的规范。至少从卢梭对于启蒙时代的理性骄傲作了批判之后,这就成为一个现实的问题。如果自然道德意识的纯洁性实际上能够以其无比的精确性和细腻的感受性知道如何认识和选择善和责任,那么"关于道德事务的哲学科学"又如何能证明它存在要求的合理性呢? 在这里我们不能详尽地论述康德面对卢梭的挑战如何证明道德哲学事业,我们甚而也不能详尽论述亚里士多德是如何提出这相同的问题并试图通过为那些能够有意识感受到关于"实践的善"理论指导的人作出某些特殊条件的方法来证明它的合理性。⑬ 实践哲学在我们的生活中只是作为此类知识传统的例子,这种知识与现代方法论概念并不吻合。

我们的论题是诠释学,对于诠释学来说,它与修辞学的关系乃是最为重要的。即使我们不知道近代的诠释学是随着梅兰希顿(Melanchthon)复活亚里士多德主义而发展成一种与修辞学相平行的学科,修辞学的科学理论问题仍然是现成的研究出发点。显然,讲话的能力和理解的能力具有同样的广度和普遍性。对于一切我们都可以讲话,而对于人们所讲的一切我们又都应该理解。修辞学和诠释学在这里具有一种很紧密的内在联系。出色地掌握这种讲话能力和理解能力尤其可以在文字的运用、在书写的"讲话"和理解所写的文字这些情况中表现出来。诠释学完全可以被定义为一门把所说和所写的东西重新再说出来的艺术。这到底是一门怎样的"艺术",我们可以从修辞学来加以认识。

什么是作为一门科学的修辞学,或者修辞学的艺术是由什么

---

⑬ [参见我的论文"论哲学伦理学的可能性",载《短篇著作集》,第 1 卷,第 179—191 页;并参见我的著作集,第 4 卷。]

构成的,这个问题在科学理论反思的开端就已成为思考的对象。正是在古希腊教育中哲学和修辞学之间众人皆知的对立才促使柏拉图提出了追问修辞学的知识性质的问题。自从柏拉图在《高尔吉亚篇》中把整个修辞学作为谄媚术与烹饪术加以等同并使它与所有真正的知识相对立之后,柏拉图的对话集《斐德罗篇》就致力于赋予修辞学一种更深刻的意义并使之也得到一种哲学证明的任务。所以那里提出的问题就是修辞学里究竟什么才算技术(techne)。《斐德罗篇》的观点同样也是亚里士多德修辞学的基本观点,这种修辞学与其说是一种关于讲话艺术的技艺学,毋宁说是一种由讲话所规定的人类生活的哲学。

这样一种修辞学就像辩证法一样具有其要求的普遍性,因为它并不像某种专门的技术能力一样局限于某个特定的领域。正因为此,它又和哲学处于竞争状态之中,并能作为一种普遍的基础知识与哲学竞争。《斐德罗篇》要表明,这样一种广义的修辞学如果想克服仅作为一种规范性技术的局限(按照柏拉图的观点,这种技术只包括 ta pro tes technes anankaia mathemata〔那种对于技术的必要性必须被学习的东西〕,《斐德罗篇》,269b),那么它最终就必然会归并到作为辩证法知识之总体的哲学之中。这种论证与我们这里讨论的问题有关,因为在《斐德罗篇》中关于修辞学如何超越一门纯粹的技术而进入一种真正的知识(对此柏拉图当然仍称之为"技术")所讲的一切,最终也必然能够运用到作为理解艺术的诠释学身上。

一种被广为接受的观点认为,柏拉图本人把辩证法,也就是哲学理解为一种技术,并在他相对于其他所谓的技术(Technai)来说明它的特征时,他只是说它是一种最高的知识,是人们必须知晓的最高知识即善的知识(megiston mathema)。这个观点在经过必要的修正后也必定适用于他所要求的哲学修辞学,因而最终也适用于诠释学。只有到亚里士多德才出现了具有重大影响的科学、技术和实践合理性(phronesis,实践智慧)的区分。

事实上,实践哲学这个概念是以亚里士多德对柏拉图善的理念作的批判为基础。唯有很仔细地察看才会发现,如我在一篇此时业已完成的论文中所试图说明的,[74] 虽说在那里对善的追问被提得仿佛是技术和科学在其领域中所追随的知识理念的最高实现,但这种善的追问并未在一种最高的可学习的科学中真正得到实现。作为最高可学的对象的善(to agathon)在苏格拉底的 Elenchos(推理)中总是以一种否定性的论证方式出现。苏格拉底驳斥了要把技术当作真正的知识的要求。他自己的知识是 docta ignorantia(博学的无知),而且并非不正确地称作辩证法。只有能坚持到最后的话语和回答的人才能认识。同样,就修辞学而言,如果它成了辩证法,那它就只能是技术或科学。谁是真正的讲话能手,谁就会把他要说服人家相信的东西当作善和正确的东西加以认识并对之加以坚持。但这种善的知识和讲话艺术的能力指的都并非普遍的"善"的知识,而是人们此时此地必须用来说服别人相信的知识,以及我们如何行动和面对谁我们这样做的知识。只有认识了善的知识所要求的具体内容,人们才会理解,为何这门教人如何把话写下来的艺术会在

---

[74] "柏拉图和亚里士多德关于善的理念"(海德堡科学院学术论文,1978年,哲学-历史卷,论文3),海德堡,1978年。[现载我的著作集,第7卷。]

进一步的争辩中有这样的作用。它也可以是一门艺术，柏拉图在他对伊索克拉特讲的和解的话中明确地承认了这一点，然而也仅仅在文章的这一处以及只有当人们了解了上文——超出关于口头言语的弱点——所述的所有成文东西的缺陷并能对他和所有讲话提供帮助的场合下——作为进行答辩的辩证法家，情况才是如此。

这个论述具有根本的意义。真正的知识，除了那种是知识的东西以及最终把一切可知或"整体的本质"所包括在内的东西之外，还要认识 Kairos（良机），也就是说，要知道必须在何时讲话以及如何讲话。但这一点人们仅仅通过规则或对规则的学习是无法掌握的。正如康德在他的《判断力批判》中正确地提到的，规则的合理使用是无规则可循的。

这在柏拉图的《斐德罗篇》中（268ff.）曾以很有趣的看法表现出来，谁只掌握医学的知识和治疗规则，但不知道在何时何地应用它们，谁就不是一个医生。同样，如果悲剧诗人和音乐家只是学会他那门艺术的一般规则和进行方式，但却无法用它们写出作品来，那就不能算是诗人或音乐家（280Bff.）。因此，所有讲话人必须知道在何时何地说话（hai eukairiai te kai akairiai），现在有益的东西和现在无益的东西（《斐德罗篇》，272A6）。

在柏拉图这里已经预示了一种对可学知识的技术-模式的过分强调，因为他把最高的知识归到辩证法上。无论是医生、诗人还是音乐家都不知道"善"。辩证法家或哲学家，这里指的是真正的辩证法家或哲学家而不是诡辩家，并没"有"一种特别的知识，而是他们本人就是辩证法或哲学的体现。与此相应，在政治家的对话中，真正的政治术作为一种编织术而出现，人们用它对对立的元素编织成统一体(305e)。政治术就在政治家身上得到体现。同样,在《斐利布斯篇》中,关于善的生活的知识表现为一种混合术,它由寻找自己的幸福的人具体地实现。恩斯特·卡帕(Ernst Kapp)在一篇杰出的论文中就"政治家"的情况而指明了这一点。我在自己早期所写的批判维纳·耶格发展史建构的论文中也提出了类似《斐利布斯篇》的观点。⑦

作为亚里士多德理论之端的关于理论哲学、实践哲学和创制哲学的三分法必须根据这种背景来看待,对他的实践哲学的科学理论地位的评价也必须根据这种背景来作出。柏拉图在《斐德罗篇》中对修辞学进行的辩证法加工提高证明是具有里程碑意义的。修辞学不能和辩证法分离,作为令人信服的说服是不能和真实的知识相分离。同样,理解也必须从知的角度出发来考虑。这是一种学习能力,当亚里士多德谈到智慧(synesis)的时候也强调了这一点。⑦ 对于真正的辩证法演讲者和真正的政治家来说,以及在人们对自己生活的指导中,"善"的问题一直是关键的问题——善并不表现为可以通过制造而产生出来的 Ergon(产品),而是表现为实践和 Eupraxis(善行,也就是说,作为现实活动〔Energeia〕)。与此相应,在亚里士多德的政治学中,虽说教育学是为了"造就"好公民,但它却并没有被处理为创制的哲学(poietische philosophie),而是像制定宪法的理论一样被当作实践哲学。⑦

Ⅱ308

---

⑦ 恩斯特·卡帕:"理论与实践",载《语文学杂志》,第6卷,1938年,第179—194页;伽达默尔:"亚里士多德的告诫",载《赫尔默斯》,第63卷,1928年,第138—164页;也可参见《柏拉图的辩证伦理学》,1931年。[现载我的著作集,第5卷,第163—186页。]

⑦ 《尼各马可伦理学》,Z11。

⑦ 《政治学》,H1,1337a14ff.。

虽说以下说法是正确的,即亚里士多德的实践哲学观念总体而言并未真正被人铭记,而只是限于政治学之中。实践哲学观念接近于一种技术的概念,因为它使一种以哲学的方式活动的知识服务于制定法律的理性。这点不久也整合进了近代的科学思想。与此相反,希腊的道德哲学较少以亚里士多德的形式而更多以斯多葛主义的形式影响后代,尤其是近代。同样,亚里士多德的修辞学对于古典修辞学的传统的影响也很小。对于讲演术的大师和指导人们学会杰出的讲演术,它都过于哲学化。然而,正像亚里士多德所说,由于它与辩证法和伦理学(peri ta ēthē pragmateia 属于伦理学的东西,见《修辞学》,1356a26)相结合的"哲学的"特性,它在人文主义时代和宗教改革时代获得新生。宗教改革家们,尤其是梅兰希顿,对亚里士多德的修辞学所作的利用和我们在此讨论的问题特别有关。梅兰希顿把它从"制造"讲话的艺术改造成相互理解性地追随讲话的艺术,也即改造成诠释学。这里有两个因素汇合在一起:随着印刷术的发明而产生的新的书写文字和新的阅读文化,以及宗教改革反对传统并导致自解原则的神学转折。《圣经》对于福音预告所具有的中心地位导致把它翻译成民众的语言,并把一般僧侣教义变成一种需要新的说明的使用《圣经》的方式。因为凡被外行也能阅读的任何地方,就不再涉及那种在阅读时被某种职业的工匠传统所指导的人或按照善辩的演讲达到理解的人。无论是法学家使人产生深刻印象的修辞学或是神职人员的修辞学还是文学的修辞学都无法帮助读者。

我们都知道,要把一种用外语写成的文本或虽用本国语言但却很难的文本立刻就以能理解它的方式读出来有多难。如果在课堂上请一位新生朗读一句德语的或希腊语的或汉语的句子,那他在朗读时最不能理解的总是汉语的句子,只有当我们理解了所读的东西时,我们才能读得抑扬顿挫,从而真正表达出意思。

因此,阅读难懂的文本就成为日益增长的困难,也就是说要把文字表达成话语变得日益困难,正是这种困难在近代从各种不同的方向把理解的艺术提升到了方法论的自我意识。

文字当然不是在我们这个阅读文化的年代才出现,我们今天倒是接近了这种阅读文化的终结。随着文字而提出的诠释学任务历来就不是破译文字符号这种外在的技术,而是正确理解用文字固定下来的意义。只要文字还一直行使着清晰确定和可控制认证的功能,那么撰写文字和理解如此写下的文本的任务就都要求进行技术训练,这种训练也许涉及赋税、契约(令我们语言研究者高兴的是它们有时是用两种语言写就)或其他宗教的或法律的文件。因此,诠释学的技术训练同样建筑在古老实践的基础之上。

诠释学这种技术训练意识到在这种实践中发生的是什么。对于理解实践的思考根本无法和修辞学传统分离,而这正是由梅兰希顿所作出的对于诠释学最为重要的贡献之一,即他提出 Scopi(观点或视角)的理论。梅兰希顿注意到,亚里士多德就像演说家们一样在其文章的开头就指出了我们为理解他们文章所必须依赖的观点。这显然与是否在解释法律或宗教文献或"古典"诗歌作品不相干。这种文本的"意义"并不是由"中性的"理解所规定,而是取决于它们自己的效用要求。

对文字的解释问题首先是在两个领域中发现这种古老的训练并提出一种新的日益增长的理论意识:在对法律文本的解释中,尤其是自从查士丁尼主持编纂罗马法以来,这种解释构成了法学家的活动,以及在以教会的基督教义理论传统对《圣经》的解释中。近代法学诠释学和神学诠释学都能与这两个领域联系起来。

甚至在任何独立的法典编汇工作中,找寻法律和提出判决的任务也包含着一种无法避免的对峙,对此亚里士多德早已讨论过,也即在具有作用的——成文法或未成文法——法律条文的普遍性与具体案例的个别性之间的对峙。具体的判决事务在法律问题上并不是理论的陈述,而是"用词做事",这是很明显的。正确解释法律在某种意义上是以其运用为前提。我们甚至可以说,法律的每一次应用绝不仅限于对其法律意义的理解,而是在于创造一种新的现实。这就像那种再现的艺术一样,在那里对于现存的作品,不管它是乐谱还是戏剧文本,都可以超越,因为每一次演出都创造了和确立了新的现实。然而,在这种再现的艺术中我们仍然可以说,每一次演出都是以对所与作品的某种解释为基础的。同样我们也可以说,在由这些演出所代表的各种可能的解释中,我们仍可区分和断定合适性的程度。至少在戏剧院和音乐会的演出,按其理想的规定不仅仅是表现,而是解释,因此,尤其对于音乐我们完全可以理所当然地谈到由进行再创造的艺术家对作品作的解释。我认为把法律运用到某种现成的案件上也是以类似的方式包含了解释活动。但这却说明,法律规定的每一次应用,就其是实事求是的而言,都是对某项法律的意义的具体化和进一步阐明。我认为马克斯·韦伯说的下面这段话很正确:"真正有意识的'创造',也即创造新的法律,只有在预言家处理现存生效的法律时才存在。在很大程度上,新法律绝不是全新的东西,从客观性的眼光来看,至多不过是'创造性的'的产物而已,从主观性的眼光来看,它们充其量不过充当了已存在的——甚至常是潜在的——法规的代言人,即它们的解释者和应用者,而不是它们的创造者。"与此相应的是古老的亚里士多德的智慧,即诉讼活动总需要补充性的因地制宜的考虑,因地制宜的观点和法律并不矛盾,而是因其放松了法律条文的字面意义才真正完全实现了法律的意义。这种古老的法律活动问题在近代的开端随着罗马法典的接受而被特别强调,因为传统的法律责任规范,因为新的法律而产生了疑问,这样,作为解释理论的法学诠释学就被赋以一种突出的意义。为 Aequitas(因地宜的合理性)进行辩护在近代早期从布德斯(Budeus)到维柯的讨论中占有很重要的地位。我们甚至可以这样说,构成法学家之本质的对法律的博学,在今天可以有充分的理由称之为"Jurisprudenz",即法律的聪慧。这个词让我们回想起实践哲学的遗产,它在 prudentia(智慧)中看到实践合理性的最高德行。正是由于这种法学博学性方法特征见解及其实际规定的丧失,从而 19 世纪后期法学(Rechtswissenschaft)这个表述就占了统治地位。⑱

神学领域的情况也是如此。虽说自古代后期就存在一种解释术,甚至可以说存在有一种对《圣经》的不同解释方法进行正确区分的理论,但自从卡西奥多(Cassiodor)以来所区别的众多《圣经》

---

⑱ jurisprudentia 这个词用 Rechtswissenschaft 这个德语词表述(而不用较旧的 Rechtsgelehrsamkeit)也许可以追溯到历史学派的开端,萨维尼(Savigny)和他的《历史法学杂志》就属于该学派。在那里历史科学的类推法和对独断的自然法思想的批判一起在发生作用。此外,还倾向于取代 prudentia 而更强调 Scientia 并突出实践的公平考虑(例如可参见弗兰西斯·柯纳〔Francois Connan〕在《评论》Ⅰ、Ⅱ中对这种趋向法科学倾向的批判)。也可参见柯夏克的《欧洲和罗马法》,1953 年,第 2 版,第 337 页。

解释形式却更多地是指示如何才能使《圣经》运用于教会的教义传统，而不是像它们所想的那样是为了传达正确的理论而提出一种解释《圣经》的方法。另一方面，随着宗教改革号召人们回到《圣经》本身，尤其是随着《圣经》阅读日益扩展，在宗教改革关于普遍宗教精神的理论中所蕴含的牧师行业传统之外又出现了完全针锋相对的诠释学问题。然而，当时最关键的却并不是处理《圣经》中用陌生语言写成的文本，把这些文本如实地翻译成民众的语言以及根据语言学、文学和历史学知识对之进行确切理解。通过宗教改革回溯到新约的极端主义以及回溯到教会的教义传统反倒使基督教文献以某种全新的、陌生的极端性面对读者，这就远远超越了对于所有其他用陌生语言写成的古代文本都是必需的语文学和历史学的那种片断性的辅助作用。

宗教改革派诠释学所强调的，尤其是弗拉西斯（Flacius）所强调的，乃是《圣经》的福音布道阻碍了人的自然的前理解。这里指望得到证明的不是对神律的遵从和可嘉的行为，而是信仰——对上帝成人和耶稣复活这一奇迹的信仰。《圣经》的福音布道要求人们的是完全坚信自身、坚信自己的贡献和自己的"善行"，以致自宗教改革以来所强调的整个基督教神学活动形式比它在旧的基督教传统中更坚决地服务于忏悔、确证和呼吁信仰。因此，这种信仰整个说来是建筑在对基督教布道的正确解释之上。于是，通过布道解释《圣经》在基督教教会的神学活动中占据了重要地位，这就使神学诠释学的特殊任务得到强调。神学诠释学并非用来对《圣经》进行科学理解，而是用作布道的实践，据此使福音通达个人，从而使人们意识到那里所谈论的和所意指的乃是他们自身。因此，应用（Applikation）并非只是对理解的"运用"，而是理解本身的真正内核。所以在虔信派那儿表现得最为极端的应用疑难并非只是宗教文本诠释学中的一个本质因素，而是使诠释学问题的哲学意义全部表现出来。它并非只是一种方法的工具。

在浪漫主义时代由施莱尔马赫和他的后继者把诠释学构筑成一种普遍的"艺术理论"，并且以此证明神学科学的特性及其在各门科学面前享有同等方法论权利，这在诠释学的发展过程中是决定性的一步。施莱尔马赫的天才禀赋是善于与他人进行理解性的沟通，在一个对友谊的培养达到真正高度的年代里，他也许可以被称为最有天才的时代宠儿。施莱尔马赫有一个很清楚的想法，即我们不能把理解的艺术仅限于科学范围。这种理解艺术甚至在社交生活中都起着一种突出的作用，例如当人们想理解一个思想深邃的人所说的令人无法马上理解的话时，我们就常常运用这种理解艺术，在思想深刻的谈话者之间倾听对方的话语就像阅读文本一样有时必须揣摩字里行间的意思。尽管如此，施莱尔马赫的身上仍有近代科学概念在诠释学的自我理解上打下的印记。他区分了松散的诠释学实践和严格的诠释学实践。松散的诠释学实践的出发点是，面对他人的表达，正确的理解和一致意见是常例而误解只是例外，与此相反，严格的诠释学实践的出发点则是，误解才是常例，只有通过训练有素的努力才能避免误解，从而达到正确的理解。很显然，按照这种区分则所谓阐释的任务就从真正理解生活中经常出现的理解关联中被分离出来。于是就必须克服一种完全的异化（Entfremdung）。消除疏异并使之成为自己的内容这项需要技艺的活动，因而就取代了交往能力——在交往能力中人们共同生活并与他生活于其中的传承物进行调解。

与施莱尔马赫开辟的诠释学普遍化的倾向相适应,尤其与在"语法的"解释之外他又引进"心理学的"解释这种独特的贡献相适应,在19世纪他的后继者们那里诠释学被发展成了一种方法论。它的对象是作为研究者面对的匿名的"文本"。尤其是威廉·狄尔泰追随施莱尔马赫致力于为精神科学建立诠释学基础,以使精神科学能和自然科学相匹敌,因为他进一步发展了施莱尔马赫对心理学解释的强调。他认为诠释学最独特的胜利就在于对艺术作品的解释,这种解释把无意识的天才创作提升到意识。面对艺术作品,所有传统的诠释学方法,诸如语法的、历史的、美学的和心理的方法,只是在它们都必须服务于对个别作品的理解这一范围内才达到理解理想的较高层次的实现。正是在这里,尤其在文学批评领域内,浪漫主义诠释学发展成一种遗产,它在语言用法上也带着它古老起原的痕迹,即批导(Kritik)。批导的意思就在于,从效果和内容角度评价一部作品,并把它和所有不符合它标准的作品相区别。狄尔泰的努力显然在于把现代科学的方法概念也扩展到"批导"之中,并把诗意的"表达"从理解心理学出发作科学的解释。通过"文学史"间接之路终于出现了"文学科学"(Literaturwissenschaft)这个表述。它反映了一种传统意识在19世纪科学实证主义时代的衰落,这种意识在德语世界中日益被现代自然科学的理想所同化,直至改变了它的名称。

如果我们从近代诠释学进展的概览出发回溯到亚里士多德的实践哲学和技术理论传统,那么我们就会面临一个问题,即柏拉图和亚里士多德已感受到的技术知识概念与包容了人类最终目标在内的实践-政治知识概念之间的冲突在现代科学和科学理论的地基上将会产生多大的成果。就诠释学而言，它面临的任务就是要把那种与现代理论科学概念及其实践-技术运用相适应的理论与实践脱节的状态与这样一种走着从实践到其理论意识相反道路的科学思想相对照。

从这点出发可以比从今天科学方法论的内在疑难出发更清楚地阐明诠释学的问题，我觉得这一点可以从诠释学与作为它基础的修辞学以及亚里士多德的实践哲学这种双重关系来考察。当然，要对一门像亚里士多德的修辞学那样的学科在科学理论里规定一个位置是非常困难的。但我们却仍有理由把它和诗学恰当地联系起来，并且无法否认这两种以亚里士多德的名义保存下来的作品的理论意义。它们不可能被列入技术手册的行列，并在一种技术的意义上促进讲话和作诗的艺术。在亚里士多德的眼中会不会把它们与治疗术和宁可当作技术科学的体育学归并在一起呢？亚里士多德在他把大量政治知识的材料进行理论加工的《政治学》中难道不是大大扩展了实践哲学的问题域，使它超越了他所研究和分析的宪法形式的多样性，而让最好的宪法、从而关于"善"的"实践"问题成为首要的讨论问题吗？被我们称之为诠释学的理解艺术如何才能在亚里士多德的思想视野中找到它的位置呢？

我觉得在此必须说明，理解（Verstehen）和相互理解（Verständnis）的希腊词 Synesis 通常是出现于学习现象中的中性语境中并且可以与希腊文学习一词（Mathesis）在互换的意义上被使用，但是在亚里士多德伦理学中，理解这词却表现为某种精神的德行。显然,这是对亚里士多德常常在中性意义上使用的词更严格的用法,这种严格用法和 Techne(技术)和 Phronesis(实践智慧)在这方面词汇学的严格含义相适合。但这个词的含义远不止于此。"相互理解"(Verständnis)在希腊词中的意义与我开头提到的诠释学在 18 世纪作为灵魂的知识和灵魂的理解的意义一样。"相互理解"意指一种实践合理性的变形,意指一种对他人实际考虑的明智判断。[79] 显然,这里指的不仅仅是对所说的某事的理解,它还包括一种共同性,通过这种共同性双方进入一种彼此商讨建议(Miteinander-zu-Rate-Gehen),即提出建议和采纳建议,具有首要的意义。只有朋友或有友好态度的人才能给出建义。这实际上就完全触及到和实践哲学观念相联系的问题的中心,因为由这种与实践合理性(实践智慧)相对应的部分可推出道德蕴含。亚里士多德在其伦理学中分析的是"德行",是一种一直处于其规范有效性前提之下的规范概念。实践理性的德行并不是一种能够发现达到正确目的或目标的实践手段的中性能力,而是和亚里士多德称为 Ethos(习行,伦理)的东西不可分割地联系在一起。Ethos 对于亚里士多德来说,就是 Arche(原则),是一种从它出发就可以作出一切实践—哲学的解释的东西。虽然亚里士多德出于分析的目的把伦理的德行和知性的德行(Dianoetischen Tugend)相区别,并把它们归到两个所谓理性灵魂的"部分"。但这种灵魂的"部分"到底是什么意思,抑或它们只是像凹和凸两面一样被理

---

[79] 克劳斯·冯·波曼(Claus von Bormann):《批判的实际根源》(1974 年),他在这本一般说来很有成果的书的第 70 页中却把事实搞颠倒了,他想根据"对自我的批判理解"来证明对他人的理解。

解为同一个事物的两个不同方面,对此亚里士多德也追问过(《尼各马可伦理学》,A13,1102a28ff.)。最后,在他对于人类何谓实践的善的分析中,这种基本的区别也必须根据他的整个实践哲学所提出的方法要求来加以考虑。它们并不会取代实际上合理的决定,这种决定是处于任何环境中的个体所要求的。亚里士多德所有典型的描述都该从这种具体情况去理解。甚至很符合亚里士多德伦理德行的关于中庸之道的著名分析,也是一种含义很多的空洞规定。不仅它们要从两个极端出发获得它们的相对内容,这种相对内容在人们的道德信念和相反行为中的诸侧面比值得赞赏的中庸之道更具有更多的规定性,而且它就是以这种方式系统描述的 spoudaios(认真)的伦理习行(Ethos)。hos dei(理应如何)和 hos ho orthos logos(正确如何)并不是对于严格的概念要求的托词,而是指出 Arete(德行)能获得其规定性的唯一具体条件。显然,作出这些具体条件就是具有实践智慧(Phronesis)的人的事情。

从这种考虑出发,曾经多次讨论的关于实践哲学和政治哲学任务的初步描述就得到了一种精确的勾勒。伯耐特(Burnet)认为亚里士多德有意识地向柏拉图关于技术(techne)的用法靠拢,⑳这在"创制的"技术知识与以典型的普遍性解释"善"的"实践哲学"之间存在的冲突中有其真实的根据,因为这种实践哲学本身并不是实践智慧。在这里实践(Praxis)、选择(Prohairesis)、技术(techne)和方法(methodos)组成一个系列并构成一个逐步过渡的

---

⑳ [参见他出版的《尼各马可伦理学》A1 的评注。]

连续统。[31] 但是,亚里士多德也反思了政治学(politike)能为实际生活所起的作用。他把这种实际事务的要求比作弓箭手在瞄准他的猎物时所注视的准线(Marke)。由于注视这个准线,他就轻而易举地射中目标,这当然不是说射箭术仅仅在于瞄准这个准线。为了能射中目标,人们必须掌握射箭的技术。但是,为了使人更容易对准目标,为了更精确和更好地掌握发射的方向,这种准线却起到了它的作用。如果我们把这种比喻应用到实践哲学上,那么我们将必须从这一事实出发,即作为一个是其所是——即按他的"习行"行事的人,在其具体的决定中是受他的实践合理性的指导,而确实不依赖于某一个教师的指导,虽然这里也可能由于帮助理性思考保持其行动的最终目标,从而为有意识地避免在道德事务中可能出现的偏差而提供帮助。实践理性并不只限于某个特定的领域,它根本不是某种能力"应用于"某个对象。实践理性可以发展出方法——不过,这与其说是方法,不如说是简便规则(Faustregel),并且很可能作为人们掌握的艺术而达到真正的操纵。尽管如此,它仍然不是那种有如制造能力一样的可以(任意或根据要求)选择自己任务的"能力"(Koennen),而是像生活实践一样自立的。因此,亚里士多德的实践哲学不同于专家的所谓中性专业知识,专家们往往像一个不相干的观察者对待政治和立法的任务。

亚里士多德在讨论从伦理学到政治学的那章里清楚地说明了

---

[31] [《尼各马可伦理学》,A1,1094a1ff.。]

这一点。㉘ 实践哲学的前提就在于,我们总是已经被自己受教于其中并作为整个社会生活秩序之基础的规范观念所预先规定。但这绝不是说,这些规范的观点会不改变地长存和不受批判。社会生命就存在于对迄今生效的东西不断加以改变的过程中。然而,要想抽象地推导出规范观念并且企图以科学的正确性来建立其有效性,这乃是一种幻想。这里要求的是这样一种科学概念,这种概念不承认不相干(不参与)的旁观者的理想,而是力图以对联系一切人的共同性的意识取代这种理想。我在自己的研究中已经把这一点运用到诠释学上,并且强调了解释者对于其所解释的东西的依赖性。谁想进行理解,谁就总是预先带着某种使理解者和他想理解的对象联系起来的东西,即一种基本的一致意见(Einverstaendnis)。若某个讲话者想在争论性的问题上说服别人并使人信服,那么他就总是必须使自己和这种一致意见相联系。㉙ 因此,对他人意见或某个文本的每一次理解尽管有一切可能的误解,仍可从相互理解关联中进行把握并试图克服不一致的意见而达到理解。这一点甚至还适合于活生生的科学实践。科学实践也不是简单地把知识和方法运用于一个任意的对象。只有置身于科学中的人,问题才会对他提出。时代本身的问题、思想经验、需要和希望如何强烈地反映着科学和研究的利益指向,对此每个科学史家都耳熟能详。理解科学的普遍主题是置身于传统中的人,在这种理解科学的领域中继续存在着柏拉图加诸于修辞学

㉘ [《尼各马可伦理学》,K10,1179b24 和 1180a14f.。]

㉙ 佩尔曼(Ch. Perelman)及其学派从法学家经验出发复活了"论辩"作为一种修辞学过程的结构和意义的古老的观点。

的古老的普遍性要求。这种与哲学的亲近关系也适合于诠释学，而这种关系正是《斐德罗篇》关于修辞学的讨论中最为激动人心的成果。

这绝不意味着现代科学的方法严密性必须被放弃或加以限制。所谓的"诠释学"或"精神科学"，尽管它们的利益指向和程序与自然科学的做法大相径庭，但都遵循标志一切科学方法进程的同一的批判合理性标准。不过它们首先可以正确地以实践哲学的典范为基础。亚里士多德也把实践哲学叫作"政治学"。政治学被亚里士多德称为"最具建筑学特点的"，[64]因为它把古代系统学的所有科学和艺术都包括在自身之内。甚至修辞学也属此列。因此诠释学的普遍性要求就在于，综合整理所有的科学，认识所有科学方法应用于对象的认知机会，并尽其可能地利用它们。但正如"政治学"作为实践哲学并非只是一种最高的技术，诠释学的情况也同样如此。它把所有科学所能认识的东西都包括进我们处身于其中的理解关联之中。正因为诠释学把科学的贡献都归入这种把涌向我们的传承物和我们联结成现实生活统一体的理解关联之中，因此诠释学本身并不是一种方法，也不是在19世纪由施莱尔马赫和伯克直到狄尔泰和埃米里奥·贝蒂作为语文科学的方法论所发展出的一组方法，它是哲学。它不仅提供关于科学应用程序的解释，而且还对预先规定一切科学之运用的问题作出说明——这就像柏拉图所说的修辞学，这是一些规定所有人类认识和活动的问题，是对于人之为人以及对"善"的选择最为至关紧要的"最伟大的"问题。

---

[64] 《尼各马可伦理学》，A1，1094a27。

23
实践理性问题
(1980年)

据我看来,在所谓精神科学的自我理解方面,实践理性问题不仅是其中的一个问题,而且比所有其他问题更首要地被提了出来。humanities即"精神科学"在科学领域中究竟据有何种位置?我将试图指明,正是亚里士多德的实践哲学——而不是近代的方法概念和科学概念——才为精神科学合适的自我理解提供了唯一有承载力的模式。简略的历史考察便能引出这个具有挑战性的论题。

科学概念是希腊精神真正具有转折性的发现,由此而诞生了我们称之为的西方文化,科学概念是西方文化的特征,如果我们把西方文化和伟大的高度发展的亚洲文化作比较,则它的厄运也许就在于这种科学概念之中。科学对于希腊人主要由数学来代表。数学是真正和唯一的理性科学。数学涉及的是不变物,并且只有在某物是不变的地方我们才能知晓不变物,而无须随时重新考察。即使现代科学也必须以某种方式坚持这种原理,以便能被作为科学来理解。不变的自然规律取代了受数学启示的希腊智慧,亦即毕达哥拉斯派关于数和星辰理论的伟大内容。显然,按照这种模式,人类事务只具有很少的认知性。道德和政治、人类制订的法律、人类据以生活的价值观、人类自己制订的制度、人类遵循的习惯,所有这一切都无法要求不变性和真正的认知性或可知性。

于是,在现代科学观点的影响下产生了某种把古代科学思想遗产根据新的基础加以改变的事件:随着伽利略开始了认识世界的新阶段。从此一种新的认知思想规定了科学提问的对象。这就是方法的思想和方法对于事情的优先地位:方法上的可认知性条件规定了科学的对象。于是就产生以下问题,在这种情况下人文科学(Humaniora)——这种人们总是可以询问的独特的比较初级的学科看上去就像最高级的学科,真正的人的科学一样——究竟是种怎样的科学。我们称为精神科学的这种有关人类事务的科学到底是什么?

当然它在很大程度上仍遵循近代科学思想。但它同时还强烈保持人的知识的古老传统,这种传统自古代以来一直影响着西方的文化史。约翰·斯图亚特·穆勒这位著名的《归纳逻辑》作者——该书对于19和20世纪出现的科学繁荣乃是一部不言而喻的奠基作——还用古典的名称把精神科学说成道德科学(moral sciences)。但他却把它的科学性——绝不是玩笑——比作气象学:精神科学中陈述的可信程度类似于长期天气预报。这显然出于经验科学概念的外推法,这种概念经由近代硕果累累的自然科学得以形成。从此以后,捍卫"人文科学",即Hamaniora的自主的有效范围就成为哲学的任务之一。

以前根本不需要这样做。无可争辩地承载以往关于人的人文知识的传统洪流是修辞学。现代人听到这种说法会感到有点陌生,因为他们把修辞学只视为不切实际论辩的贬词。但我们必须重新赋予修辞学概念真正的范围。它包括所有以讲话能力为基础的交往形式,而且是联系人类社会的纽带。如果没有互相的讲话、相互的理解以及相互之间逻辑推论争辩的理解,那就不可能有人类社会。因此,我们应该重新认识修辞学对于现代科学的意义及其地位。

毫无疑问,修辞学在希腊的思想中并不作为科学。然而,在希腊思想家眼里,历史学也不是科学,这点也很清楚。它们都同属好的讲话和好的写作这一大类之中。当塞克斯都·恩彼里柯(Sextus Empiricus)在他著名的怀疑论辩中对科学的效用提出质疑时,他根本没有想到要为历史学说句赞美之词。于是我们就遇到一个新的问题:在我们被科学,亦即被现代经验科学打上烙印的文明中,古代修辞学的遗产的情况究竟如何?从科学角度证明和辩护由它传递的关于人的知识之合理性的机会究竟如何?

为了清楚地指出这一点,请允许我回忆一下18世纪和19世纪之间历史学家的理想是如何转变的。我指的是从普鲁塔克到修昔底德的转变,普鲁塔克这位为伟大人物作传的《比较列传》(*Viae parallelae*)的后希腊时期作家,他的书为18世纪的人们提供了大量道德经验的例证,然而到了19世纪人们的兴趣却转向另一位伟大的、在某种意义上可说更为伟大的希腊历史学家,亦即修昔底德,由于他对同代人的报道持批判的态度、细致地检验所有证词的成见、更由于他的历史著作具有几乎超人的公正性,在我们看来他就像现代批判历史学的埃鲍吕牟斯(Eponymos)英雄。

我的问题是:这种新的、批判科学性理解如何和旧的在人为人、人依人以及人与人之间(Menschen für Menschen und Menschen unter Menschen und Menschen mit Menschen)发展起来的理解相一致。用现代的提问方式可以这样问:这种所谓的精神科学的认识论性质是什么? 它真的只是"不精确"的科学,只能与长期天气预报加以竞争,抑或它具有一种特权,即使所有科学中最精确的科学,我指的自然是至今存在的唯一纯粹理性科学,即数学也不具有这种特权? 认识论问题同样可以表述为事实和理论的关系。这样一种关系正是我们作为科学家批判性自我辩护的普遍问题。

这并非仅限于精神科学。显然,即使在自然科学中理论也必须证明并规定某种事实论断的真正认识裨益。纯事实的堆砌根本不是经验,更谈不上经验科学的基础。事实和理论之间的"诠释学"关系正是在这个领域具有决定性的意义。维也纳学派曾有一种认识论试图,想把记录陈述(protokollsatz)作为无可怀疑的确信的语句,因为在这种语句中观察者和观察对象具有直接同时性,从而企图在此基础上建立自然科学,但这种试图早在维也纳学派的最早阶段(1934 年)就遭到莫里茨·石里克的反对。这种反对我认为是恰当的。

如果我们只从其理论构造观点看待这种对事实的"诠释学"批判,那我们只就很小一部分公正评价了精神科学。最后只剩下马克斯·韦伯那种巨大的但却带有唐·吉诃德式的工作,即把"与价值无关的科学"扩展到关于社会的知识之中。在关于人的知识以及人对自身的知识的领域中真正的诠释学问题并非仅仅在于孤立理论和事实的相互关系。当德国西南学派在 19 世纪后期占据统治地位的时候(马克斯·韦伯在某种意义上也追随这个学派),精神科学的自我证明正是依据于什么是历史事实,什么代表关键性位置这样的定义。历史事实并非只是一件事实,而发生的一切也并非都能叫作历史事实,这是很清楚的。是什么使一件事实提升为历史事实?众所周知的答案是,价值关系。只有在事物的进展中具有意义的事实,例如拿破仑在瓦格汉姆战役(或其他什么战役中)得了感冒才算历史事实。并非人们患的所有感冒都算历史事实。价值理论也是占统治地位的理论。然而从价值出发却不存在科学。于是马克斯·韦伯就发展到极端,把价值问题和科学脱离,并力图为社会学建立新的基础。

但这种新康德主义的价值历史哲学显然只是很狭窄的基础。德国精神的浪漫主义遗产,黑格尔的遗产,施莱尔马赫的遗产,尤其是狄尔泰为精神科学奠定诠释学基础的努力所掌管的浪漫主义遗产应该具有更大的影响。狄尔泰的思想远远超出新康德主义的认识论,因为他接受了黑格尔客观精神理论的全部遗产。根据这种理论,精神并非仅仅体现在它实际执行的主观性之中,而且也体现在机构、商业体系和生活制度的客观化中,诸如经济、法律和社会,因此它作为"文化"而成为可能理解的对象。当然狄尔泰那种想更新施莱尔马赫的诠释学,并把理解者和理解对象之间的所谓同一性观点证明为人文科学基础的试图被斥为失败,因为历史本身显然具有更深刻的陌生性和疏异性,而并非像人们在历史的可理解性观点下充满希望所看到的。狄尔泰错过事件"事实性"(Faktizität)的典型标志是以下细节,狄尔泰把自传,亦即某人得以与眼睛观看的历史进程共同经历并在回顾往事中意味的事件作为历史理解的模型。实际上,自传与其说是对真正历史事件的理解,毋宁说是私人幻觉的历史。⑧⑤

与此相反,20世纪开始的转折,而且我个人认为是由胡塞尔和海德格尔起了决定作用的转折意味着对这种精神和历史之间唯心主义的或精神史之同一性的界限的发现。在胡塞尔的晚期著作中有个充满魔力的词"生活世界"——这是少有的、令人惊异的人造词之一(这个词在胡塞尔之前并不存在),这个词在日常语言意识里找到入门的途径,并且由此证明它表述了一种被错认了的或遗忘了的真理。"生活世界"这个词使人回忆起所有科学认识的前提。尤其是海德格尔"事实性诠释学"的纲领,也就是同实际此在本身的不可理解性照面,乃是同唯心主义诠释学概念的决裂。理解和理解的愿望是在其与现实事件的对立之中被承认的。无论胡塞尔的生活世界理论还是海德格尔事实性诠释学概念都坚持人相对于理解和真理之无限任务的时间性和有限性。我的观点是,从这种角度出发,则知识并非只是基于统治他在的、疏异的东西这个问题而提出来。这只是活跃于当今自然科学中对事实进行科学研究的基本激情(虽说也许是根据对世界组织合理性的最终信仰)。我的观点刚好相反:"精神科学"中最关键的并不是客观性,而是与对象的先行关系。我想为该知识领域用"参与"(Teilhabe)理想——如同在艺术和历史里鲜明形成的对人类经验本质陈述的参与——来补充由科学性道德设立的客观认识理想。在精神科学中参与正是其理论有无价值的根本标准。我在我的论文中试图指出

---

⑧⑤ [参见《狄尔泰全集》,第1卷,第228、281页,以及我在我的著作集第4卷中写的关于狄尔泰的论文。]

对话模式对于这种参与形式具有阐明结构的意义。因为对话的特点正好在于并非只一个人通观发生的事,也不能宣称唯他自己掌握着事情,而是人们相互参与并获取真理。

我必须对以上这些预先说明,从而使亚里士多德实践哲学的含义以及以此开始的传统获得可信性。最终的关键问题乃是突出藏身在修辞学和批判、人关于自身知识的传统形态以及把一切都异化成客观性的现代科学研究背后的共同根据。亚里士多德曾经在与理论和理论哲学的理想进行深入争辩过程中提出了包括政治在内的实践哲学。他把人的实践提升到独立自主的知识领域。"实践"意味着所有实际事务之整体,亦即一切人的行为以及人在此世界中的一切自我设置,这一切还包括政治及其中的制订法律。实践是项主要任务,通过解决这项任务才能对人类事务作出规定和安排,通过"宪法"在最广泛的意义上对社会和国家的有序生活进行自我规定。

然而,对实践和政治进行的这种求知愿望和反思究竟有何种理论地位?亚里士多德曾经提到把"哲学"分成理论哲学、实践哲学和创制哲学三部分(在最后一部分中就有著名的《诗学》,而进行谈话的修辞学也属其中)。然而在知识和制作的极端之间显然还有作为实践哲学对象的实践(Praxis)。实践的真正基础构成人的中心地位和本质特征,亦即人并非受本能驱使,而是有理性地过自己的生活。从人的本质中得出的基本美德就是引导他"实践"的合理性(Vernünftigkeit)。对此希腊语的表述是"Phronesis"(实践智慧)。亚里士多德的问题是:这种实践的合理性如何处身于科学家的自我意识和能手、工匠、工程师、技术员、手工艺者等人的自我意识之间？这种合理性德行与科学性的德行和技术能力的德行如何相处？即使对亚里士多德的观点一无所知，我们也会承认，与这种实践合理性相吻合的必然是一种优势的地位。如果一切均由专家统治或者让技术专家为所欲为，那我们在生活中的位置以及我们本身的事情会得出怎样的后果呢？我们的道德选择难道不该像我们的政治选择一样必须成为我们的选择吗？此外：只有我们信任的、合理性的、负责的政治家作决定，我们在政治上才会感到像个人对自己一样的负责。

II 325　　亚里士多德的"实践哲学"就建筑在这种由苏格拉底所体现的真理之上。这里必然要对这种合理性和责任性要求作出解释，这正是哲学家的事情——这就是说，要求概念的努力。我们必须理解，为什么在理论之外，在惊异这个原始事实中具有人类学基础的占统治地位的求知激情之外还存在另外一种真正包容一切的理性运用，它并不存在于可学的能力之中或盲目的顺应潮流之中，而存在于合理性的自我责任之中。这就是对所谓的精神科学和"实践哲学"都具有决定意义的观点：在这两者之中人有限的基本状况相对于无限的认知任务都处于决定性的地位。这显然就是我们称之为合理性的本质特征，或者当我们说某人是个合乎理性的人，因为他克服了存在于所有臆断知识中的独断企图时的含义。它还包括我们必须在我们有限此在的既定性中为我们想望、力争，并通过自己的行动能试图得出的东西找到其根据。对此亚里士多德的表述是：das Hoti，那原则，就存在于实际事务中（意即事实本身就是原则）。⑧ 这根本不是充

----

⑧　［《尼各马可伦理学》，A7，1098b2 以下。］

满秘密的智慧。只有以它的科学理论意义才能说明,在这里事实就是原则。

事实性如何才能获得原则的特性,首要的、规定性的"出发点"特性?"事实"在这里所指的并不是陌生事实的事实性,对于陌生的事实我们必须学会自己解释它们才能对付它们。它是最可理解、最为共同的、被我们所有人一起分享的信念、价值、习惯的事实性,是构成我们生活制度的东西的总概念。这种事实性总概念的希腊词是著名的"伦理"(Ethos)概念,是通过练习和习惯而生成的存在的概念。亚里士多德是伦理学的创始人,因为他使这种事实性特征作为规定性东西得到重视的。这种"伦理"并不是纯粹的训练或适应,它和不顾善恶的顺应潮流毫不相干,哪怕它受到"Phronesis"亦即负责的合理性的保证——以及在某人具有这种合理性的地方。它根本不是天性。人在与其同伴交换意见中、在社会和国家的共同生活中信奉共同的信念和决定,这并不是随大流,这恰好构成人的自我存在和自我理解的尊严。任何人只要不是我们所称反社会(asozial)的人,他就是已经承认他人和与他人的交换意见以及建造一个共同的习俗世界。

Ⅱ326

习俗(Konvention)是比我们耳里听到的语词更好的东西。习俗就是指意见一致(Übereingekommensein),而意见一致的作用并不是指纯粹以外部规定的规则体系的外表,而是指个体意识与在他人意识中表现的信念之间的同一性,从而也就是与人们创造的生活制度的同一性。在某种意义上这是合理性问题,而且不只是在我们一般用合理性这个词时指的技术-实践意义上的合理性问题。在一般意义上我们也许会说:当我想要这样或那样东西时,那么首先就要做成它们,这就是合乎理性的。这就是马克斯·韦伯著名的目标合理性。谁想达到某个确定的目标,谁就有责任知道,何种手段能用于达到这种目标,何种手段不能。因此,伦理学就不仅仅是思想问题。甚至我们的知或不知都必须负责任。知也属于"伦理"(Ethos)。然而毫无疑问,光知道对既定目标使用正确手段,并不是亚里士多德 Phronesis 伟大的道德和政治意义里所刻画的合理性。在人类社会中最重要的是如何设定目标,或者说,如何使社会成员一致同意接受大家赞同的目标并找到正确的手段。我认为,在人类生活实践这个领域中,整个理论认知欲问题最具决定性的意义在于,在一切理论说明之前,我们已预先假定了一切人先行献身于某种具有确定内容的合理性理想。

一种带有内容前提的科学!我认为,这里产生出实践哲学置身其中的真正科学理论疑难。亚里士多德对此作了反思。例如他曾说过,为了学会实践哲学,亦即学会人类行为的规范概念或合理的国家宪法的规范概念,我们就必须受过教育,必须具有合理性能力。[87] 在这里"理论"以"参与"为前提。这就是康德在完全不同的情况下提出的观点:如果人在合理性中认识到与人的理论能力无关的道德品质,那怎么还会容许道德的理论和哲学呢?康德在他的笔记本中留下一段著名的话,他说"卢梭教育了我!"他想以此说明:我从卢梭身上学到,文明的高度完善和文化的高度理解并不是人类道德进步的保证。他众所周知的道德哲学事实上就是依据这一深刻见解。人类道德的自我证明并不是哲学的任务,而是道德

---

[87] 〔《尼各马可伦理学》,A1,1095a3 以下。〕

本身的任务。被广为引证的康德的绝对命令无非只是用抽象的反思表述了每个人的实际的自我责任所说的东西。这里就承认理论理性知识绝不能要求对合理性的实际自主性具有任何优势。因此,实践哲学本身就处于实际的条件之中。它的原则就是"Daß":用康德的语言来说,我们把这叫作伦理学中的"形式主义"。

我认为正是实践哲学的这个理想适用于我们的精神科学,虽说它不愿承认。把它叫作道德科学并非没有道理。在这里认识的并不是某个特定对象领域,而是人类本身对象化的总体:包括人类的行为、痛苦及其持久的创造物。在合理性(及缺乏合理性)概念中蕴含的实践普遍性包括我们所有的一切。因此它能够为不受限制的理论求知欲(无论在自然科学还是社会科学中)表现为责任性的最高仲裁。这就是被亚里士多德也称为"政治学"的实践哲学理论。我们知识和能力的正确运用都要求理性。

如果我的看法正确的话,我觉得亚里士多德的思想沿着他固有的、对我们关于人及其历史性知识的思想具有典范性的道路发展。如果我们追随亚里士多德的思想,我们就无须从一种一般科学概念出发去思考这种人文知识的特殊形式,而是寻求传递这种知识的语言媒介,从而根据它的真实根源,即人的社会现实性来建立自己的根据。因此,关键不在于用哲学思想或社会科学理论赋予语言和语言的中介以中心地位,而是要认识隐藏在语言中介中的规范含义。

这点并非偶然。狄尔泰对历史理性令人钦佩的批判事业是以它对于实验自然科学方法典范的依赖性为其验证的,而且如我们今天所感到的那样,它也受到这种方法典范的阻碍。虽说他弃绝价值论的新康德主义(李凯尔特)也许具有足够的理由。但这显然必须超出和新康德主义价值论的纯粹对立。特奥多·利特曾做过类似的工作。当我们1941年在莱比锡萨克森科学院作为最年轻的成员听利特的报告时,他关于"建立精神科学认识中的一般性"研究在我听来就像一种综合,在这种综合中,利特基本改变了他在1930年那本杰出的书中制订的自己在康德和赫尔德之间的中间地位。利特用语言在一般性和个体性之间架起桥梁,这显然接近了我的试图,即利用海德格尔对希腊形而上学及其后继的近代主体性思想作的本体论批判作为精神科学更好的自我理解。如今我感到自己在某种程度上与利特更加接近,即相对于在自然科学中完全合法的专业语言和"纯"概念构造而为日常语言作辩护。利特从黑格尔的普遍与特殊的辩证法以及统一规定判断力和反思判断力中学会表述他自己的思想。这样就触及到诠释学的神经。我自己就曾试图超越近代科学理论和精神科学哲学的视野,把诠释学问题扩展到人基本的语言性。最后就达到亚里士多德的合理性美德、Phronesis(实践智慧)、诠释学基本德行本身。它成为我本身思想构造的模式。于是,在我看来,诠释学这种应用理论,亦即一般和个别相联系的理论就成为中心的哲学任务。

也许特奥多·利特会反驳我的思路说,用亚里士多德的Phronesis模式对精神科学作哲学辩护必然会承认先天因素(ein Apriori)的作用,这种先天因素不可能只是经验一般化的结果。如果亚里士多德的实践哲学在"Daß"中发现它的原则而不承认自己作为一种哲学,亦即作为一种理论求知欲不可能依赖于在经验中作为具体实现的道德和作为实际进行的理性所照面的东西,那么亚里士多德的实践哲学就完全被误解了。因此利特就将坚持连胡塞尔和写作《存在与时间》时的海德格尔都遵循的先验反思。虽说我也看到这点,但我认为,和经验-归纳理论如此对立虽然有道理,但却未能认识到这种反思正是从生活实践中感受自己的根据和界限,反思就是从生活实践中提升出来的。这种观点必然会拒绝按照唯心主义的分级直达"精神"的反思。我相信,亚里士多德的谨慎以及他对人类生活中善行思考的自我限制归根到底是正确的,它正确地——也许与柏拉图一起——让显然不是简单的经验普遍化的哲学思想担负起联结本身的有限性,而且如我们所经验的那样去联结这种自身的有限性的任务——而这正是联结我们历史条件性的任务。

24
文本和解释
(1983年)

诠释学问题虽说最初是从个别的科学,尤其是神学和法学出发,并且最终也是从历史科学出发发展起来的,然而以下这一点却是德国浪漫主义的深刻洞见,即理解和解释并不像狄尔泰所说只是对固定在文字中的生命表现起作用,而是涉及人与人之间以及人与世界之间的一般关系。甚至由此引申出来的像"Verständnis"(理解,相互理解,取得一致意见)这样的词也被打上这种烙印。在德语中理解(Verstehen)也指"对某事取得一致意见"(für etwas Verständnis haben)。因此,理解能力是人的基本素质,它使人能够与他人共同生活,特别使人能够达到语言并能进行互相的谈话。就此而言,诠释学的普遍要求是根本不容置疑的。另一方面,发生在人与人之间的相互理解事件的语言性也意味着一种不可逾越的界限,德国浪漫主义首先对这种界限的形而上学含义作了积极的评价。它是用以下句子表述的:Individuum est ineffabile(个体是无法形容的)。这个命题表达了古代本体论的界限(当然无法从中世纪得到证实)。但对于浪漫主义意识来说,它意味着:语言永远不可能达到个人最后的、不可取消的秘密。这恰当地说出了浪漫主义时代人的生活感受,并且指出了语言表述本身固有的规律性,这种规律性不仅构成这种语言表述的界限,而且也构成它对于造就把人类联合在一起的 common sense(共同感觉,共通感)的意义。

对我们今天的提问立场的前史作番回忆是有益的。发端于浪漫主义的历史科学方法意识以及硕果累累的自然科学典范造成的压力,导致哲学反思把诠释学经验的普遍性简化成它的科学表现形式。威廉·狄尔泰在自觉推进弗里德里希·施莱尔马赫及其浪漫主义朋友的观念时,试图在精神科学的历史性上奠定精神科学的基础,新康德主义者则以其先验的文化哲学和价值哲学形式为精神科学作认识论证明,但无论狄尔泰还是新康德主义者都没有认识到诠释学基本经验的整个范围。在康德和先验唯心主义的故乡,比起那些文字 les Lettres 在公众生活中具有决定作用的国家来,这种情况甚至更为严重。然而哲学反思最终却到处都沿袭了相同的思路。

我自己的出发点也源于对唯心主义以及认识论时代的方法论主义的批判。尤其海德格尔把理解概念深化成一种生存论概念,亦即深化成一种对人的此在的绝对基本规定,这对我非常重要。这就促使我批判地超越关于方法的讨论,并且扩展诠释学的提问立场,使之不像以往那样只关注科学,而且也关注艺术经验和历史经验。海德格尔在分析理解时怀着批判和论战的目的,他以诠释学循环的古老说法为依据,把诠释学循环作为某种积极的因素加以强调,并在他的此在分析中用概念对此加以表达。但我们一定不要忘记,这里讨论的并非作为一种形而上学隐喻的循环性,而是在科学证明理论中作为恶性循环(circulus vitiosus)理论而有其特有地位的逻辑概念。诠释学循环概念只是表明,在理解领域内根

II 331

本不能要求从此物到彼物的推导，所以循环性的逻辑证明错误不代表理解程序的错误；相反，诠释学循环乃是对理解结构的恰当描述。所以，把诠释学循环作为对逻辑推理理想的限制这一讲法是通过狄尔泰被引入施莱尔马赫的后继者中的。如果我们注意到与从语言用法出发的理解概念相适宜的真正范围，那么诠释学循环的讲法实际上就指明了在世存在（In-der-Welt-Sein）的结构本身，亦即指明了对主-客体二分的扬弃，这正是海德格尔对此在先验分析的基础。正如懂得使用工具的人不会把工具当作客体，而只是使用它，同样，此在在其存在和世界中得以领会自身的理解也绝不是和某种认识客体打交道，而是实现它的在世存在本身。于是打上狄尔泰印记的诠释学方法论就转变成一种"事实性诠释学"（Hermeneutik der Faktizität），它引导出海德格尔对存在的追问，并包括了对历史主义和狄尔泰的更深一层的追问。

众所周知，海德格尔后来却完全放弃了诠释学概念，因为他发现，他用这种方法并不能突破先验反思的禁区。他的哲学思考尽管试图把抛弃先验概念作为"转向"（Kehre），但却日益陷入一种语言困境，从而使许多海德格尔的读者认为在他的转向中更多的是诗而不是哲学思考。我认为这种看法当然是错的。⑱ 因此，我自己的动机之一就是试图找到可以指明海德格尔关于并非在者存在那样的存在的讲法的道路。这又一次把我更有力地引导到古典诠释学的历史，并且迫使我在对它的批判过程中重新发挥它的作

---

⑱ ［参见我关于海德格尔后期著作的研究文集《海德格尔之路——后期著作研究》，蒂宾根，1983年；现载我的著作集，第3卷。］

用。我自己的观点使我发现,只要思考者相信语言,也就是说,只要他与其他思考者和其他人的思想进行对话,那么任何一种概念语言,甚至包括海德格尔所谓的形而上学语言都不会成为思想无法穿透的禁区。由海德格尔进行的对主体概念的批判证明了这一概念具有实体的背景,由于我完全承认海德格尔的这种批判,所以我试图在对话中领会原始的语言现象。这同时也意味着把德国唯心主义作为思辨方法加以发展的辩证法从诠释学上重新返回到生动的对话艺术,苏格拉底-柏拉图式的思想运动正是在这种对话中进行的。但这并不表明它只是一种消极的辩证法,尽管希腊的辩证法总是不断使人认识其基本的不可完成性。它乃是对以绝对唯心主义完成的近代辩证法方法理想的纠正。正是出于这相同的兴趣,所以我一开始并没有在科学所进行加工的经验中寻找诠释学的结构,而是在所谓精神科学当作其对象加以处理的艺术经验和历史经验中寻找诠释学的结构。任何一种艺术品,不管它表现为一种历史的所与物还是作为科学研究的可能对象,它总向我们诉说着什么——它的陈述永远不可能最终完全凝结在概念之中。这也同样适用于历史经验,历史研究的客观性理想其实只是事情的一个方面,甚至是比较次要的方面,而历史经验的特征就在于,我们本身就置身于事件之中,却又不知晓它如何对我们发生,往往只是在回顾中才认识到发生了什么,与此相应,历史必须由每一个新的当代重新撰写。

最后,类似的基本经验也同样适用于哲学和它的历史。这不仅可以从只写对话从不写独断文本的柏拉图身上看到。甚至黑格尔称作哲学中的思辨以及他自己哲学史研究以之作为基础的东

II 333

西，我认为也一直是对用辩证方法加以表现的努力的不断挑战。因此，我的试图恰恰在于抓住所有感性经验的不可完成性，并从海德格尔关于有限性的中心意义观点得出诠释学的结论。

在这种情况下，与法国思想的接触对我就意味着一种真正的挑战。尤其德里达针对后期海德格尔曾指出，后期海德格尔事实上并未破除形而上学的逻各斯中心主义(Logozentrismus)。不管海德格尔追问真理的本质还是存在的意义，他说的都是把意义当作现成在手的，并可以找到的形而上学语言。在这一点上尼采更为彻底。尼采的解释概念并不是指找到现成在手的意义，而是让意义为"权力意志"服务。因此形而上学的逻各斯中心主义在尼采那里才第一次被破除。这种首先由德里达提出的对海德格尔观点的继续发展被理解为海德格尔观点的彻底化，它内在的逻辑必然地会完全放弃海德格尔自己的尼采解释和尼采批判。尼采并非在价值概念和作用概念中达到顶峰的存在遗忘的极端代表。其实尼采真正克服了海德格尔追问存在、存在的意义和要寻找的逻各斯时仍囿于其中的形而上学。现在已经很清楚，正是后期海德格尔本人为了避免形而上学语言而发展出他半诗化的特殊语言，这种特殊语言从一开始就试图成为一种新的语言并给人提出一项任务，即要经常能够成为这种语言的翻译者。到底在多大程度上能够找到这么一种语言也许仍存疑问——但任务毕竟已经提出了。这就是"理解"的任务。我认识到——尤其通过与法国思想的后继者的对峙——我自己"翻译"海德格尔的企图就证明了我的限制，它尤其表明，我自己如何强烈地扎根在精神科学的浪漫主义传统及其人文主义遗产中。但我正是相对这种承载我的"历史主义"传统而找到一种批判的立场。列奥·斯特劳斯早就在一封业已发表的私人信件中向我指出，㉞尼采为海德格尔和狄尔泰为我构成了批判的方向。海德格尔的彻底性也许就表现在，他对带有胡塞尔印记的现象学新康德主义的批判最终使他实际上在尼采身上认出他称之为存在遗忘史的最后的终点。但这却是一个特别具有批判性的断言，它不仅要追溯到尼采，而且还要越出尼采。我感到在法国的尼采后继者身上有一种欠缺，他们未能在尼采的意义上把握他思想的探索性。我觉得，只有用尼采的意思把握他思想的探索性，他们才可以认为，海德格尔力图从形而上学背后挖掘的存在经验在彻底性上被尼采的极端主义超过了。实际上在海德格尔关于尼采的形象中具有深刻的两面性：一方面他最彻底地追随尼采的思想，另一方面正是在那里他发现了形而上学的非本质的作用。因为在所有价值的估价和重新估价中实际上是存在本身变成一种为"权力意志"服务的价值概念。海德格尔思考存在的企图远远超越这种把形而上学消融在价值思考中的做法，或者说，他追溯到形而上学的背后，而不是像尼采那样，在形而上学自我消融的极端中感到满足。这种回溯并未抛弃逻各斯概念及其形而上学含义，但却认识到它的片面性以及"肤浅性"。对此最具决定性意义的是，存在并不终止于它的自我显示（Sich Zeigen），而是同时带有一种既显示自身又克制自身甚至隐遁自身的原始性。这正是首先由谢林用以反对黑格尔的逻辑唯心主义指出的观点。海德格尔重又提

㉞ ["关于《真理与方法》的通信——列奥·斯特劳斯和汉斯-格奥尔格·伽达默尔"，载《哲学独立杂志》，第2卷（1978年），第5—12页。]

起这个问题,但他却同时附加上谢林所缺乏的概念力。

因此,我就努力做到不忘记蕴含在所有诠释学意义经验中的界限。当我写下"能被理解的存在就是语言"⑩这句话的时候,里面就蕴含着以下意思:凡存在的,绝不可能被完全理解。因为语言所引导的总是超出了陈述中所出现的东西。凡能被理解的,总要进入语言——当然它总要作为某种东西而被觉察。这就是存在"显示自身"(sich zeigt)的诠释学度向。"事实性诠释学"意味着诠释学意义的转变。当然,我在试图描述我研究的问题时完全跟随体现在语言中的意义经验的引导,以便指出这种意义经验为语言设定的界限。我致力于研究的"趋向文本的存在"(Sein zum Texte)在界限经验的彻底性上当然不能与"趋向死亡的存在"(Sein zum Tode)相比,追问艺术品的意义以及我们所遭遇的历史的意义这种不可完成的问题相较于人类此在追问其本身的有限性这种原始现象也相形逊色。因此我能够理解,后期海德格尔(德里达可能认为自己在这点上与海德格尔一致)为什么会认为,我并没有真正跳出现象学内在性的禁区。这种内在性贯串胡塞尔思想的始终,同时也是我最初新康德主义烙印的基础。我同样能够理解,人们为什么相信在我坚持诠释学循环中可以看出这种方法的"内在性"(Immanenz)。实际上我觉得,想突破诠释学循环是一种不可实现的、甚而矛盾的要求。因为这种内在性其实不过是对所谓理解的一种描述,正如施莱尔马赫及其后继者狄尔泰所认为的。

---

⑩ 《真理与方法——哲学诠释学的基本特征》,见我的著作集,第1卷,第478页。

自赫尔德以来,我们就不仅仅把"理解"看作一种揭露既存意义的方法过程。正是面对所谓理解的范围,在理解者和理解对象之间周转的循环性才能要求真正的普遍性,我觉得,正是在这一点上,我们可以追随海德格尔对胡塞尔先验终极证明中蕴含的现象学内在性概念的批判。[91] 我试图阐明的语言的对话特征远远胜过在主体的主观性与在说话者的意图中寻找出发点。谈话过程中产生的并不只是把设想的意义固定下来,而是一种经常变换的试图,或者说是经常重复地参与某事并与某人交往的试图。但这就意味着自我弃置(Sich aussetzen)。说话也并非只是展示和指出我们的前见,让前见发生作用——听任自己的怀疑和对他人的异议。谁都不知道这种经验——尤其是针对我们想使其相信的他者——我们心中的充足理由,特别是对某人说的充足理由是如何迫不及待地进入语词的。只要我们相遇的他者的在场,即使他并未开口表示异议,也有助于揭露和解除我们的局限性和狭隘性。在这里对我们来说成为对话经验的东西并不仅限于理由和相反理由的范围,而每次争论的意义也许正终结于这种理由和相反理由的交换和统一之中,正如以上描述的经验所示,其实还存在他者的东西,即所谓他在的潜在性,它总是会超越一切共同意见的一致性。这就是黑格尔未曾跨越的界限。虽说他已经认识到在"逻各斯"中具有支配作用的思辨原则,甚至以非常具体的方式指出这一点。他把自我意识的结构和"在他者中认证自我"的结构扩展成承认的辩证

---

[91] [早在 1959 年,我就试图在献给海德格尔的论文"论理解的循环"中指出这点。参见本书第 57 页以下。]

法，并把它提到生死之争的高度。同样，尼采的心理学深刻洞见怀着极大的热情把"权力意志"的基础提升为意识："甚至在奴隶心中也有权力意志"。这种自我放弃和自我坚持的对峙扩展到理由和相反理由的范围内，因此也扩展到实际的对立意见中，这正好表示海德格尔对我发生重要意义的关键，因为他正好在这里认识了希腊本体论的"逻各斯中心主义"。

这里我们可以感到希腊典范的局限。这种局限是由《旧约·圣经》、保罗、路德以及首先由其现代复兴者批判地指出的。当人们发现苏格拉底式的对话可以作为思维的基本形式时，对话中的这个层面并未达到概念的认识。也许它只是使一个具有诗意想象力和柏拉图语言能力的作家能如此描述他的苏格拉底的魅人形象，从而把人物和为人物担心的情欲张力真正表现出来。然而，如果该作家只就引导谈话这一点来解释他的苏格拉底而撇开其他现象，甚至不管这些现象，那他同时就有一个前提，即逻各斯对所有人都是共同的而并非他独有的。正如我已指出，对话原则的深刻意义只是到了形而上学行将就木之时，亦即在德国浪漫主义时代才进入哲学意识，并在本世纪为着反对唯心主义的主体局限性才得到复兴。我正是在这里开始询问，在谈话中建立的意义共同性与他者他在性的不可穿透之间是如何互相调解的，而语言性究竟又是什么：桥梁还是障碍。如果是桥梁，则彼此可以借此进行交往，并可跨越他在性的洪流建造起自在性。若是障碍，则就会限制我们的自我使命，并限制我们完全说出和传达自身的能力。

于是，在这种普遍的提问范围内，"文本"概念就表现为一种特有的挑战。这又是使我们和我们的法国同行相联系抑或和他们相分离的因素。不管怎样,我的意图就是要以"文本和解释"这个论题重新阐明我的观点。文本和语言的关系如何?能从语言进入到文本中的究竟是何物?什么叫说话者之间相互理解?所谓诸如文本这样的东西能够对我们表现共同的东西,或者说,当人们相互理解时就会出现像文本那样对我们来说是同样的东西,这些究竟是什么意思?文本概念如何能够经历如此普遍的扩展?每一个了解当今哲学倾向的人都清楚地知道,这个论题涉及的要远远超出对语言科学方法论的反思。文本并非只是文学研究对象领域的名称。解释也非仅是对文本作科学阐释的技术。这两个概念在20世纪都根本改变了它们在我们认识和世界方程中的地位。

显然这种变化和语言现象在此期间在我们思想中取得的作用相联系。但这只是一种同语反复的说法。语言在哲学思想中获得中心地位,这也许又同哲学在过去十年中所发生的转折相联系。现代科学追随的科学认识的理想是从自然的数学构思模型(正如伽利略在其力学中首先发展的)出发的,这表明,语言的世界解释,亦即在生活世界中用语言表示的世界经验,再也不构成提问和求知欲的出发点。如今只有从理性规则出发可解释和可构造的东西才是构成科学的本质的东西。于是,尽管自然语言仍然坚持其观看和讲述的固有方式,它却丧失了其不言而喻的优势地位。这种现代数理自然科学含义合乎逻辑的推广,就使得语言理想在现代逻辑学和科学理论中被单一的指称理想所取代。如果说自然语言在此期间重又作为"普遍性"占据了哲学的中心,那这是和科学的通向世界的普遍性相联系的边际经验有关。

当然,这并非表示一种单纯的返回到生活世界的经验及其语言的沉淀,尽管我们把这种经验语言的沉淀看作希腊形而上学的主线,对它的逻辑分析则导致了亚里士多德的逻辑学和思辨的语法(grammatica speculativa)。如今则正相反,并不是它的逻辑成就,而是作为语言的语言及其通向世界的说明图式被人所知,并因此变更了原本的观点。这在德国传统内部表现为浪漫主义观念的重新获得——施莱格尔、洪堡等等。不管在新康德主义者还是第一代的现象学者那里,语言问题都根本没有受到注意。只是在第二代人那里,语言这个中介世界才成为讨论的论题,例如在恩斯特·卡西尔那儿,尤其是在马丁·海德格尔身上,汉斯·利普斯首先追随的就是海德格尔。在盎格鲁-撒克逊范围内,类似的情况则表现在维特根斯坦从罗素(B. Russell)观点出发所作出的继续发展。当然,对我们来说,这里涉及的不再是建筑在比较语言学基础上的语言哲学,抑或归属于一般符号理论的语言构造理想,而是涉及思想和讲话之间谜一般的联系。

于是,我们一方面有符号理论和语言学,它们导致了对语言系统和符号系统的功能方式和构造的新认识;另一方面则有认识理论,这种理论认识到,语言就是对一切世界通道(Weltzugang)进行中介。两者的共同作用使我们在一种新的光亮中看到对科学的世界通道进行哲学证明的出发点。它的前提是,主体在方法的自我确定性中借助理性的数学构造强占了经验实在性,并用判断句对它进行表达。由此主体就实现了它本身的认识任务,这种实现在数学符号化中达到顶峰,自然科学正是在这种数学符号化中达到普遍有效性。按照这种观念,语言这个中介世界就被排除在外。但就语言现在作为中介世界被人认识而言,它表明自己是一切世界通道的首要中介。这样,语言的世界模式的不可超越性,就得到清楚表现。因其无可争辩的自我确定性而成为一切有效性的起源和证明依据的自我意识的神话,以及先验主义和经验主义争论不休的最终根据的理想面对语言系统的优先性和不可超越性,就丧失了它的可信性,而所有的意识和知识正是用语言系统来表达的。通过尼采我们学会了怀疑用自我意识的自我确定性来证明真理。通过弗洛伊德我们认识了因这种怀疑而被人严肃看待的令人吃惊的科学发现,而在海德格尔对意识概念所作的彻底批判中,我们看到了源于希腊逻各斯哲学并在其现代转折中把主体概念置于中心地位的概念偏见。所有这些都使我们世界经验的"语言性"获得了优先地位。无论针对自我意识的幻象还是实证事实概念的天真,语言的中介世界都证明自己是既存物的真正维度。

我们正是从这里理解了解释(Interpretation)概念的崛起。解释这个词原本开始于调解关系(Vermittlungsverhältnis),即在操不同语言的讲话者之间作为中介人的作用,亦即翻译者,然后它被转用到解开难以理解的文本。当语言的中介世界对于哲学意识表现出它先定意义的当口,解释也必定在哲学中取得某种关键地位。这个词是随着尼采开始出现在哲学中,并且同时成为对一切实证主义的挑战。难道真的存在有从其确保的出发点出发认识就能寻求普遍性、规律和规则并在其中得到实现的这样的所与物吗?难道所与物本身不正是某种解释的结果?解释就是在人和世界之间进行永无止境的调解,因此它就是唯一真正的直接性和所与性,从而使我们能把某物理解为某物。相信记录语句是所有认识的基础,这甚至在维也纳学派中也未能持续多久。㊷ 甚至在自然科学范围内,认识的证明也无法避免诠释学这一结论,即所谓的所与物根本无法与解释相分离。㊸

只有在解释的光亮中某物才会成为一件事实,某种观察才证明为可以被讲出来。更为极端的做法是海德格尔的批判,他揭露了现象学的意识概念以及——像舍勒的——"纯知觉"的概念均是独断的。因此,在所谓的知觉之中就发现有把某物作为某物的诠释学理解(das hermeneutische Etwas-als-etwas-Verstehen)。但这最终就说明,解释并不是认识的附加过程,它构成"在世存在"(In-der-Welt-Sein)的本源结构。

不过,这是否表明解释只是添加意义(Einlegen von Sinn)而并非寻找意义(Finden von Sinn)？这显然是由尼采提出的问题,这个问题既决定诠释学的范围和领域,也决定它的对方的反驳意见。无论如何我们要承认,正是从解释概念出发,文本概念才能作为中心概念建立在语言性的结构之中;这表明,文本概念只有与解释相联系并从它出发才表现为真正的所与(Gegebene)、要理解之物(zu Verstehende)。这也适用于对话中的相互理解(Verständigung),因为人们可能重复有争议的陈述,从而使意图去追随有约束的表述(Formulierung),这个过程在记录下的文字中达到顶点。文本的解释者也在同样的意义上问,真正存在的究竟为何物。只要每

㊷ [莫里茨·石里克:"论认识的基础",载《1926—1936年论文集》,维也纳,1938年,第290—295页和第300—309页。]

㊸ [对此似可参看较新的科学理论,详见 J. C. 魏斯海默的《伽达默尔的诠释学——读〈真理与方法〉》(耶鲁,1985年)。]

个如此发问的人都企图要求为他自己的设想寻找直接的证明,那就总能找到一种先入的、充满前见的回答。然而,这样引证存在的东西,则文本相对于对文本的解释可能的疑问性、任意性或至少是多义性就永远是坚固的关联点。

这又可以从语词的历史中得到证明。"文本"这个概念基本上是从两种联系进入现代语言的。一方面是作为在布道和教会理论中进行解释的圣经的文本,因此文本是所有注释的根据,而一切注释则是以信仰真理为前提。"文本"这个词另一种自然的用法是我们在与音乐联系中遇到的。在音乐中,文本乃是歌曲的文本,音乐词义解释的文本,就此意义而言,文本并非预先给定的东西,而是一种从歌唱过程中产生的东西。这两种文本一词的自然使用方法——也许两种用法一起——都可以回溯到古典后期罗马法学家的语言用法,这些法学家针对解释法典和运用法典的争议性用查士丁尼法典来突出法律文本。于是,凡是我们把事物归并进经验时遇到阻力的地方,凡是回溯到想象的所与物时能为理解指出一个指向的地方,文本这个词就会得到广泛传播。

关于"自然之书"这种喻意的说法也以同样的含义为根据。㉔这种书是上帝用自己的手指写下的文本并由研究者进行破译的文体,也就是说,通过研究者的解释使它可以被人阅读,得到理解。因此,凡我们对所与物作预先的意义猜测,而这种意义猜测又并非不受抵抗地进入意义期待的地方,我们就能——而且只能在这

㉔ [参见 E. 罗特哈克:《"自然之书":隐喻史材料及原理》。据 W. 佩皮特遗著,波恩,1979 年。]

里——发现与文本概念具有的诠释学关系在发生作用。文本和解释互相联结得如何紧密,完全可以从以下情况中表现出来,即使传承下来的文本对于解释也并非总是预先给定的。常常是解释导致了文本的批判产生。当我们搞清了解释和文本这种内在关系,我们才会获得方法上的益处。

从对语言所作的这种观察中产生的方法上的益处在于,"文本"在此必须被理解成一个诠释学的概念。这就是说,不要从语法学和语言学的角度来看待文本,亦即不要把它看作完成品,可以据此分析它的制作,并企图撇开它所传达的所有内容去解释语言据以起作用的机制程序。从诠释学的立场看——也就是第一个读者的立场——文本就是单纯的中间产品(Zwischenprodukt),是理解事件中的一个阶段,作为这样一个阶段,它固然包括某种抽象,亦即甚至把这个阶段也孤立化和固定化。但这种抽象与语言学家所熟悉的方向刚好相反。语言学家不会介入对文本中所表达的事情的理解,而是澄清语言的功能,说明文本可能说什么。语言学家讨论的并非文本传达了什么,而是文本如何可能传达某事,用何种符号规则和联结手段进行。

诠释学的考虑则正相反,它唯一关心的就是对所说出的话进行理解。因此,语言的功能仅仅只是前提条件。所以,首要的前提就是,某种声音表达是可理解的,或某种文字表述是可以被解读的,从而以使对所说的话或在文本中所写的进行理解有所可能。文本必须是可以阅读的。

为此,语言用法又一次给予我们重要的提示。当我们在评论某种文体或判断某种翻译时想说明它质量低劣时,我们是在一种苛求的意义上谈论某种文本的"可读性"(Lesbarkeit)。这当然是一种转义的说法。但它却把意思表达得十分清楚，就像通常在翻译或改编时所发生的情况一样。它的否定的对应词是不可读性(Unlesbarkeit)，它总是意指作为文字表达的文本无法完成它的任务，无法使文本中记述的事情不受阻碍地得到理解。这可以从以下情况得到证明，即我们在理解文本所述之事时总是要预视(vorausblicken)。唯有从这点出发我们才把一件文本视为和认定为可读的。

语言学的工作就是要把制造某种可读的文本作为自己的任务，这是很清楚的。然而很显然，提出这种任务总以对文本有某种程度的理解为出发点。只有当文本已被解读，而被解读的文本又并非痛痛快快地被人理解，而是提出障碍，于是人们才会问，文本中所述的究竟是什么，对传承物的阅读以及选用的阅读方法是否正确。语文学家要生产出可读的文本，他对文本的处理完全类似于通过直接听觉传达进行的，并非只是听觉上的理解。我们说，如果某人能够理解，则他必然已经听见。与此相应的是口头布道的听觉理解的不确实性类似于阅读方式的不确实性。在这两种情况中都有一种反馈作用。前理解，意义期待以及种种并不存在于文本中的事情都对文本的理解起着作用。这在翻译某种陌生语言时表现得十分明显。在翻译时，对外语的掌握只是一种前提条件。如果说在这种情况下也要说到"文本"，那只是因为它并非只是被理解，而是要用另一种语言转达出来。这样它就变成了"文本"，因为所说的并不只是被理解，而是成了"对象"——其目的是针对各种可能性，重新给出"原本语"中的意义，这里就又存在一种诠释学

II 342

关系。每一种翻译,即使是所谓的逐字逐句的字面翻译,都是一种解释。

让我们概括起来说一下,由于语言学家撇开对事物的理解,他作为研究对象的东西对于理解本身只是可能注意的模棱两可的极限情况。理解过程所进行的与语言学恰好相反,它是一种语言遗忘(Sprachvergessenheit),话语或文本就被置于此种语言遗忘之中。只有当语言遗忘受到干扰,也就是说,凡理解不能成功的地方,文本的原话才会被询问,而文本的制造才能成为一种独特的任务。我们在语言用法中虽说区别了原话(Wortlaut)和文本(Text),但这两个名称总可以互相替代,这并非偶然。(甚至在希腊语中说话和书写也汇聚在语法〔Grammatikē〕这个概念中)文本概念的扩展也许从诠释学角度看很有理由。不管是口头的还是文字的,文本的理解无论如何总有赖于交往的条件,这种条件超出仅仅固定在所说话中的意义内容。我们可以说:真要想回溯到原话或是文本,那就必定总要受到理解境遇特殊性的推动。

在"文本"这个词今天的用法中同样也能清楚地追溯到"文本"这个词的语词史所指出的内容。毫无疑问存在某种最弱级的文本,我们甚至几乎不能把它叫作"文本"。例如为了有助于记忆而作的笔记。在这里唯有当记忆失灵而笔记变得陌生而不可理解,因此有必要回溯到符号状态,亦即回溯到文本的时候,才会提出文本的问题。但一般说来笔记并不是文本,因为它只是作为回忆的线索使人重新想起记录的含义。

然而另一种关于理解的极端例子一般也并不推进关于"文本"的说法。这大概就是科学报告,这种报告一直以确定的理解条件为前提。这在于它们的特殊报告人。这些人指的就是专家。如果说笔记只是给我自己看的,那么科学报告的情况也是如此,虽说它是发表的,但却并非给所有人看的。只有对那些熟悉研究的状况和研究所用的语言的人,它才是可以理解的。假如这个条件得到满足,那么参与者一般说来就无须回溯到作为文本的文本。只有当这些表述出来的意见使他觉得完全不可信并且必须自问:难道这里不存在误解么?这时他才会回溯到文本。——对于科学史家的情况当然不一样,对于他们来说,这些科学的证据就是真正的文本。这些证据需要解释,因为这里作解释的人并非是这些证据意指的读者,并且必须跨越在他和原始读者之间存在的距离。虽说我在其他地方已经强调指出,㉟"原始读者"(ursprünglicher Leser)这个概念是相当含糊的。然而在研究的过程中他大概会有自己的规定性。出于同样的理由,当人自己是一封信的收信人时,他一般不会谈论信的文本。只要在理解中不出现特别的障碍从而必定要回到详细的文本,那么就会顺利地进入书面交谈中。书面谈话基本上也要求口头交谈所适用的同样基本条件。两者都具有互相理解的良好意愿。因此,凡要寻求理解,就要有良好的意愿作为前提。于是问题就在于,如果没有提到确定的收信人或收信人团体,而是无名的读者——或者说,并非提到的读者,而是一个陌生人想理解文本,那么这种情境及其含义在多大程度上仍是给定的呢?写一封信就像其他形式的谈话试图一

㉟ 首先参见《全集》,第 1 卷,第 397 页以下,特别是第 399 页以下,那里这样说"原始的读者这一概念完全是未经澄清的抽象"。

样,正如在直接的语言接触或在所有练熟了的实际处理情况中一样,只有理解中出现障碍才会促使人们对所说的内容的精确原文产生兴趣。

正如在谈话中的情形一样,写信者无论如何都试图报告他所意指的事情,这就包括对收信人的预期,他和该人分享共同的前提,并指望他的理解。收信人则如其意指的那样取出其中的含义,这就是说,他对信中的话进行补充,把它具体化,而并非按照字面取其抽象的意义内容,从而理解这封信。这就是为何人们在信中不能像在直接谈话的情形中那样讲某些事情,即使这封信是写给他非常信任的人。在直接的谈话中有许多东西共同帮助人们正确地理解,起码人们在谈话中总能够根据答复来澄清或辩护所指的意思。这一点通过苏格拉底的对话和柏拉图对书面文字的批判已是众所周知。从理解境遇中脱离出来的逻各斯很容易受到误用和误解,因为它缺乏生动的谈话所具有的明显的修正,这种缺点自然也包括书面文字。

这里就出现了对于诠释学理论具有中心意义的重要推论。如果说一切用文字固定下来的东西都与理解境遇隔开,那么它对写作意图本身则意味着某种意思。因为我们作为写作者都了解所有文字书写的问题,因此,我们都受控于对读者的预期,我们期望他能产生符合意义的理解。正如在生动谈话中,我们通过讲话和回答寻求达到理解,但这就是说,我们寻找恰当的词并运用语调和手势,期望这些能帮助对方的理解,同样,在写作时虽说不能寻找合适的词来告知,但也必然要在文本中开辟一个解释和理解的视域,这个视域必须由读者来填写。"书写"(Schreiben)并非仅仅把所说的话记下来。虽然一切文字书写的东西都要回指原来所说的,但它必定也要前瞻(Nach vorwärts blicken)。一切说出的话总是指向相互理解,并把对方包括在内。

于是我们也可以谈论记录的文本,因为记录历来是被当作文件,也就是说,应当回指其中所记的东西。因此它就需要对方特殊的标志和签名。在商业和政治方面签署的条约也需要这一套。

由此我们就达到一个总括的概念,这个概念是一切文本构造的基础,同时也使这种构造与诠释学的联系明显可见:每一次向文本的回溯——不管涉及的是真正用文字写下的文本抑或只是重复在谈话中的表述都是一样——都是指"证物"(Urkunde),即最初讲出的或宣告的东西,这些可以作为同样的意义而起作用。这种"证物"应当被理解,这规定了一切文字书写物的任务。写下来的文本应该这样固定原始的宣告,以使其意义被人清楚地理解。与书写人任务相应的是阅读者、收信人、解释者的任务,他们应当达到理解,亦即使写下的文本重新讲话。在这个意义上可以说阅读和理解就意味着使证物返回它原初的真实性。只有当写在文字中的意义内容发生争议才会提出解释的任务,解释就是要获得对"证物"的正确理解。然而,"证物"却并不是讲话者或写作人原本所说的,而是假设我作为它原始的谈话伙伴时它所曾经想说的。这一点在把"命令"解释为诠释学问题上表现得很明显,即命令应该"按意义"遵守(而不是按字面)。因此,实际的结论就是,文本并不是一种给定的对象,而是理解事件过程中的一个阶段。

这种普遍的情况可能在法典的编纂和相应的法学诠释学中得

到很好的反映。法学诠释学能具有典范功能并非偶然。在法学诠释学中引用书面文字以及经常引证文本这两者联系得很紧。凡被制定为法律的,历来就为着调解或避免争吵。因此,在这里就总有必要回溯到文本,不光对于诉讼者发生争执的双方,而且对于制定法律、代表法律说话的人、法庭都是如此。因此,凡制订法律、缔结具有法律效力的契约以及作出具有法律效力的裁决都要求相当严格,它们的文字表述应当相当精确的。因此,决议或协议的制订都被要求从文本出发具有清晰的法律意义,并且避免误用或曲解。"文件化"(Dokumentation)的要求就在于它必须能被正确可靠地解释,哪怕这些文件的作者,例如立法者或缔约双方并没有想到这一层。这就包含了以下意思。起草文件时必须一开始就同时想到解释的活动空间,这种解释的活动空间是为必须应用这种空间的文本的"读者"而形成的。这里的关键就在于——无论对于"布道"或"法典"都一样——避免争吵、排除误解和误用、尽可能达到清楚的理解。相对于纯粹的公布法律或订立契约,书面文件将提供合法的、附加的安全系数。但这里还包含以下意见,这里仍然保存着按照意义进行具体化的活动领域,这种具体化在实际的法律活动中引导着解释。

　　法律制订的有效性要求在于它像文本一样,不管它是否像法律条文那样编纂成文。法律像规章一样,它的实际运用总是需要解释,这反过来又说明,任何实际运用总已包括了解释。因此,司法实践、先例或迄今为止的执法都一直具有一种法律创造的功能。因此,司法上的例子典范清楚地表明,任何一种文本的制作都与解释以及正确的、符合意义的应用具有预先的关联。应该承认,在口头处理程序和文字处理程序之间的诠释学问题基本上乃是相同的。例如我们可以想一想盘问证人的情况。我们通常并不透露给证人有关调查的过程和寻找判决的努力。因此，证人遇到向他提的问题都带有"文本"的抽象性，而证人必须作出的回答也是如此。这表明这些也像文字表述一样。用文字记载证人的证词会使证人感到不满，这就表明了上述情况。虽说证人不能否认他所说的话，但却不能让证词孤立存在，最好能立刻对它进行解释。因此，在记录证词时应当考虑到这一点，即在重复证人的实际证词时要尽可能正确评判对证人意向的记录。上述证词的例子又反过来表明，文字的处理方法（例如审讯过程中文字的部分）如何和谈论过程联系在一起。和证人提供的证词相分离的证据也已与调查过程的文字确认相分离。类似情况显然也适用于以下场合：某人书面提供一种允诺或一个命令或一个问题，它们也会包含有和原来的交往情况相脱离的情形，从而必须以文字的方式表述其原来的意义。在所有这类情况中显然总要回溯到原来的告知境遇。

这也可以采用现今文字写作所发明的附加标记的方法，以便易于达到正确的理解。例如问号就是一种这一类的指示，它表明用文字记录下的句子原来一定是怎么表述的。西班牙语用两个问号把问句括出来，从而以令人信服的方式表达出这种基本意图。甚至在开始阅读的时候就使人们知道如何表达出适当的段落。在许多古老的文化中一般都没有标点符号，缺乏这种标点符号又从另一方面证明，唯有通过书写的文本才有可能达到理解。不带标点符号的文字排列以极端的方式表明了交往的抽象性。

毫无疑问还有许多不可能符合这种目的性的语言交往方式。然而它们仍然是文本，只要它们与其收件人相分离时仍然被人理所当然地看作文本——例如文学作品（literarische Darstellung）。然而在交往事件中它们却抗拒被文本化。我想举出三种此类形式的文本，以便根据它们的背景揭露那些以明显的文本化方式而不是以文本的形式附加地实现其真正规定性的文本。这三种形式是：反文本（Antitexte）、伪文本（Pseudotexte）和前文本（Prätexte）。所谓的反文本我指的是那些与文本化相反的谈话形式，因为在这种形式中互相讲话的过程境遇具有压倒优势。属于此类形式的有例如任何一种玩笑。在交往过程中我们对某事并不认真，而且期待能被人当作一种玩笑，这种情况非常正常，而且我们可以在语调、手势或社会情境等等中找到它的标记。但很明显，绝不可能重复这种瞬间的玩笑性提示。——类似情况还可以举出另一种经典的相互理解形式，亦即反话（Ironie）。在这里清楚的社会前提是运用反话所先必备的共同的前理解。谁能说出他所意指的反话又能确保其所意指的同时被人所理解，他就处在一种正起着作用的理解境遇之中。这种"掩饰"其实是不可能做到的，即使采用文字表达的方式也不行，它极大地依赖于交往中前理解的程度以及占统治地位的认可程度。例如我们在早先的贵族制社会中看到反话的运用，而且这种反话又径直用文字记载下来。属于类似情况的还有引用古典的箴言，通常以弄巧成拙的形式。这样做的目的还是在于一种社会的一致，在这里则是优先掌握教育的前提条件，从而在于对古典的兴趣及其证明。凡这种理解条件的关系不清楚的地方,则要把它转成文字表达就会产生疑问。因此,反话的运用总是提出一种极为困难的诠释学任务,而那种有关反话的假定则很难得到证明。人们把对某事讽刺的理解常常说成对解释的怀疑,并非没有道理。在社交中则正好相反,如果反话的运用未被理解就意味着一种认同的断裂。凡玩笑或反话可能的地方总以基本认同为前提条件。因此,人与人之间的相互理解绝不可能通过以下方式重新建立起来,即某人以不引起误解的方式彻底改变他的讥讽表述方式。如果这样做可能,则如此清楚地表达的该陈述的意义就会远离反话的交往意义。

第二种与文本相悖的文本类型我称之为伪文本。我指的既是讲话的用法也指文字的用法,它作为一种要素根本不属于对意义的转达,而是像讲话过程中修辞学的填充材料。修辞学部分的特点就在于,它在讲话中并不代表表述的实际内容,亦即不转述文本中的意义内容,而是以口语或书面文字形式出现、具有话语交流中纯功能和礼节性功能的成分。因此我称之为伪文本的就是语言成分中所谓没有含义的成分,每个人都能在以下困难情形中认识这种现象,即在翻译另一种语言的文本的时候很难认出话语中不言自明的填塞材料而且很难对它作恰当的处理。翻译家在这种填塞材料中猜想真实的意义,但在用另一种语言重新表达时却毁坏了他所翻译的文本真正的告知内容(Mitteilungsfluss)。这是每个翻译家都会遇到的困难。毋庸置疑,多种语言中都可以找到与这种填塞材料等价的表述,但翻译这项任务实际上只是指文本的意义,因此,有意义的翻译的真正任务就在于认出这种填塞材料并把这种空洞的填塞材料剔除掉。当然这里要预先说明,对于所有具有真正文学质量的,我称之为杰出的文本的、如同我们将看到的文本则完全不一样。文学文本的可译性界限就在于此,它以最为不同的层次表现出来。

作为与文本相悖的第三种文本我指的是前文本。凡不能在其意指的意义转达中得到理解,而是以假象的方式出现的交往表述我都称为前文本。因此,前文本就是我们须根据它并未指出的其他因素来解释的文本。它所意指的只是一种托辞(Vorwand),"意义"则藏身在这种托辞的背后,于是解释的任务就在于识破托辞,并把其中所含的真正意义表达出来。

意识形态批判指出在公众舆论教育中就存在这种文本。意识形态这个概念恰好说明,在意识形态中并没有真正的告知,而是它作为托辞为之服务的隐藏于其后的利益。于是,意识形态批判力图把所说的话追溯到它所掩盖的利益,例如在资本主义利益之争中资产阶级的利益。然而,这种意义形态批判行为本身同样可能需要进行意识形态批判,因为它也代表某种反资产阶级的或无论何种的利益,从而也掩盖了它本身的托辞性质。我们能在追溯背后隐藏的利益这种共同动机中发现一致性的断裂,这正是哈贝马斯所称的交往扭曲(Kommunikationsverzerrung)。扭曲的交往同样表现为破坏了可能的一致性和可能的相互理解,从而促使人们由此去追溯真正的意义。这就像一种破译。

这种深入到托辞之后的解释的另一种例子是梦在现代深层心理学中所起的作用。梦生活的经验实际上是不连贯的。经验生活的逻辑在这里是完全失效的。但这却并不排除能从梦生活的令人吃惊的逻辑中产生一种直接的意义魅力,这种魅力完全可以与童话的非逻辑相媲美。实际上我们提到的文学也包括了梦和童话的类型,例如在德国的浪漫主义之中。但这只是一种美学性质,是在梦幻作用中以此种方式享有的美学性质,它当然能够体验一种文学美学的阐释。然而,如果试图在梦的回忆片段中揭示一种以梦幻形式伪装起来并可以被破译的真实意义,则梦这种现象就会成为另一种完全不同解释的对象。这构成梦的回忆在精神分析活动中的巨大含义。借助于梦的解释,精神分析就能把反社会的谈话引入正途,由此就能去除障碍,并且最终把病人从他的精神病中解放出来。显然,这种所谓的分析过程要经历复杂的重建原始梦文本及其解释的过程。虽说它与做梦人"所指的"意义完全不同,甚或同释梦者通过它的解释解除梦经验的不安所解读出的意义完全不同。实际上我们称为的精神病即是完全破坏了建筑在一致性之上的相互理解事件。它促使我们追溯到"所意指的"背后,并对托辞进行解释。

甚至除了特定的精神障碍之外对日常生活进行的心理治疗也具有同样的结构,这种治疗通过追溯无意识的行动使人对错误的举止产生突然的理解。追溯到无意识的动机在这里仍然是出于不一贯,亦即对错误举止的不可理解性。通过解释这些举止变得可理解,从而失去它本身所具有的令人烦躁的性质。

本文论题所涉的文本与解释的联系在此是以一种特别的形式表现出来,利科尔把它称为怀疑诠释学(Hermeneutik des Mißtrauens; hermeneutic of suspicion)。把这种歪曲理解的情况当作文本理解的正常情况乃是一种错误。%

％ [参见作者的"怀疑诠释学",载《诠释学:问题和眺望》,G. 沙皮罗和 A. 西卡编,阿姆黑斯特,1984年,第54—65页。]

本文迄今为止的讨论都为着指出，当涉及所谓的"文学文本"时，则文本和解释之间的联系就彻底变了。在以上列举的产生解释的动机以及把一些在交往过程中的东西，作为文本建立起来的情况中，解释和所谓的文本一样都被归属到理解事件之中。这正符合 interpres 一词的字面意思，它指的是居中讲话者，首先指的就是口译者的原始功能，口译者处于操不同语言的讲话者之间，通过他的居中讲话把操不同语言的讲话人联系起来。正如在这种情况下是克服外语的障碍，当在操同一种语言时出现理解障碍也需要进行克服，在这种情况下是通过回溯，亦即把它作为潜在的文本而达到陈述的同一性。

使一个文本变得不可理解的疏异性应该通过解释者得到扬弃。解释者是在文本（或话语）不能实现其被人倾听和理解的规定性时才居间说话的。解释者除了在达到理解这项目标时自身完全消失外，没有任何其他作用。解释者的话并不是文本，而是为文本服务。但这并不是说，解释者的贡献就完全消失于听从文本的方式里。解释者只是并不作为主题的、并不作为文本而存在，而是进入到文本之中。这样就以最广的普遍性勾画了文本和解释的关系。因为这里出现了一种理应得到强调的诠释学结构因素。这种居间讲话有其自身的对话结构。在双方之间作调解的口译者只能把他相对于双方立场的距离作为一种超越双方局限性的优越性加以经验。因此他在理解方面提供的帮助并不局限于纯粹的语言学层面，相反总是进入实际内容的调解，试图把双方的权利和界限都互相扯平。于是"居间讲话者"（Dazwischenredende）就变成了"调停者"（Unterhändler）。在我看来文本和读者之间也存在类似的关系。当解释者克服了一件文本中的疏异性并由此帮助读者理解了文本,那他本身的退隐并不意味着消极意义上的消失,而是进入到交往之中,从而使文本的视域和读者的视域之间的对峙得到解决——这就是我所称为的视域融合(Horizontverschmelzung)。相分离的视域如同不同的立场一样互相开启。因此,理解文本就在于使读者占有文本所说的,而文本自身也就因此而消退。

然而还存在着文学(Literatur),这是一种并不消失的文本,而是相对于所有的理解以正当的要求而存在,面临着文本的一切新的说话。它的特征是什么?说文本能够"在那儿",这对于解释者的居间说话又意味着什么?⑨

我的观点是:文本总是在返回自身时才真正地在那儿。但这却不过是说,它们是原始的和本来意义上的文本,在返回自身时才真正"在那儿"的这种话语,从自身出发实现文本的真正意义:它们说话。文学的文本是人们在阅读时必须倾听的文本。即使只是在内心倾听,而那些朗读的人则不仅是听,而是在内心跟着一起说。它们是在能背诵,即 par coeur 中获得其真实的此在。然后它们就生存在行吟诗人、唱诗班和抒情诗歌手的记忆之中。它们就像写在灵魂中一样地逐渐变为文字,因此,人们在阅读文化中把这种独特的文本叫作"文学"根本不会令人吃惊。

文学文本并非只是把讲过的话记下来。文学文本根本不是指示人回到所说出的词。这一点具有诠释学后果。解释并非只是重新传达原先表述的手段。文学文本作为一种特别意义的文本就在

---

⑨ [对此首先参见我的著作集第 8 卷中关于文学理论的论文汇集。]

于它并不回证原初的语言行为,而是从它这方面来规定所有的重复和语言行为;没有一种讲话能完全实现诗歌的文本所表现的指令。诗歌的文本行使的规范功能既不能回指原初的讲话又不能回指讲话人的意图,它的功能产生于文本自身,例如有幸成功的一首诗歌令诗人出乎意料并且超过了诗人本身。

"文学"这个词具有一种评价的意义并非偶然,因此,属于文学就代表一种标志。一种这样的文本并不表示纯粹把讲的话记下来,而是具有其本身的真实性。如果讲话的特性就在于听讲话的人能通过讲话而听出含义并且完全针对话语所传递的内容,那么语言就会在这里以特有的方式显现出来。

正确把握语词的自我表现并不容易。语词当然也在文学文本中保持其含义(Bedeutung)并承载有意指的话语的意义(Sinn)。文学文本的必然特性就在于,它并不损害所有话语都把事实内容置于首位的做法,甚至相反还要提高这种优先性,从而使它的陈述的实在关系受到怀疑。此外,被说出话的状况不能占据突出地位。否则我们就不能说语词的艺术,而要说艺术性,不能说像歌唱方法一样地规定的声调,而要谈论诗的想象,或者说,我们将不再谈论其无可替换的质量使我们惊异的文体,而要谈论使人感到产生阻碍作用的矫揉造作的格调。尽管如此,文学文本仍然要求表现在它的语言现象中而不只是行使它的告知功能。它必须不仅被阅读,而且也必须被倾听——虽说在绝大多数情况下只是用内在的耳朵来倾听。

于是,语词才在文学文本里得到其完全的自我出现(selbstpräsenz)。它不仅使所说的得到显现,而且使语词本身出现在声音之中。正如文体作为一种实际的因素构成了好的文本但却并未作为文体艺术突显出来，语词和话语的声音也和它的意义传递不可分离地联在一起。然而，如果说话语是被前面所说的话规定着意义，从而我们可以完全撇开它的表现而听出、读出它传递的意义，但在文学文本中每个语词却都是在其音调中得到显现，而话语的音调也正是对于用词讲出的内容才具有含义。于是在话语的意义指向及其显现的自我表现之间产生了一种特别的对峙。话语的每一个成分，每一个属于句子意义单位的个别词本身都代表一种意义单位，只要它通过自己的含义激起某种意指。一旦它在自己的单位中产生作用而不只是作为猜测话语意义的手段，那它本身命名力的意义多样性就得到了扩展。于是我们才能谈到内涵意义（Konnotationen）。这种内涵意义当一个语词在文学文本中以其含义表现出来时一起讲出来的。

于是，作为其含义的承载者和话语意义的共同承载者的单个词就仅仅成为话语的抽象因素。其实所有的语词都必须在更广的句法（Syntax）整体中被看待。在文学文本中当然有句法，但这种句法并非必然的也并非只是通常所谓语法的句法。讲话者享有听者赋予他的句法自由，因为他作为讲话者具有所有的变调和做手势的便利，同样，诗歌文本——由于它所表明的一切细微差别——也具有自身的自由。它具有强化文本整体意义力的音调。在通常的散文领域中确实也是如此，即话语不是"写作"，朗诵不是讲课，亦即不是"论文"（paper）。然而对于文学而言在语词突出的意义上却还意味着更多。文学不仅克服其被写就存在（Geschriebensein）的抽象性从而使文本可读、其意义可以理解。文学的文本还具有自己的地位。它作为文本的语言存在要求重复原来的字句，但却并非回溯到原初的说话，而是预见一种新的、理想的说话。文本的意义关联永远不会完全穷尽于语词主要含义之间的关系之中。正是并不包括在意义目的论中而共同起作用的意义关系才给予文学语句以作用范围。如果整个话语并不所谓自我坚持，稍作逗留，抓住读者或听众，迫使他们成为倾听者，那么那种意义关系就不会显现出来。但尽管这样，这种成为倾听者的过程却像每一种倾听一样，仍是对某物的倾听，这种倾听把听到的作为话语的意义形式来把握。

很难说这里什么是原因，什么是结果：不是因装订成书，中断了文本的告知功能和推荐功能并使其成为文学文本？或者倒过来，是因为去除了把文本当作诗歌刻画的现实性，亦即语言的自我显现，才使话语的意义在其整个书册范围显现出来？这两者显然是不可分的。如何衡量以不同方式填满从艺术散文直到诗歌这整个领域的部分要依赖语言在意义整体上显现的部分。

话语的组合、语词的配置究竟如何复杂可以在以下情况中得到最清楚的表现，例如语词在它的多方面作用中成为独立的意义承载者。我们把这叫作双关语（Wortspiel）。不能否认，只有用作加强讲话者的精神、又完全隶属于话语意向的修饰语、双关语才能提升到独立性。但其结果却是，整个话语的意向会突然失去清晰性。在音词单位背后会出现多种多样隐藏的，甚至是相反的含义单位。黑格尔曾经在这种关联中谈到语言的辩证天性，赫拉克利特则在双关语中发现了对他基本观点最好的证据，即意义相反的实际上却是同一的。但这是哲学的说话方式。它涉及的是话语自然含义的中断。这对于哲学思维具有创造性，因为语言以这种方式必然会放弃它的直接客观意义，并促使思想的反映得到表现。双关语的多义性代表着思辨最具诗意的显现形式，它蕴含在互相矛盾的判断之中。正如黑格尔所说，辩证法就是思辨的表现。

文学文本的情况就不一样了，而且还是出于同样的原因。双关语的作用与诗的语词的含义丰富的多义性并不一致。与主要含义回响在一起的共同含义虽说赋予语言的文学活动范围，但它却归属于话语的意义统一性，并只让其他的含义听得出来。双关语并非只是语词的多义性或多样作用，诗意的话语就从这种多义性中构成——在双关语中毋宁有独立的意义单位在互相起作用。因此，双关语破坏了话语的统一性并要求在更高反思的意义关联中得到理解。这样我们就会因太多地使用双关语和文字游戏而弄昏头脑，因为它们破坏了话语的统一性。此外，在叙事诗或抒情诗以及语言的音调形象占优势的任何领域中，双关语的爆破词很难证明它的作用，当然在戏剧话语中情况不一样。因为在戏剧中是冲突统治着舞台。我们可以想一下戏剧中的轮流对白，或者主角在相关语中以自己的名义宣称的自我毁灭。㊳ 同样不一样的是，诗意的话语既不构成阐述之潮流，又不构成歌吟之流和戏剧的道白；而是有意在反思的作用中诉说，而话语期待的冲击就属于反思的反映作用。因此，双关语在极具反思性的抒情诗中能取得一种创造性的功能。例如可以想一下保罗·塞兰(Paul Celan)封闭的抒

㊳ ［参见 M. 瓦堡："关于克拉底鲁的两个问题"《新哲学研究》，柏林，1929 年）。］

情诗。但我们必须在这里问,这种给语词装载上反思因素的道路最终是否必然会陷入走不通的死胡同。引人注目的是,马拉美(Mallarmé)在他的散文稿中,一如在 Igitur("那么")中运用双关语,但他涉及的是诗歌创造物完整的音调,而几乎不涉及语词。散文诗《致礼》显然是多层次的,并且能满足多种层面的意义期待,例如喝酒的要求和在酒杯中香槟酒的泡沫与抱着生活之舟的波浪间摇摆的生活回顾。但这两种意义域都作为同样优美的语言表情发生在同一的话语单位中。[99]

---

[99] 〔我为马拉美的十四行诗配上不带艺术性的德文释义,全文如下:

Salut	**致礼**
Rien, cette écume, vierge vers	只有泡沫,纯洁的诗行
A ne désigner que la coupe;	刚刚触及酒杯的杯沿;
Telle loin se noie une troupe	远方有一群海妖
De Sirènes mainte à l'envers	变化无端。
Nous naviguons, ô mes divers	让我们驶入,我无与伦比的
Amis, moi déjà sur la poupe	朋友——我已经在船尾
Vous l'avant fastueux qui coupe	你在木船的船首,船首犁开
Le flot de foudres et d'hivers;	航迹和波涛。
Une ivresse belle m'engage	心醉神迷使我
Sans craindre même son tangage	无从察觉船的摇晃
De porter debout ce salut	屹立船上致意
Solitude récif, étoile	孤独、危岩、星辰
A n'importe ce qui valut	也许仍将一如既往
Le blanc Souci de notre toile	闪亮的忧虑之帆向我们驶来。

福格特(P. Forget):《文本和解释》,慕尼黑,1984 年,第 50 页;雅帕(U. Japp):《诠释学》,慕尼黑,1977 年,第 80 页以下。在那里区分了三个层次(按照拉斯蒂尔〔Rastier〕)饱和的分析处于最高地位,Salut 不再作为致礼而被理解为拯救(récif),而闪亮的忧虑理解为纸片,这在文本中根本未提及,在自我相关的纯洁的诗行中也未提及。这正是没有真理的方法。〕

隐喻也有类似情况。在诗歌中隐喻同音调、词意和话意的作用联系在一起,从而使它甚至不能作为隐喻而得到显露。因为散文根本就不用日常的话语。因此,在散文诗中隐喻也几乎没有作用。隐喻是为唤起精神的直观形象服务的,它也同时消失在这种唤起之中。隐喻真正的统治领域其实是修辞学。在修辞学中我们才把隐喻作为隐喻来享受。在诗学中,隐喻理论无法获得像双关语所据有的那种尊荣地位。

这一简短的题外话告诉我们,如果涉及文学,声音和意义之间的相互关系在话语和著作中是如何多层次和不同,人们询问,解释者的居间讲话如何才能被归到诗歌文本的进程之中。对此问题只能作一个非常极端的回答。和其他文本不同,文学文本并不会被解释者的居间讲话打断,而是经常被他的一起说话(Mitreden)所引导。这可以从所有话语都具有的时间性结构得到证明。我们在联系讲话和语言艺术时使用的时间范畴当然具有特别的难度。正如我上面指出,人们谈论在场(Präsenz),甚至谈到诗歌语词的自我呈现(Selbstpräsentation)。如果我们从形而上学出发把这种在场理解为现成在手东西的当下性,或者从可客观化概念出发来理解,这就是一种谬误。这不是一种适合于文学作品的当下性,它甚至不适合任何文本。语言和文字总是在进行指点。它们并不存在,而是意指,甚至当被意指的东西不在别处而只是在现在显现的语词中,情况也是如此。诗意的讲话只有在讲话和阅读的过程中才能得到实现,这就是,不被理解,它就不能存在。

说话和阅读的时间结构表明了一个尚未得到研究的问题领域。如果我们发现,纯粹演化的模式描写的并不是阅读而只是一个一个字母的拼读,就会明白这种模式不能用于说话和阅读。谁在想阅读时却只能一个一个字母地拼读,那他恰恰不能够阅读。类似情况不仅适用于默读也适用于大声朗读。好的朗读应该把含义和音调的共同作用传达给他人,从而把它自为和自在地更新。我们为某人朗读,这就是说我们面向着他,附属于他。朗诵和朗读一样都是"对话式的"。甚至我们自己对自己作的大声朗读也是对话式的,因为它必须要把音调的显现和对意义的理解尽可能地糅合在一起。

诗歌或散文的朗诵艺术并没有什么大的不同。它只需要特殊的技巧,因为在这里听众是一群不知姓名的人,因此诗歌的文本要求在每个个别听众的心中得到实现。我们在这里可以发现相应于阅读时按字母拼读的情况,即所谓的背诵(Aufsagen)。这也不是说话,而只是把意义的片段一串串地排列起来。在德语中我们就这样形容孩子背短诗或为了取悦父母所作的"背诵"。真正的朗诵能手或朗诵艺术家却相反。他把整个语言形式都显示出来,就像演员把自己角色的道白有如在瞬间发现一般地重新产生出来。它不应该只是话语成分的排列,而是从在本身中"存在"的意义和音调中产生出来的整体。因此,理想的讲话者根本无须显现自身,而只显现文本,即使对于一个无法看见自己手势的盲者,也一定可以把文本完全表现出来。歌德曾经说过"闭着眼睛,按照自然的、正确的声音,而不是装腔作势地朗读莎士比亚的片段,世上没有比这更高级、更美妙的享受了"。[100] 我们可以问,是否每一种诗歌的文

---

[100] ["莎士比亚和无止境",载《约翰·沃尔夫·歌德全集》,阿特米斯-纪念版,第14卷,第757页。]

本都能朗读,例如关于哲理的诗?在抒情诗的分类史中也存在这个问题。合唱抒情诗以及所有需要一起吟唱的叙事诗都和挽歌体的诗完全不一样。哲理的诗看来只能单独分类。

不管怎样,这里完全没有演进模式的位置。我们可以回想一下学习拉丁文韵律学时称作构成的东西:拉丁文学生必须找到"动词",然后是主语,由此出发组织整个语词群,直到最后,那一开始完全意义矛盾的成分突然结合在一起了。亚里士多德曾描述过流水的结冰过程在受到震动时突然一下子冻住。一下子达到的理解也是这样,当无序的词素结晶成一个意义整体时,理解就突然出现。倾听也和阅读一样具有相同的理解的时间结构,它的循环性质可以算作为最古老的修辞学和诠释学的知识。

这对所有的倾听和阅读都适用。文学文本的情况则要更为复杂。它并非只是把文本传达的信息都提取出来。人们并非不耐烦地并且坚定不移地趋向意义的目标,由此来把握传达的所有信息。这里当然也存在诸如突如其来的理解,在这种理解的瞬间,文本的结构统一性得到阐明。在诗歌文本中的情况就像艺术画的情况一样。它的意义关联虽说也许很含糊、很不完整,但却能被认识。在这两种情况中,对现实的反映关系被排除了。只有文本和它的意义关联是唯一的在场物。当我们讲述或者阅读文学文本的时候,我们将回溯到表达整体结构的意义和音调关系,而且这种回溯并非只是一次性的,而是在不断重复。我们似乎是不断地翻读、重新开始、重新阅读、发现新的意义关联,而最终出现的并不是必须理解事情的确信意识,我们因拥有这种意识而将文本甩到一边。实际情况正好相反。意义和音调的关联越是进入我们的意识,我们就越深入到这种关联之中。我们并不把文本甩在一边,而是使自己进入文本。我们就像每个说话的人进入他所讲的话里一样地进入文本,而不是像使用工具的人那样,用时拿起,用完甩掉,我们并不和它保持距离。因此,说语词是运用的,这非常不正确。它涉及的并不是真正的说话,它对说话的处理更像运用一本外语辞典。因此,当我们处理真正的说话时就必须彻底限制关于规则和准则的说法。这点恰好适用于文学的文本。文学文本的正确性并不在于说出每个人都将说的东西,而是具有一种新的、唯一的、使它作为艺术品的正确性。每一个词都"记牢",从而几乎不可替换,而且在某种程度上也确实无法替代。

正是狄尔泰在浪漫唯心主义的断续发展中对这个问题提出了第一个指向。由于抛弃了同代人因果思想的独断论,他不去谈论原因和结果的联系,而是谈论效果联系,也即谈论在效果本身(尽管它仍然有其所有的原因)中存在的联系。为此他引进了日后被人熟知的"结构"概念并指出,对结构的理解如何必定具有循环的形式。他以听音乐出发——对此纯音乐因其极端不具概念性而成为一个典型例子,因为纯音乐排除了一切反映理论——讲到集中,并把理解的时态结构(Gebilde)作为讨论的题目。在美学中,人们也在类似的意义上谈论"构成物",不管对于文学的文本还是对于一幅画。"构成物"的不确定的含义中包含有:某物不要从预先计划的完成性出发加以理解,而是似乎从内部出发构造一种特有的形式,并在进一步的构造中加以理解。这表明,对此进行理解乃是一项特有的任务。这项任务就在于,把构成物建造起来,把并未"构造"的东西构造起来——这就包含着所有的构造试图重新又被撤回。如果说理解和阅读的统一性在充满理解的阅读中得到实现,从而把语言的表现甩到一边,那么在文学的文本中则经常要把变化着的意义和音调关联表现出来。正是我们称作逗留的运动的时间结构填补了这种在场,而所有解释的居间话语也必定进入这种在场。如果不准备好洗耳恭听,文学文本就不会说话。

作为结束让我列举一个著名的解释例子。这就是莫里克(E. Mörike)的诗《灯》(Auf eine Lampe)的结束句。⑩ 那句诗说"那美

---

⑩ 莫里克的诗全文如下:
Noch unverrückt, o schöne Lampe, schmückest du,
(依然如故,哦美丽的灯,你)
An leichten Ketten zierlich aufgehangen hier,
(娇小玲珑悬挂于纤细的灯链)
Die Decke des nun fast vergeßnen Lustgemachs.
(在几乎已被遗忘的房间的天花板)
Auf deiner weißen Marmorschale, deren Rand
(在你白大理石的边沿)
Der Efeukranz von goldengrünem Erz umflicht,
(环绕着金灰合金的常春藤花环)
Schlingt fröhlich eine Kinderschar den Ringelreihn.
(一群孩子兴高采烈地围圈跳舞)
Wie reizend alles! lachend, und ein sanfter Geist
(一切多令人陶醉!欢笑着,温柔的)
Des Ernstes doch ergossen um die ganze Form-
(最严肃的精神笼罩着一切—)
Ein Kunstgebild der echten Art. Wer achtet sein?
(真正的艺术构造。谁在观察?)
Was aber schön ist, selig scheint es in ihm selbst.
(那美的,乐在自身之中得到显现。)

埃米尔·施泰格和马丁·海德格尔对此问题的争论载于埃米尔·施泰格:《阐释艺术》,德国袖珍书出版社,科学系列4078(1971年,阿特兰蒂斯出版社特许出版,苏黎世和布雷斯高的弗莱堡,1955年),第28—42页。

的东西,极乐地在自身之中得到显现"。

这首诗是埃米尔·施泰格和马丁·海德格尔的讨论对象。它之所以使我们感兴趣,只是因为它是一个典型的例证。在这首诗里有一组看起来最为普通的词"Scheint es"。我们可以把它理解为"anscheinend"、"dokei"、"videtur"、"il semble"、"it seems"、"pare"即似乎看起来、看样子等等。这种诗意的理解赋予它转义从而自有理由。但我们可以发现:它并不能满足诗的规律。我们可以指出为何"scheint es"在此的意思是"es leuchtet"(照耀)、"splendet"(照亮)。这里首先要运用一种诠释学原则。在遇到分歧的时候就应以更广的联系来作决定。然而任何理解的双重可能都是一种分歧。显而易见,美在这里是用在一盏灯上。这是我们完全应该理解的整首诗的陈述。这是一首不会闪亮的灯,因为它已经过时,已被遗忘,高悬在一间"高雅的房间"("谁在观察?"),然而因为它是一件艺术品,它仍然具有自己特有的光辉。毫无疑问,这里说的是灯的光辉,虽然已经没有任何人需要它,但它仍然闪闪发光。

列奥·施皮茨(Leo Spitzer)在一篇针对这场讨论而作的富有见地的文章中详细描写了这种诗歌的文学分类,并令人信服地解说了它在文学史上的地位。海德格尔也正确地指出"美"(schön)和"显现"(scheinen)之间的概念联系,这可以听得出黑格尔关于理念的感性显现的著名说法。然而仍然存在内在的理由。正是从语词的声音和含义之间相互作用出发才产生出更为明显的决定者。在这首诗中 S 这个发音怎样构成很强的组织("was aber schön ist, selig scheint es in ihm selbst"),诗的韵律变调怎样构成诗行的韵律单位(在 schön, selig, scheint, in, selbst 这些词上面都有韵律的重音),但这对于反思的干扰却没有位置,有如诗意的"Scheint es"所要表现的。相反它将意味着诗歌语言中连贯诗意的断裂,是一条对我们构成威胁的诗意性理解的歧途。因为我们通常都讲乏味的话(prosa),正如莫里哀(Molière)的约丹(Jaudain)先生惊奇地感受到的。甚至避免诗意的断裂却能把对象的诗化引导到极端封闭的文体形式。在莫里克的这首诗中离这种歧途也并不算远。有时这首散文诗的语言很接近这种歧途("wer achtet sein?")。然而,因为这句诗在整首诗中乃是作为结论,因此这种地位赋予它箴言式的重要性。实际上通过其特有的陈述阐明为何这行诗的黄金并不像钞票或消息那样是一种指示,而是有其自身的价值。光亮并不只是被理解,而是闪耀在这盏灯的整个形象之上,这盏灯挂在无人注意被人遗忘的房间,除了在这首诗中它也不再闪亮。我们内心的耳朵可以听到这里在"schön"和"selig"、"scheinen"、"selbst"之间有一种吻合——此外,整首诗的结束词"selbst"使得沉默的运动在我们内心的耳朵中久久回响。在我们内心的眼睛里灯光的默默涌流仍可得到表现,我们称之为"闪亮"。因此我们的理解并非只理解诗中对美所说的以及艺术品的自主性所述的,即和用语联系毫无关联的东西——我们的耳朵在倾听,我们的理解把美的显现作为它真正的本质来听取。说明其理由的解释者消失了,唯有文本在说话。

25
解析和解构
（1985年）

当海德格尔把理解这个论题由精神科学的方法论提升为此在本体论的生存性和基础时，诠释学的向度就再不表示以肉体感觉为基础的现象学意向性研究的更高的层次，而是把几乎同时在盎格鲁-撒克逊逻辑学中作为"语言学转向"而突破出来的东西带到欧洲大陆并带入现象学研究方向中。在胡塞尔-舍勒当初扩展现象学研究的时候，尽管有着生活世界的转向，但语言却一直受到忽视。

在现象学中一直重复着深不可测的语言遗忘（Sprachvergessenheit），这种语言遗忘早已是先验唯心主义的特征，而且通过赫尔德对康德先验转向不幸的批判而似乎还得到认可。即使在黑格尔的辩证法和逻辑学中语言也并没有获得突出的地位。另一方面，黑格尔偶尔也指出语言的逻辑本能，他的天才的逻辑学著作的任务就在于说明这种逻辑本能对绝对的思辨性的预先推断。实际上，自从康德把形而上学的学院语言作了洛可可式精美的德语化之后，黑格尔对哲学语言的贡献就具有不可忽视的意义。他真正回忆起亚里士多德的语言和概念的构造力，并因为他试图将其母语的许多精神保存在概念语言中，因此他最为接近亚里士多德这个最伟大的楷模。这种情况自然为他设置了不可翻译的界限，这个界限近百年来无人超越,至今仍是一个难以对付的障碍。然而在黑格尔那儿语言仍然没有取得中心地位。

在海德格尔身上也重复着类似的,甚至更为强烈的原始语言力在思想领域中的爆发。导致这种爆发的就是他有意识地回溯到希腊哲学语言的源始性。于是,"语言"在对其生活世界基础的整个直观能力中逐渐扩散,并在胡塞尔现象学精致的描述艺术中发挥巨大的作用。不可避免,语言本身会成为其哲学自我理解的对象。我可以证明,早在1920年,年轻的思想家海德格尔就在德国的讲台上开始反思到底什么叫"世界化"(es weltet),这就突破了纯真的,但却和其本身的起源完全疏异了的形而上学学院语言,这件事本身就是一个语言事件,它意味着对语言获得了一种更深的理解。在德国唯心主义传统中促使洪堡、格林兄弟、施莱尔马赫、施莱格尔以及狄尔泰转向语言现象的东西,以及使最近语言科学,尤其是语言比较科学得到未曾料及的推动的东西都一直停留在同一哲学的框架之内。主体和客体、思维和存在、自然和精神的同一性一直贯穿到符号形式哲学之中,[102]而语言正是在此之中得到凸现。同一性哲学的最后的顶峰是黑格尔辩证法的综合成就,它通过所有虚构的矛盾和差别而重新产生同一性,并把亚里士多德关于思想(Noesis noēseoos)的原始观点发展到最精妙的完善。黑格尔哲学全书的结论章节恰好挑战性地表述了这一点。正如黑格尔用一句格言所表达的,似乎整个漫长的精神史都是朝向一个唯一目标的历程:"tantae molis erat se ipsam cognoscere mentem"(认识自己本身,这对于精神来说是何等伟大的工作)。[21]

---

[102] E.卡西尔:《符号形式哲学》,第1卷《语言》,柏林出版,1923年。

确实,黑格尔式的辩证中介已经以自己的方式完成了对近代主观主义的克服,这对于本世纪新的、后形而上学的思想一直是一种持久的挑战。单单黑格尔客观精神的概念就是对此的生动证据。甚至克尔凯郭尔以"非此即彼"(Entweder-Oder)口号对辩证法以"既是-也是"(Sowohl-als-Auch)的方式对所有规定进行的辩证自我扬弃所作的具有宗教动机的批判仍然能被归入整个辩证中介之中。甚至海德格尔对意识概念的批判——这种批判通过其极端的本体论解析证明整个意识唯心主义不过是希腊思想的异化,而且这种批判也完全适用于经过新康德主义改装的胡塞尔现象学——也并非完全的突破。所谓此在的基础本体论尽管作过所有的时间性分析但仍然在此在的烦心特性(Sorgecharakter)中有其自我关联,因而并未克服自我意识的基本立场。因此,它就不能导致任何对带有胡塞尔标记的意识内在性(Bewußtseinsimmanenz)的真正突破。

海德格尔很快就承认了这一点,并且接受了尼采的彻底的思想冒险行动,除了只会使人转向难走通的林中之路外,未找到任何其他的道路。难道唯有形而上学的语言才维护着这种先验唯心主义陷于瘫痪的通道?海德格尔通过抛弃形而上学的证明思想,从他对意识和自我意识的本体论无根性所作的批判中得出最后的结论。然而这种转向(Kehre)和抛弃(Abkehr)仍然和形而上学保持明显的联系。对形而上学的克服要准备的前提应该是,不仅近代主观主义通过解析它未经证实的概念而被撒在一边,而且希腊关于存在的原始经验在西方形而上学于概念之光中的崛起和统治之后也应作为积极的东西被召回。海德格尔把亚里士多德的自然概念(Physis-Begriff)追溯到前苏格拉底先驱的存在经验,这实际上仍然是一种冒险的误航。显然,这种航行尽管还很模糊,却总有一个遥远目标:即要重新思考开端、开创的东西。然而趋向开端却总是意味着在追溯已走过的路时发现其他的、开放的可能性。谁能完全站在开端,谁就必然会选择自己的道路,如果他回到了开端,那他就会意识到,他能从出发点开始走其他的道路——例如就像东方的思想就走着不同的道路。也许东方的思想道路很少能出于自由选择,而西方的道路选择却是出于自由选择。也许这该归功于以下情况,那没有语法上的主谓结构把东方思想引到关于实体和偶性的形而上学。因此,无须惊异,甚至海德格尔对开端的回溯也在某种程度上追踪着东方思想的魅力,并且试图在日本和中国访问学者的帮助下——徒劳地——更进一步地追随这种思想。语言,特别是对固有文化圈子中的所有语言都共同的基本轮廓,是不能轻易超越的。甚至在本身的起源史中都永远不再能真正达到开端。开端总是不断地陷于不确定之中——正如托马斯·曼在他《魔山》(Der Zauberberg)的开头关于时间倒行的著名描述所写的,在每个最后的海滨突出部背后总指出新的无尽的长路。与此相应,海德格尔也按照从阿那克西曼德到赫拉克利特、到巴门尼德,然后重又到赫拉克利特的顺序寻找存在的最初经验,寻找揭蔽(Entborgenheit)和遮蔽(Verbergung)之间互相联系的证据。他相信自己在阿那克西曼德那里发现了 Anwesen(在场)本身及其本质的逗留,在巴门尼德那里发现了 Aletheia(真理、无蔽)的宁静的心,在赫拉克利特那里发现了喜欢自己隐藏起来的 Physis(自然)。然而,虽说这一切最终都适用于暗示指向无时间性的词,但实际上却不适用于早期文本中出现的意谓者的自我解释。海德格尔只能在名称、词的命名能力及其如同掉进金矿脉里兜不出来的迷途中,重新认识他自己关于存在的观点:他说的"存在"应该并非存在者的存在。文本本身总是证明自己不是通向观看存在之敞开的道路上的最后的山丘。

这就预先规定了海德格尔在他这条探索词的原始矿脉的道路上必定会遇到尼采这个最后角色,尼采的极端主义冒险导致了一切形而上学、一切真理和对真理的所有认识的自我毁灭。当然海德格尔并不满足尼采的概念术,虽说他很欢迎尼采对辩证法——"黑格尔的辩证法和其他人例如施莱尔马赫的辩证法"——的魔法的祛除(Entzauberung der Dialektik),虽说希腊悲剧时代的哲学观点可能对他证明,在哲学中除了可见世界背后的真实世界这种形而上学外还可以看到其他的东西。所有这一切对于海德格尔显然意味着他和尼采只能是很短的同路人。"好几百年过去了——但却没有新的上帝",这就是他接收尼采的格言。

然而海德格尔对于一个新的上帝又知道些什么?他是否预感到这个上帝,他是否只是缺少呼唤上帝的语言?是形而上学的语言对他束缚得太紧?虽说语言的前理解不可跨越,但它并非只是精神的巴比伦囚牢。巴比伦的语言混乱并不像《圣经》所载只意味导致人类罪孽的语言家族的多样性和语言的多样性。毋宁说它包括人和人之间出现的并总是造成新混乱的整个陌生性。但这里也包括了克服它的可能性。因为语言就是谈话。我们必须寻找词并能够找到通达到对方的词,我们甚至能学会对方语言的陌生的词。为了通达到对方,我们可以转而掌握对方的语言。正是所有这一切才使语言成为语言。

当然,正是作为构成理解语言而产生的束缚力本质上被空话所包围,这种空话作为话语的假象实际上也把谈话变成空洞词藻的交换。拉康(Lacan)曾正确地说过,凡不通达到对方的词就是一个空洞的词。这正构成谈话的优先地位,因为谈话正是在问答中发展起来并构成共同的语言。在两个操不同语言并对对方的语言只能达到一知半解的人之间的谈话中,众所周知的经验就是:在这种基础上人们根本不能进行谈话,实际上只是坚持进行一场旷日持久的斗争,直到这两个人都能讲其中的一种语言,哪怕是讲得很糟糕。这种经验是每人都能体验的。这里包含一个明显的指示。实际上这种情况并非只发生于两个操不同语言的人之间,而且在每场用同样语言进行的谈话中谈话者之间的相互适应也是这种情况。正是实际的或可能的回答才使一个词成其为词。

属于这种经验范围的是,所有的修辞学,正因为它不允许有问题和回答,正面意见和反面意见之间的经常交换,所以就总是包括我们认之为空洞的言词或"纯粹的客套话"的空洞的词的特点。理解在倾听中的真实实现与在阅读中的实现是类似的。正如胡塞尔所特别指出的,意义发生过程总是贯串着空洞的意向。

如果我们想给形而上学的语言加上一种意义,那就必须进行更深入的反思。这里所能指的当然并不是形而上学得以开始发展起来的语言,亦即希腊的哲学语言。相反它指的是,在当今语言共同体生活着的语言中已经纳入了从这种形而上学的原始语言中产生的概念印记(begriffliche Prägungen)。我们把科学的语言用法与哲学的语言用法中这一概念特征称之为专业术语的作用。如果说在数理自然科学中——首先在实验自然科学中——引进名称的做法只是一种纯粹约定俗成的行动,它只是为了标志一切可通达的事实,并不使国际通用的专业术语与民族语言的语言习惯之间真正的意义关系发生作用——有谁会在"伏特"(Volt)这个词身上想到伟大的研究家伏塔(Volta)呢？——那么在哲学中的情形就不同了。在哲学中不存在普遍通行的、亦即可控制的经验领域,可以由约定的专业术语来标志。在哲学领域中使用的概念词却总是由它所源出的人们所说的语言来表述。因此,在哲学领域中概念构造当然也意味着,把某个词可能含义的多样性按照某个确切规定的含义来定义。但这种概念词绝不可能和其具有自己整个意义展开的含义领域完全分离。确实,把一个词和其词语关联完全分开并归入(horismos)一种使其成为概念词的精确内容中,这就必然会使这个词的用法产生意义空泛化(Sinnentleerung)。因此,例如像 Ousia(存在)这样一个形而上学基本概念,只要这个希腊词的词义不一起出现在它的整个活动范围中,则这个形而上学基本概念的构造就是永远不可能完全实现的。因此,在理解这个希腊存在概念时如果知道 Ousia[22]这个词在希腊语中首先是指农村庄园的在场(Anwesen),而"存在"这个作为在场者的在场(als Anwesenheit von Anwesendem)的概念意义正是从这里引申而来,那么会对我们帮助很大。这个例子说明:并不存在形而上学的语言,只存在对活生生的语言中取出的概念词进行形而上学的思考所打上的印记,这样一种概念印记——就如在亚里士多德的逻辑学和本体论中的情形那样——可以造成一种坚固的概念传统,并在随后导致一种疏异化,这种疏异化早已发生,随着希腊化的学院文化转化到拉丁文中,然后随着拉丁文转化成当代的民族语言又构成一种学院语言,在这种语言中概念逐渐地丧失了它从存在经验中得来的本来意义。

于是就提出了解析形而上学概念性的任务(Destruktion der Begrifflichkeit der Metaphysik)。唯此才是谈论形而上学语言中靠得住的意义,即在其历史中逐渐构成的概念性。解析形而上学被疏异化了的概念性的任务一直继续到当今的思想之中。它是由海德格尔在他开始学术生涯的时候作为口号提出的。把传统的概念词思维性地追溯到希腊的语言,追溯到词的自然词义和在语言中可找到的掩遮的语言智慧,就如海德格尔以令人难以置信的生气所试图做的,这实际上就重新唤醒希腊思想及其使我们深受感染的力量。这正是海德格尔的天才。他甚至倾向于把词置回其业已失落的、不再意指的词义之中,并从这种所谓词源学的词义中得出思想的成果。令人注意的是,后期海德格尔正是在这种关系中讲到"原始词"(Urworten),在这种原始词中,海德格尔承认作为希腊人世界经验的东西比起在早期希腊文本的理论和命题中更可理解地被表达出来。

当然,海德格尔并非第一个认识发生在形而上学学院语言中的内容疏异化(Sachentfremdung)的人,毋宁说是自费希特,尤其是黑格尔以来的德国唯心主义就努力通过思想的辩证运动来消除和消融希腊的实体本体论及其概念性。甚至这种努力也有先驱者,比如那些运用拉丁文学院语言的人,特别是在拉丁文宗教小册子之外出现了用民族语言写的生动的布道词,像埃克哈特大师(Meister Eckhart)或库萨的尼古拉(Nicolaus Cusanus),还有在雅可布·波墨(Jakob Böhme)的思辨之中。但这些只是形而上学传统中的配角。当费希特用"本原行动"(Tathandlung)代替了"事实"(Tatsache)的时候,他就基本上先取得了一种海德格尔式的挑战性印记,亦即喜欢把词义头足倒置,例如把疏远(Ent-fernung)理解成趋近,或者把"什么叫思?"这句话的意义理解成想说"是什么命令我们思?"把"凡事皆有理由"理解成表述一种毫无理由的虚无:一位逆流而上的游泳者的强力。

可是就总体说来,德国唯心主义很少对词进行重新塑造或强行突破词的含义,亦即对形而上学概念性的传统形式进行消融,它更多是使命题发展到它的反命题和矛盾。辩证法自古以来就是把内在的对立命题发展成矛盾,而且当对两个对立命题的维护并不只有消极的意义,而是要达到矛盾的统一,那么这就达到最大的可能性,即使形而上学的思想,亦即在原初希腊概念意义上的思想能够把握绝对。生命就是自由和精神。黑格尔在辩证法中看到了哲学证明的理想,这种辩证法的内在后果使他实际上能够超越主体的主观性,并把精神同样思考成客观的,就像上面已经提及的。在辩证法的本体论结果中这种运动重又终结并复兴于自我展现的精神的绝对在场之中,就如黑格尔哲学全书的结尾所证明的那样。因此,海德格尔与辩证法的诱导一直处于经常的紧张的对立关系,这种辩证法不去解毁希腊的概念,而是努力把它们继续发展成精神和自由的辩证概念并且仿佛把自己的思想也同时驯化了(domestizierte)。

这里我们不能详尽解释,海德格尔在他的后期思想中是怎样从他的基本意图出发坚持和扬弃他早年的解析性工作的。他后期作品的女巫式的文风可以为此提供证据。他十分清楚地意识到他自己和我们的语言困境。除了海德格尔自己想借助荷尔德林诗的语言排除形而上学语言的努力之外,我认为只剩下两条可行的以及曾被人走过的道路,可以克服辩证法特有的本体论自我克制。其中的一条路就是从辩证法回到对话再回到谈话。我在我的哲学诠释学(Philosophische Hermeneutik)中就曾试图走这条道路。另一条就是首先由德里达指出的解构的道路(Weg der Dekonstruktion)。这条道路并不是在谈话的生动性中重新唤起业已失落的意义。相反,它要在作为一切谈话之基础的意义关联的背景中,亦即在本体论的 écriture(书写)概念中——而不是在闲话或谈话中——去消除意义的统一性,从而实现对形而上学的真正摧毁。

在这个对峙领域产生了特有的重点转移(umakzentuierungen)。在诠释学哲学看来,海德格尔关于克服终结于技术时代全面存在遗忘的形而上学理论乃超越了被嵌合起来的生命统一体——这类生命统一体不断存在于人类杂然共在的大大小小范围中——的持续的抵抗和惯性力。在解构主义的眼里却正相反,当海德格尔询问存在的意义并坚持一种问题的意义,对这种意义人们可以指出,不可能有一个与之相应的有意义的回答时,则海德格尔恰好缺乏彻底性。德里达针对存在意义的问题而提出首要的延异(Differenz),并且相对于海德格尔思想的调节形而上学的要求而把尼采看作更为彻底的人物。他认为海德格尔仍然属于逻各斯中心主义思路的人,他对逻各斯中心主义提出总是互相分离、变动的意义这种反对意见,因为这种意义破坏一切指向统一性的集合并被德里达称作 ecriture（书写）。显然，尼采在这里占据着批判的地位。

因此，为了对比和权衡这里提到的从辩证法返回的两条道路所开启的前景，我们可以根据尼采的例子来讨论那种为不再继续形而上学的思想提供的可能性。

如果我把海德格尔据以找回他的道路的出发点称为辩证法，那么这并不只是出于以下表面的原因，即黑格尔通过思辨的辩证法对形而上学的遗产作了其异乎寻常的综合，这种思辨的辩证法要求把希腊开端的全部真理都集合在自己身上。其实主要的原因在于，因为海德格尔实际上并未停留于对形而上学的遗产作修正或保持，有如马堡的新康德主义和胡塞尔对现象学作的新康德主义改装所作的那样。海德格尔为克服形而上学而作的努力并非仅止于采取抗议的态度，有如黑格尔左派和克尔凯郭尔、尼采等人所作的那样。相反，他运用从亚里士多德学来的艰巨的概念剖析工作开始这项任务。在我看来，辩证法意味着西方形而上学传统大大扩张的整体，不管是黑格尔语言用法中的"逻辑的东西"还是早已为西方哲学定下了第一步的希腊思想中的"逻各斯"。在这个意义上，我们可以说海德格尔重新提出存在问题的试图，或者说第一次把这个问题置于一种非形而上学的意义中的试图，以及他叫作"返回步伐"的东西都是从辩证法的返回之路。

甚至我所试图的诠释学的谈话转向在此意义上也不仅只是要回到德国唯心主义的辩证法之后，亦即回到柏拉图的辩证法，而且还要透过这种苏格拉底-对话的转向追溯到它的前提，这就是在 Logoi 中被寻找和唤起的回忆（Anamnēsis）。这种从神话中创造出来,但又最具理性意义的重新回忆(Wiedererinnerung)并非只是单个灵魂的重新回忆,而总是"能把我们联结在一起的精神"的重新回忆——这个我们就是谈话。然而在谈话中存在(Im-Gespräch-Sein)却意味着超越自我(Über-sich-hinaus-sein),和他人一起思考,并像回到他者一样地回到自身。当海德格尔不再把形而上学的本质(Wesen)概念当作在场者的在场(die Anwesenheit des Anwesenden),而是把"本质"这个表述当作一个动词,亦即时间词(Zeitwort),亦即理解为其有"时态的",那么本质就会被理解成 An-Wesen(在-本质上),即在一个与通常的术语"本质化"(Verwesen)的意义上被理解。但这就是说,海德格尔正如在他关于阿那克西曼德的论文中所作的那样,是用片刻(die Weile)来解释原始的希腊时间经验。海德格尔实际上以此对形而上学及其探寻存在的视域作了寻根究底的追问。海德格尔自己记得,如果不注意到本质这个表述被置于引号之内,那么沙特引用的句子"此在的本质(Wesen)就是它的存在"就会被误用。这里涉及的恰好不是作为"本质"的本质应先行于存在、事实的 Essenz 概念,同样也不是像沙特所颠倒的关系,从而使存在先于本质。我认为当海德格尔追问存在的意义时,他绝没有在形而上学及其本质概念的意义上思考"意义",而是把它设想为问题意义(Fragesinn),这种意义并不期待某种确定回答,而是指出问题的方向。

我曾有一次讲过"意义就是方向意义"(Richtungssinn),海德格尔有时甚至引进一种正字法的复古,他把"存在"(Sein)写成"Seyn",以便强调它的动词特性。与此类似,我试图从谈话以及在谈话中寻找并构成的共同语言出发——在这种共同语言中问答逻辑被证明是有决定性作用的——去摆脱实体-本体论的遗传重负。问答逻辑开启了一个相互理解的维度，它超越了用语言固定的陈述，并且也超出了在辩证法独白式的自我理解意义上包罗万象的综合。正如我在《真理与方法》第三部分中指出，唯心主义辩证法显然并不完全否认它从语言思辨的基本结构出发的起源。然而，当黑格尔把辩证法归入一种科学和方法的概念时，他实际上乃是掩盖了它真正的起源，亦即在语言中的起源。因此，哲学诠释学注意到在说出的东西和未说出的东西之间产生作用的思辨的两者统一（Zwei-Einheit）的关联，这种统一其实是辩证法发展到矛盾及其在新的陈述中得到扬弃的前提条件。我认为，如果有人从我赋予传承物在设置问题、预示答案中具有的作用中制造一种超主体（Übersubjekt）并进而像曼弗雷德·弗朗克和福格特（P. Forget）所声称的那样，把诠释学经验简化成一种 parole vide（言语审视），那么他们就完全误入了歧途。在《真理与方法》中根本没有支持这种观点的说法。如果说在《真理与方法》中也谈到传承物和与传承物的谈话，那么它并不表现为集体的主体，而只是单个文本的集合名词（并且即使在最广义上的文本，即可以包括绘画作品、建筑物以及自然事件，情况也是如此）。[103] 柏拉图式的苏格拉底对话显然是一种很特别的谈话，这种谈话由一个人引导，而其他人则必须自愿或不自愿地跟随他，然而这种谈话毕竟还是所有谈话过程的典范，因为在这种谈话中遭驳斥的并不是词句，而是对方的灵魂。苏格拉底式的对话对于好的被告知者（Besser-Gewußtes）来说并不是

---

[103] 参见我的著作集，第 1 卷，第 478 页。

通俗的穿戴和装扮游戏,而是真正的重新回忆过程,是唯有处于肉体有限性中的灵魂才能进行并作为谈话过程而实现的思维着的回忆过程。这才是在词的可能性中实现的思辨统一性的意义,它并不是单个词,也不是一个组织好的陈述,而是越出所有的可陈述性。

因此,我们在此活动的问题域与要破译的密码根本没有关系。这样一种被破译的密码是一切文本的书写和阅读的基础,这当然是正确的,但这只是对在话语中所说内容作诠释学努力的前提条件。在这一点上我完全同意对结构主义的批判。但我觉得我已超越了德里达的解构,因为话语只有在谈话中才存在,而话语在谈话中并不是作为单个词存在,而是作为讲话和回答的整体而存在。

显然解构的原则涉及的是同样的事情,因为德里达力图把词和词义都归属其中的形而上学意义域扬弃在他称之为 écriture(书写)的过程中,书写的完成并不是一种本质的存在,而是指示线索的路线。于是他针锋相对地把矛头对准了形而上学的逻各斯概念并且谈到那种甚至把海德格尔作为追问存在意义的存在追问也包括在内的逻各斯中心主义。这是一个少见的,按照胡塞尔来重新解释的海德格尔,仿佛所有的话语都以判断陈述为根据。在这种意义上则很显然,现象学研究所致力的和在思想的活动中作为意识的意向的实现而被引导的不懈的意义建构指的就是"在场"(Präsenz)。提供信息的声音(la voix)似乎也被归属于在思想中所思考的东西的在场。实际上在胡塞尔为真正的哲学所作的努力中就有时间经验和时间意识,它们是所有"在场"和建构以及超时间效用的先行条件。当然,胡塞尔关于时间问题的思考保持着不可消除的魅力,因为他坚持希腊的存在概念,这种概念由于以下的谜而完全吸引了奥古斯丁,这个谜就表现为时间的存在,用黑格尔的表述方式来说,时间既是"现在"又不是"现在"。

因此,德里达也像海德格尔一样深深陷进充满秘密的多样性中,这种多样性存在于词及其含义的多样性即它的含义区分的不确定性中。海德格尔对命题和陈述追问到使词和句子成为可能的存在的开放性,这就使他好像抢在由词构成的命题、反命题和矛盾等整个领域之先。同样,德里达似乎在追踪阅读时才出现的线索。他特别试图在亚里士多德的时间分析中找出以下观点,即"时间"对于存在只有作为延异(différance)才可见。然而因为他从胡塞尔出发阅读海德格尔,他就把在《存在与时间》及其先验自我描述中可以感到的对胡塞尔概念性的依赖作为海德格尔逻各斯中心主义的证据,而当我不仅把谈话,而且把诗歌及其在内心倾听中的显现解释为语言的真正实在时,他就把这称作"声音中心主义"(Phonozentrismus)。在他看来,似乎话语或声音仅仅对于最卖力的反思意识才能在其实施进程中获得在场而不会自我消失。正因为某人在"思维",所以他察觉不到自身,这绝不是廉价的反思论辩,而是对每一个谈话者和每一个思考者身上所发生的事情的回忆。

因此,德里达对海德格尔的尼采解释——这种解释事实上令我信服——所作的批判也许有助于阐明我们所面临的公开疑难。在这疑难中,一方面是令人头晕目眩的丰富的多面体和无尽的假面游戏,尼采勇敢的思想冒险在这种游戏中似乎消散于无法把握的多样性之中;另一方面则是询问尼采,这种冒险的游戏究竟意味着什么。并非尼采本人认识到统一性的消散并且把握住权力意志的基本原则和每天中午的永恒轮回布道之间的内在联系。如果我对海德格尔的理解正确的话,那么实际情况是,尼采并未这样做,因此尼采最后观点的这种隐喻对我们就表现得像闪闪发光的多面体,在它背后没有统一性。这种统一性表现为统一的终极位置,对存在的询问就在这里自我遗忘和丧失。——因此虚无主义得到实现的技术时代实际上就意味着永恒轮回。——我觉得,想到这一切,在思维上接受尼采,这并不是一种回到形而上学及其在本质概念中达到顶峰的本体论前概念。如果是那样的话,那么海德格尔追求完全不一样的、具有时间结构的"本质"的道路就不会总是在此路不通中迷失方向。此外,我们在自己的思维中继续进行着的谈话,在今天为了从地球上不断扩展的人类遗产中得到更多的参与者而丰富充实的谈话应该到处寻找它的谈话伙伴——尤其是那些与我们自身完全不同的谈话伙伴。谁使我关注解构并使我坚持延异(Differenz),他就是处于一场谈话的开端,而不是处于它的终极。

V

附录

26
补注 Ⅰ—Ⅵ
(1960年)

Ⅰ
——第1卷第43页补注

风格(Stil)这一概念是历史意识借以存在的诸种未经讨论的假定之一。简短地考察一下尚很少研究过的这个词的历史,我们就可以解释情况为什么这样。正如大多数情况所表明的,这一概念是通过该词由其原来应用范围加以转借而得到确定的。这种由转借而确定的意义首先不是历史的意义,而是规范的意义。所以,"风格"在古典修辞学的现代传统中取代了原先那种被认为 genera dicendi(讲话类型[23])的东西,而成为一个规范性的概念。存在有各种不同的口述和笔述方式,这些方式既各自适合于自身的目的和内容,又各自有其自身特殊的要求。这就形成了不同的风格类型(Stilarten)。显然,这样一种关于风格类型及其正确应用的学说也包含了错误应用的可能性。

对于掌握写作和表现自身技巧的人来说,需要依循正确的风格。所以风格概念就像它所呈现的那样,首先是在法国法理学中表现出来的,并且在那里指 manière de procéder(行事的方式),即指一种满足于某种特定法律要求的指导审判方式。从16世纪起，风格概念也被用于一般语言的表达方式。① 显然，这种用法是以这样一种观点为依据的，即对于某种技巧完善的表现来说，存在有某些先行的要求，特别是统一性的要求，这些要求独立于所表现事物各自的内容。在巴诺夫斯基（Panofsky）②和 W. 霍夫曼（Hofmann）③所搜集的事例中，除了风格这个词外，还提到了 maniera（格调）和 gusto（趣味）这两个词作为这种规范概念，这种规范概念确立了一种作为风格理想的类型要求。

但是，除了这种一般用法外，这个词从一开始还有一种个人的用法。风格是在同一个艺术家的不同作品里到处可看到的个性特征。这种转借的用法起源于古代那种把某种讲话类型的古典主义代表视为圣徒的做法。从概念上看，把风格概念应用到所谓个人风格上，事实上乃是同一个意义的必然应用结果。因为风格的这种意义标志了众多作品中的某种统一性，也就是说，标志了某个艺术家的独特的表现方式是怎样区别于其他艺术家的表现方式的。

这一点也表现在歌德对该词的用法里，歌德的用法对于后世来说是有典范性的。歌德的风格概念是在与格调（manier）概念的区别中获得的，而且显然包含了这两个方面。④ 只要一个艺术家不再热衷于模仿，而是同时为自己创造一种语言，那么这个艺术家

---

① 参见为书信者汇编的书名为《新风格与书写方式》的表述集编。在这种用法里，遵循风格几乎类似于遵循讲话类型（genera dicendi）。然而，转用于一切表达行为则是显然的，当然是在规范的意义上。
② E. 巴诺夫斯基：《理念》，注释 244。
③ W. 霍夫曼：《类型研究》，第 8 卷，1955 年，第 1 期，第 1 页。
④ 参见《谢林》，第 3 卷，第 494 页。

就形成了一种风格。虽然艺术家被系之于所给定的现象，但这个现象对于他来说并不是一种束缚——他仍能在这里表现自己本身。纵使"如实模仿"与个人格调（或理解方式）之间很少有一致性，但这种一致性却正构成了风格。因此，就问题涉及某个个人的风格而言，风格概念也一起包含着某种规范的要素。事物的"本性"或"本质"总是伟大艺术家所不能背离的认识和艺术的基础，而且照歌德看来，由于这种与事物本质的联系，个人对"风格"的运用也明显地保留了一种规范的意义。

我们很容易在此认出了古典主义的理想。不过，歌德的用法同时也揭示了风格概念经常所具有的概念内涵。无论如何，风格绝不是一种单纯的个性表现——风格总是指一种制约个人表达方式的确定的、客观的东西。因此这个概念作为历史范畴加以运用也就得到了解释。因为对于历史的反思来说，被视为这种制约性的东西无疑也包括了当时的时代趣味，而且在这一点上，风格概念在艺术史上的运用就是历史意识的一种自然结果。但是，在风格概念里本来所包含的审美规范（vero stile，真风格）的意义在此却由于它的描述功能而被丧失掉了。

这一点绝不能决定这样的问题，即风格概念是否应得到这样一种像它在艺术史中一般所具有的独一无二的效用——同样，这也不能决定风格概念是否可超出艺术史而应用于其他的历史现象，例如是否可应用于政治行为上。

首先，就第一个问题来看，情况似乎是，凡是在唯一的审美标准就是与某个占统治地位的趣味相联系的地方，历史的风格概念无疑是合法的。所以风格概念首先适用于一切装饰现象，这些现象最基本的规定便是,它并不是自为地存在,而是为他物存在,并把这个他物置于某个生命联系的统一体中。装饰物显然作为一种附属的性质归属于那种具有某种其他规定,即具有某种用处的东西。

但是我们还可以探问,把风格的历史观点扩大到所谓自由艺术作品上去,是否就反过来说是合法的呢? 我们已经知道,就连一部所谓自由的艺术作品在某种生命联系中也有其本来的位置。谁要理解这样的作品,谁就不应去获得该作品的任何一种体验价值,而是必须获得对这些价值的正确态度,这就是说,首先获得对这些价值的历史的正确的态度。

事实上,这里也存在着一些不可违背的风格要求。但这并不意味着,一部艺术作品只具有一种风格史的意义。这里泽德尔迈尔对风格史的批判则是完全正确的。⑤ 通过风格史而得到满足的分类兴趣,并没有真正触及艺术性的东西。然而,风格概念对于真正的艺术科学也仍然具有其意义。因为即使像泽德尔迈尔所要求的那种艺术科学的结构分析也明显地必须在艺术科学称作正确的态度中考虑风格史的诸种要求。

这一点在那些需要再现的各类艺术(音乐、戏剧、舞蹈等等)中是完全明显的。再现(Wiedergabe)必须是忠实于风格的。我们必须知道时代风格和一个大师的个性风格所要求的东西。当然,这种知识并不就是一切。一个"忠实于历史"的再现并不是真正的艺

---

⑤ [参见《艺术和真理——关于艺术史的理论和方法》,最近的新版,曼德尔,1978年。]

术再创造,也就是说,在这种再现中,作品并不表现自身为一部艺术作品,而是相反——如果这样一种产品是可能的——它将表现为一种传授性的产品或单纯的历史研究资料,这种产品或资料最终将成为某种类似于由一位大师亲自指挥的唱片灌制那样的东西。然而,即使一部作品的最逼真的复现(Erneuerung)也会由于风格史方面的问题而受到某些它不能不考虑的限制。风格事实上属于艺术的"基础"(Grundfesten),它是艺术的不可避免的条件之一,而且这种在再创造中所出现的东西,显然适合于我们对一切种类艺术的接受态度(再创造无非只是一种服务于这种接受的特殊中介方式)。风格概念(类似于与它密切相关的趣味概念,参阅风格感(Stilgefühl)这个词)对于艺术经验及其科学认识来说虽然不是一个充分的视点——风格概念只是在装饰物领域才是这样的——但是,凡是在艺术应当被理解的地方,风格概念必然是一个前提条件。

现在这个概念也被转用到政治史上去了。甚至行为方式也能具有风格,而且甚至在命运过程中也会有某种风格的表现。这首先是在规范的意义上说的。当我们讲到某种行为有伟大风格或真正风格,那么我们就是在审美地评判这种行为。⑥ 即使我们试图用政治术语来描述某种行为的特殊风格,这也基本上是一种审美的风格概念。由于我们表现了这样一种行为风格,所以我们就使自己能为他人所见,以致他人知道他们应当期待谁。在此,风格概念就意味着一种表现统一体。

---

⑥ [参见黑格尔:《纽伦堡文集》,第310页。]

但是，让我们考虑一下，我们能否把这种风格概念用作为历史范畴。把艺术史上的风格概念转用于一般历史上，这是有前提条件的，即我们并不是按历史事件自身的意义去看待历史事件，而是按照历史事件与某个表现形式整体（这些表现形式表明了它们时代的特征）的关系来看待历史事件。但是一个事件的历史意义并不需要与该事件作为表现现象所具有的认识价值相一致，而且，如果认为由于我们这样把该事件理解为表现现象所以才理解诸事件，这也是错误的。如果我们像埃里希·罗特哈克首先所讨论的那样，把风格概念真正地扩大到一般历史上，并由此期待历史的知识，那么我们就不得不有这个假定，即历史本身遵循一种内在逻各斯。这可能适用于我们所追循的个别发展线索，但是这样一种双向性的历史并不是真正的历史，而是理想型的构造，这种构造，正如马克斯·韦伯对器官学的批判所表明的，只具有描述性的合理性。对所发生事件按风格史进行的观察方式，正如只按照风格史去思考的艺术科学的观察方式一样，将不能正确考虑这一决定性的事实，即某物是出现在这种观察方式里的，并且其中所展开的并不只是可理解的过程。这就是我们这里所遇到的精神史的界限。

II

——第 1 卷第 149 页补注

偶缘性（Okkasionalität）必须表现为作品整个意义要求中的某个意义要素，而不是表现为那种仿佛隐藏在作品背后并应通过解释去揭示的境遇的痕迹（die Spur des Gelegenheitlichen）。如果偶缘性表现为境遇的痕迹,那么这就表示,我们只有通过重建原来的境况才能根本地理解作品整体的意义。但是,如果偶缘性是作为作品本身要求中的一个意义要素,那么情况正相反,正是通过对作品意义内容的理解才使得历史学家有可能经验该作品得以如此讲述的原本某些境况。现在我们关于审美存在的存在方式的原则性思考就给偶缘性概念提供了一种新的超过一切特殊形式的合法性。艺术游戏并不像审美意识所主张的那样是超时空的。即使我们在原则上承认这一点,但是我们也不可能讲到时间于游戏中的中断(Einbruch der Zeit in das Spiel),有如最近卡尔·施密特(Carl Schmitt)关于哈姆雷特戏剧所论述的那样。

毫无疑问,历史学家可能有兴趣于在艺术游戏的形成过程中去探寻那些使游戏与其时间紧密联结的关系。但是在我看来,卡尔·施密特似乎低估了这个对历史学家来说是合法的任务的困难性。他认为我们能够在游戏中看出这种中断(den Bruch),通过这种中断的裂隙,当时的真实情况就表现出来,并且这种中断使作品的当时作用得以看出。但是,这种做法充满了方法论上的困难,正如柏拉图研究的例子所告诉我们的一样。虽然排除某种纯粹体验美学的偏见,并把艺术游戏放置在其时代历史的和政治的关系中这种做法在原则上是正确的,但是,如果我们要求人们把《哈姆雷特》当作一部影射小说(Schlüsselroman)去阅读,那么在我看来,这在《哈姆雷特》事例中则是有错误的。我认为这里恰恰不存在那种时间在游戏中的中断,尽管这种中断作为断痕是在游戏中可看出的。对于游戏本身来说,并不存在像卡尔·施密特所认为的那种时间与游戏的对立。游戏其实是一起把时间包括在其游戏中。

这就是文学创作的巨大可能性，通过这种可能性文学创作归属于其时间，并通过这种可能性时间也就服从于文学创作。在这种普遍的意义上，哈姆雷特戏剧确实充满了政治的现实意义。但是，如果我们从《哈姆雷特》中见出了被掩盖着的诗人对艾塞克斯[24]和雅可布[25]的拥戴，那么这部作品就很难被证明是文学创作。即使诗人实际上属于这个党派——但是由他所创作的戏剧就应当这样地掩盖他这种党派关系，以致就是卡尔·施密特这样敏锐的洞察力在此也无济于事。如果诗人想赢得他的观众，那么他无疑必须完全考虑观众中的反对派。所以，实际上在这里向我们表现的东西乃是游戏于时间中的中断（Einbruch des Spiel in die Zeit）。正如游戏本身是多义性的，所以游戏只有在自我表现中才能展现其不可预见的作用。游戏按其本质并不是要成为被掩饰的目的的一种工具，以致人们为了明确理解它就必须看清这种被掩盖了的目的。游戏要成为游戏，仍需保持一种不可解决的多义性。游戏中所包含的偶缘性，并不是一种使所有东西获得其真正意义的先定关系，正相反，偶缘性乃是作品本身，正如每一种境遇一样，正是这种偶缘性才有可能使作品的表现力得以实现。

所以，当卡尔·施密特从政治方面解释了莎士比亚对女皇过错问题的悬置，并在这里看到了一种忌讳，而在我看来，他就陷入了一种错误的历史主义。实际上，游戏的真实性正在于围绕原始主题不断允许有一个不确定的领域。一部其中一切东西都得到透彻说明的戏剧，其毛病正像一部嘎嘎作响的机器。如果一部戏剧的情节是像方程式那样可以计算出来，那么这部戏剧就表现了一种虚假的真实性。如果一部戏剧并未使观众理解了一切东西,而只是使观众理解了比他们在其日常活动中所通常理解的稍多一点东西,那么这部戏剧就是一部真实性的游戏。在一部戏剧中,悬而未决的东西越是多,理解就越是自由地得以实现,也就是说,游戏中所表现的东西向自身世界、无疑也是向自身政治方面的经验世界的转入也就越是自由地得到实现。

让许多东西不可揣测地悬置起来,是具有丰富内容的虚构的本质,例如,一切神话就具有这种性质。神话正是由于其明显的不确定性才能够随着主题的视域而不断地转向不同的方向,从而从自身中不断迸发出新的发现(我们只需要想一下构造浮士德故事的许多尝试,从马罗〔Marlowe〕直到保罗·瓦莱利〔Paul Valéry〕)。

如果我们在悬置的东西里看出了政治意图,有如卡尔·施密特在讲到女皇的忌讳时所作的那样,那么我们就没有认清游戏的真正本质,即没有认识那种由历试可能性而进行的自我表现(Sichausspielen)。游戏的自我表现并不定居于审美现象的某个封闭世界里,而是作为一种对时间的不断闯入而实现自身的。构成艺术作品本质的创作多义性只是游戏不断演变成新事件这一本质规定的另一种说法。在这种基本意义上,精神科学的理解就最紧密地与艺术作品的直接经验靠拢了,即使科学中取得的理解也使传承物的意义向度表现出来,并且这种理解就存在于对这些意义向度的多次检验中。正是因为这种理由,理解本身还是一种事件,正如我们在本书探究中所指明的。

III
——第1卷第269页补注

所以勒维特(Löwith)关于海德格尔的尼采解释的分析,⑦虽然在个别地方提出了正确的异议,但整个来说却是有缺陷的,因为他没有透彻了解就以尼采的自然性理想去反对一般理想教化原则。如果海德格尔是有意识地要把尼采与亚里士多德放在一条线上——这就是说,对于他来说他并不让自己处于同一观点上——那么海德格尔的意思因而就是不可理解的。反之,勒维特自己却由于这种错误的结论而陷入了更大的荒谬之中,以致把尼采的永恒复归的学说视为一种亚里士多德的复活(eine Art Aristoteles redivivus)。事实上对于亚里士多德来说,自然的永恒循环过程乃是存在的不言而喻的面貌。人类的伦理的和历史的生命在亚里士多德那里总是与宇宙示范性地表现的秩序相关联。可是尼采根本没有讲过这种话。尼采完全是从人类此在对他显现的对立中来思考存在的宇宙性循环的。同一东西的永恒复归对于人类来说可以具有作为一种学说的意义,即作为一种对于人类意志来说是令人愤慨的无理苛求,因为它要消除人类意志关于未来和进步的一切幻想。所以尼采设想永恒复归学说,目的是为了刺激人类的意志张力。自然在这里是从人类出发被思考的,它被设想为人类不知其为何物的东西。

如果我们想理解尼采思想的统一性,那么我们就不能再次像

---

⑦ 参见《海德格尔——可怜时代的思想家》,第3章,法兰克福,1953年。目前也可参见勒维特新出版的书《尼采的永恒复归学说》[以及现在在其全集中的尼采卷,斯图加特,1986年]。

在最近的一次返归中那样以自然来对抗历史。勒维特自己仍处于尼采的未被解决的矛盾的立场上。难道我们面对这种立场就不需提出这样一个进一层的问题吗,即这样一种自我陷入死胡同怎样可能呢,也就是说,对于尼采自己来说,为什么就不是一种自我窘境或失败,而会是伟大的发现和解放呢?读者在勒维特那里找不到对这一深层问题的回答。但是,正是这一点乃是我们要理解,即要通过自己思想去加以思考的东西。海德格尔就曾经做了这一工作,也就是说,他曾经构造了使尼采的陈述彼此得以和谐的关联体系。这种关联体系在尼采那里并未直接讲出来,这正是这种重构本身的方法论意义。反之,我们看到勒维特却使自己矛盾地再一次去做那种他自己在尼采那里仅能视为某种断裂的东西:他反思了不可反思性;他以自然性的名义从事反对哲学的哲学工作,并援引了健全的人类知性。假如健全的人类知性确实是一种哲学论据,那么它可能早就同一切哲学来到终极了,并因而也同对它的援引来到终极了。如果勒维特承认援引自然和自然性既不是自然也不是自然性的,那对勒维特摆脱这种窘境也无济于事。

Ⅳ
——第 1 卷第 271 页补注

我认为,勒维特对于海德格尔关于理解的陈述的先验意义所作的固执随意的论述⑧在两方面是不正确的。他认识不到海德格

---

⑧ 参见勒维特:《海德格尔——可怜时代的思想家》,法兰克福,1953 年,第 80 页以下。

尔曾经发现了存在于一切理解中的东西以及作为任务根本不能否认的东西。⑨ 另外,他也认识不到许多海德格尔解释中出现的强词夺理根本不是这种理解理论的结果。相反,它们乃是对文本的一种明显说明缺乏诠释学意识的人为误用。显然,正是事物本身要求的过分压力才给予文本的某些方面以某种突破比例的过分共鸣。海德格尔对于流传下来的文本的焦急行为很少是他的诠释学理论的结果,以致他的这种行为就像伟大的精神传统深造者的行为一样,这些精神传统深造者在历史意识培养之前就已经"无批判地"吸收融化了传承物。语文学批判要挑战的是,在这里海德格尔使自己去适应科学的标准,并时而试图通过语文学去证明他对传承物的创造性吸收的合法性。因此海德格尔对理解分析的正确性并不因此而受到影响,反而从根本上得到证明。理解的本质总是在于:要进行理解的意见必须要反对支配解释者的意义倾向的力量而肯定自身。正是因为我们被事物所要求,我们才需要诠释学努力。反之,如果我们不是被事物所要求,我们可能根本不会理解传承物,不管心理学解释和历史学解释有怎样实际的不同,凡是我们不再理解的地方,那里就出现这种心理学的或历史学的解释。

V
——第 1 卷第 427 页补注

像理查德·哈德尔(Richard Harder)这样卓有成绩的柏罗丁

---

⑨ 〔这里德里达可能会反驳,因为他在海德格尔的尼采解释中看到了一种向形而上学的倒退。参见我的著作集,第 2 卷,第 361 页以下。〕

研究专家竟会在最近的演讲中由于源泉(Quelle)这个概念具有"自然科学来源"而进行批评(柏罗丁的源泉见《谈话录》V, VII, "源泉还是传统?"),这是很少见的。虽说对一种受外部推动的源泉研究进行批评是正确的——但源泉概念却有一种更好的合法性。源泉作为哲学的比喻,它具有柏拉图-新柏拉图主义的来源。它的主要意思就是从不可见的深层涌流出纯洁而新鲜的水。它表示了一种常见的组合 pēgē kai archē(源泉和源始)(《斐德罗篇》245c 以及在斐洛和柏罗丁那儿多次提到)——fons(源泉)这个概念作为语文学的术语大概是在历史主义时代才引进的,但它在那里首先并不是指从源泉研究中所认出的概念,而是把术语 ad fontes,即回溯到源泉,理解为转向古典作家之本原的、未受歪曲的真理。⑩ 即使在这里也证明了我们的断定,即语文学在它的文本中指的是在它之中能找到的真理。——这个概念向我们所熟悉的技术性词义的转化也许可以从其原初意义中断定某些东西。因为源泉同那种混浊的再现或错误的认同是相区别的。这就特别说明,我们唯有通过文字传承物才能认识源泉概念。唯有语言的传承物才能对其中存在的东西作出持久而完全的解释,这并非仅仅表明如何衡量以前的文献和文物,而是指允许直接从源泉出发创造文献和文物,或用源泉来衡量它们后来的变化。这一切都不是自然科学式的图画,而是语言-精神的图画,这些图画从根本上证明了哈德尔所指的,亦即源泉肯定不会由于它的使用而变得混浊不清。在源泉中

---

⑩ [我要感谢 E. 莱多(Lledo)由西班牙人道主义找出的对于 ad fontes 的有趣的证据,这个证据表示了它与《旧约》的诗篇(Psalmen)的关联。]

总是涌流着新鲜的水,在传承物中真正的精神源泉也是这样。它之所以值得研究,是因为它总是产生出与人们从它之中取走的东西不同的东西。

VI
——第1卷第341页和第471页补注
关于表达概念

我们整个的解释是基于这样一种观点,即表达(Ausdruck)概念必须从它现代主观主义的含义中纯化出来并重新回到它原本的语法-修辞意义中去。表达这个词同拉丁文的 expressio、exprimere 相吻合,它表示话语和文字的精神起源(verbis exprimere)。但这个词在德语中却有一个更早在神话语言中使用的历史,因此就反证了新柏拉图主义的概念构成,这一点正是要研究的。在神话文献之外的领域中,表达这个词是在18世纪才开始使用。当时该词扩展了它的含义,并排挤掉模仿概念而进入了美学理论。但表达概念的主观主义的转向,即把表达作为一种内在东西的表达,如某种体验的表达,在那时尚未出现。⑪ 那时该词主要含义是传达

---

⑪ 同经院哲学的 expressio 概念相对应的对立概念是 impressio speciei(种的印象)。当然作为动词出现的 expressio 的本质就在于展现思想,这一点大约是库萨的尼古拉最先说出的。因此,很可能在尼古拉那儿就已出现了这种转向,例如他说:das wort sei expressio exprimentis et expressi(这个词是表达者和被表达东西的表达,参见《神学手册》,第7卷)。但这并不是指一种内在体验的表达,而是指词的反思结构:使万物可见并使自己在表述中可见——犹如光既使一切可见又使自身可见一样。[目前在理特编的《哲学历史辞典》第1卷第653—655页有托内里(Tonelli)写的"表达"词条。]

(Mitteilung)和可传达性(Mitteilbarkeit),也就是说,它涉及表达。[12] 然而,找到表达,就是指找到一种旨在获得某种印象(Eindruck)的表达,因此绝不是在体验表达意义上的表达。这尤其适用于音乐的术语。[13] 18世纪的音乐冲动理论(Affektenlehre)并不认为是人在音乐中作表达,相反,是音乐表达出某种可产生印象的冲动(Affekte)。我们在祖尔策(1765年)的美学中也可发现同样的观点:表达主要不能被理解为自己感觉的表达,而是作为引起感觉的表达。

然而18世纪下半叶已经远远地走在通向表达概念主观化的道路上。例如当祖尔策同年轻的里可波尼(Riccoboni)论战时(里可波尼把演员的艺术看作表现而不是感受),他已经把感受的真实性当作美学表现所不可缺少的东西。这样他就通过作曲家之感受的心理结构补充了音乐的 espressivo(表达)。于是我们就在这里处在从修辞学的传统向体验心理学的转变过程中。但对表达之本质的深入研究,尤其是对审美表达之本质的深入研究最终仍然要回溯到具有新柏拉图主义痕迹的形而上学联系之中。因为表达从来就不是人们可借以回溯到他者的内心过程的符号,相反,被表达的东西本身就在表达之中,例如愤怒就存在于愤怒的表示之中。现代的表达诊断术对这一点知道得很清楚,而亚里士多德也早就知道这一点。显然,生物的存在方式就在于一物以这种方式存在于他物之中。当斯宾诺莎在 exprimere 和 expressio 中发现一种

---

[12] 康德:《判断力批判》,B,第198页。
[13] 参见 H. H. 埃格布莱希特(Eggebrecht)富有启发性的论文"音乐狂飙突进运动中的表达原则",载《德国文学和精神史季刊》,第29卷(1955年),第323—349页。

本体论的基本概念,而黑格尔又紧跟斯宾诺莎在客观的意义上把表达看作精神的表现、表达和真正的实现时,这个概念就在哲学的语言用法中得到了专门的承认。黑格尔以这种观点来支持他对反思主观主义的批判。荷尔德林和他的朋友,即表达概念在他那儿获得一种中心地位的辛克莱(Sinclair)也是这样想的。⑭ 语言作为使诗得以产生的创造性反思的产物,是"一种生动的,但又是特别整体的表达"。这种表达理论的含义显然由于 19 世纪的主观化和心理化而被完全忽视了。实际上,不管是在荷尔德林还是在黑格尔那儿修辞学传统都是决定性的。在 18 世纪,"表达"就完全取代了"表达活动"(Ausdrückung)的位置而只是指表达活动所剩留的形式,例如印章的痕迹等等所留下来的形式。表达概念同图形的联系可以从盖勒特(Gellert)的一段话中看得很明显,"我们语言无法表达某种美,它是一种难以加工的蜡,每当我们想把精神的图像印上去的时候,它就会弹出来。"⑮

这是古老的新柏拉图主义传统。⑯ 这种比喻的要点在于,被打上的形式并不是部分地,而是完完全全地存在于一切痕迹之中。表达概念在"流溢说思想"中的运用也是以此为基础的,而按照罗特哈克的观点,⑰"流溢说的思想"正是我们世界历史观的基础。很清楚,对"表达"概念之心理化做法的批判贯穿于本书的整个

---

⑭ 参见海林格拉斯(Hellingrath)版,第 3 卷,第 571 页以下。
⑮ 《文集》,第 7 卷,第 273 页。
⑯ 《第欧尼修著作集》(Dionysiaca),第 1 卷,第 87 页。
⑰ 罗特哈克:《逻辑学和精神科学的系统化》(《哲学手册Ⅲ》),第 166 页。参见本书第 1 卷第 33 页关于奥廷格的生命概念和第 246 页以下关于胡塞尔和约尔克伯爵的生命概念。[参见我的著作,第 1 卷,第 239 页以下、第 253 页以下。]

研究之中,并且是对"体验艺术"和浪漫主义诠释学进行批判的基础。⑱

---

⑱ 在笔者早期的著作,例如《巴赫和魏玛》(1946年)第9页以下[《短篇著作集》,第2卷,第75—81页,现收入我的著作集,第9卷]以及《论哲学的起源》(1947年)第25页[《短篇著作集》,第1卷,第11—38页,现收入我的著作集,第4卷]也指明了这一点。

27
诠释学与历史主义
（1965年）

以前，在对精神科学的基础作哲学思考时是根本不谈诠释学的。诠释学在以前不过是一种辅助性的学科，是一种以处理文本作为对象的规则或法规汇集。有时它还通过对某种特殊形式的文本作考虑而使自己相区别，例如作为《圣经》诠释学。后来还有另一种称之为诠释学的辅助学科，这就是以法学诠释学形式出现的诠释学。它因为包含旨在弥补已颁布的法律之缺陷的规则，因而也具有规范的性质。与此相反，人们则在认识论中——仿效于自然科学及其经由康德哲学而得到的证明——看到了包含在精神科学领域中的中心哲学问题。康德的《纯粹理性批判》证明了自然科学经验认识的先验因素。因此，问题就在于要为历史科学的认识方式获得相应的理论上的证明。J. G. 德罗伊森在他的《历史学》中设计了一种很有影响的历史科学方法论，其目的全在于同康德的任务相吻合，而发展历史学派真正哲学的 W. 狄尔泰则很早就以明确的意识追随历史理性批判的任务。就此而言，他的自我理解仍是一种认识论的理解。显然，他在一种摆脱了自然科学过多影响的"描述的和分析的"心理学中看到了所谓精神科学的认识论基础。可是在执行这项任务的过程中，狄尔泰却被导向了去克服他自己本来的认识论起点,从而他就成了开创诠释学的哲学时代的人。虽说他从未完全放弃他在心理学中寻找的认识论基础。体验(Erlebnisse)要通过内在存在(Innesein)来描述,以致作为康德探究基础的关于他者即非我的认识问题在这里根本不存在,这就是狄尔泰试图在精神科学中进行历史世界构造的基础。但是,历史世界并不是这样一种体验联系(Erlebniszusammenhang),有如历史在自传中为主观性的内在性所表现的。历史的联系最终必须被理解成一种意义联系(Sinnzusammenhang),这种意义联系从根本上就超越了个体的体验视域。意义联系就像一件巨大而又陌生的文本,诠释学必须帮助对它进行破译。因此,狄尔泰由于事物的逼迫而寻找从心理学到诠释学的过渡。

在为精神科学建立这种诠释学基础的努力中,狄尔泰发现自己同当时一种试图从新康德主义的立场出发奠定精神科学基础的认识论学派,也就是同由文德尔班和李凯尔特所发展的价值哲学处于极端的对立之中。在狄尔泰看来,认识论的主体不过是无血无肉的抽象。虽说在精神科学中追求客观性的想法强烈地激励着他,但他仍然不能摆脱这一事实,即认识主体,亦即进行理解的历史学家不可能简单地面对他的对象、面对历史生活,相反,历史学家乃是被同一种历史生命的运动所推动。尤其在他的晚年,狄尔泰越来越认为唯心主义的同一哲学具有正确性,因为在唯心主义的精神概念中我们可以设想主体和客体,我与你之间有一种实质性的共同性,有如狄尔泰自己的生命概念中所存在的那种共同性一样。格奥尔格·米施作为生命哲学的立场而尖锐地加以维护以反对胡塞尔和海德格尔的东西,⑲ 显然也同现象学一起参与了对天真的历史客观主义的批判,以及对这种客观主义通过德国西南学派价值哲学所进行的认识论证明的批判。尽管历史事实的建立明显地同价值有关,但它根本不考虑历史认识在历史事件中的复杂关系。⑳

这使我们回想起马克斯·韦伯所留下的未完成的巨作,它在1921年首次以"科学和社会"为题出版,其实是他计划要写的《理解社会学概论》。㉑ 这门为社会经济学概论而准备的社会学详细阐述了宗教社会学、法律社会学和音乐社会学,而国家社会学却只得到零零散散的说明。其中最使人感兴趣的是 1918—1920 年所写的导言部分,它如今被冠以"社会学范畴理论"的标题。这是一部以极端的唯名论为基础的富有影响的概念范畴著作,另外它——同众所周知的1913年逻各斯论文相区别——也避开了价值概念(从而也避免了对德国西南学派的新康德主义的依赖)。马克斯·韦伯把这种社会学称作"理解社会学",因为它把社会行动所指的意义作为自己的对象。当然,在社会-历史生活领域中,"主观意指"的意义不可能只是由个别活动者所实际意指的意义。于是,概念地构造起来的纯模型"理想-典型结构"就作为诠释学-方法论的补偿概念而补充

---

⑲ G.米施:"生命哲学和现象学——狄尔泰同海德格尔及胡塞尔的争论",载《哲学期刊》,1929/30 年,第 2 卷,莱比锡/柏林,1931 年。

⑳ [1983 年——此时正值《精神科学导论》两卷材料(《狄尔泰全集》第 18 卷和第 19 卷)出版——重新使 W. 狄尔泰进入了普通的意识之中,请参见最近我写的关于狄尔泰的论文,载我的著作集,第 4 卷。]

㉑ 这部遗稿目前在约翰尼斯·温克尔曼对浩瀚的材料所作的重新编排中作为第 4 版问世。参见第 1,2 卷,蒂宾根,1956 年。[卷帙浩繁的《马克斯·韦伯全集》批判版现正在出版之中。]

进来了。在这个被马克斯·韦伯称为"理性主义"的基础上矗立着整座大厦——按照概念这座大厦是"无价值的"和中性的,是"客观"科学纪念碑式的边界要塞,它通过分类系统而维护它的方法单义性,并在内容解释的部分中达到对历史经验世界的宏观的系统概括。这里通过方法论上的苦行而避免了陷入历史主义疑难。

然而,诠释学思考的继续发展却恰好受到历史主义立场的支配并因而从狄尔泰出发,狄尔泰的全集在 20 年代很快就压倒了恩斯特·特勒尔奇的影响。

狄尔泰同浪漫主义诠释学的联系——这种诠释学同本世纪黑格尔思辨哲学的复活相联系——引起了对历史客观主义的多方面批判(约尔克伯爵、海德格尔、罗特哈克、贝蒂等等)。

曾经被 19 世纪科学实证主义所遮蔽的浪漫主义动机在科学内部重又发生作用,从而狄尔泰与浪漫主义诠释学这一联系又在历史-语文学的研究中留下了可见的痕迹。[22] 我们也许可以想到

---

[22] 弗里茨·瓦格纳在"现代历史描述——历史哲学概览"(柏林,1960 年)一文中对现代历史学中所使用的自我反思——通过详细引进英美和法国的历史研究——给出了有用的概括。该文指出,天真的客观主义已经不再使人满足,从而使人认识到一种超出纯粹认识论方法主义的理论需要。[目前参见 K-G. 费伯的《历史学理论》(慕尼黑,1971 年)和 R. 科泽勒克的《已逝去的未来——关于历史符号的语义学》(法兰克福,1979 年)。]

W. 霍法(Hofer)在题为《哲学和政治学之间的历史——现代历史思想问题研究》(斯图加特,1956 年)的书中既包括了对兰克、F. 梅纳克(Meinecke)、利特(Litt)的研究,又包括了对国家社会主义和布尔什维主义把历史研究工具化的研究。霍法试图说明历史思维对政治关系日益增长的这种反思性的危险及其发展可能性。

这里还应首先指出莱茵哈特·维特拉姆(Wittram)的《历史的兴趣》(范登霍克系列小丛书 59/60/61,哥廷根,1958 年)。这些讲演坚决地提出了已超出纯粹"正确性"的"历史中的真理"问题,并在注释中对于新的文献,尤其是对于重要杂志上所登载的论文提出了一系列令人信赖的证据。

由瓦尔特·F.奥托,卡尔·凯伦伊等以谢林精神所复活的古代神话学问题。就连 J.J.巴霍芬[26]这种混乱的、醉心于自己直觉偏执狂的研究者——他的思想促进了现代的替代宗教[这种宗教越过阿尔弗雷德·舒勒(Alfred Schuler)和路德维希·克拉格斯(Ludvig Klages)而对像斯忒芬·乔治这样的人发生了影响]——也重新引起了科学的注意。1925 年以《东西方神话,古老世界的形而上学》为题曾出版了一部系统编辑的巴霍芬主要论文集,阿尔弗雷德·波姆纳为它撰写了一篇意味深长、引人注意的导言。㉓

即使我们翻开德·福里斯的科学史文集《神话学的研究史》,㉔我们也会获得"历史主义的危机"在神话学的复兴中所造成的同样印象。德·福里斯给出了一个因其宽阔的视野而著称的概

㉓ 在 1956 年,也就是 30 年之后,巴霍芬这部著作又出了一个影印的新版本(第 2 版,慕尼黑,1956 年)。

如果我们今天重读这本书,那我们就会一方面意识到,当时的新版确实有其后果,因为在此期间继续出版了大批巴霍芬著作的批评性版本。另一方面我们又可带着一种少见的赞赏和震惊的混合感去读波姆纳冗长的导言。在此导言中波姆纳重新强调了德国浪漫派的历史,从而促进了对巴霍芬的思想发展史的理解。他在他尊之为 18 世纪成果的耶拿美学浪漫派和海德堡的宗教浪漫派之间作了一个明确的区分(参见我的"黑格尔和海德堡浪漫派",载《黑格尔辩证法》,1971 年,第 71—81 页)。他把格雷斯(Görres)推为此区分的首创者,格雷斯的兴趣转向德国早期历史是为德国 1813 年的民族起义作准备的因素之一。波姆纳对此说出很多正确的见解,因此他的文章至今仍值得重视。当然,正如巴霍芬一样,他的解释也是在同一种错误的科学领域相关的心灵经验范围内活动[正如弗朗茨·维亚克尔在《日晷》第 28 卷(1956 年)第 161—173 页的巴霍芬评论中正确地谈到的一样]。

㉔ 福里斯(Jan de Vries):《神话的研究史》,弗赖堡-慕尼黑,无日期。[可参见 F.舒普编辑出版的关于神话起源的文集,以及我和亨利希·福里斯合著的"神话和科学",载 K.拉勒(和其他人合编)的《现代社会的基督教信仰》,弗赖堡,第 2 版,1981 年,第 8—38 页。对于神话的诠释学向度印象深刻的证据乃是 H.布鲁门伯格的著作:《神话研究》,法兰克福,1979 年。]

览——他仔细地挑选出阅读材料,撇除掉宗教史,而以时而是盲目服从、时而又太自由的编年史观特别对近代作了很好的概述。值得注意的是,瓦尔特·F.奥托和卡尔·凯伦伊主要是作为一种新的、严肃对待神话的研究方向的开拓者而被人承认。

神话学的例子只是许多例子中的一种。我们可以在精神科学这项具体工作的许多点上指出同天真的方法论主义同样的背离,与此相应,在哲学思考中则有对历史客观主义或实证主义的明确批判。在原本规范的观点与科学相联系的领域,这种转折具有特别的意义。在神学和法学中的情况就是如此。近十年来的神学讨论因其必然要用新出现的神学-教义学动机来传递历史神学的遗产,因而就把诠释学问题推到了前台。卡尔·巴尔特对《罗马书》的解释代表着第一次革命性的突破,[25]它是对自由主义神学的一种"批判",这种批判所针对的并不是批判的历史学本身,而是指那种把其结论当作对神学文献理解的神学的满足性。尽管巴尔特的《罗马书》反对方法论的反思,但它仍不失为一种诠释学的宣言。[26]如果说他对鲁道夫·布尔特曼及其消解《新约》神秘性的论题很少感到满意,那么这并不是由于实际所关心的论题使他分开,在我看来,倒是历史-批判研究同神学注解的联系以及方法的自我思考对哲学的依赖(海德格尔)才阻碍了巴尔特在布尔特曼的研究方法中重新认出自己。对自由主义神学的遗产不作简单的否认,而是进行掌握,这乃是一种事实上的必要性。当前神学内部进行的诠释

---

[25] 第1版,1919年。

[26] 参见 G.埃贝林:《上帝之词和诠释学》(《真理与批判》,1959年,第228页以下)。

学问题讨论——并非只是诠释学问题的讨论——因而是被绝对必要的神学意图与批判的历史之间的争论所规定。一方认为历史的立场面对这种状况需要重新辩护,另一方则如奥特、埃贝林和富克斯的研究所指出的,很少突出神学的研究性质而更多地提出"诠释学"对于福音布道所具有的辅助作用。

如果有谁作为一个门外汉想对诠释学问题在法学讨论里的发展发表意见,那么他就不可能深入到法学的个别工作中去。他将在总体上发现,法学同所谓的法律实证主义相隔甚远,而中心问题是,法律的具体化在多大程度上表现为一个独立的法学问题。库特·英吉希(1953年)对此提出一种全面的概括。㉗ 在反对法律实证论的极端主义中这个问题凸现了出来,这从历史的角度看也可以理解,例如在弗朗茨·维亚克尔的《近代私法史》或在卡尔·拉伦茨(Karl Larenz)的《法学方法学》中。㉘ 这样,在诠释学自古以来就起作用的三个领域,即历史-语文科学领域、神学领域和法学领域中就表明,对历史客观主义的批判以及对"实证主义"的批判如何赋予诠释学观点以一种新的意义。

在这方面值得庆幸的是,诠释学问题的整个领域最近由于一位意大利研究者的重要研究而得到了探索性和系统性的整理。这位

㉗ "当代法律和法学中的具体化思想",海德堡,1953年,第294页(《海德堡科学院论文集》,哲学-历史卷,1953年,第1卷,也可参见新出版的《法学思想导言》,斯图加特,1956年)。参见第520页。

㉘ [除了K.拉伦茨在其《方法论》第3版里富有影响的论述外,J.埃塞尔的论文也成了某种法学讨论的出发点。参见埃塞尔的《法学认识中的前理解和方法选择——法官判决实践的理性保证》(法兰克福,1970年)和"在我们时代法学认识概念发展中的法学论证"(《海德堡科学院论文集》,哲学-历史卷,1979年,第1卷,海德堡,1979年。]

法史学家埃米里奥·贝蒂在他的大作《一般解释学原理》㉙——该书的主要思想在德语中曾以《一般解释学基础》为题发展成一种"诠释学宣言"。㉚——中对问题的状况给出了一个概括,该概括因其宽阔的视野、详尽的细节以及清楚、系统的编排而博得人们的好感。作为一个法学史家同时又是一个法学理论家,作为克罗齐和金蒂尔(Gentile)这些本身非常熟悉伟大德国哲学、以致能讲并书写完美德语的学者的同国人,贝蒂完全避免了天真的历史客观主义的危险。他懂得如何收集自威廉·冯·洪堡和施莱尔马赫以来在不懈的努力中成熟起来的诠释学思考的巨大成果。

Ⅱ393

同贝纳德托·克罗齐采取的极端立场完全相反,贝蒂在一切理解的客观因素和主观因素之间寻找一种中介。他表述了诠释学的整个规则体系,在其顶端是文本的意义自主(Sinnautonomie),按照这一规则,意义,亦即作者的意见是从文本中获得的。他也以同样的坚决性强调了理解的现实性原则,以及理解与对象的相符。这就是说,他发现解释者的立场束缚性(Standortgebundenheit)是诠释学真理的综合因素。

作为法学家,贝蒂同样也避免过高估价主观意见,例如导致构成法律内容的历史偶然性,并防止把主观意见同法律的意义完全加以等同。当然从另一方面看,贝蒂仍旧跟随着由施莱尔马赫所创立的"心理学解释",从而使他的诠释学立场总是具有逐渐模糊的危险。尽管他努力克服心理学的狭隘,并认为自己的任务就是

㉙ 第2卷,米拉诺,1955年。德文版,1967年。
㉚ 《E.拉伯尔纪念文集》,第2卷,蒂宾根,1954年。

重构价值和意义内容之间的精神联系,但他只有通过一种类似心理学解释的方法才能确立这种真正的诠释学任务立场。

例如他这样写道,理解是一种意义的重认(Wiedererkennen)和重构(Nachkonstruieren),他是这样解释这一说法:"这是对那个借助其客观化形式向另一个进行思维的精神进行讲话的精神的重认和重构,这种精神感觉到自己同这一个进行思维的精神具有共同人性的联系;这是这些形式同那个曾经产生它们而它们又与其相分离了的内在整体进行的回溯(Zurückführen)、共在(Zusammenführen)和重新联系(Wiederverbinden)。这是这些形式的一种内在化(Verinnerlichung);在这种内在化过程中,这些形式的内容当然被移置于某种同本来它们具有的主观性相不同的主观性之中。据此,我们在解释过程中就必须进行创造过程的倒转(Inversion)。按照这种倒转,解释者在他的诠释学道路上就必须通过在他的内心重新思考(Nachdenken)这些形式而在逆向上经历原来的创造过程"(第 93 页以下)。因此贝蒂是跟随施莱尔马赫、伯克、克罗齐和其他人的。㉛ 他特别认为,用这种带有浪漫主义印记的严格心理学主义就可以保证理解的"客观性",他认为这种客观性受到那些依海德格尔而把这种向意见主观性的回溯认作错误的人们的威胁。

在贝蒂同我所作的那在德国也经常重复进行的争论中,他认为我总是模棱两可、概念混乱。㉜ 此类争论一般都证明,批判者往

㉛ 参见"宣言"注释 19 以及第 147 页。
㉜ E. 贝蒂:"历史诠释学和理解的历史性",载《法学专科年鉴》,第 16 卷,巴里,1961 年,以及《作为精神科学一般方法论的诠释学》,蒂宾根,1962 年。

往把作者同他本人并未提到的立场相联系。在我看来,这里的情况也是如此。我在一封私人信件中向贝蒂担保,他那由我的书而激起的对解释之科学性的担忧是没有必要的,贝蒂则以一种正人君子的做法从这封信中抽出以下这段话印在他的论文里:

"从根本说来我并未提出任何方法,相反,我只是描述了实际情形。我认为我所描述的情形是无人能够真正反驳的……例如,当您阅读蒙姆森(Mommsen)所写的古典论文时,您也立刻就知道这篇文章只可能在何时写成。即使是历史方法的大师也不可能使自己完全摆脱他的时代、社会环境以及民族立场的前见。这是否该算一种缺陷呢?如果说这是一种缺陷,那么我就认为,对这种缺陷为什么无处不在地发生于我们的理解之中进行反思,就是一种哲学任务。换言之,我认为唯一科学的做法就是承认实际情形,而不是从应该如何和可能如何出发进行思考。正是在这个意义上我才试图超越现代科学的方法概念(它自有其有限的权利)进行思考并在根本的一般性中考虑一直发生的事情。"

贝蒂对此又怎样说呢?他认为我把诠释学问题只限于对事实的追问("现象学地""描述性地")却根本没有提出对法权的追问。好像康德对纯粹自然科学的法权的追问立场是想预先描写出自然科学究竟该如何存在,而不是试图去证明业已存在的自然科学的先验可能性。正是在这种康德式区别的意义上,我的著作所试图的对精神科学作出超出方法概念的思考才提出了精神科学"可能性"的问题(但这绝不意味着它该如何!)。正是对现象学的一种特殊的怨恨,才在这里把我们这位卓有贡献的研究者搞糊涂了。因为他只能把诠释学问题当作一种方法的问题来思考，从而表明了他仍深深地陷于本该克服掉的主观主义之中。

显然，我并不能使贝蒂确信，一种哲学的诠释学理论并不是一种——不管是正确的抑或错误的（"危险的"）——方法学理论。即使博尔诺把理解称作一种"本质上是创造性的工作"，那也可能是一种误解——虽说贝蒂本人也毫不迟疑地对法律解释的法学补充活动作这样的定义。的确，贝蒂本人所采取的对天才说美学的依赖也显然是不够的。通过倒转（Inversion）理论也不可能实际克服贝蒂（跟随德罗伊森）正确地认作为心理学限制的东西。因此，他完全没有超越狄尔泰在心理学和诠释学之间设置的二义性。当他为着解释精神科学的理解可能性而必须设立以下前提，即只有同等层次的精神才能理解另一种精神，这时，这种心理学-诠释学双关意义的不尽人意之处就昭然若揭了。㉝

就算我们对于心理特殊性和历史意义的区别已经十分清楚，但要找出从狭隘的心理学到历史诠释学的过渡仍然十分困难。德罗伊森对这个任务就已经十分清楚（《历史学》，§41），但直到现在这种过渡只有在黑格尔的主观精神和客观精神于绝对精神里的辩证中介中才能有真正坚固的基础。

甚至在某个很接近黑格尔的人那里，例如曾受到克罗齐强烈影响的 R.G. 科林伍德身上我们也能感觉到这点。我们如今已有了科林伍德著作的两部德文译本：他的自传，这篇著作在原文获得

㉝ 参见贝蒂在《综合研究》第 7 卷（1959 年）第 87 页上的论文，F. 维亚克尔最近对此毫无疑虑地表示赞同［我曾经把贝蒂的伟大贡献和我对他的批评重新在"埃米里奥·贝蒂和唯心主义遗产"一文（《佛罗伦萨季刊》，第 7 卷，1978 年，第 5—11 页）中加以论述］。

巨大成功之后以《思想》为书名在德国出版,㉞以及以《历史哲学》为德译本书名的他的遗作《历史的观念》。㉟

对于自传我已在德文本的导言中作了一些评论,因此在这里就不想重复了。他的遗作包括从古代到当代历史描述的历史,它引人注目地以克罗齐结束,而其第五部分则是一种特有的理论讨论。我只限于讨论第五部分,因为就如全书经常表现出的那样,其历史部分在这里也受到民族思维传统的控制从而达到不可理解的程度。例如该书关于威廉·狄尔泰的章节对于德国读者来说肯定是令人失望的:

"狄尔泰触及了文德尔班和其他人因没有深入从而未能透彻认识到的问题,即怎样才可能有一种与直接经验不同的有关个体的知识这个问题。他对这个问题的回答是承认不可能有这样一种知识,并又回到了实证主义的这一观点即'一般'(知识的固有对象)能被认识的唯一方法是要靠自然科学或建立在自然主义原则之上的科学。这样,他就终于像他那一代的其他人一样,屈服于实证主义思维的影响"(184)。这个判断中真实的东西,从科林伍德这里所提供的论据中几乎是看不出来的。

科林伍德关于历史知识的重要理论的核心无疑是对过去经验再领会(Nachvorzug)的学说(重演)。因此,科林伍德就处于那些反对"人们可以称为实证主义解释或历史概念误解的东西"(239)的人的前列。历史学家的真正任务就在于"进入他们正在研究其

㉞ 斯图加特,1955年,我为它写了导言。
㉟ 斯图加特,1955年。

行动的历史活动主体的思想"。在德语翻译中要正确地规定科林伍德用思想这个词所指的含义是特别困难的。德语中的"活动"（Akt）这个概念显然同英语作者所指的含义完全不一样。对行动者（或思想家）思想的再思考在科林伍德这儿显然不是指这些人真正的心理活动，而是指他们的思想，亦即可以在反思中原样再思考的东西。思想概念也完全应该包括人们称之为某个团体或某个时代的共同精神（Gemeingeist）[翻译者不幸把它说成"团体精神"（Gemeinschaftsgeist）]的东西（230）。但是，科林伍德因为传记并不是以"思想"为基础，而是以一种自然现象为基础，因而他认为传记是反历史的，从而这种"思想"也很少表现为私人性的（eigenlebendig）。"这种基础——人在童年、成年、老年、患病以及一切生理变化时的肉体生命——被（自己和陌生的）思想环流冲刷而根本不顾及它的结构，就如搁浅船只的残骸被海水冲刷一样。"

谁真正承担着这种"思想"？什么是我们要力图进入其思想的历史承担者？是人们以其行动所追求的某种意图吗？科林伍德似乎指的就是这个：㊱"如果这种前提不存在，就不可能有人行动的历史"（324）。那么重构这种意图真的就是对历史的理解吗？我们可以看到，科林伍德怎样违背他的意图而陷进了心理学的特殊性之中。没有一种"世界精神承担者"的理论，亦即没有黑格尔，他是不可能找到出路的。

假如科林伍德听到这种话，他绝不会高兴。因为在他看来，一

㊱ 参见本书第1卷，第375页以下。

切历史形而上学，包括黑格尔的历史形而上学都只不过是一种分类体系(276)，它们都没有真正的历史真理价值。此外我还不大明白，他的这样一种彻底历史主义的论点如何能与他的重演(Re-enactment)理论相协调，因为他在另一方面看到（我认为这是正确的），历史学家本身就是他所研究的一部分，而且是他只有从自己同时也进入此中的立场才能观察到的历史过程的一个部分(260)。这同科林伍德所举柏拉图在《泰阿泰德篇》中对感觉论的批判这个例子中解释的意思，即维护对流传下来的"思想"进行再领会的观点如何协调呢？恐怕科林伍德举的例子是错的，它所证明的恰好相反。

如果说柏拉图在《泰阿泰德篇》中提出了认识只不过是感官知觉这个命题，那么按照科林伍德，我作为今天的读者就不会知道使柏拉图得出这个命题的联系。在我看来这联系倒是另一种联系，即从现代感觉论中生长出来的讨论。但是，既然这里涉及的是"思想"，这就无关紧要。因为思想可以置于各种联系之中而不会丧失它的同一性(315)。我们可以在此回想起科林伍德用他自己的"问答逻辑"对牛津学派陈述讨论的批判（《理想》，30—43）。实际上，对柏拉图思想的再思考不正是唯有把握了真实的柏拉图的联系方能成功吗？（亦即要把握柏拉图的数学证明理论的联系，我认为该理论并不十分清楚数学的理智存在方式。）㊲如果我们不暂时中止

㊲ ［现可参见我的论文"柏拉图的数学和辩证法"（摘要稿），载《C. F. 冯·魏茨泽克纪念文集》，慕尼黑，1982年，第229—240页；也可参见我的著作集，第7卷（全文稿）。］

现代感觉论的前概念,我们又如何可能把握这种联系呢?㊳

换句话说,科林伍德的重演理论虽然避免了心理学的个别性,但他并没有察觉到贯穿于一切理解之中的诠释学中介因素。

在对历史客观主义的批判中还应特别提到埃里希·罗特哈克的著作。尤其是他在一篇最近写的文章"精神科学中教义学的思想形式和历史主义问题"㊴中继续了他早期的思想,坚持以狄尔泰的诠释学观点(就如汉斯·弗雷耶在"客观精神理论"中所作的一样)来反对一切心理学主义。教义学的思想形式这个概念完全被认作一个诠释学概念。㊵ 教义学(Dogmatik)应该被作为精神科学认识的一种创造性方法而加以保护,因为它突出了统一规定意义域的内在实际联系。罗特哈克可能依据这一点,即神学和法学中的"教义学"概念绝非只具有批判-贬低的意义。但是教义学同这些系统的学科不同,它在这里并非只是系统认识的代名词,即哲学的同义词,而是相对于试图认识发展的历史提问作为一种需要证明的"另一种观点"。因此,"教义学"概念在他那儿从根本上看是在历史总体性内部才有其地位并具有它相对的正确性。其实,这只不过是狄尔泰的结构联系概念所一般构成的内容在历史方法论

㊳ 我想到赫尔曼·朗格伯克[朗格伯克(Langerbeck)的论文 ΔΟΧΙΣ ΕΙΙΙΡrΣΜΙΗ(关于表面性理论),载《新哲学探究》,1934年,第11卷]所带来的巨大的认识进步,尽管 E. 卡普在《箴言集》(1935年)中对此作了尖锐批评,我们仍然不应忽视这种进步。[也可参见我的评论,现收入我的著作集,第5卷,第341页以下。]

㊴ 《科学和文学院精神科学和社会科学文集》,第6卷,美茵茨,1954年。

㊵ 罗特哈克完全清楚有必要使诠释学的意义问题摆脱一切关于"意图"的心理学研究——也即摆脱文本的"主观意见"。参见他的论文"意义和事件"(载《意义和存在——哲学讨论会论文集》,1960年)。

上的特殊运用罢了。

因此，这种教义学唯有在历史地思考和认识的地方才有它的纠正作用。罗马法的教义学当然也唯有当有了法学史以后才可能存在。瓦尔特·F.奥托的《希腊诸神》也只有当历史研究从希腊神话中得出宗教史和传说史知识的多样性之后才可能出现,如果说韦尔夫林(Wölfflin)的"古典艺术"——与"艺术史基本概念"相区别——被罗特哈克称作教义学,那么我认为这种刻画只是相对的。巴洛克美学,尤其是矫饰派美学的对立面一直就是这种"教义学"的秘密关键点,但这也就是说,教义学从来就不曾被人相信和认识,而只是具有历史的含义。

在这个意义上教义学实际上就是我们历史认识的一个因素。罗特哈克提出这种因素是"我们精神认识的唯一源泉"(25),这是很有贡献的。在他看来,教义学表现为一种全面的意义联系,我们必须贯彻这种意义联系,并把它认为是自明的。如果我们真的要理解它,那我们至少不能不认为它是"真"的。正如罗特哈克所指出的,这就自然地提出了这种教义系统或格式多样性的问题,这也就是历史主义的问题。

罗特哈克证明了自己是历史主义的热情辩护人。狄尔泰曾经试图把各种世界观归溯到生命的多样性,从而来消除历史主义的危险。罗特哈克遵循狄尔泰,他把教义学说成是对既存世界观的解释或是风格的指向,并把它归溯到行动者的观点制约性和行动者的视角上去。由此它们就获得了自身观点上的不可辩驳性(35)。应用于科学上这就意味着相对主义并非到处适用,而是有其清楚的界限。罗特哈克并没有危及研究的内在"客观性"。他的出发点是科学研究的可变性和自由性,这种可变性和自由性是由世界观的多变的意义指向所产生。只要我们承认也可能存在其他的认识自然方式,那么现代自然科学也就可以被看作一种用数量量度的认识方式的教义学了(53)。[41]

说法学诠释学也属于一般诠释学的问题范围之中,这绝不是自明的。因为法学诠释学并不像语文学和《圣经》诠释学那样涉及方法问题的思考,而是涉及作为辅助用的法律原则本身。它的任务并不在理解通用的法律条文,而是寻找合法性(Recht),也就是说对法律进行解释,从而使法治能完全渗透到现实中去。由于解释在这里具有一种规范的作用,贝蒂就把它同语文学的解释完全区别开来,从而也就同把法学自然(例如宪法、法律等等)作为对象的历史理解相区别。法律解释在法学意义上是一种法学上的创造性活动,这一点绝不会引起争议。在这种活动中运用的各种原则,例如相似原则、弥补法律缺陷的原则以及法律判决或在定案时使用的创造原则等等并不表现为纯方法论的问题,而是深深地影响到法律材料本身。[42]

---

[41] 罗特哈克为何要援引海德格尔的本体论区别来说明这种意义指向的前在性(先天性),而不是援引现象学和新康德主义所共有的超验的先天主义(Apriorismus),这一点我很不明白。

[42] 如果我们看到过卡尔·拉伦茨(Larenz)为大学生所写的教材《法学方法论》(柏林,1961年),其中所提供的历史的和系统的出色概括就会清楚地告诉我们,这种方法论对于漂浮的法律问题总要说点什么,于是它就成了一种法学教义学的辅助学科,它对于我们研究的意义也就在此。[目前这部《法学方法论》出了第3版,并包括了关于哲学诠释学的广泛讨论。也可参见 G. 察卡里阿(Zaccaria)的内容丰富的专著《诠释学与法学》(米兰诺,1984年),这本书以两卷本陈述了我的理论根据和 J. 埃塞尔(Esser)的法学应用。]

法学诠释学显然不能真的满足于把法律制订者的意见和本来意图的主观原则作为解释规则。相反它不得不运用客观概念,例如运用表达在某条法律中的法律观念的客观概念。如果有人认为法律在某个具体案件上的运用只是把个别置于一般之中的逻辑归属过程,那显然是一种外行的看法。

法律实证主义想把法学实在完全限制于制订出的法律及其正确的应用,今天可能已不再有这种观点的继承人。法律的一般性与个别案件的具体情况之间的距离显然是本质上不可消除的。人们甚至不会满足于在理想的教义学中把个别案件的法律创造力量当作在演绎上是前定的东西,亦即把教义学设想成至少在某个融会贯通的联系中潜在地包含了一切可能的法学真理。即使是这样一种完美的教义学的"观念"也是荒唐的,更不用说案件的法律创造力量实际上总是为新法律的编纂作了准备。这个例子值得注意的地方在于,调解法律和案件之间距离这一诠释学任务即使在社会关系没有变化、抑或现实的历史变化并没有使通用的法律变得过时或不适用的情况下也还是存在着。法律和案件之间的距离看来是绝对不可能消除的。因此,诠释学问题就可以摆脱对历史因素的考虑。在编纂法律的过程中为法律的具体化留下了活动空间,这样,我们就可以按照观念而以任意的尺度削减这种活动空间,这并不是一种不可避免的不完善性。相反在法规本身及一切法律秩序的意义上说倒该是具有"灵活的"方式,从而使它具有这种活动空间。

假如我没有弄错的话,则亚里士多德早就清楚地看到了这一点。因为他并未赋予自然法的思想以一种积极的-独断的作用,而

Ⅱ401

仅仅赋予它批判的作用。人们总是感到惊奇的是（假如不是借助于错误解释亚里士多德的文本而进行争论），亚里士多德虽然区分了习惯法和自然法，但他又把自然法解释成可以改变的。㊸

自然法和制定的法律并非"同等程度地可变"。也许通过观察可比的现象就可以解释，虽说自然法也是可变的，但它并不因此就消除了同单纯制定的法律之间的差别。比如与自然生效的法相比，交通规则就不是在同一程度，而是在更高程度上具有可变性。亚里士多德并不想减弱这种区别，他只是想说明在不稳定的人类世界中（区别于神的世界）我们如何区分自然法。于是他说道：对于自然法和习惯法的区别——尽管两者都有可变性——就像右手和左手的区别一样清楚也具有同样的规定。右手也是天然地要强壮一些，但这种自然优势也不能被认为是不可改变的，因为人们可以通过训练另一只手而在某种范围内废除掉这种自然优势。㊹

所谓在某种范围内，也就是说在某种活动空间内。留下这种

㊸ 《尼各马可伦理学》，第 10 卷，1134b27 以下。

㊹ 亚里士多德这段话曾经被 L. 斯特劳斯用他大概是从犹太传统知道的关于极端情况的理论来解释（《自然法和历史》，G. 莱伯霍尔茨作序，斯图加特，1956 年）。H. 库恩（《政治学杂志》，新系列 3，第 4 卷，1956 年，第 289 页以下，同时参阅我的著作集，第 2 卷，第 302 页以下）试图以一种批判的立场按照 H. H. 约金姆的观点修正亚里士多德的原文，从而使亚里士多德根本没有无限制地声称自然法的可变性。实际上，如果我们不把有争议的"同等程度"这句话同自然法和习惯法的可变性相联系，而是同后面的"显然"($\delta\eta\lambda o\upsilon$)这个词相联系，那么我认为 1134b32—33 的句子就很正常了。

最近 W. 布吕克(Bröcker)在他的《亚里士多德》（第 3 版，第 301 页以下）中也参加了这场讨论，但我认为他陷入了诡辩，因为他"在自然法和实证的法之间的争论中"把实证法的有效性说成是亚里士多德的意见。当克瑞翁"废除"自然法时，它当然是"有效的"，但却不是"正确的"。因此问题就在于，超越"实证的"合法性而面对它绝对的有效要求而承认一种自然法的权威，（在这种权威面前"有效性"就变得不正确）这种说法是否有意义。我试图指出，这样一种权威是存在的，但只是作为批判性的。

活动空间显然极少废除法学秩序的意义,因此它毋宁是属于实际状况本质本身:"法律是一般的,因此它不可能适用于一切个别案件。"⑭事实并不依赖于法律的编纂,情况正相反,只是因为法律是自在的并按其本质是一般的,法律的编纂本身才是可能的。

也许有人会在这里提出问题,诠释学和文字的内在联系是否同样不可能被认为是次要的。⑭ 并不是文字使思想具有解释的需要,而是它的语言性,亦即以文字标志作为结果的意义的一般性才需要解释。编纂的法律和用文字保留下来的文本都指明了一种深层的联系,它适用于理解和应用的关系,我相信已经指出了这一点。亚里士多德是这种观点的最高证人,这一点不会使人惊奇。我猜想,他对柏拉图善的理念的批判是他整个哲学的出发点。这种批判包含着对柏拉图善的理念理论——至少按它在柏拉图对话中的表现——中所蕴含的一般与特殊关系的彻底修正,但本身并不因此而成为"唯名论"。⑭

---

⑭ 库恩:《尼各马可伦理学》,第 299 页。

⑭ [目前可参见我的论文"走向文字之路",载 A. 阿斯曼-J. 阿斯曼出版的《口语和文字》,慕尼黑,1983 年,第 10—19 页,也可参见我的著作集,第 7 卷,第 258—269 页。]

⑭ 参见 J. 里特对"亚里士多德的自然法"所作的出色研究(《国家研究》,第 6 卷,1961 年),它强调指出,为何在亚里士多德那里不可能存在独断的自然法——因为自然法完全规定了整个人类世界和法律状况。我不清楚里特是否接受了我 1960 年 10 月在汉堡所讲的关于亚氏原文的修正(S. 28),尤其是因为他不加批判限制地引用了 H. H. 约金姆的章节编排(注 14)。不过事实上他同我的观点是一致的(参见我的著作集,第 1 卷,第 324 页以下)。(好像他同 W. 布吕克的观点也是一致的,布吕克翻译了本书第 302 页的内容,但并未接受我的更正。)里特极有启发地展开了亚里士多德"政治"哲学和"实践"哲学的形而上学背景。[我现在已详细论述了这里只有小心谨慎才能觉察到的东西,参见"柏拉图和亚里士多德关于善的理念"(《海德堡科学院会议论文集》,哲学-历史卷,第 3 卷,海德堡,1978 年)。总之,我怀疑柏拉图会像亚里士多德所批判的那样设想过善的理念。该论文也收入我的著作集,第 7 卷,第 128—227 页。]

但这并不能推出还要把历史距离附加到一般和具体的这种根本距离之上,并且历史距离还具有一种特有的诠释学创造性。

我不敢断定这是否也适用于法学诠释学,亦即由于事物的变化而产生解释需要的法律秩序(例如借助于相似原则)是否会对更正确地应用法律有所贡献——亦即对提高指导着解释的法律感觉有所贡献。无论如何在其他领域中事情是很清楚的。毫无疑问,历史事件的"意义"和艺术品的等级是在时间距离中才获得其可见性的。

当代诠释学问题讨论最活跃的莫过于新教神学领域。在某种意义上可以说这里同法学诠释学一样也是涉及超越科学的兴趣,亦即信仰及其正确的福音预告。结果就使诠释学讨论同注释和教义问题搅在一起,从而使外行人不可能发表任何意见。但这里的优先情况与法学诠释学中的情况同样清楚:每次要去理解的文本的"意义"不能局限于其作者想象的意见。卡尔·巴尔特的巨著《教会教义学》[48]对诠释学问题所作的贡献在明确性和直接性上都是无与伦比的。但在鲁道夫·布尔特曼那里的情况就不太一样,他主要作方法的讨论,并在他的《文集》中多次对诠释学问题作了明确表态。[49] 但即使在他那里整个问题的重点也是神学的,这不仅因为他的注释工作表现了他的诠释学原理的经验基础和应用

---

[48] 参见 H.库恩对该节重要方面的评价,载《哲学评论》,第 2 卷,第 144—152 页,以及第 4 卷,第 182—191 页。

[49] 参见《信仰和理解》,第 2 卷,第 211 页以下;第 3 卷,第 107 页以下、第 142 页以下,以及《历史和末世论》,Ⅷ;另见 H.布鲁门伯格的讲演,载《哲学评论》,第 2 卷,第 121—140 页[以及 G.博恩卡姆在《哲学评论》第 29 卷(1963 年)第 33—141 页的评论]。

领域,而且主要因为当今神学争论的主要对象,即消除《新约》神秘性的问题,更多地充满了教义的张力而不是适合于方法论的思考。按照我的信念,消除神秘性的原则有纯诠释学的因素。按照布尔特曼的观点,不能用消除神秘性的纲领来预先决定这类教义的问题,例如《圣经》的内容中对于基督教的福音预告和信仰有多少是本质性的以及该用何种东西作祭品等等,相反,它涉及的是对基督教福音预告本身的理解,涉及这种预告为了被"理解"而必须在其中被理解的意义。也许,甚至完全可能在《新约》中理解到比布尔特曼"更多"的东西。当然我们只有把"更多"理解成好,亦即真实,这种情况才可能出现。

历史的《圣经》批判及其在18世纪和19世纪的科学实施造成了一种形势,它要求在科学理解文本的一般原理和基督教信仰的自我理解这种特殊任务之间经常进行新的比较。如果我们回想一下这种比较史的情况将是很有好处的。[50]

处于19世纪发展开端的是施莱尔马赫的诠释学,它在对神学著作以及一切其他文本的解释过程中(如塞梅勒所见到)系统地建立了根本的同类性(Gleichartigkeit)。施莱尔马赫自己的贡献则

---

[50] 神学和哲学的关系在历史的《圣经》批判产生之前是不同的,因为《新约》被直接理解为教义,亦即作为一般信仰真理的总和,并由此而能(善意或敌意地)同理性哲学的系统的证明方式及表现形式相联系,对此 H. 李宾(Liebing)的研究《正统教义和解释之间——论沃尔夫派的 G. B. 比尔芬格尔》(蒂宾根,1961年)已有说明。比尔芬格尔试图把他的神学的科学性系统地建立在修正过的沃尔夫形而上学基础上。他在此意识到他的时代和观点所设置的界限这一事实是他科学论的唯一诠释学因素,这一因素后来指出了:历史问题。

参见我为 F. Chr. 厄廷格尔《共通感研究》写的导言,福洛曼出版社,1964年新版,第V—XXVIII页,以及《短篇著作集》,第3卷,第89—100页[现收入我的著作集,第4卷]。

在于心理学的解释,按照这种解释,为了完全理解一个文本,就必须把文本的一切观点都作为一种生活瞬间而回溯到作者的个人生活联系中去。当施莱尔马赫的柏林手稿(吕克从这些手稿中编出了当时的版本)由海德堡科学院原样出版之后,我们对于施莱尔马赫发展到诠释学的思想发生史有了一种更为详细的认识。[51] 这种对原始手稿的回顾,其成果并不是革命性的,但也并非毫无意义。H.基默尔在导言中指出,最早的笔记突出了思想和说话的同一性,但在后期的加工中却在说话中看到了个体化的表达。这样就导致了心理学立场的逐渐形成和对"技术性"解释这种真正语言立场的最终统治。

在施莱尔马赫的教义学内部——由于马丁·雷德克以很好的新版本出版(《基督教信仰》),我们可以重新了解施莱尔马赫的这种教义学[52]——施莱尔马赫的心理学-主观倾向也引起了神学批判,这一点是很清楚的。"信仰的自我意识"是一种危险的教义基础。克里斯托芬·塞夫特(Christoph Senft)的书——该书以极大的机智讨论了从施莱尔马赫直到里奇尔的自由神学的发展——对这种危险提出了很好的看法。[53] 塞夫特在第42页上对施莱尔马

---

[51] 柏林手稿最老的本子十分难读,这次原样再版由 H.基默尔作了校勘。参见对1968年海德堡版本的补充后记。[正是 M.弗兰克的贡献(《个别的一般——施莱尔马赫关于文本结构和文本解释的观点》,法兰克福,1977年),关于施莱尔马赫的争论还在继续。对此请参见我对弗兰克的反驳"在现象学和辩证法之间——一种自我批判的尝试",载我的著作集,第2卷,第3页以下。]

[52] 柏林,1960年[目前 M.雷德克还以两卷本整理了 W.狄尔泰遗留下来的作为其写《施莱尔马赫传》第2卷准备的材料(参阅《施莱尔马赫著作集》,第14卷第1分卷和第2分卷)]。

[53] 塞夫特:《真实和真理——处于正统神学和启蒙运动之间的19世纪神学》,蒂宾根,1956年。

赫这样写道：

"虽然他努力用生动的概念去把握历史性，但是思辨和经验之间的辩证法在他那里却是一种不运动的东西：历史和历史的认识者之间的相互影响是一种无疑问的和批判性的影响，向历史发问的人在这种影响中总是停留在一切彻底的反问题面前。"

正如塞夫特指出的，虽说 F. ch. 鲍尔(Baur)把历史过程作为自己的思考对象，但他并未在这个方向上继续推进诠释学的问题，因为他坚持把自我意识的自主性当作无限制的基础。然而霍夫曼却在他的诠释学中在严格诠释学的意义上研究了启示(Offenbarung)的历史性（这一点塞夫特作了很好的表述）。霍夫曼所提出的整个理论就是"阐明那种在'外于我们的存在'中有其前提的基督教信仰，但这不是法律上的外在，而是说，这种外于我们的存在作为基督教信仰的历史而'按经验地'被启示"（塞夫特，第105页）。然而同时又保证了"作为历史的纪念碑，亦即一种确定的事件联系的纪念碑——不是作为一般理论的教材——《圣经》是启示的书。"总的说来，历史《圣经》学对规范所作的批判由于使得《圣经》的教义统一性产生极大的疑问，并且消解了《圣经》"学"的理性—教义前提，从而这种批判提出了把《圣经》历史当作历史来认识这个神学任务。

在我看来，新的诠释学争论唯有从这里才得其确切的方向。对这种历史的信仰必须被理解成一种历史事件，理解为是上帝话语的呼唤。这对于《旧约》和《新约》的关系也适用。这种关系可以被理解成预言和实现的关系(按霍夫曼的观点),这样,历史上落空的预言只有从其实现中才得到它的意义。《旧约》预言的历史理解绝不会损害它从《新约》所感受到的福音预告意义。正相反,《新约》所预告的神迹只有当预言不再纯是"未来事实之迹象(Abdruck)"时,才能被理解成一种真正的事情(塞夫特书中第101页所引霍夫曼的话)。但首先适用于信仰的自我理解这个概念的(这是布尔特曼神学的基本概念),乃是它具有一种历史的(而并非唯心主义的)意义。㊺

自我理解应该指一种历史决定而非指某种我们可支配和掌握的东西。布尔特曼经常强调这一点。如果把布尔特曼使用的前理解概念理解成囿于偏见中的东西,当作一种前知识,那就完全错了。㊻ 实际上这里涉及的是一个纯粹的诠释学概念,它是布尔特曼被海德格尔对诠释学循环以及人类此在的一般前结构的分析所激起而制定的概念。他指的是开放问题视域,理解唯有在这种视域中才成为可能,但他并不是指自己的前理解不能通过同上帝话语的相遇(就如同其他话语相遇一样)而得到修正。正相反,这个概念的意义就在于把作为这种修正的理解的活动性显现出来。这种"修正"在信仰呼唤的情况中是一种只按其形式结构才具有诠释

㊺ 参见我载于《G.克吕格尔纪念文集》(1962年,第71—85页)和《布尔特曼纪念文集》(1964年,第479—490页)的论文(《短篇著作集》,第1卷,第70—80页[参见我的著作集,第2卷,第121—132页]和第82—92页[我的著作集,第3卷])。

㊻ 贝蒂在他的"概论"(见前引书第115页,注47a)中似乎有一种误解,他认为"前理解"是由海德格尔和布尔特曼所要求的,因为它促进理解。其实,如果我们要想赋予它以"科学性",就必须要求一种一直起作用的前理解意识。

学之一般性的特殊修正，这一点很值得注意。(56)

神学的自我理解概念就在这种情况出现了。这个概念显然也是从海德格尔对此在所作的先验分析中发展出来的。与其存在打 Ⅱ407
交道的存在者(Das Seiende)通过他的存在理解而表现为通向追问存在的通道。存在理解的活动本身表现为一种历史的活动，表现为历史性的基本状况。这点对于布尔特曼的自我理解概念具有决定性的意义。

自我理解概念由此就同自我认识概念相区别，这种区别不仅是在"心理学的"意义上、即在自我认识中可以发现某些预存的东西(etwas Vorfindliches)，而且同样在规定着德国唯心主义精神概念的深层思辨意义上。按这种观点，完成了的自我意识可以在他物中认识自己。显然，在黑格尔的现象学中这种自我意识的发展必须通过对他物的承认才有可能。自我意识着的精神的生成乃是一场围绕着承认(Anerkennung)的斗争。精神就是它所生成的东西。但是在自我理解概念中(如其与神学家相适合)涉及的是某种他者。(57)

---

(56) L. 施泰格(Steiger)的《作为教义问题的诠释学》(冈特斯罗，1961 年)试图在他卓越的博士论文中(出自 H. 蒂姆的学派)指出神学诠释学的特殊性。因为他追踪了从施莱尔马赫、里奇尔、哈纳克直到布尔特曼、戈加滕的神学理解的先验观点的连续性，并使其与基督教福音预告的存在辩证法相遇。

(57) 奥特在《R. 布尔特曼神学中的历史和神迹》(蒂宾根，1955 年)一书中的分析在很多方面卓有成果，但在第 164 页的注释 2 却表明他没有看到自我意识的形而上学概念和自我理解的历史意义之间的方法论区别。黑格尔的思想是否如奥托认为的不如布尔特曼所谈的自我理解更符合自我意识的实际，我想留存不论。但这是不同的"事物"——正如形而上学与基督教信仰的不同——"同传统进行的生动谈话"不应当忽视这一点。

不可支配的他者，即外在于我们的东西（extra nos）是这种自我理解不可去除的本质。我们在永远更新的经验中对某个他者和许多他者所获得的自我理解，从基督教角度看，在某种本质的意义上说总是不可理解的。一切人类的自我理解唯有面临死亡才有其绝对界限。这一点确实不能用作反对布尔特曼的真正论据（奥托，第163页），我们也不想在布尔特曼的自我理解概念中找到一种"封闭"的意义。信仰的自我理解仿佛不是人类自我理解失败的经验。这种失败的经验无须基督教地来理解。在一切这种经验中都浸染着人的自我理解。无论如何这都是一种"事件"，而自我理解概念则是一种历史概念。然而，按照基督教的理论，应该存在"最后"一种这样的失败。基督教预言的摆脱死亡的复活，这种福音布道的基督教意义正在于使自我理解的不断重复着的不成功，即它在死亡和有限性上的失败，能在对基督的信仰中得以终结。这当然不是指要从自己的历史性中走出来，它的意思是说，信仰是一种来世的事情。布尔特曼在《历史和来世论》中写道：⁵⁸"基督教的存在既是一种来世的、非现世的存在，同时又是一种历史的存在，这个矛盾同路德的命题'既是正义又是罪孽'（Simul iustus simul peccator）具有同样的意思。"正是在这种意义上，自我理解才是一种历史的概念。

同布尔特曼相联系的最近的诠释学讨论似乎在某个方面超越了他。如果说按照他的观点基督教福音布道对人类的要求在于人

㊽　R.布尔特曼的这篇吉福特讲演具有特别的意义，因为它表明了布尔特曼的诠释学观点同其他作者尤其是同科林伍德和H.J.马罗的《论历史的认识》（1954年，参见《哲学评论》，第8卷，第123页）的关系。

必须放弃对自己的支配,那么对这种要求的呼吁就好像是人类自我支配的一种私人经验。布尔特曼以这种方式神学地解释了海德格尔关于此在本真性的概念。非本真性(Uneigentlichkeit)在海德格尔那儿与本真性(Eigentlichkeit)并列并不只是指沉沦。像"决心"(Entschlossenheit)一样,罪孽(非信仰)像信仰一样乃是人类此在所特有的本质。在海德格尔那儿,本真性和非本真性的同源性毋宁说超越了自我理解的出发点。它是海德格尔思想中存在本身在揭示和遮蔽的对立性中得以表达的第一种形式。[59] 正如布尔特曼为了解释人在信仰和不信仰之间的来世存在而依靠海德格尔对此在所作的生存论分析,人们也把语言在存在事件中具有的中心意义作为"信仰的语言",从而同后期海德格尔详细解释的存在问题领域发生了神学的联系。在奥托所引起的很有思辨性的诠释学讨论中就有一种按照海德格尔的人道主义通信而对布尔特曼所作的批判。它同海德格尔第107页上的积极论题相符合:"现实得以'表达'和对存在的反思得以进行的语言在其自我事件的一切阶段中都陪伴着存在。"我认为神学家富克斯和埃贝林的诠释学思想都以相同的方式从后期海德格尔出发,因为他们更强烈地强调了语言概念。

恩斯特·富克斯提出了一种他自称为"信仰的语言理论"的诠释学。[60] 他的出发点是,语言是存在之澄明(Lichtung)。"假如我们作

---

[59] [参见《海德格尔之路——后期著作研究》,蒂宾根,1983年,第29页以下;参见我的著作集,第3卷。]

[60] 巴特·坎斯塔特(Bad Cannstatt),1954年,附有第2版增补,1958年,另见《神学中的诠释学问题——生存论解释》,蒂宾根,1959年,以及《马堡诠释学》(1968年)。

为人应该总是可交谈的,那么语言就作为能由我们生成的东西的可能性隐藏了关于对作为此在的我们开放的东西的决定。"这样,他就同海德格尔相联系,以便"结束现代主观-客观模式的局限性"。然而当海德格尔思考"语言本身从本源回到本源去的过程时",富克斯则试图在倾听《新约》的过程中把语言的内在过程认作上帝话语的过程。

由于意识乃是同这种倾听相联系,因此我们就不能说自己是最后同上帝话语相适应的人。由此就可以推论出"我们可以并且应该在我们的历史界限中让自己认识到,上帝的话语如何在我们历史的世界理解中显示出来。由此我们也就感受到它对于信仰的自我思考历来就存在的同一种任务。我们也同《新约》的作者共担这个任务"。这样,富克斯就获得了可以从《新约》科学本身证明其合理性的诠释学基础。在布道中对上帝话语所作的预告乃是对《新约》内容的翻译,神学则是其正确性的证明。

神学在这里几乎成了诠释学,因为它随着现代《圣经》批判的发展具有的并不是启示本身的真理,而是把同上帝的启示有关的陈述或通告的真理作为它的对象(98)。决定性的范畴因而就是通告(Mitteilung)这个范畴。

富克斯在下面这点上遵循布尔特曼,即诠释学原则在理解《新约》时相对于信仰是中立的,因为它唯一的前提就是对我们自己的追问,但它却把自己表现为上帝向我们提的问题。信仰的语言理论必须说明,与上帝话语的呼唤相遇的倾听到底是如何进行的。"对于在这种相遇中所发生的东西的认识并不意味着,我们立即就能说出我们所认识的东西"(86)。因此,任务最终不仅在于倾听语词,更在于要找出说出答案的语词。我们所涉及的是信仰的语言。

在一篇题为"翻译和福音预告"的文章中更清楚地说明,这种诠释学理论是如何想超越布尔特曼那种生存论解释。[61] 正是翻译的诠释学原则指出了方向。毫无疑问"翻译应该创造文本想创造的同一空间,因为精神就在这种空间中说话"(409)。语词相对于文本具有——这是大胆的但又是无法避免的结果——优先权,因为这是语言事件。因此我们显然就该说,语词和思想的关系并不是思想通过语词的表达然后才获得的关系,毋宁说语词是思想所遇到的一道闪电。与此相应,埃贝林也曾说过"诠释学问题在布道仪式中以最浓缩的形式出现"。[62]

这里我们还不能得知从这种基础出发"诠释学在《新约》中的运动"将如何表现。这里所能看到的要点是,按照富克斯的观点,神学在《新约》中"按其出发点就是在一开始就有威胁的法律或秩序思想与语言本身之间的争论。"[63]福音布道的任务就是把它转换成语词。[64]

---

[61] "关于历史上的耶稣问题",载《文集》,第2卷,蒂宾根,1960年。

[62] "上帝的话语和诠释学",载《神学和教会杂志》,第56卷,1959年。

[63] 参见我为《布尔特曼纪念文集》所写的文章,出处同上。[《海德格尔之路——后期著作研究》,第29页以下;也可参见我的著作集,第3卷。]

[64] 也许在富克斯和埃贝林眼中视为"新的诠释学立场"的东西经过夸张就最为清楚。H. 弗朗茨在一本热情而又严肃的小册子中提出了《福音和艺术》(沙布吕克,1959年)问题。他继续研究后期海德格尔的语言材料,并认为他的任务就是把艺术重新归溯到真正的福音存在中去,应该从艺术活动的"框架"(Ge-stell)中重新生成事件(Er-eignis)。这位作者也许特别注意到音乐及其本质上对于得以奏响的空间或者说音乐使其奏响的空间的隶属性。但他显然并非仅指音乐、仅指艺术,当他发现福音正受到"活动"威胁的时候,他指的是教会本身及其神学。然而,通过转变成"事件"难道神学和教会就可以得到标志了吗?[也可参见J. B. 可布、J. M. 罗宾逊合著的《新诠释学》,纽约,1964年。]

当今对历史客观主义或实证主义的所有批判在以下这一点上是共同的：即认为所谓的认识主体具有客体的存在方式，因此主体和客体都属于同一种历史的运动。虽然当客体相对于思维体（res cogitans）是绝对的他者，即广袤体（res extensa）时，主体-客体的对立具有它的恰当性，但历史知识却不可能用这种客体和客体性的概念适当地作出描述。用约尔克伯爵的话讲，关键在于要把握"存在者状态的"（ontisch）和"历史的"（historisch）这两种说法之间的"类的"差别，也就是说，要以适合于主体的历史存在方式认识所谓的主体。我们已经看到，狄尔泰并未认清这种观点的所有后果，尽管他的继承者已经引出了这种结论。因此，就如恩斯特·特勒尔奇所指出的，对于历史主义克服问题我们缺乏概念前提。

现象学学派的研究在这里是有其成果的。今天，当胡塞尔现象学的各个发展阶段已经一目了然之后，我认为这是清楚的，即由于胡塞尔证明了主观性的存在方式就是绝对的历史性，亦即时间性，因此他是在这个方向上迈出决定步伐的第一人。[65] 而在这方面我们通常联想到的海德格尔划时代的巨著《存在与时间》则有一种完全不同、更为彻底的意图，即揭露支配着近代关于主观性即"意识"（甚至在其达到时间性和历史性的现象学这种极端形式中）

---

[65] 《胡塞尔文库》，第1—8卷。参见 H. 瓦格纳（《哲学评论》，Ⅰ，第1—23页、第93—123页）、D. 亨利希（《哲学评论》，Ⅵ，第1—25页）、L. 朗德格雷伯（《哲学评论》，Ⅸ，第133页）以及我的文章（《哲学评论》，Ⅹ，第1—49页）。可惜我那篇文章对赫尔伯特·斯皮格尔伯格（Herbet Spiegelberg）的观点进行的批判在某些方面有不正确的贬低。斯皮格尔伯格对"回到事物本身去"的口号以及胡塞尔的还原概念都采取了像我一样的反对当时流行的误解的立场，这一点我将在这里明确地加以更正［特别要指出的，由于胡塞尔版本的进展，目前胡塞尔解释正在青年一代中进行着］。

之理解的不恰当的本体论前概念。这种批判有助于重新提出"存在"问题这一积极的任务,希腊人对此问题曾经给出形而上学问题作为第一种回答。然而,《存在与时间》的真正意图却不能在此意义上来理解,而应在海德格尔与胡塞尔具有的共同点上来理解:因为我们在该书中看到对"此在"之绝对历史性的彻底辩护,而这种历史性乃是从胡塞尔对时间性的原始现象性所作的分析中得出的。也许人们会这样争论说:此在的存在方式现在从本体论上得到了积极规定。其实这不是现成在手的存在(Vorhandensein),而是未来性(Zukünftigkeit)。并不存在任何永恒的真理。真理就是与此在的历史性一起被给出的存在的展开(Erschlossenheit)。⑯这里我们可能找到科学中所进行的对历史客观主义的批判由之得到本体论合法证明的基础。这是一种所谓第二等级的历史主义,它不仅把一切认识的历史相对性同绝对的真理要求相对立,而且还思考作为其根据的认识主体的历史性,并因而能够把历史的相对性不再看作真理的局限。⑰

即使这种说法是正确的,也绝不能由此推出,一切哲学认识唯有在狄尔泰的世界观哲学意义上才得到一种历史表述的意义和价值,产因而与艺术置于同一层次,即它们都只涉及真性(Echtheit)而不涉及真理。海德格尔所提的问题根本不想为着历史的缘故而

---

⑯ 这并不是说"不存在永恒的东西,凡存在的都是历史的"。相反,凡是永恒或无时间的东西的存在方式,例如上帝或数的存在方式只有从此在获得其存在意义的"基础本体论"出发才能得到正确规定,见 O. 迈克尔关于数学存在的文章(《哲学和现象学研究年鉴》,Ⅷ,1927 年)。

⑰ 参见 F. 梅纳克的"动力学历史主义概念"(《历史主义的产生》,第 499 页以下)。

废除形而上学、为着表达之真性的缘故而放弃对真理的追问。相反,他想深思地追问到形而上学的提问背后去。说哲学的历史因此而在某种新的意义上表现为世界史的内在化,亦即作为存在史或存在的遗忘史,这并不意味着,这里涉及的是以下意义上的历史形而上学,即勒维特证明它是基督教神学史理解的世俗形式,[68]而它在现代启蒙运动基础上最彻底的实施则是黑格尔的历史哲学。胡塞尔在其《危机》一书所讲的对新近哲学"客观主义"的历史批判也不是历史形而上学。"历史性"是一个先验的概念。

如果我们采取一种神学形而上学立场,那么我们就很容易反驳这样一种"先验的"历史主义——这种"先验的"历史主义以胡塞尔先验还原的风格而在主观性的绝对历史性中取得了地位,以便从它出发把一切作为存在物的东西理解为这种主观性的客体化。假如真的存在一种能够唯一地限制相互接替的世界筹划(Weltentwürfe)的普遍历史运动的自在存在,那就显然必定有某种超越一切有限的人的观点的东西,有如向无限的精神所表现的那样。但这就是创世秩序,它以这种方式而对一切人类的世界筹划永远保持着前定性。格哈德·克吕格尔数十年前就在这种意义上解释了康德哲学的两重性,即现象的唯心主义和自在之物的现实主义这种两面性,[69]并且直到他最近的文章中也一直试图从神秘经验或宗教经验的基础出发反对现代主观主义而捍卫神学形而上学的权利。

如果我们不想承担在基督教的创世说中达到顶峰的后果,并因而把古老的目的论宇宙(所谓的自然的世界意识总是为它辩护)

---

[68] 《世界史和神迹》,斯图加特,1953年。[现收入其全集,第2卷,斯图加特,1983年,第7—239页。]

[69] 《康德批判中的哲学和道德》,蒂宾根,1931年。

同人类历史变化相对立,那么事情就变得更为困难。⑦ 虽然历史性的本质只是随着基督教宗教及其对上帝神迹之绝对瞬间的强调才为人的思想所意识,但在这种意识之前历史生活的同一种现象已为人所知,只不过它被"非历史地"理解,不管它是从神秘的史前时期引出当前,还是在对一种理想的永恒的秩序的观照中去理解当前,这种说法也许是正确的、清楚的。

的确,像希罗多德甚至普罗塔克这样一些人的历史著作能够很好地把人类历史起伏描述为大量的道德事例,而完全没有对他们自己当前的历史性以及人类此在的历史性进行反思。宇宙秩序的模式——一切偏离和正常的事物都在这种秩序中流返活动,并被置于自然过程的巨大平衡之中——也能帮助描写人类事物的进程。事物的最佳秩序,亦即理想的国家,在观念上乃是同宇宙一样持久的秩序,假如理想国家的实现并未持久,而是造成了新的混乱和无秩序(即我们称之为的历史),那么这只是知道公理的理性错误计算的结果。正确的秩序是没有历史的。历史就是衰亡史,同样也是正确秩序的重建。⑦

---

⑦ 参见勒维特对克吕格尔的批判,载《哲学评论》,Ⅶ,1959年,第1—9页。

⑦ 鉴于G.罗厄(Rohr)的文章"柏拉图对历史的看法"(柏林,1932年),我在数十年前就已说过(《德意志文汇报》,1932年,第1982行以下;我的著作集,第5卷,第327—331页):"如果在一个国家中真的实施了正确的教育(Paideia),那么它肯定不是我们称为'历史'的地方:生长和消逝、增长和衰败的交替。真正的状态超越了由事实证明的事件的经过规律。只有当人们发现这种'持续'也能叫作'历史'的时候才能显示出柏拉图'对历史的看法';历史的存在作为重复保存的持久性是在持续着的典范(Vorbild)的持续着的映象(Abbild)中、在自然宇宙的政治宇宙中实现的。(回忆一下《蒂迈欧篇》开头)"。K.盖塞尔(Gaiser)在此期间又在他的《柏拉图未写出的学说》(1963年)一书中重新探讨了这个问题[也可参见我的论文"柏拉图的乌托邦思想",载《文科中学》,第90卷(1983年),第434—455页,现收入我的著作集,第7卷,第270—289页]。

所以，历史怀疑论——即使按照基督教的宗教改革派的理解——乃是我们唯一可能观察实际的人类历史的态度。这就是勒维特在《世界历史和神迹》一书中揭露欧洲历史哲学的神学的，尤其是来世论的前提的背后的意图和观点。在勒维特看来，思考世界历史的统一性乃是现代基督教精神的错误需要。如果我们真要严肃对待人的有限性，那么按勒维特的观点我们就不能考虑永恒的上帝和他对人所施行的拯救计划。我们必须注视自然的永恒过程，以便在其中学习到唯一与人的此在在世界整体中的渺小性相适合的冷静。正如我们所见，勒维特为了反对现代历史主义和自然科学而提出的"自然的世界概念"具有斯多葛派的印记。[72] 看来没有一篇希腊的文章能比伪亚里士多德的（古希腊-斯多葛的）著作"论世界"更好地表现勒维特的意图，这点毫不奇怪。显然，现代作者如同他的希腊前驱一样，对于自然过程的兴趣只不过是把它当作人类事物绝望的非秩序的对立物。谁想捍卫这种自然世界观的自然性，那他绝不是从同一物的永恒轮回出发——就如尼采——而是从人类此在的绝对有限性出发。他对历史的拒绝是一种宿命论的反映，亦即对这种此在之意义的绝望。这根本不是对历史意义的否认，而是对其是否能有意义这一点的否认。

我认为列奥·斯特劳斯[27]在一系列关于政治哲学的卓越书籍中对现代历史信仰所作的批判是更为彻底的。他是芝加哥政治哲学教授，而这位对现代政治思想进行如此彻底批判的批判家竟

---

[72] "近代哲学的世界概念"，载《海德堡科学学院会议论文集》，哲学-历史卷，1960年。

在美国产生影响,这对我们这个自由活动领域日趋狭窄的世界无疑是一种鼓励。我们都还知道使法国17和18世纪文学公众紧张不安的古代和现代之争。虽然那主要是一种文学争论,它表现了希腊和罗马古典诗人之不可超越性的捍卫者与当时那些在太阳王的宫殿里掀起了文学新古典主义阶段的作家的文学自我意识之间的竞争,但这场争论的冲突最终则是在历史意识的意义上达到它最后的消融。因为它必然要限制古代的绝对典范性。这场争论似乎又是传统和现代之间非历史性争论的最后形式。

列奥·斯特劳斯最初的著作之一《斯宾诺莎的宗教批判》(1930年)就讨论这场争论,这绝非偶然。他一生中所有给人深刻教益的著作都奉献于这一任务,即在一种更为彻底的意义上重新激起这场争论,亦即把现代的历史自我意识与古典哲学昭然若揭的正确性相对置。如果说柏拉图探究了最好的国家,甚而亚里士多德扩展了的政治经验论也固守着这种探究的优先性,那么这同自马基雅维里以来支配着现代思想的政治概念很少有相吻合之处。如果说斯特劳斯在他那本德文译本也很流行的著作《自然法和历史》中按照现象而深入到现代历史世界观的对立面,即自然法,那么他的著作的意义实际上就在于把希腊古典哲学家柏拉图和亚里士多德等人描述为自然法的真正创始人,并且既不让自然法的斯多葛派形式、也不让它的中世纪形式、更不用说它的启蒙时代形式在哲学上正确地发挥作用。

这里,斯特劳斯乃是被他对现代灾难的洞察所推动。诸如"正确"和"不正确"的区别这样一种基本的人的要求自然要假定人必须能够超越他的历史条件性。以追问合法性的问题而突出了这种区别之无条件性的古典哲学显然是正确的,而把一切无条件的作用历史地相对化的彻底历史主义则不可能是正确的。我们必须根据古典哲学来检验斯特劳斯的论据。

当然斯特劳斯也不能认为他能够以柏拉图承担批判智者派的方式来承担这项任务。他本人也深深地浸染于现代历史意识之中,以致他不可能有"纯洁"地代表古典哲学的权利。所以他反对他所谓的历史主义的论据首先也是在历史的基础上提出来的。他引证说(勒维特也重复这种引证),历史思想本身也有其产生的历史条件。其实这不仅适用于幼稚的历史主义的形式,即在对传承物的研究中构成历史的意义,同时也适用于那种把认识者的存在本身也一起放到其历史性中思考这种纯化过的历史主义形式。

如果上述说法无疑是正确的,那么以下推论也同样无可争议,即历史主义的历史现象如其存在一样,也终有一天会灭亡。这是确然的,这不是因为它自相"矛盾",而是因为它要严肃地对待自己的论据。当然我们不能说,宣称一切知识都绝对"永恒地"具有其历史条件性的历史主义从根本上就是自相矛盾的。这种自我矛盾乃是一种特有的事情。⑦ 我们必须在这里问,"一切认识都有历史条件性"和"这种认识是无条件地有效"这两个命题是否处在同一层次上,从而它们可以互相矛盾。因为这论题并不是说人们将永远认为这种命题是真的——只不过说人们认为这一命题曾经总是真的。严肃的历史主义则相反会认为,人们终有一天会认为他的论题不是真的,亦即"非历史地"思考。但这绝不是因为无条件地

---

⑦ 参见我的著作集,第 1 卷,第 452 页(注释㊳)。

宣称一切认识具有条件性是无意义的,而是因为它包含着"逻辑"矛盾。

然而斯特劳斯所指的也许并不是这种意思。单纯地论证说古典思想家乃是另外地、非历史地思维,这并不能说明今天我们就可能非历史地思维。然而却又存在足够的理由使我们不要把非历史地思维的可能性看作空洞的可能性。恩斯特·荣格(Ernst Jünger)对这个问题所作的许多正确的"外貌方面"的观察可以说明,人类业已碰到了"时间之墙"。⑭ 斯特劳斯所看到的只是在历史思想内部所思维的东西,并具有一种纠正的意义。他所批判的,正是"历史地"理解传统思想所要求的,即对这种过去的思想世界的理解要比这种思想世界过去对自己的理解来得更好。⑮ 谁这样地思维,谁就永远地排除了使传统思想永真的可能性。这就是这种思维方式普遍的教条主义。

据我看来,斯特劳斯这里所描绘并与之斗争的历史主义者的形象与我在哲学诠释学的研究中标明为狄尔泰和19世纪历史非理性主义背后的主导观念的完美的启蒙运动的理想相吻合。所谓要借助于现代才能把所有过去都完全揭示出来,这难道不正是一种现代的乌托邦理想?我认为把现代的优势观点应用于一切过去身上并不是历史思维的本质,相反倒标志出一种"幼稚"历史主义的顽固的实证性。历史思维的尊严和真理价值就在于承认根本不

---

⑭ 参见 A.格伦对现代艺术的分析,他正好谈到了"我们已置身其中的"后历史(post-histoire)。[参见我对"时间图像"的评论,载《哲学评论》,Ⅹ,1/2;《短篇著作集》,第2卷,第218—226页,现收入我的著作集,第9卷。]

⑮ 《什么是政治哲学?》,格莱柯,1959年,第68页。

存在什么"现代",只存在不断更换的未来和过去的视域。说某种表现传统思想的观点是正确的,这绝不是固定不变的(也绝不可能是固定不变的)。"历史的"理解没有任何特权,无论对今天或明天都没有特权。它本身就被变换着的视域所包围并与它一起运动。

与此相反,语文学诠释学的转向,即我们对某位作者的理解必须比作者本人对自己的理解来得更好,正如我所证明的,乃是起源于天才说美学,但它本来乃是一种简单的启蒙运动理想的表述,即通过概念分析阐明混淆的观念。⑯它在历史意识中的运用只是次要的,并且促成了现代的解释具有不可超越的优越性这种错误的假象,这正是斯特劳斯正确地批判过的。然而,当他论证说,为了更好地理解,我们就必须像作者自己理解的那样理解这位作者,我认为他就是低估了一切理解所具有的困难,因为他忽视了我们可以称之为陈述辩证法的东西。

他在其他地方也表现出这种倾向,例如他在捍卫"客观地解释"文本这种理想时就说,无论如何作者只以唯一的一种方式理解自己的理论,"前提是,他并不混乱"(67)。这里必须问的是,这里所指的清楚和混乱的对立是否如斯特劳斯所认为的具有不言而喻的清楚意义。从事实看,他难道不正是以此而分享了完美的历史启蒙运动的观点并越出了根本的诠释学问题?他似乎认为我们有

---

⑯ 参见我的著作集,第1卷,第197页以下。[参见本书第182页以下,对第183页注④可比较亨利希·努萨《弗里德里希·施莱格尔的语言理论》第92页以下。按此书观点,施莱格尔的转向完全是"忠于"历史的语文学家的转向:他必须在作者的意义上"刻画"作者。施莱尔马赫正是在浪漫主义基础上转义了的"更好理解"中才首先看到真正的诠释学工作的,参见 H. 帕切,本书第180页注①。][28]

可能理解并非我们所理解的东西而是他人所理解的东西,并且仅仅像这位他人所理解的那样进行理解。他也似乎认为,如果有人说了某些东西,则他"自己"就必然地和适当地理解了。我认为这两者是不相容的。我们必须把受到指控的诠释学基本命题——应该比作者本人对自己的理解"更好地"理解作者——同完美的启蒙运动前提相区分,以便把握它的有效意义。

我们可以查问一下,斯特劳斯为古典哲学所作的辩护从诠释学角度看又会显得如何。我们可以用一个例子来研究。斯特劳斯很清楚地指出,古典政治哲学是用另外的名称认识现代讨论中所谓的我—你—我们关系的,即把它称作友谊。他正确地看出,现代讨论"你—问题"的思想方式起源于笛卡尔"我思"(ego cogito)所具有的基本优先地位。斯特劳斯认为自己已发现,为何古代的友谊概念是正确的,而现代的概念构成则是错误的。谁要想认识国家和社会的构成,谁就必须合法地谈论友谊的作用。但他却不能用同样的合法性谈论"你"。你并不是所谈论的东西,而是对之谈论的对方。如果有人用你的作用来代替友谊的作用,那就恰好弄错了国家和社会的客观交往本质。

我发现这个例子很幸运。友谊概念在亚里士多德的伦理学中处于德行和善行理论之间的不定地位,很久以来就被我出于完全类似理由而认作现代伦理学相对于古典伦理学的界限的出发点。[77] 因

---

[77] 参见我的论文"论哲学伦理学的可能性"(《短篇著作集》,第1卷,第179—191页,现收入我的著作集,第4卷)。[也可参见我为《乌伏·赫尔席纪念文集》所写的文章"友谊和自我认识",维尔茨堡,1985年,现收入我的著作集,第7卷,以及我在《哲学评论》(第32卷,1985年,第1—26页)上所发表的伦理学综评。]

此我完全同意斯特劳斯的例子,但我还要问:是否可能通过由历史科学训练过的眼光"阅读"古典思想家,同样地重构出他们的意见,然后可以在可信任的意义上认为这些意见是正确的,从而使我们不费力气地获得这样的见解?——抑或我们在其中发现了真理,因为当我们试图理解它们时我们总是已经进行了思考?但这也就是说,它们所陈述的东西对我们之所以显示为真,乃是因为借助于正在流行的相应的现代理论?我们无须把它理解为更正确的东西就理解它吗?如果回答是否定的,那么我还要进一步追问:如果我们发现亚里士多德所讲的要比现代理论(他根本不可能知道的现代理论)更为正确,那我们就说亚里士多德不可能像我们理解他的方式那样理解他自己,这种说法是否有意义?

斯特劳斯正确地坚持的国家概念和城邦概念之间的区别也说明了相同的问题。国家机构同城邦的自然生活共同体很不一样,这一点不仅正确——而且还可以从这种区别的经验中发现某些因素,假如我们不是从现代的对立面来理解它,则这些因素不仅对于现代理论是不可理解的,而且在我们对流传下来的古典文本的理解中也是不可理解的。假如有人想把这称为"复活"(revitalisation),我认为这同科林伍德的重演(Re-enactment)说法同样是不妥当的。精神生活并不像肉体的生活。承认这一点并不是错误的历史主义,而是同亚里士多德的 epidosis eis auto(馈赠自己本身)最为一致。实际上我认为自己在这一点上与斯特劳斯并无根本区别,只要他仍然认为"历史和哲学问题的混淆"在我们今天思想中乃是不可避免的。我同意他以下意见,如果有人把这认为是现代的绝对优越性,那只是一种独断的主张。确实,当我们在受到传统多方歪曲的概念中思维时，有多少前概念不为我们觉察地支配着我们，而刚才所提到的例子——这例子可以从斯特劳斯的著作中任意扩展——又清楚地表明回溯到思维之父又能给我们多大的教益。

无论如何我们不能被那种谬误所迷惑，认为诠释学问题只是从现代历史主义的立场才提出的。应该承认，对于古典思想家说来，其前辈的意见根本不是作为历史的他者，而是作为同时代的思想来讨论的。然而诠释学的任务，亦即解释流传下来的文本的任务仍然存在，如果这种解释在那时总是同时包含着真理问题，那么这同我们自己与文本打交道的经验的距离也不会像历史-语文科学方法论所感受到的距离那么远。诠释学这个词显然使人想到口译者的任务，即解释并传达因在陌生语言中说出——即使是诸神的暗示和符号语言——而不可理解的话语。献身于这种任务的能力已经总是可能的思考和有意识训练的对象（这当然可能具有某种口头传说的形式，例如特尔斐的神职人员那里）。但这解释任务则是到了产生文字以后才确立。一切用文字固定下来的东西都具有某些陌生的因素，因此就提出了用陌生语言说话时所提出的同样的理解任务。文字的解释者如同神的或人的话语的口译者一样都必须去除掉其中的陌生性并能把它占为己有。如果意识到在文本和解释者之间所存在的历史距离，那么这个任务就可能更为复杂。因为这同时就意味着，使流传下来的文本和解释者具有共同性的传统已经变得脆弱了。我认为，人们在自然科学所诱发出的错误的方法相似性的压力下，把"历史的"诠释学同那种前历史的诠释学分割得太远。我试图指出，这两者之间至少有一种支配的性质是相同的:它们的应用结构。[78]

我觉得,从希腊的开端处去研究诠释学和文字之间的本质联系乃是很有吸引力的事情。

如果我们可以相信柏拉图的话,不仅苏格拉底及其对手智者派都卷入了对诗人的解释。而更重要的是,整个柏拉图辩证法都被柏拉图自己明确地与文字问题相关联,而这个问题即使在实际对话内部也经常表现出一种明显的诠释学特性,不管辩证的对话是由男女神甫的神秘传统、由第欧梯玛(Diotima)的指教或仅仅是由一种论断所引导。古代人根本不担心我们的理解,因此让我们就如面对童话一样束手无策。此外似乎还应从相反的角度作一番考察,即在柏拉图那里他自己的神秘性在多大程度上属于辩证努力的进程,并因而具有解释的性质。这样,从赫尔曼·古德特(Hermann Gundert)提出的开端出发构造一种柏拉图主义的诠释学就可能是极有教益的。[79]

但更重要的则是把柏拉图作为诠释学思考的对象。柏拉图著作的对话艺术独特地处于戏剧文学的多样装扮性和教育理论著作的真实性之间。在这一方面最近十年帮助我们达到一种高度的诠释学意识,而斯特劳斯在他的著作中通过对隐藏在柏拉图对话中意义关联的许多卓越破译而吸引着我们。不管形式分析和其他的语文学方法对我们有多大的帮助,真正的诠释学基础却是我们自己同实际问题的关系,柏拉图所处理的也是这种关系。甚至唯有

---

[78] 参见我的著作集,第1卷,第312页以下。
[79] 载《O.雷根伯根纪念文集》,海德堡,1952年;《读书——语言哲学、语言历史和概念探究的研究》,第2卷。

实际上对柏拉图有所了解的人才能理解柏拉图的艺术家的讽刺（就如一切讽刺一样）。这种情况的后果就是使这种破译性的解释成为"不确定的"。它的"真理"不是"客观地"可证明的，除非是由于那种把我们同被解释的文本相联系的实际赞同。

于是，斯特劳斯以一种间接的方法对诠释学理论作出了更为重要的贡献，他研究了一个特别的问题，即在理解文本的时候，出于官方或教会的迫害压力而有意地隐藏起的真实意见在多大程度上能被人注意到。[80] 对麦蒙尼德、哈列维和斯宾诺莎的研究首先就提供了了解上述情况的机会。我并不想对斯特劳斯提出的解释进行质疑——它使我茅塞顿开——但我却想提出一种相反的考虑，这种考虑在此场合中也许同样很清楚，但在其他场合中，例如关于柏拉图的情况，却完全确实地自有它的道理。有意识地歪曲、掩盖、伪装自己的意见实际上相对于通常的，甚而一般的正常情况难道不是一种罕见的极端例子？正如迫害（官方的或是教会的、宗教法庭等）与社会和舆论对人的思想造成的有意或无意的压力相比也只不过是一种极端情况。只有当我们完全意识到从一种情况到另一种情况的连续转变，我们才能衡量斯特劳斯所处理问题的诠释学困难。我们如何才能清楚地确定一种歪曲呢？据我看来，如果有人在一个作家那儿发现矛盾的论述，这种论述把掩盖了的和偶然的东西——如斯特劳斯所认为——认作是他自己真实意见的陈述，那么这不能算清楚地确定了它是歪曲。因为人类精神有一种无意识的随大流倾向，会把一般明显的东西当作真的。同时

---

[80] 《迫害和写作方式》，格莱柯，1952年。

又存在着正相反的尝试极端可能性的无意识冲动,尽管这些可能性不可能同一个融会贯通的整体相一致。尼采的尝试性的极端主义就是对此不可否认的明证。虽说矛盾性是一种出色的真理标准,但可惜它在诠释学事务中却不是清楚的标准。

因此很显然,斯特劳斯乍看起来很明白的命题——如果某位作者所写的东西表现出连今天的小学生都能一眼看穿的矛盾,那么这种矛盾就是故意造成的,是为着使人能识破——是不可能应用在柏拉图笔下的苏格拉底那种所谓的论据错误上去的。这并不是因为那时我们还正处于逻辑学的开端(谁这样认为,谁就混淆了逻辑思维和逻辑学理论),而是因为针对着事物所进行的谈话其本质就是能容忍非逻辑的东西。[31]

这个问题具有普遍的诠释学后果。它所涉及的是作者的意见这个概念。我撇开法学以其法律解释的理论能在这里提供何种辅助手段这一问题。我只想指出,不管怎样,柏拉图的对话总是具有多方面关系的多义性的著作模式,这种模式经常使斯特劳斯获得重要的发现。难道该把柏拉图笔下的苏格拉底谈话中的模仿真理肆意贬低,甚至说我们不可能在其中,甚至在苏格拉底本身中发现这种多义性?难道作者真的详细地知道他在每句话中的含义?哲学自我解释的奇妙篇章——我想到康德、费希特及海德格尔等——在我看来说的是清楚的语言。如果斯特劳斯提出的对立命题是正确的,即哲学家或者具有清晰的意见或者就是混乱的意见,

---

[31] 我认为对该问题的讨论总是没有切中要害,例如 K. 欧勒(Oehler)对 R. K. 斯帕古(Sprague)的著作《柏拉图对谬误的利用》所作的本来很有价值的评论。参见格诺蒙,1964 年,第 335 页以下。

那么我担忧在许多有争议的解释问题中只会存在一种诠释学的后果:把混乱的情况认作既存的。

对于诠释学过程的结构我显然依赖亚里士多德对 Phronesis（实践智慧）的分析。[82] 我基本上追随海德格尔在他早期弗赖堡时期业已开辟的路线,那时他运用实存性诠释学战胜了新康德主义和价值哲学(最后,还可能说战胜了胡塞尔本人)。的确,海德格尔在他的早期研究中就已怀疑亚里士多德的本体论基础,而整个现代哲学,尤其是主体性概念和意识概念以及历史主义的疑难都以这种本体论基础为根据。[在《存在与时间》中称之为"现成在手的本体论(Ontologie des Vorhandenen)"[29]。]但亚里士多德的哲学在那时对海德格尔在某一点上就不仅仅是对立面,而是他自己哲学意图的真正保证人:亚里士多德对柏拉图"一般理念"的批判,尤其是他证明了善与在行动时所需要的对善的认识具有相似的结构。

斯特劳斯为古典哲学所作的辩护中最使我惊奇的地方是,他极想把古典哲学理解成一个统一体,这样,在柏拉图和亚里士多德之间由于追问善的方式和意义的不同而产生的极端对立似乎就不会使他担忧。[83] 我从海德格尔处得到的早期激励对我很有帮助,因为亚里士多德的伦理学出乎所料地减轻了深入理解诠释学问题的难度。我认为这根本不是对亚里士多德思想的误用,而是为我

---

[82] 参见我的著作集,第 1 卷,第 315 页以下。

[83] [在我最近所写的关于柏拉图的长篇论文"柏拉图和亚里士多德关于善的理念"(《海德堡科学院会议论文集》,哲学-历史卷,海德堡,1978 年)一文中,我试图消除这一所谓的对立——L. 斯特劳斯对此也许会感到非常满意。]

们大家指出了可能的教益,像亚里士多德所作的对抽象-一般的批判——无须以黑格尔的方式去辩证地发展,也无须产生像绝对知识概念所代表的站不住脚的结论——可以随着历史意识的产生而对诠释学处境成为决定性的。

特奥多·利特(Theodor Litt)在1956年出版的小册子《历史意识的重新唤起》中以"历史主义及其对手"为题挑起了一场同克吕格尔和勒维特(可惜没包括斯特劳斯)的激烈争论,这使我对这一点引起了注意。[84] 我认为,当利特在哲学和历史的对立性中看到一种新独断论的危险时,他是正确的。如果道德-政治判断的谬论导致了糟糕的结果,那么对一种稳固的、保持不变的尺度、"能给行动的人指明方向的尺度"的要求就具有特别的力量。追问正当性、追问真正的国家,这些都似乎是人的此在所具有的本质需要。此外,一切的关键都在于,这个问题的含义是什么、又该如何提出,以便把问题搞清楚。利特指出,这根本不可能指一种可以把需判断的实际政治活动的情况归置于其中的一般模式。[85] 我感到他未能利用亚里士多德可以提供的帮助乃是很可惜的事,因为亚里士多德就曾经对柏拉图做过同样的反驳。

我深信,我们必定能从古典思想家身上学到东西,而且我能很高地评价说,斯特劳斯不仅提出了这个要求,而且能够通过行动多

---

[84] 海德堡,1956年。

[85] "试图仰望'真正'国家的理念并按正当性规范的指示来确定,何种共同事物的特殊秩序能够帮助普遍实现一般的要求,这是一种无望的努力。"(88)利特在他的一篇题为"论精神科学认识构造中的一般性"文章中(写于1940年),对于上述问题作了更为详细的证明。

方面地实现这种要求。但我还要提到,我们必须从古典思想家身上学到的东西也就是存在于 politikē technē(政治技术)和 politikē phronēsis(政治实践智慧)之间不可去除的对立。我认为,斯特劳斯对此没有足够注意。

亚里士多德对此能给我们以帮助的无论如何是在这一点上,即我们并不坚持自然、自然性和自然法的神圣性,这种神圣性只不过是对历史的一种软弱空洞的批判,相反,我们获得了同历史传承物的更恰当关系,并更好地把握了存在。此外,我认为亚里士多德给我们提出的问题绝不可能一劳永逸地解决。情况很可能总是:亚里士多德式的批判——如同许多这样的批判——在它所说的内容上是正确的,但并不是针对它所对之说的对象。㊱但这已是另外一个更大的问题了。

㊱ [参见我的著作集,第1卷,第422页注释㊝。]

28

诠释学

(1969年)

假如我们把1955年至1965年这11年间作为一个整体来加以通观的话,尽管它的特殊性需要细致描写,那么这段时间首先与再前面的10年相比区别是非常明显的,再前面的10年是由某种追补需要决定的:它是为了解决那种由于第二次世界大战这一大事件及其先行形式使思想在所有本有邻近影响的国家彼此分离的断绝状态。当东欧国家的哲学交往今天还由于多种理由而受到干扰时,在第二次世界大战结束后随着一种哲学从语言领域影响到其他领域的普遍时代转移,法国和英-美哲学观点首先在中欧起了实际作用,反之,现象学哲学和存在主义哲学从德国开始,首先也在法国、意大利等国,然后在美国发生了影响。沙特和梅格-庞蒂(Merleau-Ponty)、怀特海、罗素、维特根斯坦、胡塞尔和海德格尔相互发生影响并共同形成一个可以从之开始新的发展的基础,这一新发展在最近10年相当明显。诠释学无可争议地就属于这一新发展。

以前在德国浪漫主义时期,诠释学是通过施莱尔马赫在哲学中心问题上迈出了一大步,因为施莱尔马赫由于受到首先是由弗德里希·施莱格尔想起的对话哲学的启发,从个体性的形而上学意蕴出发,以便使个体性在无限的东西上进行整理。紧接着施莱尔马赫,诠释学又通过威廉·狄尔泰经历了它的哲学铸造。在1966年,青年狄尔泰的大部头诠释学研究第一次在编成第2卷的狄尔泰关于《施莱尔马赫传》的资料里[87]公之于世,关于这些资料我们以前只是通过1900年科学院论文集才知道部分的内容。这份研究除其他内容外还指出诠释学的哲学问题怎样在德国唯心主义里有其根源,这种根源不仅存在于施莱尔马赫把理解辩证地规定为主观性和客观性、个体性和同一性的内在相互作用里,而且首先还存在于费希特对于独断论的实体概念的批判和费希特准备提供的思考历史力量这一概念的可能性中,以及存在于黑格尔从"主观"精神过渡到"客观"精神的做法中。狄尔泰正确地认识到德罗伊森的《历史学》对于精神科学方法论的划时代的意义,因为德罗伊森使唯心主义遗产对于历史方法的正确自我理解富有成果。这种唯心主义遗产至今仍是生机盎然。我们要感谢法学史家埃米里奥·贝蒂对诠释学及其最新发展所作的出色的系列阐述,他的以德文写的诠释学"宣言"[88]吸收了所有诠释学传统(参阅贝蒂),[89]而在另一部内容广泛的著作里[90]我们可以找到他有关这一问题的重要论述。

---

[87] W.狄尔泰:《施莱尔马赫传》,Ⅱ,2(M.雷德克尔编),柏林,1966年。

[88] E.贝蒂:"为一般解释学奠定基础的诠释学宣言",载《拉伯尔纪念文集》,第2卷,蒂宾根,1954年,第79—168页。

[89] 参见我的评价文章"埃米里奥·贝蒂与唯心主义遗产",载《佛罗伦斯季刊》,1978年,第5—12页。

[90] E.贝蒂:《一般解释学理论》,两卷本,米兰,1955年(精简的德译本《作为精神科学方法论的一般解释学》,蒂宾根,1967年)。

可是从狄尔泰到贝蒂这种使唯心主义思想得以为诠释学所利用的科学理论度向现在却基本地被超越了。施莱尔马赫早已提出说话、理解和解释的内在交叉关系，并且解除了诠释学工作与"文字固定的生命表现"（狄尔泰）的传统联系，从而把其诠释学位置让给了生动的谈话。但是，即使在19世纪诠释学所重新经验的科学理论狭隘化也可能并不隐瞒那些与唯心主义激起的一般解释理论相对立的内在困难。要求法权创造性作用的法学诠释学应当怎样与精神科学的诠释学方法相联系，就如在戏剧和音乐里起了如此明显作用的解释的再创造意义一样皆是不明确的。这两者都超出了科学理论的探究。此外这一点也适于神学。因为即使神学诠释学也不想为理解圣经行为要求其他的灵感源泉或启示源泉——在布道或牧师个别谈话里出现的圣经解释福音事实也可能作为诠释学现象而不简单地加以排除或者返回到神学的科学疑难上去。所以，那种想掌握诠释学问题统一性的需要必须追问到科学理论度向的背后去并把握理解和解释现象的更原始意义。但是在这里显然还是要返回到施莱尔马赫对诠释学的普遍推广及其在思想与说话的统一中的基础背后去。因此我们首先必须同时把握以前与神学诠释学有最紧密联系的法学诠释学，因为在这两种"解释"中都包含有应用（Applikation），即把某种规范运用于个别情况。

显然，光把解释的实践应用度向与解释的理论基础区分出来，这是很不够的。诠释学作为"技艺学"乃属于 scientia practica（实践科学）之列，并且这正是实践科学是否只指科学对实践的应用这一问题——这一问题大概是由胡塞尔预先提出来的，因为他认识到通过指出逻辑规则的理论基本意义去反驳那种把逻辑规则重新解释成正确思考的技术规则的做法。研讨永恒在者(Immerseiende)和自身出发在者(von sich aus Seiende)的科学,以及其知识是研讨要制作物的艺术,都不具有那种对于实践科学及其现代表现即"实践理性"来说是决定性的,并且其规范性质既不是理论的也不是技术的特殊知识品性。这一点在法学诠释学领域内呈现的情况是,作出判断不仅仅是把事例归入一般(法律条款)的归属法,而且在找寻正确的"条款"时也依据于一种特有的法律创造的、法律补充的或继续塑造法律的决定。同样的情况也适合于牧师个别谈话的福音布讲使命,即这种布讲使命绝不由于它的神学手段而唯一被理解为他的职务。虽然这也可能是不正确的,即认为把这种判决出让给非理性的决定论(即使理论科学并未夺走法官或牧师的判决)。情况毋宁是,我们需要更切近地去规定在这种判决中何谓理性。

这——并非粗暴的非理性主义——就是所谓存在哲学有权作出的贡献:把判决、选择或任何名称的一切判断力的这种因素,作为理性的某种方式加以认识。雅斯贝斯[91]是通过存在澄明(Existenzerhellung)这一概念来表述这种知识的理性性质,存在澄明被列入科学作为强制知识唯一让人处于的界限状态(Grenzsituationen)。这总还是从科学的知识概念出发来描述,而当海德格尔把界限状态概念看作某种本体论转向的出发点时,他是更加彻底的。针对作为科学基础的现成在手(Vorhandenen)这一存在概念,海德格尔从实践-技术的掌握世界所特有的使用上手(Zuhandenen)概念和与某物

---

[91] K. 雅斯贝斯:《哲学》,三卷本,柏林,1932年,以及《理性和存在——五篇讲演录》,格罗宁根,1935年。

打交道（Sich-auf-etwas-Verstehen）概念出发，把人的此在的存在结构规定为"存在理解"（Seinsverständnis），不过这也就是说通过理性的本真光照。因此狄尔泰所采用的诠释学概念，也即理解意义关系的艺术，被推至到了某种"事实性诠释学"的怪论。在这里包含了一种对传统的规范概念的本体论批判，尤其是对价值概念（李凯尔特、舍勒）和"柏拉图式的"理想的一种意蕴概念（胡塞尔）的批判。由于拒绝心理学解释而赋予逻辑和伦理学规范领域的自在存在（Ansichsein）从本体论上看只是"现成在手状态"（Vorhandenheit），当然也是这样一种不可证明的深不可测的东西，至少在早期舍勒那里，它并蕴含一种创世神学的基础，而这基础对于价值概念和善概念以及对于价值和善的某种秩序概念可能是基本的。

因此，诠释学通过海德格尔由所谓精神科学的基础问题而移置到哲学本身的中心。从本体论上看，实际性诠释学这一怪名里就有着对意识、对象、事实和本质、判断和价值诸概念的批判。这种批判的彻底性赋予《存在与时间》以其革命的冲力。但是，海德格尔当时用以进行单纯加深哲学的先验基础的先验反思形式并不能满足那种想把此在的有限性和历史性（替代某种永恒在者的无限性）提升为进行追问存在意义的入门这一目的和任务。这就是所谓语言问题在海德格尔思想里作为中心位置出现这一时期的情况。在语言实现过程（事件）中所发生的东西显然掌握了先验哲学的反思，并把作为一切最终证明基础的先验主体性概念彻底地加以抛弃（参阅海德格尔[12]）。

---

[12] M.海德格尔：《走向语言之途》，普福林根，1959年。

这就与盎格鲁-撒克逊的语言批判转向不期而遇了。这种语言批判转向是从对具有完美单义性的逻辑艺术语言理想进行彻底反思而开始的。代替已泛属于技术辅助学科的逻辑演算和语言公理化，出现了对实际所讲语言（日常语言）分析。但在这里批判形而上学的目的基本上仍是一样，只不过与这样一种积极的期待相联系，即致力于生动讲述的语言的这种新定向不只是揭露假问题，而是能解决问题。这种转向尤其通过维特根斯坦死后出版的巨著《哲学研究》(Philosophischen Untersuchungen)(1953年)而在广泛的范围生效，尤其是这部著作对一种特有的唯名论前提所作的尖锐批判，而这种前提正是他的《逻辑哲学论》(Tractatus)(1921年)以及维也纳学派形成（首先是卡尔纳普）的基础。那种基于单义性理想的语言规范化观念现在被语言游戏理论所替代。任何这样一种语言游戏乃是一种表现为某种生活形式的功能性的统一体。哲学永远是形而上学批判和语言批判，但这种批判的基础是某种充满内在历史性的诠释学事件(das hermeneutische Geschehen)。

我们可以把这里所从事的哲学分析工作称之为诠释学的，如果就这里任何人为地整理信息手段、任何信息理论或某种一般符号理论都不能形成那种可以构造语言句法和表现这种句法交往功能的出发点的话。毋宁说这里描述的乃是那种设法为自己获得其特有规则和其特有构造形式的生活关系和语言关系本身。按照所谓信息论的对极来衡量，诠释学表现了观察方式的另一方面，因为它并不是从分子过程，而是从其自身的生活进程承担对语言事件的解释。

从科学方面来说有许多发现是支持这种观点的。自古以来诠释学就是神学的一种进行综合的组成成分。首先通过辩证神学对上帝话语所作的批判,以及自由主义历史神学认为自己的任务就在于把其自己的科学要求和《圣经》及《圣经》解释的福音布讲意义相协调以来,诠释学问题就必然重新复苏。所以鲁道夫·布尔特曼㉝这位反对一切灵感理论和圣灵注释的顽强对手和历史方法大师曾经承认理解者对其文本的先行存在关系,因为他在与《圣经》的关系上通过追问上帝教导了一种与人的存在相联系的不断运动着的"前理解"(Vorverständnis)。由于布尔特曼在去神话化的口号下力图发掘《新约》的福音布讲核心并因此拯救《圣经》免于历史异化,所以他实际上考虑到了一种古老的诠释学命题。因为很显然,《新约圣经》的真正目的乃是福音布道,只有从这里出发我们才能阅读《新约圣经》。正是通过布尔特曼的学生,布尔特曼重新所唤醒的诠释学论题才发展至极端:这就是恩斯特·福克斯㉞和格哈德·埃贝林㉟,前者写了一部天才地把反思和注释结合在一起的著作,后者则首先从路德的诠释学出发。他们两人都讲到了某种信仰的"语言自成事件"(Sprachereignis),并试图以此阻止神话或历史事实上的每一种冷漠的客观主义参与《圣经》传统的福音意义。即使在现代神学里也不乏相反的运

㉝ R.布尔特曼:《去神话化问题》,慕尼黑,1954年;《信仰与理解》,论文集,两卷本,蒂宾根,1939年(第2版,1952年)。

㉞ E.福克斯:《诠释学》,附有注释的补充卷,巴登·康恩施塔特,1958年;《神学里的诠释学问题》,蒂宾根,1959年。

㉟ G.埃贝林:"上帝谈话与诠释学",载《神学与教会杂志》,第56卷,蒂宾根,1959年;"诠释学",载《历史与当代宗教》,K.伽宁编,第3卷,蒂宾根,1959年。

动,但从这种反感出发而来的诠释学意识就不仅在新教神学里而且目前又在天主教神学里得到发展。⑯

同样,在法学领域,至少就德语国家而言,诠释学观点也重新得到复苏。正如法律的具体化问题一样,注释学观点作为法学独断论的补充从一开始就有其地位(参阅库尔特·英吉希关于讨论的出色概述⑰)。但除此之外,一种关于法律知识特征的新思考也从许多方面,首先是通过菲维格(Th. Viehweg)⑱和迈霍夫(K. Maihofer)⑲,开始出现了,并且为此要求论题(Topik)这一古老的修辞学概念。同样,盎格鲁-撒克逊的判例法(Case Law)也具有某种诠释学兴趣的方面。⑳

但是从哲学方面来看,随着愈来愈多的哲学意识,一种类似的努力长期以来就起作用,特别沙因姆·佩雷尔曼和他的同事维护了在法律和政治学里所使用的论证的逻辑特有意义以反对科学理论逻辑。㉑ 当然这里也使用了逻辑分析的手段,但由于带有想把令人信服的讲话的行事方式突出于具有逻辑强制力证明形式之上的目的,古老的修辞学要求相对于科学实证主义发生了影响。因

---

⑯ 关于这种反感在美国的影响,参见 J. 罗宾逊和 J. 可布:《新诠释学》,纽约,1965 年,以及 R. W. 芬克(Funk):《语言、诠释学和上帝话语》,纽约,1966 年。

⑰ K. 英吉希:《法律应用的逻辑研究》,第 3 版,海德堡,1963 年。"当代法律和法律科学中的具体化观点",载《海德堡科学院论文集》,哲学-历史卷,1953 年。

⑱ T. 菲维格:《论题与法学——法律科学基础研究论文》,慕尼黑,1953 年,第 3 版,1965 年。

⑲ K. 迈霍夫:《自然法是存在法》,法兰克福,1963 年。

⑳ 参见哈特(C. L. A. Hart):《法律概念》,牛津,1961 年。

㉑ C. 佩雷尔曼和 L. 奥尔布莱希特-梯特卡(L. Olbrechts-Tyteca):《新修辞学——论论证》,巴黎,1958。

此面对现代科学理论和科学哲学的片面性,哲学兴趣不可避免地又逐渐转向修辞学传统并要求重新恢复这一传统。[102] 这必然有益于对诠释学的问题兴趣。因为诠释学与修辞学都共同具有限制科学理论的真理概念和维护真理概念独立自主权利的作用。不过这里还存在一个尚需决定的问题,即修辞学和诠释学之间的这种历史上合法的一致关系是否真的在全部范围里都合乎事实。的确,自梅兰希顿以来的古典诠释学的绝大部分概念都源自古代的修辞学传统。修辞学要素,即劝说论证领域,并不限制于具有高度艺术性的讲话用法的法庭-公众场所,而似乎与理解和相互理解的普遍现象一起而扩大范围。但一种不可抛弃的界限自古以来就存在于修辞学和辩证法(就此词的古代意义而言)之间。相互理解过程深深地进入了主体间的思想感情交流领域,例如包括了所有那些通过沉默而取得一致意见的形式,有如 M. 波兰尼[103]所指出的,同样也包括了非言语的表情的交往现象,如笑和哭,H. 普莱斯纳[104]曾向我们指出了这些交往现象的诠释学意义。

但还有另一种关系应当提到,而且这也是诗学今天面对修辞学所具有的难以解决的关系。这也具有一种诠释学方面。直到康德时代和修辞学由于天才美学和体验概念而失势的时代之前,诗学和修辞学这两门学科、两种语言艺术,也即两种具有高度艺术性的自由的讲话用法形式之间本来具有姊妹般的亲密关系。但在这里有

---

[102] 参见 M. 拉汤森(Natanson)和 H. 约翰斯通(Johnstone)有深厚基础的富有启发的散文集《哲学、修辞学和论证》,派克大学,1965年。

[103] M. 波兰尼:《个人知识》,伦敦,1958年;《缄默的领域》,纽约,1966年。

[104] H. 普莱斯纳:《笑与哭》,慕尼黑,1950年。

一种我们即将要消除的传统偏见。按照这种传统，诗的语言正如具有高度艺术性的讲话的语言一样乃是从 ornatus（装饰）出发来理解的。但这意味着，实际生活的毫无装饰的讲话方式乃是语言的本真状态——至少自维柯、哈曼(R. Hamann)和赫尔德以来，这种问题的不言而喻性是消失了。如果诗是人类的天生语言，那么从诗那里所学到的关于语言本质的知识就远比从科学里得到的多得多，因为科学研究语言就像是研究陌生语言，是在它们已异化成交往工具和信息工具的此在方式里进行的。当然，诗和诠释学现在由于技术-工业的雅各宾党统治而陷入狭隘的谷口，因为诗歌作品的可理解性（正如绘画作品和雕塑作品的可理解性一样）被视为一种"古典的"偏见。但在我看来，公正对待这种可理解性的私有形式，仍是诠释学的任务（参阅前几年以《诗学与诠释学》为书名出版的诠释学研究丛书）。

对于想在现代科学之外去承认真理这项要求最明确的证据是存在于艺术经验里。实践生活(vita practica)的要求很容易遭到拒绝，因为在当今科学信仰时代和普遍的专家统治的庇护下，这些要求似乎为了"科学的"生活指导应当放弃它们自身的权利。甚至就艺术经验而言，也不缺乏催办艺术的科学形态性的倾向（参阅格伦〔A. Gehlen〕[105]及本塞〔M. Bense〕[106]）。所以借助于现代信息论，艺术家的发明宝库里愈来愈充塞着技术综合分析的产品，并使用时代艺术消费者的判断能力（虽然这种能力永远不会很深刻）愈来愈低下。但是在艺术经验里——尽管在当代人看来这种经验具有

---

[105] A. 格伦：《时代画面》，法兰克福，1960 年。
[106] M. 本塞：《美学》，巴登-巴登，1965 年。

严重的不确定性,并只在尚存的艺术过去的共时性中证明其真正的自主性——存在有一种限制科学唯一有效要求的真理要求。这一要求对哲学思考提出了一种不走上科学理论道路的任务。例如法国的杜弗伦(M. Dufrenne)⑩、意大利的帕勒松(L. Pareyson)⑱。从这种观点出发重新使美学问题活跃起来。本文作者以同样的方式在《真理与方法》⑩里试图从艺术经验出发确保哲学的真理要求以及对现代科学天真的自我解释。尤其是诗——其实并不只是诗,而且包括所有曾经对我们说过什么的艺术——并不是通过诗艺科学或一般艺术科学而被整合到我们人类的自我理解中去的,而永远是已经被整合并一起构成我们的自我理解,这一点证明了哲学诠释学要在其形式和内容的条件中去把握这种自我理解并把这种自我理解提升到概念高度这一要求的正当性。

但是,这其实不只是已进入诠释学探究的美学人文主义的遗产,而且也是古代的实践科学(scientia practica)的遗产。诠释学不仅从其在亚里士多德伦理学和政治学里的原始构思⑩出发而作为一种特有的认知方式(allo eidos gnōseōs)⑪区别于古代的知识(Episteme)这一科学概念(在我们今天称为科学的东西里只有数

---

⑩ M. 杜弗伦:见第五届国际美学协会,1964年发表,巴黎,1968年。

⑱ L. 帕勒松:Estetics, teoria della formatività,托里诺,1954年。

⑩ H.-G. 伽达默尔:《真理与方法》,蒂宾根,1960年(第4版,1975年)。[参见我的著作集,第1卷,]同时参见《短篇著作集》,第1—4卷,蒂宾根,1967—1977年。

⑩ J. 里特(Ritter):"亚里士多德实践哲学基础",载《法哲学与社会哲学档案》,第52卷,1966年。现在可参见里特:《形而上学与政治学:亚里士多德和黑格尔研究》,法兰克福,1969年。

⑪ 亚里士多德:《尼各马可伦理学》,27,1141b33。

学才能真正满足于这一概念)。它也相对于现代科学概念及其技术转向而具有一种特有的——当然对于一般意识来说是没有的——合法性。诠释学的任务就是反思这里产生决定作用的认识的特殊条件。亚里士多德曾经在 Ethos(伦理)这一概念(以及在 Nomoi,即社会组织和其中教育的影响力之下的教化)里概括了这些对于实际生活(vita practica)来说唯一使真认识有可能的条件。这一点在当代起了它的作用,因为正是亚里士多德哲学里的这些批判柏拉图理念论的因素愿意为事实性诠释学充当宣誓保证人。不过除此之外,它们还是我们认识的社会条件可能牵涉到无前提科学的理想这一点的明确见证人。因此考察这种无前提性理想也属于彻底诠释学思考的任务。在这里确实我们不要忘记,科学的无前提性这种说法(顺便说一下,这产生于1870年以后的文化斗争〔Kulturkampf〕情况)表现了何种解放冲动,这是一种为启蒙运动及其造就成近代科学奠定基础的冲动。但是这种说法在历史科学和社会科学特殊领域的应用又显露了何等非反思的天真幼稚,这不仅表现在社会科学结论和从"维也纳学派"的科学理论而引出的具体应用的乌托邦性质上,它也明确表现在新实证主义科学理论及其记录陈述理论所陷入的根本疑难中。所以依据于维也纳学派的素朴历史主义在卡尔·波普尔的科学理论批判中[112]找到了它的有力的批判者。同样,霍克海默尔(M. Horkheimer)[113]和哈贝马斯[114]

---

[112] K.波普尔:《历史主义的贫困》,伦敦,1957年;德译本,蒂宾根,1965年。

[113] M.霍克海默尔:《理性的丧失》,纽约,1967年;德译本:《工具理性批判》,法兰克福,1967年。

[114] J.哈贝马斯:"社会科学的逻辑",载《哲学评论》,附刊5,蒂宾根,1967年(第5版,法兰克福,1982年)。

的意识形态批判工作也揭示了存在于实证主义认识论,尤其是其社会科学激情背后的意识形态意蕴。

因此诠释学反思必须提出一种关于前见的学说,这种学说既正确对待了在所有理解里以之为前提的前理解的创造性的意义,但又并不危及对所有威胁认识的前见进行批判的意义。理解的诠释学制约性,正如在解释理论,尤其是在诠释学循环学说里所表述的,并不限制于那些让研究者的立场制约性属于实践认识条件的历史科学。可是诠释学在这里有其范例,因为在理解的循环结构中同时反映了作为一切历史枯萎和异化之前提的历史和现代的中介关系。解释者对其"文本"的隶属关系正如人的命运对其历史的隶属关系一样,显然是一种诠释学基本关系,这种关系虽然被正直的格言非科学性地发誓要丢弃,但对于认识的科学性来说唯有自觉地接受这种关系才是恰当的。

此外,解释不仅限制于文本,限制于由文本获取的历史理解。所有作为文本而理解的意义关系,从自然(自然解释,培根)开始,经过艺术(它的非概念性〔康德〕使它成为解释的突出例证〔狄尔泰〕),直到人类行为的所有自觉或不自觉的动机,都合于解释的要求。诠释学将指明人类行为的那种不明确表现的而是处于背后的真的意义规定性,它可以这样来做到这一点,或者每一个人的真实存在揭示自身是其自己历史的存在(利科尔[15]),或者我们思想的社会的和历史的条件不可识破地规定着我们。精神分析和意识形态批判不管是彼此敌对,还是结合在怀疑主义的或乌托邦的综合

---

[15] P.利科尔:《诠解释——一篇关于弗洛伊德的论文》,巴黎,1965年。

中(阿多尔诺〔T. W. Adorno〕、马尔库塞〔H. Marcuse〕),它们都必须再次经受诠释学反思。因为如此被认识和理解的东西是不依赖于解释者的立场的。任何解释空间既不是任意的,同时也很少是客观地被给出的。诠释学反思指明了历史主义和实证主义科学理论的客观主义里面有一些未知前提在作用。尤其是知识社会学和马克思主义意识形态批判在这里证明了它们的诠释学丰硕成就。只有通过批判意识和效果历史反思,这种解释的认识价值才能得到保证。但这并不是说这样的认识价值不具有科学的客观性。只有在其中有意或无意起作用的诠释学的批判反思才让它的真理显露出来。

哲学诠释学根本地意识到,认识者与那种向他表现和展示为有意义的东西以一种不可解开的方式联系在一起。它不仅对历史学的客观主义和实证主义的物理主义认识理想——科学的统一(Unity of Science)要求通过物理学的统一方法去建立这种物理主义——进行了批判,而且同样也对形而上学传统展开了批判。形而上学基本学说之一,即存在与真性(wahrsein)基本上是同一的——这是对于神的无限理智而言,形而上学把这种神的无限理智的全在(Allgegenwart)设想为所有存在东西的在场——是站不住脚的。这样一种绝对主体对于人及其认识能力的有限——历史的存在方式来说甚至也不是一种可接近的理想。因为认识者的存在的本质在于,正像所有对他来说是作为未来和作为规定他的过去的东西不是在场一样,这种绝对主体也很少是在场的。

出于同一种理由,现代的意识哲学也遭到了批判性的摧毁。

它的基础证明是古典希腊形而上学的基础,即使思辨唯心主义的同一哲学和黑格尔在精神的内容上对思想史的明确接受也对此未改变什么。绝对的知识被认为是某种绝对的当下(Gegenwärtighaben)。

为意识总概念在已贯彻执行的时间性现象学里奠定基础,像它在胡塞尔毕生工作里作为不断追求的目的所显现的,并不超越这一古希腊已被规定的现在(Präsenz)概念。因此语言问题在传统的思想里并未获得我们今天归于它的那种中心地位。无论是在黑格尔那里,还是在胡塞尔那里,它都未成为特殊的论题,甚至借助于语义学和一般符号理论的现代认识论基础也不把语言置于语言事件本身所表现的那种中心位置。现代诠释学讨论目前已把谈话现象移到中心,因为唯有在谈话里语言才存在,唯有在谈话里语言才被形成、发展和发挥作用。无论如何,理解现象是负载了这个过程的语言性,而并不因此具有施莱尔马赫心理学解释理论的片面性。我们宁可说诠释学度向正是通过一切言语东西的可文字性来表现其特征的。如果真有一种模式能说明理解中存在的紧张关系,那么它就是翻译的模式。在翻译中,陌生的东西是作为陌生的东西而成为我们熟悉的东西,也就是说,翻译不只是把它作为陌生的东西丢下不管或通过单纯的模仿它的陌生性把它重构于自己的语言中,而是在翻译中过去和现在的视域在一种持久不断的运动中进行交融,而这种视域交融才构成理解的本质。

29
第 2 版序言
(1965 年)

本书第 2 版实质上没有什么改动。它赢得了读者,同时也找到了它的批评者。本书已得到的关注无疑使作者有义务吸取一切极有价值的批评意见而修订全书。然而一种长年累月所形成的思路有它自身的凝固性,因此不管作者怎样力图去领会批评者的意见,他自己一贯坚持的观点总是在起主导的作用。

自从本书初版问世以来,已经 3 年过去了,但对于作者来说,要把全书重新修改一遍,并有效地利用这段时间从别人的批评[16]

---

[16] 首先我要指出的是下面这些文章,其中还包括一些书面的或口头的意见:
(1) K. O. 阿佩尔:《黑格尔研究》,第 2 卷,波恩,1963 年,第 314—322 页。
(2) O. 贝克尔:"艺术审美领域先验性问题"(《真理与方法》,第 1 部分),载《哲学评论》,第 10 卷,1962 年,第 225—238 页。
(3) E. 贝蒂:《作为精神科学普遍方法论的诠释学》,蒂宾根,1962 年。
(4) W. 黑勒布兰德:"时间弧",载《法律哲学和社会哲学文献》,第 49 卷,1963 年,第 57—76 页。
(5) H. 库恩:"真理和历史的理解",载《历史学杂志》,第 193 卷,1961 年,第 376—389 页。
(6) J. 默勒:《蒂宾根神学季刊》,第 5 卷,1961 年,第 467—471 页。
(7) W. 潘南贝格:"诠释学和世界史",载《神学和教会杂志》,第 60 卷,1963 年,第 90—121 页,特别是第 94 页以下。
(8) O. 珀格勒:《哲学文汇报》,第 16 卷,第 6—16 页。
(9) A. 德. 瓦尔亨斯:"论诠释学的诠释学",载《卢万哲学评论》,第 60 卷,1962 年,第 573—591 页。
(10) F. 维亚克尔:"法律史诠释学摘记",载《哥廷根科学院院刊——哲学历史学》,1963 年,第 1—22 页。

以及他本人近年来的工作中[⑪]所得到的一切,这三年的时间还是不够的。

也许我可以在此简要地概述一下全书的目的和主张。显然,我启用具有古老传统的诠释学(Hermeneutik)这一术语,已引起某些误解。[⑱]像古老的诠释学那样作为一门关于理解的"技艺学",并不是我的目的。我并不想炮制一套规则体系来描述甚或指导精神科学的方法论程序。我的目的也不是研讨精神科学工作的理论基础,以便使获得的知识付诸实践。如果这里所进行的研究有一种实践的后果,那么它确实不是一种为非科学的"承诺"而得出的实际结论,而是一种为"科学的"诚实性而得出的实际结论,即承认一切理解中都有实际的承诺。但是,我本人的真正主张过去是、现在仍然是一种哲学的主张:问题不是我们做什么,也不是我们应当做什么,而是什么东西超越我们的

---

⑪ 参见:

(1)为 M. 海德格尔《艺术作品的起源》所写的后记,斯图加特,1960 年。

(2)"黑格尔和古代辩证法",载《黑格尔研究》,第 1 卷,1961 年。

(3)"自我理解的问题",载《G. 克吕格尔纪念文集:见解》,法兰克福,1962 年,第 71—85 页。

(4)"创作与解释",载《德国语言和文学创作研究会年鉴》,1960 年,第 13—21 页。

(5)"诠释学与历史主义",载《哲学评论》,第 9 卷,1961 年,见本书附录。

(6)"现象学运动",载《哲学评论》,第 11 卷,1963 年,第 1 页以下。

(7)"事情的性质和事物的语言",载《秩序问题——1960 年慕尼黑第 6 届德国哲学会议文集》,迈森海姆,1962 年。

(8)"论哲学伦理学的可能性,存在和道德",载《瓦尔柏贝格尔研究》,第 1 卷,1963 年,第 11—24 页。

(9)"人和语言",载《D. 契策维斯基纪念文集》,慕尼黑,1964 年。

(10)"马丁·海德格尔和马堡神学",载《R. 布尔特曼纪念文集》,蒂宾根,1964 年。

(11)"美学和诠释学",1964 年在阿姆斯特丹美学协会会议上的报告。

⑱ 参见前引 E. 贝蒂和 F. 维亚克尔的著作。

愿望和行动与我们一起发生。[30]

因此,精神科学的方法论问题在此一般不予讨论。我的出发点只是:历史的精神科学,即使当它脱离了德国的浪漫主义并渗透了现代科学精神时,仍然保存了一种人文主义的遗产,这种遗产不仅使它区别于现代所有其他的研究,而且使它接近了完全是另外一类的非科学经验,尤其是艺术的经验。这确实有它的认识社会学方面的根源。在德国——它一直处于前革命的状态——正是美学上的人文主义传统在现代科学思想的发展中继续起着有力的作用,而在其他一些国家或许是政治意识更多地进入了那里的"人文学科"、"文学",简言之,即进入了人们以前称之为"人学"(Humaniora)的一切东西。

这一点丝毫不排除现代自然科学的方法在社会领域内也有其运用。我们的时代受日益增长着的社会合理化以及主宰这一合理化的科学技术的制约,也许比受现代自然科学巨大进展的制约要更强烈得多。科学的方法论精神渗透到一切领域。因此我完全不是想否认在所谓精神科学内进行方法论探讨的必要性。我的目的也不是想重新挑起自然科学和精神科学之间那场古老的方法论争论。很难有关于方法论对立的争论。就这一点来说,以前文德尔班[31]和李凯尔特[32]提出的"自然科学概念的构成界限"这一问题在我看来是不确切的。我们所面临的问题根本不是方法论的差别,而只是认识目标的差异。本书提出的问题将使人发现和认识到某种被那场方法论争论所掩盖和忽略的东西,某种与其说限制或限定现代科学,不如说先于现代科学并使之得以可能的东西。这丝毫不使现代科学自身的内在发展规律丧失其本身的重要性。

规劝人的求知欲望和人的认识能力,以便使它能更宽容地同我们这个世界的自然秩序和社会秩序相协调,这可能是徒劳的尝试。披着科学研究外衣的道德说教者的角色是荒诞的,而哲学家的那种要求,即要求从原则出发进行推论:"科学"为了使其在哲学上合法化必须怎样演变,也同样是荒诞的。

因此我认为,如果有人认为我们这里混淆了康德关于法权问题(quaestio iuris)和事实问题(quaestio facti)的著名区分[33],那完全是一种误解。康德确实并未想过为现代自然科学规定它必须怎样做,以便使它能经受理性的审判。他曾提出一个哲学问题,即他曾经追问,使近代科学成为可能的认识条件是什么,它的界限是什么。我们这里的探究也是在这个意义上提出一个哲学问题,但是我们所探究的绝不只是所谓精神科学的问题(尽管我们赋予精神科学某些传统学科以优先的地位),我们一般所探究的不仅是科学及其经验方式的问题——我们所探究的是人的世界经验和生活实践的问题。借用康德的话来说,我们是在探究:理解怎样得以可能?这是一个先于主体性的一切理解行为的问题,也是一个先于理解科学的方法论及其规范和规则的问题。我认为海德格尔对人类此在(Dasein)的时间性分析已经令人信服地表明:理解不属于主体的行为方式,而是此在本身的存在方式。本书中的"诠释学"概念正是在这个意义上使用的。它标志着此在的根本运动性,这种运动性构成此在的有限性和历史性,因而也包括此在的全部世界经验。既不是随心所欲,也不是片面夸大,而是事情的本性使得理解运动成为无所不包和无所不在。[34]

如果有人认为,诠释学观点在超历史的存在方式,例如数学或美学的超历史的存在方式上有它的限制,[19]我不能认为这是正确的。的确,一部艺术作品的审美性质大体上是依赖于其构造法则和形式水准,而这些法则和这种水准最终是超越了历史源泉和文化背景的一切界限。就艺术作品而言,我并不想讨论"质感"(Qualitätssinn)究竟在多大程度上表现了一种独立的认识可能性,[20]或者质感是否像所有的趣味(Geschmack)那样,不仅是形式地展开的,而且也是被构成和被塑造的。趣味无论如何必定是由某种东西造就的,这种东西从它那方面标明趣味是为何而形成的。就此而言,趣味也许总包含某种特定内容的取(和舍)。但是在任何情况下,每一个对艺术作品具有经验的人无疑都把这种经验整个地纳入到他自身中,也就是说,纳入到他的整个自我理解中,只有在这种自我理解中,这种经验才对他有某种意义。我甚至认为,这种方式囊括了对艺术作品的经验所进行的理解,在审美经验领域内超出了所有历史主义。诚然,在一部艺术作品最初所设定的世界关系和它在此后变化了的生活环境中的继续存在之间似乎要有区分,[21]但是最初的世界和后来的世界的分界线究竟在哪里呢?最初的生活意蕴是怎样转化为对文化意蕴的反思经验呢?在我看来,我在这里首先提出的审美无区分这一概念是完全正确的。这里根本没有什么明确的分界,理解的运动不可能囿于审美区分所

---

[19] 参见前引 O. 贝克尔的著作。

[20] 库特·里茨勒以前曾在其《论美》一书(法兰克福,1935 年)中试图对"质感"作出一种先验演绎。

[21] 参见这方面的最新成果:H. 库恩的《艺术作品的本质》(1961 年)。

规定的反思快感中。[122] 我们应当承认，一尊古代神像——它不是作为一种供人审美享受的艺术品过去被供奉在神庙内、今天被陈列在现代博物馆中——即使当它现在立于我们面前时，仍然包含它由之而来的宗教经验的世界。这有一个重要的结果，即这尊神像的那个世界也还是属于我们的世界。正是诠释学的宇宙囊括了这两个世界。[123]

诠释学观点的普遍性在其他方面也不能被任意地限制或丢弃。如果我为了确保理解现象的合理范围而从艺术经验开始，这绝不只是一种写作布局上的考虑。这里天才说美学（Genieästhetik）[35]已经作了一个重要准备工作，因为它揭示了对艺术作品的经验从根本上说总是超越了任何主观的解释视域的，不管是艺术家的视域，还是接受者的视域。作者的思想（mens auctoris）绝不是衡量一部艺术作品的意义的可能尺度。甚至对一部作品，如果脱离它不断更新的被经验的实在性而光从它本身去谈论，也包含某种抽象性。我想我已经表明了，这种谈论为什么只描述了一种意向，而未提供理论的解答。无论如何，我的探究目的绝不是提供一种关于解释的一般理论和一种关于解释方法的独特学说，有如 E. 贝蒂卓越地做过的那样，[36]而是要探寻一切理解方式的共同点，并要表明理解（Verstehen）从来就不是一种对于某个被给定的"对象"的主观行为，而是属于效果历史

---

[122] ［尧斯如此坚决地坚持审美经验，仍狭窄，参见 H. R. 尧斯（Jauss）的《审美经验与文学诠释学》（法兰克福，1979 年）。］

[123] 为这种关系中所存在的"譬喻"恢复名誉（参见本书第 1 卷，第 77 页以下），早在几十年前已由瓦尔特·本亚明的重要著作《德国悲剧的起源》（1927 年）开始了。

第 2 版序言

(Wirkungsgeschichte),这就是说,理解是属于被理解东西的存在(Sein)。[37]

因此,如果有人反对我说,一部音乐艺术作品的再现是一种不同意义的解释——不同于例如阅读一首诗或观看一幅画的理解行为,在我看来这并不能令人信服。所有的再现首先都是解释(Auslegung),而且要作为这样的解释,再现才是正确的。在这个意义上,再现也就是"理解"。⑭

我认为诠释学观点的普遍性,即使涉及历史科学中存在的历史兴趣多样性问题时,也不应受到限制。的确,有许多种类的历史描述和历史研究方式,毫无疑问,每一种历史兴趣都以对效果历史的有意识反思为其基础。北美洲爱斯基摩人部落的历史确实与这个部落是否以及何时编入"欧洲历史"毫无关系,然而我们却不能真正否认,效果历史的反思就是对于这种历史课题而言也是重要的。谁在半世纪或一世纪后重新读我们今天所写成的这个部落的历史,他不仅会发现这个历史已经过时了——因为那时他将知道更多的东西或者更正确地解释原始资料,而且他也会承认我们在1960 年是以另外一种方式读这些原始资料的,因为我们是被另一些问题、另一些前见和另一些兴趣所支配。如果我们想让历史描述和历史研究完全避开效果历史反思的判断权限,那么这就等于取消了历史描述和历史研究。正是诠释学问题的普遍性才会对所有的历史兴趣提出深刻性的问题,因为这种普遍性总是涉及

---

⑭ 这里我可以引证——当然重点有所不同——汉斯·泽德尔迈尔的解释,他的解释现在收在《艺术和真理》(罗沃尔特:《德国百科全书》,第 71 卷)中,尤其参见第 87 页以下。

"历史问题"的根本性的东西。[25] 没有"历史问题"的历史研究算是什么呢？用我所使用的并且为语词史研究证明是合理的语言来说，这就是：应用（Applikation）乃是理解本身的一个要素。如果我在这种情况下把法学史家和开业律师相提并论，那么我并不是要否认前者专门负有一个"思索的"任务，而后者唯一负有一个实践的任务。但是在两者的活动中都包含着应用。对一条法律的法权意义的理解对于他们两者来说怎么会是不同呢！的确，譬如说法官有一个进行判决的实践任务，并且在判决时可能介入许多法律政策上的考虑，而对这些考虑法学史家是不顾及的，虽然他也面对同一条法律。但是，难道因此他们对这条法律的法权理解是不一样的吗？法官的那种"对生活富有实践影响"的判决应是对法律的一种正确的而绝不是任意武断的应用，因而这种判决也必须基于"正确的"解释，这也就必然地在理解本身中包含着历史和现在的沟通。

当然，法学史家也必须"历史地"评价一条在这种意义上被正确理解的法律，这总是意味着，他必须估价这条法律的历史意义，并且因为他可能受其自身历史上的前见解（Vor-Meinungen）和当时流行的前判断（Vor-Urteilen）所支配，他可能"错误地"作了估价。这无非只是说，又有一个过去和现在的沟通，即又有一个应用。研究的历史所从属的历史进程通常总是说明了这一点。显然，这并不意味着历史学家做了某种他本不"可以"或本不应该做的事，做了某种我们凭借诠释学某条准则本应该或本可以阻止他

---

[25] 参见前引 H.库恩的著作。

去做的事。我这里并不是在谈法学史上的错误,而是在讲真正的认识。法学史家的实践——正如法官的实践一样——自有其避免错误的"方法",在这方面我完全赞同法学史家的意见。[126] 哲学家的诠释学兴趣只有在成功地避免了错误的地方才开始出现。只要历史学家和理论家自身的正在消失的现在可在他们的行动和行为中被辨识,他们就证明了一条超出他们所知范围的真理。

从哲学诠释学观点看,历史的方法和理论的方法之间的对立没有绝对的有效性。这就提出了一个问题,即诠释学观点到底具有多大的历史的或理论的有效性。[127] 如果说效果历史原则已成为理解的一个普遍的结构要素,那么这种说法就肯定不包含任何历史的条件性,而要具有绝对的有效性——可是,只有在特定的历史条件下才有诠释学意识。传统——自然地不断给出的传承物乃属于其本质——必须是有疑问的,同化传统的诠释学任务才会得到明确的意识。所以我们在奥古斯丁那里看到一种对于《旧约》的诠释学意识,而在宗教改革时期,为反对罗马教会的传统原则,需要从《圣经》本身来理解经文(所谓唯一圣经),从而发展了一种新教诠释学。但是自从历史意识——它包含现在对于一切历史传承物的基本间距——出现以来,理解就更成为一项任务,并需要方法论的指导。我这本书的论点因而就是:效果历史这一要素在对传承物的所有理解中都起作用,即使在现代历史科学方法论已被广泛采用的地方,以及这种方法论已使历史的生成物和历史的传承物

---

[126] 参见前引贝蒂、维亚克尔和黑勒布兰德的著作。
[127] 参见前引 O. 阿佩尔的著作。

沦为一种如实验的检验结果那样的"凝固起来"的"对象"——在这种意义上,传承物仿佛与物理学的对象一样,既是陌生的,而且从人的观点看,又是不可理解的——时,效果历史这一要素也仍然在起作用。

因此,在我使用的效果历史意识这个概念中合理地存在着某种两重性,这种两重性在于:它一方面用来指在历史进程中获得并被历史所规定的意识,另一方面又用来指对这种获得和规定本身的意识。显然,我的论证的意义是:效果历史的规定性也仍然支配着现代的、历史的和科学的意识——并且超出了对这种支配活动的任何一种可能的认识。效果历史意识在一个如此彻底的意义上是终究的,以致我们在自己整个命运中所获得的存在在本质上也超越了这种存在对其自身的认识。但是这却是一个不应局限于某一历史境况的基本见识,当然,这种见识在现代的历史研究和信奉科学客观性的方法论理想面前也遭到了来自科学自我理解的特殊反抗。

的确,我们有责任提出一个历史的反思问题,即为什么恰恰是在现在这一历史瞬间,对一切理解中的效果历史要素的根本洞见才有了可能。我的研究对此提出了一个间接的答案。因为只有在历史上那个世纪中朴素的历史主义遭到失败的时候,人们才明白,非历史-理论的东西和历史的东西之间的对立、传统和历史科学之间的对立、古代和现代之间的对立,都不是一种绝对的对立。那场著名的古今之争不再是一个真正的非此即彼的选择问题。

因此,本书关于诠释学观点的普遍性所讲到的东西,尤其是关于语言是理解得以完成的形式所阐发的东西,既包括了"前诠释学的"意识,也包括了一切形式的诠释学意识。因此对传统的朴素占有也是一种"再诉说"(Weitersage),尽管这"再诉说"当然不能被描述为"视域融合"(Horizontverschmelzung)(参见本书第419页以下)。[38]

现在转到这样一个根本问题:理解及其语言性观点本身究竟有多大的有效性? 这个观点能得出"能被理解的存在就是语言"(参阅本书第1卷,第478页)这一命题所表现的这个一般哲学结论吗? 这个命题是否由于语言的普遍性而得出"一切"只是语言和语言事件这一毫无根据的形而上学推论? 的确,不可言说的东西的明显存在并不必然破坏语言性事物的普遍性。用以实现理解的对话的无限性可能使与不可言说东西本身相关的一切成为相对的。但是,理解完全是通向历史实在的唯一而正确的道路吗? 显然,围绕这种观点存在一种危险,即事件的真正实在性,特别是事件的荒谬性和偶然性将会被削弱,并且在一种感官经验的形式里被歪曲。

所以,我自己探究的目的正是要指明,德罗伊森[39]和狄尔泰[40]的历史主义,尽管与黑格尔的唯灵论全然对立,却被其诠释学出发点引诱到把历史作为一本书来读,而且还是当作一本从头至尾每一个字眼都富有意义的书来读。狄尔泰的历史诠释学尽管全力反对把概念的必然性当作一切事件核心的历史哲学,但他仍然没有避免让精神史作为历史的最高形式。我的批评正是在这里。那么,我这本书是否会重蹈这种危险呢? 传统的概念构成,尤其是我试图为诠释学奠定基础的出发点即整体和部分的诠释学循环(der hermeneutische Zirkel)并不必然导致这一结论。整体这一概念本身应当理解为只是相对的。应在历史或传承物中去理解的意义整体从来不是指历史整体的意义。在我看来,当历史传承物不被认作是历史认识或哲学认识的对象,而被认作是某个特定存在的效果要素,基督幻影说的危险也就似乎被祛除了。自身理解的有限性乃是实在、对抗、荒谬和不可理解借以肯定自身的方式。谁认真地看待这种有限性,他就必须同样认真地看待历史的实在。

正是这同样的问题使得"你"的经验对于一切自我理解来说成了起决定性作用的因素。本书中关于经验的那一章占据了一个具有纲领性的关键地位。在那里从"你"的经验出发,效果历史经验的概念也得到了阐明。因为"你"的经验揭示了这样一种矛盾:立在我对面的东西提出了它自身的权力并要求绝对地承认这种权利——并且正是因此而被"理解"。但是我相信我已经正确证明了,这种理解根本不是理解这个"你",而是理解这个"你"向我们所说的真理。我所指的真理是这样一种真理,这种真理只有通过这个"你"才对我成为可见的,并且只有通过我让自己被它告知了什么才成为可见的。对历史的传承物也是同样如此,如果历史传承物不能告诉我们一些我们靠自己不能认识的东西,历史传承物就根本不能享有我们对它的那种兴趣。"能被理解的存在就是语言"这一命题必须在这个意义上去领会。它不是指理解者对存在的绝对把握,而是相反,它是指:凡是在某种东西能被我们所产生并因而被我们所把握的地方,存在就没被经验到,而只有在产生的东西仅仅能够被理解的地方,存在才被经验到。

这里涉及一个哲学方法论的问题,这个问题同样也是在许多对我的书的批评意见中所提出的。我想把这个问题称之为现象学内在性问题(das Problem der phänomenologischen Immanenz)。我的书在方法论上是立足于现象学基础上的,这一点毫无疑义。但也似乎有些矛盾,因为我对普遍的诠释学问题的处理又是以海德格尔对先验探究的批判和他的"转向"(Kehre)思想为基础的。但是我认为,现象学论证原则也可应用于使诠释学问题得以揭示的海德格尔的这种转折,因此我曾经保留了年轻的海德格尔所使用的"诠释学"这一概念,但不是作为一种方法论,而是作为一种关于真实经验即思维的理论。所以我必须强调,我对游戏或语言的分析应被认为是纯粹现象学的。[128] 游戏并不出现于游戏者的意识之中,因此游戏的意义远比某种主观的行为要丰富得多。语言也不出现于言语者的意识之中,因此语言的意义也远比某种主观的行为要丰富得多。这就是可以被描述为主体的经验的东西,并且与"神话学"或"神秘化"毫不相干。[129]

这样一种基本的方法论态度是与一切真正的形而上学结论无关的。我在以后发表的著作中,特别是在我的研究报告"诠释学与历史主义"[130]和"现象学运动"(载《哲学评论》)里强调说,我确实已经接受了康德的《纯粹理性批判》,并且把那些只是以辩证方式从有限去思考无限、从人类经验去思考自在存在者、从短暂事物去思考永恒事物的陈述,都看成只是在设定界限,没有什么特有的认识

---

[128] 因此,当我接触到路德维希·维特根斯坦的"语言游戏"概念时,我就觉得这个概念是完全自然的。参见《现象学运动》,第37页以下。[我的著作集,第3卷。]

[129] 参见我在雷克拉姆版《海德格尔关于艺术作品的论文》里所写的后记(该书第108页以下)和最近我在1964年9月26日《法兰克福汇报》(即1965年合订本第1卷)上发表的论文。[《短篇著作集》,第3卷,第202页以下。]

[130] 参见本书第387—424页。

可以通过哲学的力量从这些陈述里提供出来。但尽管如此,形而上学的传统,特别是其最后的庞大形态即黑格尔的思辨辩证法,仍与我们保持经常的接近。"无限联系"(der unendliche Bezug)这一任务仍然存在。但是,论证这种无限联系的方式却力图摆脱黑格尔辩证法综合力量的束缚,甚至于摆脱从柏拉图辩证法发展起来的"逻辑",并且还试图在语词和概念真正成其语词和概念的对话活动中寻求其立足之地。[33]

因此,正如我们在费希特、黑格尔和胡塞尔的那种借思辨而发展的先验哲学那里所看到的,这种对反思的自我创建活动(reflexive Selbstbegründung)的要求仍没有得以实现。但是,与我们整个哲学传统(我们就处于这种传统中,并且我们作为哲学工作者就是这种传统)进行对话难道因此就毫无意义吗?难道我们需要为那种使我们已得以存在的东西进行辩护吗?

但是,由此引出了一个最后的问题,这个问题与我所阐发的诠释学普遍化的方法论转换较少关系,而更多地与诠释学普遍化的内容转换相关。就理解的普遍性缺乏一种对于传统的批判原则和似乎崇奉一种普遍的乐观主义而言,理解的普遍性是否意味着一种内容上的片面性?如果仅仅通过继承而存在至少能属于传统的本质,那么能够破坏传统、批判传统和消除传统岂不就当然地属于人的本质了吗?那种在按照我们目的改造实在的活动过程中所产生的东西,在我们对存在的关系中岂不就是更原始的东西吗?就

---

[33] O. 珀格勒在前引书第 12 页以下给出了一个有趣的说明,他指出,从罗森克兰茨的口中,黑格尔对此本来要说什么。

此而言,理解的本体论普遍性岂不就导致一种片面性吗?——理解确实并不单纯地指接收流传下来的意见,或承认传统奉为神圣的东西。海德格尔首先把理解这一概念刻画为此在的普遍规定性,他的意思正是指理解的筹划性质(Entwurfscharakter),亦即此在的未来性。[41]然而我并不想否认,我曾经在理解诸因素的普遍关联中强调了接收过去流传下来的东西这一方面,因此就连海德格尔在这里也可能同我的许多批评者一样,或许感到我在推出结论时缺乏一种终极的彻底性。作为一门科学的形而上学的终结意味着什么?形而上学终结于科学意味着什么?当科学发展到全面的技术统治,并因而导致"在的遗忘"的"宇宙之夜"这种尼采曾预言的虚无主义时,难道我们要目送黄昏落日那最后的一抹余晖,而不欣然转身去期望红日重升的第一道朝霞吗?

但是,在我看来,诠释学普遍化的这种片面性本身就具有自身矫正的真理性。它启发了人的创造、生产和构造活动对于其所受制的必要条件的现代态度。这一点特别限制了哲学家在现代世界中的地位。不管哲学家可以怎样被认为能对一切事物作出彻底的论断,他总是扮演很坏的预言家、报警人、说教者甚至很坏的智者这类角色。

人们所需要的东西并不只是锲而不舍地追究终极的问题,而且还要知道:此时此地什么是行得通的,什么是可能的以及什么是正确的。我认为,哲学家尤其必须意识到他自身的要求和他所处的实在之间的那种紧张关系。

因此,我们必须唤醒并且保持清醒的诠释学意识,承认在这个科学的时代,哲学思维要求自己君临一切,必将包含某种幻想和不切实际的成分。但是,诠释学意识希望,以某种得自记忆的真理的东西,即某种一直是而且永远是实在的东西来对抗人们那种对以往东西进行批判的愈来愈强烈的愿望,这种愿望几近于一种乌托邦或末世学的意识。

30

第 3 版后记

（1972 年）

当我于 1959 年底写完本书的时候，对于本书是否已经"过时"还很不清楚，也就是说，不知道本书对传统历史思想所作的清算是否已算是一种多余的工作。一种同历史性相敌对的新的技术性浪潮的迹象正在扩展。与此相应，对盎格鲁-撒克逊的科学理论和分析哲学的接受与日俱增。最后，社会科学，主要是社会心理学和社会语言学所出现的新高涨也并没有为浪漫主义精神科学的人文主义传统预示美好的前景。但这乃是我的研究借以出发的传统。这勾勒了我理论研究的经验基础——虽说并非我理论研究的界限和目标。然而，即使在古典历史精神科学内部也不可否认地存在着一种转向统计学和形式化这种新的方法手段的风格转变，以致研究需要科学规划和技术组织的要求不容忽视。因接受美国和英国的方法和立场而促成的新的"实证主义的"自我确信已经出现。

如果有人因本书的书名《真理与方法》而抱怨说这里忽视了现代科学的方法严格性，那么这显然是一种浅薄的误解。诠释学所做的是完全不同的工作，但它同最严格的科学习行绝不对立。任何有创见的研究者都不可能从根本上怀疑这一看法，即，虽说科学的方法纯洁性是不可或缺的，但是与仅仅应用习惯的方法相比，倒是对新方法的寻求——它的动力是研究者的创造性想象——更构成一切研究的本质。这一点并非仅仅适用于所谓精神科学的领域。

此外,在《真理与方法》中所进行的诠释学反思也完全不是一种概念游戏。这种诠释学反思完全是从科学的具体实践中产生出来,它对于方法的思考,亦即对于可控制的过程和证伪性都是不言而喻的。此外,这种诠释学反思也总是由科学实践得到证明。如果有人想确定我的工作在本世纪哲学中的地位,那他就必须从以下这点出发,即我力图在哲学和科学之间进行调解,尤其是试图在科学经验的广阔领域——虽说我对这些领域只有概略的了解——创造性地继续扩展马丁·海德格尔所提出的根本问题,这些问题对我具有决定性的影响。当然,这样做需要越过科学理论方法论的有限的兴趣域。但这是否可能成为一种对哲学思考的诘难?因为这种诠释学反思并不把科学研究视为自身目的,而是用它的哲学提问使科学在整个人类生活中的条件和界限成为主题。在科学日益强烈地渗入社会实践的时代,只有当科学不隐瞒它的界限和它自由空间的条件性时才能恰当地行使它的社会功能。对于一个对科学的信念业已达到迷信的时代,这只有从哲学方面才能解释清楚。以此为根据,真理和方法之间的对峙就具有一种不可消除的现实性。

哲学诠释学就以这种方式加入了我们这个世纪的一种哲学运动中,这种哲学运动旨在克服片面指向科学事实的倾向,而这种倾向对于新康德主义和当时的实证主义都是不言而喻的。然而诠释学也具有科学理论的重要性,因为它通过诠释学反思而在科学内部发现了真理的条件性,这种条件性并不存在于研究的逻辑之中,而是先于它而存在的。这点尤其见于所谓的精神科学领域(虽说并非唯有在这个领域中),同精神科学这个概念等价的英语词"moral sciences"(道德科学)已经指明,这种科学是把认识者自身必然隶属的东西作为对象的。

在某种最终的意义上甚至可以说这也适用于"正确的"科学。但依我看来这里作些区别也是必要的。如果说在现代微观物理学中观察者不可能从测量的结果中排除掉,并且必然会出现在微观物理学的测量结果的表述中,那么它就具有一种可以用数学公式表述的精确可陈述的意义。如果说研究者在现代行为研究中发现了能从种族发生史的遗传规定性角度规定他自身行为的结构,那么他就可以说学到了某些关于自身的知识,但这正是因为他用其他的眼光来观察而不是用他的"实践"和自我意识的眼光来观察,而且他既不屈服于赞誉的激情也不顺从对人的贬低。如果与此相反,每一个历史学家自己的立场总是在其认识和评价中清楚可见,那么这种论断并不是对其科学性的反驳。它根本没有说历史学家是否因其自身立场的限制而误入歧途,从而错误地理解和评价传承物,也没有说是否会因为历史学家立场的优先选择(这使他能在直接的时间历史经验中观察到相似之处)而使他能够把至今尚未被观察到的东西显露出来。这里我们就处在一种诠释学问题的中心——但这绝不是说它不再是人们用以判断真伪、消除错误、获得知识的科学方法手段。这在"道德"科学和"正确的"科学中绝无二致。

在经验的社会科学中情况也相同。很明显,这里也有一种"前理解"在指导着它的探讨。它所涉及的是高度发展了的社会体系，这种社会体系使历史地形成而又不可能在科学上证明的规范发生作用。它所表现的不仅是对象，而且也表现了具有方法工作的经验科学合理化的范围。在绝大多数情况下，社会科学研究对象的获得总是由于进入了现存社会的功能联系之中，或是通过同现存占统治地位的社会关系作对的意识形态批判。毋庸置疑，科学研究在这里同样也会导致对社会生活的局部联系相应的科学统治——但同样不可否认的是，它也会被引诱到把其结果外推到更为复杂的联系。这种引诱是很容易发生的。使得对社会生活的合理控制得以可能的事实根据同样也是不确定的——同社会科学相迎合的有一种信仰需要，这种需要严格地吸引住社会科学并远远超出社会科学的界限。我们可以以一个古典的例子来作解释，即J. St. 穆勒为了在社会科学中使用归纳逻辑而提出的例子，亦即气象学。不仅通过现代数据处理和加工而获得的长期的、对更广大空间有效的天气预测至今只具有很小的确定性——就算我们对天气过程有了完全的控制，或者更正确地说，我们支配了大量的数据并从而能作出一种确定的预告（这从根本上说来并不缺乏），与此同时总会出现新的疑难。对过程进行科学控制的本质就在于，使这种过程能服务于任何的目的。这就意味着将会产生出制造气候的问题、影响天气的问题，并且由此会产生经济-社会利益的斗争，我们对这种斗争从现在的预测学角度只具有很少的最初印象，例如有些利益集团有时会试图影响周末的天气预报。在向社会科学的转变中，社会过程的"可控制性"也必然会转入社会工程师的"意识"，这种意识本想成为"科学的"意识但却根本不可能否认自己的社会合作关系。这里存在着一种源自经验社会科学之社会作用的特殊疑难:一方面存在着把经验-合理的研究成果匆忙地外推到复杂情况的倾向,以便能达到科学的、有计划的行动——另一方面,社会成员对科学施加的利益压力也在产生着影响,以便按照他们的意思去影响社会过程。

绝对设置"科学"的理想确实有一种强烈的魅力,而这种魅力又总是使人认为诠释学反思是站不住脚的。由方法思想所导致的观点限制对研究者说来似乎很难被识破的。研究者总是指向他研究过程的方法正确性,但也就是说,他离开了反思这个相反的方向。只要他在维护他的方法意识,那么尽管他实际上反思地进行着研究,他仍然不会使他的这种反思得到系统的意识。一种把自己理解为科学方法论的科学哲学、一种绝不接受它不能通过反复试验过程而确认为有意义的观点的科学哲学绝不会意识到,正是通过这种确认就使它自己处于这种科学之外了。

因此,从根本上说来,同科学哲学进行哲学对话是永远不可能成功的。阿多尔诺[42]与波普尔[43]以及哈贝马斯与阿尔伯特[44]的争论很清楚地表明了这一点。⑫[45]科学理论的经验主义通过把"批判的合理性"提升为真理的绝对尺度的做法,就会把诠释学反思完全合乎逻辑地视为神学的蒙昧主义。⑬

所幸的是在下面这一点上还存在着一致意见,即只存在一种唯一的"研究逻辑",但这种逻辑并不是万能的,因为选定重要的问

---

⑫ [T. W. 阿多尔诺(和他人共同编辑出版):《德国社会学中的实证主义争论》,新维德,1969年。]

⑬ 汉斯·阿尔伯特:《论实践理性》,1968年,第1版。

题并把它们列为研究课题的选择观并不能从研究的逻辑中获得。值得注意的是,科学理论为着合理化起见而沉湎于一种完全的非理性主义,并把通过哲学反思系统组织这种实际认识观的做法斥为不正确,它甚至指责持这种做法的哲学说,它使自己的论断不受经验的影响。科学理论没有认识到,正是它自己促进了一种充满灾难性的对经验的反对,例如,它使自己不受到健全的人类理解和生活经验的影响。当对局部联系的科学控制近于非批判的运用时,情况就是如此。例如,期待由专家们来为政治上的决策负责。按照哈贝马斯的分析,波普尔和阿多尔诺之间的争论有些不尽人意之处。虽说我同意哈贝马斯的观点,即诠释学的前理解总是起着作用因而需要反思的阐明。但我是在以下这点上同"批判的合理性"站在一边的,即我认为完全的澄清只是一种幻想。

鉴于这种情况,在此需要重新讨论两个问题:诠释学反思对于科学方法论究竟意味着什么?以及面对理解的传统规定性如何担负起思想的批判这一职责?

真理和方法之间对立的尖锐化在我的研究中具有一种论战的意义。正如笛卡尔所承认,使一件被歪曲的事物重新恢复正确的特定结构在于,人们必须矫枉过正。然而被歪曲的是事物——而并非作为其反思自我意识的科学方法论。在我看来,这从我描绘的后黑格尔主义的历史学和诠释学中得到足够清楚的表明。如果有人——E.贝蒂的追随者总是这样[134]——担心我所提出的诠释学

---

[134] 我已经在"诠释学与历史主义"(我的著作集,第2卷,第387页以下)一文中探讨了贝蒂富有成果,但却由于热烈的争论而弄错了方向的研究。

反思会使科学客观性烟消云散，那只是一种天真的误解。我认为阿佩尔[46]、哈贝马斯⑬和"批判的合理性"的代表在这里同样盲目。他们全都搞错了我的分析的反思要求，并且搞错了我试图作为一切理解的结构要素加以揭示的应用的意义。他们深深地囿于科学理论的方法论主义之中，因此他们总是注意着规则及规则的运用。他们没有认识到，对实践的反思并不是技术。

我所进行反思的对象是科学本身的过程及其客观性的限制，这种限制可以在科学过程本身中观察到（但没有被接受）。承认这种限制的创造性意义，例如创造性的前见形式，在我看来无非是一种科学正直性的要求，而哲学家必须担保这种科学正直性。对于使人们意识到这一点的哲学怎么可以说它鼓励人们在科学中非批判和主观地进行工作呢？如果有人倒过来期待从数学逻辑中发展逻辑思维，或者从自命为"研究逻辑"的批判理性主义的科学理论中发展科学研究，那么在我看来同样是荒唐的。理论的逻辑如同科学的哲学一样只能满足一种哲学的证明需要，它同科学实践相比只是次要的。在自然科学和精神科学之间存在的所有区别中，实际上只有科学批判方法论的内在有效性才是无争议的。即使极端的批判理性主义者也不会否认，科学方法论的运用要以确定的因素为前提，这种确定的因素涉及论题的选择以及探究的立场。

依我看来在科学方法论方面所产生混乱的最后根据是实践概念的衰亡。实践概念在科学时代以及科学确定性理想的时代失去

---

⑬ 参见阿佩尔、哈贝马斯以及其他人在哈贝马斯编辑出版的文集《诠释学和意识形态批判》（1971年）中所写的文章及我在那文本集中的答辩，第283—317页。[我的著作集，第2卷，第251页以下。]

了它的合法性。因为自从科学把它的目标放在对自然和历史事件的因果因素进行抽象分析以来,它就把实践仅仅当作科学的应用。但这乃是一种根本不需要解释才能的"实践"。于是,技术概念就取代了实践概念,换句话说:专家的判断能力就取代了政治的理性。

正如我们所见,这里所提的问题并不仅仅是诠释学在科学中的作用,而是人在现代科学时代中的自我理解。哲学史为这个现实问题准备好的最重要的教导之一就在于,实践以及由实践所阐明和指导的知识,即被亚里士多德称为 Phronesis 的实际聪明或智慧在亚里士多德的伦理学和政治学中所起的作用。《尼各马可伦理学》第 6 卷是引导我们进入这个已被湮没的问题的最好向导。我想请大家就此问题参阅一本最近的著作,即我的"作为实践哲学的诠释学"一文,它收在由 M. 里德尔主编的文集《实践哲学的复兴》一书中。⑬ 从哲学角度看,从亚里士多德直到 19 世纪初的实践(以及政治)哲学传统这个大背景上所表现出的即是实践对认识表现了一种独立的贡献。具体的特殊性在这里不仅是出发点,而且是一直规定着普遍性内容的因素。

我们对这个问题是以康德在《判断力批判》中赋予它的那种形式去认识的。康德在该书中区别了把个别归置于一般之中的规定判断力和为既存的个别寻找一个一般概念的反思判断力。正如我所认为的,黑格尔曾经有效地指出,对判断力这两种功能所作的区别只是一种纯粹的抽象,而判断力实际上总是兼具这两种功能。

---

⑬ 《实践哲学的复兴》,1972 年[现收入我的著作集,第 4 卷]。

我们把个别归置于其中的一般正是通过这种归置而对自身进行着规定。因此，一条法律的法学意义是通过案例才得到规定，而规范的普遍性从根本上说也是通过具体的事例才得到规定。众所周知，亚里士多德走得更远，他甚至从这种根据出发把柏拉图的善的理念解释为空洞的，如果人们真的必须把善的理念认作最高普遍性的存在物，那么亚里士多德这一解释确实是正确的。[137]

依靠实践哲学传统能帮助我们用这种方式免受近代科学概念的技术自我理解观的影响。但这并不是我的研究的全部哲学目的。在我们所处的诠释学谈话中，我若有所失地感到应该追随这种哲学目的。我于数十年前从主观的"游戏动力"（席勒）领域得来并用作"审美区分"批判的游戏概念蕴含着一个本体论问题。因为在这个概念中糅合了事件和理解的相互游戏以及我们世界经验的语言游戏，正如维特根斯坦为了批判形而上学所强调的。如果有人不加质疑地接受语言工具化的前提，那么我的观点对他就只能表现为一种语言的"本体化"。其实这只是诠释学经验向我们提出的一个哲学问题：发现存在于"技术的"科学概念之中的本体论含义并使诠释学经验得到其理论的承认。在这个方向上必须先进行一种哲学的谈话，这不是为了复活柏拉图主义——而是为了重新恢复同柏拉图的谈话，这种谈话将追问到已经固定了的形而上学

---

[137] 关于这点我可以引证我的论文"Amicus Plato magis amica veritas"（柏拉图的朋友超过友好的真），参见新版《柏拉图的辩证伦理学》，附录，1968年，以及"柏拉图未写出的辩证法"一文，载《短篇著作集》，第3卷《观念和语言》，1971年。[现收入我的著作集，第6卷，第71—89页，以及第129—153页。也可参见我在海德堡科学院发表的论文"柏拉图和亚里士多德关于善的理念"，海德堡，1978年，现收入我的著作集，第7卷。]

概念之后并直抵其尚未被认识的永生。正如维尔(Wiehl)所正确地认识到的那样,怀特海的"柏拉图脚注"可以在这方面变得很重要(参见维尔为怀特海《思想的历险》德文版所写的导言)。不管怎样,我的意图则是,把哲学诠释学的领域同柏拉图的——但不是黑格尔的——辩证法联系起来。我的《短篇著作集》第3卷的标题已经表明了它所讨论的内容:观念和语言。现代语言研究的确值得我们尊重,但是近代科学的技术自我确信却封闭了它的诠释学度向以及其中所存在的哲学任务。

关于诠释学探究所包括的哲学问题的范围,那本由我编著的文集《诠释学和辩证法》(1970年)通过其中各篇文章在各个领域的展开对此提供了很好的介绍。但目前在诠释学方法论这一特殊领域中哲学诠释学已成为经常的谈话对象。

关于诠释学的谈话首先分布在四个学科领域,即法学诠释学、神学诠释学、文学理论和社会科学的逻辑。在那些逐渐地变得浩如烟海的文献内部让我只举出一些著作,即那些与我自己的研究具有明显联系的著作。在法学诠释学中有以下著作:

弗朗茨·维亚克尔:《解释问题》(《美茵茨大学谈话录》,第5页以下);

弗里茨·里特纳(Rittner):《理解和解释》,弗赖堡迪斯大学,14(1967年);

约瑟夫·埃塞尔(Josef Esser):《法律判决中的前理解和方法》(1970年);

约金姆·胡斯卡(Joachim Hruschka):"法律文本的理解",《慕尼黑大学文集》,法学系卷,第22卷,1972年。

在神学诠释学领域中除上面提到的研究者,我还要提出以下新的著作:

古恩特·斯塔克尔(Günter Stachel):《新诠释学》(1967年);

恩斯特·富克斯:《马堡诠释学》(1968年);

欧根·比塞尔(Eugen Biser):《神学语言理论和诠释学》(1970年);

格哈德·埃贝林:《神学语言学导论》(1971年)。

在文学理论中,继贝蒂之后首先应该提到希尔施的著作《解释的有效性》(1967年)以及另外一系列极其强调文学解释理论中的方法问题的著作。可参见 S. W. 施密特-柯瓦切克(Schmied-Kowarzik)"历史科学和历史性",载《维也纳哲学、心理学、教育学杂志》第8期(1966年)第133页以下;D. 贝纳(Benner)"论历史学科学理论的立场",载《维也纳哲学年鉴》第2卷(1969年)第52页以下。我在托马斯·西伯姆(Thomas Seebohm)《诠释学理性批判》(1972年)一书中发现了对于解释过程之方法的绝妙分析,他把所有整体性的思辨概念归到哲学诠释学的名下,从而避开了哲学诠释学的要求。

其他著作还有,H. 罗伯特·尧斯:《挑衅的文学史》(1970年)和《审美经验与文学诠释学》(1979年);列奥·波尔曼(Leo Pollmann):《文学理论》(1971年);哈特(Harth):《语文学和实践哲学》(1970年)。

诠释学在社会科学中的意义首先是由 J. 哈贝马斯作了批判的评价。参见他的报告"论社会科学的逻辑",载《哲学评论》副刊,以及舒坎伯出版社"理论"丛书中的文集《诠释学和意识形态批判》。

同样重要的是《闭联集》杂志发表的法兰克福批判理论同诠释学争论的专刊。卡尔-弗里德里希·格鲁德（Karl-Friedrich Gründer）在 1970 年历史学家年会上所作的讲演对历史科学的一般问题作了很好的概括[Saeculum/22(1971)，第 101 页以下]。

还是让我们回到科学理论问题上来吧。重要性问题并非仅限于精神科学领域。自然科学中所谓的事实并不是指随意测量的数值，而是表现为对某个问题的回答，表现为对某种假设的证明或反驳的测量结果。即使是为了衡量某种数值而进行的试验也不是由于它最精确地按全部技术规则进行而获得合法性。它只是通过研究所处的境况（Forschungskontext）方才获得它的合法性。因此，一切科学都包括着诠释学的因素。正如不可能存在抽象孤立意义上的历史问题或历史事实一样，在自然科学领域中的情况也是如此。但这绝不意味着由于这种可能性科学方法的合理性就会受到限制。"假设的提出和证明"这一公式在一切研究中都存在，它也同样存在于精神科学之中，甚至也存在于语文学之中——当然也存在着以下的危险，即有人会把科学方法的合理性当作所"认识"东西之意义的足够证明。

一旦我们承认了重要性问题，就再也不可能停留在马克斯·韦伯[47]所提出的价值自由的口号上了。盲目的法律哲学观不可能满足马克斯·韦伯所说的最后目标。于是方法的理性主义就在此终结于一种粗糙的非理性主义。如果把它同所谓的存在哲学相联系，那么事情就从根本上被颠倒了。其实正好相反。雅斯贝斯[48]的存在阐明（Existenzerhellung）概念所指的，正是要使终极决定经受一种理性的阐明——否则他不会认为"理性和存在"是不可分的——海德格尔则得出了更为彻底的结论,即用价值和事实的区分来解释本体论的困境并消除掉独断论的"事实"概念。然而在自然科学中价值问题却不起作用。虽说自然科学在其特有的研究联系中(如我所提到的)屈从于可以诠释学加以解释的联系,但它并未由此超越其方法的职权范围。至多只会在唯一的一点上提出一个类似的问题,即自然科学在其科学的探究中是否真的完全独立于研究者作为研究者生活于其中的语言世界观,尤其是它是否独立于自己母语的语言世界框架。⑬ 但从另外的意义上又可以说诠释学总是在这里起着作用。就算我们可以通过一种规范化的科学语言把源自母语的次重音过滤掉,但总还是存在着把科学知识"翻译"成共同语言的问题,自然科学正是通过这种翻译才得到它的交往普遍性,并从而获得它的社会意义。但这并不是指研究本身,而只是指出,研究并不是"自主的",而是处于社会环境之中。这对一切科学都适用。虽然我们并不想为"理解的"科学保留一种特别的自主性,然而我们却不能忽视,前科学的知识在这种科学中起着更为巨大的作用。当然人们也可能以斥骂这种科学的所谓知识的"非科学性"、不能经理性检验等等而自娱,⑬但与此同时人们也就承认这正是这种科学的基本状况。我们也必须提出这一异议,即人们作为非科学性中可信赖的残余而在这种科学上保留下来的前科学知识恰好构成了科学知识的特点,而且这种前科学知识远比人们通过人类联系不断理性化

---

⑬ 维纳·海森堡总是不断地指出这个问题。

⑬ 参见维克多·克拉夫特逻辑严密的论文"作为严格科学的历史研究",载《社会科学的逻辑》,E. 托庇茨(Topitsch)编辑出版,第72—82页。

所能达到的甚而所想达到的东西更重要地规定了人们的实际生活和社会生活（包括推动科学的条件）。因为，难道人们真的愿意让每一个人把社会生活、政治生活以及私人和个人生活中决定性的问题交由一个专家去处理？即使是专家对于他的科学的具体运用也不是使用他的科学，而是用他的实践理性来作决定。为什么说专家的实践理性（即使他是理想的社会工程师）就比其他人多呢？

如果有人用嘲弄的口气指责诠释学科学，说它用修修补补的方式复活了亚里士多德的质的世界观，那在我看来真是暴露了真情。[40] 我撇开以下事实不说，即现代科学也并非总是运用量的操作方式，例如在研究形态的学科中。但我可以援引这一事实，即从我们的语言世界定向而落到我们身上的前知识（这确实是亚里士多德所谓"科学"的基础）在生活经验被同化、语言的传承物被理解以及社会生活在进行的任何地方都起着作用。这样一种前知识当然不是对于科学进行批判、审理的法庭，而且它本身也受到来自科学方面的批判反对——但它却是并永远是一切理解所必须具有的媒介。这样就为理解科学的方法特殊性打上了印记。理解科学所提的任务显然是，限制专业语言术语的构成，并且不构造特殊的语言，而是造就"共同语言的"说话方式。[41]

也许我可以在这里补充一句，即使卡姆拉[49]和洛伦兹[50]提出

---

[40] H. 阿尔伯特的论文，载《社会科学的逻辑》，第138页。
[41] D. 哈特：《德国季刊》，1971年9月号，他在一篇扎实的论文中正确地强调了这一点。

的《逻辑学概论》⑭要求哲学家在方法上"引入"完全可以由科学检验的陈述作为合法的概念,但它自身也总是由事先作为前提设定的语言前知识和必须批判地澄清的语言用法这一诠释学循环所补充。对建立这样一种科学语言理想当然不能有所反对,因为这种理想无疑在许多领域尤其在逻辑学和科学理论领域中作了重要的澄清,并且就它引出负有责任心的谈话而言,在哲学领域中也不该对之设置界限。黑格尔的逻辑在一种包罗一切科学的哲学主导思想下所作的一切,洛伦兹则在对"研究"的反思中寻求,并试图重新论证它的逻辑有效性。这当然是一项正当的任务。但我想辩护的是,从语言积淀的世界解释中涌流出来的知识和前知识的源泉,即使在人们认为理想的科学语言业已臻于完美时也保持着它的合法性——这也适用于"哲学"。我在我的书中说到的并尽我可能运用了的概念史解释都被卡姆拉和洛伦兹用以下的说法轻蔑地抛到一边,即传统的论坛不可能说出确定的、意义清楚的判断。实际情况却不然。然而,能够在这样的论坛面前进行辩白,也就是说:并不是发明同新的观点相适的语言,而是从生动的语言中取出合适的语言,我认为这是一个正当的要求。哲学的语言只有当它使从语词到概念和从概念到语词的通道在两个方向上都保持畅通时,它才能满足这种要求。在我看来,即使卡姆拉和洛伦兹在维护他们自己的程序时也经常求助于语言用法。当然这不是通过逐渐引进概念在方法上构造一种语言。但这也是"方法",它能使人意识到概念语词中所存在的意蕴,并如我认为的,它也是同哲学的事物研

---

⑭ W.卡姆拉、P.洛伦兹:《逻辑学概念——合理说话的预备性训练》(1967年)。

究相适合的方法。因为哲学研究事物并不仅限于对科学的程序进行反思的阐明。它也不在于从我们现代知识的多样性中得出"总和",并把这种总和知识修饰成一种整体"科学观"。哲学必须处理的乃是我们世界经验和生活经验的整体——它绝不像其他科学,而只是像我们在语言中表达出的生活经验和世界经验自身所作的那样。我绝没有宣称,这种整体性的知识表现为一种真正确实的知识而无须在思想上接受愈来愈新的批判。但我们绝不可忽视这种"知识",不管它以什么形式表达出来——以宗教的形式或箴言的形式,以艺术品抑或哲学思想的形式。甚至于黑格尔的辩证法——我指的并不是系统地构成哲学证明的方法,而是指作为它基础的概念(这种概念声称能把握整体)向其对立面"转化"的经验⑭——也属于我们人类经验内在自我解释的形式和主体间性的表现。我在本书中对这种含糊的黑格尔模式作了一种同样含糊的使用,对此现在请参阅我新出版的小册子《黑格尔的辩证法,五篇诠释学研究》,蒂宾根,1971年[扩充的第2版,1980年],该书包括了对这种含糊性所作的详细解释,但又是一种确切的说明。

经常有人对我的研究提出以下的责难,说它的语言太不确切。我认为这不只是对一种缺陷的揭露——这种缺陷可能总是存在,而且在我看来这是同哲学的概念语言任务相适应的,即以牺牲概念的确切界限为代价从而使它能同语言世界知识的整体交织在一

---

⑭ 波普尔根本没有提出这种经验,因而他的批判所针对的"方法"概念并不适用于黑格尔,参阅"什么是辩证法?",载《社会科学的逻辑》,E.托庇茨编辑出版,第262—290页。

起,并且使它保持同整体的生动联系。这就是哲学与生俱来的"语言困境"的积极含义。在很特殊的时刻和很特殊的条件下——这种时刻和条件并不能在柏拉图、亚里士多德、埃克哈特大师[51]、库萨的尼古拉、费希特和黑格尔那儿找到,而也许是在托马斯、休谟和康德那儿发现——这种语言困境将总是隐藏在一种匀称的概念体系之中,而唯有在考虑到思想的运动时——而且也必然在这种时刻——才会重新浮现。对此可参见我在杜塞尔多夫的演讲"概念史和哲学语言"(14)。我们在哲学语言中所用的并使之达到概念精确性的语词总是蕴含着"客观语言"的含义因素,因此它总是保留着某种不合适性。然而在生动语言的每一个语词中都能听出的意义联系都同时进入到概念语词的潜在意义之中。而对于概念说来,不管怎样使用共同语言的表达,都无法达到这一点。但这对于自然科学中的概念构成却无关紧要,因为在自然科学中经验关系控制了一切概念的使用并使其对单义性的理想负有责任,从而纯粹地制订出陈述的逻辑内容。

但是,在哲学领域以及一切有前科学语言知识的前提进入认识的地方就不一样了。语言在那里具有另外的作用,它并非对所有东西作尽可能单义的指称——语言是"自身给出的"(Selbstgebend),并把这种自身给出带到交往之中。在诠释学科学中通过语言的表述并非简单地指示出一种事实情况,这种事实情况是我们用其他方式通过检验能达到认识的,相反,诠释学总是致力

---

⑭ 载《北莱茵河-威斯特法伦州研究协会会刊》第170卷(1971年)[现收入《短篇著作集》,第4卷,第1—16页;我的著作集,第4卷]。

于使事实情况的含义如何显示出来。这就构成了对语言表达和概念构成的特殊要求,即要把事实情况得以意指某物的理解联系一起指出来。因此,一个表述所具有的引申意义并不会妨碍它的理解性(因为它并未单义地标示出它的含义),相反,它强化了自己的理解性,因为所意指的联系作为整体是在理解性中得到的。这里在语词中所构造并且唯有在语词中才表现出来的是一个整体。

按照传统的方式人们在这里看到的乃是一种单纯风格的问题,并指出这只是修辞学范围内的一种现象,它是与通过激起情感而达到的劝说有关。或许人们也可以想到现代的美学概念。因为"自身给出"似乎是一种审美性质,它产生于语言的寓意性质。也许人们不会承认其中存在着一种认识因素。然而在我看来"逻辑的"和"审美的"这种对立是大可怀疑的,只要所涉及的是真正的谈话而不是像洛伦兹所认为的那样涉及对一种正统语言精巧的逻辑构造,我认为去感受在一切特殊语言要素、艺术表达等等以及日常语言之中的干扰,这并不是更为低级的逻辑任务。这就是诠释学的任务,即所谓规定语词合适性这另一极的任务。

这就把我引到了诠释学的历史。在我的研究中,对诠释学历史的研究本质上是一种准备性的、构成背景的任务,其后果则使我的表述呈现出某种片面性。这也适用于施莱尔马赫。我们在吕克出版的著作中所读到的施莱尔马赫关于诠释学的讲演,以及 H. 基默尔编在海德堡科学院论文集中的原始材料(这些材料现在附有一个详尽批评性的补遗⑮),还有牵涉到与沃尔夫和阿斯特论战关系的施莱尔马赫的科学院讲演,这一切材料就其对哲学诠释学的理论重要性角度讲都无法同施莱尔马赫的辩证法讲演,尤其是其中包括的对思想和说话之联系的讨论相比拟。⑯

此外,我们从狄尔泰的作品中又得到新的材料,狄尔泰描写了施莱尔马赫的哲学,尤其是相当出色地描绘了这种哲学的时代背景即费希特、诺瓦利斯、施莱格尔的哲学。M.雷德克的贡献在于,他从狄尔泰的遗稿中用详细批判的形式编辑出版了狄尔泰的《施莱尔马赫传》第 2 卷。⑰ 狄尔泰对诠释学在 17 和 18 世纪的前历史所作著名的,但迄今未为人知的描述只是在该书中才首次问世(众所周知的1900年科学院院刊对此只作了一个概述)。该书在来源研究的彻底性、一般历史背景和详尽的描述诸方面都使其他著作——不仅我自己千辛万苦写出的小文章⑱,而且也包括约金姆·瓦赫(Joachim Wach)著名的典范著作⑲——显得相形见绌。

自从卢茨·盖尔德塞策(Lutz Geldsetzer)重印了一系列诠释

---

⑮ H.基默尔关于 E.D.E.施莱尔马赫《诠释学》出版的说明,并有关于日期、更正和说明的附录,海德堡,1968 年。

⑯ 不幸的是,关于施莱尔马赫的辩证法尽管我们有哈尔帕(Halpern)和奥德布莱希特(Odebrecht)的本子,但尚无满意的版本。因此约拿斯(Jonas)的版本仍是完全不可缺少的。我们急切地希望这个缺陷能够得到弥补,尤其是在编辑方面因其与尚未得到的关于黑格尔演讲录的批判性版本具有类似之处,因而对它表现出巨大的兴趣。

⑰ 参见狄尔泰:《施莱尔马赫传》,第 2 卷,1 和 2,柏林,1966 年。

⑱ [目前可参阅我和 G.伯姆(Boehm)编辑出版的《哲学诠释学讲演》,法兰克福,1976 年。]

⑲ [J.瓦赫:《理解——19 世纪诠释学理论史的基本特征》,三卷本,蒂宾根,1926 年重印本,希尔德斯海姆,1966 年。]

学的新材料之后,⑮⁰我们就可以用另外的方式来讲授以往的诠释学历史。除了迈耶(Meier)之外还有一个出自弗兰西斯(Flacius)、卓越的梯鲍特(Thibaut)(他的东西如今已很容易阅读)以及其他一些人——例如受到我高度重视的克拉顿尼乌斯等——的重要的理论阶段。盖尔德塞策对这些新材料加上非常仔细、令人叹为观止的博学的导言。当然,狄尔泰的重点和盖尔德塞策在导言中所强调的重点与我自己根据重点的例证,尤其是关于斯宾诺莎和克拉顿尼乌斯的例证而提出的重点是非常不相同的。

在最近关于施莱尔马赫的研究中也有类似情况,尤其是 H. 基默尔、H. 帕茨(Palsch)⑮¹的文章和 G. 瓦蒂莫(Vattimo)的书。⑮² 也许我把施莱尔马赫心理学(技术)解释的倾向同语法-语言解释的对立划分得过于明显。⑮³ 但不管怎样这点总是他最有特点的贡献,而且也正是心理学解释才构成了他的学派。对此我可以根据赫尔曼·施泰因塔尔(Hermann Steinthal)的例证以及狄尔泰对施莱尔马赫的追随来释除大家的怀疑。

威廉·狄尔泰在我研究的问题中所占的重要地位,以及我对他那种一方面站在本世纪的归纳逻辑上而另一方面又维护浪漫主义-唯心主义遗产(对于后期狄尔泰来说,这种遗产不仅包括施莱尔马赫,而且也包括青年黑格尔)的摇摆不定态度的强调都是由我

---

⑮⁰ 《哲学文献:诠释学丛书》,第 1—4 卷,杜塞尔多夫,1965 年。
⑮¹ H. 帕茨:《神学和教会杂志》,1966 年,第 434—472 页。
⑮² G. 瓦蒂莫:《施莱尔马赫是解释哲学家》,米拉诺,1968 年。
⑮³ [对此参见 M. 弗兰克(Frank)的著作《个体的一般——施莱尔马赫的文本结构和文本解释》,法兰克福,1977 年。]

自己研究立场的理论目的所决定的。在这里新的研究重点是值得注意的。彼得·克劳塞(Peter Krausser)从相反的目的追随狄尔泰广阔的科学兴趣并以他的遗稿为材料展示了这些兴趣的某些方面。[154] 克劳塞借以表现狄尔泰这些兴趣的重点当然只会在那些通过狄尔泰在本世纪20年代的后期活动才开始认识狄尔泰的一代人中产生影响。对于那些早期强调狄尔泰对于历史性和把精神科学奠基于自己理论目的上的兴趣的人们,比如对米施、克罗图伊森(Groethuysen)、斯潘格(Spranger)以及雅斯贝斯和海德格尔来说,则认为狄尔泰积极地参与了他那时代的自然科学,尤其是那时代的人类学和心理学,这是不言而喻的。克劳塞用一种几乎是控制论分析的手段发展了狄尔泰的结构理论,从而使精神科学的基础完全遵照自然科学的模式,并且自然是以一种极为模糊的数据为根据,以致每一个控制论者都会对之画十字的。

M.里德尔对狄尔泰关于历史理性的批判(尤其是由布雷斯劳时代的著作所证明)所表示的兴趣要远甚于他对后期狄尔泰的兴趣,虽说他在重印的《精神科学中历史世界的建立》中展示了后期狄尔泰的著作。[155] 他给予狄尔泰的精神科学兴趣以一种有趣的社会批判重点,并认为狄尔泰的真正关键乃在于他的科学理论探究,因此在他看来,人们把狄尔泰作为生命哲学辩护人而谴责他的非理性主义就显得纯属误解。这样,由我提出的狄尔泰立场的摇摆性,即他在科学理论和生命哲学之间的不定性就以对立的意义清

---

[154] 《狄尔泰对有限理性的批判》(1970年)。

[155] 舒坎伯出版社(1970年)。

楚地表达出来；在这些作者的眼中，解放性的解释不仅是狄尔泰身上最深层、最强烈的动力，而且说也奇怪，也是他身上最有创造性的动力。[156]

对我哲学诠释学概念最重要的异议是，我徒然地要从一切理解和一切相互理解（Verständigung）的语言束缚性中推断出认可（Einverständnisse）的基本意义并由此为着有利于现存的关系而证明社会前见乃是正当的。然而，相互理解唯有在原始认可的基础上才可能成功，而且理解和解释的任务也绝不能描述成好像诠释学必须克服流传下来的文本显然的不可理解性，甚或克服由于误解而造成的谬论，这些看法都是正确的并且在我看来乃是真正的观点。它们对我来说是正确的，这既不是在早期临时诠释学的意义上——因为这种诠释学并不对其他的前提进行反思，也不是在施莱尔马赫和浪漫主义的传统决裂的意义上——因为对施莱尔马赫和浪漫主义者说来，在一切理解中唯有误解是首要的。一切语言的相互理解并非仅以对词义和所说语言之规则的认可为前提。相反，在一切能够被有意义地讨论的东西中，倒是鉴于"事物"许多东西是无可争议的。我对这一点的坚持也许会造成一种保守的倾向，并为诠释学反思隐瞒了它真正的、批判-解放的任务。

这里涉及的显然是关键点。对这个问题的讨论首先是在作为"批判理论"继承者的哈贝马斯和由我为另一方之间进行的。[157] 双方似乎都同意有某些最终的、几乎未加以控制的前提在起作

---

[156] ［关于最近的狄尔泰研究请参见我的著作集第3卷中的论文。］
[157] ［参见文集《诠释学和意识形态批判》以及我的著作集第2卷第4部分"续编"里的文章。］

用——虽然在一方,在哈贝马斯及许多追随古老的启蒙运动口号——即要通过思想和反思消解掉陈腐的偏见并扬弃掉社会特权——的人那边,相信"无约束的对话"(denzwangsfreien Dialog)。哈贝马斯在这里提出了"非事实认可"(das kontrafaktische Einverständnisse)的基本前提。而在我这边则相反,是深深的怀疑,即我对幻想的自我过高评价抱有的怀疑,这种自我过高评价自以为能够衡量哲学思想在社会现实中的作用——换句话说,我反对同人类情感的感情动力相比对理性作不现实的过高估价。如果说我对于诠释学和意识形态批判之间的争论不带着修辞学所起的重大作用就不可能思考,那么这并不是文学上的偶然事件,而是对一种系统整体深思熟虑的勾勒。马克思、毛泽东和马尔库塞[52]——人们可以在今天的墙报上发现他们被这样地列在一起——之所以广为人知确实并不是由于"合理的无约束的谈话"……

把诠释学实践及学科同一门可学的纯技术(不管它叫作社会技术抑或批判方法)相区别之点在于,在诠释学实践中总有一种效果历史的因素在共同影响着理解者的意识。这里存在着一种根本的转折,即被理解的东西总是发展一种有助于形成新信念的信念力。我并不否认,当我们想理解的时候必须努力同自己的意见保持距离。谁想理解,谁就不该对他理解的对象先持赞同态度。但我认为,诠释学经验告诉我们,这种批判性的努力总是仅仅在有限的范围内才产生作用。我们所理解的对象也总是在为自己说话。向一切理解性开放的诠释学宇宙的全部财产就建筑在这个基础上。诠释学宇宙既然把其整个活动范围都投入游戏,从而也强迫理解者把自己的前见置入游戏。这就是从实践并且唯有从实践才能使人得到的反思的好处。语文学家的经验世界以及我高度注意的他们那种"趋向文本的存在"(Sein zum Texte)实际上对于同人类实践整体交织在一起的诠释学经验说来只是一个片断和一种方法上的解释地域。虽说在这中间对写成东西的理解具有特别的重要性,但它只是一种后来的并因而是派生的现象。诠释学经验实际上就同理性生物的谈话预备状况(Gesprächsbereitschaft)一样宽广。

我发现我们没有认识到以下事实,即诠释学领域其实是诠释学和修辞学分享的领域:令人信服的论据的领域(而并非逻辑强制性领域)。它就是实践和一般人性的领域,它的活动范围并不是在人们必须无条件地服从的"铁一般的推论"力发生作用的领域,也不是在解放性的反思确信其"非事实的认可"[53]的地方,而是在通过理性的考虑使争议点得到决定的领域。正是在这里,讲话艺术和论证技巧(及其沉默的自我思虑)才得其所哉。如果说讲话术同样乞求情感(这点自古就是如此),那它也决未因此就脱出了理性的领域。维柯正确地赋予它一种特有的价值:Copia,即丰富的观察角度。如果有人(比如哈贝马斯)认为修辞学具有一种强制特性,因而我们为了能进行理性的无约束的谈话就必须抛弃它,那在我看来真是太不符合事实了。这样做不仅低估了巧于辞令和剥夺理性能力的危险,而且也低估了用语词进行相互理解的机会,而社会生活正是建筑在这种理解的基础之上。一切社会实践——也许也包括革命实践——没有修辞学的作用都是不可想象的。正是我们时代的科学文化才把它显示出来。它为人类相互理解的实践提出了不断增长的巨大任务,把任何时代科学控制事物的特定领域组合到社会理性的实践之中:现代大众媒介就在此出现了。

如果在修辞学中只看到一种纯粹的技术,甚至只看到一种操纵社会的工具,那就贬低了修辞学的意义。其实修辞学是一切理性行为的本质方面。亚里士多德就没有把修辞学称作技术而是叫作能力(Dynamis),因此它也属于对人的一般规定,即人是一种理性生物。我们这个工业社会所发展出的对公众意见有计划地进行组织也许具有很大的影响领域并继续为社会操纵服务——但它并未穷尽理性论证和批判反思的领域,而社会实践正占有这些领域。[153]

对这种实际情况的承认当然是以以下观点为前提,即解放性反思的概念具有极大的模糊不定性。这里涉及的是一个朴实的问题,即对我们的经验作适当的解释。理性在我们人类实践方面究竟起着何种作用?不管怎样它总具有一般的反思形式。这就是说,它并非只是努力运用理性手段以达到预设的目标和目的。它并不是限制在目标合理性领域。在这一点上诠释学和意识形态批判一样都是反对"科学理论"的,因为科学理论业已把它的内在逻辑和研究成果的应用当作社会实践的原则。诠释学反思同样也使人意识到目标,但这并不是在预先认识那种事先设定的最高目标(对手段的目标合理性的反思乃追随这一目标)的意义上。这是一

---

[153] 我认为 C. 佩雷尔曼(Perelman)和他的学生们的研究对于哲学诠释学作出了极有价值的贡献。尤其是他的《论证的特征》(与 L. 奥尔布莱希特-梯特卡合著)以及最近出版的《论证的范围》(上述两部著作均在布鲁塞尔大学出版社出版)[还可参见 C. 佩尔曼的新书《新修辞学和人性——修辞学及其应用论文集》,多特莱希特、波斯顿、伦敦,1979 年]。

种谬误，它来源于技术理性在该领域中的应用，即只考虑选择正确的手段，而把目标当作业已预先决定了的。

从最终的意义上说，一切社会实践总有某些预先决定的因素，例如无论个人或社会都旨在追求"幸福"。这似乎是具有明显合理性的自然说法。但我们必须承认康德的观点，即作为想象力之理想的幸福乃是缺乏一切固定的规定性的。但我们实际的理性需要却要求我们在考虑目标时使用如同我们考虑与目标相适应的手段时那同样的确定性来思考，这就是说，我们在行动时要能够意识到另一件行动的可能性，并把一个目标隶属于另外的目标之下。我们并不是简单地把社会生活的现存秩序作为前提，并在这种既存范围内形成我们实际的选择，恰好相反，我们随着自己所作出的每一次决定就处于自己方式的后果之中。

同结果相联系，这当然属于理性的目标，但也同样属于不断合理地追求有限目标的技术目标。但只有在可以技术地控制的目标合理性之外它才正确地在实际经验中发挥作用。结果在这里不再是选择手段的自明的合理性，为了中止这种观点，马克斯·韦伯在社会政治行动这个极度失真的领域中进行了不懈努力。其实这里涉及的是意愿能力的结果。谁处于真正的选择状态，谁就需要一种首要的尺度，以便他在这种尺度的控制下进行他得出决定的反思。这种反思的结果又并非仅仅是把某种考虑正确地置于主导的尺度之下。凡对我们作为正确的东西，它也在规定着尺度本身，这并不是说获得的决定就是由此而预先定好了，而是说由此就使对确定行为目标的决定本身得到了构成。于是，结果在这里最终就意味着连续性（Kontinuität），唯有这种连续性才使得自身同一性充满内容。这就是康德的道德哲学反思以相对于一切功利主义-技术性的计算而作为道德规律的形式性质起作用的真理。

但是我们可以遵照亚里士多德以及一种延伸至今的传统而从这种对"正确"的规定中引出一幅正当生活的图景,而且我们肯定会赞同亚里士多德的观点,即当我们遇到"批判的"决定时,社会预先形成的榜样总会不断继续地得到规定——直到我们不可能再意识到其他的规定性,亦即我们的"伦理"对我们成了第二"自然"[159]。于是,个人的榜样和社会的榜样就这样地构成着,而正因为如此,年轻一代的理想才相对于老一代人的理想而得到改变,以便重新通过自己行为的具体实践而在自己的活动空间和目的关系中继续规定自己,即确立自身。

那么解放性反思又在何处发挥作用呢？我可以说,当然是到处都发挥着作用,它消解了旧的目的观,从而又使自己体现在新的目的观里。它只服从历史生活和社会生活本身的进步规律。如果解放性的反思想考虑一种实现了的反思观念,以便在这种观念中使社会从经常的解放过程中——社会在这种过程中摆脱传统的束缚而构成新的联系有效性——提升到一种最终的、自由和合理的自我占有,那我就认为它是空洞的和非辩证的。

如果我们把解放说成是通过意识而从强迫中解脱出来,那这只是一种很相对的说法。解放的内容依赖于它所涉及的是何种强迫。正如我们所知,个体心理的社会化过程总是同排除本能和放

---

[159] 参见我的论文"论哲学伦理学的可能性",载《短篇著作集》,第1卷,第179页以下[目前可参见"世间有否尺度",第1和第2部分,载《哲学评论》,第31卷,1984年,第161—177页和第32卷,1985年,第1—26页]。

弃欲望具有必然联系。人类的社会和政治共同生活是由社会秩序组织起来，这种秩序又对何为正确构成决定性的影响。在个体心理的领域可能存在某种神经官能的歪曲，它使应有的社会交往能力成为不可能。这里我们可以通过解释和意识来消除掉交往干扰的强制性。实际上它的作用不外是把受干扰的人重新引回到社会的正常世界中。

类似情况也存在于社会-历史生活中。在那里控制的形式也可能使人感到是种强制，而对这种强制的意识就意味着唤醒那种同普遍性新的同一的欲望。黑格尔对实证性的批判——对基督教、德国宪法、残余封建主义的批判——就是对此极好的例子。但我认为这种例子并不能证明我的批判者假设的看法，即对现存统治关系的意识总是起着一种解放的作用。意识也能帮助通过权威而形成的行为方式转变成规定着自己自由行为的主导观念（Leitbilder）。对此黑格尔也是一个极好的例子，这个例子只是对这种预先设定的想法来说才显得是复旧的。实际上，传统——并不是作为过去流传下来的事物的保卫者，而是作为道德-社会生活的继续创造——总是依据于自由的意识。

凡可以归属到反思的东西与被预先成型所规定的东西相比总是有限的。同人类有限性的实际情况相对立的是盲目性，它导致启蒙运动的抽象口号和贬低一切权威——如果认为承认这种状况就会导致在政治上采取保卫现存关系的立场，那就是一种严重的误解。实际上所谓进步或革命——如同保守一样——如果都要求一种抽象的、预定的神圣知识，那就只是一种纯粹的夸夸其谈。也许在革命环境中出现的罗伯斯庇尔、抽象道德家——即想按照他们的理性重新安排世界的人——会赢得人们的赞同。但这些人显然已经寿终正寝。如果有人把一切反思的辩证性质及其同既存物的关系同整个启蒙运动的理想相联系，那我只能把它看作是精神充满厄运的混乱。在我看来，这就同那种认为个体是生活在对其动力和动机有完全意识和控制之中，因而个体可以达到完全合理的自我解释这种理想一样地荒唐。

唯心主义同一哲学的意义概念在这里显然也是危险的。它把诠释学反思的范围缩小到所谓的"文化传承物"，这似乎继承了维柯的观点。维柯只认为由人制造出的东西才可能被人理解。但作为我研究中心课题的诠释学反思却试图证明，这样一种意义-理解概念是错误的，而且我也必须在这一点上限制维柯的著名定义。[160]我认为阿佩尔和哈贝马斯都坚持这种唯心主义的意义-理解概念，这同我的整个分析手法不相吻合。我把我的研究指向其"意义"对概念性的理解来说是不可穷尽的艺术经验，这绝非偶然。我通过审美意识的批判和对艺术的反思——而不是直接通过所谓的精神科学——发展出一种普遍的哲学诠释学立场，这绝不意味着要避开科学的方法要求，而是对诠释学问题所占据的领域的首次测定，这个领域不能用任一种科学来标志而只能用诠释学领域来标志，它把先于一切科学方法需要的前定领域暴露在光天化日之下。因此，艺术经验在多重意义上都是很重要的。艺术作为我们审美教化意识之内容所要求的时间优势又是如何？难道这里不会引起一种怀疑，即这种意为"艺术"的审美意识——如同提升为伪宗教的"艺

---

[160] ［参见我的著作集，第1卷，第24页以下。］

术"概念一样——是否缩减了我们对艺术品的经验,就像历史意识和历史主义缩减了历史经验一样?这两者不是同样的情况吗?

这个问题也同样表现在克尔凯郭尔的"共时性"(Gleichzeitigkeit)概念上,这个概念当然不是指历史再现化(Vergegenwärtigung)意义上的普遍同在(Allgegenwart),而是提出了一个我后来称之为"应用"的任务。为了反对波曼(Bormann)的反驳,我想对这一观点作一下辩护,即我提出的共时性(Gleichzeitigkeit)与审美同时性(Stimultaneität)的区别是在克尔凯郭尔含义上的区别,尽管这自然是另外一种概念使用。[61] 如果说克尔凯郭尔在其日记中写过"共时性状态是被完成的"(wird zuwege gebracht),那么我也说过类似的意思,我的原话是"完全被中介"(total vermittelt),亦即达到直接的共在(Zugleichsein)。当然,对于听到过克尔凯郭尔在反驳"中介"(Mediation)时所用的语言的人说来,我的说法仿佛退到了黑格尔。我们在这里碰到了黑格尔体系的封闭性为一切研究所准备的典型困难,即要与黑格尔体系的概念力量保持距离。我和克尔凯郭尔都遇到这同样的困难,而我则试图借助于克尔凯郭尔的概念表述自己同黑格尔的距离。因此我首先求助于黑格尔,以便在反对历史观的天真的非概念性中强调诠释学关于当时和今天进行中介的度向。我在这个意义上让黑格尔与施莱尔马赫相遇。[62] 实际上我跟随黑格尔关于精神历史性的观点还要更进一步。黑格尔的"艺术宗教"概念所指的就是引起我对审美意识的诠释学怀疑的东西:艺术并非就是艺术,而

---

[61] 载《诠释学和意识形态批判》,哈贝马斯编辑出版,第88页以下。
[62] [参见我的著作集,第1卷,第171页以下。]

是宗教,是神性的显现,是神性本身的最高可能性。如果一切艺术都被黑格尔解释成某种过去的东西,那它似乎也就受到历史地回忆着的意识所关注。因此,艺术作为过去的东西就获得了审美同时性。对这种联系的认识为我提出了诠释学的任务,即把真正的艺术经验——并不是被体验为艺术的艺术——通过审美无区分概念而从审美意识中划分出来。这在我看来是一个正当的问题,它并非产生于对历史的崇拜,而是在我们的艺术经验中不可忽视的。把"艺术"看成原本对一切时间都是现代的——无历史的——或者看成为历史的教化体验,这种两分法乃是错误的。[163] 黑格尔是对的。因此我现在不能跟从奥斯卡·贝克尔的批判,[164] 正如我们不能跟从某种只在有限范围内才有效的历史客观主义一样:诠释学的综合任务一直存在。也许有人会说,它更符合克尔凯郭尔的伦理研究而不是他的宗教研究。波曼在这一点上也许是正确的。但是伦理研究在克尔凯郭尔处不也同样占有某种概念的优势地位?它虽说也向宗教转化,但只不过是为了"使人注意"。

如今,黑格尔的美学重又受到高度重视。我们有理由说:对于审美性的超时间要求和艺术作品和世界的历史一度性之间的冲突,黑格尔的美学代表了至今为止唯一现实的解决,因为它把两者放在一起思考,并由此使艺术成为完全"可以回想的"。这两者在

---

[163] 我认为,H.库恩的《艺术作品的本质和作用》(1960年)就受到这种抽象地划分宗教和艺术的阻碍。相反,我认为 W.本亚明虽然也承认艺术具有彻底的过去性[当他谈到艺术品的"影响力"(Aura)的时候],但他认为艺术品在其可以技术地复制的时代具有一种新的政治作用。这种作用完全改变了艺术的意义,特奥多·阿多尔诺在他的《美学》一书中针对这种作用提出了中肯的反对意见。

[164] 《哲学评论》,第10卷,第225—237页。

这里显然联系了起来：自从基督教出现之后，艺术就再也不是真理的最高方式，再也不是神性的启示（Offenbarkeit），并从而变成了反思艺术——另一方面，精神所进展的阶段，即表象、概念、天启宗教和哲学却趋向于把艺术仅仅作为艺术来把握。从反思艺术到艺术反思的转化，以及两者的互相渗透，在我看来并不是磨平不同点（维尔），⑯而是构成了黑格尔观点客观可证明的内容。反思艺术并不是艺术时代的晚期，而已是从艺术向知识的转化，唯有这样艺术才成其为艺术。

这里出现了一个通常总被人忽视的特殊问题，即在艺术殿堂的等级中，语言艺术的标志是否就在于它指出了这种转化。⑯ R.维尔令人信服地指出，在构成戏剧艺术核心的情节（Handlung）概念中，可以发现通向辩证思维剧作艺术的联系环节。这确实是黑格尔含义深刻的观点之一，它在他美学的概念体系中闪闪发光。我觉得同样值得注意的是，这种转变在语言性首次出现时亦即在抒情诗中就已存在。虽说抒情诗中并未表现情节，而在人们今天称之为"语言情节"的东西中（它也适用于抒情诗）也并未出现情节性。这就在一切语言艺术之中构成了语词所具的谜一般的容易性——这种容易性是同绘画艺术必须借以实现的材料的抵抗性相对而言的——从而人们根本不可能想到这样一种说话居然也叫情

---

⑯ R.维尔："论黑格尔美学范畴的情节概念"，载《黑格尔研究》，第 6 卷，特别参见第 138 页。

⑯ ［参见我的论文"论诗艺术对探求真理的贡献"（《短篇著作集》，第 4 卷，第 218—227 页；我的著作集，第 8 卷）；"哲学和诗歌"（《短篇著作集》，第 4 卷，第 241—248 页；我的著作集，第 8 卷）；以及最近发表的"黑格尔艺术体系中的诗歌"，载《黑格尔研究》，第 21 卷，1986 年。］

节。维尔说得对:"抒情诗是纯粹语言情节的表现,而不是对以语言情节的形式出现的情节的表现(就如戏剧)"。但这就是说,语言在这里作为语言而出现。

于是语词和概念的关系就开始起作用,这种关系先于维尔所提出的戏剧和辩证法的关系。⑩ 正是在抒情诗中语言才以其纯粹本质出现,因此在抒情诗中语言的一切可能以及概念的可能性好像都被包藏在那里。当黑格尔认识到,语言性同其他艺术"材料"的区别就在于整体性时,他就已经认识到这根本观点。这是一个曾经促使亚里士多德把某种特有的优势归于倾听的洞见——尽管注视在自然意义上具有许多优势,因为倾听接纳了语言并因此而接纳了一切而不仅仅是可见物。

黑格尔当然没有特别指出抒情诗的这种语言优势。他过多地受到以歌德为代表的自然性理想的影响,因此他把抒情诗仅仅当作内在性的主观表达。实际上抒情诗的语词是绝妙意义上的语言。这尤其表现在,抒情诗的语词能被提高到纯粹诗的理想。这点虽然不属于辩证法的发展了的形式——就如戏剧所作的——但却可以属于作为一切辩证法之基础的思辨性。无论在思辨思想的语言运动抑或"纯"诗歌的语言运动中精神的自我出现都得到了实现。阿多尔诺曾经也正确地看到在抒情诗的表述和思辨-辩证表述之间的亲缘性。——而首先马莱麦(Mallarmé)[54]自己就曾经这样说。

还存在着另一种同样含义的证明,这就是各种不同形式的诗

---

⑩ [参见我的著作集第2卷论文"文本与解释",并参见本书 I 第330页以下。]

歌可被翻译的层次性。维尔取自于黑格尔的"情节"的尺度与这种尺度几乎是对立的。无须争议的是：抒情诗越是接近纯粹诗的理想，它就越难于翻译：声音和意义的互相交织显然在这里达到不可消解的程度。

至今我在这个方面进行了深入的研究，当然我并不是唯一这样做的人。威莱克-伐伦（Wellek-Warren）所使用的"外延的-内涵的"（denotative-connotative）的区分要求作更详细的分析，我在对各种语言方式作分析时首先注意的是文字性对于语言的理想性所具有的意义。保尔·利科尔[55]最近在类似的思考中也得出了同样的结论，即文字性证明了意义的同一性并从说话者的心理因素摆脱出来。这就从事实本身解释了——顺便说一下——为什么继施莱尔马赫之后的诠释学，尤其是狄尔泰尽管预先接受了心理学的规定，但却不采用浪漫主义把诠释学建基于生动的对话的观点，而是返回到旧诠释学所强调的"用文字固定下来的生命表达"。与此相应，狄尔泰在诗歌解释中看到了诠释学的凯旋。相反，我却把"谈话"作为语言相互理解的结构加以揭示，并把谈话描述为问答辩证法。这也完全证明了我们"趋向文本的存在"。一件文本在我们作解释时向我们提出的问题，只有当文本被当作对某个问题的回答时才能被人理解。

语言艺术品处于突出地位并不是没有根据的。它在某种根本的意义上——这同口语诗的历史问题完全无关——是作为文学的语言艺术。我把这种文本称作"非常的"文本。

我几年来一直所作的研究，以及我在各种尚未发表的讲演（"画和词"，"诗的存在"，"论词的真理"，"哲学的、诗歌的、宗教的讲演")所研究的就是非常文本的特定诠释学问题。这样的文本把纯粹的言语情节固定下来,并同文字具有一种非常的关系。语言在这种文本中的存在使它同所与物的认识关系消失了,就好像在谈话中与既存物的交往关系消失一样。这样,我曾经发展到概念表达的视域构成和视域融合这种一般诠释学基本境遇也就同样适用于这种非常的文本。我根本没有否认,艺术品在它的时代和世界中的表达方式(H. R. 尧斯称为它的"消极性"[168])也规定了它的意义,亦即规定了它如何向我们说话的方式。这就是效果历史意识的要点,即把作品和效果作为意义的统一体进行考虑。我所描述的视域融合就是这种统一的实现形式,它使得解释者在理解作品时不把他自己的意义一起带入就不能说出作品的本来意义。如果有人认为,我们可以通过历史-批判方式"打破"理解的循环(例如基默尔新近所说),[169]那就误解了这种诠释学基本结构。基默尔所写的不过是海德格尔所说的"用正确的方式进入循环",也就是说,不要把时代秩序搞错了或者非批判地迎合自己的前意见。构成一件文本的历史视域就已经是视域融合。历史视域不可能只为自己设定,在最近的诠释学中这就是所谓的前理解的问题。

然而在非常文本中还有另一种需要进行诠释学反思的因素在起作用。直接现实关系的"取消(Ausfall)"(英语地区以及唯名论传统的思维观和语言观对这种现象有一个很有特色的用语叫作"虚构")实际上并不是取消的表现,也不是语言情节之直接性的削

---

[168] H. R. 尧斯:《作为挑衅的文学史》(1970 年)[和《审美经验与文学诠释学》,法兰克福,1979 年]。

[169] H. 基默尔:《精神科学对社会的意义》,1971 年,第 71 页以下。

弱,恰好相反,这正是它"非常的"实现。在所有的文学中,这一点也适用于其中所包含的"收件人(Adresse)",但它指的并不是某个通知的收件人,而是指今天和明天的接受者。虽说古典悲剧是为某种固定场景而写作并在某种社会时代演出,但它并不像戏剧道具那样只是被规定为某种一次性的运用,或者在此期间停留在库房里等着新的运用。古典悲剧能够重复上演并经常作为文本被阅读,这当然并不是出自历史的兴趣,而是因为它一直在说话。

促使我把古典型完全规定为效果历史范畴的并不是某种古典性内容法规。我只是想用这个范畴来标志艺术品,尤其是非常文本相对于其他可理解和解释的传承物所具有的特殊性。我所提出的问答辩证法在这里并不是没有用的,但它也对自己作了修正:文本被理解成对之回答的原来的问题在此(就如上面指出的)就从其起源上具有自在的起源优越性和自由。这当然不等于说"古典作品"只有在毫无指望的协议中才能接近,并要求一种和谐、宁静的"一般人性"概念。说作品"说着话",只有在它"本来地"说话的时候,亦即"就像作品自身向我说话"那样才叫"说着话"。这当然不是说,这样说话的作品须得按一种超社会的规范概念进行衡量。恰好相反,这样说话的作品就设定了一个尺度。这里存在着一个问题。文本被当作对之回答的本来的问题在这种情况下就要求一种意义同一性,这种同一性一直调解着原先和目前的距离。我在1969年的苏黎世讲演"诗意物的存在"中已经指出了这种文本所必需的诠释学区分。⑰

---

⑰ 参见"真理和诗",载《时间转折点》,第6卷,1971年[现收入我的著作集,第8卷]。

我认为诠释学观点对于今天的美学讨论乃是不可缺少的。正好是在"反艺术"成为一种社会口号,通俗艺术(Pop Art)和观众一起参与的激情演出(Happening)业已流行,而在传统方面又在试验那些背离作品和作品统一性传统观点并企图摆脱理解单义性的艺术形式的当口,诠释学反思必须询问,这种要求具有什么意义。回答将会是,只有当可同一性(Identifizierbarkeit)、重复性(Wiederholung)和值得重复性(Wiederholungswürdigkeit)被封闭在这样的创作中的时候,诠释学的作品概念才得到它的完成。只有当这样的创作作为它所想成为的作品而服从诠释学的基本结构即把某物当作某物加以理解的时候,理解力的形式(Auffassungsform)才不会对它成为彻底新的东西。这种"艺术"实际上根本没有同自古就为人知的流动的艺术形式(例如艺术舞蹈)相区别。它的等级和质量要求也就在于,那根本不可能重复的即兴演奏(Improvisation)应该是"好的",这就是说:它可以理想地重复并在重复时证明其为艺术。这里就同纯粹的绝招和变戏法的小节目具有严格划定的界限。即使在这些绝招和小玩意中也有某种东西被理解。它可以被把握、被模仿。它还可以成为精湛的和优秀的。用黑格尔的话说,则它的重复就会"像拆穿把戏的戏法一样乏味"。从艺术品到小玩意的转变经常发生,而同代人常常不知道,某种作品的魅力究竟是惊奇造成的魅力还是艺术充实所造成的魅力。艺术手段也经常被用作为单纯实用的手段,例如在广告艺术及其他商业和政治宣传的形式中。

我们称之为艺术品的东西同这种艺术手段的功能保持着区别。虽说神的雕像、赞美诗、雅典的悲剧和喜剧都属于宗教文化序列，而每一件"作品"又都本源地属于某种已过去了的生活联系，但所谓审美无区分理论却认为，这样一种过去的关联性就包括在作品本身之中。即使在这些艺术品起源的时候它也把它的"世界"包括在自身之中，因此它所"指"的就是自己，就是菲迪亚斯的雕像，埃斯库罗斯的悲剧和巴赫的合唱曲。艺术作品统一性的诠释学构造相对于艺术活动的一切社会变动是恒久不变的。这在资本主义时代把艺术提升成为文化宗教的情况下也适用。就连马克思主义的文学观也必须记住这种恒久不变性，正如卢奇·哥德曼（Lucien Goldmann）正确地强调的。⑰ 艺术并非就是社会政治意志的一种工具——只有当艺术是真正的艺术时，艺术才记录了一种社会现实，而当艺术被当作一种工具时，艺术就记录不了一种社会现实。

为了超越同资产阶级的文化宗教相适应的美学概念并且不再捍卫古典的理想，我在我的研究中使用了诸如"模仿"（Mimesis）或"代表"（Repräsentation）等"古典的"概念。人们曾经把这理解成向业已被现代艺术观所接替的柏拉图主义的回归。但在我看来却并非如此简单。作为一切模仿表现之基础的重认（Wiedererkennung）理论只表现了正确把握艺术表现之存在要求的最初暗示。亚里士多德虽然从认识的愉悦引出艺术的模仿性质，但他却用以下说法来表示诗人与历史学家的不同，即诗人并不把事物表现为它所是的样子，而是把它表现为它所可能是的样子。因此，他赋予诗歌一种普遍性，而这种普遍性同古典主义模仿美学的实体形而上学毫无关系。亚里士多德的概念构成揭示的是可能性

---

⑰ L. 哥德曼：《辩证研究》，1968 年。

领域以及对现实性的批判领域（对此古典喜剧确实给予我们强烈的趣味），并无可争议地向我显示了诠释学的合理性——虽说在亚里士多德的理论中仍然同许多古典主义的模仿理论有联系。

然而我必须打住。正在进行的谈话要避开确定性。如果有人自夸他能够或必须说出最后的语词，那他就是一个坏的诠释学家。

31

汉斯-格奥尔格·伽达默尔自述

生于 1900 年 2 月 11 日*

（截止于 1975 年）

1918 年，我从布雷劳斯一所旨在培养神学精神的文科中学毕业，此时正值第一次世界大战最后一年，我开始准备进布雷劳斯大学继续深造，当时我还根本没有决定，日后我要走上一条从事专业哲学研究的学术道路。

我的父亲是个自然科学工作者，虽然对于他自己的专业学得很出色，但对于书斋知识却深表厌恶。在我的童年时代，他曾试图用各种方法来引起我对自然科学的兴趣，但他不得不大失所望。因为从我学习一开始就清楚表明，日后我将与"空谈的教授们"站在一起。虽然他让我自己选择自己的路，但他终其一生对我的选择却极不满意。

在当时，投身于学术研究就像走上一条漫长的历险之路。开始时各门学科对我都有吸引力，对每门学科我都想尝试一下。如果说在最后占上风的却不是我的文学的、历史和艺术史的爱好，而是哲学的兴趣，那么这与其说是我从一种兴趣转到另一种兴趣，毋宁说这正是一条逐渐深入专业学术研究的道路。第一次世界大战

---

* 此处年份与目录中年份不统一，但原书如此。——译者

及其后果给德国生活带来一片迷茫,在此迷茫中要想深信不疑地与现存的传统保持一致,已实属不可能。正是这种不知所措的处境成了促使我进行哲学研究的动力。

当然,就是在哲学领域内,我们这些青年人也显然不可能简单地继续老一代人所创造的传统。新康德主义在当时虽然仍具有一种真正的,虽说并非毫无争议的世界意义,但它如同自由主义时代自负的文化意识及其以科学为依据的进步信念一样,在世界大战的枪炮声中被砸得粉碎。我们这些当时的年轻人都试图在一个失去了方向的世界中找到一个新的定向。当时我们实际上被限制于德国内部的矛盾之中,痛苦和新尝试,贫穷无望和青年人的不屈不挠的求生意志彼此进行着斗争。当时的文化明显表现了这种状况,在生活和艺术领域中占统治地位的是表现主义(Expressionismus)。尽管自然科学继续在蓬勃发展——这尤其是因爱因斯坦提出的相对论而引起轰动,但在那些限制于世界观的学术和科学领域内却充斥着一种真正灾难性的声调,这种声调广为流传,并促使人们同旧的传统决裂。德国唯心主义的崩溃[这是保尔·恩斯特(Paul Ernst)一部当时被人广为引用的著作的书名]只是其中的一种声调,它表明了当时学术界中的新的时代感。另一种流传更广的声调表现在奥斯瓦尔德·斯宾格勒《西方的没落》一书引起的轰动效应,这部出自科学和世界史幻想的罗曼史"既使许多人为之着迷也受到许多人的痛斥"——最后,一种世界史声调的表现就像一种固有的推动力一样引起人们对于近代的进步信念和它引以为荣的成就理想的怀疑。在这种情况下,一本完全可以说是二流水平的著作却对我起了非常革命性的影响。这就是特奥多·莱辛

（此人在后来更为混乱的年代里可能被纳粹分子暗杀）的书《欧洲和亚洲》，该书用东方的智慧对整个欧洲的思想成果提出了疑问，这本书使我第一次对自己通过出生、教养、学校和周围世界而在其中成长的全部境域感到怀疑。于是我开始了自己的思考。著名的作家们对我起了某种最初的导向作用。我还记得托马斯·曼的《一个不问政治的人的观察》当时对高年级学生产生的巨大影响。他在《托尼奥·克勒格尔》一书中把艺术和生活对立起来的狂热做法曾深深地打动了我，而赫尔曼·黑塞（Hermann Hesse）早期小说中的伤感的调子则曾使我着迷。

理查德·赫尼希斯瓦尔德是引导我进入概念思维艺术的第一人，他的精雕细琢并富有文采的辩证法，尽管有着某种单调性，却捍卫了新康德主义的先验唯心论立场以反对所有的心理主义。我曾经速记并整理过他的讲课"认识论的基本问题"。现在我把这两份手稿都留给了由汉斯·瓦格纳（Hans Wagner）所建立的赫尼希斯瓦尔德档案馆。他的讲课乃是对先验哲学的一个卓越的导论。所以我于1919年带着某种准备去了马堡。

在马堡我很快就发现自己面对了新的研究经验。马堡与那些大城市里的大学不一样，这个"小"大学当时具有一种真正的学院生活，亦即洪堡所称的"观念生活"，并且在哲学系里每一门学科和每一个教授都有一个"圈子"，以致人们被卷入到多方面的兴趣之中。当时在马堡正开始批判历史神学，这种批判是紧接着巴尔特的《〈罗马书〉评论》通过所谓的辩证神学来进行的。当时在年轻人中间愈来愈剧烈地展开了对新康德主义学派的方法主义的批判，并且被胡塞尔的现象学描述理论所吸引。但在这一切之中首先是生命哲学对我们的整个世界观起了影响，而生命哲学之所以有这么大的作用则是因为背后有轰动欧洲的弗里德里希·尼采。与此相联系，年轻人纷纷研究历史相对主义问题，这个问题开初就是由威廉·狄尔泰和恩斯特·特勒尔奇讨论的。

对此还要特别提到的是，当时在诗人斯忒芬·乔治周围的一批人也开始挤进了学术圈子。主要是弗里德里希·贡多尔夫（Friedrich Gundolf）最有效应和最吸引人的诗作，他用诗把一种新的巧妙的感性带入了科学界。从这个诗人圈子中产生出的作品，如贡多尔夫的书和恩斯特·贝尔特拉姆（Ernst Bertram）论尼采的书，沃尔特斯（Wolters）的修饰学小册子，萨林（Salin）的如结晶般的精致作品，特别明显的是埃里希·冯·卡勒（Erich von kahler）对马克斯·韦伯"作为天职的科学"著名演讲所作的慷慨激昂的攻击都是独特的、巨大的挑衅。这是一种坚决的文化批判的呼喊。但是与另一方面的同样的声调——虽然由于像我当时那样的一些初入学术之门的青年人具有的典型的不满，这种声调也找到了某些听众——不同，人们在这里却有一种实有所物的感受。在这些通常是单调的宣言背后存在着一种力量。像乔治这样的诗人用他诗文的魔力以及他个人的魅力居然能对人产生这样巨大的影响，这对那些喜欢思考的人是一个永久的问题，而且对于哲学研究的概念游戏也是一种永远不会被人完全忘却的纠正。

我对于艺术经验居然会与哲学有关这件事当然不可能无动于衷。艺术可能是哲学的真正工具，而不是它的骄傲自负的敌人，这是一个真理，这个真理为直到唯心主义时代终结为止的德国浪漫主义哲学提出了它的内容广泛的任务。黑格尔之后时期的大学哲学因其未能认识到这个真理而日趋衰落。对于新康德主义以及迄今为止的新实证主义情况也是同样如此,正是我们的历史遗产向我们表明,应该重新掌握这个真理。

Ⅱ 482 　　历史相对主义的怀疑对于哲学的概念的真理要求提出了根本性的疑难,如果我们引用艺术真理去反驳这种怀疑,这显然不是一个令人满意的答复。一方面,这种艺术证明过于强烈,因为没有人想把科学的进步信念延伸到艺术领域中去,并且我们既不会在莎士比亚身上发现超出索福克勒斯的进步,也不会在米开朗琪罗身上发现超出菲迪亚斯的进步。另一方面,艺术证明又过于软弱,因为艺术作品不给概念表现其所体现的真理。不管怎样,审美意识的教化形式(Bildungsgestalt)都像历史意识的教化形式及其在"世界观"中的思想的教化形式一样是苍白无力的。这并不是说艺术,或者说同历史的思想传统的接触,会失去它的魅力。相反,艺术的陈述如同大哲学家的陈述一样都会唤起一种对真理的模糊而又不可抗拒的要求,这种要求绝不可能通过"问题史"而取消,也不会屈服于严格科学和方法进展的规则。在一种新的克尔凯郭尔热的影响下,这种要求在当时的德国被称为"生存论的"(existenziell)要求。这里所涉及的真理并不能在一般的陈述或知识中得到证明,而是通过自身体验的直接性以及自身存在的不可替代性而得到证明。陀思妥耶夫斯基首先为我们指出了这一点。当时,几乎在每张写字台上都有时髦一时的红皮的陀思妥耶夫斯基小说闪闪发光。凡·高的信,克尔凯郭尔批判黑格尔的《非此即彼》等著作都吸引着我们,而在我们生存义务的大胆和冒险背后——这是对我们文化知识的浪漫主义传统的一种几乎看不见的威胁——则是弗里德里希·尼采这个巨人,他用其令人兴奋的批判对一切、包括所有自我意识的幻觉都作了批判。当时何处有这样的用其哲学力量激起这种反叛热情的思想家呢?

在马堡学派中也反映出这种新的时代感。首先,马堡学派杰出的方法论者保罗·纳托普在其晚年试图用音乐的狂热探究原始图腾(Urkonkreten)的神秘的不可说性,并且在柏拉图和陀思妥耶夫斯基、贝多芬和拉宾特拉纳特·泰戈尔之外唤醒柏罗丁和埃克哈特大师——直至贵格会教徒——的神秘传统,他的那种音乐的狂热留下了深刻影响,同样,马克斯·舍勒作为客座教授也以巨大的魔力展示了他深刻的现象学天才,并在新的、人们未曾料到的领域中证明这种天才。另外也有尼古拉·哈特曼的冷静的洞察力,尼古拉·哈特曼这个具有令人难忘的冷峻性格的思想家和学者曾试图用这种洞察力通过批判性的论证来摆脱自己以前的唯心主义的立场。当我撰写我的论柏拉图的博士论文并且于1922年取得博士学位的时候,我还很年轻,我当时主要受到尼古拉·哈特曼的影响,而这种影响同纳托普的唯心主义风格的系统正处于相对立的状态。当时我们期待着一种新的哲学指向,这种指向尤其是同含糊而又充满魔力的"现象学"这个词联系在一起的。但是,在胡塞尔——尽管他运用他所有的分析天才和孜孜不倦地进行描述的耐心在不停地寻求最终的证据——除了打上了新康德主义印记的先验唯心主义之外并未能找到更好的哲学依据之后,帮助我们思维的工具究竟来自何方?海德格尔带来了这种工具。一些人从海德格尔那儿理解了马克思是怎么回事,另一些人从他那儿理解弗洛伊德是怎么回事,而我们最后则从他那儿认识了尼采是怎么回事。我本人从海德格尔身上认识到在由黑格尔所写的、由新康德主义的问题史所详尽描述的哲学史失去了它的 fundamentum inconcussum（牢固的基础），即自我意识之后，我们现在才开始能够"重新学习"希腊人的哲学思维。

至此我才对我所喜爱的东西有了某种预感——当然，我并不喜欢一种新的、包罗万象的系统思想。克尔凯郭尔对黑格尔的批判令人难忘。我在保罗·纳托普70诞辰的纪念文集中写了一篇题为"论哲学中的系统观念"的文章，第一次提出了我的这样一种想法，即要把哲学重新还原于人类存在的基本经验，只有这些人类存在的基本经验才能解释一切历史主义。这篇文章属于我的不成熟之作，但也是我从海德格尔身上获得新的倾向和启发的证据。当然也有人把这篇文章当作我反对先验唯心主义转向海德格尔的先期作为——但从历史角度看这是根本不正确的。这种说法的正确之处至多就在于，我于1923年夏天在弗赖堡同海德格尔呆在一起度过的几个月，如果没有做了充分准备的话，是根本不可能导致这样一种"启发"。但不管怎样，正是依靠海德格尔，我才能同马堡的老师们、纳托普的包罗万象的系统结构以及哈特曼范畴研究的素朴的客观主义保持了距离。但那篇文章却也正证明了我那时的莽撞。

当我有了更多的认识之后，我才学会了保持沉默。当我在1928年取得大学授课资格时，除了前面提到的那篇文章外，我只于1923年写了一篇论哈特曼的"认识论的形而上学"的逻各斯文章，这篇文章同样也可以算作鲁莽之作，我把它作为哲学论文发表了。在此期间我还研究了古典语文学，我在保尔·弗里德伦德尔

(Paul Friedländer)的语文学讲座里写了"亚里士多德的告诫和亚里士多德伦理学的发展史考察",后来我把它改成了一篇论文,理查德·海因茨(Richard Heinze)把这篇文章收入《赫尔墨斯》中——它可以说是一种对耶格(Werner Jäger)的批判[56],它后来的结果使我在语文学家圈子里得到承认——虽说我是以海德格尔的学生而著称的。

那么,究竟是什么原因把我和其他人吸引到海德格尔的身边呢?当然,当时我还不知道。今天看来是因为:正是在海德格尔那里哲学传统的思想文化(Gedankenbildungen)才具有了生命力,因为它们可以被理解为对现实问题的回答。揭示这些思想文化的产生历史可以使这些问题具有某些不可避免的因素。被理解的问题不可能简单地视为我们的知识。它们变成了我们自身的问题。

虽然在问题中重新认出自身的问题也是新康德主义问题史的要求,但要在不断更新的系统的联系中去重复这个超时间的"永恒的"问题的要求却是不可证明的,而且实际上这个极为幼稚的"同一"问题是从唯心主义和新康德主义哲学的破烂中偷来的。相对于这种所谓的超时间性,历史-相对主义怀疑论的异议就显得较为可信和无可辩驳。只有当我从海德格尔那儿学会把历史思想带入重新对传统提出疑问的活动中时,才使得这个老问题变得可以理解、充满生机,从而使它变成了自身的问题。我以此所描述的就是我今天称之为诠释学基本经验的东西。

海德格尔以强烈的感情召唤希腊哲学,这给我们产生了深刻的影响。但我们却不知道希腊哲学并不是他自身问题的范例而是反例。海德格尔对形而上学的摧毁不仅对近代的意识唯心主义产生作用，而且也对其在希腊形而上学中的根源发生了作用。他那彻底的批判使神学的基督性和哲学的科学性都产生了疑问。学院哲学用某种生疏了的康德式或黑格尔式的语言进行思考，并且总是力图不断地结束或克服先验唯心主义，相对于这种苍白无力的学院哲学，则柏拉图和亚里士多德对于那些不相信学院哲学的体系游戏的人——即使是以现象学的本质研究或以问题史为依据的范畴分析用以进行理解的那种问题、范畴、价值等这些开放体系的形式——一下子就显得像是哲学的保护神。我们可以从希腊人身上学到，哲学思维并非必然要服从以一种最高原理的形式建立起来的体系性的指导思想才能执行解释的功能，相反，哲学思维总是受到某种指导的支配：它在对原始的世界经验继续思考的时候必然要透彻地思考我们生活于其中的语言的概念力和直观力。我认为这就是柏拉图对话的秘密所在。

当时，在德国研究柏拉图的学者中坐头把交椅的是尤利乌斯·斯坦彻尔(Julius Stenzel)。他的研究也显示出同样的倾向，因为他面对自我意识的疑难——当时的唯心主义及其批判者都陷入了这种疑难——却在希腊哲学中观察到了"主观性的抑制"(Abdämpfung der Subjektivität)。我也有同感，而且在海德格尔开始教我之前就把这一点视作希腊人神秘的优点，因为希腊人出于对思考的自我遗忘的热情以过分纯洁的态度投身于思想的运动。

出于同样的原因，我很早就对黑格尔产生了兴趣，因为我觉得黑格尔也像希腊人一样，而且我也只是如此地理解黑格尔。至少我觉得他的《逻辑学》真正具有某些希腊人的纯洁态度，并且在天才地，但也有点儿糟糕地编辑的《哲学史讲演录》中为我提供了一座通向并非历史主义的、而是真正思辨地了解柏拉图和亚里士多德思想的桥梁。

但我最重要的思想则学自于海德格尔。首先要提到的是1923年我在弗赖堡参加的关于尼各马可伦理学第六卷的第一次研讨班。那时 Phronesis，亦即"实践理性"的德行，一种 allo eidos gnōseōs，即"另一种类型认识"的德行，对我还是一个充满魔力的字眼。这种实践理性引出了一种直接性的东西，就如海德格尔有一天曾分析过技术（Techne）和实践智慧（Phronesis）的区分并对"phronēseōs de ouk esti lēthē"①（合理性绝不包含遗忘性）解释道："这就是良知。"但这种出于教育本能的夸张却标出了一个重要的出发点，后来海德格尔在《存在与时间》中正是由此出发为重新提出存在问题作了准备，我们可以想到像"愿有良知"（Gewissen-Habenwollen）这样的术语。[57]

我当时根本不知道还可以用完全不同的方式去理解海德格尔的意见，亦即在一种对希腊人进行秘密批判的意义上去理解海德格尔的意见。于是就有了这样的话：只有作为一种不受遗忘性威胁的认知确定性（Wissens-Gewissheit），希腊思想才能思考良知这一人类原始的现象——我正是通过海德格尔富有启发性的意见才发现了一条道路去把陌生问题变成自己的问题，并且认识到概念具有的前把握性（Vorgreiflichkeit）。

我从海德格尔那里受教的第二个要点是，海德格尔通过亚里

---

① ［参见"实践知识"，载我的著作集，第5卷，第230—248页。］

士多德的著作(在一些私人的会晤中)向我表明所谓亚里士多德的"实在主义"的说法是毫无根据的,而且亚里士多德依据的正是柏拉图同他的苏格拉底的后继者所给予的同一个逻各斯基础。几年之后,海德格尔——在我作的一次试讲性的讲座之后——与我们争论说,这个柏拉图和亚里士多德所共有的辩证哲学思维的新基础不仅承载了亚里士多德范畴理论,而且还可以区分出亚里士多德的潜能(Dynamis)概念和现实活动(Energeia)概念[瓦尔特·布吕克(Walter Bröcker)后来在他论亚里士多德的著作中详细研究了这个问题]。

我就是这样首次实际地进入了诠释学的普遍领域。

但我当时并未清楚地认识到这一点。我只是后来才逐渐认识到,这位给我们造成压力的亚里士多德本人并没有直接讲出新的思想,尽管他的概念精确性以我们不曾料到的方式,通过直观、经验和接近事实而达到无懈可击的地步。海德格尔遵从的其实是柏拉图《智者篇》的原则,即使对方的论据更为有力。他做得极为出色,以致在我们看来他几乎成了一个复活的亚里士多德,他通过自己观点的力量和自身原始概念构成的独创性而吸引了所有的人。海德格尔的解释诱使我们达到的这种认同(Identifikation)对我一直是一种强有力的挑战。我认识到,我直到当时为止的学习——主要是在文学和艺术史等领域——并不适合于古典哲学领域,而我的博士论文就是立于古典哲学之上写的。因此我开始(在保尔·弗里德伦德尔的指导下)重新有计划地致力于古典语文学的新研究。在这种新研究中,我除了对古希腊的哲学家感兴趣之外,首先对当时重新为人认识的荷尔德林所注视的品达产生了兴趣——还有修辞学，我当时领悟到它对哲学具有补充功能，它一直陪伴我直到我构思出我的哲学诠释学。我之所以能逐渐削弱掉使自己归同于海德格尔思想的形象，主要应归功于这种语文学的研究。在领会希腊人的相异性中去认识他们，在希腊人的他在性中去发现那些可能已湮没，也可能在今天不知不觉仍起作用的真理，这就成了自觉不自觉地指导我一切研究的动机。因为在海德格尔对希腊思想的解释中存在着一个问题，特别在《存在与时间》一书发表后这个问题一直萦绕在我心中。当时按海德格尔的意图显然我们有可能把作为对立概念和最外在衍生物的纯粹的现成在手状态（Vorhandenheit）归于"此在"的生存论概念，而无需对希腊的存在理解和"自然科学概念构成的对象"作区分。但这里也存在着一种挑战，我一直跟从这种挑战，以致我在海德格尔的鼓励下深入研究了亚里士多德的物理学和现代科学的产生，特别是伽利略。也许我的未完成的《物理学评注》的一部分在日后还会出版。

我由之出发的诠释学境遇是因复活唯心主义-浪漫主义企图遭到失败而造成的。要把近代的经验科学综合进哲学科学的统一体中——这是在"思辨物理学"（这是一本杂志的名称）这个概念中表达出来的——这一要求是无法实现的。

重新进行这种尝试是不可能的。然而，更清楚地认识到这种不可能性的根据，却不光会给近代科学理解同时也会为希腊的"科学"概念——德国唯心主义就是在再次复活希腊的科学概念——提供一个更清晰的形象。康德的《判断力批判》，尤其是其中的"目的论判断力"批判，正是在这种问题联系中才具有深刻意味，这是非常清楚的，而且我的一些学生后来从这里出发进行了深入的研究。

显然,希腊科学史的情况与现代科学史的情况完全不同。在柏拉图的时代,把解释、研究和阐释世界的方法同希腊宗教和希腊生活观的传统世界联系起来这一尝试是可能的。统治后古典时期科学历史的并不是德谟克利特,而是柏拉图和亚里士多德,而且这部历史并不是一部科学衰亡的历史。人们今天称之为希腊主义时代的专门科学并不反对"哲学"和哲学的先入之见,而是正如我于1973年在一篇题为"物质存在吗?"的论文中试图指出的,②希腊主义时代的专门科学正是通过希腊的哲学、通过《蒂迈欧斯篇》和亚里士多德的物理学才得以解放。事实上,伽利略-牛顿的物理学构思也受到希腊哲学的制约。我写的"古代原子论"(1934年)就是我在当时发表的关于这个问题研究的唯一一篇文章。③ 这篇文章将会纠正一种幼稚的偏见,即把现代科学的产生归功于德谟克利特这一大无知者。大人物德谟克利特实际上对科学的产生造成了不小的阻碍。

我研究的中心仍然是柏拉图。我第一本关于柏拉图的著作《柏拉图的辩证伦理学》是我为了申请教授资格而撰写的,它实际上是一本未明说的关于亚里士多德的书。我的出发点是亚里士多德关于"乐趣"的两篇论文的复制品(《尼各马可伦理学》H10—13和K1—5)。若从发生学的观点看,这个问题是无法解答的,因此这个问题应当用现象学的方法来解答,这也就是说,即使不从历史-

---

② 〔现收入我的著作集,第5卷,第263—279页。〕
③ 〔现收入我的著作集,第6卷,第201—217页。〕

发生学的角度来解释，只要有可能，我也要从其本身的根据去证明这种相互联系的关系。如果不把这两篇论文与柏拉图的《菲利布斯篇》相联系，就不可能做到这一点，出于这种目的，我就对这篇对话进行了现象学解释。当时我还不能认识到《菲利布斯篇》对于柏拉图的数论以及一般对于理念和"实在"的关系问题所具有的普遍意义。④ 在我心中当时有两个同样具有方法含义的问题：从对话的现象学出发解释柏拉图辩证法的功能以及通过对现实生活现象作现象学分析来解释"乐趣"及其表现形式的理论。我从胡塞尔（1923年在弗赖堡）和海德格尔那里试图学习的现象学描述方法应该有助于对古代文献作指向"事物本身"的解释。这项工作做得还算过得去并得到了人们的承认。当然没有得到纯历史学家的承认，这些历史学家总是生活在空想之中，他们认为理解现存的东西只是雕虫小技，我们应当研究现象背后的东西。因此，汉斯·莱茨冈（Hans Leisegang）在他关于当代柏拉图研究的报告中（1932年《哲学史年鉴》）就可以轻蔑地把我的成绩撇在一边，他引证我自己著作的前言说："如果历史批判——按他的意见，也就是我的著作无什么价值而言——认为它所说的东西是不言而喻的，那么它同历史批判的关系乃是一种积极的关系。"

实际上我当时已在一定程度上成了一位古典语文学家。我于1927年通过了该门课程的国家考试，而且不久就取得了大学授课资格（1928/1929年）。当时我所关心的是一种方法上的对立，后

---

④ ［现在可参见我的学术论文"柏拉图的《蒂迈欧斯篇》中的理念和实在"，载我的著作集，第6卷，第242—270页。］

来我在诠释学分析中曾经解释过这种对立——当然这项工作在所有那些乐意进行反思研究的人那里没有产生什么结果,而只是被称作"积极的"研究,因为这些研究可以产生一些新的东西(虽说它们都像以前的问题一样未曾得到理解)。

不管怎样,我的起步成功了。作为一个哲学教师,我每一个学期都要学习新东西,而且是在领取奖学金和承担授课任务的艰苦条件下进行,但我的教学工作总是同我自己的研究计划完全相合。我的教学主要是柏拉图,我对柏拉图钻研较深,在教学工作中特别通过与 J. 克莱因(Klein)的合作在数学和数论方面有所进展。克莱因关于"希腊逻辑学和代数学的产生"的经典论文(1936 年)就是在那时问世的。

当然不能说我十几年来的这项研究充分反映了惊心动魄的时代事件。它至多只是一种间接的反映,因为 1933 年之后,我为谨慎起见中断了对智者派和柏拉图的国家学说的更详尽的研究。从这项研究中我只发表了两篇小著作《柏拉图和诗人》(1934 年)以及《柏拉图的教育国家》(1942 年)。

这两篇著作都自有它们的历史。第一篇小册子提出了我至今仍以为唯一正确的解释,即柏拉图的《理想国》表现了一种自觉的乌托邦,它涉及的是斯威夫特[58]而不是"政治科学"。⑤ 这篇著作的发表通过书前的格言表明了我对纳粹主义的态度:"谁要进行哲学思维,谁就不可能同他时代的意见相一致。"虽说这是一种巧妙

---

⑤ [现在我在"柏拉图的乌托邦思想"一文中重新讨论了这个问题,该文载《人文中学》,第 90 卷 1983 年,第 434—455 页,现收入我的著作集,第 7 卷,第 270—289 页。]

的伪装,因为是引用歌德的话来为一篇论述柏拉图的文章开路。但如果你不想成为殉道者或者成为流亡者,那么这句格言对处于"一体化"时代能理解的读者来说就表现为对自己同一性的强调——它就像卡尔·赖因哈特在他的那本论索福克勒斯的书中的前言上著名的署名一样"写于1933年1月到9月"。人们自那时以后都竭力避开与政治有关的题目(特别是在专业杂志之外发表这类题目的文章),这是符合自我保护的规律的。一个国家如果出于国家的原因在哲学探究中把某种"理论"推崇为"正确的"理论,那这个国家就一定会知道它的最优秀的人才会躲避到其他不受政治家——也就是"外行"——迫害的领域中去,这条规律直至今天都不会改变。无论是在黑色国家抑或红色国家,情况都没有两样。这样我就继续不引人注目地工作,并且发现了一些很有天赋的学生,我在这里只提一下瓦尔特·舒尔茨(Walter Schulz)、福尔克曼-施鲁克(Volkmann-Schluck)和阿图尔·亨克尔(Arthur Henkel)等。所幸的是当时纳粹的政策——为了准备在东方的战争——减轻了对大学的压力,于是我几年以来一直无所事事的学术生涯有了改善。在经过十年之久的讲师工作之后我终于获得了教授头衔。我预期可以在哈勒大学获得一个古典语文学的教席,最后,在1938年我终于在莱比锡获得了哲学正教授的职位,于是我开始面临新的任务。

我的第二篇小册子《柏拉图的教育国家》也是一种自我辩护。它写作于战争时期。当时在汉诺威技术大学的一个名叫奥森伯格的教授认为希特勒对于科学具有一种类似于决定战争的作用,并由此把希特勒美化成自然科学的保护神,尤其是下一代的保护神。

这个所谓的奥森伯格行动曾经拯救了许多年轻研究者的生命。这自然也引起了精神科学的忌妒，后来有一个机智的精神科学教授想出了"平衡行动"的好主意，这个主意获得了穆西尔发明荣誉。这个主意就是"精神科学为战争服务"。实际上它的含义乃是战争为精神科学服务，而绝没有其他含义，这一点是绝不会被人误解的。为了避免在哲学领域中进行诸如此类的工作，比如"犹太人和哲学"、"哲学中的德国"等题目的合作，我就转移到了古典语文学领域。在这个领域中一切还算过得去，并且在赫尔姆特·贝弗（Helmut Berve）的保护下出版了《古代的遗产》这部重要的文集，这部文集在战后未加修改出了第二版。我的著作《柏拉图的教育国家》继续了我关于《柏拉图和诗人》的研究，并且一直表明了我的新研究方向，就如这篇著作的最后一句所说的"数和存在"。

在整个第三帝国时期我只出版了一部专著《赫尔德思想中的人民和历史》（1942年），在这本书中我突出强调了力量这个概念在赫尔德历史思想中的作用。这本书尽量避免明确的表述。但尽管如此这本书还是引起了一些人的愤慨，这些人当时也从事了同样题目的研究，并且认为不能避免某种更多的"一体化"。至于我则是出于某种原因而偏爱这个题目。我是于1941年在一个关押法国军官的战犯俘虏营里第一次用法语演讲这个题目的。在讨论的时候出现一个情况，我说道，一个君临于群众头上的帝国是"auprès de sa chute"（处于崩溃的边缘），那些法国军官们看起来很注意这句话并且理解了其中的含义。（我不知道在当时那种可怕的、不真实的情况下我以匿名的方式遇见的这些人中是否有我日后的法国同事？）那个陪伴我的政治干部对他们专心听讲很高兴。这种精神的明晰性和无所顾忌的无偏袒态度特别真实地反映了我们的胜利信心。(究竟那位干部也相信这一点抑或只是附和而已,这我不敢断定。但不管怎样他并没有表示反感,而且我还必须在巴黎再作一次这样的讲演。)

但总的来说,更聪明的做法还是尽可能不引人注目。我只是在讲课时才讲我的研究成果。因为在讲课时可以不受阻碍和限制地发表意见。甚至我在莱比锡还不受干扰地作了些关于胡塞尔思想的研究,我当时所研究的东西是在我学生的文章中第一次公布于众的,尤其是在福尔克曼-施鲁克杰出的博士论文"柏罗丁是柏拉图式本体论的解释者"中(1940年)。

自从我在莱比锡当了教授并在那里——在特奥多·利特(Theodor Litt)退休之后——成了唯一的学术代表之后,我就再也不能把我的授课与自己的研究计划很好地结合起来了。我除了教授希腊哲学及其最后、最伟大的后继者黑格尔之外,还要讲授从奥古斯丁、托马斯直到尼采、胡塞尔和海德格尔的整个古典传统的思想——自然,作为半个语文学家,我还是以他们的原著为主。此外,我还开些很费解的诗人作品的研讨班,主要是荷尔德林、歌德和里尔克。里尔克因其语言精美的风格而成为当时学术界抵抗运动的真正诗人。谁像里尔克那样讲话或像海德格尔那样解释荷尔德林,谁就会置身事外并把其他置身事外的人吸引在自己身边。

战争的最后几年自然非常危险。无数次的炸弹袭击使莱比锡城及大学设施沦为一片废墟,但人们必须忍受的这些袭击也有它的好处:纳粹党的恐怖由于紧急状态的存在而受到其他方面的限制。在大学里上课常常从一个教室换到另一个教室,不过,直到战争结束前夕上课并未停止。当美国人占领莱比锡的时候,我正在研究新出版的维尔纳·耶格的《潘迪亚》(Paideia)第2卷和第3卷——这是一件很少见的事情,即一个流亡者的这部著作竟能在战争最危急的关头用德文在一个德国的出版社出版。谁能说这是一场致命的战争呢?

在战争结束后,我作为莱比锡大学的校长必须做其他的事情。我很有几年未曾想过继续进行哲学研究。但在周末的休息日子里我却写出了一批解释诗歌的文章。这些文章今天构成我的《短篇著作集》的第2卷。我觉得自己从来没有这样在争分夺秒的情况下如此轻松地工作和写作过,它表明在我不专门从事科研而从事政治和行政管理工作的时期心中积累了一些东西必须一吐为快。否则的话这样多篇的著述就是一种真正的折磨。我总是有一种很强烈的感觉,觉得海德格尔在我的身后催促着我。

1947年秋,在我当了两年校长之后,我应邀去了美因河畔的法兰克福并且完全彻底地回到我的教学工作和研究工作中去——当然是在工作条件许可的范围之内。在我逗留于法兰克福的两年工作期间,我力图考虑到学生的艰苦处境,我不光是积极地给学生上课,而且也出版了一些著作,比如《亚里士多德形而上学第12卷》(希腊文和德文对照本)、《狄尔泰的哲学史概要》,这两本书都由克罗斯特曼出版社很快地出版了。其他重要的事件还有1949年2月在阿根廷的梅诺萨召开的哲学大会,在这次大会上我们一方面同旧日的犹太朋友,另一方面同其他国家的哲学家(意大利、法国、西班牙、南美)首次建立了联系。

1949年我应邀接替了卡尔·雅斯贝斯的讲座,这意味着我在学术"世界"里重新开始了一种"学术"活动。正像我在马堡当了20年的学生和讲师一样,我现在开始将在海德堡工作25年,尽管要求我们所有人的战后重建任务很繁忙,但我还是做到逐步卸掉了政治和学校行政方面的工作,并使自己集中精力在自己的学术研究上。这些研究最后于1960年以《真理与方法》一书而达到一个初步的总结。

在我满腔热情地当好一个教师的同时,我终于完成了这本大部头著作,这应该归功于一种自然的需要,即要反思一下我们在课堂上所听到的各种哲学思维方法是怎样从当代哲学处境出发而得到其真正实现的。那种归结为一种先天构造好了的历史过程的方法(黑格尔),正如历史主义的相对主义的中立观点一样,是不能令我满意的。我赞同莱布尼茨的态度,他曾经说过,他对自己读到的一切都持赞同态度。与这位大思想家不同的是我在这种经验中并未感到需要构思一种巨大的综合。相反我开始自问,哲学是否必须受制于这样一种综合的任务,以及为发展诠释学经验哲学是否必须以彻底的方式保持开放。由于这种富有启发的并且竭力与一切重新把认清的东西搞晦涩的行为相对抗的想法的吸引……哲学就是一种启蒙(Aufklärung),但这是反对其自身独断论的一种启蒙。

实际上我的"诠释学哲学"(hermeneutische Philosophie)的产生从根本上说无非只是试图对我的研究风格和授课方式作理论解释。实践是第一位的。我总是竭力不要讲得太多,不要用不能完全为经验兑现的理论构造为自己辩护。于是我继续双管齐下努力工作,作为教师我继续上好课,特别同与我关系紧密的学生保持密切的联系，而把写作《真理与方法》的工作放在假期里进行。我写这本书几乎用了 10 年时间，并在这段时间里尽可能地不分散自己的注意力。当这本书出版的时候——《真理与方法》这个书名还是在该书印刷的时候想出来的——我自己都不清楚这本书是否出得太晚了，真正过时了。因为当时已经出现了新的一代理论工作者，他们有的对技术充满了期待，有的则受到意识形态批判的影响，这是可以料到的。

关于书名问题也麻烦十足。我的国内外同行都期待着把这本书作为一种哲学诠释学。但当我建议用哲学诠释学作书名的时候，出版商就反问我：什么叫哲学诠释学？看来更好的做法还是把这个当时还不为人所知的名词作为副标题的好。

此外，我一直坚持从事的教学工作也不断地产生出更多的成果。我的老朋友卡尔·勒维特（Karl Löwith）从国外回来并和我一起在海德堡教书，这在我俩之间造成了一种有益的竞争。几年以后当我知道由于约尔根·哈贝马斯的缘故霍克海默尔和阿多尔诺成了对头，我们就把约尔根·哈贝马斯请来当了年轻的编外教授，于是我同哈贝马斯之间产生了富有成果的相互影响。既然哈贝马斯能使马克斯和特埃蒂这两个精神盟友关系破裂，那他肚子里肯定有点货色，事实上我们向他索取的文章证明了这个青年研究者的才能。他的这一才能我是早有所闻的。当然，还有一些立志献身于哲学的学生，在这里我只提一提在哲学领域中当教师的那些学生。我从法兰克福带来了一批学生，其中有迪特尔·亨利希（Dieter Henrich），他最初是受到马堡的埃宾豪斯（Ebbinghaus）和克劳斯·莱因希（Klaus Reich）的极端康德主义的影响。在海德堡也有一些同样的学生,我也只提那些从事哲学教学和哲学研究的人,他们是:沃尔夫冈·巴图沙特(Wolfgang Bartuschat)、吕迪格尔·布勃纳(Rüdiger Bubner)、特奥·艾伯特(Theo Ebert)、海因茨·基默尔(Heinz Kimmerle)、沃尔夫冈·屈内(Wolfgang Künne)、鲁伯莱希特·普夫拉奥默(Ruprecht Pflaumer)、J. H. 特雷德(Trede)和沃尔夫冈·维兰德(Wolfgang Wieland)等。后来从法兰克福又来了一些学生,有科拉德·克拉默(Konrad Cramer)、弗里德里希·福尔达(Friedrich Fulda)、赖纳·维尔(Reiner Wiehl)等,当时在法兰克福除了法兰克思辨学派的影响外,沃尔夫冈·克拉默(Wolfgang Cramer)也有强大的影响。后来渐渐地又来了些外国学生,并且加入了我的学生圈子,他们中有来自意大利的瓦兰里奥·维拉(Valerio Verra)和 G. 瓦蒂莫(Vattimo),来自西班牙的 E. 莱多(Lledo),还有很多美国学生,后来当我去美国旅行遇到他们时,他们都已身居高位。特别使我满意的是,在我最亲近的学生圈子中的一些人后来在其他专业中也卓有成就——这可以说是对诠释学思想本身的一种考验。

我当时教的主要是诠释学实践。诠释学首先是一种实践,是理解和达到理解(Verständlichmachen)的艺术。它是所有想教授哲学思维的课程的灵魂。要想掌握这种灵魂首先要训练自己的耳朵,使自己对概念中具有的前规定性(Vorbestimmtheiten)、前把握性(Vorgreiflichkeiten)和前印记(Vorprägungen)有一种敏感性。我在概念史上所下的苦功就是这样一种训练。在德国研究联合会的帮助下我举办了一系列概念史的学术讨论会和报告会,从而引起很多人进行类似的努力。运用概念需要认真,而要达到这种认真则要求具有概念史意识,这样我们才不会随意下定义,不会陷入幻想,才能把具有约束力的哲学话语规范化。概念史意识于是具有了批判的义务。为了完成这个任务我还运用了其他的办法,我同赫尔姆特·库恩(Helmut Kuhn)一起复刊了专门从事批判的杂志《哲学评论》,对于库恩的批判才能,我早在1933年之前、亦即我研究康德的最后几年里就极为惊叹。在凯特·伽达默尔-莱克布施太太的严格指导下我们为这份杂志工作了23年,直到我们把它交给新一代年轻人的手中。

但是我工作的重点始终是在海德堡讲学。只是在我于1968年退休之后我才试图在更大的范围内把很多人都感兴趣的我的诠释学观念推广到国外去,当时主要是美国。

诠释学和希腊哲学是我研究工作的两个重点。在此我想简略地描述一下两者之间的联系,正是这种联系推动了我思想的发展。

首先谈谈《真理与方法》中提出的诠释学。

这种哲学诠释学究竟是何许物也?它同德国的浪漫主义传统——这是由施莱尔马赫这个深深浸染了旧的神学传统的人所提出、并在狄尔泰的精神科学诠释学中达到顶峰而且被人当作一种精神科学方法论——又有何区别呢?出于何种理由可以把我自己的尝试称作"哲学的"诠释学呢?

我在这里谈一下这个问题恐怕不是多余的。因为有许多人过去曾经并且现在仍然在这种哲学诠释学中看到一种对方法合理性的回绝。特别是自诠释学成为一种时髦、任何一种"解释"都想自称为诠释学以来,还有许多人误解了诠释学这个词,误解了我为什么要启用这个词,他们甚至反其道而行之,在诠释学中发现了一种新的方法论,并且在实际工作中用这种方法论去为方法上的含糊性和意识形态的掩饰作辩护。还有一些属于意识形态批判流派的人虽说在诠释学中认识到了真理,但只认识一半真理。他们说,虽然在传统的前把握的含义中认识传统是件好事,但这样做却缺乏一件更重要的事,即要从传统中释放出批判性的和解放性的反思。

如果我把事实上促使我提出诠释学探究的动机如实地提出来,这可能会有助于说清问题。也许这样说更明白一点,即无论是热衷于方法的人还是意识形态批判者,他们实际上都反思得不够。前者把绝无争议是不断试验的合理性当作人类理性的最高标准,后者虽然认识到这种合理性具有意识形态方面的前定性,但却未能对这种意识形态批判本身具有的意识形态关联给以足够的重视。

如果说我在尝试构造一种哲学诠释学,那么由诠释学的前历史本身就可以得出,"进行理解的"科学乃构成我的出发点。然而,对于进行理解的科学尚有一种迄今未为人所认识的补充。我指的是艺术经验。因为艺术和历史科学这两者都是我们自身的此在理解(Daseinsverständnis)得以直接起作用的经验方式。为这种以正确口径提出的"理解"疑难提供的概念帮助可以在海德格尔关于理解的生存论结构的阐明中找到,他本来把这称为"事实性诠释学"(Hermeneutik der Faktizität),即事实的自我解释(Selbstauslegung des Faktischen),也就是说,处于在之中的人的此在的自我解释(Selbstauslegung des sich vorfindlichen menschlichen Daseins)。我的出发点也是对唯心主义及其浪漫主义传统的批判。我清楚地认识到,我们先天继承和后天获得的历史教化的意识形态,即审美意识和历史意识,都表现了我们真正历史存在的异化形式,并且通过艺术和历史所传达的原始经验绝不可能从这种异化形式出发得到理解。中产阶级的教育意识得以享受其文化财富的那种安宁的距离,是无法认识到我们是怎样纠缠于其中和进行冒险的(wie sehr wir dabei selber im Spiele sind und anf dem Spiele stehen)。所以我试图从游戏(Spiel)概念出发去克服自我意识的幻觉和意识唯心主义的偏见。游戏绝不是一种单纯的客体,而是对于一起进行游戏的人具有其此在,而不管他是否只是以旁观者的方式参加。海德格尔在《存在与时间》中关于存在问题的说明已经指出了主体概念和客体概念的不恰当性,而这种不恰当性在游戏中就可以得到具体的证明。对于海德格尔曾经引导他的思想到"转向"(Kehre)的东西,我则试图把它描述为我们自我理解的一种界限经验(Grenzerfahrung),描述为效果历史意识,而这种效果历史意识与其说是一种意识,倒不如说是一种存在。我以此所表述的东西从来就不是为艺术科学和历史科学的方法论实践而提出的任务,它也绝不是主要为这些科学的方法论意识服务,而是唯一地或首要地为着对解释能力进行哲学思考(Gedanken der Rechenschaftsgabe)服务。方法在多大程度上能为真理作担保?哲学必然要求科学和方法认识到它们在人类存在及其理性的整体中的微不足道(Partikularität)。

  毫无疑问,这样一种任务本身最终也受到效果历史的限制并且植根于某种完全被规定了的德国哲学和文化传统之中。所谓的精神科学在德国比任何地方都更强烈地兼有科学的功能和世界观的功能——或者更正确地说,它的自身兴趣所具有的世界观和意识形态的规定性是如此彻底地隐藏在它的科学程序的方法意识背后。一切人类的自我认识都具有的不可消解的统一性在其他国家表现得更为明显,在法国表现在"美文学"(Lettres)这个更为宽泛的概念中,在英语国家则表现在新引进的"人道"(humanities)概念之中。因此,随着对效果历史意识的承认,包括艺术科学在内的历史精神科学的自我理解首先就得到了更正。

但这样并未把问题域完全测定出来。即使在自然科学中也存在着如同诠释学疑难那样的东西。自然科学的道路也并非就是方法进步的道路,如同最近托马斯·库恩所指出并且实际上与海德格尔首先在"世界构造的时间"以及对亚里士多德物理学(《物理学》B 第 1 卷)的解释中所意指的观点相一致。"范式"(Paradigma)对于方法研究的使用和解释来说都具有决定性的意义,而且它本身显然不是这种研究的简单结果。伽利略早就曾讲过:Mente concipio(我用思维进行理解)⑥。

这就开启了一个更为广阔的领域,这领域存在于根本的语言性或语言相关性中。在所有的世界认识和世界定向中都可以找出理解的因素——并且这样诠释学的普遍性就可以得到证明。当然,理解的根本语言性并不能说明一切世界经验只有作为讲话并在讲话中才能实现。很显然存在着前语言的和超语言的领悟、哑语或沉默寡言,其中表现了直接的世界遭遇,——而且谁会否认有人类生活的真实条件,饥饿和爱情,劳动和统治不属于说话和语

---

⑥ [参见我于 1984 年在卢德所作的报告"诠释学和自然科学",载 A. 维斯纳编:《哲学和文化》,第 3 卷,第 39—70 页,现收入我的著作集,第 7 卷。]

言,而是量度其中能出现相互讲话和相互倾听的空间呢。同样无可争议的是,正因为存在着这种人类意见和话语的前定性(Vorgeformtheiten),才促进了诠释学的反思。以苏格拉底谈话为准则的诠释学是不会受到下面这些议论的反驳,诸如意见(Doxa)不是知识,人们在随便生活和随意谈话中达成的表面一致意见并非真正的一致意见等等。然而,正如苏格拉底式对话所做的,对表面假象东西的揭示正是在语言的要素中实现的。对话甚至可以使我们在不能达成一致意见、在误解以及在那种著名的对自己一无所知的承认下达到可能的一致意见。我们称之为人的共性是以对我们生活世界的语言把握为基础的。每当我们试图通过批判的反思和论证来纠正对人与人之间相互理解的歪曲时,这种试图就证实了存在着这种共性。

诠释学观点也不能总是局限于艺术和历史的诠释学科学,局限于同"文本"打交道,但也不能在更广的意义上局限于艺术经验本身。施莱尔马赫早已认识到的诠释学问题的普遍性同一切理性活动都有关系,也就是说,同人们对之能试图进行相互理解的一切东西都有关系。凡是因为人们"操不同的语言"从而不可能达成一致意见的地方,诠释学也就不会终结。正是在这里诠释学的任务才变得格外重要,也即作为寻找共同语言的任务。但共同的语言从来不是固定的既存物。它是说话者之间所操的语言,这种语言必须这样顺畅和熟练,以致在说话者之间可以开始进行相互理解,而这一点也只有在不同的"观点"不可消除地对峙的时候才能出现。在理性生物之间不可否认相互理解的可能性。即使那种似乎以人类语言的多样性为根据的相对主义也不是对理性的限制,因为理性的语言对所有人都是共同的,这一点赫拉克利特早已了解。我们学习外语以及儿童学习说话倒亦非只表示获得理解的手段。毋宁说这种学习表现了一种对可能经验的预先安置(Vorschematisierung),表现了它的第一次收获。学会一种语言(Hineinwachsen in eine Sprache)是认识世界的一种途径。不仅这种"学习"——而且所有经验都是在我们对世界的认识的不断交往的发展中实现的。在更为深层和更为普遍的意义上可以说,经验总是"对已认识事物的认识"(Erkenntnis von Erkanntem),正如奥古斯特·伯克为语文学家的任务所定的公式所说。我们在传统中生活,但这种传统并非我们世界经验的一个部分,并非那种仅仅由文本和碑文等构成并继续传达一种文字写下的和具有历史文献证明的意义的所谓的文化传统。其实正是世界本身在相互交往中被经验并且作为一种无限开放的任务不断地交付给我们(traditur)。世界从来就不是某个混沌初开的世界,而是不断地遗留给我们的世界。哪里有东西被经验,不可信的东西被抛弃,或者彰明、领会和掌握被产生,哪里就会有引入语词和共同意识的诠释学过程在发生。即使是现代科学的独白式的语言也只是以这种途径才获得其社会现实性。我觉得这里就充分证明了诠释学的普遍性,虽然哈贝马斯对此表示强烈的反对。我认为哈贝马斯对诠释学问题从未超出过一种唯心主义的理解,并且很不恰当地把我的观点限制在特奥多·利特(Theodor Litt)所认为的"文化传统"的意义上。我们可以在舒坎伯版的《诠释学和意识形态批判》一书中找到广泛讨论此问题的文献。

对于我们的哲学传统,我们也必须提出同样的诠释学任务。

哲学思维并不是从零开始，而是必须继续思考和继续运用我们讲话所操的语言，我们今天仍然要像古代智者派的时代那样，把与其原始意义相异的哲学语言置回到对所意指的东西的讲话中去，置回到载负我们讲话的共同性中去。

由于现代科学及其哲学的推广，我们对这项任务或多或少地变得视而不见了。苏格拉底在柏拉图的《斐多篇》中提出了一个要求，他要对世界的构造和自然现象按他自己理解的那样去理解，为什么他要这样坐在监牢里而不接受为他安排好的越狱逃跑呢？——因为他认为这样做是对的，哪怕他遭受到的是一项不公正的判决。像苏格拉底自己理解的那样去理解自然，这项要求由亚里士多德的物理学按自己的方式实现了。这项要求与17世纪以来所谓的科学以及使自然科学和以科学为基础对自然的统治成为可能的东西都是不可调和的。这就是为何诠释学及其方法的结果不可能从现代科学理论中学到，而只能通过回忆较老的传统而学到的原因。

这种传统之一就是修辞学传统，后期维柯就曾用方法意识来反对他称为"批评法"（Critica）的现代科学而保卫这种修辞学传统。我在对古代哲学的研究中就特别强调过修辞学，即说话技巧及其理论。特别是修辞学以一种长期未被人充分认识的方式也成为美学概念古老传统的承载者，这在鲍姆加登对美学所下的定义中表现得很清楚。我们今天必须强调说明：修辞学论证方式的合理性虽然力图使"情感"（Affekte）起作用，但从根本上说是要使论证更为有力，并且在大多数情况下都很成功，修辞学论证方式的合理性现在是并且将一直是一种比科学确实性更加强有力的社会规定因素。因此，我在《真理与方法》中突出讨论了修辞学，并从很多方面，特别是在从法学实践出发的 Ch. 佩雷尔曼（Perelman）的研究中找到了对此的证明。这并不表明，假如我们以此为根据就忽视了现代科学及其对技术文明的应用的意义。恰恰相反，这正是提出现代文明的全新的中介问题。但情况并未因此而有根本的改变。因此，把科学的独白组合到交往意识中去这一"诠释学"任务——这里包括了训练实践的、社会的、政治的合理性——由此只是变得更为紧迫罢了。

实际上这是我们自柏拉图以来就已认识到的老问题。苏格拉底认为像政治家、诗人以及工匠等只知道本领域的知识而不知道"善"为何物乃是错误的。亚里士多德则通过对 Techne（技术）和 Phronesis（实践智慧）的区分描述了这里所存在的结构性区别。对此我们不能忽略。即使这种区别会被误用，而且对"良知"（Gewissen）的依靠也可能常常掩藏着不为人知的意识形态依赖性，如果我们只是在匿名的科学的意义上认识理性和合理性并把它们认作科学，那我们还是误解了理性和合理性。所以我认为我建立诠释学理论的工作更具可信性，因为我们必须重新接受苏格拉底遗留给我们的"人的智慧"，与科学所意识的那种可与上帝相媲美的无差错性相比，这种"人的智慧"只是无知的。亚里士多德建立的"实践哲学"对此可以给我们提供样板。这就是我们必须牢记的传统的第二条线索。

我认为亚里士多德提出的实践科学纲领为我们提供了"理解"科学可据以参照的唯一科学理论范式。在对理解的条件性作诠释学反思时我们已指出，理解的可能性表现为一种以语言表述的、绝非从零开始的、绝不可能以无限性结束的思考。亚里士多德指出，实践理性和实践的观点并不具备科学所具备的可学性，它只有在实践中，亦即在同伦理学的内在联系中才获得其可能性。我们必须牢记这一点。实践哲学这种范式必须取代下述"理论"（Theoria）的地位，这种"理论"的本体论证明唯有在"无限理智"（intellectus infinitus）中才能找到，而我们与启示无关的此在经验则对此一无所知。这种范式也必然会同所有把人的理性置于"匿名"科学的方法论思想之下的观点相对立。我认为相对于科学的逻辑自我理解的完善化，这种范式乃是真正的哲学任务，它同样并且正是面对科学对于我们的生活和继续生存所具有的实际意义而成为真正的哲学任务。

"实践哲学"还不仅仅只是"诠释学"学科的纯粹方法论的范式。它还像是它的实际根据。实践哲学的方法特殊性只是亚里士多德在其概念特性中所发现的"实践合理性"（Praktische Vernünftigkeit）的结果。单从现代的科学概念出发是根本无法把握它的结构的。甚至流动的辩证法——尽管黑格尔是从传统的概念中获得的并且复活了某些"实践"哲学的真理——也具有产生一种新的、不可察觉的反思教条主义的危险。作为意识形态批判之基础的反思概念同样也包含着一种非强迫性讨论的抽象概念，这种概念忽视了人的实践固有的限制。我必须把它作为心理分析治疗情境的不正当的推广加以拒绝。在实践理性的领域中不存在"知道着的"分析者（den "wissenden" Analysten），他可以指导对被分析者（Analysanden）的创造性的反思行为。我认为在反思问题上布伦坦诺对于反思的领悟和对象化的反思所作的区分（这种区分可以追溯到亚里士多德)胜过了德国唯心主义的遗产。我认为它甚至同阿佩尔和其他一些人引向诠释学的先验的反思要求也是相对立的。上述这一切在颇受欢迎的《诠释学和意识形态批判》(舒坎伯版)一书中有详细的论述。

因此,柏拉图的对话对我的影响比起德国唯心主义大师们更大,它一直指导着我的思考。柏拉图对话是一种独特的交往。如果我们根据尼采和海德格尔的教导把希腊概念从亚里士多德到黑格尔和现代逻辑学的前概念性认作一种界限,在此界限之外,我们的问题就得不到回答,我们的意愿就得不到满足——那么柏拉图的对话术就胜过我们想作为犹太-基督教传统的遗产所据有的那种表面优越性。正是柏拉图用他的理念论、用理念的辩证法、用把物理学数学化和把我们称作"伦理学"的理论理智化的做法为我们传统的形而上学概念奠定了基础。但他同时也以模仿的方式对他所有的陈述都作了限制,正如苏格拉底懂得如何对他的谈话对手运用熟练的讽刺术来达到自己的目的一样,柏拉图也通过他的对话诗的艺术剥夺了他的读者自认为的所谓优越性。我们的任务是同柏拉图一起进行哲学思维,而不是去批判柏拉图。批判柏拉图就如同指责索福克勒斯不是莎士比亚的做法一样幼稚。我这种说法听起来似乎很荒谬,但只是对那些不了解柏拉图诗意想象的哲学含义的人才显得荒谬。

当然我们首先要学会真正用模仿的方式来阅读柏拉图。本世纪已有一些人这样做了,尤其是保尔·弗里德伦德尔,以及斯忒芬·乔治(Stefan George)的诗人圈子[弗里德曼(Friedemann)、辛格(Singer)、希尔德布兰特(Hildebrandt)]出版的一些富有启发,虽然说不上奠基性的书和列奥·斯特劳斯及其朋友和学生们的研究。当然还远不能说这项任务已得到解决。这项任务在于,要把对话中所运用的概念性陈述丝丝入扣地与这些陈述由之产生的对话现实相关联。因为在这些对话中存在着做和说、激情(Ergon)和逻各斯等柏拉图认为并非只用语词言说的"多立克式的和谐"(dorische Harmonie)。毋宁说它是苏格拉底对话真正的生命法则。它是真正词义上的"引导的说话"(hinführende Reden)。只有从这里出发才能表现出苏格拉底那种充满机智,并且一直使混乱发展到极端的反驳术的实际含义。是呀,如果人的智慧真能从一个人身上转到另一个人身上,就像水可以通过毛线从一只容器达到另一只容器那样该有多好……(《会饮篇》,第175d)。但人的智慧却不可能这样。它是无知的知(das Wissen des Nichtwissens)。依靠这种智慧,与苏格拉底谈话的人就可以承认自己的无知——这就是说:通过谈话使他对自己有所明白,并对自己浑浑噩噩的生活有所知晓。或者我们可以运用柏拉图的第七封信中更冷静的话来说:受到反驳的不仅是他的论题,而且是他的灵魂。这种说法既适用于那个自认为相信朋友却又根本不知道友谊为何物的奴隶(《吕锡篇》),也适用于那个相信自己身上体现了士兵德行的有名的统帅(《拉凯篇》),以及那个认为自己具备胜过所有其他知识的虚荣的政治家(《卡尔米德篇》)——它还适用所有那些跟从专门教授智慧的老师的人,最后它还适用于那些头脑简单的民众,这些人既自己相信又使人相信他"正可以"做一个商人、小贩、银行家犹如他做一个工匠等一样出色。显然,这里所涉及的并不是专业知识,而是另外种类的知识,它与所有专门性的知识要求和认识性的思考能力都无关,同所有其他的著名的技术和科学(Technai und Epistemai)都毫不相干。这种特殊的知识指的就是"转向理念"(Wendung zur Idee),在自认为有知识的人的一切敞露之后就存在着这种向理念的转向。

但这也并不说明柏拉图最终有一种人们能向他学习的理论,亦即"理念论"。虽说柏拉图在他的《巴门尼德篇》中批判了这种"理念论",这也并不说明他当时曾在理念论上犯了错误。这只是说明接受"理念"并不是接受一种"理论",而是标明一种问题指向,哲学的任务就在于提出并讨论这种问题指向的蕴含,这也就是柏拉图的辩证法。辩证法是一种引导谈话的艺术,其中也包括引导同自己的谈话,致力于与自己达成一致意见的艺术。它是思维的艺术。但这乃指这样一种艺术,即探究人们以他们所想和所说的究竟意指什么。我们用这种艺术开辟一条道路,说得更准确一点:我们运用这种艺术时已经处在一条道路上。因为有一种像"人对哲学的自然倾向"这样一种东西。我们的思想不会停留在某一个人用这或那所指的东西上。思想总是超出自身。柏拉图的对话集对此有一种表述——思维把人们引向太一、引向存在、引向"善",而这些东西就表现在灵魂、国家宪法和世界构造的秩序之中。

当海德格尔把理念的接纳解释成存在遗忘的开端(这种存在遗忘在纯粹的想象和客体化中达到顶峰,随之出现了普遍趋向权力意志的技术时代),当他相当彻底地把希腊最早的存在思想也理解为形而上学里的存在遗忘的准备时,柏拉图理念辩证法固有的领域也相应地意指完全不同的东西了。作为这种辩证法基础的对一切存在者彼岸的超越乃是一种超出"肤浅地"接受理念的步伐,其最后结果乃是对形而上学地把存在解释为存在者的存在这一做法的反动。

实际上形而上学的历史也可以写成一部柏拉图主义的历史。这部历史的发展阶段也许可以分作：柏罗丁和奥古斯丁、埃克哈特大师和库萨的尼古拉、莱布尼茨、康德和黑格尔等等。其实也可以说，在西方的思想中，一切努力追问理念的本质存在以及形而上学传统的实体理论的思想都是这种发展阶段中的一个环节。这个发展系列中的第一个柏拉图主义者不是别人，而是亚里士多德自己。我在这个研究领域中的目标就是力图使人相信这一点，尽管亚里士多德对柏拉图的理念论和西方传统的实体形而上学作了批判，但事实就是如此。我在这一点上的观点并非孤掌难鸣。正是黑格尔给予了我这种观点。⑦

我所从事的也绝不是仅仅作"历史的"研究。因为用存在回忆的历史（Geschichte der Seinserinnerung）去补充海德格尔提出的日益增长的存在遗忘史（Geschichte der wachsenden Seinsvergessenheit），这完全不是我的目的。这种做法是没有意义的。恰当的做法应该是谈论这种日益增长的对存在的遗忘。在我看来，海德格尔的伟大功绩就在于教导我们严肃地询问什么是"存在"？从而把我们从对存在的完全遗忘中唤醒过来。我还清楚地记得，1924年海德格尔在一次关于卡耶坦（Cajetan）的"指称相似性"的研讨课中用以下一个问题结束了讨论：什么是存在？当时我们被这个

---

⑦ ［参见我的论文"柏拉图和亚里士多德关于善的理念"（《海德堡科学院论文集》，哲学-历史卷，1978年，第3卷），海德堡，1978年；现收入我的著作集，第7卷。］

问题的荒唐性弄得目瞪口呆。渐渐地我们所有人都在某种意义上被带到了对存在问题的回忆。即使是传统的形而上学传统的捍卫者、那些想成为海德格尔的批判者的人也不再充满自信地认为建筑在形而上学基础上的对存在的理解是毫无疑问的了。他们只是认为古典的回答也是对存在问题的一种回答，但这就说明他们又重新把存在问题看作一个问题了。

凡在试图进行哲学思维的地方就会用这种方式产生对存在的回忆。但我认为尽管如此却没有存在回忆的历史。回忆并不具有历史。不可能像有着日益增长的遗忘那样也有一种日益增长的回忆。回忆总是一种降临于人的东西，向人们袭来的东西，所以一种重新再现的东西（Wiedergegenwärtigtes）就会使流逝和遗忘稍作停顿。此外，对存在的回忆也不是对某种先前所知现在再想起的东西的回忆，而是对先前所问的东西的回忆，是对一种失落掉的问题的回忆。但一切作为问题追问的问题已不可能再被回忆。所有这样的问题作为对当时被追问的东西的回忆乃是现在被追问的问题。这样，问题就扬弃了我们思维和认识的历史性。哲学是没有历史的。第一个书写哲学史（实际上就是这样的历史）的人也就是最后一个书写这种历史的人：他就是黑格尔。在黑格尔那里历史消融在绝对精神的现在（Gegenwart）之中。

然而，这就是我们的现在吗？对我们来说唯有黑格尔才是这种现在吗？的确，我们不应当对黑格尔作教条主义的限制。如果黑格尔讲到随着一切人的自由而达到的历史的终点，那么这是说，历史唯有在这种意义上才终结，即再没有比一切人的自由还更高的原则能够被提出。人人都具有日益增长的不自由——这种不自由开始表现了世界文明的也许不可避免的命运——这在黑格尔的眼里绝不是对该原则的反驳。也许这只是"对事实来说太糟了"。我们同样可以问黑格尔：对存在的哲学思维终结于其中的原则，亦即第一和最后的原则就是"精神"吗？青年黑格尔派的批判对此作了攻击性的指责，但按我的观点唯有海德格尔才第一个发现了超出纯辩证倒转的积极的可能性。他的观点是："真理"并不是最终在绝对精神的自我显现中得到其理想实现的完全的无蔽（die volle Unverborgenheit）。相反他教导我们，要把真理同时作为揭蔽（Entbergung）和遮蔽（Verbergung）来考虑[59]伟大的传统思维尝试——在这种尝试中我们总是相互诉说地认识自己——把一切东西都置于这种对峙之中。所说出的东西绝不是一切。只有未说出的东西（das Ungesagte）才使我们能达到的说出的东西（das Gesagte）得到表述。我认为这点绝对正确。我们借以表述思想的概念好像一堵黑暗的墙。它使我们的思想具有片面性、固执性并充满偏见。例如我们可以想一下希腊的唯理智论，或德国唯心主义的意志形而上学，或新康德主义和新实证主义的方法论主义。它们用自己的方式说话，但同时也就不得不使自己变得无法认识。它们被囿于自身概念的前把握性之中。

　　由于这个理由我们可以说，我们为了理解某位思想家而试图与该思想家的思想进行的每一次对话都是一种自身无限的谈话。一种真正的谈话就是我们在其中力图寻找"我们的"语言——即一种共同的语言——的谈话。历史距离，以及把谈话对方置于一种可以历史地看出的起点上，一直是我们相互理解尝试的附属因素，实际上就是我们用以不理睬对话者的自我确信（Selbstvergewisserung)的形式。但在谈话中我们却相反地试图使自己向对方开放,亦即保持住使我们相互联系的共同事物。

如果情况是这样,那么我们同自己固有的立场当然就不能和睦相处。这种对话的无限性从根本上说不就是一种完完全全的相对主义吗?但它本身不也同样就是这样一种立场,而且还是一种显然充满自我矛盾的立场?最后它也像获得生活经验的情况一样:我们获得的许多经验、遭遇、教训和失望等等并不会导致我们在最终知晓一切,而是使我们学会了解、学会知足。我在《真理与方法》的主要一章中曾经捍卫了这种"个人的"经验概念以反驳那种通过对经验科学过程的程式化而使这种概念遭受到的掩盖,而且我感到在这点上与 M. 波兰尼(Polanyi)有同感。从这一点出发则"诠释学"哲学就不能理解为一种"绝对的"立场,而是一种经验的方法。它说明根本不存在有比开放谈话更高的原则。但这也就是说,要预先承认谈话对方的可能权利,甚而他们的优势。这样是否太微不足道了?我认为我们从一位哲学教授那里所能要求的就只是这种说话的方式(die Art Redlichkeit)——而且我们也只应该要求这些。

我认为返回到人类世界财富(Welthabe)的原始对话并不是倒退,这是很清楚的。这也适用于那种对最终评价、"最终证明"的要求或对"精神的自我显现"的教导。因此,我们必须首先重新探究黑格尔的思想道路。海德格尔曾经发现了形而上学传统的希腊思想背景,并在黑格尔于其《逻辑学》中辩证地消解传统概念的做法中认识到对希腊思想的最彻底的追随。但黑格尔对形而上学的消解却没有激起这种后果。尤其是黑格尔那种巧妙的对主观精神

II 505

的人为的思辨性的超越发生了作用,并且表现为对近代主观主义的一种解决办法。黑格尔的这种意图同海德格尔"转向"思想中抛弃先验的自我设定的意图不是一样的吗?黑格尔的意图不也正是要抛弃那种指向自我意识和意识哲学的主客观对立的倾向吗?莫非这里还存在差别?我们与海德格尔一起坚持的通向"语言"的普遍性的指向,即坚持我们世界交往(Weltzugang)的语言性,是否意味着一种超出黑格尔的步伐,一种返回到黑格尔深处的步伐?

为了首先确定我自己的思想轨道,我其实只能说,我的任务就是要维护"恶的无限性"的荣誉。当然我认为这是经过了重大的修正。因为思维就是同自己的灵魂进行无限的对话,这种对话不能被描述为对所要认识的对象世界的一种无限的继续规定,不管是在新康德主义所谓的无限任务的意义上,还是在辩证法所谓思维超出以前一切界限的意义上。海德格尔在这一点上为我指出了一条新的道路,他把对形而上学传统的批判变成一种准备,从而以新的方式提出了追问存在的问题,并且使自己处在"通向语言的路上"。这种语言的道路并不出现在判断陈述及其客观的有效要求之中,它只是不断地关注存在的整体。整体性并不是一种规定着的对象性。因此,我认为康德对纯粹理性二律背反的批判似乎是针对黑格尔的。整体性并不是对象,而是包围着我们并且使我们在其中生活的世界境域(Welthorizont)。

海德格尔褒扬荷尔德林而贬低黑格尔,并把艺术作品解释为一种原始的真理事件,以便在诗歌作品中承认一种对于客观规定的理想和概念的傲慢的纠正,在这一点上我无须跟随海德格尔。因为从我本人最主要的思想轨道出发这乃是确定无疑的。我应该不断考虑我自己的诠释学指向。诠释学的尝试，也就是从对话出发思考语言——对于一个终生都是柏拉图的学生的人来说这乃是不可避免的尝试——最终意味着通过进行谈话而对每一种语言固定用法的超越。在现代科学及其对知识支配的主要领域中对每个人都很适用的固定的专业术语在哲学思想的活动领域中就完全遭人轻视。伟大的希腊思想家在进行论题分析时有时也运用固定的概念术语，但即使如此他们也要维护自己语言的活动性。然而还存在着经院哲学，有古代的、中世纪的、近代的、当代的经院哲学。它们就像影子一样伴随着哲学。因此我们可以按下述标准很快确定某种思想的级别，即看它能在多大程度上打破那种传统哲学语言用语所表现的僵化。黑格尔作为其辩证方法使用的纲领性的尝试从根本上说有许多先在的东西。甚至像康德这样一个被认为非常讲究形式的思想家虽然总是想着拉丁文的学校用语，但也认为他"自己的"语言，虽说没有重新改造，却为传统的概念赢得了许多新的用法。相对于胡塞尔同时代及更早时代的新康德主义，胡塞尔的地位是由此决定的：即他的精神直观力把传统的艺术表达和他的语言词汇的描述性的灵活性融合成一种统一的风格。海德格尔则完全以柏拉图和亚里士多德为榜样，去证明自己新颖的语言创造的合理性，而我们在这一点上紧紧跟随他，甚至超过第一次轰动的效果和惊异所能期待的结果。与科学和生活实践相反，哲学则处于一种特有的困难之中。我们所讲的语言并不是为着哲学思维的目的而创造的。哲学陷入了一种根本性的语言困境之中。进行哲学思维的人越是勇敢地超前思考，这种语言困境就越发明显。一般说来，如果一个人任意"构造"概念，热衷于对他的概念"作出规定"，这就正标明他是个半瓶醋。哲学家只是唤醒语言的直观力（Anschauungskraft），任何一种语言的果敢和力量如果能进入那些一起思考和继续思考的人的语言中，也就是说，如果它们能继续推动、扩展和照亮相互理解的视域，那它们就很恰当。

哲学的语言从来不会提前遇到它的对象，而是自己构造出对象，因此哲学语言并不是在语句系统（这种语句系统的基于逻辑性和单义性的形式化表述和批判的验证据说能加深哲学的见解）中活动，我认为这是不可避免的结论。这个事实绝不会取消"革命"，也不会取消日常语言分析学派所声称的"革命"。让我用例子来说明这一点：如果有人用逻辑手段分析柏拉图某个对话中出现的论辩，指出其中的逻辑矛盾，弥补其中的缺陷并揭露其中的错误推论等，这当然能得到某种清晰性。但我们难道这样就能阅读柏拉图吗？这样就算把他的问题变成我们自己的问题了吗？如果不证明我们自己的优越性，就能算学习柏拉图吗？凡适用于柏拉图的经过必要的修正之后也适用于所有的哲学。我认为，柏拉图在他的第七封信中一劳永逸地正确地说明了这一点：哲学思维的工具并不是工具本身。表面的逻辑一贯性并不能代表一切。这倒不是说逻辑不具备其明显的有效性。但是，按逻辑处理论题的方法却把问题域限制在形式的可证明性上，从而阻碍了在我们用语言解释世界经验时所产生的世界开放（Weltöffnung）。这是一个诠释学的论断，我发现自己在这一点上最终与后期维特根斯坦有某种相似之处。他修正了他的《逻辑哲学论》中唯名论的偏见，以便把所有的说话都回溯到生活实践的联系之中。当然，这种还原的成就对他来说仍主要是消极的。对他来说，这种成就在于拒斥不可证明的形而上学问题,而不是在于重新获得不可拒绝的形而上学问题——尽管这些问题看起来可能是如此地不可证明——因为我们从我们的在世存在的语言用法中听出了这些问题。在这一点上我们从诗人的语词中可以学到比从维特根斯坦学到的更多的东西。

概念的解释并不能穷尽诗歌作品的内容,这一点是确定无疑的,而且也不会有人对此提出反驳。至少自康德以来人们就认识到了这一点,假如我们不说从鲍姆加登发现审美真理(cognitio sensitiva)以来的话。但从诠释学的观点看这点就更加重要。对于诗歌来说仅仅把它的审美因素同理论因素相分离并把它从语言规则或概念的压力下解放出来是不够的。诗歌本身也有一种说话的格式,概念就在这种格式中彼此发生关系。因此,诠释学的任务就在于学会在语言约束的联系中(在这种语言约束中总是有概念性的东西在起作用)去规定诗歌的特殊地位。语言是以何种方式变成艺术的呢?我们在这里并非只是提出这么一个问题,因为在解释的艺术中总是涉及话语和文本的形式,而且因为在诗歌中也总是涉及语言作品,涉及文本。诗歌作品是一种新含义上的"构成物",它是一种卓越的"文本"。语言在这里是以其完全的自主性出现的。它是自为存在并自己存在,而语词则可以被它们所抛弃的话语的意向所超越。

这里存在一个很困难的诠释学问题。诗歌所进行的是一种特别类型的交往(Kommunikation)。它同谁交往呢?同读者?是同同哪类读者?作为诠释学过程之基础并起源于对话的基本格式的问答辩证法在这里就得到一种特别的修正。对诗歌的接纳和解释似乎蕴含了一种特有的对话关系。

如果我们对各种不同的说话方式就其特殊性进行研究，这一点就特别明显。并非只有诗歌语言才指明了一种丰富的区分尺度，例如史诗、戏剧诗和抒情诗等等。显然还有其他的说话方式使问和答的诠释学基本关系得以进行特有的修正。我想到的是不同形式的宗教讲话，例如宣告、祈祷、布道、祝福等等。我可以举出神秘的"传说"、法律文本，以及哲学所运用的那种或多或少有点儿结巴的语言。它们构成诠释学的应用难题，自从《真理与方法》问世以来，我就把越来越多的精力集中在这个问题上面。我认为可以从两个方面出发来解决这一难题，其一是从我对黑格尔的研究出发，在这种研究中我以语言同逻辑的关系追踪语言的作用；其二是从现代严密的诗学出发，我对保尔·塞兰（Paul Celan）的《生命结晶》所作的评论就是这样一种研究。在这种研究中占中心地位的是哲学和诗学的关系。对这个问题的反思会使我和我们大家都不断地回想到，柏拉图并不是一个柏拉图主义者，而哲学也绝不是经院哲学。

本书论文版源

1. 在现象学和辩证法之间——一种自我批判的尝试

Zwischen phänomenologie und Dialektik—Versuch einer Selbstkritik.

至今未发表

2. 当今德国哲学中的历史问题

Das Problem der Geschichte in der neueren deutschen Philosophie.

原是1943年一篇讲演稿（当时未发表）；第一次发表于我的《短篇著作集》，第1卷，第1—10页。也可参阅我在门杜萨会议（阿根廷，1948年）以《历史理性的界限》为题所作的讲演，这篇讲演稿刊登在该会的论文集中。

3. 精神科学中的真理

Wahrheit in den Geisteswissenschaften.

原为德国研究联合会1953年在不莱梅举行的年会上的报告。第一次发表于《德意志大学杂志》，第9卷，1954年，第6—8页；后重印于《短篇著作集》，第1卷，第39—45页。

4. 什么是真理？

Was ist Wahrheit?

应法兰克福大学新教学生会的邀请在 1955 年于阿罗尔德海恩所作的讲演。第一次发表在《时代转折新航迹》,第 28 卷,1957 年,第 226—237 页;重印于《短篇著作集》,第 1 卷,第 46—58 页。

5. 论理解的循环

Vom Zirkel des Verstehens.

第一次发表在《马丁·海德格尔 70 诞辰纪念文集》,福林根,1959 年,第 24—35 页;重印于《短篇著作集》,第 4 卷,第 54—61 页。

6. 事情的本质和事物的语言

Die Natur der Sache und die Sprach der Dinge.

原为 1960 年在慕尼黑召开的第 6 届德国哲学年会上所作的报告,刊印在该会文集《秩序问题》,迈森海姆,1962 年,第 26—36 页;重印于《短篇著作集》,第 1 卷,第 59—69 页。

7. 作为哲学的概念史

Begriffsgeschichte als Philosophie.

第一次发表在《概念史档案》,第 14 卷,1970 年,第 137—151 页;重印于《短篇著作集》,第 3 卷,第 237—250 页。

8. 古典诠释学和哲学诠释学

Klassische und philosophische Hermeneutik.

第一次以意大利文发表在 *Encyclopedia del Novecento*,罗马,1977 年,第 2 卷,第 731—740 页,题目是"诠释学"(Ermeneutica)。在里特尔编的《哲学历史辞典》第 3 卷第 1061—1073 页上有德文节选。

9. 自我理解的疑难性

Zur Problematik des Selbstverständnisses.

原为1961年在罗马所作的讲演,法文是由 E. 卡斯特里(Castelli)以"Intendimento e Rischio"为题发表在"人文主义国际研究大会"的会议文献里,罗马,1962年;德文是以"理解和游戏"为题发表在《神学研究》,第30卷,1963年。本书所收乃是修改和扩大的版本,它第一次发表在格哈德·克吕格尔60诞辰纪念文集《洞见》里,法兰克福,1962年,第71—85页,同时也收入《短篇著作集》,第1卷,第70—81页。

10. 历史的连续性和存在的瞬间

Die Kontinuität der Geschichte und der Augenblick der Existenz.

原为蒂宾根新教学生会在1965年召开的高等学校会议上的讲演,第一次与 R. 维特拉姆、J. 莫尔特曼(Moltmann)的报告一起以"历史——未来的要素"为题发表,蒂宾根,1965年,第33—49页。以本文题目重印于《短篇著作集》,第1卷,第149—160页。

11. 人和语言

Mensch and Sprach.

首先发表在《母语》,第65卷,1965年,第257—262页;继后刊登于 D. 提策维斯基(Tschizewskij)70诞辰纪念文集《文字域》,慕尼黑,1966年,第237—243页;同时又收入《短篇著作集》,第1卷,第93—100页。

12. 论未来的规划

Über die Planung der Zukunft.

第一次发表在 *Daedalus*,第 95 卷,1966 年,第 572—587 页,题目是"Planning of the Future",德文发表于《短篇著作集》,第 1 卷,第 161—178 页。

13. 语义学和诠释学

Semantik and Hermeneutik.

原为 1968 年维也纳召开的第 14 届国际哲学大会上的报告,第一次发表于《短篇著作集》,第 3 卷,第 251—260 页。

14. 语言和理解

Sprach and Verstehen.

第一次发表在《时代转折新航迹》,第 41 卷,1970 年,第 364—377 页,重印于《短篇著作集》,第 4 卷,第 94—108 页。

15. 语言能在多大程度上规定思维?

Wieweit schreibt Sprache das Denken vor?

第一次发表在《时代转折新航迹》,第 44 卷,1973 年,第 289—296 页,重印于《短篇著作集》,第 4 卷,第 86—93 页。法文载于 E. 卡斯特里(编辑)的 *Démythisation et Idéologie*,巴黎,1973 年,题目是"Jusqu'à quel point la langue préforme-telle la pensée",第 65—70 页。英文见《真理与方法》英译本附录,伦敦,1976 年。

16. 无谈话能力

Die Unfähligkeit zum Gespräch.

原是海德格尔研究会举办的广播讲座稿,第一次发表于《大学》,第 26 卷,1971 年,第 1295—1304 页,重印于《短篇著作集》,第 4 卷,第 109—117 页。

17. 诠释学问题的普遍性

Die Universalität des hermeneutischen Problems.

第一次发表于《哲学年鉴》，第73卷，1966年，第215—225页，同时收入《短篇著作集》，第1卷，第101—112页。

18. 修辞学、诠释学和意识形态批判　　　　　　　　　　II 511

Rhetorik, Hermeneutik und Ideologiekritik.

第一次发表于《短篇著作集》，第1卷，第113—130页。

19. 答《诠释学和意识形态批判》

Replik zu Hermeneutik und Ideologiekritik.

第一次发表在哈贝马斯（编辑出版）的《诠释学和意识形态批判》，法兰克福，1971年，第283—317页，重印于《短篇著作集》，第4卷，第118—141页。

20. 修辞学和诠释学

Rhetorik und Hermeneutik.

第一次作为约金姆-尤吉乌斯科学学会刊物发表，哥廷根，1976年，重印于《短篇著作集》，第4卷，第148—163页。

21. 逻辑学还是修辞学？

Logik oder Rhetorik? Nochmals zur Frühgeschichte der Hermeneutik.

第一次发表在《概念史档案》，第20卷，1976年，第7—16页，重印于《短篇著作集》，第4卷，第164—172页。

22. 作为理论和实践双重任务的诠释学

Hermeneutik als theoretische und praktische Aufgabe.

原为1978年1月19日在明斯特召开的国际法哲学和社会哲学联合会威斯特伐伦组会上的报告，以及1978年1月18日在海德堡科学院的报告。第一次以扩大篇幅发表在《法律理论》,第 9 卷,1978 年,第 257—274 页。

23. 实践理性问题

Probleme der praktischen Vernunft.

第一次发表于《意义和历史性——特奥多·利特的研究和影响》,J. 德勃拉夫(Derbolav)和其他人合编,斯图加特,1980 年,第 147—156 页。

24. 文本和解释

Text und Interpretation.

第一次发表在《文本和阐释——德法辩论》,P. 福格特编,慕尼黑,1984 年,第 24—55 页。

25. 解析和解构

Destruktion und Dekonstruktion.

德文原文未发表——以意大利文载于《解释和解构》(Interpretazione e deconstruzione),拿波里,1986 年;英文由马尔夏尔(Marshall)编,鲁瓦,1986 年。

26. 补注 I—VI

Exkurse I—VI.

第一次发表在《真理与方法——哲学诠释学的基本特征》,蒂宾根,1960 年,第 466—476 页。

27. 诠释学与历史主义

Hermeneutik und Historismus.

第一次发表在《哲学评论》,第 9 卷,1961 年,第 241—276 页,重印于《真理与方法》,第 2 版,蒂宾根,1965 年,第 477—512 页。

28. 诠释学

Hermeneutik.

第一次发表在《当代哲学》(*Contemporary Philosophy*), R. 克里彭斯基编, 第 3 卷, 菲伦斯, 1969 年, 第 360—372 页。

29. 第 2 版序言   Ⅱ 512

Vorwort zur 2. Auflage.

第一次发表在《真理与方法》, 第 2 版, 蒂宾根, 1965 年, 第 XVI—XXVI 页。

30. 第 3 版后记

Nachwort zur 3. Auflage.

第一次发表在《真理与方法》, 第 3 版, 蒂宾根, 1972 年, 第 513—541 页。

31. 汉斯-格奥尔格·伽达默尔自述

Selbstdarstellung.

第一次发表在《自序中的哲学》, L. J. 波格拉茨 (Pongratz) 编, 汉堡, 1977 年, 第 3 卷, 第 59—100 页。

译 者 注 释

第 1 卷

(诠释学Ⅰ 真理与方法——哲学诠释学的基本特征)

[1]按照伽达默尔的看法,效果历史的规定性是这样的彻底,以致它超出了对这一规定性的任何认识,他写道:"我的论证的意义是:效果历史的规定性也仍然支配着现代的、历史的和科学的意识——并且超出了对这种支配活动的任何一种可能的认识。效果历史意识在一个如此彻底的意义上是终究的,以致我们在自己整个命运中所获得的存在在本质上也超越了这种存在对其自身的认识。"(《真理与方法》,第 xii 页)简言之,我们获得的存在超越了我们对这种存在的认识。因此真理的概念对于伽达默尔来说也与自然科学所谓的真理概念风马牛不相及,正如在艺术的经验中我们探究的是那些在根本上超出了方法论知识范围外的真理一样,在精神科学中我们涉及的也是各种形式的历史传承物自身所表述出来的真理。

[2]在伽达默尔看来,我们对历史传承物的经验——这种经验超越了我们对历史传承物的任何探究——都经常居间传达了我们必须一起参与其中去获取的真理,这也就是说,历史传承物的真理绝不是一成不变的,而总是与我们自己的参与相联系,真理都是具体的和实践的。伽达默尔在一篇题为"论实践哲学的理想"的论文里曾经写道:"我要宣称:精神科学中的本质性东

西并不是客观性,而是同对象的先在的关系。我想用参与者的理想来补充知识领域中这种由科学性的伦理设立的客观认识的理想。在精神科学中衡量它的学说有无内容或价值的标准,就是参与到人类经验本质的陈述之中,就如在艺术和历史中所形成的那样。我曾试图在我的其他著作中指出,对话模式可以阐明这种参与形式的结构,因为对话也是由此表明,对话者并非对对话中出现的东西视而不见并宣称唯有自己才掌握语言,相反,对话就是对话双方在一起相互参与着以获得真理。"(见《赞美理论——伽达默尔选集》,上海三联书店1988年版,第69页)

[3]诠释学宇宙与自然科学的宇宙不同,它不仅包括我们所探究的自然对象-历史传承物和自然的生活秩序,而且包括我们怎样经验历史传承物的方式,我们怎样经验我们存在和我们世界的自然给予性的方式,因此诠释学宇宙总是一个无限开放的宇宙。

[4]"精神科学"在德文里是复数形式,最早是用来翻译穆勒《逻辑学》里"道德科学"(moral sciences)一词的。

[5]约翰·斯图加特·穆勒(John Stuart Mill, 1806—1873),英国哲学家、社会学家和经济学家。主要哲学著作《逻辑学》写于1843年。

[6]赫尔曼·赫尔姆霍茨(Hermann Helmholtz, 1821—1894),德国自然科学家,19世纪精确科学最重要的代表。对生理学、光学、电动力学、数学和气象学均有十分重要的贡献,最著名的是发现能量守恒定律。

[7]巴黎的奥卡姆学派,指14世纪上半叶法国巴黎一些奥卡姆(W. V. Ockham, 1280/1285—1347/1349)学说追随者。

[8]J. G. 德罗伊森,见[10]。

[9]皮埃尔·杜恒(Pierre Duhem, 1861—1916),法国物理学家、数学家和科学哲学家,著名的科学理论约定论代表。杜恒主张科学理论的作用在于使各种关联系统化,而不在于解释新的现象。主要著作有《莱奥纳多·达·芬奇研究》(1903—1913年)、《世界体系——从柏拉图到哥白尼的宇宙学说史》(1913—1917年)。

[10] 威廉·舍勒尔(Wilhelm Scherer,1841—1886),德国语言学家、文学史家,文学艺术中实证主义方法的建立者。

[11] 巴洛克,原指16—18世纪中叶盛行于欧洲的一种华丽花型的建筑风格,这里指这一时代。

[12] 赫尔德(Johann Gottfried von Herder,1744—1803),德国批评家、哲学家、路德派神学家,浪漫主义运动先驱。赫尔德具有超越时代的眼光,预见了德国哲学思想和文艺理论的未来发展。在《论语言的起源》(1772年)中认为语言结构是人类本性的真实图像,只有通过语言才能产生对人性的认识。他以后的一系列著作,特别是《关于人类发展的另一种历史哲学》(1774年)、《论人的天赋虚构》(1777年)、《论人类灵魂的认识和感觉》(1778年)和《人类历史哲学纲要》(1784—1791年)为德国的启蒙运动,特别是文学上的狂飙突进运动奠定了深厚的基础。

[13] 至善论指一种主张人类可完全达到完善圆满境界的理论。

[14] 教化(Bildung)是一个很难翻译的德文词,它不仅指一般所谓的文化,有如英语中的culture,更重要的指一种精神的造就或陶冶,比较接近于英文中的cultivation或cultivated。伽达默尔把它定义为"人类发展自己的天赋和能力的特有方式"(《真理与方法》,第1卷,第16页)。对应于教化这个词的拉丁文是formatio,这是从forma(形式、形象)而推导的词。按照中世纪神学解释,人是按照上帝的形象创造的,人在自己的灵魂里就带有上帝的形象,并且必须在自身中去造就这种形象。同样,Bildung包括Bild(形象),它既包括Vorbild(范本、模式),又包括Nacbbild(摹本),意即按照范本加以铸造。教化一词在18世纪末和19世纪的德国思想界相当流行。赫尔德曾从根本上把人类教育规定为"达到人性的崇高教化"(Emporbildung zur Humanität)。按照黑格尔的解释,人之为人的显著特征在于他脱离了直接性和本能性,而人之所以能脱离直接性和本能性,乃在于他的本质具有精神性的理性方面,因此人需要教化,人类教化的本质就是使自己成为一个普遍的

精神存在,教化从而就作为个体向普遍性提升的一种内在的精神活动。德国哲学家非常重视这一概念的内涵,黑格尔说,哲学正是"在教化中获得了其存在的前提条件"(《哲学纲要》,第 41 节);狄尔泰自豪地说:"只有从德国才能产生那种可取代充满偏见而独断的经验主义的真正的经验方法,穆勒就是由于缺乏历史性的教化而成为独断的。"(《狄尔泰全集》,第 5 卷,第 lxxiv 页)伽达默尔更发挥说:"我们可以补充说,精神科学也是随着教化一起产生的,因为精神的存在是与教化观念本质上联系在一起的。"(《真理与方法》,德文版第 1 卷,第 17 页)

[15]克洛普施托克(Friedrich Klopstock,1724—1803),德国叙事诗和抒情诗人。主要代表作《弥赛亚》(或译《救世主》)最早三篇发表于 1749 年,诗文充满激情,引起轰动,1770 年完成最后五篇。

[16]威廉·冯·洪堡(Wilhelm Freiherr von Humboldt,1767—1835),德国语言学家、哲学家、外交家兼教育改革家,对 20 世纪语言科学的发展有深刻的影响,曾预示探索语言-文化关系的人类文化语言学的发展。

[17]沙夫茨伯里(Anthong Ashley Cooper Shaftesbury,1671—1713),英国政治家、哲学家、自然神论者。早年受教于洛克,但剑桥柏拉图主义者对他影响颇大,因此哲学思想带有浓厚的柏拉图主义观点,主张我们所看到的美或真乃是绝对的美或真的影子。主要著作是《人的特征、风俗、见解和时代》(1711 年)。正是通过沙夫茨伯里,英国自然神论思想传入德国,康德在一定程度上受过他的影响。

[18]教化(Bildung)来源于 Bilden(形成),包含(Bild)(图像、形象),而 Bild 既有 Vorbild(范本、模本),又有 Nachbild(摹本),意思就是说 Bildung 乃是按照 Vorbild(范本)进行摹写(Nachbilden),也即按照人性理想进行教化或陶冶,这种观点究其根源应当说来自柏拉图,柏拉图的 eidos 原本指所看到的形象,德文是以 Urbild(原型)来翻译,按照柏拉图,事物乃是原型的摹写,因此现实世界的事物可以说是摹本,即德文里的 Abbild,以后新柏拉图主义

就是利用 Urbild 和 Abbild 这种关系,认为世界万物乃是上帝根据他心灵中的原型(arche-type)、范式(paradigms)或模式(pattern)所创造,德国思想家所使用的 Bildung 就是沿着这一思路而发展起来的。

[19]《第一哲学》系黑格尔 1808 年任纽伦堡文科中学校长期间所编写的《哲学入门》中的一部分,该书 1811 年写毕,1840 年正式出版。

[20]黑格尔在《精神现象学》里这样写道:"虽说对于主人的恐惧是智慧的开始,但在这种恐惧中意识自身还没有意识到它的自为存在。然而通过劳动,奴隶的意识却回到了它自身。当行动符合于主人的意识的时候,对于物的非主要的关系这一面诚然显得是落在服役者的意识身上,因为在这一关系里物仍然是保持其独立性。欲望却为自身保有其对于对象之纯粹的否定,因而享有十足的自我感。但是也就因为这样,这种满足本身只是一个随即消逝的东西,因为它缺少那客观的一面或持久的实质的一面。与此相反,劳动是受到限制或节制的欲望,亦即延迟了的满足的消逝,换言之,劳动陶冶(Bilden)事物。对于对象的否定关系成为对象的形式并且成为一种持久性的东西,这正因为对象对于那劳动者来说是有独立性的。这个否定的中介过程或陶冶的行动同时就是意识的个别性或意识的纯粹自为存在,这种意识现在在劳动中外在化自己,进入到持久的状态。因此那劳动者的意识便达到了以独立存在为自己本身的直观。"(黑格尔:《精神现象学》,上卷,商务印书馆 1979 年版,第 130 页)

[21]黑格尔自 1808 年在纽伦堡任文科中学校长,长达 8 年之久。

[22]伊索克拉底(Isokrates,前 436—前 338),古希腊修辞学家和教育学家。

[23]《波尔·罗亚尔逻辑》(*Logique de Port-Royal*),亦名《皇港逻辑》,系 17 世纪波尔·罗亚尔运动的两个领导者安东尼·阿尔诺和皮埃尔·尼科尔编著的一部逻辑书。

[24]詹孙教派(Die Jansenisten)系 17 世纪和 18 世纪出现于法国、荷兰

和意大利的一个天主教的非正统教派,主要创始人是卢万大学神学家詹孙。这一教派认为,反宗教改革运动的神学家在反对路德和加尔文关于上帝的恩惠的教义的同时,走向另一极端,即过分强调了人的责任以致贬低了天主的主动性。詹孙教派还试图利用科学方法来论证奇迹,从而开创奇迹的批判。

[25]斯宾诺莎(Benedict de Spinoza,1632—1677),犹太裔荷兰哲学家,他的《神学政治论》(1670年)一书开创了对《圣经》的历史批判任务。按照伽达默尔的看法,斯宾诺莎对《圣经》的历史批判,尤其是对《圣经》各篇作者所使用的语言的性质和特征的解释,分清字面的意思和比喻的意思,乃属于诠释学的前史。

[26]共通感,原在亚里士多德那里指五种普通的感觉,但尔后的发展却成为一种实践的判断标准,或者健全的常识。维柯在他的《新科学》一书中援引了共通感这一概念,在他看来,共通感乃是所有人中存在的一种对于合理事物和公共福利的共同感觉。苏格兰常识学派也援引了这一概念,在他们看来,这是人类的一种健全感觉,并用这一概念来攻击形而上学及其怀疑主义的解决方案。康德在其《判断力批判》里也讲到鉴赏(趣味)作为一种共通感,尽管共通感这一概念的含义常常被了解为平凡、庸俗,"但是在共通感这一名词之下人们必须理解为一个共同的感觉的理念,这就是一种评判机能的理念,这评判机能在它的反思里顾到每个别人在思想里先验的表象形式,以便把他的判断似乎紧密地靠拢着全人类理性,借以逃避主观性和人的诸条件对判断产生的有害影响。"(康德:《判断力批判》,上卷,商务印书馆1987年版,第137—138页)伽达默尔在共通感这一概念里所强调的就是一种历史的、实践的智慧。他利用亚里士多德的"实践智慧"(Phronesis)这一概念来解释共通感,一个具有共通感的人就是具有实践智慧,知道如何正确应用的人,因此他说:"显然就有某种理由要把语文学-历史学的研究和精神科学的研究方式建立在这个共通感概念上,因为精神科学的对象,人的道德的和历史的存在,正如它们在人的行为和活动中所表现的,本身就是被共通感所根本规定的。"

(《真理与方法》,德文版第 1 卷,第 28 页)

[27]维柯(Giambattista Vico,1668—1744),意大利哲学家、人文主义思想家。主要著作《新科学》后来才受到人们注意。维柯认为人类社会经历从生成逐渐走向毁灭的阶段,首先是野蛮时期,然后进入众神时代,再后是英雄时期,最后是人类时期,人类时期最后又回到野蛮时期。

[28]犬儒学派(Kyniker)系古希腊小苏格拉底学派之一,创始人安提西尼(Antisthenes,约前 445—前 365)。这一学派主张禁欲克己的生活,据说安提西尼力破常规,终身流浪行乞。

[29]逍遥学派(Peripatos)系亚里士多德学派,据说亚里士多德常在散步时与他的门徒讲学,亦名"散步学派"。

[30]斯多葛派(Stoiker),古希腊和罗马时期兴盛的一个哲学派别,创始人系蒂昂的芝诺(Zenon Kitieus,前 340—前 265),因为他通常在雅典集市的画廊柱下讲学,故又名为"画廊学派"。

[31]菲托原系规劝女神,这里维柯用来指古代修辞学传统。

[32]罗马斯多葛派指公元后罗马时代的后期斯多葛派。著名人物有罗马政治家塞涅卡、奥勒留以及被尼禄皇帝释放的奴隶爱比克泰德。这一学派对于传播和发展斯多葛派哲学和逻辑学起了很大作用。

[33]特滕斯(Johannes Nikolaus Tetens,1736—1807),德国心理学家、数学家、经济学家和教育家。主要著作《对人的本质及其发展的哲学探究》(1777 年)是一部研讨人类认识的起源和结构的书,康德曾经给予很高的评价。

[34]达兰贝尔(D'Alembert,1717—1783),法国数学家、启蒙思想家、《百科全书》编纂者。曾对牛顿第二运动定律提出另一种表述,即所谓达兰贝尔原理。

[35]西塞罗(Marcus Jullius Cicero,前 106—前 43),古罗马政治家、律师、古典学者和作家。其著名著作有《论演说术》《论共和国》《论法律》,另有

长诗《我的执政》和《我的时代》。在哲学史上,西塞罗的重要性在于他传播了希腊的思想,给予欧洲一套哲学术语。

[36]卡斯蒂廖内(Baldassare Castiglione,1478—1529),意大利作家和外交家,他的著名的代表作《侍臣论》(1528年)使他成为文艺复兴时期贵族礼仪的权威人士,曾被译成多种外国文字。

[37]马克·奥勒留(Mark Aurel 或 Marcus Aurelius,120—180),罗马皇帝,罗马斯多葛派哲学家。主要著作有《沉思录》,是我们研究后期斯多葛派哲学观点的重要经典。

[38]萨尔马修斯(Claudius Salmasius,1588—1653),法国古典主义时期思想家,原名为 Claude de Salmasius。

[39]哈奇森(Francis Hutcheson,1694—1747),爱尔兰哲学家。自1730年至去世任格拉斯可夫大学道德哲学教授。

[40]托马斯·里德(Thomas Reid,1710—1796),英国哲学家,苏格兰常识学派的创始人。主要著作《论人的智力》(1785年)是反对休谟的怀疑论,而《论人的积极力量》(1788年)则是捍卫唯理论的伦理学。

[41]布菲尔(Claude Buffier,1661—1737),法国哲学家、历史学家和语言学家。其哲学观点对苏格兰常识学派有影响。

[42]亨利·柏格森(Henri Louis Bergson,1859—1941),法国哲学家。1900年任法兰西学院教授,1914年任法兰西科学院院士,1928年获诺贝尔文学奖。重要哲学著作有《时间与自由意志》(1889年)、《物质与记忆》(1896年)和《创化论》(1907年)。

[43]18世纪德国学院派形而上学指莱布尼茨-沃尔夫学派哲学。

[44]大众哲学指18世纪在德国学者中产生的这样一种哲学尝试,即把哲学学说以一种通俗易懂和便于应用的形式阐述出来。当时莱辛就倾向于这样一种哲学立场。

[45]虔信派,17世纪兴起于德国新教内部并注重个人信仰的改革教派,

虔信派可以说是对所谓"西方世俗化"的反响,同时也是对教会世俗化的抗议。虔信派企图使基督教重新发挥改造人类生活的力量。

[46]厄廷格尔(Friedrich Christopher Oetinger,1702—1782),德国路德新教神学家。为反对笛卡尔主义和理性主义,厄廷格尔强调了精神和物质的相互联系以及生命的首要性,从而突出了共通感。厄廷格尔的观点对于施瓦本虔信派和黑格尔有影响,其共通感学说被伽达默尔作为精神科学的诠释学思想的前史加以强调。

[47]费内伦(Francois de Salignac de la Mothe-Fenelon,1651—1715),法国神学家和教育学家,其思想对法国启蒙运动有很大影响。

[48]弗勒里(Claude de Fleury,1640—1723),法国宗教历史学家。

[49]沃尔夫(Christian Wolff,1679—1754),德国哲学家,18世纪德国学院派形而上学的主要代表,作为德国启蒙运动(18世纪以唯理论为特色的哲学运动)的代言人而出名。沃尔夫继承莱布尼茨和笛卡尔,试图把唯理论和数学方法应用于哲学,在德国哲学史上开创了莱布尼茨-沃尔夫时期。

[50]约翰·贝尔努利(Johann Bernoulli,1667—1748),瑞士著名数学家,其兄雅可布·贝尔努利(Jakob Bernoulli,1654—1705),也是著名数学家。

[51]帕斯卡(Blaise Pascal,1623—1662),法国思想家、数学家、物理学家。主要哲学著作有《思想录》。

[52]莫佩尔蒂(Pierre Louis Moreau de Maupertuis,1698—1759),法国物理学家、数学家。

[53]"共同感觉"(Gemeinsinn)是德语中用来翻译拉丁文 sensus communis(共通感)的语词。"共同感觉"在德国古典哲学里指人类天生具有的一种判断能力,因此厄廷格尔把它理解为一种"上帝的恩赐"。"共同感觉"后来就发展成为一种与理性判断不同的感觉判断,即没有反思的判断。

[54]"所罗门的智慧"原系《圣经·旧约》伪经中的一卷,这里系指一种最高的认识能力。

[55]"几何学的精神"指演绎,"微妙的精神"指直觉。帕斯卡在其晚年的神学研究中区分了这两种精神,并且认为"微妙的精神"优于"几何学的精神",只有通过"微妙的精神"才能洞察宇宙的真相。

[56]兰巴赫(Johann Jakob Rambach,1693—1735),18世纪神学诠释学中虔信派诠释学代表人物,著有《圣经解释原则》(1723年)。

[57]关于健全的人类理智(即共同的理智)是由判断力所规定的,参见康德《判断力批判》第1版序,康德认为:"判断力的正确的运用是这样必然地和普遍地需要着,因而在健全的理智的名义下正意味着这种能力。"(康德:《判断力批判》,上卷,商务印书馆1987年版,第5页)

[58]马鲁斯(Morus,1478—1535),英国政治家,人文主义著作家,马鲁斯系拉丁语名字,英语名字为Sir Thomas More(托马斯·莫尔),《乌托邦》一书是其代表作。

[59]判断力由于需要某个能够指导它的应用的规则而处于一种根本的困境中,因为正如康德所指出的,为了遵循这个规则它将需要一个其他的判断力,可参见康德《判断力批判》第1版序:"人们却能够从判断力的本性里——它的正确的运用是这样必然地和普遍地需要着,因而在健全的理智的名义下正意味这个能力——容易知道,寻找出一个这样的原理是伴着许多巨大困难的。这就是说它必须不是从先验诸概念里导引出来的。这些先验诸概念是隶属于悟性,而判断力却只从事于运用它们。所以判断力应自己提供一个概念,通过这概念却绝不是某一物被认识,而只是服务于它自己作为一法规,但又不是成为一个客观的法规,以便它的判断能适应这个法规,因为这样又将需要另一个判断力,来判别这场合是不是这法规能应用的场合了。"(康德:《判断力批判》,上卷,商务印书馆1987年版,第5页)

[60]鲍姆加登(Alexander Gottlieb Baumgarten,1714—1762),德国哲学家和美学家,沃尔夫学派后期重要代表。1738年任哈勒大学教授,1740年任法兰克福大学教授。鲍姆加登第一次使用了"美学"(Ästhetik)这一词,并在

德国把美学作为哲学的一个分支学科。对于他来说,狭义的美学就是自由的艺术理论,而广义的美学就是一般感性认识理论。鲍姆加登的美学理论对康德有很大影响。

[61]在鲍姆加登看来,美在于多样性的统一,单纯的印象,如颜色,并不是美的,唯有多样性才能刺激心灵,产生愉快,美乃是感性里表现的完满,而这完满即是多样性中的统一。

[62]康德在其《判断力批判》里一方面把共通感原有道德规定摈除出去,使共通感成为一种判断能力;另一方面又强调共通感与一般所理解的共同知性(gemeines Verstand)有区别,共同知性是不按照情感,而是按照概念,这样共通感就必然成为鉴赏判断的基础。参见《判断力批判》第20节和第40节。

[63]纯粹实践理性模型论见康德的《实践理性批判》第一部第一编(纯粹实践理性的分析论)第二章"纯粹实践判断力的模型论",康德说:"这种备考(即判断力的模型论)就防御了实践理性的经验论,实践理性的经验论是仅以经验结果(所谓幸福)来定'善''恶'的实践概念,经验结果以及因自爱而决定的一种意志之无数效果虽当然能用作'理想善'的完全适当模型,但同'理想善'却不一样。"(康德:《实践理性批判》,张铭鼎译,商务印书馆1936年版,第88页)

[64]康德在《实践理性批判》第二部分简短地探讨了纯粹实践理性的方法论,他首先声明这种方法论并不是"关于纯粹实践理性的一种科学认识方面而用纯粹实践原则来进行的方法"(尽管通常在理论认识上称之为方法),而是指一种"我们能使纯粹实践理性律通行于人类精神以内而影响其格言的方法,即我们能使客观实践理性也成为主观实践理性的方法"。关于康德具体提出的建立和培养真正道德情操的方法纲要,可以参阅他的《实践理性批判》,张铭鼎译,商务印书馆1936年版,第212页以下。

[65]参阅康德:《判断力批判》,上卷,商务印书馆1987年版,第137页。

[66]康德说:"一个这样的原理却只能被视为一种共同感觉(Gemeinsinn),这种共同感觉是和人们至今也称作共通感的共同知性(gemeines Ver-

stand)在本质上有区别,后者是不按照情感,而是时时按照概念,固然通常只按照模糊不明表现的原理去进行判断的。"(康德:《判断力批判》,上卷,商务印书馆1987年版,第76页)

[67]按照康德的观点,判断力正如共通感一样,是不能从逻辑上加以证明的,因此康德承认事例或历史对于判断力具有主导线索的意义。

[68]康德在《判断力批判》里说:"所以只在这个前提下,即有一个共通感(不是理解为外在的感觉,而是从我们的认识诸能力的自由活动来的结果),只在一个这样的共通感的前提下,我说,才能下鉴赏〈趣味〉判断。"(康德:《判断力批判》,上卷,商务印书馆1987年版,第76页)

[69]巴尔塔扎·格拉西安(Balthasar Gracian,1601—1658),西班牙作家、哲学家。

[70]F.黑尔(Friedrich Heer,1910—   ),奥地利历史学家、政论家。

[71]康德在《判断力批判》关于趣味的二律背反里指出:"关于趣味可以容人争吵(虽然不能辩论)。这个命题却含着第一前提的反对面。因关于争吵的对象,必须希望先能达到一致;从而人们必须能够依凭判断的根据,而这根据不仅仅具有私人的有效性,即不仅仅是主观的;对于这一层另外那个命题和它正相对立,这就是:每个人有他的自己的趣味。所以关涉到趣味的原理显示下面的二律背反:(一)正命题。趣味不植根于诸概念,因否则可容人对它辩论(通过论证来决定);(二)反命题。趣味判断植根于诸概念,因否则,尽管它们中间有相违异点,也就不能有争吵(即要求别人对此判断必然同意)。"(康德:《判断力批判》,上卷,商务印书馆1987年版,第185页)

[72]按照康德的观点,趣味判断不基于概念,而基于共通感,因此它不要求每个人都同意我们的判断,而是要求每个人都应当与我们的判断相一致,他说:"在一切我们称某一事物为美的判断里,我们不容许任何人有异议,而我们并非把我们的判断放在概念之上,而只是根据情感:我们根据这种情感不是作为私人的情感,而是作为一种共同的情感。因此而假设的共通感,就

不能建立在经验的基础上,因为它将赋予此类判断以权利,即其内部含有一个应该:它不是说,每个人都将要同意我们的判断,而是应该对它同意。"(康德:《判断力批判》,上卷,商务印书馆1987年版,第78页)

[73]伽达默尔的一个根本观点是,精神科学,例如法律和道德的知识,都是通过具体情况的应用而得到创造性的补充和发展,"法官不仅应用法律于具体事件中,而且通过他的裁决对法律的发展作出贡献。正如法律一样,道德也是鉴于个别情况的创造性而不断得以发展的。"(《真理与方法》,第1卷,第44页)因此他认为,美并不是只有在自然和艺术领域内作为对美和崇高东西的判断才是创造性的,自然和艺术中的美应当被那弥漫于人的道德现实中的美的整个广阔海洋所充实。

[74]康德所谓规定性的判断力和就是指把个别的东西(特殊)归纳在某个普遍的原理、法则或规律(普遍)之下的判断力,参见《判断力批判》"判断力作为一个先验地立法着的机能"一节。

[75]康德在《判断力批判》里把判断力区分为规定性判断力和反思性判断力两种,规定性判断力是把特殊归在已知的普遍之下;反之,反思性判断力是已知特殊而去寻找普遍,他说:"判断力一般是把特殊包含在普遍之下来思维的机能。如果普遍的(法则、原理、规律)给定了,那么把特殊的归纳在它的下面的判断力就是规定性判断力,但是,假使给定的只是特殊的并要为了它而去寻找那普遍的,那么这种判断力就是反思性判断力。规定性判断力在知性所提供的普遍的超验的规律之下只是归纳着,那规律对于它已经先验地预示了,它无需为自己去思维一个规律从而把自然界的特殊归纳在普遍之下。……反之,反思性判断力的任务是从自然中的特殊上升到普遍,所以需要一个原理,这原理不能从经验中借来,因为它正应当建立一个一切经验原理在高一级的虽然它是经验的诸原理之下的统一,并且由此建立系统中上下级之间的隶属关系的可能性。所以这样一个超验原理,只能是反思性判断力自己给自己作为规律的东西,它不能从别处取来(否则它将是规定性判断

力)。"(康德:《判断力批判》,上卷,商务印书馆1987年版,第16—17页)伽达默尔根据黑格尔的观点,反对康德这种区分,因为被给予的普遍性和要发现的普遍性是很难区分的。

[76]黑格尔承认康德判断力学说的思辨意义,但也认为在康德那里,普遍和特殊的关系未表现为真理,参见黑格尔的《小逻辑》第55节:"康德的《判断力批判》的特色,在于说出了什么是理念的性质,使我们对理念有了表象,甚至有了思想。直观的理念或内在的目的性的观念,提示给我们一种共相,但同时这共相又被看成一种本身具体的东西。只有在这方面的思想里,康德哲学才算达到了思辨的高度。席勒以及许多别人曾经在艺术美的理念中,在思想与感觉表象的具体统一中寻得一摆脱割裂了的理智之抽象概念的出路。另有许多人复于一般生命的直观和意志中找到了同样的解脱。——不过,艺术品以及有生命的个体,其内容诚然是有局限的,但康德于其所设定的自然或必然性与自由目的的谐和,于其所设想为实现了世界目的时,曾发挥出内容极其广泛的理念。不过由于所谓思想的懒惰,使这一最高的理念只在应当中得到一轻易的出路,只知坚持着概念与实在的分离而未能注意最后目的的真正实现。"(黑格尔:《小逻辑》,商务印书馆1980年版,第144—145页)

[77]尼古拉·哈特曼(Nicolai Hartmann,1882—1950),德国哲学家。最初研究医学,后在彼得堡研究古典哲学,1922年在马堡大学任哲学教授,以后在科隆、柏林和哥廷根等大学任教。

[78]康德美学的突出点和新颖处在于他第一次在哲学里严格而系统地为"审美"划出一独自的领域,即人类心意里的一个特殊的状态,即情绪。情绪表现为认识与意志之间的中介体,正如判断力在知性和理性之间。因此趣味在康德那里没有任何认识的意义,而是一种主体情绪(共通感)的表现,康德写道:"凭借概念来判定什么是美的客观的趣味法则是不能有的。因为一切从下面这个源泉来的判断才是审美的,那就是说,是主体的情感而不是客体的概念成为它的规定根据。寻找一个能以一定概念提出美的普遍标准的

趣味原则，是毫无结果的辛劳，因为所寻找的东西是不可能的，而且自相矛盾的。感觉（愉快或不快的）的普遍传达性，不依赖概念的帮助，亦即不顾一切时代及一切民族关于一定对象的表象这种感觉的尽可能的一致性；这是经验的，虽然微弱地仅能达到盖然程度的评判标准，即从诸事例中证实了的趣味之评判标准，这趣味来源于深藏着的、在判定对象所赖以表现的形式时，一切人们都取得一致的共同基础。"（康德：《判断力批判》，上卷，商务印书馆1987年版，第70页）这在伽达默尔看来，乃是一种美学主体化的倾向，他写道："康德为证明趣味领域内这种批判的合理性所付出的代价却是：他否认了趣味有任何认识意义。这是一种主体性原则，他把共通感也归结为这种原则。"（《真理与方法》，德文版第1卷，第49页）

[79]按照康德的观点，艺术和科学不同，科学乃是按照已被认识了的法则机械模仿而进行的，反之，艺术在于天才的创造，他说艺术"并不是遵守科学的或机械模仿的规则所能做到，而只有主体的天才禀赋才能产生出来。按照着这些前提，天才就是：一个主体在他的认识诸机能的自由运用里表现着他的天赋才能的典范式的独创性"。因此，他得出结论说："照这个样式，天才的产品（即归属于这产品里的天才而不是由于可能的学习或学校的）不是模仿的范例（否则作品上的天才和作品里的精神就消失了），而是继承的范例，它是对于另一天才唤醒他对于自己的独创性的感觉，在艺术里从规则的束缚解放出来，以致艺术自身由此获得一新的规则，通过这个，那才能表现自己是可以成为典范的。"（康德：《判断力批判》，上卷，商务印书馆1987年版，第164—165页）

[80]康德在《判断力批判》中写道："虽然人们把趣味的某一些产物看作范例，但并不是人们模仿着别人就似乎可能获得鉴赏力。因为趣味必须是自己固有的能力。一个人模仿了一个范本而成功，这表示了他的技巧，但是只有在他能够评判这范本的限度内他才表示了他的鉴赏力"（康德：《判断力批判》，上卷，商务印书馆1987年版，第70页）

[81]在康德看来，最能表现美感的先验性质的是合目的性概念，他说：

"一物的合目的性,乃至于它在我们知觉里被表象着,也不是客体自身的性质(因为这样一种性质不能被知觉),虽然它可以从物的认识里推断出来。所以合目的性是先行于对客体的认识的,甚至于为了认识的目的而不用它的表象时,它仍然直接和它结合着,它是表象的主观方面的东西,完全不能成为知识的组成部分。所以对象之被称为合目的性,只是由于它的表象直接和愉快及不快结合着;而这个表象自身是一个合目的性的美学表象。"但是,康德又认为合目的性确立了趣味判断的普遍有效性的要求,他说,一个关于客体的合目的性的审美判断,虽然不基于对象的现存的任何概念,而且也不供应任何概念,但"当对象的形式,(不是作为它的表象的素材,而是作为感觉,)在单纯对它反省的行为里,被判定作为在这个客体的表象中一个愉快的根据(不企图从这个对象获致概念)时,这愉快也将被判定为和它的表象必然地结合在一起,不单是对于把握这形式的主体有效,也对于各个评判者一般有效。这对象因而唤起美;而那通过这样一个愉快来进行判断的机能(从而也是普遍有效的)唤起趣味。"(康德:《判断力批判》,上卷,商务印书馆1987年版,第28—29页)

[82]康德说:"假设趣味判断(像知识判断那样)具有一个确定的客观原理,那么谁要是依据这原理下了判断,他将会宣称他的判断具有无条件的必然性。假使趣味判断没有任何原理,像单纯感官的趣味的判断,那么人们就完全不会想到它们的必然性。所以趣味判断必须具有一个主观性的原理,这原理只通过情感而不是通过概念,但仍然普遍有效地规定何物令人愉快、何物令人不愉快。一个这样的原理却只能被视为一共通感,这共通感是和人们至今也称作共通感的共同理智本质上有区别:后者(共同理智)是不按照情感,而是时时按照概念,固然通常只按照不明了地表示的原理判断着。所以只在这个前提下才有一个共通感(不是理解为外在的感觉,而是从我们的认识诸能力和自由活动来的结果),只在一个这样的共通感的前提下,我说,才能下趣味判断。"(康德:《判断力批判》,上卷,商务印书馆1987年版,第76页)

[83]参见康德的《判断力批判》第60节"关于趣味方法论",他说:"一切

美的艺术的入门,在它意图达成完满性的最高程度的范围内,似乎不是设立原则,而是在于心的诸力的陶冶通过人们所称的古典科学(Humanior)的预备知识,大概因为人文主义一方面意味着共通感,另一方面意味着能够自己最内心地和普遍地传达。这些特质集合起来构成了适合于人类的社交性,以便把人类和兽类的局限性区别开来。"(康德:《判断力批判》,上卷,商务印书馆1987年版,第204页)

[84]按照康德的观点,建立真正美感或趣味的根本途径,一方面是通过古典人文科学,加强社交性;另一方面则是通过道德情感的培养,他说:"趣味基本上既是一个对于道德性诸观念的感性化——通过对于两方的反思中某一定的类比的媒介——的评定能力,从这能力和建基在它上面的对于情感的较大的感受性(这情感是出自上面的反思)引申出那种愉快,趣味宣布这种愉快是对于一般人类,不单是对于个人的私自情感普遍有效的。这就是使人明了:建立趣味的真正的入门是道义的诸观念的演进和道德情感的培养;只有在感性和道德情感达到一致的场合,真正的趣味才能采取一个确定的不变的形式。"(康德:《判断力批判》,上卷,商务印书馆1987年版,第204—205页)

[85]康德关于自由美和依存美的区分,见《判断力批判》第16节,在那里康德写道:"有两种美,即自由美(Pulchritudo vaga)和依存美(Pulchritudo adhaerens)。"第一种不以对象的概念为前提,说该对象应该是什么;第二种却以这样的一个概念并以按照这概念的对象的完满性为前提。第一种唤作此物或彼物的(为自身而存的)美;第二种是作为附属于一个概念的(有条件的美),而归于那些隶属一个特殊目的的概念之下的对象。(康德:《判断力批判》,上卷,商务印书馆1987年版,第67页)自由美由于不依存于对象的概念,因而是纯粹的趣味判断,反之,依存美依赖于对象的概念,因而是理智的趣味判断,所以康德说,纯粹的趣味判断和理智的趣味判断之间的区别与自由美和依存美之间的区别是相一致的。

[86]自然美和艺术美的区分见康德《判断力批判》第48节。按照康德的

观点,自然美指一个美的物品,反之,艺术美指我们关于物品的一个美的表象。他说:"评定一个自然美作为自然美,不需预先从这对象获得一概念。知道它是什么物品,这就是说:我不需知道那物质的合目的性(这目的),而是那单纯形式——不必知晓它的目的——在评判里自身令人愉快满意。但是如果那物品作为艺术的作品而呈现给我们,并且要作为这个来说明为美,那么,就必须首先有一概念,知道那物品应该是什么。因艺术永远先有一目的作为它的起因(和它的因果性),一物品的完满性是以多样性在一物品内的协调合致成为一内面的规定性作为它的目标。所以评判艺术美必须同时把物品的完满性包括在内,而在自然美作为自然美的评判里根本没有这问题。"(康德:《判断力批判》,上卷,商务印书馆1987年版,第157页)

[87]阿拉贝斯克系美术中阿拉伯风格的装饰,其特点是纯粹线条的缠绕交错。

[88]温克尔曼(Johann Winckelmann,1717—1768),德国考古学家和艺术史家,对于艺术上新古典主义的兴起有重大影响。其著名著作有《希腊绘画雕塑沉思录》和《古代艺术史》。歌德曾把他与哥伦布相比,认为他在艺术上"预示了新时代的来临"。

[89]规范观念和理性观念(美的理想)的区分见康德《判断力批判》第17节"论美的理想",康德说:"这里有两点:第一,是审美的规范观念,这是一个个别的直观(想象力的)代表着我们(对人)的判定标准,像判定一个特殊种类的动物那样;第二,理性观念,它把人类的不能感性地被表象出来的诸目的作为判定人类的形象的原则,诸目的通过这形象作为它们的现象而被启示出来。一个特殊种类的动物的形象的规范观念必须从经验中吸取其成分,但是,这形象结构的最大的合目的性,能够成为这个种类的每个个体的审美判定的普遍标准,它是大自然这巨匠的意图的图像,只有种类在全体中而不是任何个体能符合它——这图像只存于评定者的观念里,但是它能和它的诸比例作为审美的观念在一个模范图像里具体地表现出来。"(康德:《判断力批判》,上卷,商务印书馆1987年版,第71—72页)

[90]迈伦(Myron),公元前5世纪古希腊雕塑家。

[91]按照康德的观点,规范观念的表现之所以令人愉快,并不是因为美,他说:"它(指规范观念)是从人人不同的直观体会中浮沉出来的整个种类的形象,大自然把这形象作为原始形象在这种族中做生产的根据,但没有任何个体似乎完全达到它,它绝不是这种族里美的全部原始形象,而只是构成一切美所不可忽略的条件的形式,所以只是表现这种族时的正确性。它是规则准绳,像人们称呼波里克勒的持戈者那样(迈伦的牝牛可作例子)。正因为这样它也不能具含着何等种别的特性的东西;否则它就不是对于这种类的规范观念了。它的表现也不是由于美令人愉快,只是因它不和那条件相矛盾,这种类中的一物只在这条件之下才能是美的。这表现只是合规格而已。"(康德:《判断力批判》,上卷,商务印书馆1987年版,第73页)

[92]祖尔策(Johann Georg Sulzer,1720—1779),瑞士哲学家、教育学家。

[93]马西森(Friedrich von Matthisson,1761—1831),德国诗人。1787年发表《诗集》,曾轰动一时。

[94]功利(Interesse),也可译为兴趣。

[95]康德探讨美的功利问题,见《判断力批判》第41节。按照康德的观点,把某物评为美的鉴赏判断"必须不以功利为规定根据",但他又认为,"从这里得不出结论说,既然它是作为纯粹的鉴赏判断而给予的了,就不能有功利和它结合在一起"。他说:"但这种结合却永远只能是间接的,这就是说,趣味必须最先把对象和某一些别的结合在一起被表象着以便那单纯对于对象的反射的愉快又能够和一个对于它的存在感到的愉快连接起来(在这愉快里,建立着一切的功利),因为在这审美判断里,就像在认识判断(对事物一般)里所说的那样:a posse ad esse non valet consequentia。这某一别的东西可能是某些经验的东西,即如人性里本具的某一倾向;或某些知性的东西作为意志的特性,它能够先验地经由现性来规定着的:这两者内含着对于一对象的存在的愉快,因此能为着对于下列事物的兴趣安置下基础:这就是某物

自身,不顾及任何一个利益兴趣,它已经使人愉快。"(康德:《判断力批判》,上卷,商务印书馆1987年版,第140—141页)

[96]康德强调自然美对于艺术美的优越性见《判断力批判》第42节,在那里康德说:"这种自然美对艺术美的优越性,尽管自然美就形式方面来说甚至于还被艺术美超越着,仍然单独唤起一种直接的兴趣,和一切人的醇化了的和深入根底的思想形式相协调,这些人是曾把他们的道德情操陶冶过的。"(康德:《判断力批判》,上卷,商务印书馆1987年版,第144页)

[97]康德说:"这种兴趣按照它的亲缘关系来说是道德性的。而谁在自然身上持有这种兴趣的,他只在这一范围内对自然持有这种兴趣,即当他的兴趣在这以前已经稳固地筑基于道德的善上面了。所以谁对自然的美直接地感兴趣,我们有理由能够猜测他至少具有着良善的道德意念的禀赋。"(康德:《判断力批判》,上卷,商务印书馆1987年版,第145—146页)

[98]关于艺术相对于自然美的优越性,康德是这样论述的:"想象力(作为生产的认识机能)是强有力地从真的自然所提供给它的素材里创造一个像似另一自然来。当经验对我呈现得太陈腐的时候,我们同自然界相交谈。我们固然也把它来改造,但仍是按照着高高存在理性里的诸原理(这些原理也是自然的,像知性把握经验的自然时所按照的诸原理那样);在这里我们感觉到从联想规律解放出来的自由。把这场合里固然是大自然对我提供素材,但这素材却被我们改造成为完全不同的东西,即优越于自然的东西。……诗人敢于把不可见的东西的观念,例如极乐世界、地狱世界、永恒界、创世等等来具体化;或把那些在经验界内固然有着事例的东西,如死、忌妒及一切恶德,又如爱、荣誉等等,由一种想象力的媒介超过了经验的界限——这种想象力在努力达到最伟大东西里追逐着理性的前奏——在完全性里来具体化,这些东西在自然里是找不到范例的。本质上只是诗的艺术,在它里面审美诸观念的机能才可以全量地表示出来。但这一机能,单就它自身来看,本质上仅是(想象力的)一个才能。如果把想象力的一个表象安放在一个概念底里,从属

于这概念的表达，但它单独自身就生起来了那样的思想，这些思想是永不能被全面地把握在一个特定的概念里的——因而把这个概念自身审美地扩张到无限的境地；在这场合，想象力是创造性的，并且把知性诸观念（理性）的机能带进了运动，以至于在一个表象里的思想（这本是属于一个对象的概念里的）大大地多过于在这表象里所能把握和明白理解的。"（康德：《判断力批判》，上卷，商务印书馆1987年版，第160—161页）

[99]在能力活动中居领先地位的不是理解力，而是想象力，见《判断力批判》第40节和第49节。康德说："人们传达他的思想的技能也要求着一种想象力和知性的关联，以便把直观伴合于概念，又把概念伴合于直观，把它们共流入一知识；但此后这两种心力的协调一致是合规律地强制在特定的诸概念之下。只是在这场合：即想象力在它自由中唤醒着知性，而知性没有概念地把想像力置于一合规则的游动之中，这时表象传达着自己，不作为思想，而作为心意的一个合目的状态的内里的情感。"（康德：《判断力批判》，上卷，商务印书馆1987年版，第140页）"如果把想象力的一个表象安放在一个概念里，从属于这概念的表达，但它单独自身就生起来了那样的思想，这些思想是永不能被全面地把握在一个特定的概念里的——因而把这个概念自身审美地扩张到无限的境地；在这场合，想象力是创造性的，并且把知性诸观念（理性）的机能带进了运动，以至于在一个表象里的思想（这本是属于一个对象的概念里的）大大地多过于在这表象里所能把握和明白理解的。"（同上书，第161页）

[100]在康德看来，天才是和模仿的精神完全对立的，因此他拒绝把天才这一名称赋予科学技术领域内的伟大发明家和发现者，他说："人们在这一点上是一致的，即天上是和模仿的精神完全对立着的。学习既然不外乎是模仿，那么，最大的才能，学问，作为学问，仍究竟不能算作天才。假使人们自己也思考或作诗，并且不仅是把握别人所已经思考过的东西，甚至对于技术和科学有所发明；这一切仍然未是正确的根据，来把这样一个（常常是伟大的）头脑（与此相反，那些除掉单纯的学习与模仿外不再能有别的东西，将被人唤

作笨伯)称作一天才。因为这一切科技仍是人们能学会的,仍是在研究与思索的天然的道路上按照着法规可以达到的,而且是和人们通过勤恳的学习可以获致的东西没有种别的区分。"(康德:《判断力批判》,上卷,商务印书馆1987年版,第154页)

[101]康德说:"判断力以其自然的合目的性的概念在自然诸概念和自由概念之间提供媒介的概念,它使纯粹理论的过渡到纯粹实践的,从按照前者的规律性过渡到按照后者的最后目的成为可能。因为通过这个,最后目的的可能性才被认识,只有这个最后目的才能在自然里以及在它和自然诸规律的协调里成为现实。知性,通过它对自然供应先验诸规律的可能性,提供了一个证明:自然只是被我们作为现象来认识的,因此,它同时指出有一个超感性的基体(在我们之内一如在我们之外)通过知性能力来规定的可能性。但理性通过它的实践规律同样先验地给它以规定。这样一来,判断力就使从自然概念的领域到自由概念的领域的过渡成为可能。"(康德:《判断力批判》,上卷,商务印书馆1987年版,第35页)

[102]康德说:"所以美的艺术作品里的合目的性,尽管它也是有意图的,却须像似无意图的,这就是说,美的艺术须被看作是自然,尽管人们知道它是艺术。……天才就是那天赋的才能,它给艺术制定法规。既然天赋的才能作为艺术家天生的创造机能,它本身是属于自然的,那么人们就可以这样说:天才是天生的心灵禀赋,通过它自然给艺术制定法规。"(康德:《判断力批判》,上卷,商务印书馆1987年版,第152—153页)

[103]参见康德《判断力批判》第60节。按照康德的看法,趣味基本上是一个对于道德性诸观念的感性化的评定能力,从这能力和建基在它上面的对于情感的较大的感受性引申出愉快,趣味宣布这种愉快是对于一般人类——而不单是对于个人和私自情感——普遍有效的。因此康德说:"这就是使人明了:建立趣味的真正的入门是道义的诸观念的演进和道德情感的培养;只有在感性和道德达到一致的场合,真正的趣味才能采取一个确定而不变的形

式。"(《判断力批判》,上卷,商务印书馆 1987 年版,第 205 页)

[104]伽达默尔在这里注明的页码有误,康德把园艺归入绘画艺术,而不归入建筑艺术,应该出自《判断力批判》1799 年德文版第 209 页。在那里康德写道:"绘画艺术,作为造型艺术的第二类,把感性的假象技巧地和诸观念结合着来表现,我欲分为自然的美的描绘和自然产物的美的集合。第一种将是真正的绘画艺术,第二种是造园术。"(康德:《判断力批判》,上卷,商务印书馆 1987 年版,第 169 页)

[105]黑格尔反对自然美高于艺术美,见他的《美学》第 1 卷,尤其是该书序论,在那里他写道:"根据'艺术的哲学'这个名称,我们就把自然美除开了。……艺术美高于自然。因为艺术美是由心灵产生和再生的美,心灵和它的产品比自然和它的现象高多少,艺术美也就比自然美高多少。……心灵和它的艺术美'高于'自然,这里的'高于'却不仅是一种相对的或量的分别。只有心灵才是真实的,只有心灵才涵盖一切,所以一切美只有在涉及这较高境界而且由这较高境界产生出来时,才真正是美的。就这个意义来说,自然美只是属于心灵(Geist)的那种美的反映,它所反映的只是一种不完全不完善的形态,而按照它的实体,这种形态原已包含在心灵里。"(黑格尔:《美学》,第 1 卷,商务印书馆 1997 年版,第 4—5 页)

[106]罗森克兰茨(Johann Karl Rosenkranz,1805—1879),德国哲学史学家、德国老年黑格尔派。主要著作有《康德哲学史》(1835 年)、《黑格尔传》(1844 年)和《谢林》(1843 年)等。

[107]沙斯勒(Max Schasler,1819—1903),德国哲学家、美学家,主要著作有《批判的美学史》。

[108]蒂克(Ludwig Tieck,1773—1853),德国诗人。

[109]亚历克西斯(Willibald Alexis,1798—1871),德国作家。

[110]古茨科(Karl Gutzkow,1811—1878),德国作家、政论家。

[111]Erlebnis 一词现在于德语里系中性名词。

[112]赫尔曼·格里姆(Hermann Grimm,1828—1901),德国艺术和文学史学家。

[113]卢梭(Jean-Jacques Rousseau,1712—1778),法国启蒙运动思想家,出生于日内瓦。1750年以"论科学和艺术"一文在法国获征文头等奖。主要著作有《论人类不平等的起源和基础》(1755年)、《爱弥儿》(1762年)和《社会契约论》(1762年),曾对法国大革命产生重要影响。其自传性小说《忏悔录》第2部第9篇也有类似"体验"的词。

[114]弗里德里希·贡多尔夫(Friedrich Gundolf,1880—1931),又名F. Leopold Gundelfinger,德国文学史家、歌德研究家。

[115]Positivität(实证性)在黑格尔哲学体系里指一种非人性的外在权威性或法定性,他曾这样解释过:"一种实证的信仰是这样一种宗教命题的体系,这种体系之所以对我们来说应是真理,是因为它是由一权威命令我们接受的,我们自己不能拒绝使我们的信仰屈从于这一权威。"(黑格尔:《著作集》,第1卷,德文版,1971年,第190—191页)

[116]弗里德里希·尼采(Friedrich Nietzsche,1844—1900),19世纪德国哲学家,现代最有影响的思想家之一,同时也是一位出类拔萃的散文作家。尼采的哲学活动一般可分三个时期:(一)1870—1876年,深受德国音乐家瓦格纳影响,主要著作有《悲剧的起源》(1872年);(二)1877—1882年,受孔德、斯宾塞的实证主义,特别是边沁的功利主义的影响,主要著作有《人性的、太人性的》(1878年)、《朝霞》(1881年);(三)1883—1889年,力求独创自己的哲学体系,主要著作有《查拉图斯特拉如是说》(1883—1891年)、《善恶之彼岸》(1886年)、《道德体系论》(1887年)。

[117]斯忒芬·乔治(Stefan George,1868—1933),德国诗人,曾建立一个以自己名字命名的文学团体,并出版刊物《艺术之页》。

[118]乔治·西默尔(Georg Simmel,1858—1918),德国社会学家、新康德派哲学家。

[119]在伽达默尔看来,诠释学乃是对于产生认识论的条件的范例性表现。伽达默尔说,诠释学和一般认识论主要是对陌生性的反应,即对世界上不再熟悉的条件的反应。熟悉意味着属于,即生活于自明的属自身的环境之中,反之,陌生在于过去和现在、我与他人、自我和世界之间的分裂,诠释学就是一种克服这种分裂的尝试,因此伽达默尔说:"如果力学时代对于作为非人世界的自然必须感到的那种陌生性,在自我意识的概念中和在发展成为方法的'清楚而且明晰知觉'的确实性规则中具有它的认识论的表现,那么19世纪精神科学也对历史的世界感到同样的一种陌生性。过去时代的精神创造物,即艺术和历史,不再属于现代的不证自明的内容,而是被抛掷给研究的对象或所与,从这些对象或所与出发,过去才可能让自身得到再现。"

[120]恩斯特·马赫(Ernst Mach,1838—1916),奥地利物理学家和哲学家,现代实证主义哲学的奠基人之一。实证主义以所与为原始要素,所与指感觉材料,因此实证主义是一种由感觉原子构造知识的结构理想。这与狄尔泰的原始体验统一体的理论是不同的。

[121]保罗·纳托普(Paul Natorp,1854—1924),德国新康德主义哲学家,伽达默尔博士论文指导老师。主要著作有《社会教育学》(1899年)、《哲学与教育学》(1909年)。

[122]理查德·赫尼希斯瓦尔德(Richard Hönigswaid,1875—1947),德国哲学家,主要著作有《古代哲学》(1917年)、《认识论根本问题》(1931年)和《哲学与语言》(1937年)。

[123]亨利·柏格森于1888年出版的第一部哲学著作《论意识的直接所与》,后来改名为《时间与自由意志》。

[124]恩斯特·罗伯特·库丘斯(Ernst Robert Curtius,1886—1956),德国罗马语族语言文学家。

[125]伽达默尔这句康德引文有误,他说康德在诗歌和修辞学这两者中看到了"想象力的一种自由活动和一种知解力事务"(ein Freies Spiel der Ein-

bildungskraft und ein Geschaft des Verstandes)，其实康德在《判断力批判》里所说的是"ein Freies Spiel der Einbildungskraft als ein Geschaft des Verstandes"，因此我们改正译为康德在诗歌和修辞学这两者中看到了"一种作为知解力事务的想象力的自由活动"。

[126]Sinn 与 Bedeutung 的区别在德文里是相当重要的。按照弗雷格(Friedrich Ludwig Gottlob Frege,1848—1925)的看法，一个表达式的 Bedeutung 是指该表达式所指称或代表的对象，而一个表达式的 Sinn 则指对它所指称或代表的对象的一种表达方式，例如晨星与暮星，虽然这两个词所指称或代表的对象相同，都是同一颗星，但它们的含义有所不同，晨星指早晨我们所看到的星，暮星指晚上我们所看到的星。因此我们把 Bedeutung 译为所指，把 Sinn 译为含义，英语里一般是用 reference 译 Bedeutung，用 sense 或 meaning 译 Sinn。

[127]普鲁塔克(Plutarch,46—125)，古希腊哲学家、历史学家。

[128]克里西普(Chrysippus,约前280—前206)，索利(索罗伊)的希腊哲学家，他是将斯多葛派哲学系统化的主要人物。

[129]伪丢尼修(Pseudo-Dionysius the Areopagite,活动时期约5世纪)，大概是一个叙利亚修士的假名。此人写了一系列希腊文作品，以期将新柏拉图主义同基督教神学与神秘主义的经验结合起来。他借用《新约·使徒行传》中经使徒保罗劝化改信基督教的亚略巴古人丢尼修的名字。其作品主要包括《论圣名》《论神秘的神学》《论上天的等级》和《论教会的等级》，以及带有一世纪原始基督教气氛的10封书信。这些著作对以后经院哲学家和神学家均发生了很大影响。近代考据学家根据书中提及的一些人物及其思想，推断伪丢尼修著作乃是5世纪间的作品。

[130]索尔格(Karl Wilhelm Ferdinand Solger,1780—1819)，德国哲学家。

[131]P. 梅纳尔(P. Mesnard)，当代德国学者。

[132]迪博斯(Charles Dubos,1882—1939)，法国作家。

[133]阿尔加洛蒂(Francesco Graf Algarotti,1712—1764),意大利作家。

[134]按照康德的看法,一切表现作为感性化有两种情况:"或是图式的,知性所把握的概念有着和它相照应的先验的直观。或是象征的,那是一个概念,只是理性能思索它而无任何感性的直观和它相应,而理性把一个这样的直观放在它的根基上,用这个直观,判断力的手续只类似它在图式化的场合所观察到的,这就是说,用这手续它(判断力)只和这手续的规则,不是和直观,亦只是和反思上的形式而不是和内容相一致",并说"近代逻辑家所采用的关于'象征'这个字的运用的意义倒置着的,是不正当的,如果人们把它和直觉的表象对立着,因象征的只是直觉的一种。后者(直觉的)能够分类为图式的和象征的表象形式。"(康德:《判断力批判》,上卷,商务印书馆1987年版,第199—200页)

[135]按照康德,基于先验概念的一切直观,或者是图式性的,或者是象征性的,前者是直接地,后者是间接地包含着概念的诸表现。前者用证明,后者用类比的方式。他说:"我们的语言是充满着这一类按照着一个类比的间接的表现,通过这个,那表现不是对于概念的本来的图式,而仅包含着为了反思的一个象征。"(康德:《判断力批判》,上卷,商务印书馆1987年版,第200—201页)

[136]analogia entis(存在的类似性)系中世纪哲学用语。在中世纪经院哲学里,存在有两种不同的关于世界万物的看法:邓斯·司各特(Dans Scotus)主张 Universität des Seins(存在的普遍性),即世界万物皆是同一之物,反之,托马斯·阿奎那则主张 analogia entis(存在的类似性),即认为世界万物是不同的,它们只有类似性。

[137]卡尔-菲利普·莫里茨(Karl-Philipp Moritz,1756—1793),德国作家。

[138]费尔诺(Fernow),生平不详。

[139]亨利希·迈耶(Heinrich Meyer,1760—1832),瑞士画家、艺术家。

1791年在罗马与歌德相识随即成为歌德的好朋友。

[140]赫涅(C. G. Heyne,1729—1812),德国古典文化研究者。

[141]弗里德里希·克罗伊策(Georg Friedrich Creuzer,1771—1858),德国古典文化学者,最著名的著作是《希腊等古代民族的象征主义与神话》(1810—1812年)。

[142]F. Th. 菲舍(Friedrich Theodor von Vischer,1807—1887),德国文学批评家和美学家,他的作品最后发表时题为《美学,或美的科学》(1846—1857年),共6卷。

[143]卡西尔(Ernst Cassirer,1874—1945),德国哲学家、教育家和文化学家。他深受新康德主义马堡学派的影响,先后在柏林和汉堡大学任教,1933年离开德国,在英国、瑞典最后在美国教书。主要著作《象征形式的哲学》(三卷本,1923—1929年)研究了各种精神图像和构成人类文化各方面基础的精神功能。他认为人类主要通过象征活动而表现其特征的。

[144]康德在论述美的社交性时指出,"趣味将发现我们的评判机能的一个从感官享受到道德情感的过渡。并且不仅是人们通过这个将被更好地导致对于鉴赏力的合目的的使用,人类的先验机能的连锁中一个中间环节——一切的立法必须系于这些先验机能——将作为这中间环节而表达出来。"(康德:《判断力批判》,上卷,商务印书馆1987年版,第142页)

[145]伽达默尔美学的一个重要观点就是"审美无区分"说(ästhetische Nicht-Unterscheidung),并以此来反对通常的"审美区分"说。审美区分说来自于席勒。席勒在他的《审美教育书简》里认为审美教化理想就应当包容一切具有"质"的东西,为了实现这种普遍性,他提出了两种抽象:一是使审美地教化了的意识从其共同体抽象出来,以使一切确定的判断标准成为零;一是使艺术作品从其世界抽象出来,以致艺术作品成为一种"纯粹的"艺术作品。伽达默尔把这双重抽象称之为"审美区分",它既使欣赏者和创造者的审美意识从他们各自的世界脱离出来,又使艺术作品从它们各自的对象世界脱离出

来，最后使得艺术作品既脱离了它们的对象，又脱离了我们的观点，成为一种纯粹的抽象，因此伽达默尔写道："由于撇开了一部作品作为其原始生命关系而生根于其中的一切东西，撇开了一部作品存在于其中并在其中获得其意义的一切宗教的或世俗的影响，这部作品将作为'纯粹的艺术作品'而显然可见。就此而言，审美意识的抽象进行了一种对自身来说是积极的活动。它让人看到什么是纯粹的艺术作品，并使这东西自为地存在。这种审美意识的活动，我称之为'审美区分'。"

伽达默尔自己的观点，正如他在《真理与方法》第2版序言中所说的："诚然，在一部艺术作品最初设定的世界关系和它在此后变化了的生活环境中的继续存在之间似乎要有区分，但是最初的世界和后来的世界的分界线究竟在哪里呢？最初的生活意蕴是怎样转化为对文化意蕴的反思经验呢？在我看来，我在这里首先提出的'审美无区分'这一概念是完全正确的。这里根本没有什么明确的分界，理解的运动不可能囿于审美区分所规定的反思快感中。我们应当承认，一尊古代神像——它不是作为一种供人审美享受的艺术品过去被供奉在神庙内、今天被陈列在现代博物馆中——即使当它现在立于我们面前时，仍然包含它由之而来的宗教经验的世界。这有一个重要的结果，即这尊神像的那个世界也还是属于我们的世界。正是诠释学的宇宙囊括了这两个世界。"（《真理与方法》，德文版第2卷，第440—441页）

［146］W. 韦德勒（Weidle），法国现代作家。

［147］安德列·马尔罗（Andre Malraux，1910—1976），法国现代作家和政治家。

［148］荷尔德林（Johann Christian Friedrich Hölderlin，1770—1843），德国诗人，生前很少得到赏识，死后也几乎被人遗忘了近100年。直到20世纪初叶才在德国被重新发现了，并在欧洲建立了声誉。海德格尔经常引用荷尔德林的诗来作哲学解释。

［149］龙格（Philipp Otto Runge，1777—1810），德国画家和作家。

[150]伊默曼(Karl Leberecht Immermann,1796—1840),德国戏剧家、小说家和诗人。

[151]Fr. 罗森茨威格(Franz Rosenzweig,1886—1929),德国犹太裔宗教存在主义者、现代犹太神学家,主要著作有《黑格尔和国家》和《拯救之星》(1921年)。

[152]理查德·哈曼(Richard Hamann,1879—1961),德国艺术史家和美学家。

[153]伽达默尔在这里玩弄一种语言游戏。从德文来看,Bedeutsamkeit(具有意味性)是 Bedeutung(意义)的再生词,先有意义,然后才有"有意义",因而伽达默尔说它是意义的两次造就。

[154]舍勒(Max Scheler,1874—1928),德国社会学和伦理学家,早期现象学哲学家。重要著作有《伦理学的形式主义和物质价值伦理学》(1921年)、《知识形态与社会》(1926年)和《人在宇宙中的地位》(1928年)。

[155]W. 柯勒(Wolfgang Koehler,1887—1967),德国心理学家、格式塔心理学的创始人之一。

[156]E. 斯特劳斯(Emil Strauss,1866—1960),德国作家。

[157]M. 魏特海姆(Max Wertheimer,1880—1943),德国心理学家,格式塔心理学的创始人之一。主要著作有《创造性思维》(1945年)。

[158]伽达默尔说"'审美上'被观看的事物的存在方式不是现成状态",这是根据海德格尔的观点。海德格尔在《存在与时间》中说:"'看'不仅不意味着用肉眼来感知,而且也不意味着对一个处于现成状态的现成东西的纯粹非感性的知觉。'看'只有这个特质可以用于'视'的生存论含义,这就是:'看'让那个它可以通达的存在者于其本身无所掩蔽地来照面"(《存在与时间》,德文版,第147页)。这也就是海德格尔所谓把某某视为(als)某某的理解 als 结构。因此伽达默尔认为"单纯的观看,单纯的闻听,都是独断论的抽象,这种抽象人为地贬抑可感现象。"(《真理与方法》,德文版第1卷,第

97页）

[159]参见康德《判断力批判》第49节。康德说："美的观念是想象力附加于一个给予的概念上的表象，它和诸部分表象的那样丰富的多样性在对它们的自由运用里相结合着，以至于对于这一多样性没有一名词能表达出来（这名词只标志着一特定的概念），因而使我们要对这概念附加上思想许多不可名状的东西，联系于它（这可不名状的）的感情，使认识机能活跃生动起来，并且使言语，作为文学，和精神结合着。"（康德：《判断力批判》，上卷，商务印书馆1987年版，第163页）

[160]保罗·瓦莱利（Paul Valery，1871—1945），法国诗人、评论家和思想家。

[161]格奥尔格·冯·卢卡奇（Georg von Lukacs，1885—1971），匈牙利著名哲学家、美学家和文学评论家。主要著作有《历史与阶级意识》（1923年）、《理性的毁灭》（1954年）。

[162]赫拉克利特式的结构指赫拉克利特的辩证法："人不能两次踏进同一条河流"或者说"踏进同一条河流的人，遇到的是不同的水流"。

[163]奥斯卡·贝克尔（Oskar Becker，1889—1964），德国哲学家和美学家。

[164]伽达默尔在这里反对诠释学虚无主义。诠释学虚无主义就是认为理解和解释的不可能性。按照瓦莱利、卢卡奇和奥斯卡·贝克尔等人的看法，艺术作品乃是瞬间存在，也就是当下存在，它"现在"是这部作品，它现在已不再是这部作品，因此他们提出了一种绝对的瞬间性，这种瞬间性既消除了艺术家与自身的同一性，理解者或欣赏者的同一性，又摈弃了艺术作品的统一性。伽达默尔引证克尔凯郭尔从道德立场出发进行的审美批判，指出这种坚持纯粹的直接性和非连续性的学说的危害性和荒谬性，从而确定了诠释学的任务乃是从审美存在和审美经验的不连续性中去获取那种构成我们人类此在的连续性，即从非连续性中去创造连续性，他说："艺术现象向存在提

出了这样一项任务,即面对个别审美印象应有动人表现的要求去获得自我理解的连续性,因为只有这种连续性才可能支持人类的此在。"事实上我们正是在此在的连续性中扬弃了审美体验的非连续性和瞬间性。诠释学既使艺术作品有永恒的生命力,同时又充实和扩展了我们的此在。

[165]这里伽达默尔肯定了艺术真理的客观性。"艺术就是认识,并且艺术作品的经验就是分享这种认识",而认识就包含有对客观真理的承认,因此"在艺术经验本身中为真理的认识进行辩护这一任务就在原则上得到了承认。"(《真理与方法》,德文版第1卷,第103页)不过要注意的是,艺术认识的这种真理性在伽达默尔这里显然是按照整体与部分的诠释学循环或圆圈关系原则加以论证的。艺术的真理性具有整体的意义联系,而艺术的经验则处于局部水准,艺术经验分享或参与艺术真理的实现。

[166]游戏(Spiel)一词是现代哲学发展的一个关键性概念。维特根斯坦(Ludwig Wittgenstein,1889—1951)在其后期哲学中以游戏概念来刻画语言的根本性质,认为语言就是一种游戏,从而阐明语言的开放性和工具性,使语言成为人类生活形式的一部分。伽达默尔辩证地发展了游戏这一概念。在他看来,游戏的真正主体不是游戏者,而是游戏本身,游戏既使游戏者得到自我表现,又使观赏者也参与了游戏,游戏本身乃是由游戏者和观赏者所组成的统一整体。《真理与方法》一书的整个布局就是从艺术游戏到语言游戏,伽达默尔自己在1985年所写的"在现象学和辩证法之间——一种自我批判的尝试"里曾经这样写道:"我在书中先是讨论艺术游戏,然后再考察了与语言游戏有关的谈话的语言基础。这样就提出了更宽广更有决定性的问题,即我到底在多大程度上做到了把诠释学度向作为一种自我意识的对立面而显露出来,这就是说,在理解时不是去扬弃他者的他在性,而是保持这种他在性。这样,我就必须在我业已扩展到语言普遍性的本体论观点中重新召回游戏概念。这就使我把语言游戏同艺术游戏(我在艺术游戏中发现了诠释学典型现象)更紧密地相联系。这样就显然容易使我按照游戏模式去考虑我们世界经

验的普遍语言性。在我的《真理与方法》第 2 版的前言以及我的'现象学运动'这篇论文的结尾中我都已经指出,我在 30 年代关于游戏概念的想法同后期维特根斯坦的思想具有一致性。"(《真理与方法》,德文版第 2 卷,第 5 页)

[167]比登迪伊克(Frederik Jacobus Johannes Buytendijk,1887—?),荷兰生物学家,心理学家。

[168]赫伊津哈(Johann Huizinga,1872—1945 年),荷兰历史学家和文化史家,成名著作是《中世纪的衰落》。

[169]Schauspiel 从词义来说,是 Schau(观看)和 Spiel(游戏)的结合词,我们一般译为"戏剧",但伽达默尔试图利用游戏(Spiel)的性质来解释戏剧,所以我们译为"观赏游戏",以表明它与游戏的关联。

[170]在柏拉图时代,艺术和生活的区别似乎还不明显,这一点可以从当时希腊人所了解的"艺术"(tekhne)来证明。凡是可以凭专门知识来学会的工作都被希腊人叫作"艺术",因此,音乐、雕刻、图画、诗歌之类是艺术,手工业、农业、医药、骑射、烹调之类也是艺术。柏拉图在《斐德罗篇》和《会饮篇》里,常常拿诗和艺术与爱情相提并论,因此伽达默尔说柏拉图有时不加区别地像谈论舞台上的喜剧和悲剧一样地谈论生活中的喜剧和悲剧,这一方面反对对艺术作过高评价,另一方面也抬高生活相对于艺术的优越性。

[171]亚里士多德这一观点相当重要,因为它说明艺术决不是单纯的模仿,而应当有更高的功用。艺术不仅把生活反映出来,而且要使人从中获得快感。康德也正因为看到艺术能使丑的东西显现为美的东西,从而把艺术定义为对事物的美的表象。

[172]康德这样写道:"美的艺术正是在这里显示了它的优越性,即它美丽地描写着自然的事物,不论它们是美还是丑。狂暴、疾病、战祸等等作为灾害都能很美地被描写出来,甚至在绘画里被表现出来。"(康德:《判断力批判》,上卷,商务印书馆 1987 年版,第 158 页)因此康德定义说:"一自然美是一美的物品;艺术美是物品的一个美的表象。"(同上书,第 157 页)

[173]在德文里 Urbild 意指原始图像，Abbild 意指摹写原始图像的摹本。德国哲学家用这两个词来翻译柏拉图的理念和事物，理念即是 Urbild（原型），而事物则是 Abbild（摹本）。但是柏拉图在《理想国》第 10 卷里实际讲了三种东西的关系：理念、事物和作为事物模仿的艺术。例如，床有三种：第一是床之所以为床的那个床的"理念"；其次是木匠依床的理念所制造出来的个别的床；第三是画家模仿个别的床所画的床。因此在柏拉图的哲学里，应当说存在有三种世界：理念世界、现实世界和艺术世界。它们之间的关系是，艺术世界是由模仿现实世界而来的，现实世界又是由模仿理念世界而来的，理念世界是第一性的，现实世界是第二性的，而艺术世界是第三性的。正是根据这种第三性，柏拉图把艺术又说成是"摹本的摹本""影子的影子""和真理隔三层远"。因此伽达默尔在这里说"柏拉图就曾经坚持这种本体论的间距，坚持摹本对原型的或多或少的落后性，并从这里出发，把艺术游戏里的模仿和表现作为模仿的模仿而列入第三等级"。

[174]R. 英加登（Roman Ingarden，1893—1970），波兰哲学家和美学家。

[175]"接受美学"（Rezeptionsästhetik）是德国学者 H. R. 尧斯（Hans Robert Jauss）在 20 世纪 70 年代初提出的一种在当代颇有影响的美学理论。接受美学以现象学和诠释学作为理论基础，并以人的接受实践作为意义源泉，主张作品的意义的实现不在于作品本身，而在于读者通过阅读实践而对之具体化。在接受美学看法，读者对文本的接受过程就是对文本意义的再创造过程，也是文本得以真正实现的过程。尧斯在其《走向接受美学》一书中写道："一部文学作品并不是一个自身独立、向每一时代的每一读者均提供同样的观点的客体。它不是一尊纪念碑，形而上学地展示其超时代的本质。它更多地像一部管弦乐谱，在其演奏中不断获得读者新的反响，使文本从词的物质形态中解放出来，成为一种当代的存在。"（尧斯：《接受美学与接受理论》，辽宁人民出版社 1987 年版，第 26 页）伽达默尔对尧斯"接受美学"的批判参见他的论文"在现象学和辩证法之间——一种自我批判的尝试"。（《伽达默

尔著作集》，德文版第 2 卷，第 13—14 页）

[176] Dekonstruktion 是当代法国哲学家德里达（Jacques Derrida, 1930—2004）提出的哲学术语，这个词应当理解为是对 Konstruktion（建构）的解构。海德格尔在《存在与时间》中试图利用 Destruktion（解毁）来克服西方哲学从古希腊直到尼采为止一直占统治地位的 Konstruktive（建构）的形而上学。德里达似乎认为海德格尔光用 Destruktion 一词还不够，因这词没有表示对 Konstruktion 的解构，因此他提出 De-Konstruktion，这种哲学是 20 世纪 60 年代末在法国兴起的后结构主义的有代表性的重要理论，对当代哲学、文学批评理论和美学产生相当大的影响。

[177] 伽达默尔在这里是反对黑格尔的艺术过去性观点。按照黑格尔的观点，作品产生于过去时代，其意义也存在于过去的生命关联之中。伽达默尔反对这种看法，他认为艺术的过去性就是艺术的同时性，过去的伟大艺术作品不会在时代变迁中失去它们的意义，它们永远是后代探究和理解的不可穷尽的源泉。我们可以说，黑格尔是强调艺术发展连续性中的中断性，反之，伽达默尔是强调艺术发展中断性中的连续性。

[178] 泽德尔迈尔（Hans Sedlmayr, 1896—　），奥地利艺术史学家。

[179] 巴德尔（Franz Baader, 1765—1841），德国哲学家、天主教神学家。

[180] 博尔诺（Friedrich Otto Bollnow, 1903—　），德国哲学家和教育学家，主要著作有《存在主义哲学》（1943 年）、《语言与教育》（1966 年）。

[181] 参见柏拉图：《巴曼尼德篇》，131b。按照柏拉图的理念说，理念是一，而体现理念的事物则是多，各个不同的单一的理念是整个地存在于许多相互不同的分离的个别事物之中，所以苏格拉底说："至少如若像日子，单一的，同一的，它是同时在各处，并不和它自己分离，如若这样每一个相（即理念）单一的，同一的，也是同时在一切事物里"（译文引自陈康译《巴曼尼德篇》）。

[182] 阿提克（Attic），古希腊的一个地区，雅典所在地，是古希腊文化

中心。

[183]欧里庇得斯(Euripides,前484—前406),古希腊三大悲剧作家之一。欧里庇得斯的悲剧在结构上不很符合亚里士多德的标准,他的力量在于他所创造的骇人的戏剧场面和剧本整体的令人惊恐的效果。

[184]阿西洛斯,即埃斯库罗斯,参见译者注释[260]。

[185]黑贝尔(Christian Friedrich Hebbel 1813—1863),德国戏剧家。

[186]塞涅卡(Lucius Anhaeus Seneca,约前4—65),古罗马哲学家,悲剧作家。

[187]高乃依(Pierre Corneille,1606—1684),法国悲剧作家,古典主义戏剧大师。

[188]特奥多尔·黑策(Theodor Hetzer,1890—1946),德国艺术史学家。

[189]L. B. 阿尔贝蒂(Leon Battista Alberti,1404—1472),意大利建筑师、作家、艺术理论家。

[190]transitorischen Künsten 指一种流动性艺术,如舞台表现或音乐演奏,它不具有像绘画那样的固定性。

[191]坎彭豪森(Campenhausen),现代神学研究者。

[192]希罗多德(Herodot,约前484—前430/420),古希腊历史学家,著名史书《历史》的作者,被西方史学家誉称为"历史之父"。

[193]赫西俄德(Hesiodos,约公元前8世纪),古希腊诗人,《神谱》和《农作与时日》的作者。

[194]偶缘性指一种由境遇来确定意义的机缘性。伽达默尔说:"偶缘性指的是,意义是由其得以被意指的境遇(Gelegenheit)从内容上继续规定的,所以它没有这种境遇要包含更多的东西。"(《真理与方法》,德文版第1卷,第149页)

[195]品达(Pindar,前518/522—前438),古希腊诗人,所写颂诗是公元前5世纪希腊合唱抒情诗的高峰。

[196]贺拉斯(Horace,前65—前8),古罗马杰出诗人。早期作品有《讽刺诗集》,但对西方文学发生重大影响的主要是他的《歌集》(公元前23—前13年)和《书札》。

[197]帕拉巴斯(Parabase),古希腊阿提卡喜剧中的具有讽刺意味的插话,这种插话经常与合唱队的歌唱和朗诵交融在一起。

[198]委拉斯开兹(Velasquez,1599—1660),西班牙画家。他的《布列达的投降》表现了17世纪西班牙军队的一场胜利——西班牙统帅阿姆勃罗西奥·斯宾诺拉正在接受1625年被打败的荷兰布列达要塞司令官尤斯廷·纳塞乌的一串钥匙。画面上非常真实而生动地表现了这次历史事件的参加者,他们的注意力都集中向斯宾诺拉,他正客气地迎接那个被自己战败的敌人,而在他身后则是傲慢地站着的西班牙贵族。

[199]汪达尔主义(Vandalismus)指一种破坏文物、蹂躏艺术的行为。汪达尔原是定居于波罗的海的日耳曼族的一支,455年蹂躏罗马,破坏了各地许多文物。汪达尔主义现在成了糟蹋文物、蹂躏艺术的代名词。

[200]帕里(Parry),现代作家。

[201]方括号内这段话是根据《伽达默尔著作集》第1卷,也就是《真理与方法》第5版译出的,1975年出版的《真理与方法》第4版这段话是这样的:"但这是对于文学的正确看法吗?或者说,这种看法最终不是出自一种由疏异了的教化意识而来的浪漫主义逆向投影吗?因为文学作为阅读的对象虽然是一种后来的现象,但这绝不是说连书写(Schriftlichkeit)也是后来出现的。书写实际上是一切伟大文学创作的原始所与的一部分。最新的研究已经抛弃了浪漫主义认为叙事诗(如荷马的诗)在于口诵的看法。书写的起源比我们以前所认为的还要古老,并且似乎是属于文学创作一开始就具有的精神要素。在文学创作还没有作为阅读材料看待之前,文学创作就已经作为'文学'而存在了。就此而言,阅读对于朗诵所具有的优先性——这是我们后来观察到的,并没有带来什么根本新的东西(我们可以想一下亚里士多德对

戏剧的忽视)。"这里表明伽达默尔受了德里达的影响。德里达在反对奥斯丁(John Lanshaw Austin,1911—1960)提出的"讲话比书写更简单更直接"的观点中提出书写先于讲话,即讲话不是书写的先行形式,而书写才是讲话的先行形式。

[202]这里"重构"(Rekonstruktion),指复现作品的原来世界以及作者的原来思想,反之,"综合"(Integration)则指把过去艺术精神与现代的生活和艺术经验结合起来,即过去和现在进行中介。伽达默尔试图用这两个术语说明两种不同的对待传承物的态度,即施莱尔马赫的态度和黑格尔的态度。

[203]参阅黑格尔《精神现象学》,下卷,商务印书馆1979年版,第231—232页。

[204]伽达默尔在其《黑格尔的辩证法:五篇诠释学研究》中同样也说道:"如果说黑格尔是从绝对概念的哲学方面来谈艺术的过去性,那这一可惊的和耸人听闻的表述也还显得是极其模糊的。这里是说今天的艺术不再有什么要做和要说,还是黑格尔在此想说艺术对于绝对概念的观点而言是一种过去的东西,艺术在同思维的概念的关系上一直是并且仍将是一种过去的东西?"伽达默尔把艺术的过去性看作艺术的同时性,他说:"艺术的过去性似乎应是对艺术特有的同时性的思辨表述:艺术从属于进步法则的方式不是思辨思想遵循哲学的历史道路才达到自身的那种方式。"(伽达默尔:《黑格尔的辩证法:五篇诠释学研究》,蒂宾根,1971年,第84页)

[205]诠释学(Hermeneutik)作为宣告、口译、阐明和解释的技术,在古希腊时代就已经存在了。赫尔默斯(Hermes)本是众神的一位信使,他给人们传达众神的消息。他的宣告显然不是单纯的报道,而是解释众神的指令,并且将众神的指令翻译成人间的语言,使凡人可以理解,因此诠释学引申而成为一种关于理解和解释的技艺学。"诠释学"作为书名第一次出现是在1654年,作者是J.丹恩豪威尔(Dannhauer)。自那以后,诠释学就沿着两条路线,即神学的诠释学和语文学的诠释学加以发展。神学诠释学表示一种正

确解释《圣经》的技术,早在西方教父时代就出现了这方面的思考,例如奥古斯丁的《论基督教学说》。因为基督教教义学的任务就是由于犹太民族的特殊历史和《新约·圣经》中耶稣的泛世说教之间的紧张关系而被提出的。在这里诠释学必须帮助并且作出解答。在宗教改革时期,新教神学家为了维护自己对《圣经》的理解,转向《圣经》的文字研究,并试图用诠释学这一工具对教会学说的传统及其对《圣经》经文的独断论解释展开批判,此后神学诠释学就成了神学内一个不可缺少而具有漫长历史的学科。语文学诠释学也最早出现在古希腊罗马时代,当时所谓批评法(ars critica)就是一种简单的语文诠译学,不过其最重要的发展乃是从法国古典主义到德国古典时期,特别是克拉顿尼乌斯(Chladenius)、沃尔夫(Chr. Wolff)和迈耶(G. Fr. Meier)等人所促进的。语文学诠释学主要根据古代语法学和修辞学发展一种关于解释和理解的方法学。按照伽达默尔的看法,神学诠释学和语文学诠释学都经历了同样的发展过程,这种发展终于导致了普遍诠释学的产生,从而开始了我们今天所谓诠释学发展的第一阶段,即以施莱尔马赫和狄尔泰为代表的传统诠释学。

[206]特利恩特宗派(Tridentinum)指1546—1563年特利恩特宗教会议形成的宗派,其宗旨称之为特利恩特会议信纲,1564年由教皇庇护四世公布。主要内容有:肯定《尼西亚信经》包含教会基本信仰,肯定《通俗拉丁文本圣经》的真实性;肯定"原罪"教义及公教会所作的正统解释;谴责马丁·路德新教派的"因信称义"学说及其对"恩宠"的"谬解"。

[207]马丁·路德(Martin Luther,1483—1546),德国基督教新教派神学家,欧洲宗教改革运动发难者,路德新教创始人。路德新教的基本思想是所谓"因信称义"学说,认为人要获得上帝的拯救,不在于遵守教会规条,而在于个人内心的信仰。

[208]梅兰希顿(Philipp Melanchthon,1497—1560),德国基督教新教神学家、教育家。与马丁·路德同为欧洲宗教改革运动领袖。

[209]塞梅勒(Semeler),18世纪德国神学家。

[210]埃内斯蒂(Ernesti),18世纪德国神学家。

[211]F. A. 沃尔夫(Friedrich August Wolf,1759—1824),德国古典学者,现代语文学奠基人,其成名著作《荷马引论》(1795年)首次提出了现代形式的"荷马问题",按照他的看法,《伊利亚特》和《奥德赛》是由多数作者口述,后来才从艺术上加以统一的。这一理论为现代人开拓了理解史诗传统和诗歌起源的道路。

[212]F. 阿斯特(Georg Anton Friedrich Ast,1778—1841),德国古典语文学家、哲学家和新人文主义者。其著作《语法、诠释学和批判的基线》为诠释学的发展起了重要作用,在此书中他提出了一种以精神作为生命的源泉和中心,以精神的理解作为优于历史和语文理解的理解原则的理解学说。

[213]参见斯宾诺莎的《神学政治论》第7章"论解释《圣经》",斯宾诺莎说:"解释《圣经》的方法与解释自然的方法没有大的差异。事实上差不多是一样的。因为解释自然在于解释自然的来历,且从此根据某些不变的公理以推出自然现象的释义来。所以解释《圣经》第一步要把《圣经》仔细研究一番,然后根据其中根本的原理以推出适当的结论来,作为作者的原意。照这样去做,人人总可以不致弄错。那就是说,解释《圣经》不预立原理,只讨论《圣经》本书的内容,并且也可以讨论非理解力所能解的以及为理智所能知的事物。"(斯宾诺莎:《神学政治论》,商务印书馆1963年版,第108页)

[214]斯宾诺莎说:"凡事物因其本身的性质容易理解者,等到表达出来了,也不会暧昧晦涩,难以索解,俗话说得好:'聪明人一个字就懂了。'欧几里得只讲简而易明的事物,任何人都能懂得,没有语言的限制。我们可以把他的用意了解得十分明白,确实知道他的真意所在,不必完全懂得他著书时所用的语言。事实上,关于这种语言,大略知道一点就够了。我们用不着仔细考究作者的生平、事业和习惯。我们也无需推求用什么语言写的,什么时候写的,书在历代所经过的遭遇,各种不同的本子,是否受人欢迎,因谁的推崇

才为世人所赏识,都用不着。欧几里得是如此,凡是一本书,由于所论事物之性容易为人所了解,都是如此。"(斯宾诺莎:《神学政治论》,商务印书馆1963年版,第121—122页)

[215]克拉顿尼乌斯(Johann Martin Chladenius,1710—1759),德国哲学家、语文学家、浪漫主义诠释学先驱,其著作《对合乎理性的讲话和著作的正确解释导论》(1742年)是德国启蒙运动时期最重要的一部诠释学著作。

[216]萨维尼(Friedrich Karl von Savingny,1779—1861),19世纪德国法学界最有影响的人物,现代德国民法体系和一般私法理论的创始人。

[217]伯克(Angust Boeckh),19世纪德国语言学家。

[218]施泰因塔尔(Heymann Steinthal,1823—1899),德国语言学家、哲学家,以语言作为心理学研究对象的学者。

[219]兰克(Lecpold von Ranke,1795—1886),德国历史学家,19世纪德国历史学派的代表人物之一。重要著作有《16世纪和17世纪罗马教皇的教会和国家》(1834—1836年)、《德国宗教改革史》(1839—1847年)、《17世纪和18世纪普鲁士史》(1847—1848年)、《16世纪和17世纪法国史》(1852—1861年)和《16和17世纪英国史》(1859—1869年)等。兰克试图从一种历史的观点来解释各个时代的冲突,他认为历史是由各人、各民族和各国家分别发展起来的、综合在一起形成文化的过程。

[220]诺斯替派(Gnostizismus)是一种融合多种信仰的通神学和秘传宗教,主要盛行于2世纪,正统基督教强调信心,而诺斯替派则注重"诺斯"(神授知识)。

[221]黑格尔在《精神现象学》中说:"这个单纯的无限性或绝对概念可以叫作生命的单纯本质、世界的灵魂、普遍的血脉,它弥漫于一切事物中,它的行程不是任何差别或分裂所能阻碍或打断的,它本身毋宁就是一切差异并且是一切差别之扬弃,因此它自身像血脉似的跳动着,但又没有运动,它自身震撼着,但又沉静不波。它是自身等同的,因为它里面的诸差别是循环往复的,

它们是差别,但是又没有差别。因此这种自身等同的本质只是与自身相关联。"(黑格尔:《精神现象学》,上卷,商务印书馆 1997 年版,第 110—111 页)

[222]雅各布·布尔克哈德(Jakob Burckhardt,1818—1897),瑞士文化艺术史家。1860 年出版的《文艺复兴时期的意大利文化》一书是其声誉卓著的主要著作。死后出版的《世界史观》和《历史片断》概述了其历史哲学思想。

[223]格奥尔格·米施(Georg Misch,1878—1965),德国哲学家。1930年出版的《生命哲学和现象学》试图把两种不同倾向的哲学观点,即生命哲学和现象学加以统一。

[224]约尔克伯爵,狄尔泰同时代人,曾与狄尔泰有长期学术通信。

[225]杜恒见译者注释[9]。

[226]修昔底德(Thukydides,前 460—前 404),古希腊历史学家,曾参加伯罗奔尼撒战争(前 424—前 402 年),后被放逐。他写的《伯罗奔尼撒战争史》从军事、政治以及心理方面描述了公元前 4 世纪这场著名的雅典和斯巴达之间的战争。

[227]伯里克利(Perikles,前 495—前 429),古希腊政治家、军事家,雅典城邦领袖,曾领导雅典人进行反对斯巴达的斗争。

[228]此句是根据 1975 年第 4 版译出,而在 1986 年出版的《伽达默尔著作集》第 1 卷(即第 5 版)里,此句是"鉴于这种情况,我们必须承认,精神科学的知识不具有'客观性',并且以完全不同的方式被获得",可能有误。

[229]格奥尔格·西梅尔(Georg Simmel,1858—1918),德国社会学家、新康德派哲学家。他试图把社会相互作用的一般形式或普遍规律同某种活动(政治、经济或美学)的特殊内容分离开来,他特别注重权威和服从的问题。

[230]按照 1975 年第 4 版,此句是"而是胡塞尔本人对客观主义心理学和以往哲学的客观主义进行批判的后果"。

[231]参阅海德格尔的《存在与时间》中关于约尔克伯爵的论述,见《存在与时间》,第77节,德文版,第397—404页。

[232]黑格尔在《精神现象学》中曾说过:"通过现象,意识就可以直观进现象界背后的超感官界。这两个极端,一端是纯粹的内在世界,另一端是直观这纯粹内在世界的内在世界,现在合拢在一起了,它们两方面作为两个极端以及作为不同于它们两极端的中介,现在都消失了。这个遮蔽着内在世界的帷幕因而就撤销了,而出现的乃是内在世界对于内在世界的直观。"(黑格尔:《精神现象学》,上卷,商务印书馆1997年版,第114页)

[233]1975年第4版是"黑格尔",而不是"费希特"。

[234]基础本体论是海德格尔在《存在与时间》一书中提出的,对此在的存在从生存论上加以分析,构成了其他一切本体论分析的前提和基础,这种分析,海德格尔称之为"基础本体论"。

[235]布尔特曼(Rudolf Karl Bultmann,1884—1976),德国新教神学家,所谓"辩证神学"的主要代表之一。布尔特曼根据海德格尔的生存论分析提出生存论解释的诠释学方法:信仰和不信仰(罪孽)被解释为相信(Vertrauen)的本真存在方式和专横(Eigenmächtigkeit)的非本真存在方式。

[236]克里斯蒂安·托马修斯(Christian Thomasius,1655—1728),德国法学家、哲学家,哈勒大学教授。

[237]约翰·海因里希·福斯(Johann Heinrich Voss,1751—1826),德国诗人,荷马的德文标准翻译的译者,歌德曾把他视为古典韵律的权威。

[238]拉登杜夫,德国现代作家。

[239]卢卡奇在其《历史和阶级意识》一书中讲到希腊哲学对于物化现象并不陌生,它仍逗留在近乎自然的社会里,他说:"希腊哲学对于物化现象虽不陌生,但它没有把它体验为整个存在的普遍形式,它的一只脚跨入物化的世界,而另一只脚仍留在自然而形成的社会(in einer naturwüchsig aufgebauten Gesellschaft)。因此希腊哲学的问题可以在两个发展方向上被利用——

尽管需要呕心沥血的重新解释。"(卢卡奇：《历史和阶级意识》，德文普及版，1983年，第210页)

[240]1975年第4版是"历史诠释学"。

[241]瓦尔希(Johann Georg Walch,1695—1775)，德国教区会成员，哲学家,曾编汇《哲学辞典》,于1726年问世。

[242]柯林斯(William Collins,1721—1759)，英国浪漫主义时期诗人，自由思想家。

[243]在伽达默尔看来，精神科学之理解和传统的继续存在，其根本条件就在于继续不断地与传承物进行攀谈或对话，也就是说，传承物成为我们的攀谈者或对话者。这种看法一般颇不易理解，因为传承物，如历史文献、古董、作品，是死的东西，它们怎么能与我们对话呢？这里关键在于对传承物的意义的理解，在伽达默尔看来，传承物并没有一种所谓一成不变的客观的意义，它们的意义总是我们尔后与之不断对话所形成的意义，如他所说的，"历史任务的真正实现仍总是重新规定被研究东西的意义"。这种意义的获得在他看来，乃是通过一种精神的对话——包括提问和回答——而实现的。

[244]莫姆森(Theodor Mommsen,1817—1903)，德国作家，其重要著作有《罗马史》和《罗马国家法》。

[245]Epigonen，原系希腊神话中攻打忒拜城死难英雄的儿子们，他们在其父即所谓七雄失败后10年终于征服了忒拜，以后Epigonen成了希腊英雄后裔的代名词。

[246]卡里马可斯(Kallimachos，活动期约公元前4世纪)，古希腊诗人。

[247]塔西陀(Cornelius Tacitus，约56—约120)，罗马帝国官员，著名历史学家，其巨著《历史》和《编年史》共30卷。

[248]1975年第4版是"如果我们想理解某个语句的各个个别部分在语言方面的意义"。

[249]Abhebung词义是指一种衬托关系，Der Turm hob sich gegen der

Horizont ab,塔在地平线背景上显得分外清晰,即中国语言里的烘托的意思。为了行文方便,我们译为"突出"。

[250]亚里士多德在《尼各马可伦理学》中曾经尖锐地批判了柏拉图的善的理念学说,他说虽然柏拉图是他的朋友和老师,但"在真理与友谊两者俱为我们所要的情况下,我宁取真理"。按照他的看法,柏拉图的善的理念学说主张一种脱离各种特殊的具体的善而永恒存在的所谓"善本身",其实根本不存在这样一种抽象的共相,他说:"现在且让我们把本身即善的事物和有用的事物分开,试看前者之称为善是否由于隶属在单纯的理念之下?并看何种善始可称为'善本身'?是否指那种甚至与其他善可分离而仍被人追求的善:如智慧、见识、某种快乐和荣誉?(的确,这些东西,即使我们有时把它们当作手段来追求,但是,我们仍可视为是'善本身'一类。)或者说,'善本身'是否即是'善的理念'?如果是这样,那么这种理念或形式就会成为空虚的理念或形式了。如果'善本身'即是上述种种事物,那么善就成为上述事物的某种共通东西,如白雪和白铅所共具有之白色性。但是,荣誉、智慧、快乐,当一问及其所具之善性时,则就有种种不同的解释。因此,善绝非是属于一个理念或形式的某种共同因素……世间即使有一包含无数善事,并为这些善事的共通因素,并能独立自存之善,但这个善,显然是非人力可能求得。人类所求的,总是人能求得的东西。

"有人也许可以这样设想,我们为了那些能求得并能实现的善而认识这个普遍的善,也是值得的事……这种说法有些道理,但是,似乎和科学经验相冲突。因为一切科学,虽然都在于求某种善,并力求补救其缺点,但却不管对所谓普遍善的了解。普遍的善如对于人确有那般大的帮助,那么一切技艺家岂会不知道,而且甚至不追求?这绝不是可能的。再说,一个编织工,一个木匠,在知道了'善本身'后,如何会对他的手艺有益?一个人在明白了理念本身后,如何会成良医良将?此中道理,是难于看出的。一个医生研究健康,绝不抽象地研究,而只是研究'人'的健康,或者说,研究一个特殊的人的健康,因为他所治疗的是单个的人。"(亚里士多德:《尼各马可伦理学》,载《西方伦理学名著选辑》,上卷,商务印书馆1987年版,第285—286页)

[251]亚里士多德在《尼各马可伦理学》第二篇里曾经把灵魂的德性分为两类:一类叫作道德的,一类叫作理智的。理智的德性是由训练而产生和增长的,它需要时间和经验,反之,道德的德性则是习俗的结果,他说:"以我们希腊的语言来说,道德的德性这个名字是由习俗(Ethos)这个名字稍加变化而成",并且说"我们没有天赋的道德的德性,因为天赋的东西是不能由于训练而改变的。例如石头是天然有下降的趋势,纵然你训练它,向下掷一万次,也不能把它训练得习惯于上升,你也不能训练火焰习惯于向下燃烧,也不能使任何天然这样行为的东西习惯于另一种方式行为。"(亚里士多德:《尼各马可伦理学》,载《西方伦理学名著选辑》,上卷,商务印书馆1987年版,第294—295页)

[252]亚里士多德在《尼各马可伦理学》第一篇中曾说过:"研究至善的学科,似应属于在学科中最有权威,并占主导地位的学科。看来,政治学是具有这种性质。因为,凡规定一国之内需要何种科学,各阶级人民当学何种学问,学至如何程度,这些都是政治学的事。而且,甚至最受尊重的学问,如战事学,理财学,修辞学等,皆附属于其下。现在,政治学既然应用于一切其他科学,既然又规定我们该做什么和不该做什么,于是这门科学的目的便包括了一切其他科学的目的,而这种目的必然是人类所求的善。"(亚里士多德:《尼各马可伦理学》,载《西方伦理学名著选辑》,上卷,商务印书馆1987年版,第282页)这里亚里士多德显然想把政治学与伦理学联系起来,从而他提出应当由伦理学探究转向政治学的任务。

[253]亚里士多德在《尼各马可伦理学》中说:"由于制造和行为不同,所以技艺乃属于制造这一类,而不属于行为这一类。在某种意义下,技艺和机会(或幸运),其对象相同,犹如阿加松所说:技艺追随幸运,幸运追随技艺。由此可知,技艺是一种运用正确推理以制造物品的才能或习惯,反之,缺乏技

艺,就是指一种运用不正确的计算以制造物品的习惯。两者所处理的事情,都是变易的事情。"(亚里士多德:《尼各马可化理学》,载《西方伦理学名著选辑》,上卷,商务印书馆 1987 年版,第 314 页)

[254]《真理与方法》1986 年第 5 版(《伽达默尔著作集》,第 1 卷)把 Ausdehnung 误印为 Ausdeutung,现根据 1975 年第 4 版和英译本加以改正。

[255]《真理与方法》1975 年第 4 版原陈述是:"理解是道德知识德行的一个变形。它是这样被给出的,即在这里不是关系到我自己,而是关系到其他人。理解也是道德判断的一种方式。当我们在判断时置自身于某个其他人借以行动的整个具体情况中时,我们显然才讲到理解。"

[256]《真理与方法》1975 年第 4 版原陈述是:"即 Deinos 能训练他的能力,而不被某个伦理存在所支配,能无阻碍地训练他的天赋,并且没有任何指向道德目的的打算。他是 aneu aretēs(没有德行的)。"

[257]恩斯特·福斯特霍夫(Ernst Forsthoff,1902—1974),德国法律学家,曾在法兰克福、汉堡、柯尼斯堡、维也纳和海德堡诸大学任法学教授。

[258]维拉莫维茨(Wilamowitz-Moellendorff,1848—1931),德国古典语文学家。曾任克拉夫瓦尔德、哥廷根和柏林等大学语文学教授。由于他对希腊文化和古典文学的卓越研究,古典语文学进入一个新的阶段。

[259]伽达默尔在这里引证了培根《新工具》里这样两段话:"人的理智一旦接受了一种意见(不管是通行的意见或者是它所喜欢的意见),就把别的一切东西都拉来支持这种意见,或者使它们符合这种意见。虽然在另一方面可以找到更多的和更有力量的相反的例证,但是对于这些例证它却加以忽视或轻视,或者用某种分别来把它们摆在一边而加以拒绝。这样,通过这种有力而且有害的预先决定,就可以使它以前的结论的权威不致受到侵犯。……这样,先入的结论便把后来的、虽然更好、更健全的结论染上自己的颜色而使它符合于自己。除掉所描述的那种喜好和浮夸之外,人的理智还有一种特有的永久的错误,就是容易被积极(肯定)的东西而不容易被消极(否定)的东西所

激动。然而事实上却应当对于二者同样适当地采取冷静的态度。的确,对于确立真正的公理来说,消极的例证是更有力量的。"(培根:《新工具》,载《16—18世纪西欧各国哲学》,商务印书馆1975年版,第15—16页)另外,"'市场假相'是一切假相中最麻烦的一种假相,这一种假相是通过语词和名称的各种联合而爬进我们理智中来的。因为人们相信他们的理性能支配语词,但是实际上语词也反作用于理性,就是这种情形使哲学和科学流于诡辩和变为无力。由于语词的形成和应用都是以俗人的能力为根据的,因此它们所遵循的乃是对于俗人的理智最明显的那些划分线。当一个更敏锐或更勤于观察的理智要改变这些线来适合自然的真正划分时,语词从中作梗,并且反抗这种改变。因此我们看见学者们的崇高而堂皇的讨论结果往往只是一场语词上的争论。"(同上书,第20页)

[260]埃斯库罗斯(Aischylos,前525/524—前456/455),古希腊三大悲剧家之一,著名悲剧有《波斯人》《被缚的普罗米修斯》和《阿伽门农》等。

[261]安那克萨哥拉(Anaxagoras,前500/499—前428/427),古希腊哲学家,其著名学说是"种子论"和"心灵说"。种子论主张万物都是由单一性质的种子所构成,事物的差异乃是种子不同比例的结合所产生的。心灵说则主张事物运动的原因不是由于爱和恨,而是由于心灵。

[262]泰米斯修斯(Themistius,活动时期约公元4世纪),欧根尼奥斯的儿子,逍遥学派成员,主要工作是解释亚里士多德的著作。

[263]伽达默尔在这里引证了亚里士多德《后分析篇》中末尾这样一段话:"正如我们所说的,从感觉产生出记忆,从对同一个事物的多次的记忆产生出经验。因为数量上虽然是多的记忆却构成一个单一的经验。并且经验——当作为灵魂中的整体,即与多相符合的一,在所有多中同一表现的一致性——提供了艺术和科学的出发点:艺术在过程世界里,科学在事实世界里。这些能力既不是作为确定的完全发展了的东西天生就有的,也不是从其他在高知识水平上发展的能力而推得的,它们而是来自于感觉。例如,在战争中发生的逃亡情况,如果有一人站住了,那么另一个人也站住,再一个人也

站住,直到原来的情况恢复。"(亚里士多德:《后分析篇》,19—100a3—14,载 The Loeb Classical Library 1960 年出版的《亚里士多德后分析篇和论辩篇》,第 257—259 页)伽达默尔引用亚里士多德这段话是试图说明科学的一般知识即普遍真理决不可能依赖于观察的偶然性,观察的偶然性决不可能产生科学。伽达默尔在另一篇题为"人和语言"的论文中同样也引用了亚里士多德这个例子,他说:"我在亚里士多德那里又一次发现了关于人如何学习说话的最机智的描述。亚里士多德的描述当然并不是指学习说话,而是指思维,也就是指获得一般概念。那么在现象的变动中,在不断变化的印象之流中,似乎固定不变的东西是如何产生的呢? 显然,这首先是由于一种保持的能力,也就是说记忆力,记忆力使我们能够认出哪些东西是相同的,这是抽象的最大成果。从变动不居的现象中处处可以看出一种一般现象,这样,从我们称之为经验的经常重复的再认识中就渐渐地出现了经验的统一。在这种经验的统一中产生了明显以一般知识方式占有如此经验的东西的过程。现在亚里士多德问道:这种一般知识究竟怎么可能产生? 显然不是通过以下这种方法:即我们经验着一件又一件的现象,尔后突然间,当某种特殊现象再一次出现,并被我们确认为与以前经验到的现象一样,于是我们就获得了一般知识。这种使一般性得以表现的过程并不是那样一种特殊现象,有如那些通过某种神秘力量而使自身与所有其他特殊现象相区别的现象。毋宁说它与其他特殊现象一样也是一种特殊现象。但实际情况则是在某个阶段关于一般的知识确实产生了。这种一般知识是在哪个阶段开始出现的呢? 亚里士多德对此作了一个绝好的描述:一支正在快速前进的部队是如何停住的呢? 这种停住是开始于何处呢? 显然不是由于第一个士兵停住了,或是第二个或第三个士兵停住了。我们也不能说在相当数目正在疾跑的士兵站住时这支部队才停住了,显然也不能说部队是在最后一个士兵也收住脚步时才停住的。因为部队并不是在最后一个士兵停住时才开始停止前进的,而是早已就开始停止了。这支部队是怎样开始停步,这种停步的行动怎样扩大,以及最后整个部队怎样完全停步（也就是这支部队又遵守统一命令），这一切都未曾被人清楚地描述，或有计划地掌握，或精确地了解过。然而，这个过程却无可怀疑地发生着。关于一般知识的情况也正是如此，因为这就是一般知识如何进入语言的过程。"（《伽达默尔著作集》，德文版第2卷，第149—150页）

[264]卡尔·波普尔（Karl Popper，1902—1994），英籍德裔分析哲学家，批判理性主义创立者。波普尔虽然深受维也纳学派的影响，但坚决反对该学派的证实理论，他提出著名的证伪理论。他说，"理论科学性的标准就是理论的可证伪性，或可反驳性，或可检验性。"其主要代表作是1934年出版的《科学研究的逻辑》（后改名为《科学发现的逻辑》）。

[265]伽达默尔在这里利用了黑格尔在《精神现象学》中反对康德自在之物不可知的论证。按照黑格尔的看法，我们所谓自在并不是指事物本身脱离我们认识的自在，而是指为我们的自在，他说："诚然不错，对于意识来说，对象就只是像意识所认识它的那个样子，意识似乎不可能窥探到对象的不是为意识的那个本来面目或其自在的存在，因而也就不能根据对象来考察它的知识。但是，意识之一般地具有关于一个对象的知识这一事实，恰恰就已经表明是有区别的：一个环节是某种自在于意识之外的东西，而另一个环节是知识，或者说，是对象的为意识的存在。根据这个现成存在着的区别，就能进行比较考察。如果在这个比较中双方不相符合，那么意识就必须改变它的知识，以便使之符合于对象，但在知识的改变过程中，对象自身事实上也与之相应地发生变化，因为从本质上说，现成存在着的知识本来是一种关于对象的知识：跟着知识的改变，对象也变成了另一个对象，因为它本质上是属于这个知识的。意识因而就发现，它从前以为是自在之物的那种东西实际上并不是自在的，或者说，它发现自在之物本来就仅只是对它而言的存在。……我们看到，意识现在有了两种对象，一种对象是第一个自在，另一种是这个自在的为意识的存在。后者初看起来好像只是意识对其自身的反映，不是一种关于对象的表象，而是一种关于意识对前一种对象的知识的表象。但是如同我们

前面所指出的那样,前一种对象在运动中改变了自己,它不复是自在,它已被意识到它是一种只为意识的自在,而这样一来,这个自在的为意识的存在就是真实的东西,但这又等于说,这个自在的为意识的存在就是本质,或者说,就是意识的对象。这个新的对象包含着对第一种对象的否定;新对象乃是关于第一种对象的经验。"(黑格尔:《精神现象学》,上卷,商务印书馆 1997 年版,第 60—61 页)

[266]参见黑格尔:《精神现象学》,上卷,导论,商务印书馆 1997 年版,第 60 页。

[267]同上书,第 61 页。

[268]伽达默尔这里是依据于黑格尔这样一段话:"在我们对经验过程的这个陈述里,有一个环节似乎使这里所说的经验与通常所理解的经验不尽一致。在这里,从第一种对象以及从这种对象的知识发展到另一种对象,即发展到人们称之为经验的那种对象,其间的过渡被说成为:对第一种对象的知识,即,第一种自在的为意识的存在,本身变成了第二种对象。与此相反,通常所理解的情况则好像我们是从一种另外的对象上经验到我们的第一种概念的非真实性的,而这另外的一种对象是我们偶然地从外面找到的对象,因而归根到底我们所有的对象,只是那种对自在而自为的东西的单纯的把握。但按照上述的那种看法,新对象的出现显然是通过一种意识本身的转化而变成的。像这样地来考察事物,乃是我们的额外做法,通过这种考察,意识所经历的经验系列,就变成一个科学的发展进程;……由于当初作为对象而出现于意识之前的东西归结为关于这个对象的一种知识,并且由于自在变成了自在的一种为意识的存在,变成了一种新的对象,因而也就出现了一种新的、具有不同于以前的本质的意识形态。这种情况就使意识形态的整个系列按照它们的必然性向前发展。不过,这种必然性,或者说,新对象的出现——新对象在意识的不知不觉中出现于意识面前——在我们看起来,仿佛是一种暗自发生于意识背后的东西。因此,在意识的运动过程里就出现了一种环节,即

自在的存在或为我们的存在,这种存在是为我们的,而不是为意识的,因为意识正在聚精会神地忙于经验自身。然而这种为我们而出现的存在,它的内容却是为意识的,我们只另外把握了它的形式,亦即它的纯粹的出现,所以就它是为意识的而言,这种新出现或新发生的东西只是一种对象,而就它是为我们的而言,它就同时又是一种形成运动。"(黑格尔:《精神现象学》,上卷,商务印书馆1997年版,第61—62页)

[269]关于统治和奴役,主人和奴隶之间的辩证结构关系,可参阅黑格尔《精神现象学》第4章关于自我意识的独立与依赖一节,在这里黑格尔论证主人一方面通过自己的独立存在间接地使自己与奴隶相关联,使自己成为支配奴隶存在的主人,另一方面通过奴隶间接地使自己与物发生关系,这样把物的独立性让给奴隶,自己只与物的非独立性相结合,这样一来,奴隶一方面扬弃了自己的自为存在或独立性,只为主人做他所需要的事,另一方面奴隶的行动也正是主人自己的行动,主人反倒成了纯粹的否定力量,奴隶却成了实际的肯定力量。黑格尔说:"因为正当主人完成其为主人的地方,对于他反而发生了作为一个独立的意识所不应有的事。他所完成的不是一个独立的意识,反而是一个非独立的意识。因此他所达到的确定性并不是以自为存在为他的真理,他的真理反而是非主要的意识和非主要的意识之非主要的行动。"(黑格尔:《精神现象学》,上卷,商务印书馆1997年版,第129页)

[270]这里伽达默尔引证了亚里士多德《形而上学》里的这样一段话:"当时苏格拉底专心于伦理道德的研究,并首先试图为伦理道德提出普遍定义,因为早先的自然学家德谟克利特只在物理学上为热和冷作了定义,而对伦理道德问题仅偶有所接触;至于毕达哥拉斯学派在以前只是研究很少一些问题,例如机会、公正或婚姻,而且把这些东西的概念归之于数。但苏格拉底却竭诚于探究事物是什么。因为他试图进行推理,而是什么正是推理的始点。因为辩证的艺术直到那时还没有具备这样的能力,以使我们没有认识本体也能探究对象,并探究对立的东西是否属于同一门科学,这两件大事我们有权

归功于苏格拉底。"(亚里士多德:《形而上学》,希-德对照本,迈纳出版社 1984 年版,第 2 卷,第 289—291 页)

[271] Maieutik＝mäeutik,指苏格拉底那种通过机智的提问而引导学生解答问题的教育方法,世称"助产术"(Hebammenkunst)。

[272] R. G. 科林伍德(Robin George Collingwood,1889—1944),英国哲学家、考古学家和历史学家。科林伍德早先深受实在论(柯克)和唯心主义(布拉德雷、格林)的影响,以后通过克罗齐、金蒂尔(G. Gentile)和罗斯金(J. Ruskin)转向黑格尔哲学。

[273] 这里指 1805 年 10 月 21 日英国名将纳尔逊指挥的英国海军在特拉法尔加角附近击败法西联合舰队的著名的特拉法尔加战役。

[274] 1812 年拿破仑入侵俄国,9 月 7 日与库图佐夫指挥的俄军大战于博罗季诺。列夫·托尔斯泰在《战争与和平》一书中曾对这次战役作了极为细致的描述。

[275] 按照伽达默尔的观点,理解就是与某人在某事上取得相互一致意见,理解总是相互理解,例如我们对于某一作品的理解,就是与作品的作者在语言上取得相互一致意见,与作者达成相互了解,因此他说"所谓理解就是在语言上取得相互一致,而不是说使自己置身于他人的思想之中并设身处地地领会他人的体验"。关于理解的这种观点,可参阅《真理与方法》,德文版第 1 卷,第 233—234 页。另外,这里说"在语言上"此语,在《真理与方法》第 4 版原是"在事情上"(in der Sache)。

[276] 这种观点来自于约翰·马丁·克拉顿尼乌斯,参见他的《对合乎理性的讲话和著作的正确解释导论》,莱比锡,1742 年,1969 年新版。

[277] 里尔克(Rainer Maria Rilke,1875—1926),德裔奥地利诗人,作家,对 20 世纪德国语文学的发展有重要贡献。其著名长组诗《祈祷书》(1905 年)以"我"的形式出现,围绕他的上帝讽诵经文,这个上帝就是"人生"的化身。里尔克作为一个独具一格的诗人赢得了当代德国哲学家的赞扬。

[278]Logos(逻各斯)是一个类似于中国哲学里的"道"的希腊词,其最根本的意思是指"话语"和"理性"。在这里伽达默尔是强调其作为话语的语言意思。在柏拉图的《智者篇》里,逻各斯显然与语句同义。他主张一个完整的逻各斯至少必须由一个名词和一个动词所组成,并且把与"一个人学习"和"泰阿泰德坐着"同义的希腊语句叫作逻各斯。在中世纪,基督教通过斐洛(Philo,前20—公元50,犹太神秘主义哲学家)思想的中介,从希腊哲学引用此词专指上帝的话和理性,以致有"逻各斯变成了肉"(道成肉身)。伽达默尔在这一节里试图从希腊的逻各斯来探讨语言作为诠释学的媒介,以同下一节探讨拉丁文的语词(Verbum)相对照。本节逻各斯一般指判断,正如伽达默尔引用苏格拉底的说法,"他从真的逻各斯和假的逻各斯的区别出发,把逻各斯的成分,即语词也区分为真的和假的。"(《真理与方法》,德文版第1卷,第412页)

[279]后一句话是译者根据1989年新英译本补加的。

[280]伽达默尔这里所依据的是这样一种现象学观点,即摹本(Abbild)乃是原型(Urbild)的开启,也就是说,对存在的描摹乃是存在自身的开启,因此,原型通过摹本而得以展示,存在通过描摹而得以表现。

[281]Characteristica universalis(普遍语言)的理想是17世纪西方思想家,特别是德国哲学家莱布尼茨提出的。威廉·涅尔夫妇在其《逻辑学的发展》一书中对这种思想的形成有这样一段说明:"17世纪的许多著作家提出了构造人工语言的建议;在莱布尼茨时代,这种思想特别在英国流行。"在那里维尔金(Wilkins)和道尔加诺(Dalgarno)各自提出自己的系统。这些发明家的主要理由与现今提倡世界语的理由一样,即如果所有的人,或者至少所有有知识的人都有一种由他们支配的根据简单原则构造的并且有严格语法规则的语言,那么语言交流就会非常容易,传达思想就会更迅速。对于这种考虑,莱布尼茨并不是无动于衷的,因为他坚信确立全世界的和平和秩序的重要性,他认为科学的进步依赖于不同民族的人们之间的理智合作。因此在

一个时期他提倡使用一种基本的正规的拉丁语（这大概类似于本世纪初皮亚诺在他的《数学公式》中所用的拉丁变形记号）。但是他对构造理想语言的兴趣比这还广。他要求一种科学的语言，这种语言不仅有助于思想交流，而且也有利于思想本身，他把这种语言叫作"哲学语言（Lingua philosophica）或普遍语言（Characteristica unirersalis）"。（威廉·涅尔和玛莎·涅尔：《逻辑学的发展》，商务印书馆1985年版，第421页）

[282]这里是哲学史上一个问题，在康德那里，transzendental（先验的）和transzendent（超验的）这两个术语似乎并没有像现在所说的严格的区分，康德有时互换地使用，但是在新康德主义看来，这两个术语的严格区分却是最重要的。他们认为，有些东西虽然是transzendental（先验的），但却不是transzendent（超验的），因此他们对于那些把这两个术语混淆加以解释的做法表示极端的反对。另外，Ideologie（意识形态）一词现今虽然被广泛采用，特别是法兰克福学派，但在18世纪末至19世纪初，这个术语曾引起很大的争论，例如拿破仑就曾经坚决反对过这个术语，他特别反对法国当时阿彭尼斯（Abanis）、德特里特·德·特雷西（Destritt de Tracy）和谢纳·德·比朗（Chaine de Biran）等开创的所谓科学意识形态学派。

[283]人为制造的混合词（Kunstswort）指一种用古代一两种语言成分构成的某些科技术语，如Automöbil（原先用的汽车一词）、Soziologie（社会学）等。

[284]概念的理念性（Idealität）应当说来源于柏拉图的理念学说。按照柏拉图的观点，事物乃是理念（Eidos）的摹本，因此关于事物的概念或思想，其内容和意义应当是理念。伽达默尔用Urbild（原型）和Abbild（摹本）来解释柏拉图的理念和事物的关系，因此他认为，作为理念摹本的语词和概念，其内容和意义乃是一种概念的理念性。

[285]Verbum（话语）在拉丁文里一般指动词（动作的语词），这和希腊文有区别。上一节伽达默尔是以逻各斯来考察古希腊的语言思想，而在本节则

是以 Verbum 来考察中世纪的基督教关于语言的观点，他认为基督教的语言思想更使西方思想家认识到语言的重要性。

[286]基督教的 Inkarnation（道成肉身）思想是基督教的基本教义和根本信条；基督是三位一体（圣父、圣子和圣灵的上帝）第二位，即圣子，他在世界尚未造出前，便与上帝圣父同在，即上帝的道，亦即逻各斯，因世人犯罪无法自救，上帝差遣他来到人间，通过圣母玛利亚而取肉身成人。按照伽达默尔的看法，我们应当把基督教所讲的 Inkarnation（道成肉身）与那种认为灵魂外入肉体和上帝外在创造世界的思想严格区分开来。按照他的看法，Inkarnation 根本不是 Einkörperung（外入肉体）。Einkörperung 是伽达默尔自己杜撰的一个德文词，意思是说一种外在化，例如我们把水倒入杯子，水仍是水，杯子仍是杯子，这不同于我们把糖或咖啡倒入水里，因为这里水就变成了糖水或咖啡。水倒入杯子就是一种外在化过程，类似于 Einkörperung。按照古老的思想，特别是柏拉图-毕达哥拉斯的观点，灵魂完全与肉体不同，当它进入肉体之前就已经有了自为的存在，而在它进入肉体之后，仍保持它的自为存在，以致肉体死了后，灵魂重新又获得真实的存在，这就是一种最典型的 Einkörperung（外入肉体）的观点。同样，在希腊的神话中，神以人的形象出现，神却未变成人，而是以人的形象向人显示自己，因为神总是保持着超人的神性。伽达默尔认为这些希腊思想都不是基督教所教导的道成肉身思想，基督教教导的上帝人化理论即道成肉身乃是一种内在化过程，即上帝变成了人，道（逻各斯）成了肉身，伽达默尔认为，这一内在化过程乃是通过语词而实现的。

[287]话语变成了肉，即逻各斯变成了肉，来源于《圣经》，《约翰福音》第一章称逻各斯"太初与上帝同在"，"万物是借着他造的"，而且"道（逻各斯）成了肉身，住在我们中间"。后世神学据此说逻各斯即三位一体上帝中的第二位的圣子，他降生世上，取肉身而成为人，便是道成肉身的耶稣基督，伽达默尔正是根据这一点而把话语说成是一种纯粹的事件。

[288]基督教教义之一则认为宇宙万物都是上帝所创造的。《圣经·创世记》载:"太初上帝创造天地,地是空虚混沌,渊面黑暗。上帝与其逻各斯运行于水面",也就是说,在宇宙被造出之前,没有任何物质存在,只有上帝及其话语,上帝以发出话语而创造出一切。

[289]等级从属说(Subordinationismus),基督教神学学说。认为上帝圣父、圣子和圣灵是三个等级,有从属关系。或认为圣子的等级低于圣父,并从属于圣父,或认为非但如此,圣灵的等级又低于圣父、圣子,并从属于圣父和圣子。此说早在2世纪的希腊教父查斯丁和2—3世纪间的奥利金的著作中已见端倪,4世纪更为阿里乌加以全面发挥,最后于381年,由君士坦丁堡公会议宣布这种说法是同上帝三位一体论相对立的,因而被定为异端邪说。

[290]柏拉图在《泰阿泰德篇》里也讲到思想是灵魂同自己的讲话,并且也区分了无声的讲话(意见)和有声的讲话(逻各斯)。他借苏格拉底的嘴说:"思想就是灵魂在它所看到的东西上同它自己的谈话。在我看来,当它思想时,它无非只是在讲话、提问题和回答问题,作肯定和否定。当它达到了一个决定不再疑惑时,我们叫作意见。所以我叫作形成一个意见的东西就是讲话,意见就是不是大声地同其他人的讲话,而是默默地同自己的讲话。"(柏拉图:《泰阿泰德篇》,189E—190A)

[291]理智的流射(emanatio intellectualis),又译理智的流溢,来源于新柏拉图主义者柏罗丁(Plotinus,205—270)。柏罗丁认为一切创造都是从无限的不变的完满的太一本身而流射出来的,首先从太一中流射出伟大的心智(奴斯),心智是太一的影子,它仿效太一再流射出灵魂,灵魂是双重的,一种专对心智的内在灵魂,另一种是对外界的灵魂,它产生自身的形象,即自然和可见的世界。按照一般解释,流射是由于太一太完满了,就不愿守着自己,而要产生另外的东西,以致太一可以通过流射而能保持力量均衡,但按照伽达默尔的解释,太一的流射过程并未使太一本身有所消损,而是通过流射其他东西而使自己有了新的补充和充实。

[292]《真理与方法》1986年新版即《伽达默尔著作集》第1卷有许多印刷错误,这里柏罗丁误印为柏拉图。译者根据以前的版本作了改正。

[293]斯鲍锡普(Speusipp,或 Speusippus,? —前339/338),柏拉图的学生,在柏拉图于公元前347年去世后接替他任柏拉图学院首领。

[294]阿提克,参见译者注释[182]。

[295]斯多葛派的语言理论在逻辑哲学里最重要的成果是他们提出了作为意义的来克顿(Lekton)概念,威廉·涅尔夫妇在《逻辑学的发展》一书中曾这样写道:"他们(指斯多葛学派)理论最具创造性的部分是关于被表示物或被表达物的,这些东西他们统称为来克顿($\lambda\epsilon\kappa\tau\acute{\alpha}$)。这些理论在逻辑哲学里是一个重要的新事物,值得密切注意。"(威廉·涅尔和玛莎·涅尔:《逻辑学的发展》,商务印书馆1985年版,第180页)来克顿($\lambda\epsilon\kappa\tau\acute{o}\nu$)来源于动词$\lambda\acute{\epsilon}\gamma\epsilon\iota\nu$,这动词指"意味"或"说",因此来克顿的意思就是"所意味的东西"或"所说的东西",这也就是我们今天所说的"意义"。

[296]库萨的尼古拉(Nicolaus Cusanus,1401—1464),德国天主教枢机主教,古典作家、数学家、自然科学家和对现代德国思想富有影响的哲学家。

[297]这里伽达默尔根据德语语词构成把世界(Welt)与环境(Umwelt)加以对立,世界是离开人而独立存在的,而环境则是为人而存在的世界(Umwelt=Welt um uns)。用海德格尔的术语来解释,世界是 Vorhanden(现成在手的东西),环境则是 Zuhanden(使用上手的东西),因此伽达默尔接下来说,"环境概念首先是为人类环境而使用,而且也只为人类环境而使用。环境就是人们生活于其中的'周围世界'(Milieu),而环境对生活于其中的人的性质和生活方式的影响就构成了环境的意义。"

[298]这也是德语的一个特点,即某一语词加上 frei(自由、从中摆脱)则词义变成否定,如 Autofrei(无汽车)、Umweltfrei(无环境)。Umweltfreiheit(无环境性)就是指世界的开放性(Weltöffentlichkheit)。

[299]语言的他在性(Anderssein)是以说话者同事物的距离作为前提,

我们可以用维特根斯坦的观点作这样解释:语言中所表述的东西是关于被表述对象(即事物 Sache)的一种事态(Sachverhalt, a state of affairs),而事态乃是一组表明对象与说话者之间距离的特定的关系。这就是语言的特殊对象性和事实性。这种客观性或事实性允许事态可以用一个命题表述出来并告知给他人。而且事态也可以是否定性的,因为它也可以间接地表现不存在的东西。

[300]die perspektivischen Abschattungen(感觉上的细微差别)引自于胡塞尔,胡塞尔曾把关于一个桌子的感性知觉描述为一个人围绕桌子而运动的诸多感性知觉的统一体,其中每一种感性知觉都不相同,即使是最细微的,我们也可以看到不同的方面或色调。这些各不相同的感性知觉他称为 perspektivischen Abschattungen(或译视角的差异)。没有一种特殊的感性知觉可以把整个桌子给出,作为空间对象的桌子只能由经验意识从连续的 Abschattungen 加以构造。伽达默尔在这里引用胡塞尔这一术语,是为了说明语言的细微差别(Sprachliche Abschattungen),他说这种语言的细微差别乃是"世界在各种不同的语言世界中所经验到的"。

[301]冯·于克斯科尔(Jakob Baron von Uexkuell, 1864—1944),德国生物学家,现代环境理论的奠基者之一。

[302]关于古代意义上的理论,可参阅伽达默尔的"赞美理论"一文。在那里他写道:"现在回想一下理论这个词的最初意义,即它在希腊人那儿的含义也许不无帮助。这个词的原意是指观察,例如观察星座位置的人,又如观察一种游戏或参加一场节日典礼的人。观察的含义并非单纯的看,并非单纯地确认现有存在的东西或者储存信息。沉思并不会停驻于某个存在者,而是关注着一个领域。因此,理论并不是一种人们可以保持住的诸如停住、站立、状况等的瞬间行为。它是在好的双重含义中的'Dabei-sein',即同在那儿的在。它不仅仅是在那儿,而且是'整个儿地在那儿'。因此,当一个人介入日常生活或参加一个仪式时,当他开始加入到这个行动中时,这也就含有他必

须加入到其他人或可能的其他人的行动之中的意味。可见,'理论'并不是人们借此可以征服一个对象的行动,并不是通过对对象的解释能使它变得可以为我所用的行动。理论所对待的是另一类财富。"(伽达默尔:《赞美理论——伽达默尔选集》,上海三联书店 1988 年版,第 40 页)

[303]这里伽达默尔仍利用德语语词的构成特性进行诠释学分析,隶属性的德文词是(Zugehörigkeit),这是从动词 Zuhören 而来,Zuhören 是倾听。倾听与观看不同,观看可以看另一方而不看对方,即所谓"视而不见",但倾听却不能不听其他人的讲话,因此亚里士多德曾经强调了倾听优先于观看。伽达默尔曾经这样写道:"当黑格尔认识到,语言性同其他艺术材料的区别就在于整体性时,他就已经认识到这根本观点,这是一个曾经促使亚里士多德把某种特有的优势归于倾听的洞见——尽管看视在自然意义上具有许多优势,因为倾听接纳了语言并因此而接纳了一切而不仅仅是可见物。"(《真理与方法》,第 3 版后记,见本书边码 II 473—II 474 页)倾听就是必然要听,这就是说必然要听从。显然听从与从属或隶属相关,因此伽达默尔接下来说:"隶属性概念却以新的方式得到了规定。所谓隶属的东西就是从传承物的诉说而来的东西。谁这样处于传承物之中,谁就必须倾听从传承物中向他涌来的东西。传承物的真理与直接向感官显现的当下(Gegenwart)是一样的。"(《真理与方法》,德文版第 1 卷,第 467 页)

[304]黑格尔对"外在反思"概念的批判见《逻辑学》第 2 编第 1 部分第 1 章关于"外在的反思"一节,他说外在反思"完全从一个已有的、异己的直接物出发,并且认为自己只像是一个徒具形式的行动,从外面接受内容和质料,而就自身说,则只是被内容和质料所制约的运动。"(黑格尔:《逻辑学》,下卷,商务印书馆 1976 年版,第 22 页)

[305]克罗齐(Benedetto Croce,1866—1952),意大利哲学家、历史学家和文艺批评家。克罗齐曾经系统地阐述了一门"精神哲学",试图以古典浪漫主义哲学的理性主义为雏形,提示精神在体系结构和历史长河中的发展,最

后精神凝聚成历史行为,历史成为全部精神环节的唯一仲裁原则。主要著作有《作为表现科学和一般语言学的美学》(1902年)、《历史,其理论和实践》(1917年)和《哲学、诗、历史》(1951年)。

[306]弗斯勒(Karl Vossler,1872—1949年),德国浪漫主义语文学家,著作有《作为创世和发展的语言》(1905年)。

[307]括号内此句是根据《真理与方法》1975年第4版译出,1986年新版本无此句。内容见《圣经》:"上帝说,要有光。"

第 2 卷
(诠释学Ⅱ 真理与方法——补充和索引)

[1]1986年出版的《真理与方法》新版本(即第5版)分为两卷,即《伽达默尔著作集》第1卷和第2卷。第1卷为《真理与方法》正文,第2卷乃是围绕《真理与方法》的论文集,共分四个部分:准备、补充、发展和附录。"在现象学和辩证法之间——一种自我批判的尝试"是第2卷的导论。

[2]黑格尔关于恶的无限的论述可参见《小逻辑》第94节、第104节,黑格尔说:"量的无限进展每为反思的知性所坚持,用来讨论关于无限性的问题。但对于这种形式的无限进展,我们在前面讨论质的无限进展时所说过的话也一样可以适用。我们曾说,这样的无限进展并不表述真的无限性,而只表述恶的无限性。它绝没有超出单纯的应当,因此实际上仍然停留在有限之中。这种无限进展的量的形式,斯宾诺莎曾很正确地称之为仅是一种想象的无限性(infinitum imaginationis)。……这里我们便首先遇着了量,特别是数,不断地超越其自身,这种超越康德形容为'令人恐怖的'。其实真正令人恐怖之处只在于永远不断地规定界限,又永远不断地超出界限,而并未进展一步的厌倦性。上面所提到的那位诗人,在他描写恶的无限性之后,复加了一行结语:我摆脱它们的纠缠,你就整个儿呈现在我前面。这意思是说,真的无限性不可视为一种纯粹在有限事物彼岸的东西,我们想获得对于真的无限的意

识,就必须放弃那种无限进展"(黑格尔:《小逻辑》,第 228—230 页)。按照黑格尔的看法,恶的无限就如数的无限一样,是一种永远向外跑的,而且永远没有完结的无限,因此他反对这种恶的无限,而主张真的无限,即一种可能在有限之内实现的真正的现实的无限。但是,伽达默尔反对黑格尔这种看法,他认为,正是没有完结或不可穷尽才表现了无限的本质。理解永远是一个不可穷尽的过程,因此他说:"我从一开始就作为'恶'的无限性的辩护人而著称,这种恶使我同黑格尔处于似乎是极为紧张的关系之中。"

[3]吕克(Friedrich Lucke)是施莱尔马赫哲学著作的出版者。这里伽达默尔所引证的观点见吕克编辑出版的《施莱尔马赫全集》第 1 系列第 7 卷题为"诠释学以及特别就与《新约·圣经》的关系所进行的批判"的论文。该论文现在被 H. 基默尔收在他根据遗著重新整理出版的《F. D. E. 施莱尔马赫的诠释学》(海德堡,1959 年,1974 年)一书中。伽达默尔经常注吕克版本的页码,但实际上是从基默尔编的书中引证的。

[4]Syntheke,希腊文原意是"相遇"(Zusammensetzen)、"取得一致意见"(Übereinkunft)、"达成协议"(Übereinstimmen)。伽达默尔认为希腊语言的天才可用 Syntheke 这词来表现,因为人们在理解时总是关于意义已经达成协议或取得一致意见了。

[5]奥特伽·伽塞特是一位西班牙哲学家、评论家,其哲学思想是存在主义、历史哲学和对西班牙文化的批判。

[6]这篇文章的写作时间是 1894 年,伽达默尔可能在此记错。

[7]逢丁乌斯·彼拉多(Pontius Pilatus,? —39 年),罗马帝国驻约旦土米亚总督。据《新约·圣经》记载,虽然耶稣是由他判决并钉死于十字架的,但他对耶稣的罪行是持异议的,因而曾受到罗马教皇的谴责。在《新约圣经·约翰福音》第 18 章中曾记载:"(耶稣说)你说我是王,我为此而生,也为此来到世间,特为给真理作见证,凡属真理的人就听我的话。彼拉多说真理是什么呢,说了这话,又出来到犹太人那里,对他们说我查不出来他有什么

罪。"黑格尔在其《哲学史讲演录》中曾对此有这样的说法:"彼拉多'真理是什么东西'这话说得很高傲,意思是说:'真理这个观念已经是一个口头禅,我们已经对它很厌烦了,我们已经看穿了它是什么东西,现在已经说不上认识真理了。'谁说这样的话,才真可算是'超出真理'——被摒于真理之外!"(黑格尔:《哲学史讲演录》,第1卷,第19页)。

[8]一种完全意识的理想(das Ideal einer totale Bewusstheit)指某种概念的整个发展史都有完全清楚的认识,伽达默尔认为这是不可能的。

[9]四重文字意义学说系亚里山大城语文学家提出来的一种解释理论,这种理论在基督教文本解释中曾具有标准的效力。所谓四重文字意义指字面上的(woertliche)、比喻的(allegorische)、道德的(moralische)和引导的(hinfuehrende,即引导至神圣而不可言说的东西)意义。后来人们将这四重意义概括为一口头禅:"字面意义教导事实,比喻意义教导信仰内容,道德意义教导应当做事,而引导意义则教导你应努力争取的东西。"

[10]哈里卡那斯的狄奥尼斯(Dionys von Halikarnass)系公元前30年罗马修辞学家,曾编了一部《罗马古典文献》大型丛书,共20卷,现存第1—10卷。

[11]巴比伦塔为古巴比伦人传说中造的通天塔,见《旧约·创世记》第十一章。

[12]空间(Raum),指上文提到的"无尽的空间",因为任何语言的含义都不仅包含在所说出的话中,同时也蕴藏在未说出的话中,译文只能以平面的形式而不能以立体的形式传达原文,因此就会失去那未讲出的含义,故称"没有空间"。

[13]康德曾经说过,虽然牛顿能够从其理论解释一切物理现象,但却不能从理论上来解释生物现象,因此我们必须期待一位"草茎牛顿"来解释像草茎这样一类生物现象。

[14]查尔斯·威廉·莫里斯(Charles William Morris,1901—1979),美国语言哲学家、符号学家,主要代表作《符号、语言和行为》(1946年)。莫里

斯曾对符号(Sign)区分了三种类型关系:符号与其对象的关系,符号与人的关系和符号与符号之间的关系。按照他的看法,符号的这三种类型关系分别构成语义学(Semantics)、语用学(Pragmatics)和语形学或句法学(Syntactics)。

[15]Zähre 和 Träne 的意思都是眼泪,两者相较,Zähre 专门用于诗歌之中,而 Träne 则是日常用语。

[16]七里靴(Siebenmeilenstiefel)系童话里一步能跨七里的靴子,中国也有类似的说法,俗称飞毛腿,这里指长足进步。

[17]"前见"一词的德文是 Vorurteil,即先于判断(Urteil)之前(vor)的东西,因此伽达默尔说:"从文字意义上,前见构成了我们整个经验能力(指判断)的先行指向。"

[18]尤吉乌斯学会系德国汉堡的一个学术团体,尤吉乌斯(Joachim Jungius)是莱布尼茨时代的哲学家。

[19]Trivium 指希腊古代七种自由艺术中的三种:语法学、修辞学和逻辑学。

[20]拉米斯(Ramist)指法国哲学家、逻辑学家彼得·拉米斯(Petrus Ramus),其逻辑学是反对亚里士多德逻辑学,强调逻辑是论辩的而非诘问的手段。

[21]这句话是黑格尔对于世界精神所说的,他引用了罗马诗人维吉尔的 Äneis 诗中的一句话,只不过在维吉尔原诗中,此句话是这样说的:"tantae molis erat romanam condere gentem(建立罗马国家是何等伟大的工作)"。

[22]Ousia 在希腊文里指存在,拉丁文里指实体。海德格尔强调此词在古希腊是指"乡村别墅"或"农村庄园"意义上的在场,即在这种别墅或庄园中某物在场出来(etwas anwest)或展示出来(sich zeigt),也就是指占有者的权力或财富。

[23]古典修辞学关于讲话类型(genera dicendi)有如下分类:(1)事实陈述,这是描述过去事件的,如历史陈述;(2)判断句,这是具有当前性的,如法律判断;(3)祈使句,这是要求别人做并指出将来后果的,如政治陈述。

[24]艾塞克斯(Robert Devereux Ⅱ. Earl of Essex,1567—1601),莎士比亚时代英国行政指挥官。

[25]雅可布(Jakob,1566—1625),莎士比亚时代的英国国王。

[26]J. J. 巴霍芬(Johann Jakob Bachofen,1815—1887),瑞士法学家、法学史家和人类学家。

[27]列奥·斯特劳斯(Leo Strauss,1899—1973),德裔美籍政治哲学家、古典政理论阐释者。当人们对古典政治哲学家的研究被定量的和行为派的政治科学家弄得黯然失色时,他出色地复兴了一种从语文学出发的政治研究方向。主要著作有《迫害与写作艺术》(1952年)。

[28]括号内这段话在《真理与方法》1986年新版本里被删去,我们根据1975年第4版补译在此,以作参考。关于我们对某位作者的理解应当比作者本人对自己的理解来得更好,这可以追溯到康德,康德曾在他的《纯粹理性批判》一书中说:"在我们把一个作者在日常谈话中或者在著作中关于他的论题所表达的思想进行比较时,发现我们了解他甚于他了解他自己,这并非是罕见的事。由于他没有充分确定他的概念,他有时所说的乃至所想的就全和他自己的本意相违。"(康德:《纯粹理性批判》,A314)

[29]Vorhanden(现成在手)和Zuhanden(使用上手)是海德格尔提出的两个重要哲学术语,弄清这两个术语的区别是我们理解海德格尔哲学的关键。按照海德格尔的观点,人类认识世界基本上有两种不同的方式,即本体论的方式和现象学的方式,本体论方式是把自然事物看成现成在手的(Vorhandenheit),反之,现象学方式则把事物看成使用上手的(Znhandenheit),他在《存在与时间》一书中这样写道:"从现象学角度把切近照面的存在者的存在展示出来,这一任务是循着日常在世的线索来进行的。日常在世的存在我们也称之为在世界中与世界内的存在者打交道。这种打交道已经分散在形形色色的诸繁忙方式中了。我们已经表明了,最切近的交往方式并非一味地进行知觉性的认识,而是操作着的、使用着的繁忙(das hantierende gebrauchende Besorgen),繁忙有它自己的'认识'。现象学首先问的就是在这种繁忙中照面的存在者的存在。"(《存在与时间》,第67页)因此按照海德格

尔,现象学解释不是对存在者的存在状态上的属性进行认识,而是对存在者的存在结构进行规定。他引证希腊人关于物的观点,"希腊人有一个适当的术语用于物:πράγματα,这就是人们在繁忙打交道之际对之有所行事的那种东西。然而希腊人在本体论上却恰恰任这种πράγματα所特有的'实用'性质掩蔽不露而把它们'首先'规定为'纯粹的物'。我们把这种在繁忙活动中照面的存在物称为用具(Zeug)。"(同上书,第68页)这样,海德格尔引出了与现成在手的东西(Vorhanden)相对立的使用上手的东西(Zuhanden),他说:"例如用锤子来锤,并不把这个存在者当成摆在那里的物进行专题把握,这种使用也根本不晓得用具的结构本身。锤不仅有着对锤子的用具特性的知,而且它还以最恰当不过的方式占有着这一用具。在这种使用着打交道中,繁忙使自己从属于那个对当下的用具起组建作用的'为了作'(Um-zu)。对锤子这物越少瞠目凝视,用它用得越起劲,对它的关系也就变得越原始,它也就越发昭然若揭地作为它所是的东西来照面,作为用具来照面。锤本身揭示了锤子特有的'称呼'。我们称用具的这种存在方式为使用上手状态(Zuhandenheit)。"(同上书,第69页)伽达默尔经常援引海德格尔这两个术语,在他看来,他的哲学诠释学以及后来发展的实践哲学最初就是受到海德格尔的Zuhandenheit的启发。

[30]传统诠释学(特别是狄尔泰)试图把诠释学作为一门理解的技艺学来为精神科学奠定一个不同于自然科学的基础,因此,特别像贝蒂这样的诠释学家力求提出一套规则体系来规定或指导精神科学的方法论程序。与此相反,伽达默尔强调了他的目的"并不想炮制一套规则体系来描述甚或指导精神科学的方法论程序"(《真理与方法》,第1卷,蒂宾根,1986年,第xvi页),他的主张过去是、现在仍然是一种哲学的主张,即"问题不是我们做什么,也不是我们应做什么,而是什么东西超越我们的愿望和行动与我们一起发生"(同上书,第xvi页)。简言之,他只是在客观地描述理解的现象,特别是揭示那些非但不受我们支配反而支配我们的超人力量。这一点对于我们理解伽达默尔,特别是理解《真理与方法》一书相当重要。

在"诠释学与历史主义"一文中,伽达默尔引证了他给贝蒂写的一封信中的这样一段话:"从根本说来我并未提出任何方法,相反,我只是描述了实际情形。我认为我所描述的情形是无人能够真正反驳的。……即使是历史方法的大师也不可能使自己完全摆脱他的时代、社会环境以及民族立场的前见。这是否该算一种缺陷呢?如果说这是一种缺陷,那么我就认为,对这种缺陷为什么无处不在地发生于我们的理解之中进行反思,就是一种哲学任务。换言之,我认为唯一科学的做法就是承认实际情形,而不是从应该如何和可能如何出发进行思考。正是在这个意义上我才试图超越现代科学的方法概念进行思考,并在根本的一般性中考虑一直发生的事情。"(《真理与方法》,德文版第 2 卷,第 394 页)

[31]威廉·文德尔班(Wilhelm Windelband,1848—1915),德国新康德主义哲学家,是新康德主义西南学派的创始人。主要著作有《近代哲学史》(两卷本,1878 年)、《哲学史教程》(1892 年)和《哲学概念》(1914 年)。

[32]亨利希·李凯尔特(Heinrich Rickert,1863—1936),德国新康德主义哲学家,文德尔班的学生。主张自然科学的逻辑和认识论基础在历史科学内可望达到实在和价值的统一。主要著作有《自然科学概念构成的界限》(1896—1902 年)、《文化科学和自然科学》(1899 年)、《哲学史问题》(1905 年)和《康德作为现代文化的哲学家》(1924 年)。

[33]康德关于法权问题和事实问题的著名区分见其《纯粹理性批判》一书。在该书绪论中康德提出了"纯数学何以可能?纯自然科学何以可能?"因为这些科学实际存在着,光作为事实问题研究是不充分的,我们应当提出它们何以可能。"因为事实上它们存在着,这就证明它们必定是可能的",因此关键在于何以可能,这是一个法权问题。正是根据这一区分康德在《纯粹理性批判》里探究了近代科学得以可能的认识条件是什么以及其界限是什么。

由于伽达默尔认为他的探究并不提出任何方法,而只是"描述了实际情形",贝蒂就认为他混淆了康德关于法权问题和事实问题的著名区分,正如伽达默尔在"诠释学与历史主义"一文中所写的:"贝蒂对此又怎样说呢?他认为我把诠释学问题只限于对事实的追问("现象学地"、"描述性地"),而根本没有提出对法权的追问。好像康德对纯粹自然科学的法权的追问立场是想预先描写出自然科学究竟该如何存在，而不是试图去证明业已存在的自然科学的先验可能性。"按照伽达默尔的看法，法权问题并不是一个单纯的"应当"问题，而是一种对实际存在的先验可能性的探究。因此他认为他的探究与康德的探究乃是同一性质的探究，即理解怎样得以可能？他说："这是一个先于主体性的一切理解行为的问题，也是一个先于理解科学的方法论及其规范和规则的问题。"（《真理与方法》，德文版第1卷，第 xvii 页）

[34]哲学诠释学认为诠释学绝不是一门关于理解和解释的技术学，而应当看作此在的根本运动性，这种运动性构成此在的有限性和历史性。这种观点来源于海德格尔关于理解是此在的存在方式这一见解。按照海德格尔的看法，理解是此在（人的存在）的一种生存论结构（existenziale Struktur），即展开或开辟此在与它生活于其中的整个世界的存在关系的可能方式。理解具有一种筹划结构（Entwurf），对此在在世界关系中存在的某种可能性进行筹划。诠释学既然是理解和解释的学科，就应当描述此在的这种向未来进行筹划的根本运动性，也即此在的全部世界经验。

[35]天才说美学，指康德继承人席勒、费希特和谢林提出的以天才为主导概念的美学。详见《真理与方法》第一部分第2节 b "天才说美学和体验概念"。

[36]埃米里奥·贝蒂（Emilio Betti, 1890—　），意大利法学家和哲学家，早年曾在佛罗伦萨、米兰等大学任罗马法教授，1948年以后任教于罗马大学。贝蒂在其《作为精神科学方法论的一般解释理论》一书（1955年）中提出了一种关于解释的一般理论和一种关于解释方法的独特学说。按照贝蒂的看法，任何表达式都具有一种意义充分的形式。解释和理解就是揭示这种意义充分的形式。意义充分的形式是其他心灵的创造物，它们都体现了创造它们的精神，解释和理解意义充分的形式，目的就是要理解创造这些形式的精神。贝蒂说："无论何时，只要我们碰到那些可知觉形式——另一个心灵对象化于它们之中，并通过它们向我们的理解力说话——我们就开始了我们的解

释活动。解释的目的是理解这些形式的意义,找出它们希望传达给我们的信息。"(《作为精神科学方法论的一般解释理论》,1967年,第42—43页)因此,按照贝蒂,任何解释过程都是一种"三位一体"的过程,在这过程中,意义充分的形式起了一种中介作用,它把在自身中得以客观体现的心灵同解释者的心灵沟通起来,解释就是重新认识或复制体现在这些形式中的创造心灵。

为了正确重认或复制原创造心灵的精神,即贝蒂所谓区别于"思辨的解释"的"客观的解释",贝蒂在他的《作为精神科学方法论的一般解释理论》中提出了四条著名的诠释学原则:1.自主性原则,即作为解释对象的意义充分的形式应当看作是独立自主的,我们需根据体现在它们之中的精神,即原作者的观点或意向来加以理解和解释;2.整体性原则,即任何个别的语句需根据其意义上下文、任何个别作品需根据当时整个文化体系来加以理解和解释;3.现实性原则,即解释者在重建原创造精神时需把原创造精神解释为他自己生活的现实,也就是说,对于意义充分的形式的理解和解释必须使这些形式所体现的意义或精神成为自身内在精神的一部分;4.相符原则,即解释者的精神或思想必须与原作者的精神或思想相一致。

[37]针对上述贝蒂把诠释学作为精神科学一般方法论的观点,伽达默尔根据海德格尔关于理解是此在的存在方式的卓越见解创立了有别于古典诠释学的哲学诠释学。按照伽达默尔的观点,诠释学并不是一种找寻正确理解和解释的方法论,而是解释和现象学描述在其时间性和历史性中的人的此在,理解从来就不是一种对于某个被给定的"对象"的主观行为,而是属于效果历史,也就是说,理解是属于被理解东西的存在。因此,诠释学的任务不是单纯地复制过去,复制原作者的思想,而是把现在和过去结合起来,把原作者的思想和解释者的思想沟通起来,理解乃是一种效果历史事件。伽达默尔写道:"真正的历史对象根本就不是对象,而是自己和他者的统一体,或一种关系,在这种关系中同时存在着历史的实在以及历史理解的实在。一种名副其实的诠释学必须在理解本身中显示历史的实在性。因此我把所需要的这样

一种东西称之为'效果历史'。理解按其本性乃是一种效果历史事件。"(《真理与方法》,德文版第 1 卷,第 305 页)

[38]"视域交融"(Horizontverschmelzung)是伽达默尔哲学诠释学的基本概念。按照伽达默尔看法,前理解或前见是历史赋予理解者或解释者的生产性的积极因素,它为理解者或解释者提供了特殊的"视域"(Horizont)。视域就是看视的区域,它包括从某个立足点出发所能看到的一切。谁不能把自身置于这种历史性的视域中,谁就不能真正理解传承物的意义。但是,按照伽达默尔的看法,理解者和解释者的视域不是封闭的和孤立的,它是理解在时间中进行交流的场所。理解者和解释者的任务就是扩大自己的视域,使它与其他视域相交融,这就是伽达默尔所谓的"视域交融"。视域交融不仅是历时性的,而且是共时性的,在视域交融中,历史和现在,客体和主体,自我和他者构成了一个无限的统一整体。

[39]德罗伊森(Johann Gustav Droysen,1808—1884),德国历史学家,主要贡献在于古希腊文化史研究。他的主要著作《希腊化时期史》为研究希腊化时期奠定了基础。他的另一重要著作《历史学》为历史学派奠定了理论基础。德罗伊森在历史学研究中坚决反对实证主义观点和兰克学派的理论和实践(伦理)相脱离的方法。他认为,历史科学绝不像自然科学,它需要有"打动人民和民族的伟大的最终的问题",它"不仅使人更聪明,而且也应该并将使他更好",历史科学必须完成它的更重要的伦理任务,只有在"道德力"(die sittlichen Machte)里历史学家才找到他们的真理。

[40]狄尔泰(Wilhelm Christian Ludwig Dilthey,1833—1911),德国哲学家和思想史学家,现代诠释学创始人。最初跟伯克(A. Boeckh)、兰克(L. V. Ranke)研究历史、古典文学、哲学和神学,1864 年在柏林大学取得教授资格,1866 至 1881 年先后在巴塞尔大学、基尔大学和布雷斯劳大学任教授,1882 年在柏林大学接替洛策(H. Lotze)的讲座一直到 1905 年。狄尔泰的主要贡献是反对精神科学受自然科学的普遍影响,为精神科学奠定独特的方法论基

础。狄尔泰在哲学上试图建立一种在人类自身的历史中,即按照历史过程的偶然性和可变性来理解人的生命哲学。在诠释学方面,狄尔泰以他的"历史理性批判"而使自己成为精神科学认识论的创立者和历史学派诠释学的主要代表人物之一。其主要著作有《精神科学导论》(1833 年)、《施莱尔马赫传》(第 1 卷,1870 年,第 2 卷,1966 年)等。

[41]海德格尔在《存在与时间》一书中是这样揭示理解的生存论结构——筹划性质的:"理解是此在本身的本己能在的生存论意义上的存在,其情形是:这个于其本身的存在开展着随它本身一道存在的何所在(Woran)。……理解把此在之在向着此在的'为何之故'加以筹划,正如把此在之在向着那个作为此在当下世界的世界性的意蕴加以筹划,这两种筹划是同样的原始。……此在作为此在一向已经对自己有所筹划。只要此在存在,它就筹划着。此在总已经是从可能性来理解自身。理解的筹划性质又是说:理解本身并不把它向之筹划的东西,即可能性,作为课题来把握。这种把握恰恰取消了所筹划之事的可能性,使之降低为一种已有所指的、给定的内容;而筹划却在抛掷中把可能性作为可能性抛掷到自己面前,让可能性作为可能性来存在。理解作为筹划是这样一种此在的存在方式:在这种方式中此在是它的作为种种可能性的可能性。"(海德格尔:《存在与时间》,德文版,第 144—145 页)

[42]阿多尔诺(Theodor Wiesengrund Adorno,1903—1969),德国哲学家,法兰克福批判理论学派代表人物之一。主要著作有《启蒙辩证法》(1974 年)、《独裁主义的个性》(1950 年)和《美学理论》(1970 年)等。

[43]波普尔(Karl Popper,1902—1994),英国科学哲学家和社会科学家,批判理性主义的创始者,他关于科学方法论的思想对当代科学哲学的发展有重大影响。主要著作有《科学研究的逻辑》(1935 年)、《开放社会及其敌人》(1945 年)、《历史主义的贫困》(1957 年)和《客观知识》(1972 年)。

[44]阿尔伯特(Hans Albert,1921—   ),德国当代哲学家、社会学家。在 20 世纪 60 年代实证主义争论中,他与波普尔站在一边,反对批判社会学代表

阿多尔诺和哈贝马斯。近年来阿尔伯特试图把分析哲学与诠释学加以结合。

[45]在20世纪60年代的德国,以阿多尔诺和哈贝马斯为代表的所谓意识形态批判学派为一方,和以波普尔和阿尔伯特为代表的所谓批判理性主义为另一方,就社会科学方法论问题展开了激烈争论,即所谓著名的实证主义争论,有关这场争论的详细情况请参阅阿多尔诺编辑出版的《德国社会学中的实证主义争论》(1969年)一书。

[46]阿佩尔(Karl-Otto Apel,1922—),德国当代哲学家,他试图在批判吸收实用主义的基础上把诠释学和分析哲学加以融合,主要著作有《哲学的转变》(两卷本,1973年)。

[47]马克斯·韦伯(Max Weber,1864—1920),德国社会学家、政治经济学家。最著名的著作是《新教伦理与资本主义精神》一书,他根据统计数字说明德国资本主义兴业兴趣和成功率与基督教新教背景的相互关系,并指出这种关系的根源在于加尔文教的预定说和清教派神学观点所引发的某些心理状态。价值自由口号是韦伯在政治经济学方面的重要观点。

[48]雅斯贝斯(Karl Jaspers,1883—1969),德国哲学家,为现代存在主义哲学奠定了基础。他主张哲学是对存在的主观解释,致力于发展一种既不受科学控制又不包含宗教信仰的哲学,哲学应当为人的自由和价值而呼吁,晚年主张建立一种"世界哲学"。主要著作有《现时代的人》(1931年)、《哲学》(三卷本,1932年)等。

[49]卡姆拉(Wilhelm Kamlah,1905—1976),德国哲学家,爱尔兰根学派成员之一,其哲学探究中心是实践哲学问题及其在一种新哲学人类学框架内的回答。

[50]洛伦兹(Paul Lorenzen,1915—),德国当代哲学家,爱尔兰根学派创始人,是德国结构科学理论的主要代表。主要著作有《结构逻辑、伦理学和科学理论》(1973年,1975年第2版)、《结构科学理论》(1974年)等。

[51]埃克哈特(Eckart 或 Eckehart,1260—1327),世称埃克哈特大师(Meister Eckart),德国神秘主义哲学家,多明我会修道士,其思想的哲学渊

源是大阿尔伯特、托马斯·阿奎那和新柏拉图主义者。主要兴趣并不在于一种真正的哲学的和神学的思考,而在于用一种哲学的和神学的语言来表现他的神秘主义观点,特别是神人同一学说。

[52]马尔库塞(Herbert Marcuse,1898—1979),美籍德裔政治哲学家,主要著作有《爱欲与文明》(1955年)、《单向度的人》(1964年)和《批判哲学研究》(1972年)等。

[53]"非事实的认可"(Kontrafaktisches Einverständnis),所谓"非事实的",即"未被实现的"(nichtverwirklicht),按照法兰克福学派的观点,语言的相互理解有一个理想的前提条件,即一种无需有事实的认可。

[54]马莱麦(Stephane Mallarmé,1842—1895),法国诗人,符号论的创立者。

[55]保尔·利科尔(Paul Ricoeur,1913年—   ),法国当代哲学家,法国哲学诠释学派创始人。利科尔虽然赞成海德格尔和伽达默尔关于解释不仅具有认识意义而且具有存在的本体论意义。但他不同意伽达默尔关于我们从属于文化历史,脱离它就是意义的异化的观点,他反而认为,与历史传统拉开距离,我们才能承担起对之加以批判的任务。

[56]耶格(Werner Jäger,1888—1961),德国古典哲学研究家,著名的亚里士多德专家。他有一部著作《亚里士多德,其思想发展史之基础》(第2版,1955年),在此书中,他提出所谓早期亚里士多德思想发展史的文献,以便通过引证亚里士多德思想不同发展阶段来解释亚里士多德著作中存在的矛盾。耶格最著名的著作是《潘迪亚——希腊人的形成》(Paideia),三卷本,1934—1947年出版。

[57]"良知"(Gewissen)在海德格尔的《存在与时间》里指此在的一种本真的现象,他说:"良知作为此在的现象,不是摆在那里的、偶尔现成在手的事实。它只'存在'于此在的存在方式中,它只同实际生存一道并即在实际生存之中才作为实情宣泄出来。"因此良知是不可证明的,"要求良知的'事实性'及其声音的合法性提供归纳'经验证明',这根源于在本体论上倒置了这一现象"(海德格尔:《存在与时间》,德文版,第269页)。按照海德格尔的看法,良

知的呼唤具有把此在向其最本己的能自身存在召唤的性质,而与此召唤相应的则是一种可能的倾听。对召唤的理解暴露其自身为"愿有良知"(Gewissenhabenwollen),在愿有良知这一现象中就有我们所查找的那种生存状态上的选择活动——对一种自身存在的选择的选择,这就是他所说的"决断"(Entschlossenheit)。所以海德格尔说:"良知提供出某种本真能在的证明,良知这一此在现象像死亡一样要求一种本然的生存论上的阐释,这一阐释使我们明见到此在的本真能在就在'愿有良知'之中。"(同上书,第234页)

[58]斯威夫特(Jonathan Swift,1667—1745),英国著名讽刺作家、诗人和政治家。其著名讽刺散文《一只澡盆的故事》(1704年)曾为邓波尔的《论古代和现代学问》辩护,主张文学家应像蜜蜂一样博采古今精华,制成蜜和蜡,为人类带来"甜蜜和光亮",而不做自吃自吐的蜘蛛。著名寓言小说《格列佛游记》(1726年),通过描写假想的大人国、小人国等嘲讽时政。

[59]海德格尔关于真理的观点是渊源于希腊文真理一词aletheia的含义,aletheia本意指显露、显现、澄明,因此海德格尔把真理同无蔽(Unverborgenheit)相联系,"是真的"(Wahrsein)与"进行揭示的"(entdeckend-sein)相等同,他说:"'是真'(真理)等于说'是进行揭示的'。……逻各斯这种让人看的'是真'乃是一种揭示方式的真在:把存在者从隐蔽状态中取出来而让人在其无蔽状态(揭示状态)中来看。"(海德格尔:《存在与时间》,第219页)不过按照海德格尔,存在者虽被揭示,同时又被伪装;存在者虽呈现,又具有假象的模式;被揭示了的东西同时又沉沦在晦蔽状态中。他说:"此在的实际状态中包含有封闭状态和遮蔽状态。就其完整的生存论本体论意义来说,'此在在真理中'这一命题同样原始地也是说:'此在在不真中'。不过,只因为此在是展开的,它才也是封闭的,只因为世内存在者一向已随着此在是揭开的,这类存在者作为可能的世内照面的东西才是遮蔽的(晦蔽的)或伪装的。"(同上书,第222页)所以伽达默尔在这里说海德格尔把真理同时作为揭蔽和遮蔽来考虑。

概念、名词索引(汉—德)

(本书索引所标页码均为德文原书页码，Ⅰ为第1卷，Ⅱ为第2卷，请查检中译本每页边码。)

阿拉贝斯克美学　Arabeskenästhetik　Ⅰ　51f.，98

巴洛克　Barock　Ⅰ　15，85f.

悲剧，悲剧的　Tragödie, tragisch　Ⅰ　133ff. 362f.；Ⅱ　140f.

悲剧的过失理论　Schuldtheorie, tragische　Ⅰ　137

被抛状态　Geworfenheit　Ⅰ　266f.；Ⅱ　9f.，124f.

本能　Instinkt　Ⅰ　34

本体论的差别　Differenz, ontologische　Ⅰ　261f.，460f.；Ⅱ　368，372

本体论神学　Ontotheologie　Ⅱ　12

文本　Text　Ⅰ　168，265，383；Ⅱ　17u. ö.，233u. ö.，337ff.，434u. ö.，474u. ö.

本质认识　Wesenserkenntnis　Ⅰ　120f.，434f.

边缘域　Horizont　Ⅰ　249f.，307ff.，375，379ff.，398；Ⅱ　30，38，53，55f.，76，369，417，507

变化　Veränderung　Ⅰ　116，286；Ⅱ　286

辩证法　Dialektik　Ⅰ　189f.，192，346ff.，368ff.，396，412，426f.，469ff.；Ⅱ　52，306ff.，332，354，366ff.，502

表达　Ausdruck　Ⅰ　53f.，69，77，121，200，216ff.，221，228f.，

233ff., 240, 265, 341f., 399, 471f.; Ⅱ 346, 384ff.

表现　Außerung　参见 Ausdruck

表现　Darstellunng　Ⅰ　50, 58, 80f., 142ff., 156ff., 414., 488f.; Ⅱ 375f.

表现、表象　Repräsentation　Ⅰ　74f., 146f., 153f., 156f., 164, 210f.; Ⅱ 12, 72

表演　Aufführung　Ⅰ　121, 139, 152, 172; Ⅱ 310

博物馆　Museum　Ⅰ　92f., 139f.

博学　Eruditio　Ⅰ　23

布道　Predigt　Ⅰ　132f., 336ff.; Ⅱ 97, 132, 312

差别　Differenz　Ⅰ　261f., 460f.

解释　Interpretation　参见 Auslegung　Ⅰ　124f., 216f., 340ff.; Ⅱ 14ff., 36, 103, 283, 258f., 310, 339ff., 434f.

陈述　Aussage　Ⅰ　457, 471ff.; Ⅱ 46ff., 179, 192ff., 288, 293

衬托　Abhebung　Ⅰ　273f., 306, 310f., 331, 380

成见(前判断)　Vorurteil(praejudicium)　Ⅰ　275f.; Ⅱ 60ff., 181f.

澄明　Aletheia　Ⅰ　461, 486ff.; Ⅱ 46f., 364

澄明、开显、真理　illuminatio　Ⅰ　489

承认　Anerkennung　Ⅰ　349, 364; Ⅱ 244, 336

冲动　Affekte　Ⅱ 284, 385

崇高　Erhabene　Ⅰ　57

重复　Wiederholung　Ⅱ 353, 477

重构　Rekonstruktion　Ⅰ　171ff., 192, 196

重新认识　Wiedererkenntnis　Ⅰ　119ff., 381; Ⅱ 149f., 200f., 229f.

抽象　Abstraktion　Ⅰ　18, 258, 432ff., 479; Ⅱ 186

抽象的普遍性　Allgemeinheit, abstrakte　Ⅰ　26; Ⅱ 422f.

筹划　Entwurf　Ⅰ　266ff.; Ⅱ 59f. u.ö., 168

处境　Situation　Ⅰ　45f., 307, 317u. ö., 339, 476；Ⅱ　51, 53f., 164, 275, 315

揣想　Coniectura　Ⅰ　441

传说　Sage　参见 Sprache　Ⅰ　94, 138, 300；Ⅱ　63, 498

传统　Tradition　Ⅰ　177f., 282, 285ff., 300ff., 364；Ⅱ　263, 268, 470

创建　Stiftung　Ⅰ　159f.

创世,创世者　Schöpfung, Schöpfer　Ⅰ　420, 438f., 483；Ⅱ　71

创造的理智　Intellectus agens　参见 Verstand　Ⅰ　487

创造性的前见　Vorurteil, produktive　Ⅱ　261f., 434, 454

此在　Dasein　Ⅰ　258ff.；Ⅱ　29ff., 33f., 54, 102, 331, 335

此在的连续性　Kontinuität des Daseins　Ⅰ　74ff., 101ff., 125f., 133, 138, 249f.；Ⅱ　134, 469

从属　Zugehörigkeit　Ⅰ　114, 129, 131, 134ff., 165f., 171, 266u. ö., 295, 319, 335, 420, 462f.；Ⅱ　62ff., 379, 450

存在　Existenz　Ⅰ　258ff.；Ⅱ　54, 103, 369, 427f.

存在　Hexis　Ⅰ　27, 317ff.

存在　Sein　Ⅰ　105, 145, 261, 459；Ⅱ　85f., 333f., 366ff.

存在遗忘　Seinsvergessenheit　Ⅰ　262；Ⅱ　333, 368, 372, 447, 502f.

错误　Falschheit　Ⅰ　412ff.

达成一致意见(同意)　Einverständnis(Konsensus)　Ⅰ　183, 297f.；Ⅱ　16ff., 497

代表　Repräsentation　Ⅰ　74f., 146f., 153f., 156f., 164, 210f.；Ⅱ　12, 72

担忧　Bangigkeit　Ⅰ　135f.

导演　Regisseur　Ⅰ　152；Ⅱ　263f.

道成肉身　Inkarnation　Ⅰ　145ff., 422ff., 432f.；Ⅱ　247

道德　Sitte　Ⅰ　27f., 44, 56f., 285, 317ff.；Ⅱ　39, 138, 158, 250, 315f.

道德科学　Moral science　Ⅰ　9，318f.；Ⅱ　320，327 450

道德哲学　Moralphilosophie　Ⅰ　30f.，36，38f.，285，317ff.；Ⅱ　187，304f.，308，327

德国（思辨）唯心论　Idealismus, deutscher (spekulativer)　Ⅰ　11，65，105，221f.，246f.，255ff. u. ö.，464；Ⅱ　32，71，126，241f.，264，366f.

德行　Arete　参见 Tugend　Ⅰ　18，317ff.；Ⅱ　303

德行（善）　Tugend(Arete)　Ⅰ　27，30f.，317ff.，453；Ⅱ　290f.，315

等级从属说　Subordinationismus　Ⅰ　424

雕塑　Skulptur　Ⅰ　141

定向的意义　Richtungssinn　参见 Sinn

动词　Verbum　Ⅰ　366u. ö.，409，420，422. ff.，438ff.，487u. ö；Ⅱ　80u. ö.，298，379f.，460

动机　Motiv　Ⅰ　98

动力（能力）　Dynamis(Potenz)　Ⅰ　27，34，210，428；Ⅱ　274，467，486

洞见　Einsicht　Ⅰ　328，362

独白　Monolog　Ⅱ　207，211u. ö.，256，370，498f.

独断论，教义学　Dogmatik　Ⅰ　332ff.

独断论的形而上学　Metaphysik, dogmatische　Ⅰ　471；Ⅱ　187

读物　Lektüre　Ⅰ　153，165f.，195，273，339，394ff.；Ⅱ　21，351

读者　Leser　Ⅰ　153，165f.，195，273，339，394ff.；Ⅱ　21，351

对话　Dialog　参见 Denken Gespräch

多立克式的和谐　Harmonie, dorische　Ⅱ　501

发明的技术　Ars inveniendi　Ⅰ　26，420

法　Recht　Ⅰ　44ff.，330ff.；Ⅱ　331，441ff.

法律，法则　Gesetz　Ⅰ　10ff.，44，246，313f.，323f.，330ff.，365；Ⅱ　278，

285，400ff.

法律　Nomos　参见 Gesetz　Ⅰ　285f.，435f.；Ⅱ　433

法学　Jurisprudenz　Ⅰ　44；Ⅱ　311

法律的教义学　Dogmatik, juristische　Ⅰ　332ff.

法学教义学　Rechtsdogmatik　Ⅰ　44ff.，330ff.；Ⅱ　311，441ff.

法学诠释学　Hermeneutik, juristische　Ⅰ　44，314ff.，330ff.；Ⅱ　67f.，106，278，310f.，392f.，430

法学实证主义　Gesetzespositivismus　Ⅰ　323；Ⅱ　392，400

法学史　Reschtshistorie　Ⅰ　44ff.，330ff.；Ⅱ　311，441ff.

法学约定主义　Konventionalismus, juristische　Ⅰ　324f.

翻译　Übersetzung　Ⅰ　387ff.，450；Ⅱ　92，153，183，197，205f.，229f.，342，348，436

翻译者　Dolmetscher　参见 Interpretation　Ⅰ　313，387f.；Ⅱ　153f.，264，294f.，350f.，419

烦神　Fürsorge　Ⅰ　366

反话　Ironie　Ⅰ　300；Ⅱ　347，420，501

反思（再意识）　Reflexion（Bewußtmachung）　Ⅰ　71，94，239ff.，258，366ff.，430，486；Ⅱ　32，121u.ö.，239u.ö.，270u.ö.，302，317，469f.，500

反思性判断力　Urteilskraft, reflektierende　Ⅰ　37，44f.，61；Ⅱ　400，427

反思哲学　Reflexionsphilosophie　Ⅰ　240f.，346ff.，452u.ö.；Ⅱ　8，86

反映　Spiegelung　Ⅰ　143f.，429，469f.；Ⅱ　73，148，222，242f.

泛神论　Pantheismus　Ⅰ　202，214f.，222

范本　Vorbild　Ⅰ　48，198，290ff.，342ff.；Ⅱ　89，330，499

范例　Exemplum　参见 Beispiel, Vorbild　Ⅰ　211

方法　Methode　Ⅰ　11，13f.，29，177f.，182，185u.ö.，254，287，354f.，

364f.，463f.；Ⅱ 38，45u.ö.，186，226u.ö.，248，394，438u.ö.，394

方式　Mode　Ⅰ　42f.；Ⅱ　51，228

分析的认识　Analysis, notionum　Ⅰ　420

分有、参与　Methexis　参见 Teilhabe

分有、参与　Teilhabe　Ⅰ　129ff.，156，215，297，395，462，485；Ⅱ 58，259，323

丰富的观察角度　Copia　Ⅱ　467

风格　Concinnitas　Ⅰ　140

风格　Stil　Ⅰ　7，43f.，293f.；Ⅱ　352，375ff.

讽刺术　Ironie　Ⅰ　300；Ⅱ　420，501

福音布道　Verkündigung　Ⅰ　336ff.；Ⅱ　127ff.，138f.，286，312，345f.，407，426f.，430，407

福音启示（布道）　Kerygma　参见 Verkündigung

符号　Zeichen　Ⅰ　157ff.，416ff.；Ⅱ　16，50，71f.，174，178，385

概括　Complicatio　Ⅰ　439

概括在普遍性下　Subsumtion unter A.　Ⅰ　27，36f. u.ö.

概念　Begriff　Ⅰ　4，400，407；Ⅱ　11f.，77ff.，90，292ff.，366，375ff.，460，494

概念构成　Begriffsbildung　Ⅰ　356ff.，432ff.；Ⅱ　77u.ö.，149f.，462

概念史，概念性　Begriffsgeschichte, Begrifflichkeit　Ⅰ　4，400，407；Ⅱ　11f.，77ff.，90，292ff.，366，375，460，494

感觉　Sinn, Sinne(sensus)　Ⅰ　23ff.，30ff.，37f.；Ⅱ　210

感觉主义　Sensualismus　Ⅰ　38；Ⅱ　80

感情　Sentiment　参见 Gefühl

格调　Manier　Ⅱ　375f.

格式塔　Gestalt　Ⅰ　234；Ⅱ　358f.

个别事例（生产性）　Einzelfall(Produktivität dess.)　参见 Urteilskraft

个体性　Individualität　Ⅰ　10，183f.，193ff.，211，117f.，229ff.，347，433f.；Ⅱ　15，21，63，98，173f.，210f.，221，313f.

根据　Begrundung　Ⅰ　28f.，261，275；Ⅱ　484，505

工具-目的　Mittel-Zweck　Ⅰ　326f.，364，463

工具主义符号理论　Instrumentalistische Zeichentheorie　Ⅰ　408ff.，420ff.，436ff.，450f.

功利、旨趣　Interesse　Ⅰ　55f.，492

公道　Aequitas　Ⅰ　323f.

公道　Epieikeia　参见 Billigkeit

公理　Axiom　Ⅰ　354；Ⅱ　47

公平　Epieikeia　Ⅰ　323f.

公正　Billigkeit　Ⅰ　323f.，Ⅱ　106，310f.

共通感　Common sense　Ⅰ　24ff.，37；Ⅱ　236，330

共通感　Sensus communis　Ⅰ　24ff.，37f.，39f.，49；Ⅱ　111

共同思想力（共通感）　Koinonoemosyne(sensus communis)　Ⅰ　30

共享　Kommunion　Ⅰ　129，137，156；Ⅱ　431

构成物　Gebilde　Ⅰ　116ff.，138；Ⅱ　177，357ff.，508

古代与现代之争　Querelle des anciens et des modernes　Ⅰ　26，166，181；Ⅱ　263，299，414f.，444

古典科学、古典文化　Altertumswissenschaft　Ⅰ　290；Ⅱ　55

古典人文学科　Humaniora　参见 Geisteswissenschaften

古典型　Klassisch　Ⅰ　204f.，290ff.；Ⅱ　223f.，476

古希腊文化　Hellenismus　Ⅰ　292

关怀　Fürsoge　Ⅰ　366

观念　Idee　Ⅰ　53ff., 58, 83f., 87, 205, 219, 317, 484ff. u. ö. ; Ⅱ　35, 73, 235, 370, 402, 488, 501ff.

观赏游戏　Schauspiel　Ⅰ　114, 122f., 133ff.

观赏者　Zuschauer　Ⅰ　114f., 129f., 133ff.

惯例　Konvertion　参见 Übereinkommen　Ⅰ　203f., 401

规范的解释　Auslegung, normative　Ⅰ　315ff., 402ff. ; Ⅱ　17ff., 93ff., 98, 236, 278, 310, 399, 426f.

归纳　Induktion　参见 Epagoge　Ⅰ　9ff., 354f., 421, 433 ; Ⅱ　112

归纳　Epagoge(Induktion)　Ⅰ　354ff., 436 ; Ⅱ　149, 200, 228f.

国家　Staat　Ⅰ　155f.

国家与城邦　Staat vs. Polis　Ⅱ　418

害怕　Furcht　Ⅰ　135f.

含糊性　Zweideutigkeit　Ⅰ　492 ; Ⅱ　234ff., 271, 301ff., 334, 380, 444

好奇　Neugierde　Ⅰ　131 ; Ⅱ　224f., 325

合理性　Vernünftigkeit　参见 Phronesis

合目的性　Zweckmäßigkeit　Ⅰ　28, 56u. ö, 99f., 326f., 463 ; Ⅱ　158ff., 168ff., 194

怀疑　Zweifel　Ⅰ　241f., 275 ; Ⅱ　45f., 103, 320

环境　Umwelt　Ⅰ　428, 446ff., 460

幻觉　Trug　Ⅰ　412ff.

回答　Antwort　参见 Frage

回忆　Erinnerung　Ⅰ　21, 72f., 173 ; Ⅱ　145

绘画　Bild　Ⅰ　16f., 83f., 97, 120ff., 139ff., 156ff., 412ff., 417ff., 491

绘画本体论意义　Bild, Seinsvalenz des　Ⅰ　144ff.

绘画历史　Bild, Geschichte des　Ⅰ　140f.

激情主义　Enthusiasmus　Ⅰ　130f.

基础本体论　Fundamentalontologie　Ⅰ　223，261f.；Ⅱ　362f.

基督教　Christentum　Ⅰ　24，45，79，84f.，136，145，178f.，23，243，292；Ⅱ　28，45，55，138f.，403ff.

基督学　Christologie　Ⅰ　145，432

机敏　Takt　Ⅰ　11f.，20f. u. ö.，34，45；Ⅱ　40

机缘性　Okkasionalitat　Ⅰ　149ff.；Ⅱ　379ff.

机智　Wit　Ⅰ　30

技巧　Subtilitas　Ⅰ　188，312；Ⅱ　97

技术　Techne(ars)　Ⅰ　320，357；Ⅱ　23，160ff.，252.，304u. ö.

技艺学　Kunstlehre　Ⅰ　182，270；Ⅱ　92u. ö.，254，312ff.

记忆(回忆)　Gedächtnis(Mneme)　Ⅰ　21，355；Ⅱ　149

记忆　Mneme　参见 Gedächtnis

纪念碑　Monument　Ⅱ　154

家庭音乐　Hausmusik　Ⅱ　115f.

假相　Idola　Ⅰ　355；Ⅱ　79

价值　Wert　Ⅰ　46，63，225，243；Ⅱ　29f.，33，38f.，133. f，163，203，221，322，334

价值哲学　Wertphilosophie　Ⅱ　388f.，428，458

间距(时间距离)　Abstand(Zum Anderen，Zeiten-A)　参见 Distanz

间距　Distanz　Ⅰ　12f.，135，137，301f.，448，457；Ⅱ　8f.，22，32，63，143，221，351，476

简单枚举法　Enumeratio simplex　Ⅰ　354

(生活的)简单性　Einfachheit(des Lebens)　Ⅰ　34

鉴赏　Geschmack　Ⅰ　32，37，40ff.，45ff.，6ff.，87，90ff；Ⅱ　375，440

纪念建筑物　Baudenkmäler　Ⅱ　161ff.

建筑任务　Bauaufgabe　Ⅰ　161

建筑术　Architektur　参见 Baukunst

建筑艺术　Architektur　参见 Baukunst

建筑艺术　Baukunst　Ⅰ　93，161ff.

讲话　Sprechen　Ⅰ　200，272f.，383ff.，433f. u. ö.，459ff.，476ff.；Ⅱ　5ff.

教父学　Patristik　Ⅰ　85，145，423ff.

教化　Bildung　Ⅰ　15ff.，22f.，87ff.，365；Ⅱ　6，235，280

教化　Kultivierung　Ⅰ　17，56

教化的完成(完满的教化)　Vollendung der Bildung　Ⅰ　20

教化宗教　Bildungsreligion　Ⅰ　5，85

教会　Kirche　Ⅰ　155f.；Ⅱ　289，292，296，311f.

教养社会　Bildungsgesellschaft　Ⅰ　41，92f.；Ⅱ　221

教义学　Dogmatik　Ⅰ　332ff.

教育　Erziehung　Ⅰ　26，237；Ⅱ　172，305，308，326，433

教育　Paideia　Ⅰ　23ff.，481

教育学　Pädagogik　Ⅰ　12f.，186f.

揭露　Entschlusselung　Ⅰ　300

结构　Struktur　Ⅰ　227f.，235；Ⅱ　31，57，358，398

节日庆典　Fest　Ⅰ　128f.

解放　Emanzipation　Ⅰ　241，243，249f.，257，270ff.，469

解析　Destruktion　Ⅱ　484，505

解构　Dekonstruktion　Ⅱ　11，114，333，361ff.

解释、阐释　Auslegung, Auslegen　参见 Hermeneutik　Ⅰ　188ff.，216ff.，312ff.，333ff.，389ff.，401ff.，475ff.；Ⅱ　55f.，285ff.，290，309ff.，340f.

解(阐)释的机缘性　Okkasionalität der Auslegung　Ⅰ　186f.，301f.

解(阐)释的语言性　Auslegung, Sprachichkeit der　Ⅰ　402ff.；Ⅱ　79，229f.

解(阐)释的自我扬弃 Auslegung, Selbstaufhebung der Ⅰ 402，469，477；Ⅱ 350f.

解(阐)释与理解 Auslegung und Verstehen Ⅰ 186f.，393ff.，401ff.，474；Ⅱ 59ff.，264，290，345f.，351，419，465

进行 Begehung Ⅰ 128f.

近乎自然的社会 Naturwüchsige Gesellschaft Ⅰ 279

精神 Geist Ⅰ 19，104，214，231ff.，247f.，349u. ö.，354u. ö.，397，441，461；Ⅱ 71f.，105，262，270f.，435f.

精神的保存力 Bewahrungskraft des Geistes Ⅰ 286，453

精神科学 Geisteswissenschaften Ⅰ 9—15，28ff.，46f.，90，104f.，170f.，222ff.，238ff.，263，286ff.，479；Ⅱ 3，28u. ö.，37ff.，50u. ö.，98u. ö.，238，260u. ö.，387u. ö.，438u. ö.，497u. ö.

经验 Empeiria 参见 Erfahrung

经验 Erfahrung Ⅰ 10f.，105f.，320f.，352ff.，421，463f.，469；Ⅱ 69，79f.，149f.，200

经验的辩证过程 Erfahrung, dialektischer Prozeß der Ⅱ 359ff.，271

经验的否定性 Negativität der Erfahrung Ⅰ 359f.

经验的开放性 Offenheit der Erfahrung Ⅰ 104f.，361f. u. ö.，450f. u. ö；Ⅱ 201，230，271，505

经验的普遍性 Allgemeinheit der Erfahrung Ⅰ 356f.；Ⅱ 328

辩证法经验 Erfahrung der Dialektik Ⅰ 468f.；Ⅱ 270f.

经验与语词 Erfahrung und Wort Ⅰ 421

经验主义 Empirismus Ⅰ 12，14，216，222

境况 Situation Ⅰ 45f.，307，317u. ö.，339，476；Ⅱ 51，53f.，164，275，315

镜　Spiegel　Ⅰ　143f.，429，469f.；Ⅱ　73，148，222，242f.，354

镜中之像　Spiegelsbild　Ⅰ　143

净化　Katharsis　Ⅱ　135

距离　Abstand(zum Anderen, Zeiten-A.)　参见 Distanz

距离　Distanz　Ⅰ　12f.，135，137，301f.，448，457；Ⅱ　8f.，22，32，63，143，221，351，476

具体的普遍性　Allgemeinheit, konkrete　Ⅰ　26；Ⅱ　422f.

决定　Entscheidung　Ⅰ　322f.；Ⅱ　468f.

抉择　Entscheidung　Ⅰ　322f.；Ⅱ　468f.

绝对的音乐　Musik, absolute　Ⅰ　97，152f.，169；Ⅱ　31，90，340，358，385

绝对的中介　Vermittlung, absolute　Ⅰ　347ff.

绝对(无限)知识　Absolutes (unendliches) Wissen　参见 Geist, Vernuft
Ⅰ　20，104，173f.，233f.，248，306，347ff.，464f.

开端　Anfang　Ⅰ　476f.；Ⅱ　363

开放性　Offenheit　Ⅰ　105，273，304u. ö.；Ⅱ　8，32，63f.，152f.，259，380

开始　Anfang　Ⅰ　476f.；Ⅱ　363

科学　Wissenschaft　Ⅰ　241ff.，338ff.，457ff.；Ⅱ　37ff.，78u. ö.，155u. ö.，172，181f.，186u. ö.，225u. ö.，280，319u. ö.，449u. ö.

科学的教义学　Dogmatik, wissenschaftliche　Ⅱ　506

客观主义,可对象性　Objektivismus, Objektivierbarkeit　Ⅰ　248ff.，260u. ö.，457，480；Ⅱ　40，48f.，64，69ff.，124，221，240，323，356，388f.，410，435，443f.

客观精神　Geist, objektiver　Ⅰ　233ff.，362，367

肯定(悲剧的)　Affirmation(tragische)　Ⅰ　137；Ⅱ　141

空间　Topos, Locus　Ⅰ　437；Ⅱ　282f.

口才　Beredsamkei　参见 Rhetorik

口才　Eloquentia　Ⅰ　25, 27

口诵　Mündlicheit　参见 Schriftlichkeit Text　Ⅰ　11, 192, 201ff., 221u. ö., 263, 328；Ⅱ　236, 342, 346, 419

宽容　Nachsicht　Ⅰ　328f.

狂热　Enthusiasmus　Ⅰ　130f.

浪漫派　Romantik　参见 romantische Hermeneutik　Ⅰ　56, 93, 200u. ö., 263, 277, 328ff., Ⅱ　122u. ö., 222, 232, 236, 251, 330, 342, 346, 419

浪漫主义诠释学　Hermeneutik, romantische　Ⅰ　177ff., 201ff., 227f., 245, 301f., 392；Ⅱ　97ff., 121f., 222f.

劳动　Arbeit　Ⅰ　18, 218；Ⅱ　203, 242f.

类比　Anaogie　Ⅰ　81, 434f.；Ⅱ　12, 422

类型　Gattungen　Ⅰ　294

类型逻辑　Gattungslogik　Ⅰ　432ff.；Ⅱ　87, 366

理解　Verstehen　参见 Sprache, Sprachlichkeit　Ⅰ　183ff., 215, 219ff., 263ff.；Ⅱ　6ff., 30ff. u. ö., 52ff., 57ff., 103, 116f., 121ff., 222ff. u. ö., 330u. ö.

理解（伦理的）　Verständnis(sittliches)　Ⅰ　328

理解的艺术　kunst des Verstehens　Ⅰ　169f., 192

理解的语言性　Sprachlichkeit des Verstehens　Ⅱ　64f., 75, 112, 143ff., 184ff., 232ff., 436, 444, 465, 496f.

理解的直接性　Unmittelbarkeit des Verstehens　Ⅰ　221

理论, 理论的　Theorie, theoretisch　Ⅰ　19, 27, 129f., 458f.；Ⅱ　233, 321f., 324f.

理念 Idee Ⅰ 53ff., 58, 83f., 87, 205, 219, 317, 484ff. u. ö.；Ⅱ 35, 73, 235, 370, 402, 488, 501ff.

理想国家 Staat, idealer Ⅱ 413

理想主义 Idealismus Ⅰ 252f., 451f.；Ⅱ 9f., 69f., 125, 245

理性 Ratio Ⅰ 34, 49, 198, 275f., 419ff., 482f.；Ⅱ 276f.

理性 Vernunft Ⅰ 33, 277, 283f., 349, 405, 425, 471；Ⅱ 22

理性知识 Episteme Ⅰ 319

理性主义 Rationalismus Ⅰ 34, 49, 198, 275f., 419f f., 482f.；Ⅱ 276f.

理由 Begründung Ⅰ 28f., 261, 275；Ⅱ 484, 505

理智的直观 Anschauung, intellektuelle Ⅰ 246f.

例证 Beisplel 参见 Exempel, Vorbild Ⅰ 44f., 48, 211

隶属 Zugehörigkeit Ⅰ 114, 129, 131, 134ff., 165f., 171, 266u. ö., 295, 319, 335, 420, 462f.；Ⅱ 62ff., 379, 434, 450

力 Kraft Ⅰ 209ff., 217ff., 230f.；Ⅱ 31f., 177, 426, 490

力量的表现 Äußerung der Kraft Ⅰ 209, 217f.；Ⅱ 177

历史 Geschichte 参见 Historie, Historik usw. Ⅰ 200ff., 208ff. u. ö.；226ff. u. ö.；Ⅱ 27ff., 31f., 36, 48f., 59, 133ff., 413f., 445

历史 Historie Ⅰ 28f., 91, 172f. u. ö.；Ⅱ 27ff., 33, 221, 321

历史必然性 Notwendigkeit in der Geschichte 参见 Freiheit Ⅰ 210f., 217f.

历史的教义学 Dogmatik, historische Ⅰ 332ff.

历史的连续性 Kontinuität der Geschichte Ⅰ 212f., 218f., 288f.；Ⅱ 135ff.

历史的启蒙运动 Aufklärung, historische Ⅱ 32f., 36

历史的中介 Vermittlung, geschichtliche Ⅰ 162, 174, 221f., 295ff., 333f., 346u. ö.；Ⅱ 441ff.

历史教化 Bildung, historische Ⅰ 12f., 22f.

历史经验 Erfahrung, geschichtliche Ⅰ 225f., 244f.；Ⅱ 29ff., 112,

136ff., 332f., 418, 471

历史经验的有限性　Endlichkeit der geschichtlichen Erfahrung　Ⅰ　105, 125, 137, 236ff., 280f., 363, 428ff., 461, 475f., 483f.；Ⅱ　28f., 40ff., 54, 331, 333, 470

历史理性　Vernunft, historische　Ⅱ　28, 32ff., 36, 387

历史目的论　Teleologie der Geschichte　Ⅰ　203ff.；Ⅱ　412ff.

历史神学　Theologie der Geschichte　Ⅰ　204f.；Ⅱ　124

历史性　Geschichtlichkeit　参见 Historisches Bewußtsein

历史学　Historik　Ⅰ　47, 181, 201ff., 216f., 226ff., 340f.；Ⅱ　20f., 441f.

历史意识的完成　Vollendung des historischen Bewußtseins　Ⅰ　233ff., 244；Ⅱ　32, 35, 42

历史意识的自我遗忘性　Selbstvergessenheit des Historiches Bewußtsein　Ⅰ　174u. ö.

历史意识＝关于自身历史性的知识　Historisches Bewußtsein＝Wissen um die eigend Gesehichtlichkeit Ⅰ　4, 173f., 233u. ö., 300ff., 399ff. u. ö.；Ⅱ　27u. ö., 64f., 100u. ö., 124f., 134u. ö., 221u. ö., 240, 262f., 299, 410ff.

历史知识　Historisches Wissen　Ⅰ　12, 19f., 91f., 172, 332f., 344f., 366ff., 399ff. u. ö.

历史主义　Historismus　Ⅰ　201ff., 222ff., 275, 278, 305ff. u. ö.；Ⅱ　38, 63, 99f., 221ff., 240, 389ff., 414ff.

怜悯　Eleos　Ⅰ　135f.

良知　Gewissen　Ⅰ　217, 220f., 349；Ⅱ　485

灵魂轮回　Anamnesis　Ⅰ　21f., 119；Ⅱ　237f., 369f., 478

流传过程　Überlieferungsgeschehen　Ⅰ　295, 214u. ö.

传承物　Überlieferung　Ⅰ　165ff. u. ö., 280u. ö., 341ff., 363ff., 366,

393ff., 400, 445, 467; Ⅱ 20, 39ff., 62, 76, 143ff., 237, 241ff., 370, 383, 443, 447

传承物语言 Sprache der Überlieferung Ⅰ 339ff. u. ö.

流动性艺术 Künste, transitorische Ⅰ 142f., 152; Ⅱ 477

流射(溢)说 Emanation Ⅰ 145f., 427, 438f.; Ⅱ 384ff.

留恋 Andenken Ⅰ 158, 395

伦理的抉择 Entscheidung, sittliche Ⅰ 322f.; Ⅱ 135, 168, 303, 324, 427f., 468f.

伦理的评判 Beurteilung, sittliche Ⅰ 328; Ⅱ 224, 378

伦理性 Sittlichkeit Ⅰ 27f., 44, 56f., 285, 317ff.; Ⅱ 39, 138, 158, 250, 315f.

伦理学 Ethik/Ethos Ⅰ 45, 317f.; Ⅱ 308, 315f., 325f., 433, 469, 500

论证法 Topica Ⅰ 26; Ⅱ 282f., 430

逻各斯 Logos Ⅰ 224f., 317ff., 356, 373ff., 409, 415ff., 423ff., 433f., 460; Ⅱ 43, 46ff., 146, 148, 333, 336

逻辑(三段论) Logik (Syllogistik) Ⅰ 247, 371, 432f.; Ⅱ 47, 49f., 193, 280, 294f., 338, 421

逻辑演算 Logikkalkül Ⅰ 419; Ⅱ 192

矛盾性 Widersprüchlichkeit Ⅰ 425; Ⅱ 416, 421

美 Kalon (das Schöne) Ⅰ 481ff.

美 Pulchrum 参见 Schön

美的形而上学 Metapaysik des Schönen Ⅰ 481ff.; Ⅱ 359f.

美学 Ästhetik Ⅰ 45ff., 61ff., 85ff., 103f., 196f.; Ⅱ 472ff.

美学主体化 Subjektivierung der Ästhetik Ⅰ 48ff., 87, 98ff.

蒙蔽、迷惑 Verblendung Ⅰ 137, 327

名称　Onoma　参见 Name，Wort

名字　Name　参见 Wort　Ⅰ　409ff.，433f.，441f.；Ⅱ　73

命令　Befehl　Ⅰ　339f.；Ⅱ　47，179，345

命运　Schicksal　Ⅰ　19，135f.；Ⅱ　32，36，138f.，202f.

命运主体化　Subjektivierung des Schicksals　Ⅰ　136f.

模本　Vorbild　参见 Nachfolge　Ⅰ　48，198，290ff.，342ff.；Ⅱ　89，330，499

模仿　Mimesis (Nachahmung)　Ⅰ　118ff.，139u.ö.，414；Ⅱ　501

模仿的　Eikos　Ⅰ　26f.，488f.；Ⅱ　111，234f.，280，499

模型　Modell　Ⅰ　320；Ⅱ　307，323，328

摹本、摹写　Abbildung　参见 Bild, Abbild　Ⅰ　142f.，412f.

末世论　Eschatologie　Ⅰ　211f.，431；Ⅱ　407f.

陌生性　Fremdheit　Ⅰ　19f.，183，195，300；Ⅱ　35，55，61ff.，122f.，143，183，187，235，264，285，313，419，436

目的　Zweck　Ⅰ　28，56u.ö.，99f.，326f.，463；Ⅱ　158ff.，168ff.，194

目的合理性　Zweckrationalität　Ⅱ　163，194，272，326，467f.

目的论　Teleologie　Ⅰ　60，71，207，463f.；Ⅱ　228ff.

内在存在　Innesein　Ⅰ　71，227，239f.，257f.；Ⅱ　251，387

内在形式　Form, innere　Ⅰ　137，444

内在性　Innerlichkeit　Ⅰ　210，217

能、实现　Energeia, Energie　Ⅰ　116，118，218，230，236，247，444，463；Ⅱ　308，486

能对付任何情况的人　Deinos　Ⅰ　329

你的经验　Erfahrung des Du　Ⅰ　364ff.；Ⅱ　35，104，210f.，223，445f.，504f.

匿名的意向性　Intentionalität, anonyme　Ⅰ　249；Ⅱ　16，245

努力　Orexis　Ⅰ　317ff.

判断　Judicium　参见 Urteilskraft

判断　Urteil　参见 Aussage 与 Logos

判断力　Urteilskraft（judicium）　Ⅰ　27，31f.，36ff.；Ⅱ　97，278，307，310，328，455

培养　Kultivierung　Ⅰ　17，56

批评法　Critica　Ⅰ　26；Ⅱ　111，254，313，497

譬喻　Allegorie　Ⅰ　77ff.，157，178；Ⅱ　94f.，283

譬喻　Metapher　Ⅰ　81，108.，433ff.，176，355f.；Ⅱ　462

评价　Wertung　Ⅰ　46，63，225，243；Ⅱ　29f.，33，38f.，133f.，163，203，221，322，334

评判　Beurteilung　Ⅰ　328；Ⅱ　224，378

普遍性　Allgemeinheit　Ⅰ　18f.，22f.，26f.，36ff.，46f.，74，83，90，317，322u.ö.；Ⅱ　31，73，86f.，200f.

普遍性　Universalität　参见 Hermeneutik

普遍语言　Characteristica unversalis　Ⅰ　420f.

欺骗　Täuschung　Ⅱ　40f.

歧义　Zweideutigkeit　Ⅰ　492；Ⅱ　234ff.，271，301ff.，334，380，444

奇遇　Abenteuer　Ⅰ　75

启蒙运动　Aufklärung　Ⅰ　36，181f.，242f.，274ff.；Ⅱ　39，42，58，83ff.，126ff.，183，263，304，416f.，492

启示　Offenbarung　Ⅰ　336f.

起因　Motivation　Ⅰ　382f.，475

前见（前判断）　Vorurteil（praejudicium）　Ⅰ　275f.；Ⅱ　60ff.，181f.

前理解　Vorverständnis　Ⅰ　272ff.，299ff.；Ⅱ　61，240，247，277ff.，406

前意见　Vormeinung　参见 Vorverständnis

情感（感受性） Gefühl（Sentiment） Ⅰ 34, 38, 46, 49, 90ff., 194

倾听 Hören Ⅰ 367, 466f.; Ⅱ 213f., 350, 352f., 357ff., 371, 473f.

求持续存在的意识 Wille zur Dauer Ⅰ 286ff., 395, 399

区分 Abhebung Ⅰ 273f., 306, 310f., 331, 380

区分、延异 Differenz Ⅰ 261f., 460f.; Ⅱ 368, 372

趣味 Geschmack Ⅰ 32, 37, 40ff., 45ff., 61ff., 87, 90ff.; Ⅱ 375, 440

趣味 Gusto 参见 Geschmack

趣味的完成（完满的趣味） Vollendung des Geschmacks Ⅰ 62f.

趣味与天才 Geschmack und Genie Ⅰ 59ff.

权力意志 Wille zur Macht Ⅰ 365; Ⅱ 103, 333f., 336, 372, 502

权威 Autorität Ⅰ 11, 13, 276f., 281ff.; Ⅱ 39f., 225, 243f.

诠释学 Hermeneutik Ⅰ 169ff., 177ff. u. ö., 300ff., 312ff., 330ff., 346; Ⅱ 5ff. u. ö., 57ff., 110ff., 178ff., 219ff. u. ö., 297, 301ff. u. ö., 419ff., 438ff., 493ff.

诠释学的普遍性 Universalität der Hermeneutik Ⅱ 110f. u. ö., 186u. ö., 201ff., 219ff., 240u. ö., 255ff., 312ff. u. ö., 439ff.

诠释学经验 Erfahrung, hermeneutische Ⅰ 353ff., 363f., 387, 432, 469; Ⅱ 115ff., 224f., 238, 466, 484, 492

诠释学谈话 Gespräch, hermeneutisches Ⅰ 373ff., 391, 465ff.; Ⅱ 238

诠释学循环 Zirkel, hermeneutischer Ⅰ 179, 194, 270ff., 296ff.; Ⅱ 34, 57ff., 224f., 331, 335, 357f., 406

诠释学意识的完成 Vollendung des hermeneutischen Bewußtseins Ⅰ 367f.

诠释学宇宙 Universum, hermeneutisches Ⅱ 441, 466

诠释学中间地带 Zwischen, hermeneutisches Ⅰ 300; Ⅱ 63, 338

劝告 Beratung(=Euboulia) Ⅱ 168ff., 315, 467

劝告 Euboulia 参见 Beratung

劝告　Rat　Ⅰ　328；Ⅱ　315f.

确实性　Gewißheit　Ⅰ　243；Ⅱ　45,48,300

人道主义、人文主义　Humanismus　Ⅰ　14ff.,23f.,178,198,206,291,343；Ⅱ　99,122,279,284,288f.,292,296,383,433

人类的有限性　Endlichkeit des Menschen　Ⅰ　105,125,137,236ff.,280f.,363,428ff.,461,475f.,483f.；Ⅱ　28f.,40ff.,54,331,333,470

人文主义的　Humanitas　Ⅰ　30；Ⅱ　214

人性知识　Menschenkenntnis　Ⅰ　364；Ⅱ　162,315

认识论　Erkenntnistheorie　Ⅰ　71f.,224ff.,254,258；Ⅱ　28ff.,69f.,387f.,397

认知的解释　Auslegung, kognitive　Ⅰ　315ff.,402ff.；Ⅱ　17ff.,93ff.,98,236,278,310,399,426f.

任务艺术　Auftragskunst　Ⅰ　93,140

三位一体　Trinität　Ⅰ　422ff.,461

善（善的理念）　Gutes (Idee des guten, agathon)　Ⅰ　27f.,317,482；Ⅱ　266,275,291,304u.ö.,422,455

上帝　Gott　Ⅰ　34,215f.,324,336,363,422ff.,442,489f.；Ⅱ　28,71,129ff.,202,220

社会　Gesellschaft　Ⅰ　10,36,41,45,90ff.；Ⅱ　239,269,274,317,320

社会科学　Sozialwissenschaften　Ⅰ　10,364f.；Ⅱ　21f.,114ff.,238ff.,248f.,451ff.

神话　Mythos　Ⅰ　85ff.,114,138,278u.ö.,351u.ö.；Ⅱ　33,36,101f.,126ff.,380

神话学　Mythologie　Ⅰ　82f.,93；Ⅱ　390f.

神圣性　Sakralität　Ⅰ　154f.

神性　Gottheit　参见 Gott

神性的　Göttliche　参见 Gott

神学　Theologie　Ⅰ　127, 177ff., 422ff.; Ⅱ　101f., 277f., 282ff., 409

神学诠释学　Hermeneutik, theologische　Ⅰ　177, 312ff., 335ff.; Ⅱ　391f., 403ff.

审美存在　Existenz, ästhetische　Ⅰ　101f.

审美的评判　Beurteilung, ästhetische　Ⅰ　328; Ⅱ　378

审美对象　Ästhetischer Gegenstand　参见 Kunstwerk

审美反思　Reflexion, ästhetische　Ⅰ　123, 351

审美体验　Erlebnis, ästhetisches　Ⅰ　75f., 100f.

审美功利（无功利性）　Ästhetisches Interesse(Interesselosigkeit)Ⅰ　54f., 492

审美教化　Bildung, ästhetische　Ⅰ　23ff., 87ff.

审美教育　Erziehung, ästhetische　Ⅰ　88

审美判断力　Urteilskraft, ästhetische　Ⅰ　43ff., 60f.

审美（无）区分　ästhetische(Nicht—)Unterscheidung　Ⅰ　91ff., 120f., 132, 144, 154, 158, 403, 479; Ⅱ　14, 472, 477

审美区分　Unterscheidung, ästhetische　参见 Unterscheidung

审美现象　Schein, Ästhetischer　Ⅰ　89ff., 484f.; Ⅱ　359f.

审美意识　Ästhetisches Bewußtsein　Ⅰ　46f., 87ff., 94ff., 102, 132, 140 u. ö.; Ⅱ　220, 223f.

审美直接性　Ästhetische Unmittelbarkeit　Ⅰ　139, 404

审慎　Besonnenheit　参见 Phronesis

审慎的　prudentia　Ⅰ　25ff., 318ff.; Ⅱ　422, 485

生产　Herstellung　Ⅰ　99f.; Ⅱ　252, 303, 308

生产　Produktion　Ⅰ　63ff. u. ö., 98ff., 192f., 196ff., 301; Ⅱ　63, 236

生产多义性　Vieldeutigkeit, produktive　Ⅱ　380, 421f.

生产性　Produktivität　Ⅰ　63ff. u. ö., 98ff., 192f., 196ff., 301; Ⅱ　63, 236

生存理想　Existenzideal　Ⅰ　267f.

生活、生命　Leben　Ⅰ　34ff.，69，72ff.，190，215，226ff.，231f.，236f.，239ff.，263；Ⅱ　30ff.，45，102f.，140f.，377

生活放荡　Boheme　Ⅰ　93

生活世界　Lebenswelt　Ⅰ　251f.，353f.；Ⅱ　323，361

生命哲学　Lebensphilosophie　Ⅰ　223，235ff.；Ⅱ　465

生物学　Biologie　Ⅰ　455f.，463；Ⅱ　168

《圣经》　Bibel　Ⅰ　155，177ff.，187，190，200，282，330，335ff.；Ⅱ　94ff.，127，132，281，283ff.，296f.，308f.，311f.

《圣经》批判　Bibelkritik　Ⅰ　24，184f.，276；Ⅱ　277，404f.

诗　Dichtung　Ⅰ　122f.，165ff.，192f.，453，473f.；Ⅱ　198，351ff.，508

诗的解（阐）释　Auslegung von Dichtung　Ⅰ　234；Ⅱ　420，508

诗人（历史学家）　Dichter(－Historiker)　Ⅰ　215f.；Ⅱ　141

诗人（哲学家）　Dichter(－Philosoph)　Ⅰ　279

事实性　Faktizität　Ⅰ　259f.，268f.；Ⅱ　323，331f.，335，428，433

实践　Praxis　Ⅰ　25ff.，318ff.；Ⅱ　22f.，117，252ff.，275，289，302u.ö.，427u.ö.，454f.，468u.ö.

实践理性　Vernunft, praktische　Ⅱ　427f.，467ff.，499f.

实践哲学　prakt. Philosophie　Ⅰ　25ff.，318ff.；Ⅱ　22f.，117，252ff.，275，289，302u.ö.，427u.ö.，454f.，468u.ö.

实践知识　Phronesis　Ⅰ　25ff.，318ff.；Ⅱ　162，239，251ff.，311，315u.ö.，324u.ö.，422，485

实体　Substanz　Ⅰ　20，286；Ⅱ　251f.，363，366，502f.

实验　Experiment　Ⅰ　220f.，354；Ⅱ　457f.

实在　Wirklichkeit　参见 Faktizität　Ⅰ　88f.，121，347；Ⅱ　245，380，488

实证主义　Positivismus　Ⅰ　287ff.；Ⅱ　71f.，254，434

时间,时间性　Zeit, Zeitlichkeit　Ⅰ　126ff., 231, 261f.; Ⅱ　16, 124, 135ff., 356u. ö.

时间合作　Zeitgenossenschaft　Ⅰ　303f., 399

时间距离　Zeitabstand　Ⅰ　195, 296ff., 302f., 316u. ö.; Ⅱ　8f., 63, 109, 264, 403

视界、视域　Horizont　Ⅰ　249f., 307ff., 375, 379ff., 398; Ⅱ　30, 38, 53, 55f., 76, 369, 417, 506

视域融合　Horizontverschmelzung　Ⅰ　311f., 380f., 401; Ⅱ　14, 55, 109, 351, 436, 475

世界　Welt　Ⅰ　428, 446ff., 460; Ⅱ　34, 73f., 112, 149ff., 183, 202

世界观　Weltanschauung　Ⅰ　103f., 279f., 447; Ⅱ　78, 100

世界历史性的个人　Individuum, weltgeschichtliches　Ⅰ　208, 376f.; Ⅱ　105

世界史　Universalgeschichte　Ⅰ　201, 203ff., 235; Ⅱ　31, 34, 75, 240, 246

世界史的统一和多样性　Einheit und Vielfalt der Weltgeschichte　Ⅰ　211f.

世俗性　Profanität　Ⅰ　155f.

事件、事件之发生　Geschehen　Ⅰ　105, 314, 379, 423, 430f., 476, 488, 491f.; Ⅱ　63, 130, 135ff., 240f., 322f., 332f., 378

事情(事物)、事实性　Sache, Sachlichkeit　Ⅰ　265, 449, 457ff., 467f., 489; Ⅱ　6, 56ff., 66u. ö.

事实　Tatsache　Ⅱ　3f., 388, 457f.

事物　Ding　Ⅰ　459f.

释放　Emanzipation　Ⅰ　241, 243, 249f., 257, 270ff., 469

适应　Assimilation　Ⅰ　256f.

收件人　Adressat　Ⅰ　339f., 399; Ⅱ　287, 343f., 特别是Ⅱ　476

疏异化　Verfremdung　参见 Fremdheit

书写　Schreiben　Ⅰ　165ff., 276f., 393ff.; Ⅱ　204f., 236, 283, 296,

308ff., 344ff., 419f., 474f.

书写的艺术　kunst des Schreibens　Ⅰ 167, 397

数　Zahl　Ⅰ 416, 420, 438

术语　Terminus, Terminologie　Ⅰ 419; Ⅱ 83f., 113, 176f., 191f., 196, 365f.

瞬间　Augenblick　Ⅰ 208; Ⅱ 135, 140ff., 371, 413

顺从(模仿)　Nachfolge(Imitatio)　Ⅰ 48, 286, 343; Ⅱ 99, 122, 279, 296, 300

思辨,思辨的　Spekulation, spekulativ　Ⅰ 223u. ö., 469ff.; Ⅱ 52, 370, 474

思念　Andenken　Ⅰ 158, 395

思维、思想　Denken　Ⅰ 267f., 335ff.; Ⅱ 200, 210, 294, 298, 336, 372, 396, 502

思维和语言的统一和多样性　Einheit und Vielfalt von Denken und Sprechen　Ⅰ 406

似真的　Eikos, Verisimile(das Einleuchtende)　Ⅰ 26f., 488f.; Ⅱ 111, 234f.; 280, 499

似真的　Wahrscheinlich　参见 Eikos

苏格兰哲学　Schottische Philosophie　Ⅰ 30

所与　Durée　Ⅰ 74

所与　Gegebenes　Ⅰ 71f., 231, 246f., 248f.; Ⅱ 339f.

他性、他在、他者　Andersheit, Anderssein, Andere　Ⅰ 273, 304f., 366f.; Ⅱ 9, 18f., 64, 116, 210ff., 335u. ö.

谈话(对话、讲话)　Gespräch (Dialog, Sprechen)　Ⅰ 189, 192, 383f.; Ⅱ 6ff., 58ff., 112ff., 151ff., 200, 207ff., 332u. ö., 500ff.

谈话的艺术　Kunst des Gesprächs　Ⅰ 371ff.

提问　Frage　Ⅰ　304ff., 368ff., 374ff.；Ⅱ　6,503

提问的艺术　Kunst des Fragens　Ⅰ　371ff.

体格　Physis　Ⅰ　17,318；Ⅱ　363f.

体验　Erlebnis　Ⅰ　66ff.

体验的词义史　Erlebnis, Wortgeschichte　Ⅰ　66ff.

体验概念　Erlebnis, Begriff　Ⅰ　70ff., 100f., 227, 236, 239f., 254, 281；Ⅱ　30ff.

体验艺术　Erlebniskunst　Ⅰ　76ff., 85f., 93；Ⅱ　379

天才　Genie　Ⅰ　59ff., 61ff., 70, 98ff., 193, 196；Ⅱ　75, 417

天才性　Genialität　参见 Kongenialität　Ⅰ　59ff., 61ff., 70, 98ff., 193, 196；Ⅱ　75, 417

通信　Korrespondenz　Ⅰ　374f.

同化　Assimilation　Ⅰ　256f.

同情　Mitleid　Ⅰ　133, 135ff.

同情　Sympathie　Ⅰ　30, 217, 219, 236f.

共时性　Gleichzeitigkeit　参见 Simultaneität

同时性　Simultaneität　Ⅰ　91ff., 126ff., 395；Ⅱ　33, 55, 220, 321, 432, 471f.

同一性　Identität　参见 Einheit

同一哲学　Identitätsphilosophie　Ⅰ　256；Ⅱ　362, 388, 470f.

共在　Dabeisein　参见 Teilhabe

统计学　Statistik　Ⅰ　306；Ⅱ　226

统一和多样性　Einheit und Vielfalt　Ⅰ　430f., 461ff.

统一性（同一性）　Einheit（＝Identität）　Ⅱ　7f., 16f., 86, 174f.

统治-奴役　Herrschaft - Knechtschaft　Ⅰ　365f.；Ⅱ　68, 203, 242, 250, 336

统治知识　Herrschaftswissen　Ⅰ　316，455

投射　Projektion　Ⅰ　258

突然产生的思想(念头)　Einfall　Ⅰ　24，271，372，468；Ⅱ　206

突现　Abhebung　Ⅰ　273f.，306，310f.，331，380

图像　Bild　Ⅰ　16f.，97，120ff.，139ff.，156ff.，412ff.，417ff.，491

团结　Solidarität　Ⅰ　30，37；Ⅱ　80，269f.，347

推论性　Dianoia(Diskursivität)　Ⅰ　411f.，426f.

推论性　Diskursivität　参见 Dianoia

外在反思　Reflexion，äußere　Ⅰ　468ff.

完成　Vollendung

完满性　Vollkommenheit　参见 Vorgriff der Vollkommenheit

完全性前概念　Vorgriff der Vollkommenheit　Ⅰ　229f.；Ⅱ　61ff.，265

完美趣味的理念　Geschmack，Idee der Vollendung des　Ⅰ 62f.

汪达尔主义　Vandalismus　Ⅰ　156

威信　Autorität　Ⅱ　11，13，276ff.，281ff.；Ⅱ　39f.，225，243f.

唯名论　Nominalismus　Ⅰ　11ff.，121，439；Ⅱ　49f.，71，101

唯心主义　Idealismus　Ⅰ　252f.，451f.；Ⅱ　9f.，69f.，125，245

伪装　Verschlüsselung　Ⅰ　300；Ⅱ　284ff.，349

畏惧　Phobos　Ⅰ　135f.

文化　Kultur　Ⅰ　16，38f.，49f.；Ⅱ　224，226，237，322

文化社会　Bildungsgesellschaft　Ⅰ　41，92f.；Ⅱ　221

文学　Literatur　Ⅰ　165ff.，395；Ⅱ　4，17，180，209，284，350ff.

文学类型　Gattungen，literarische　Ⅰ　294

文学作品　Dichtung　Ⅰ　122f.，165ff.，192f.，453，473f.；Ⅱ　198，351ff.，508

文学作品的解释　Auslegung von Dichtung　Ⅰ　234；Ⅱ　420，508

文字,文字性　Schrift,Schriftlichkeit　Ⅰ　165ff., 276f., 393ff.; Ⅱ　204f., 236, 283, 296, 308ff., 344ff., 419f., 474f.

主体间性　Intersubjektivität　Ⅰ　252ff.

概念、名词索引(德—汉)

(索引所标页码均为德文原书页码，Ⅰ为第 1 卷，Ⅱ为第 2 卷，请查检中译本每页边码。)

A

Abbildung 摹写、摹本(参见 Bild，Abbild) Ⅰ 142f.，412f.

Abenteuer 奇遇 Ⅰ 75

Abhebung 衬托、区分、实现 Ⅰ 173f.，306，310f.，331，380

Abschattung 细微差别 Ⅰ 451；Ⅱ 69

Absolutes(unendliches)Wissen 绝对(无限)知识(参见 Geist，Vernunft)
  Ⅰ 20，104，173f.，233f.，248，306，347ff.，464f.

Abstand(zum Anderen, Zeiten-A.) 距离、间距(时间距离) 参见 Distanz

Abstraktion 抽象 Ⅰ 18，258，432ff.，479；Ⅱ 186

Adressat 收件人 Ⅰ 339f.，399；Ⅱ 287，343f.，特别是 476

Aequitas 公正、公道(参见 Billigkeit)

Affekte 情绪、情感、冲动 Ⅱ 284，385

Affirmation(tragische) 肯定(悲剧的) Ⅰ 37；Ⅱ 141

Akademie 学园 Ⅰ 26，433f.

Aletheia 开显、显现、无蔽、真理 Ⅰ 461，486ff.；Ⅱ 46f.，364

Allegorie 隐喻、譬喻 Ⅰ 77ff.，157，178；Ⅱ 94f.，283

Allgemeinheit 普遍性（参见 Urteilskraft, Induktion） Ⅰ 18f., 22f., 26f., 36ff., 46f., 74, 83, 90, 317, 322u. ö.；Ⅱ 31, 73, 86f., 200f.

- konkrete 具体的普遍性 Ⅰ 26；Ⅱ 422f.

- abstrakte 抽象的普遍性 Ⅰ 26；Ⅱ 422f.

- Subsumtion unter A. 概括在普遍性下 Ⅰ 27, 36f. u. ö.

- der Erfahrung 经验的普遍性 Ⅰ 356f.；Ⅱ 328

Altertumswissenschaft 古典文化、古典科学 Ⅰ 290；Ⅱ 55

Analogie 类比 Ⅰ 81, 434f.；Ⅱ 12, 422

Analytik 分析 Ⅱ 293, 298

Analysis notionum 分析的认识 Ⅰ 420

Anamnesis 灵魂轮回 Ⅰ 21f., 119；Ⅱ 237f., 369f., 478

Andenken 思念、留恋 Ⅰ 158, 395

Andere, Andersheit, Anderssein 他者,他性,他在（参见 Gespräch） Ⅰ 273, 304f., 366f.；Ⅱ 9, 18f., 64, 116, 210ff., 335u. ö.

Anerkennung 承认 Ⅰ349, 364；Ⅱ 244, 336

Anfang 开始、开端 Ⅰ 476f.；Ⅱ 363

Anrede 谈话、攀谈 Ⅱ 53, 64

Anschauung, intellektuelle 直观,理智的直视 Ⅰ 246f.

Ansichsein 自在存在 Ⅰ 349f., 451f., 480f.；Ⅱ 428

Anspruch 欲求 Ⅰ 131, 365

Anticipatio 预期 Ⅰ 354；Ⅱ 277

Antwort 回答（参见 Frage）

Anwendung 应用、运用（参见 Applicatio）

Anwesenheit(Vorhandenheit) 在场(现成在手状态)（参见 Parousie） Ⅰ 128, 261；Ⅱ 15, 46ff., 356u. ö., 428, 435f.

Applicatio 应用 Ⅰ 35f., 188, 312ff., 320ff., 335ff., 338f., 344f., 407; Ⅱ 106ff., 260ff., 303f., 310ff., 419, 427., 471;
Arabeskenästhetik 阿拉贝斯克美学 Ⅰ 51f., 98
Arbeit 劳动 Ⅰ 18, 218; Ⅱ 203, 242f.
Arche 始基（Prinzip, Erstes 第一原则） Ⅱ 303, 315, 325, 327f.
Architektur 建筑术、建筑艺术（参见 Baukunst）
Arete 德行（参见 Tugend） Ⅰ 18, 317ff.; Ⅱ 303
Ars 技艺、技能、技术（参见 Techne）
Ars inveniendi 发明的技术 Ⅰ 26, 420
Assimilation 适应、同化 Ⅰ 256f.
Ästhetik 美学 Ⅰ 45ff., 61ff., 85ff., 103f., 196f.; Ⅱ 472ff.
Ästhetisches Bewußtsein 审美意识（参见 Ästhetische Unterscheidung）
    Ⅰ 46f., 87ff., 94ff., 102, 12f., 132, 140u.ö.; Ⅱ 220, 223f.
Ästhetischer Gegenstand 审美对象（参见 Kunstwerk）
Ästhetisches Interesse(Interesselosigkeit) 审美功利（无功利性） Ⅰ 54f., 492
Ästhetische (Nicht-) Unterscheidung 审美（无）区分 Ⅰ 91ff., 120f., 132, 144, 154, 158, 403, 497; Ⅱ 14, 440f., 472, 477
Ästhetische Unmittelbarkeit 审美直接性 Ⅰ 139, 404
Aufführung 演出、表演 Ⅰ 121, 139, 152, 172; Ⅱ 310
Aufführungstradition 演出遵循的传统 Ⅰ 124
Aufklärung 启蒙运动 Ⅰ 36, 181f., 242f., 274ff.; Ⅱ 39, 42, 58, 83ff., 126ff., 183, 263, 304, 416f., 492
- historische 历史的启蒙运动 Ⅱ 32f., 36
Auftragskunst 任务艺术 Ⅰ 93, 140
Augenblick 瞬间 Ⅰ 208; Ⅱ 135, 140ff., 371, 413
Ausdruck 表达（参见 Darstellung） Ⅰ 53f., 69, 77, 121, 200, 216ff., 221,

228f., 233ff., 240, 265, 341f., 399, 471f.；Ⅱ 346, 384ff.

Auslegen, Auslegung 解释、阐释(参见 Hermeneutik) Ⅰ 188ff., 216ff., 312ff., 333ff., 389ff., 401ff., 475f.；Ⅱ 55f., 285ff., 290, 309ff., 340f.

- grammatische 语法的解释 Ⅰ 190
- psychologische 心理学的解释 Ⅰ 190ff., 217f., 302ff.；Ⅱ 14f., 19, 57, 99, 104f., 123, 223, 284, 298, 313f., 383, 393ff.
- kognitive, normative, reproduktive 认知的、规范的、再现的解释 Ⅰ 315ff., 402ff.；Ⅱ 17ff., 93ff., 98, 236, 278, 310, 399, 426f.
- von Dichtung 诗、文学作品的解释 Ⅰ 234；Ⅱ 420, 508
- und Verstehen 解释与理解 Ⅰ 186f., 393ff., 401ff., 474；Ⅱ 59ff., 264, 290, 345f., 351, 419, 465
- Sprachlichkeit der 解释的语言性 Ⅰ 402ff.；Ⅱ 79, 229f.
- Selbstaufhebung der 解释的自我扬弃 Ⅰ 402, 469, 477；Ⅱ 350f.

Aussage 陈述 Ⅰ 457, 471ff.；Ⅱ 46ff., 179, 192ff., 288, 293

Äußerung 表现(参见 Ausdruck)

- der Kraft 力量的表现 Ⅰ 209, 217f.；Ⅱ 177

Authentizität 真实性、可靠性 Ⅱ 345f., 352

Autobiographie 自传 Ⅰ 228, 281；Ⅱ 105, 134, 322f., 388

Auto(Urheber) 作者(创作者) Ⅰ 116, 184f., 187, 296f.；Ⅱ 18f., 58, 104ff., 272, 284, 441

Autorität 权威、威信 Ⅰ 11, 13, 276f., 281ff.；Ⅱ 39f., 225, 243f.

Axiom 公理 Ⅰ 354；Ⅱ 47

B

Barock 巴洛克 Ⅰ 15, 85f.

Bauaufgabe 建筑任务 Ⅰ 161

Baudenkmäler 纪念建筑物 Ⅰ 161ff.

Baukunst 建筑艺术 Ⅰ 93,161ff.

Bedeutung 意义、所指、指称、含义 Ⅰ 72f.,96f.,229f.,248f.,414ff.,436f.,476f.；Ⅱ 174f.,196f.,395

Befehl 命令 Ⅰ 339f.；Ⅱ 47,179,345

Begehung 进行 Ⅰ 128f.

Begierde 欲望、欲求 Ⅰ 19,257

Begriff, Begriffsgeschichte, Begrifflichkeit 概念、概念史、概念性 Ⅰ 4,400,407；Ⅱ 11f.,77ff.,90,292ff.,366,375ff.,460,494

Begriffsbildung 概念构成 Ⅰ 356ff.,432ff.；Ⅱ 77u.ö.,149f.,462

Begründung 理由、根据 Ⅰ 28f.,261,275；Ⅱ 484,505

Bewarrungskraft des Geistes 精神的保存力 Ⅰ 286,453

Beispiel 例证(参见 Exempel, Vorbild) Ⅰ 44f.,48,211

Beratung(=Euboulia) 劝告 Ⅱ 168ff.,315,467

Beredsamkeit 口才(参见 Rhetorik)

Beruf 职业 Ⅰ 19

Besonnenheit 审慎(参见 Phronesis)

Beurteilung(sittliche, ästhetische) 评判(伦理的、审美的) Ⅰ 328；Ⅱ 224,378

Beweis 证明 Ⅰ 29,436,471f.；Ⅱ 45,49,331,367

Bewußtsein 意识 Ⅰ 72f.,229,248f.,347ff.,360f.；Ⅱ 10f.,60f.,64,84,125f.,339

-Kritik 意识批判 Ⅱ 362f.,435f.

Bibel 《圣经》 Ⅰ 155,177ff.,187,190,200,282,330,335ff.；Ⅱ 94ff.,127,132,281,283ff.,296f.,308f.,311f.

Bibelkritik 《圣经》批判 Ⅰ 24,184f.,276；Ⅱ 122,277,404f.

Bild　形象、图像、绘画　Ⅰ　16f.，83f.，97，120ff.，139ff.，156ff.，412ff.，417ff.，491

- Geschichte des　绘画历史　Ⅰ　140f.
- Seinsvalenz des　绘画本体论意义　Ⅰ　144ff.
- Spiegeldbild　镜中之像　Ⅰ　143
- religiöses　宗教绘画　Ⅰ　147f.，154f.
- Sinnbild　意义形象　Ⅰ　82f.

Bildende Kunst　造型艺术　Ⅰ　139ff.

Bildung　教化　Ⅰ　15ff.，22f.，87ff.，367；Ⅱ　6，235，280

- ästhetische　审美教化　Ⅰ　23ff.，87ff.
- historische　历史教化　Ⅰ　12f.，22f.

Bildungsgesellschaft　教养社会、文化社会　Ⅰ　41，92f.；Ⅱ　221

Bildungsreligion　教化宗教　Ⅰ　15，85

Billigkeit(Aequitas，Epieikeia)　公正(公道，公平)　Ⅰ　323f.；Ⅱ　106，310f.

Biographie　传记　Ⅰ　67ff.，227f.

Biologie　生物学　Ⅰ　455ff.，463；Ⅱ　168

Boheme　生活放荡　Ⅰ　93

C

Causa　原因　Ⅱ　69

Characteristica universalis　普遍语言　Ⅰ　420f.

Christentum　基督教　Ⅰ　24，45，79，84f.，136，145，178f.，213，243，292；Ⅱ　28，45，55，138f.，403ff.

Christologie　基督学　Ⅰ　145，432

Common sense　共通感　Ⅰ　24ff.，37；Ⅱ　236，330

Complicatio　综合，概括　Ⅰ　439

Concinnitas 风格 Ⅰ 140

Coniectura 揣想 Ⅰ 441

Copia 丰富的观察角度 Ⅱ 273,467

Critica 批评法、考证 Ⅰ 26;Ⅱ 111,254,313,497

D

Dabeisein 共在(参见 Teilhabe)

Darstellung 表现 Ⅰ 50,58,80f.,113ff.,142ff.,156ff.,414f.,488f.;Ⅱ 375f.

Dasein 此在 Ⅰ 258ff.;Ⅱ 29ff.,33f.,54,102,331,335

Deinos 能对付任何情况的人 Ⅰ 329

Dekonstruktion 解构 Ⅱ 11,114,333,361ff.

Dekoration 装饰物 Ⅰ 43,50ff.,162ff.;Ⅱ 377f.

Denken 思想、思维 Ⅰ 267f.,335ff.;Ⅱ 200,210,294,298,336,372,396,502

- Dialog der Seele 作为灵魂对话的思维 Ⅱ 110,152,184,200,505

Destruktion 摧毁、解析 Ⅱ 366ff.,435f.,484,505

Dialektik 辩证法 Ⅰ 189f.,192,346ff.,368ff.,396,412,426f.,469ff.;Ⅱ 52,306ff.;332,354,366ff.,502

Dialog 对话(参见 Denken/Gespräch)

Dianoia(Diskursivität) 推论性 Ⅰ 411f.,426f.

Dichter(-Historiker) 诗人(历史学家) Ⅰ 215f.;Ⅱ 141

-(- Philosoph) 诗人(哲学家) Ⅰ 279

Dichtung 诗、文学作品 Ⅰ 122f.,165ff.,192f.,453,473f.;Ⅱ 198,351ff.,508

Differenz,ontologische 差别、区分,本体论的 Ⅰ 261f.,460f.;Ⅱ 368,372

- différence 区分、延异 Ⅱ 371

Ding 事物 Ⅰ 459f.

Diskontinuität 非连续性 Ⅱ 136ff.

Diskursivität 推论性(参见 Dianoia)

Distanz 距离、间距 Ⅰ 12f., 135, 137, 301f., 448, 457; Ⅱ 8f., 22, 32, 63, 143, 221, 351, 476

Divination 预感 Ⅰ 193, 215; Ⅱ 14f., 61

Docta ignorantia 博学的无知 Ⅰ 26, 368f.; Ⅱ 501

Dogmatik, historische, juristiche 教义学、独断论、历史的、法学的 Ⅰ 332ff.

- wissenschaftliche 科学的 Ⅱ 506

Dolmetscher 翻译者(参见 Interpretation) Ⅰ 313, 387f.; Ⅱ 153f., 264, 294f., 350f., 419

Doxa 意见 Ⅰ 371f.; Ⅱ 497

Durée 所与 Ⅰ 74

Dynamis(Potenz) 潜能(能力) Ⅰ 27, 34, 210, 428; Ⅱ 274, 467, 486

E

Eigenbedeutsamkeit 自身意味性 Ⅰ 95

Eikos, Verisimile(das Einleuchtende) 模仿的、似真的(明显的) Ⅰ 26f., 488f.; Ⅱ 111, 234f., 280, 499

Einbildungskraft(produktive) 想象力(创造性的) Ⅰ 52, 58f.

Einfachheit(des Lebens) (生活的)简单性 Ⅰ 34

Einfall 突然产生的思想(念头) Ⅰ 24, 271, 372, 468; Ⅱ 206

Einfühlung 移情 Ⅰ 47, 254; Ⅱ 57, 223, 284

Einheit(=Identität) 统一性(同一性) Ⅱ 7f., 16f., 86, 174f.

- Zwei-Einheit, spekulative 思辨的二合一 Ⅱ 370

Einheit und Vielfalt 统一和多样性 Ⅰ 430f.，461ff.；Ⅱ 80
- der Weltgeschichte 世界史的统一和多样性 Ⅰ 211f.
- von Denken und Sprechen 思维和语言的统一和多样性 Ⅰ 406
Einsicht 洞见 Ⅰ 328，362
Einzelfall(Produktivität dess.) 个别事例(生产性)(参见 Urteilskraft)
Eleos 怜悯 Ⅰ 135f.
Eloquentia 口才 Ⅰ 25，27
Emanation 流射(溢)说 Ⅰ 145f.，427，438f.；Ⅱ 384ff.
Emanzipation 解放、释放 Ⅰ 241，243，249f.，257，270ff.，469
Empeiria 经验(参见 Erfahrung 即 Empeiria)
Empirismus 经验主义 Ⅰ 12，14，216，222
Endlichkeit(des Menschen, der geschichtlichen Erfahrung) 有限性(人类的有限性，历史经验的有限性) Ⅰ 105，125，137，236ff.，280f.，363，428ff.，461，475f.，483f.；Ⅱ 28f.，40ff.，54，331，333，470
- und Sprachlichkeit 有限性与语言性 Ⅰ 460ff.
Energeia, Energie 现实活动，实现，能 Ⅰ 116，118，218，230，236，247，444，463；Ⅱ 308，486
Entfremdung, Verfremdung 异化，疏异化(参见 Fremdheit)
Enthusiasmus 激情主义、狂热 Ⅰ 130f.
Entscheidung, sittliche 决定、抉择，伦理的抉择 Ⅰ 322f.；Ⅱ 135，168，303，324，427f.，486f.
Entwurf 筹划 Ⅰ 266ff.；Ⅱ 59f. u. ö.，168
Enumeratio simplex 简单枚举法 Ⅰ 354
Epagoge(Induktion) 归纳 Ⅰ 354ff.，436；Ⅱ 149，200，228f.
Epieikeia 公道、公正(参见 Billigkeit)

Episteme 理性知识、纯粹科学　Ⅰ　319；Ⅱ　78

epoche 悬置　Ⅰ　250

Epoche 时代　Ⅱ　136f.，252f.

Erfahrung 经验　Ⅰ　10f.，105f.，320f.，352ff.，421，463f.；469；Ⅱ　69，79f.，149f.，200

- geschichtliche 历史经验　Ⅰ　225f.，244f.；Ⅱ　29ff.，112，136ff.，332f.，418，471

- hermeneutische 诠释学经验　Ⅰ　353ff.，363f.，387ff.，432，469；Ⅱ　115ff.，224f.，238，466，484，492

- dialektischer Prozeß der 经验的辩证过程　Ⅰ　359ff.，271

- des Du 你的经验　Ⅰ　364ff.；Ⅱ　35，104，210f.，223，445f.，504f.

- und Wort 经验与语词　Ⅰ　421

- der Dialektik 辩证法的经验　Ⅰ　468f.；Ⅱ　270f.

Erhabene 崇高　Ⅰ　57

Erinnerung 回忆　Ⅰ　21，72f.，173；Ⅱ　145

Erkenntnistheorie 认识论　Ⅰ　71f.，224ff.，254，258；Ⅱ　28ff.，69f.，387f.，397

Erlebnis 体验　Ⅰ　66ff.

- Wortgeschichte 体验的词义史　Ⅰ　66ff.

- Begriff 体验概念　Ⅰ　170ff.，100f.，227，236，239f.，254，281；Ⅱ　30ff.

- ästhetisches 审美体验　Ⅰ　75f.，100f.

Erlebniskunst 体验艺术　Ⅰ　76ff.，85f.，93；Ⅱ　379

Erscheinung 现象　Ⅰ　348f.，486f.

Eruditio 博学　Ⅰ　23

Erziehung 教育　Ⅰ　26，237；Ⅱ　172，305，308，326，433

- ästhetische 审美教育　Ⅰ　88

Eschatologie 转世论、末世论 Ⅰ 211f., 431；Ⅱ 407f.

Ethik/Ethos 伦理学（参见 Phronesis, Praxis） Ⅰ 45, 317f.；Ⅱ 308, 315f., 325f., 433, 469, 500

Euboulia 劝告（参见 Beratung）

Exemplum 范例（参见 Beispiel, Vorbild） Ⅰ 211

Existenz 存在 Ⅰ 258ff.；Ⅱ 54, 103, 369, 427f.

- ästhetische 审美存在 Ⅰ 101f.

Existenzideal 生存理想 Ⅰ 267f.

Experiment 实验 Ⅰ 220f., 354；Ⅱ 457f.

Experte, Expertentum 专家、专家统治、专家技术（参见 Techne） Ⅱ 159ff., 182, 251f., 256f., 316, 324, 454

F

Faktizität 实际性、事实性 Ⅰ 259f., 268f.；Ⅱ 323, 331f., 335, 428, 433

Fest 节日庆典 Ⅰ 128f.

Form 形式 Ⅰ 16f., 83f., 97f.

- innere 内在形式 Ⅰ 137, 444

Forma, formatio 形式、形成 Ⅰ 16f., 427f., 441, 491

Forschung 研究 Ⅰ 219；Ⅱ 38ff., 52ff., 225ff., 248

Frage 问题、提问 Ⅰ 304ff., 368ff., 374ff.；Ⅱ 6, 52ff., 64, 82ff., 153, 179, 193, 205, 503

Freiheit 自由 Ⅰ 10, 14, 87f., 209ff., 218ff.；Ⅱ 39, 41f., 44, 81ff., 187

- Umweltfreiheit 无环境性（环境自由） Ⅰ 448

Fremdheit 陌生性（参见 Andere, Andersheit） Ⅰ 19f., 183, 195, 300；Ⅱ 35, 55, 61ff., 122f., 143, 183, 187, 235, 264, 285, 313,

419，436

- Entfremdung, Verfremdung　异化，疏异化　Ⅰ　19，90，168f.，172，390f.；Ⅱ　181，219u.ö.

Freundschaft　友谊　Ⅰ　30；Ⅱ　211，312，315，417f.

Fundamentalontologie　基础本体论　Ⅰ　223，261f.；Ⅱ　362f.

Fürsorge　关怀、照顾、烦神　Ⅰ　366

G

Ganzes(Teil), Ganzheit　整体(部分)，整体性　Ⅰ　76，179f.，194f.，202，227f.，296，463；Ⅱ　31，57，287，307，462

Gattungen(literarische)　类型(文学类型)　Ⅰ　294

Gattungslogik　类型逻辑　Ⅰ　432ff.；Ⅱ　87，366

Gebilde　构成物、创造物　Ⅰ　116ff.，138；Ⅱ　177，357ff.，508

Gedächtnis(Mneme)　记忆(回忆)　Ⅰ　21，355；Ⅱ　149

Gefühl(Sentiment)　情感(感受性)　Ⅰ　34，38，46，49，90ff.，194

- Qualitätsgefühl　质感　Ⅰ 194，215，257

Gegebenes　所与　Ⅰ　71f.，231，246f.，248f.；Ⅱ　339f.

Geist　精神　Ⅰ　19，104，214，231ff.，247f.，349u.ö.，354u.ö.，397，441，461；Ⅱ　71f.，105，262，270f.，435f.

- objektiver　客观精神　Ⅰ　233ff.；Ⅱ　32，362，367

Geisteswissenschaften　精神科学　Ⅰ　9—15，28ff.，46f.，90，104f.，170f.，222ff.，238ff.，263，286ff.，479；Ⅱ　3，28u.ö.，37ff.，50u.ö.，98u.ö.，238，260u.ö.，387u.ö.，438u.ö.，497u.ö.

Gelehrtenlatein　学者之拉丁语　Ⅰ　440

Genie, Genialität　天才，天才性(参见 Kongenialität)　Ⅰ　59ff.，61ff.，70，

98ff., 193, 196; Ⅱ 75, 417

Geschehen 事件、事件之发生 Ⅰ 105, 314, 379, 423, 430f., 476, 488, 491f.; Ⅱ 63, 130, 135ff., 240f., 322f., 332f., 378

- überlieferungsgeschehen 传统过程、传承事件 Ⅰ 295, 314 u. ö.; Ⅱ 62ff., 445f.

- Sprachgeschehen 言语过程 Ⅰ 465, 474f.

Geschichte 历史（参见 Historie, Historik usw.） Ⅰ 200ff., 208ff., 226ff. u. ö.; Ⅱ 27ff., 31f., 36, 48f., 59, 133ff., 413f., 445

- der Philosophie 哲学史 Ⅱ 504

Geschichtlichkeit 历史性（参见 Historisches Bewußtsein）

Geschmack 趣味、鉴赏 Ⅰ 32, 37, 40ff., 45ff., 61ff., 87, 90ff.; Ⅱ 375, 440

- und Genie 趣味与天才 Ⅰ 59ff.

- Idee der Vollendung des 完美趣味的理念 Ⅰ 62f.

Gesellschaft 社会 Ⅰ 10, 36, 41, 45, 90ff.; Ⅱ 239, 269, 274, 317, 320

Gesetz 法则、法律 Ⅰ 10ff., 44, 246, 313f., 323f., 330ff., 365; Ⅱ 278, 285, 400ff.

Gesetzespositivismus 法学实证主义 Ⅰ 323; Ⅱ 392, 400

Gespräch (Dialog, Sprechen) 谈话（对话、讲话） Ⅰ 189, 192, 383f.; Ⅱ 6ff., 58ff., 112ff., 151ff., 200, 207ff., 332 u. ö., 500ff.

- hermeneutisches 诠释学谈话 Ⅰ 373ff., 391, 465ff.; Ⅱ 238

Gestalt 形式、形态、格式塔 Ⅰ 234; Ⅱ 358f.

Gewissen 良知 Ⅰ 217, 220f., 349; Ⅱ 485

Gewißheit 确实性 Ⅰ 243; Ⅱ 45, 48, 300

Geworfenheit 被抛状态 Ⅰ 266f.; Ⅱ 9ff., 124f.

Glaube 信仰、信念 Ⅰ 132, 267, 335ff.; Ⅱ 102, 121ff., 285, 312, 406, 430

Gleichzeitigkeit 共时性（参见 Simultaneität）

Gott, Gottheit, Göttliche　上帝，神性，神性的　Ⅰ　34，215f.，324，336，363，422ff.，442，489f.；Ⅱ　28，71，129ff.，202，220

Glück　幸福　Ⅱ　468

Grammatik　语法　Ⅰ　418，436；Ⅱ　73，84，202，233，338，342

Gusto　趣味（参见 Geschmack）

Gutes (Idee des Guten, agathon)　善（善的理念）　Ⅰ　27f.，317，482ff.；Ⅱ　266，275，291，304u.ö.，422，455

H

Harmonie, dorische　和谐，多立克式的　Ⅱ　501

Hellenismus　古希腊文化　Ⅰ　292；Ⅱ　366

Hermeneutik　诠释学　Ⅰ　169ff.，177ff. u.ö.，300ff.，312ff.，330ff.，346ff.；Ⅱ　5ff. u.ö.，57ff.，110ff.，178ff.，219ff. u.ö.，297，301ff. u.ö.，419ff.，493ff.

- romantische　浪漫主义诠释学　Ⅰ　177ff.，201ff.，227f.，245，301f.，392；Ⅱ　97ff.，121f.，222f.

- reformatorische　宗教改革时期诠释学　Ⅰ　177ff.；Ⅱ　94f.，277，311f.

- theologische　神学诠释学　Ⅰ　177，312ff.，335ff.；Ⅱ　93ff.，101ff.，125ff.，281ff.，391f.，403ff.

- juristische　法学诠释学　Ⅰ　44，314ff.，330ff.；Ⅱ　67f.，106f.，278，310f.，392f.，430

- Universalität d. H.　诠释学的普遍性　Ⅱ　110f. u.ö.，186u.ö.，201ff.，219ff.，242u.ö.，255ff.，312ff. u.ö.，439ff.

Herrschaft-Knechtschaft　统治-奴役　Ⅰ　365f.；Ⅱ　68，203，242，250，336

Herrschaftswissen　统治知识　Ⅰ　316，455

Herstellung　制造、生产　Ⅰ　99f.；Ⅱ　252，303，308

Hexis 存在 Ⅰ 27,317ff.

Historie 历史 Ⅰ 28f.，91，172f. u. ö.；Ⅱ 27ff.，33，221，321

Historik 历史学 Ⅰ 47，181，201ff.，216f.，226ff.，340ff.；Ⅱ 20f.，441f.

Historisches Bewußtsein＝Wissen um die eigene Geschichtlichkeit 历史意识＝关于自身历史性的知识 Ⅰ 4，173f.，233u. ö.，300ff.，399ff. u. ö.；Ⅱ 27u. ö.，64f.，100u. ö.，124f.，134u. ö.，221u. ö.，240，262f.，299f.，410ff.

- Historisches Wissen,Bildung,Verstehen 历史知识,教化,理解 Ⅰ 12，19f.，91f.，172，332f.，344f.，366ff.，399ff. u. ö.

- Selbstvergessenheit des H. B. 历史意识的自我遗忘性 Ⅰ 174u. ö.

Historismus 历史主义 Ⅰ 201ff.，222ff.，275，278，305ff. u. ö.；Ⅱ 38，63，99f.，221ff.，240，389ff.，414ff.

Hoffnung 希望 Ⅰ 355

Hören 倾听 Ⅰ 367，466f.；Ⅱ 213f.，350，352f.，357ff.，371，473ff.

Horizont 视域、边缘域、视界 Ⅰ 249f.，307ff.，375，379ff.，398；Ⅱ 30，38，53，55f.，76，369，417，506

Horizontverschmelzung 视域融合 Ⅰ 311f.，380f.，401；Ⅱ 14，55，109，351，436，475

Humaniora 古典人文学科(参见 Geisteswissenschaften)

Humanismus 人道主义、人文主义 Ⅰ 14ff.，23f.，178，198，206，291，343；Ⅱ 99，122，279，284，288f.，292，296，383，433

Humanitas 人文主义的 Ⅰ 30；Ⅱ 214

Humour 幽默 Ⅰ 30

Hyle 物质、质料(参见 Materie)

I

Ich‑Du‑Verhältnis 我-你-关系 Ⅰ 254，364ff.；Ⅱ 35，54，211

Idealismus 唯心论、理想主义 Ⅰ 252f.，451f.；Ⅱ 9f.，69f.，125，245

‑ deutscher(spekulativer) 德国(思辨)唯心论 Ⅰ 11，65，105，221f.，246f.，255ff. u. ö.，464；Ⅱ 32，71，126，241f.，264，366f.

Idee 理念、观念 Ⅰ 53ff.，58，83f.，87，205，219，317，484ff. u. ö.；Ⅱ 35，73，235，370，402，488，501ff.

Identität 同一性(参见 Einheit)

Identitätsphilosophie 同一哲学 Ⅰ 256；Ⅱ 362，388，470f.

Ideologiekritik 意识形态批判 Ⅱ 114f.，181ff.，201，241，258，349，434，465f.，500

Idiota 无学问的人 Ⅰ 26，441f.；Ⅱ 38，50，172，306

Idola 假相 Ⅰ 355；Ⅱ 79

illuminatio 澄明 Ⅰ 489

Immanenz 内在性 Ⅱ 335，446

Individualität 个体性 Ⅰ 10，183f.，193ff.，211，217f.，229ff.，347，443f.；Ⅱ 15，21，63，98，173f.，210f.，221，313f.，330，426

Individuum, weltgeschichtliches 世界历史性的个体 Ⅰ 208，376；Ⅱ 105

Induktion 归纳(参见 Epagoge) Ⅰ 9ff.，354f.，421，433；Ⅱ 112

Industrialisierung 工业化 Ⅱ 199，231，260

Inkarnation 道成肉身 Ⅰ 145ff.，422ff.，432f.；Ⅱ 247

Innerlichkeit 内在性 Ⅰ 210，217

‑ des Wortes 话语的内在性 Ⅰ 425ff.

Innesein 内在存在 Ⅰ 71，227，239f.，257f.；Ⅱ 251，387

Instinkt 本能 Ⅰ 34

Instrumentalistische Zeichentheorie　工具主义符号理论　Ⅰ　408ff., 420f., 436ff., 450f.

Integration　组合　Ⅰ　169ff.

Intellectus agens　创造的理智　(参见 Verstand)　Ⅰ　487

- archetypus　原型理智　Ⅱ　246

- purus　纯粹理智　Ⅱ　266

- infinitus　无限理智　Ⅰ　214, 489f.; Ⅱ　412, 435, 500

Intentionalität　意向性　Ⅰ　72, 229, 247ff.

- anonyme　匿名的意向性　Ⅰ　249; Ⅱ　16, 245

Interesse, Interesselosigkeit　兴趣、功利、无功利性　Ⅰ　55ff., 492

Interpretation　解释(参见 Auslegumg)　Ⅰ　124f., 216f., 340ff.; Ⅱ　14ff., 36, 103, 283, 285f., 310, 339f., 434f.

Intersubjektivität　主体间性、众人通用　Ⅰ　252ff.

Intuition　直观、直觉　Ⅰ　35; Ⅱ　168

Ironie　讽刺术、反话　Ⅰ　300; Ⅱ　347f., 420, 501

J

Judicium　判断(参见 Urteilskraft)

Jurisprudenz　法学　Ⅰ　44; Ⅱ　311

K

Kairos　良机、机会　Ⅱ　32, 307

Kalon(das Schöne)　美　Ⅰ　481ff.

Katharsis　净化　Ⅰ　135

Kerygma　福音启示(布道)(参见 Verkündigung)

Kirche　教会　Ⅰ　155f.; Ⅱ　289, 292, 296, 311f.

Klassisch　古典型　Ⅰ　204f., 290ff.; Ⅱ　233f., 476

Koinonoemosyne(sensus communis)　共同思想力(共通感)　Ⅰ　30

Kommunikation　交往、交往理论　Ⅱ　114ff., 144, 189, 208ff., 256f., 265f., 274, 296, 344ff.

- verzerrte　扭曲的交往　Ⅱ　257, 266, 349f.

Kommunion　共享　Ⅰ　129, 137, 156; Ⅱ　431

Kompetenz, Kommunikative　交往能力　Ⅱ　265ff.

Kongenialität　同质性、与原著精神相符　Ⅰ　192ff., 221, 237f., 245, 295, 315f.; Ⅱ　105, 124, 395

Konstitutionstheorie, phänomenolog　现象学的构成理论　Ⅰ　252ff.; Ⅱ　371

Kontinuität des Daseins　此在的连续性　Ⅰ　74ff., 101f., 125f., 133, 138, 249f.; Ⅱ　134, 469

- der Geschichte　历史的连续性　Ⅰ　212f., 218f., 288f.; Ⅱ　135ff.

Konvention　惯例、约定(参见 Ubereinkommen)　Ⅱ　203f., 401

Konventionalismus, juristischer　约定主义、法学约定主义　Ⅰ　324f.

- sprachtheoretischer, sprachlicher　语言理论,语言的约定主义(论)　Ⅰ　409ff.; Ⅱ　176, 190, 365

Korrelationsforschung　相关关系研究　Ⅰ　248ff.

Korrespondenz　通信　Ⅰ　374f.

Kosmos　宇宙　Ⅰ　56f., 484; Ⅱ　28, 381, 413

Kraft　力　Ⅰ　209ff., 217ff., 230ff.; Ⅱ　31f., 177, 426, 490

Krise　危机、转换期　Ⅰ　208

Kult　宗教膜拜　Ⅰ　114f., 121, 132f.

kultivierung　培养、教化　Ⅰ　17, 56

Kultur　文化　Ⅰ　16, 38f., 49f.; Ⅱ　224, 226, 237, 322

Kulturkritik　文化批判　Ⅱ　159f., 171, 251

Kunste, transitorische 流动性艺术　Ⅰ　142f., 152；Ⅱ　477
- reproduktive　再现艺术　Ⅰ　152
Kunst　艺术　Ⅰ　55ff., 61ff., 88ff., 101ff., 233ff., 239f., 302f., 480ff.；Ⅱ　5, 220f., 472ff., 481
- des Fragens, des Gesprächs　提问的艺术，谈话的艺术　Ⅰ　371ff.
- des Verstehehens　理解的艺术　Ⅰ　169f., 192
- des Schreibens　书写的艺术　Ⅰ　167, 397
- Erfahrung der K.　艺术经验　Ⅱ　7, 14, 17, 108, 332, 378, 432, 471f., 495
Kunstlehre　技艺学（参见 Techne）
Kunstler, künstlerisch　艺术家，艺术家的　Ⅰ　94f., 116, 123, 192f.；Ⅱ　220
Kunstwerk　艺术作品　Ⅰ　90ff., 99ff., 113f.；Ⅱ　75, 313u. ö., 476u. ö.

L

Lebensphilosophie　生命哲学　Ⅰ　223, 235ff.；Ⅱ　465
Leben　生命、生活　Ⅰ　34ff., 69, 72ff., 190, 215, 226ff., 231f., 236f., 239ff., 263；Ⅱ　30ff., 45, 102f., 140f., 337
Lebenswelt　生活世界　Ⅰ　251f., 353f.；Ⅱ　323, 361
Lektüre, Leser　读物，读者　Ⅰ　153, 165f., 195, 273, 339, 394ff.；Ⅱ　21, 351
- ursprünglicher　原本读物、原始读者　Ⅰ　397ff.；Ⅱ　343
Lesen　阅读　Ⅰ　94f., 124[A], 153[A], 165ff., 254, 345f.；Ⅱ　17ff., 61, 205, 233, 297ff. u. ö., 356ff.
- Lesbarkeit　可读性　Ⅱ　341f., 353
Literatur　文学　Ⅰ　165ff., 395；Ⅱ　4, 17, 180, 209, 284, 305ff.

Locus 空间(参见 Topos)

Logik(Syllogistik) 逻辑(三段论) Ⅰ 247,371,432f.；Ⅱ 47,49f.,193,280,294f.,421

Logikkalkül 逻辑演算 Ⅰ 419；Ⅱ 192

Logos 逻各斯 Ⅰ 224f.,317ff.,356,373ff.,409,415ff.,423ff.,433f.,460；Ⅱ 43,46ff.,146,148,333,336

Lüge 谎言 Ⅱ 180

M

Maieutik 助产术 Ⅰ 373f.

Manier 格调 Ⅱ 375f.

Materie 物质 Ⅱ 87

Meinung 意见(参见 Doxa)

- Vormeinung(Vorverständnis) 前意见(前理解) Ⅰ 272f.,299ff.；Ⅱ 52f.,59ff.

Mens auctoris 作者的意思(参见 Autor)

Menschenkenntnis 人性知识 Ⅰ 364；Ⅱ 162,315

Mesotes 中庸 Ⅰ 45f.,317ff.；Ⅱ 315f.

Metapher,Metaphorik 譬喻(隐喻),隐喻术 Ⅰ 81,108,433ff.；Ⅱ 176,355ff.,462

Metaphysik 形而上学 Ⅰ 206ff.,462ff.；Ⅱ 10u.ö.,202u.ö.

- dogmatische 独断论的形而上学 Ⅰ 471；Ⅱ 187

- Überwindung der M. 形而上学之克服 Ⅱ 333ff.,368ff.,502f.

Metasprache 元语言 Ⅰ 418；Ⅱ 50

Methexis 分有、参与(参见 Teilhabe)

Method 方法 Ⅰ 11,13f.,29,177f.,182,185u.ö.,254,287,354f.,

364f., 463ff.；Ⅱ　38，45u. ö.，186，226u. ö.，248，394，438u. ö.

Mimesis(Nachahmung)　模仿　Ⅰ　118ff.，139u. ö.，414；Ⅱ　501

Mißverständnis/Mißverstand　误解　Ⅰ　188ff.，273u. ö.；Ⅱ　222ff.，237，313，343

Mitleid　同情　Ⅰ　133，135ff.

Mittel – Zweck　工具-目的　Ⅰ　326f.，364，463

Mneme　记忆(参见 Gedächtnis)

Mode　样式、方式　Ⅰ　42f.；Ⅱ　51，228

Modell　模型　Ⅰ　320；Ⅱ　307，323，328

Monolog　独白　Ⅱ　207，211u. ö.，256，370，498f.

Mounment　纪念碑　Ⅰ　154

Moral, provisorische　应急性的道德　Ⅰ　283f.

Moralphilosophie　道德哲学　Ⅰ　30f.，36，38f.，285，317ff.；Ⅱ　187，304f.，308，327

Moral science　道德科学　Ⅰ　9，318f.；Ⅱ　320，327，450

Motiv　动机　Ⅰ　98

Motivation　引起、起因　Ⅰ　382f.，475

Museum　博物馆　Ⅰ　92f.，139f.

Mündlichkeit　口诵(参见 Schriftlichkeit Text)　Ⅰ　11，192，201ff.，221u. o.，263，328；Ⅱ　236，342，346，419

Musik, absolute　音乐、绝对的音乐　197，152f.，169；Ⅱ　31，90，340，358，385

– Hausmusik　家庭音乐　Ⅰ　115f.

Mythologie　神话学　Ⅰ　82f.，93；Ⅱ　390f.

Mythos　神话　Ⅰ　85ff.，114，138，278u. ö.，351u. o.；Ⅱ　33，36，

101f. , 126ff. , 380

N

Nachahmung　模仿(参见 Mimesis)

Nachsicht　宽容　Ⅰ　328f.

Nachfolge (Imitatio)　顺从(模仿)(参见 Vorbild)　Ⅰ　48，286，343；Ⅱ　99，122，279，296，300

Name, Onoma　名称，名字(参见 Wort)　Ⅰ　409ff. ,433f. ,441f. ；Ⅱ　73

Natur　自然　Ⅰ　16ff. , 34 , 354f. ；Ⅱ　27f. , 381 , 413f.

- schönheit　自然美　Ⅰ　57ff. , 63

- recht　自然法　Ⅰ　12, 28, 30, 275, 324f. ；Ⅱ　401f. , 415

- wissenschaften　自然科学　Ⅰ　10ff. , 24f. u. ö. , 46u. ö. , 130, 223ff. , 244, 263, 288, 455ff. , 463；Ⅱ　3, 37u. ö. , 251u. ö. , 337u. ö. , 439f. , 496

Naturrecht　自然法(参见 Natur)

Naturwüchsige Gesellschaft　近乎自然的社会　Ⅰ　279；Ⅱ　246

Negativität der Erfahrung　经验的否定性　Ⅰ　359f.

Neugierde　好奇　Ⅰ　131；Ⅱ　224f. , 325

Nihilismus　虚无主义　Ⅱ　38

Nominalismus　唯名论　Ⅰ　11ff. , 121, 439；Ⅱ　49f. , 71, 101

Nomos　法、法律(参见 Gesetz)　Ⅰ　285f. , 435f. ；Ⅱ　433

Notwendigkeit in der Geschichte　历史必然性(参见 Freiheit)　Ⅰ　210f. , 217f.

Nous　心灵、心智、神智　Ⅰ　34, 129, 327, 458u. ö. ；Ⅱ　362

O

Objektivismus, Objektivierbarkeit　客观主义，可对象性　Ⅰ　248ff. , 260u. ö. , 457, 480；Ⅱ　40, 48f. , 64, 69ff. , 124, 221, 240, 323, 356,

388f., 410, 435, 443f.

Offenbarung 启示 Ⅰ 336f.

Offenheit 开放性 Ⅰ 105, 273, 304 u. ö.; Ⅱ 8, 32, 63f., 52f., 380

- der Erfahrung 经验开放性 Ⅰ 104f., 361f. u. ö., 450f. u. ö.; Ⅱ 201, 230, 271, 505

- der Frage 问题开放性 Ⅰ 368ff., 380f.

- des Wirkungsgeschichtlichen Bewußtseins 效果历史意识开放性 Ⅰ 346, 367f.; Ⅱ 498

Okkasionalität 偶缘性

- des Kunstwerks 艺术作品的偶缘性 Ⅰ 149ff.; Ⅱ 379ff.

- der Auslegung 解(阐)释的偶缘性 Ⅰ 186f., 301f.

- der Sprache 语言的偶缘性 Ⅰ 462; Ⅱ 178, 195f.

Onoma 名称(参见 Name, Wort)

Ontotheologie 本体论神学 Ⅱ 12

Ordnung 秩序(参见 Kosmos) Ⅰ 57, 104, 110; Ⅱ 139, 155ff., 287, 381, 413f.

Orexis 努力 Ⅰ 317ff.

Ornament 装饰品 Ⅰ 50f., 163f.

Ornatus 装饰 Ⅱ 432

P

Pädagogik 教育学 Ⅰ 12f., 186f.

Paideia 教育 Ⅰ 23ff., 481

Pantheismus 泛神论 Ⅰ 202, 214f., 222

Parousie (Anwesenheit, Gegenwärtigkeit) 再现(在场,显现) Ⅰ 128f., 133, 485ff.

Patristik　教父学　Ⅰ　85，145，423ff.

Perfektionismus　至善论　Ⅰ　15，20，278ff.

Peitho　证明（参见 Überzeugung）

Phänomenologie　现象学　Ⅰ　89，246ff.，258ff.；Ⅱ　52，67，69，338，411f.，446

Philologie　语文学　Ⅰ　28u.ö.，177u.ö.，195ff.，201f.，287ff.，340ff.；Ⅱ　20f.，55，383，488

Phobos(Bangigkeit，Furcht)　畏惧（担忧）　Ⅰ　135f.

Phonozentrismus　音调中心主义　Ⅱ　371

Phronesis(prudentia，Vernünftigkeit)　实践智慧（审慎，合理性）　Ⅰ　25ff.，318ff.；Ⅱ　162，239，251ff.，311，315u.ö.，324u.ö.，422，485

Physik　物理学　Ⅰ　427ff.，435；Ⅱ　48，303

Physis　自然、本性　Ⅰ　17，318；Ⅱ　363f.

Poésie pure　纯诗　Ⅱ　474

Poetik　诗学　Ⅱ　431f.

Politik　政治学　Ⅱ　160ff.，235，252f.，267，314，318，327

Porträt　肖像　Ⅰ　150ff.

Positivismus　实证主义　Ⅰ　287ff.；Ⅱ　71f.，254，434

Praxis(prakt，Philosophie)　实践（实践哲学）　Ⅰ　25ff.，318ff.；Ⅱ　22f.，117，252ff.，275，289，302u.ö.，427u.ö.，454f.，468u.ö.

Predigt　布道　Ⅰ　132f.，336ff.；Ⅱ　97，132，312

Présence　在场　（参见 Anwesenheit）

Problem，Problemgeschichte　问题，问题史　Ⅰ　381ff.；Ⅱ　81ff.，113，482，484

Produktion(Produktivität)　生产（生产性，创造性）　Ⅰ　63ff. u.ö.，98ff.，

192f.，196ff.，301；Ⅱ 63，236

Profanität 世俗性 Ⅰ 155f.

Projektion 投射 Ⅰ 258

Pseudos(Täuschung, Trug, Falschheit) 虚假(欺骗,幻觉,错误) Ⅰ 412ff.，Ⅱ 50f.，235

Psychologie 心理学 Ⅰ 73f.，228ff.，341f.；Ⅱ 134，254，388

Psychophysik 心理生理学 Ⅰ 74

Pulchrum 美、漂亮(参见 Kalon, Schön)

Q

Quelle 源泉 Ⅰ 427；Ⅱ 34，383f.

Querelle des anciens et des modernes 古代与现代之争 Ⅰ 26，166，181；Ⅱ 263，299，414f.，444

R

Rat 劝告 Ⅰ 328；Ⅱ 315f.

Ratio, Rationalismus 理性,理性主义(唯理论) Ⅰ 34，49，198，275f.，419ff.，482f.；Ⅱ 276f.

Recht, Rechtshistorie, Rechtsdogmatik 法、法律,法学史,法学教义学 Ⅰ 44ff.，330ff.；Ⅱ 311，441ff.

- Rechtsschöpfung 法权创造 Ⅱ 310f.，346，399f.，426f.

Reduktion, phänomenologische 还原,现象学还原 Ⅰ 250f.，260；Ⅱ 412

Reflexion(Bewußtmachung) 反思(再意识) Ⅰ 71，94，239ff.，258，366ff.，430，486；Ⅱ 32，121u.ö.，239u.ö.，270u.ö.，302，317，469f.，500

- ästhetische 审美反思 Ⅰ 123，351

- transzendentale 先验反思 Ⅰ 249；Ⅱ 246f.，332，428
- äußere 外在反应 Ⅰ 468ff.

Reflexionsphilosophie 反思哲学 Ⅰ 240f.，346ff.，452u.ö.；Ⅱ 8，86

Reformation 宗教改革 Ⅰ 177f.，282；Ⅱ 279，282ff.，308f.，312

Regeneration 再生 Ⅰ 34

Regisseur 导演 Ⅰ 152；Ⅱ 263f.

Rekonstruktion 再造、重构 Ⅰ 171ff.，192，196

Relativismus 相对主义 Ⅰ 40，46，240f.，252，350，451；Ⅱ 30，38，40，201，230，262，299，399

Repräsentation 代表、表象、表现 Ⅰ 74f.，146f.，153f.，156f.，164，210f.；Ⅱ 12，72

Reproduktion 再现(参见 Darstellung) Ⅰ 82f.，122ff.，165，191u.ö.，315f.，403f.；Ⅱ 17，109，263f.，377f.，441

Respublica Litteraria 文字共和国 Ⅱ 27，295，298f.

Restauration 修复 Ⅰ 171f.，278；Ⅱ 263

Rhetorik 修辞学 Ⅰ 25ff.，77，179，382，488f.；Ⅱ 95f.，111，234u.ö.，273f.，276u.ö.，292u.ö.，320f.，466f.，486，498ff.

Rhythmus 节奏、韵律 Ⅱ 74f.

Richtungssinn 定向意义(参见 Sinn)

Roman 小说 Ⅰ 166

Romantik 浪漫派(参见 romantische Hermeneutik) Ⅰ 56，93，200u.ö.，277ff.；Ⅱ 122u.ö.，222，232，251，330

S

Sache, Sachlichkeit 事物、事情、事实性 Ⅰ 265，449，457ff.，467f.，489；Ⅱ 6，56ff.，66u.ö.

Sachlichkeit der Sprache 语言的事实性　Ⅰ　449，457f.；Ⅱ　6，56

Sage　传说(参见 Sprache)　Ⅰ　94，138，300；Ⅱ　63，498

Sakralität　宗教性、神圣性　Ⅰ　154ff.

Schauspiel　戏剧、观赏游戏　Ⅰ　114，122f.，133ff.

Schein, ästhetischer　现象，审美现象　Ⅰ　89ff.，484f.；Ⅱ　359f.

Schicksal　命运　Ⅰ　19，135f.；Ⅱ　32，36，138f.，202f.

Schmuck　装饰品(参见 Dekoration)

Schön，Schönheit　美

- freie, anhängende　自由美，依存美　Ⅰ　50ff.

- Natur- und Kunstschönheit　自然美和艺术美　Ⅰ　50，55f.，64，483f.

- Metaphysik des Schönen　美的形而上学　Ⅰ　481ff.；Ⅱ　359f.

Schöpfung，Schpöfer　创世，创世者　Ⅰ　420，438f.，483；Ⅱ　71

Schottische Philosophie　苏格兰哲学　Ⅰ　30，38

Schrift，Schriftlichkeit，Schreiben　文字，文字性，书写　Ⅰ　165ff.，276f.，393ff.；Ⅱ　204f.，236，283，296，308ff.，344ff.，419f.，474f.

Schuldtheorie, tragische　悲剧的过失理论　Ⅰ　137

Scopus(Gesichtspunkt)　眼界(观点)，目的　Ⅰ　164，186；Ⅱ　35，255，259，282，286，296，309，317，430

Seele　心灵　Ⅰ　462；Ⅱ　43，71，74f.，234ff.，255，287，298，315，370，501

Sein　存在　Ⅰ　105，145，261，459；Ⅱ　85f.，333f.，366ff.

- Seinserinnerung　存在回忆　Ⅱ　503

- Seinsvergessenheit　存在遗忘　Ⅰ　262；Ⅱ　333，368，372，447，502f.

- Seinsverständnis　存在理解(领悟)　Ⅱ　125，428f.

Selbstauslöschung　自我消除　Ⅰ　215，219，239，274；Ⅱ　60f.，221f.

Selbstbewußtsein　自我意识　Ⅰ　18，74，214f.，233f. u. ö.，257ff.；Ⅱ　9，

32，84，300，338，363，484f.

Selbsterhaltung 自我保存 Ⅰ 257

Selbsterkenntnis 自我认识 Ⅱ 40f.，336，407

Selbstvergessenheit 自我忘却 Ⅰ 131，133；Ⅱ 73，126ff.，150f.，178，198，372，485

- des historischen Bewußtseins 历史意识的自我忘却 Ⅱ 174u.ö.

Selbstverständnis(Bewußtmachung) 自我理解（再意识） Ⅰ 103，463ff.；Ⅱ 75f.，121ff.，255，406ff.

Sensus communis 共通感 Ⅰ 24ff.，37f.，39f.，49；Ⅱ 111

Sensualismus 感觉主义 Ⅰ 38；Ⅱ 80

Sentiment 感情(参见 Gefühl)

Simultaneität (Gleichzeitigkeit) 同时性（共时性） Ⅰ 91ff.，126ff.，395；Ⅱ 35，55，220，321，432，471f.

Sinn 意义(参见 Bedeutung) Ⅰ 71f.，297ff.，339，368ff.；477；Ⅱ 5，57u.ö.，178u.ö.，264f.，352ff.，368ff.，470u.ö.

- Richtungssinn 定向的意义 Ⅰ 368；Ⅱ 369

Sinn, Sinne (sensus) 感觉 Ⅰ 23ff.，30ff.，37f.；Ⅱ 210

Sitte, Sittlichkeit 道德，伦理性 Ⅰ 27f.，44，56f.，285，317ff.；Ⅱ 39，138，158，250，315f.

Situation 处境，境况 Ⅰ 45f.，307，317u.ö.，339，476；Ⅱ 51，53f.，164，275，315

Skulptur 雕塑 Ⅰ 141

Solidarität 团结 Ⅰ 30，37；Ⅱ 80，269f.，347

Sophia 智慧 Ⅰ 25u.ö.

Sozialingenieur 社会工程师 Ⅱ 452，459

Sozialwissenschaften 社会科学(参见 Gesellschaftsw) Ⅰ 10，364f.；Ⅱ 21f.，

114ff., 238ff., 248f., 451ff.

Spekulativ, Spekulation 思辨的,思辨 Ⅰ 223u.ö., 469ff.; Ⅱ 52, 370, 474

Spiegel, Spiegelung 镜, 反映 Ⅰ 143f., 429, 469f.; Ⅱ 73, 148, 222, 242f., 354

Spiel 游戏(参见 Sprache) Ⅱ 107ff., 491ff.; Ⅱ 5f., 60, 90, 128ff., 151ff., 259, 379f., 466, 495ff.

Sprache, Sprechen 语言, 讲话(参见 Gespräch) Ⅰ 200, 272f., 383ff., 433f. u.ö, 459ff., 467ff.; Ⅱ 5ff., 54ff. u.ö., 109ff., 125ff., 146ff. u.ö., 197f., 207u.ö., 231, 243u.ö., 332u.ö., 506ff.

– des Glaubens 信仰的语言 Ⅱ 408ff.

– der Natur 自然语言 Ⅰ 57, 478f.; Ⅱ 233, 434

– der Überlieferung 传承物语言 Ⅰ 339ff. u.ö.

– und Logos 语言和逻各斯 Ⅰ 409ff., 460u.ö.

– und Verbum 语言与话语 Ⅰ 422ff., 487; Ⅱ 80, 384

– Privatsprache 私有语言 Ⅱ 176

– Sprache der Metaphysik 形而上学语言 Ⅱ 332f., 356, 361ff., 366

Sprachspiel 语言游戏 Ⅱ 239, 245u.ö., 429

– Sprachvergessenheit 语言遗忘 Ⅱ 343, 361

– Ursprache 原始语言 Ⅰ 430, 448; Ⅱ 74, 147, 192, 365

– Virtualität der Sprache 语言效力 Ⅱ 204, 364, 370

Sprachlichkeit des Verstehens 理解的语言性 Ⅱ 64f., 73, 112, 143ff., 184ff., 232ff., 436, 444, 465, 496f.

Sprachnot, Sprachfindung 语言困境, 语言发明 Ⅱ 10, 83, 85f., 332, 367, 461, 507

Sprachphilosophie 语言哲学 Ⅰ 406f. u.ö., 443; Ⅱ 5f., 72ff., 147ff., 338, 361, 429

Sprachunbewußtheit 语言无意识 Ⅰ 272，383，407f.，409；Ⅱ 148

Spur Linie 踪迹线 Ⅱ 371

Staat 国家 Ⅰ 155f.

- idealer 理想国家 Ⅱ 413

- vs. Polis 国家与城邦 Ⅱ 418

Standpunkt der Kunst 艺术立脚点 Ⅰ 612ff.

Statistik 统计学 Ⅰ 306；Ⅱ 226

Stiftung 创建 Ⅰ 159f.

Stil 风格 Ⅰ 7，43f.，293f.；Ⅱ 352，375ff.

Struktur 结构 Ⅰ 227f.，235f.；Ⅱ 31，57，358，398

Subjekt, Subjektivität 主体，主体性 Ⅰ 228，250ff.，282u. ö.；Ⅱ 84，410ff.，446，505

Subjektivierung 主体化

der Ästhetik 美学主体化 Ⅰ 48ff.，87，98ff.

- als Methode 作为方法的主体化倾向 Ⅰ 73ff.

- des Schicksals 命运主体化 Ⅰ 136f.

Subjektivismus 主观主义 Ⅰ 101，105，148，261f. u. ö.，464；Ⅱ 70，75，124，331f.

Subordinationismus 等级从属说 Ⅰ 424

Substanz 实体 Ⅰ 20，286；Ⅰ 251f.，363，366，502f.

Subtilitas 技巧 Ⅰ 188，312；Ⅱ 97

Symbol, Symbolik 象征，象征手法、象征语言 Ⅰ 15，78ff.，158f.，408；Ⅱ 72

Sympathie 同情 Ⅰ 30，217，219，236f.

Synesis 理解 Ⅰ 328；Ⅱ 314

Syntheke 协定（参见 Übereinkommen）

Systembegriff 系统概念 Ⅰ 179；Ⅱ 484

T

Takt 机敏 Ⅰ 11f., 20f. u. ö., 34, 45；Ⅱ 40

Tathandlung 本原行动 Ⅱ 367

Tatsache 事实 Ⅱ 3f., 321f., 339, 388, 457f.

Tatsächlichkeit 事实性 Ⅱ 325, 327

Täuschung 失望 Ⅱ 40f.

Techne(ars) 技术 Ⅰ 320, 357；Ⅱ 23, 160ff., 252f., 304 u. ö.

- Kunstlehre 技艺学 Ⅰ 182, 270；Ⅱ 92 u. ö., 254, 312ff.

Technik 技术 Ⅱ 23, 48, 194, 203, 219, 225, 368

Teilhabe 分有 Ⅰ 129ff., 156, 215, 297, 395, 462, 485；Ⅱ 58, 259, 323

Teleologie 目的论 Ⅰ 60, 71, 207, 463f.；Ⅱ 228ff.

- der Geschichte 历史目的论 Ⅰ 203ff.；Ⅱ 412ff.

Terminus, Terminologie 术语 Ⅰ 419；Ⅱ 83f., 113, 176f., 191f., 196, 365f.

Text 文本（参见 Schriftlichkeit） Ⅰ 168, 265, 383；Ⅱ 17 u. ö., 233 u. ö., 337ff., 434 u. ö., 474 u. ö.

- eminenter 真正的（卓越的）文本 Ⅱ 348, 350ff., 475f., 508

Theologie 神学（参见 theol. Hermeneutik） Ⅰ 127, 177ff., 422ff.；Ⅱ 101f., 277f., 282ff., 409

- liberale 自由神学 Ⅱ 391, 429

- der Geschichte 历史神学 Ⅰ 204f.；Ⅱ 124

Theorie, theoretisch 理论，理论性的 Ⅰ 19, 27, 129f., 458f.；Ⅱ 233, 321f., 324f.

Tod 死亡 Ⅱ 141f.

Topica 论证法 Ⅰ 26；Ⅱ 282f., 430

Topos, Locus 空间 Ⅰ 437；Ⅱ 282f.

Totalität 整体性 Ⅱ 174, 176, 198, 460, 473, 506

Tradition 传统 Ⅰ 177f., 282, 285ff., 300ff., 364；Ⅱ 263, 268, 470

Tragödie, tragisch 悲剧, 悲剧的 Ⅰ 133ff., 362f.；Ⅱ 140f.

Trinität 三位一体 Ⅰ 422ff., 461

Tugend(Arete) 德行(善) Ⅰ 17, 30f., 317ff., 453；Ⅱ 290f., 315

Tyche 幸运 Ⅰ 321；Ⅱ 160, 352

Typologie 类型学 Ⅱ 100ff., 283, 389

U

Übereinkommen(Syntheke) 协定 Ⅰ 435f., 449；Ⅱ 16, 74, 146, 326

Überhellung 突出重点 Ⅰ 389, 404；Ⅱ 63, 382

Überlieferung 传承物(参见 Tradition) Ⅰ 165ff. u. ö., 280u. ö., 341ff., 363ff., 366, 393ff., 400, 445, 467；Ⅱ 20, 39ff., 62, 76, 143ff., 237, 241f., 370, 383, 443, 447

Übersetzung 翻译 Ⅰ 387ff., 450；Ⅱ 92, 153, 183, 197, 205f., 229f., 342, 348, 436

Überzeugung(Peitho) 证明 Ⅱ 236, 273f., 308, 431, 466, 499

Unabgeschlossenheit 无封闭性(参见 Offenheit)

Universalgeschichte 世界史 Ⅰ 201, 203ff., 235；Ⅱ 31, 34, 75, 240, 246

Universalität 普遍性(参见 Hermeneutik)

Universum, hermeneutisches 诠释学宇宙 Ⅱ 441, 466

Unmittelbarkeit 直接性(参见 Ästhet, Unmittelbarkeit) Ⅰ 101, 214f., 404

- des Verstehens 理解的直接性 Ⅰ 221

— der Gesprächssituation　谈话境遇的直接性　Ⅱ　344

Unterscheidung, ästhet　审美的区分（参见 Ästh, Unterscheidung）

Urbild　原型（参见 Bild）

Urkunde　证词（参见 Schrifthchkeit）　Ⅱ　344f.

Ursprache　原始语言（参见 Sprache）

Urteil　判断（参见 Aussage und Logos）

Urteilskraft(judicium)　判断力（法学的）　Ⅰ　27，31f.，36ff.；Ⅱ　97，278，307，310，328，455

— ästhetische　审美判断力　Ⅰ　43ff.，60f.

— reflektierende　反思性判断力　Ⅰ　37，44f.，61；Ⅱ　400，427

V

Vandalismus　汪达尔主义　Ⅰ　156

Veränderung　变化　Ⅰ　116，286；Ⅱ　268

Verbalismus　咬文嚼字　Ⅰ　355，463

Verblendung　迷惑、蒙蔽　Ⅰ　137，327

Verbum　话语、语词（动词）（参见 Wort）

Verfremdung(Entfremdung)　疏异化（异化）（参见 Fremdheit）

Vergessen　遗忘（参见 Selbst-，Seinsvergessen）　Ⅰ　21；Ⅱ　145，485

Vergleichung als Methode　作为方法的比较　Ⅰ　237f.，406

Verhör　盘问、审讯　Ⅱ　346

Verifikation　证实　Ⅱ　48，50，185

Verisimile　似真的（参见 Eikos）

Verkündigung　福音布道　Ⅰ　336ff.；Ⅱ　127ff.，138f.，286，312，345f.，407，426f.，430

Vermittlung　中介

- totale 整体的中介 Ⅰ 115ff., 123ff., 132; Ⅱ 362, 471
- geschichtliche 历史的中介 Ⅰ 162, 174, 221f., 295ff., 333f., 346u. ö.; Ⅱ 441ff.
- absolute 绝对的中介 Ⅰ 347ff.
Vernehmen(noein) 闻听 Ⅰ 416
Vernunft 理性 Ⅰ 33, 277, 283f., 349, 405, 425, 471; Ⅱ 22, 47, 52, 183, 187, 191, 204, 215, 255, 267, 269f., 274f., 327, 497
- historische 历史理性 Ⅱ 28, 32ff., 36, 387
- praktische 实践理性 Ⅱ 427f., 467ff., 499f.
Vernüftigkeit 合理性(参见 Phronesis)
Verschlüsselung/Entschlüsselung 伪装/揭露 Ⅰ 300; Ⅱ 284ff., 349
Versetzung 置身于 Ⅰ 193, 195, 308ff., 328f., 339, 389f. u. ö., 398; Ⅱ 61
Verstand 知性(参见 Intellectus) Ⅰ 52, 59, 80, 187, 276, 471f.
Verständigung, Einverständnis(Konsensus) 互相理解,达成一致意见(同意) Ⅰ 183, 297f.; Ⅱ 16ff., 116, 183u. ö., 225u. ö., 266u. ö., 342ff., 497
Verständnis(sittliches) 理解(伦理的) Ⅰ 328; Ⅱ 314ff.
Verstehen 理解(参见 Sprache, Sprachlichkeit) Ⅰ 183ff., 215, 219ff., 263ff.; Ⅱ 6ff., 30ff. u. ö., 52ff., 57ff., 103, 116f., 121ff., 222ff. u. ö., 330u. ö.
Verwandlung 转化 Ⅰ 116ff.
Verweilen 逗留(参见 Zeitlosigkeit des Kunstwerks) Ⅱ 359, 369
Vieldeutigkeit, produktive 多义性,生产性的 Ⅱ 380, 421f.
Vollendung 完成
- der Bildung 教化的完成(完满的教化) Ⅰ 20

- des Geschmacks   趣味的完成（完满的趣味） Ⅰ 62f.
- des historischen Bewußtseins   历史意识的完成 Ⅰ 233ff., 244；Ⅱ 32, 35, 42
- des hermeneutischen Bewußtseins   诠释学意识的完成 Ⅰ 367f.

Vollkommenheit   完全性（参见 Vorgriff der Vollkommenheit）

Vorbild   范本、模本，参见 Nachfolge   Ⅰ 48, 198, 290ff., 342ff.；Ⅱ 89, 330, 499

Vorgriff der Vollkommenheit   完全性前概念 Ⅰ 229f.；Ⅱ 61ff., 265

Vorhandenheit   现成在手状态（参见 Anwesenheit）

Vorurteil (praejudicium)   前见、成见（前判断） Ⅰ 275f.；Ⅱ 60ff., 181f.

- Konservative   保守性前见   Ⅱ 270f.
- produktive   创造性的前见   Ⅱ 261f., 434, 454
- Vorurteilslosigkeit   无前见   Ⅱ 34, 433f.

Vorverständnis   前理解   Ⅰ 272ff., 299ff.；Ⅱ 61, 240, 247, 277ff., 406

W

Wahrheit   真理   Ⅰ 1ff., 47, 103ff., 118, 174, 490f.；Ⅱ 37u.ö., 50ff., 71u.ö., 103, 220, 232, 411, 432, 482, 504

Wahrnehmung   感觉   Ⅱ 339

Wahrscheinlich   似真的（参见 Eikos）

Welt, Umwelt   世界，环境   Ⅰ 428, 446ff., 460；Ⅱ 34, 73f., 112, 149ff., 183, 202

Weltanschaung   世界观   Ⅰ 103f., 279f., 447；Ⅱ 78, 100

Wert, Wertung   价值、评价   Ⅰ 46, 63, 225, 243；Ⅱ 29f., 33, 38f., 133f., 163, 203, 221, 322, 334

- Wertphilosophie   价值哲学   Ⅱ 388f., 428, 458

Wesen   本质、存在（参见 Anwesenheit）   Ⅱ 369, 372

Wesenserkenntnis 本质认识 Ⅰ 120f., 434f.

Widersprüchlichkeit 矛盾性 Ⅰ 452；Ⅱ 416, 421

Wiedererkenntnis 再认识、重新认识 Ⅰ 119ff., 381；Ⅱ 149f., 200f., 229f.

Wiederholung 重复 Ⅱ 353, 477

Wille zur Macht 权力意志 Ⅰ 365；Ⅱ 103, 333f., 336, 372, 502

- zur Dauer 求传承的意志 Ⅰ 286ff., 395, 399

Wirklichkeit 实在（参见 Faktizität） Ⅰ 88f., 121, 347；Ⅱ 245, 380, 488

Wirkungsgeschichte, wirkungsgesch, Bewußtsein 效果历史, 效果历史意识 Ⅰ 305ff., 346, 348, 351f., 367f., 392f., 476f.；Ⅱ 5, 10f., 31u.ö., 64f., 106u.ö., 142f., 228ff., 239ff., 247, 441u.ö., 475f., 495

Wirkungszusammenhang(Bedeutungs-, Sinn-) 效果关系（意义的效果关系） Ⅱ 31, 134, 358, 461

Wissen 知识

- dist Erfahrung 明显经验知识 Ⅱ 271, 306ff., 314ff.

- des Allgemeinen 普遍知识 Ⅱ 149, 168, 200f.

Wissenschaft 科学（参见 Naturw., Geistesw., Historie） Ⅰ 241ff., 338ff., 457ff.；Ⅱ 37ff., 78u.ö., 155u.ö., 172, 181f., 186u.ö., 225u.ö., 280, 319u.ö., 449u.ö.

Wit 机智 Ⅰ 30

Wort(Onoma, Verbum) 话语、语词（名称，动词） Ⅰ 366u.ö., 409, 420, 422ff., 438ff., 487u.ö.；Ⅱ 80u.ö., 192u.ö., 298, 370f., 460

- Selbstpräsentation des 语词自我表现 Ⅱ 352ff.

- Wortspiel 语词游戏 Ⅱ 354

Z

Zahl 数 Ⅰ 416,420,438

Zeichen 符号 Ⅰ 157ff.,416ff.;Ⅱ 16,50,71f.,174,178,385

Zeigen 指示 Ⅰ 120,400,402,404;Ⅱ 47,334

Zeit, Zeitlichkeit 时间,时间性 Ⅰ 126ff.,231,261f.;Ⅱ 16,124,135ff.,356u.ö.

Zeitenabstand 时间距离(间距) Ⅰ 195,296ff.,302f.,316u.ö.;Ⅱ 8f.,63,109,264,403

Zeitgenossenschaft 同时代 Ⅰ 303f.,399

Zirkel, hermeneutischer 循环,诠释学循环 Ⅰ 179,194,270ff.,296ff.;Ⅱ 34,57ff.,224f.,331,335,357f.,406

Zugehörigkeit 从属、隶属 Ⅱ 114,129,131,134ff.,165f.,171,266u.ö.,295,319,335,420,462f.;Ⅱ 62ff.,379,434,450

Zuschauer 观赏者 Ⅰ 114f.,129f.,133ff.

Zweck, Zweckmäßigkeit 目的,合目的性 (参见 Teleologie) Ⅰ 28,56u.ö.,99f.,326f.,463;ⅡⅡ 158ff.,168ff.,194

Zweckrationalität 目的合理性 Ⅱ 163,194,272,326,467f.

Zweideutigkeit 歧义、含糊性 Ⅰ 492;Ⅱ 234ff.,271,301ff.,334,380,444

Zweifel 怀疑 Ⅰ 241f.,275;Ⅱ 45f.,103,320

Zwischen, hermeneutisches 中间地带,诠释学中间地带 Ⅰ 300;Ⅱ 63,338

人名索引(汉—德)

(索引所标页码均为德文原书页码,Ⅰ为第1卷,Ⅱ为第2卷,请查检中译本每页边码。)

阿多尔诺,Th. W.　Adorno, Th. W.　Ⅰ　153, 153, 279；Ⅱ　452, 472, 474, 493

阿尔加洛蒂　Algarotti　Ⅰ　80

阿芬那留斯,R.　Avenarius, R.　Ⅰ　250

阿那克西曼德　Anaximander　Ⅰ　128f.；Ⅱ　363f.

阿佩尔,K.-O　Apel, K.-O　Ⅰ　271, 452；Ⅱ　109f., 260, 263f., 265f., 272, 437, 443, 454, 470, 501

阿斯曼,A, u. J.　Assmann, A, u. J.　Ⅱ　402

阿斯特,F.　Ast, F.　Ⅰ　182, 189, 193f., 297；Ⅱ　58f., 463

阿图尔,亨克尔　Henkel, A.　Ⅱ　489

埃贝林,格哈德　Ebeling, G.　Ⅰ　177f., 180, 336；Ⅱ　391, 408, 410, 457

埃宾豪斯,H.　Ebbinghaus, H.　Ⅰ　229；Ⅱ　493

埃格布莱希特,H. H.　Eggebrecht, H. H.　Ⅱ　385

埃克哈特大师　Meister Eckhart　Ⅱ　461, 482, 502

埃内斯蒂　Ernesti　Ⅰ　180, 188；Ⅱ　97

埃塞尔,约瑟夫　Esser, J.　Ⅱ　392, 400, 457

人名索引(汉—德)

埃斯库罗斯　Aischylos　Ⅰ　134，355，357，362；Ⅱ　477

艾伯特，特奥　Ebert，Th.　Ⅱ　493

爱利亚学派　Eleatismus　Ⅰ　416，468

爱因斯坦，A.　Einstein，A.　Ⅱ　480

安茨，H.　Anz，H.　Ⅱ　11

安那克萨哥拉　Anaxagoras　Ⅰ　357

奥德布莱希特，R.　Odebrecht，R.　Ⅰ　55，98；Ⅱ　431，463

奥尔布莱希特-梯特卡　Olbrecht-Tyteca　Ⅱ　431，467

奥古斯丁　Augustin　Ⅰ　21，177，297，424ff.，487；Ⅱ　58，93ff.，111，123，130，135，288f.，295，298，300，371，443，491，502

奥森伯格　Osenberg　Ⅱ　490

奥特　Ott　Ⅱ　391，407f.

奥托，瓦尔特　Otto，W.　Ⅰ　128；Ⅱ　390f.，398

巴德尔，F.　Baader，F.　Ⅰ　126

巴尔特，卡尔　Barth，K.　Ⅰ　148；Ⅱ　391，403，481

巴赫，J. S.　Bach，J. S.　Ⅱ　477

巴霍芬，J. J.　Bachofen，J. J.　Ⅰ　15；Ⅱ　390

巴克尔　Buckle　Ⅰ　216f.

巴门尼德　Parmenides　Ⅰ　128f.，465；Ⅱ　85ff.，363f.

巴诺夫斯基，E.　Panofsky，E.　Ⅱ　375

巴图沙特，沃尔夫冈　Bartuschat，W.　Ⅱ　493

拜尔瓦尔特，W.　Beierwaltes，W.　Ⅰ　120

鲍尔，F. Ch.　Baur，F. Ch.　Ⅱ　405

鲍赫，K.　Bauch，K.　Ⅰ　143

鲍姆加登，A.　Baumgarten，A.　Ⅰ　36f.，79；Ⅱ　499，508

贝蒂，埃米里奥　Betti，E.　Ⅰ　264，315，331，333；Ⅱ　17，389，392ff.，

399, 406, 453, 457

贝多芬　Beethoven　Ⅱ　482

贝尔努利, J.　Bernoulli, J.　Ⅰ　33

贝尔特拉姆,恩斯特　Bertram, E.　Ⅱ　481

贝弗,赫尔姆特　Berve, H.　Ⅱ　490

贝克尔,奥斯卡　Becke, O.　Ⅰ　101f., 247, 260; Ⅱ　14, 411, 472

贝伦松,伯恩哈德　Berenson, B.　Ⅰ　97

贝纳, D.　Benner, D.　Ⅱ　457

贝特利　Bentley　Ⅰ　183

本亚明, W.　Benjamin, W.　Ⅱ　441, 472

比登迪伊克, F. J.　Buytendijk, F. J.　Ⅰ　108

比尔芬格尔, G. B.　Bilfinger, G. B.　Ⅱ　404

比塞尔,欧根　Biser, E.　Ⅱ　106, 457

波尔-罗亚尔　Port-Royal　Ⅰ　24

波尔曼,列奥　Pollmann, L.　Ⅱ　457

波尔特曼,阿道夫　Portmann, A.　Ⅰ　113

波拉尼, M.　Polanyi, M.　Ⅱ　505

波曼, C. v.　Bormann, C. v.　Ⅱ　471f.

波姆纳,阿尔弗雷德　Baeumler, A.　Ⅰ　43; Ⅱ　390

波普尔,卡尔　Poppre, K. R.　Ⅰ　359; Ⅱ　4, 452

伯克,奥古斯特　Boeckh, A.　Ⅰ　190, 197; Ⅱ　393, 497f.

伯克, E.　Burke, E.　Ⅰ　277

伯克曼,保罗　Böckmann, P.　Ⅰ　77

伯姆, G.　Boehm, G.　Ⅰ　139, 377; Ⅱ　17, 463

柏格森,亨利　Bergson, H.　Ⅰ　31, 69, 74, 247

柏拉图　Plato　Ⅰ　23, 27, 100, 117ff., 128f., 131, 150, 210, 276, 279,

320，350f.，368ff.，381，396，409ff.，426f.，433f.，461f.，482，484；Ⅱ 12，22，42f.，73，80，82，85f.，90，92f.，110，126，152，160ff.，184，200，209f.，287，293f.，302，305ff.，317f.，329，332f.，344，369f.，379，397，402，413，415，420，422f.，428，433，455f.，461，482，484ff.，500ff.，506ff.

柏拉图主义　Platonismus　Ⅱ　7，12，16，223，227，364，456，478，503

柏罗丁　Plotin　Ⅱ　298，383，482，502

博恩卡姆，G.　Bornkamm, G.　Ⅰ　199；Ⅱ　102，403

博尔诺，O. F.　Bollnow, O. F.　Ⅰ　126，197，223，230，267；Ⅱ　100，395

布伯，马丁　Buber, M.　Ⅱ　10，104，173，211

布勃纳，R.　Bubner, R.　Ⅰ　93；Ⅱ　203，270，493

布尔克哈德,雅各布　Burckhardt, J.　Ⅰ　214

布尔特曼,R.　Bultmann, R.　Ⅰ　267，336ff.；Ⅱ　101f.，121ff.，135，297，391，403，406ff.，429f.

布菲尔　Buffier　Ⅰ　31

布龙，J.　Bruns, J.　Ⅰ　151

布鲁门伯格,汉斯　Blumenberg, H.　Ⅰ　487；Ⅱ　391，403

布鲁纳,奥托　Brunner, O.　Ⅰ　15

布吕克,W.　Bröcker, W.　Ⅱ　262，401f.，486

布伦坦诺,F.　Brentano, F.　Ⅱ　245，500

察卡里阿,G.　Zaccaria, G.　Ⅱ　400

达兰贝尔　D'Alambert　Ⅰ　28

大马士革的约翰　Johannes Damascenus　Ⅰ　145

戴维森,D.　Davidson, D.　Ⅰ　300

德里,H.　Dörrie, H.　Ⅰ　362

德希达,J.　Derrida, J.　Ⅱ　4，7，11，13u.ö.，114，333，335，368ff.，382

德罗伊森, J. G.　Droysen, J. G.　Ⅰ　12, 202, 216ff. u. ö., 391; Ⅱ　99f., 123, 187, 240, 264, 387, 395, 426, 445

德谟克利特　Demokrit　Ⅱ　487

狄尔泰, W.　Dilthey, W.　Ⅰ　12f., 66ff., 156, 170, 177ff., 200, 202, 215, 222ff., 246ff.; Ⅱ　8, 15, 28ff., 52, 54, 56, 99ff., 113, 124, 133ff., 219, 232, 264, 277ff., 292f., 296f., 298f., 313f., 318, 322, 327, 330ff., 335, 358, 362, 387f., 395f., 405, 412, 416, 425f., 428, 435, 445, 463f., 474, 481, 492, 494

迪博斯　Dubos　Ⅰ　80

笛卡尔　Cartesius　Ⅰ　71f., 242f., 275, 282ff., 420; Ⅱ　48, 84, 103, 115f., 148, 161, 237, 267, 410, 418, 453

笛卡尔主义　Cartesianismus　Ⅰ　30, 242ff., 263

蒂克, L.　Tieck, L.　Ⅰ　66

蒂姆, H.　Diem, H.　Ⅱ　406

杜恒, 皮埃尔　Duhem, P.　Ⅰ　11, 224

厄廷格尔, F. Chr.　Oetinger, F. Chr.　Ⅰ　32ff., 489; Ⅱ　386, 404

恩格伯格-佩德逊, T.　Engberg-Pederson, T.　Ⅰ　327

恩斯特, 保罗　Ernst, P.　Ⅱ　480

梵谷, V.　Gogh, V.　Ⅱ　482

范苏里, C.　Vasoli, C.　Ⅰ　22

菲迪亚斯　Phidias　Ⅱ　477, 482

菲舍, Fr. Th.　Vischer, Fr. Th.　Ⅰ　85f.

费伯, K.-G.　Faber, K.-G.　Ⅰ　289; Ⅱ　390

费尔巴哈, L.　Feuerbach, L.　Ⅰ　148, 349

费内伦　Fénelon　Ⅰ　33

费希特, J. G.　Fichte, J. G.　Ⅰ　65, 69, 87, 102, 199, 230, 246, 346,

397；Ⅱ 12，97ff.，187，366f.，422，461，463

芬克，E. Fink, E. Ⅰ 89，131，252

芬克尔戴，约阿希姆 Finkeldei, J. Ⅰ 376

弗赖，D. Frey, D. Ⅰ 141，157

弗兰克，埃里希 Frank, E. Ⅰ 276

弗兰克，M. Frank, M. Ⅰ 190；Ⅱ 11，13ff.，370，404，464

弗兰西斯，M. Flacius, M. Ⅰ 276；Ⅱ 95f.，277f.，281f.，284ff.，292，296，299，463

弗朗茨 Franz, H. Ⅱ 278，410

弗勒里 Fleury Ⅰ 33

弗雷耶，汉斯 Freyer, H. Ⅱ 100，398

弗里德曼 Friedemann Ⅱ 501

弗里伦德尔，P. Friedländer, P. Ⅱ 483，486，501

弗洛伊德，S. Freud, S. Ⅱ 116，249，338，483

弗斯勒，K. Vossler, K. Ⅰ 474

伏尔哈德，E. Volhard, E. Ⅰ 86

福尔达，弗里德里希 Fulda, F. Ⅱ 493

福尔克曼-施鲁克，K.-H. Volkmann-Schluck, K.-H. Ⅰ 438，489，491

福里斯，H. Vries, H. Ⅱ 390

福里斯，J. de Vries, J. de Ⅱ 390f.

福斯勒，O. Vossler, O. Ⅰ 267；Ⅱ 221

福斯特霍夫，E. Forsthoff, E. Ⅰ 332

福克斯，恩斯特 Fuchs, E. Ⅰ 336；Ⅱ 109，391，408f.，430，457

盖尔德塞策，卢茨 Geldsetzer, L. Ⅱ 95，278，463

盖塞尔，K. Gaiser, K. Ⅱ 413

戈加滕，F. Gogarten, F. Ⅱ 10，104，211，406

戈捷,Th. Gauthier,Th. Ⅰ 321

哥德曼,卢奇 Goldmann,L. Ⅱ 477

哥特舍德 Gottsched Ⅰ 37

歌德 Goethe Ⅰ 67f.,76,81ff.,99,167,204f.,463；Ⅱ 177,192,210,300,357,376,489,491

格奥加德斯,T. Georgiades,T. Ⅰ 97；Ⅱ 18

格策,A. Götze,A. Ⅰ 104

格拉伯曼,M. Grabmann,M. Ⅰ 482

格接西安,巴尔塔扎 Gracian,B. Ⅰ 40ff.

格雷斯 Görres Ⅱ 390

格里姆,赫尔曼 Grimm,H. Ⅰ 68,305

格鲁德,K.-F. Gründer,K.-F. Ⅱ 457

格伦,A. Gehlen,A. Ⅰ 284,448；Ⅱ 416,432

格特曼-西弗特,A. Gethmann-Siefert,A. Ⅰ 64

贡多尔夫,弗里德里希 Gundolf F. Ⅰ 68,305；Ⅱ 481

古茨科,K. Gutzkow,K. Ⅰ 66

古德特,赫尔曼 Gundert,H. Ⅱ 235,420

瓜尔迪尼,R. Guardini,R. Ⅰ 376,492

哈贝马斯,约尔根 Habermas,J. Ⅰ 284,350；Ⅱ 4,21,110,114,203,234,238ff.,254f.,256ff.,269f.,272ff.,349,434,452,454,457,465f.,467,470f.,493,498

哈德尔,理查德 Harder,R. Ⅱ 383f.

哈尔帕 Halpern Ⅱ 463

哈列维 Halevy Ⅱ 421

哈曼,理查德 Hamann,R. Ⅰ 94f.,134；Ⅱ 432

哈特,D. Harth,D. Ⅱ 457,459

人名索引(汉—德) 801

哈特曼,尼克拉　Hartmann, N.　Ⅰ　46, 382;Ⅱ　70, 81, 112, 482f.

哈纳克,A. v.　Harnack, A. v.　Ⅱ　406

哈奇森　Hutcheson　Ⅰ　30

海德格尔,马丁　Heidegger, M.　Ⅰ　74, 102, 105ff., 109, 129, 156, 247, 258ff., 267ff., 270ff., 298, 360, 433, 459f.;Ⅱ　8ff., 15ff., 22, 33f., 46, 48, 52u.ö., 59ff., 145, 173, 203, 212, 219, 224, 245, 254, 279, 297ff., 300, 323, 328, 331ff., 338f., 359f., 361ff., 381f., 388f., 391, 399, 406ff., 422, 425, 428, 437, 446f., 464, 483ff., 500, 504ff.

海林格拉斯　Hellingrath　Ⅱ　385

海森堡,维纳　Heisenberg, W.　Ⅱ　458

海因茨,理查德　Heinze, R.　Ⅱ　483

豪格,W.　Haug, W.　Ⅰ　82

荷尔德林,F.　Hölderlin, F.　Ⅰ　93, 149, 474;Ⅱ　10, 75, 140f., 367, 385, 486, 491, 506

荷马　Homer　Ⅰ　78, 148, 279;Ⅱ　46, 92, 94

赫尔德　Herder　Ⅰ　14, 32, 84, 198, 204ff., 291f., 406, 442;Ⅱ　72, 111, 142, 147, 177, 192, 328, 335, 361, 433, 490

赫尔姆霍茨,H.　Helmholtz, H.　Ⅰ　11ff., 47, 90;Ⅱ　39, 228

赫拉克利特　Heraklit　Ⅰ　409;Ⅱ　46, 354, 363f., 497

赫尼希斯瓦尔德,理查德　Hönigswald, R.　Ⅰ　73, 408;Ⅱ　74, 111, 480

赫西俄德　Hesiod　Ⅰ　148

赫伊津哈　Huizinga　Ⅰ　109;Ⅱ　129

贺拉斯　Horaz　Ⅰ　151

黑贝尔　F.　Hebbel, F.　Ⅰ　134, 136

黑策,特奥多尔　Hetzer, Th.　Ⅰ　140

黑尔,弗里德里希　Heer, Fr.　Ⅰ　41, 155

黑格尔　Hegel　Ⅰ　16ff., 45, 54ff., 64ff., 69, 84ff., 103f., 171, 172ff., 202u. ö., 209ff., 215u. ö., 231ff., 238, 256ff., 291, 322, 346ff., 359ff., 377, 395, 417, 467ff.；Ⅱ　8, 12, 32, 48, 67, 70, 72, 78, 80, 85, 88, 98, 100, 105, 108, 110ff., 130, 187, 210, 220, 241, 246, 254, 264, 270f., 278, 322, 328, 333f., 336, 354, 360f., 366ff., 385, 389, 395, 397, 407, 423, 426, 433, 436f., 447, 453, 455f., 460f., 464, 470, 472f., 477, 482ff., 491f., 500, 502ff., 505f., 508

黑林, Th.　Haering, Th.　Ⅰ　232

赫塞, 赫尔曼　Hesse, H.　Ⅱ　480

亨利希, 迪特尔　Henrich, D.　Ⅰ　100；Ⅱ　62, 101, 411, 493

洪堡, W. v.　Humboldt, W. v.　Ⅰ　16, 204, 206, 217, 347f., 406, 419, 442ff.；Ⅱ　72, 99, 147, 187, 201, 338, 362, 393, 481

胡塞尔, E.　Husserl, E.　Ⅰ　71f., 156, 229f., 246ff., 307, 353, 451f.；Ⅱ　12, 15f., 69, 71, 100, 102ff., 110f., 125, 197, 212, 245, 279, 297, 300, 323, 328, 334f., 361ff., 386, 388, 411, 422, 481, 483, 488, 491, 506

胡斯卡, 约金姆　Hraschka, J.　Ⅱ　457

怀特海　Whitehead　Ⅱ　425, 456

霍尔, G.　Holl, G.　Ⅰ　178

霍尔, K.　Holl, K.　Ⅱ　94

霍法, W.　Hofer, W.　Ⅱ　390

霍夫曼, H.　Hofmann, H.　Ⅰ　146

霍夫曼, W.　Hofmann, W.　Ⅰ　337；Ⅱ　405f.

霍克海默尔, M.　Horkheimer, M.　Ⅰ　279；Ⅱ　434, 493

霍托　Hotho　Ⅰ　64，70

伽达默尔-莱克布施,凯特　Gadamer–Lekebusch, K.　Ⅱ　494

伽利略　Galilei　Ⅱ　88，186，319，337，487，496

基默尔,海因茨　Kimmerle, H.　Ⅰ　190；Ⅱ　15，404，462f.，464，475，493

金蒂尔　Gentile　Ⅱ　112，392

卡勒,埃里希·冯　Kahler, E. v.　Ⅱ　481

卡里马可斯　Kallimachos　Ⅰ　293

卡伦,G.　Kallen, G.　Ⅰ　146

卡姆拉,W.　Kamlah, W.　Ⅰ　155；Ⅱ　459f.

卡普,恩斯特　Kapp, E.　Ⅰ　371；Ⅱ　307，397

卡斯蒂廖内　Castiglione　Ⅰ　29，41

卡斯纳,鲁道夫　Kassner, R.　Ⅰ　114f.

卡西尔,E.　Cassirer, E.　Ⅰ　86，408，440；Ⅱ　72，111，338，362

卡耶坦　Cajetan　Ⅱ　503

凯伦伊,卡尔　Kerényi, K.　Ⅰ　128；Ⅱ　390f.

康德　Kant　Ⅰ　14，16，36ff.，48ff.，80f.，103f.，163f.，193ff.，248，276，346，348，382，452；Ⅱ　22，28，32，67，69，78，81，89，97f.，112，133，137，161，167，187，304，307，326ff.，331，361，384，387，394，412，422，431，435，439，446，455，461，468f.，484，487，502，506

考夫曼,F.　Kaufmann, F.　Ⅰ　266

柯赫,J.　Koch, J.　Ⅰ　438，441，490

柯勒　Koller　Ⅰ　118

柯勒,W.　Koehler, W.　Ⅰ　96

柯林斯　Collins　Ⅰ　282

科尔特,A.　Körte, A.　Ⅰ　291

科林伍德，R. G.　Collingwood, R. G.　Ⅰ　277，375ff.；Ⅱ　6，105，110，273，395ff.，408，418

科默雷尔，M.　Kommerell, M.　Ⅰ　135f.

科泽勒克，赖因哈特　Kosellek, R.　Ⅰ　15；Ⅱ　390

克伯纳，R.　Koebner, R.　Ⅰ　127

克尔凯郭尔　Kierkegaard　Ⅰ　101，132，134，137，259，349；Ⅱ　9f.，22，55，103，142，210f.，271，362，368，471f.，482f.

克拉顿尼乌斯　Chladenius　Ⅰ　186f.，301；Ⅱ　95，267，463f.

克拉夫特，维克多　Kraft, V.　Ⅱ　459

克拉格斯，路德维希　Klages, L.　Ⅰ　433；Ⅱ　390

克拉默，科拉德　Cramer, K.　Ⅰ　66；Ⅱ　203，493

克拉默，沃尔夫冈　Cramer, W.　Ⅱ　493

克莱因，J.　Klein, J.　Ⅱ　489

克劳塞，彼得　Krausser, P.　Ⅱ　464

克劳斯，W.　Krauss, W.　Ⅰ　40

克里班斯基，R.　Klibansky, R.　Ⅰ　490

克里西普　Chrysipp　Ⅰ　79

克吕格尔，林哈德　Krüger, G.　Ⅰ　130，276，284，484；Ⅱ　70，125f.，406，412f.，423

克罗齐，B.　Croce, B.　Ⅰ　86，376，474；Ⅱ　105，110，112，392f.，395f.

克罗图伊森，B.　Groethuysen, B.　Ⅱ　100，464

克洛普施托克　Klopstock　Ⅰ　15，81，84

库恩，赫尔姆特　Kuhn, H.　Ⅰ　88，120，285，324，327；Ⅱ　401f.，403，437，440，442，472，494

库恩，托马斯　Kuhn, Th.　Ⅰ　288；Ⅱ　114，496

库丘斯，恩斯特·罗伯特　Curtius, E. R.　Ⅰ　77，185

人名索引(汉—德)

库萨的尼古拉,N. Cusanus, N. Ⅰ 26,146,438ff.,482,490；
　　Ⅱ 12,271,298,367,384,461,502

拉伯尔,E. Rabel, E. Ⅱ 392,426

拉柏奥,G. Rabeau, G. Ⅰ 432

拉伦茨,K. Larenz, K. Ⅱ 392,400

拉纳,K. Rahner, K. Ⅱ 390

莱奥纳多,达·芬奇 Leonardo da Vinci Ⅰ 11,98

莱伯霍尔茨,G. Leibholz, G. Ⅱ 401

莱布雷通 Lebreton Ⅰ 423

莱布尼茨 Leibniz Ⅰ 33,146,209,230,419f.；Ⅱ 210,276,492,502

莱茨冈,汉斯 Leisegang, H. Ⅱ 488

莱多,E. Lledo, E. Ⅱ 383,493

莱辛,G. E. Lessing, G. E. Ⅰ 53f.,80；Ⅱ 267

莱辛,特奥多 Lessing. Th. Ⅱ 480

莱因希,克劳斯 Reich, K. Ⅱ 493

莱因哈特,卡尔 Reinhardt, K. Ⅱ 261,489

兰巴赫,J. J. Rambach, J. J. Ⅰ 35,188,312f.；Ⅱ 97,105,284,298

兰克,L. Ranke, L. Ⅰ 202,206ff.,221,227f. u. ö.；Ⅱ 21,99,
　　187,221f.,240,390

朗德格雷伯,L. Landgrebe, L. Ⅱ 411

朗格伯克,赫尔曼 Langerbeck, H. Ⅱ 397

勒维特,卡尔 Löwith, K. Ⅰ 212,214,365,433；Ⅱ 70,102,104,
　　139,381f.,412f.,415,423,493

雷德克,M. Redeker, M. Ⅰ 198；Ⅱ 277,405,463

李宾,H. Libing, H. Ⅱ 404

李凯尔特,H. Rickert, H. Ⅰ 225,350；Ⅱ 328,388,428,439

里茨勒,库特　Riezler, K.　Ⅰ　108；Ⅱ　440

里德,托马斯　Reid, Th.　Ⅰ　30

里德尔,M.　Riedel, M.　Ⅰ　32；Ⅱ　117, 455, 464

里尔克　Rilke　Ⅰ　110, 397；Ⅱ　128, 210, 491

里可波尼　Ricoboni　Ⅱ　385

里奇尔,O.　Ritschl, O.　Ⅰ　179；Ⅱ　405f.

里特,J.　Ritter, J.　Ⅰ　15；Ⅱ　117, 298, 384, 402, 433

里特纳,弗里茨　Rittner, F.　Ⅱ　456

利科尔,保罗　Ricoeur, P.　Ⅱ　114, 116, 350, 435, 474

利普斯,H.　Lipps, H.　Ⅰ　431, 462；Ⅱ　54, 110, 195, 338

利特,特奥多　Litt, Th.　Ⅰ　432；Ⅱ　100f., 328, 390, 423, 491, 498

龙格　Runge　Ⅰ　93

卢卡奇,格奥尔格·冯　Lukács, G. v.　Ⅰ　101, 279

卢梭　Rousseau　Ⅰ　56, 68, 279, 484；Ⅱ　22, 69, 304, 327

鲁伯莱希特·普夫拉奥默　Ruprecht Pflaumer　Ⅱ　493

路德,马丁　Luther, M.　Ⅰ　132, 177ff., 198f., 237；Ⅱ　94f., 277, 282, 284, 286, 292, 296, 336, 430

吕伯,H.　Lübbe, H.　Ⅰ　250

吕克　Lücke　Ⅱ　15, 101, 404, 462

罗宾逊,J. M.　Robinson, J. M.　Ⅱ　410, 430

罗厄,G.　Rohr, G.　Ⅱ　139, 413

罗森茨威格,Fr.　Rosenzweig, Fr.　Ⅰ　93；Ⅱ　10, 211

罗森克兰茨,K.　Rosenkranz, K.　Ⅰ　65；Ⅱ　447

罗斯,H.　Rose, H.　Ⅰ　400

罗特哈克,埃里希　Rothacker, E.　Ⅰ　69, 238, 307；Ⅱ　100, 107, 340, 378, 386, 389, 398

罗西，P. Rossi，P. Ⅰ 21

洛夫，H. Loof，H. Ⅰ 81

洛伦兹，P. Lorenzen，P. Ⅱ 459f.，462

洛曼，约翰纳斯 Lohmann，J. Ⅰ 407，418，437；Ⅱ 228f.，233，245

洛斯，恩里希 Loos，E. Ⅰ 29

马恩克，D. Mahnke，D. Ⅰ 146

马尔库塞，H. Marcuse，H. Ⅰ 232；Ⅱ 435，466

马尔罗，安德烈 Malraux，A. Ⅰ 93

马赫，恩斯特 Mach，E. Ⅰ 71

马基雅维里 Machiavelli Ⅱ 415

马克·奥勒留 Marc Aurel Ⅰ 30

马克思，卡尔 Marx，K. Ⅰ 279；Ⅱ 116，246，466，483

马克思主义 Marxismus Ⅰ 337，327；Ⅱ 263

马拉美 Mallarmé Ⅱ 355，474

马勒伯朗士 Malebranche Ⅰ 146

马鲁斯 Morus Ⅰ 35；Ⅱ 297，301

马罗，H. J. Marrou，H. J. Ⅱ 408

马苏尔，格哈德 Masur，G. Ⅰ 207

迈耶，G. F. Meier，G. F. Ⅰ 277；Ⅱ 463

梦蒙尼德，M. Maimonides，M. Ⅱ 421

毛泽东 Mao，Tse-Tung Ⅱ 466

梅兰希顿 Melanchthon Ⅰ 180，324f.；Ⅱ 96，277，281，282ff.，286，296，305，308，431

梅纳尔，P. Mesnard，P. Ⅰ 80

梅纳克，F. Meinecke，F. Ⅱ 390，411

门策尔，P. Menzer，P. Ⅰ 37，48

米开朗琪罗　Michelangelo　Ⅱ　482

米勒,马克斯　Müller, M.　Ⅰ　488

米施,格奥尔格　Misch, G.　Ⅰ　222, 239, 242; Ⅱ　100, 102f., 388, 464

缪勒,库尔特　Müller, C.　Ⅰ　81

莫里茨,卡尔-菲利普　Moritz, K.-Ph.　Ⅰ　81f., 101

莫洛维茨, G.　Mollowitz, G.　Ⅰ　98

穆勒,约翰·斯图加特　Mill, J. St.　Ⅰ　9, 12, 14; Ⅱ　99, 320, 451

穆西尔, R.　Musil, R.　Ⅱ　490

纳托普,保罗　Natorp, P.　Ⅰ　73, 224, 247, 459; Ⅱ　482f.

奈策尔,海因茨　Neitzel, H.　Ⅰ　363

尼采,弗里德里希　Nietzsche　Ⅰ　21, 69, 73, 130, 165, 247, 262, 267, 307, 309f., 421; Ⅱ　11, 27, 31, 38, 45f., 103, 114, 116, 202, 221, 333f., 336, 338ff., 363f., 368, 372, 381f., 414, 421, 481ff., 491, 500

牛顿　Newton　Ⅱ　167, 177, 228, 487

牛津学派　Oxfordschule　Ⅰ　376; Ⅱ　397

诺瓦利斯　Novalis　Ⅱ　463

欧尔缪勒, W.　Oelmüller, W.　Ⅰ　86

欧勒, K.　Oehler, K.　Ⅱ　421

帕策尔, H.　Patzer, H.　Ⅰ　343

帕茨, H.　Patsch, H.　Ⅱ　464

帕茨, W.　Paatz, W.　Ⅰ　141

帕勒松,路易吉　Pareyson, L.　Ⅰ　66; V433

帕里　Parry　Ⅰ　165

帕斯卡　Pascal　Ⅰ　35

佩雷尔曼, Ch.　Perelman, Ch.　Ⅱ　111, 317, 431, 467, 499

培根，F. Bacon，F. Ⅰ 13，185，354f.，457；Ⅱ 67，79，112，434

品达 Pindar Ⅰ 151；Ⅱ 128，486

普鲁塔克 Plutarch Ⅰ 78；Ⅱ 321，413

虔信派 Pietismus Ⅰ 32f.，313f.；Ⅱ 97，284，298

乔治，斯忒芬 George，Stefan Ⅰ 69；Ⅱ 159，390，481，501

青年黑格尔派 Junghegelianer Ⅰ 250，349；Ⅱ 504

屈内，沃尔夫冈 Künne，W. Ⅱ 493

荣格，恩斯特 Jünger，E. Ⅱ 416

萨尔马修斯 Salmasius Ⅰ 30

萨林，E. Salin，E. Ⅱ 481

萨维尼 Savingny Ⅰ 190，332；Ⅱ 311

塞兰，保罗 Celan，P. Ⅱ 355，508

桑梯奈洛，G. Santinello，G. Ⅰ 482

沙德瓦尔特，W. Schadewaldt，W. Ⅰ 135，390

沙尔施米特，I. Schaarschmidt，I. Ⅰ 7

沙夫茨伯里 Shaftesbury Ⅰ 16，29f.

沙斯勒，M. Schasler，M. Ⅰ 65

莎士比亚 Shakespeare Ⅰ 62；Ⅱ 357，379，482，501

舍勒，马克斯 Scheler，M. Ⅰ 96，134，237，287，316，448，453ff.；
　　　　　　Ⅱ 69f.，339，361，428，482

舍勒尔，W. Scherer，W. Ⅰ 12

舍内，沃尔夫冈 Schöne，W. Ⅰ 140

施拉德，胡贝特 Schrade，H. Ⅰ 145

施莱尔马赫 Schleiermacher Ⅰ 63，69，75，171ff.，182ff.，188ff. u. ö.；
　　　　　　283u. ö.，296ff.，347；Ⅱ 14f.，19，54，57ff. u. ö.，95，97ff.，
　　　　　　123，209，222，236，254，277，279，284，290，292，298f.，301，

312f., 318, 322, 330f., 335, 362, 393, 404ff., 462ff., 472, 474, 494, 497

施莱格尔, F.　Schlegel, F.　Ⅰ　64f., 82, 85, 93, 111, 199f., 295, 367, 400；Ⅱ　97f. u. ö., 209, 338, 362, 425, 463, 463

施密特, 卡尔　Schmitt, C.　Ⅱ　379f.

施密特-柯瓦切克, S. W.　Schmied-Kowarzik, S. W.　Ⅱ　457

施奈德, H.　Schneider, H.　Ⅰ　93

施泰格, E.　Staiger, E.　Ⅰ　134, 271；Ⅱ　108, 359

施泰格, L.　Steiger, L.　Ⅱ　406

施特格米勒, W.　Stegmüller, W.　Ⅰ　271

施特鲁克斯, J.　Stroux, J.　Ⅰ　291

石里克, M.　Schlick, M.　Ⅱ　3f., 321, 339, 434

叔本华, A.　Schopenhauer, A.　Ⅰ　65, 84, 464；Ⅱ　297

舒尔茨, 瓦尔特　Schulz, W.　Ⅱ　489

舒勒, 阿尔弗雷德　Schuler, A.　Ⅱ　390

舒普　Schupp, F.　Ⅱ　390

塞夫特, Chr.　Senft, Chr.　Ⅱ　405

塞梅勒　Semler　Ⅰ　180, 188；Ⅱ　97, 404

斯鲍锡普　Speusipp　Ⅰ　434ff.

斯宾格勒, 奥斯瓦尔德　Spengler, O.　Ⅱ　480

斯宾诺莎　Spinoza　Ⅰ　184f., 189, 275, 277；Ⅱ　96f., 122f., 267, 299, 385, 415, 421, 464

斯多葛　Stoa　Ⅰ　423, 437, 486；Ⅱ　94, 308, 414

斯内尔, B.　Snell, B.　Ⅰ　294

斯帕古, R. K.　Sprague, R. K.　Ⅱ　421

斯潘格, E.　Spranger, E.　Ⅱ　100f., 107, 464

斯皮格尔伯格,H.　　Spiegelberg, H.　Ⅱ　411

斯塔克尔,古恩特　Stachel, G.　Ⅱ　106,457

斯泰因塔尔,H.　Steinthal, H.　Ⅰ　190,197,410；Ⅱ　15,99,464

斯坦策尔,J.　Stenzel, J.　Ⅰ　434,477,485

斯特劳斯,E.　Strauß, E.　Ⅰ　96

斯特劳斯,列奥　Strauss, L.　Ⅰ　29,275,300,324；Ⅱ　299,334,401,414f.,501

斯威夫特　Swift　Ⅱ　489

苏格拉底　Sokrates　Ⅰ　26,320u.ö.,368ff.,468；Ⅱ　23,43,90,208,210,227,235,252,255,306,325,332,336,344,369f.,420,422,486,497f.,501f.

索尔格　Solger　Ⅰ　79,83

索福克勒斯　Sophokles　Ⅱ　482,501

塔西佗　Tacitus　Ⅰ　293；Ⅱ　290

泰戈尔　Tagore, R.　Ⅱ　482

泰米斯修斯　Themistius　Ⅰ　357,421；Ⅱ　112

特勒尔奇,恩斯特　Troeltsch, E.　Ⅰ　241；Ⅱ　31,100,389,410,481

特雷德,J. H.　Trede, J. H.　Ⅱ　493

特里尔,J.　Trier, J.　Ⅰ　109

特滕斯　Tetens　Ⅰ　28,36

梯鲍特,A. F. J.　Thibaut, A. F. J.　Ⅱ　107,278,463

图玛金,安娜　Tumrarkin　Ⅰ　120

托尔斯泰　Tolstoi　Ⅰ　377

托马斯·阿奎那　Thomas V. Aquinas　Ⅰ　28,426ff.,491；Ⅱ　111,461,491

托马斯·曼　Mann, Th.　Ⅱ　363,480

托马修斯，Chr.　Thomasius, Chr.　Ⅰ　276

托内里　Tonelli　Ⅱ　384

托庇茨，E.　Topitsch, E.　Ⅱ　459

陀思妥耶夫斯基　Dostojewskij　Ⅱ　482

瓦蒂莫，G.　Vattimo, G.　Ⅱ　464，493

瓦尔亨斯，A. de　Waelhens, A. de　Ⅰ　258；Ⅱ　437

瓦尔希　Walch　Ⅰ　183，276，282

瓦格纳，Chr.　Wagner, Chr.　Ⅰ　427

瓦格纳，弗里茨　Wagner, F.　Ⅱ　389

瓦格纳，H.　Wagner, H.　Ⅱ　411，480

瓦赫，J.　Wach, J.　Ⅰ　186；Ⅱ　100，277，463

瓦莱利，保罗　Valéry, P.　Ⅰ　98ff.

瓦兰里奥·维拉　Verra, U.　Ⅱ　493

瓦特松-弗朗克，M.-B.　Watson-Franke, M.-B.　Ⅱ　9

瓦特松，L. C.　Watson, L. C.　Ⅱ　9

威莱克-伐伦　Wellek-Warren　Ⅱ　474

威斯海默，J. C.　Weinsheimer, J. C.　Ⅱ　4，339

韦伯，马克斯　Weber, M.　Ⅱ　101，159，163，165，310，322，326，378，388f.，458m，468，481

韦德勒，W.　Weidlé, W.　Ⅰ　192

韦尔夫林　Wölfflin　Ⅱ　398

维尔，赖纳　Wiehl, R.　Ⅱ　203，456，473，493

维柯　Vico　Ⅰ　24ff.，226，281，379；Ⅱ　111，192，273，280，311，432，467，498

维拉莫维茨　Wilamowitz　Ⅰ　342

维兰德，沃尔夫冈　Wieland, W.　Ⅱ　493

维特根斯坦，L. Wittgenstein, L. Ⅱ 4f., 71f., 110, 239, 254, 338, 425, 429, 456, 507

维特拉姆，莱茵哈特 Wittram, R. Ⅱ 390

维亚克尔，弗兰茨 Wieacker, F. Ⅰ 25, 332, 335；Ⅱ 108, 390, 392, 437f., 443, 456

伪丢尼修 Pseudodionys Ⅰ 79, 482

委拉斯开兹，D. Velasquez, D. Ⅰ 154

魏茨泽克，C. F. v. Weizsäcker, C. F. v. Ⅱ 397

魏茨泽克，V. v. Weizsäcker, V. v. Ⅰ 255；Ⅱ 10, 104, 129

魏舍德尔，W. Weischedel, W. Ⅰ 141

温克尔曼 Winckelmann Ⅰ 77f., 84, 204, 291

文德尔班，W. Windelband, W. Ⅱ 388, 396, 439

沃尔措根，C. Wolzogen, C. Ⅰ 253

沃尔夫，Chr. Wolff, Chr. Ⅰ 80, 183；Ⅱ 95, 404

沃尔夫，F. A. Wolf, F. A. Ⅰ 182；Ⅱ 463

沃尔特斯 Wolters Ⅱ 481

乌利希，冯·斯特拉斯堡 Ulrich, v. Straßburg Ⅰ 482

西伯姆，托马斯 Seebohm, Th. Ⅱ 11, 106, 457

西默尔，乔治 Simmel, G. Ⅰ 69, 228, 247

西塞罗 Cicero Ⅰ 29；Ⅱ 236, 279f.

希尔德布兰特 Hildebrandt Ⅱ 501

希尔斯，D. Hirsch, D. Ⅰ 188；Ⅱ 106

希罗多德 Herodot Ⅰ 148；Ⅱ 413

希普，L. Siep, L. Ⅰ 18

希特勒，A. Hitler, A. Ⅱ 490

席勒，F. Schiller, F. Ⅰ 56, 61, 63, 69, 81ff., 397；Ⅱ 99, 151,

300,456

谢林　Schelling　Ⅰ　64,83,93,200,464,469;Ⅱ　28,98f.,103,334,376

辛恩,D.　Sinn,D.　Ⅰ　254f.

辛格,S.　Singer,S.　Ⅱ　501

辛克莱　Sinclair　Ⅱ　385

欣里希斯,C.　Hinrichs,C.　Ⅰ　205,213

新柏拉图主义　Neuplatonismus　Ⅰ　79,145,205,427f.,438,478f.;Ⅱ　94,293,298,383,384f.,386

新康德主义　Neukantianismus　Ⅰ　65f.,225,250,258,381;Ⅱ　29f.,69ff.,81f.,89,133f.,164,210f.,322,328,331,334,338,362,368,388,399,422,479ff.,505f.

休谟,D.　Hume,D.　Ⅰ　9,30,281,364f.;Ⅱ　461

修昔底德　Thukydides　Ⅰ　237;Ⅱ　190,321

许茨,阿尔弗雷德　Schütz,A.　Ⅰ　255

亚里山大的菲洛　Philo v. Alex.　Ⅱ　383

亚里士多德　Aristoteles　Ⅰ　27,45f.,88,95f.,107,116,121,128f.,134f.,141,210,285,317ff.,356f.,370f.,373,382,431,435f.,449f.,458,466,472f.;Ⅱ　12f.,22,47,74,78,81,84,87f.,93,106,112,135,146,149,154,162,164,193,207,228f.,234f.,244f.,252f.,272,274f.,276,280f. u. ö.,287,289ff.,293f.,298,302ff.,314ff.,319,324,326f.,328f.,338,357,361ff.,381,385,401f.,415,418f.,422ff.,455,459,461,467,469,473,478,484ff.,499f.,503,506

雅可比　Jacobi　Ⅰ　346,471;Ⅱ　130

雅姆,C.　Jamme,C.　Ⅰ　93

雅斯贝斯,卡尔　Jaspers, K.　Ⅰ　284, 307; Ⅱ　54, 101, 104, 135, 164, 211, 427, 458, 464, 492

尧斯, H. R.　Jauss, H. R.　Ⅰ　53, 125; Ⅱ　7, 13f., 62, 106, 223, 299, 441, 457, 475

耶格, H.　Jaeger, H.　Ⅱ　279, 287f., 292ff.

耶格,维尔纳　Jaeger, W.　Ⅰ　25, 291; Ⅱ　261, 307, 484, 491

伊默曼, K.　Immermann, K.　Ⅰ　94, 278; Ⅱ　175

伊索克拉底　Isokrates　Ⅰ　23; Ⅱ　235, 307

伊泽尔, W.　Iser, W.　Ⅰ　100

英达尔, M.　Imdahl, M.　Ⅱ　17

英吉希,卡尔　Engisch, K.　Ⅰ　335; Ⅱ　107, 392, 430

英加登, R.　Ingarden, R.　Ⅰ　124, 166; Ⅱ　18

尤斯蒂, C.　Justi, C.　Ⅰ　154

于克斯科尔,冯　Uexkuell, v.　Ⅰ　455

约尔克伯爵　York, Graf　Ⅰ　238, 255ff.; Ⅱ　100, 124, 135, 386, 389, 410

约翰福音教派　Johannesevangelium　Ⅰ　423ff.; Ⅱ　44, 135, 192

约金姆, H. H.　Joachim, H. H.　Ⅱ　401ff.

约拿斯　Jonas　Ⅱ　463

云格尔, F. G.　Jünger, F. G.　Ⅱ　112

泽贝格,埃里希　Seeberg　Ⅰ　377

泽德尔迈尔, H.　Sedlmayr, H.　Ⅰ　98, 101, 126; Ⅱ　108, 377, 441

詹姆士, W.　James, W.　Ⅰ　250

芝诺　Zenon　Ⅰ　468; Ⅱ　87

智者派　Sophistik　Ⅰ　23, 25, 276, 350ff., 357, 396, 410u.ö.; Ⅱ　43, 94, 160, 227f., 234f., 252, 289, 305, 415

祖尔策　Sulzer　Ⅰ　54; Ⅱ　385

人名索引(德—汉)

(索引所标页码均为德文原书页码,Ⅰ为第1卷,Ⅱ为第2卷,请查检中译本每页边码。)

A

Adorno, Th. W.　阿多尔诺,Th. W.　Ⅰ　53,279;Ⅱ　435,452,472,474,493

Aischylos　埃斯库罗斯　Ⅰ　134,355,357,362;Ⅱ　128,477

D'Alambert　达兰贝尔　Ⅰ　28

Albert, H.　阿尔伯特,汉斯　Ⅱ　144

Algarotti　阿尔加洛蒂　Ⅰ　80

Ammonios Hermeiou　阿莫尼奥斯·赫缪　Ⅱ　294

Anaxagoras　安那克萨哥拉　Ⅰ　357

Anaximander　阿那克西曼德　Ⅰ　128f.　;Ⅱ　363f.

Anz, H.　安茨,海纳　Ⅱ　11

Apel, K.-O　阿佩尔 K.-O　Ⅰ　271,452;Ⅱ　109f.,260,263f.,265f.,272,437,443,454,470,501

Aristophanes　阿里斯托芬　Ⅱ　235

Aristoteles　亚里士多德　Ⅰ　27,45f.,88,95f.,107,116,121,128f.,134f.,141,210,285,317ff.,356f.,370f.,373,382,431,435f.,

449f., 458, 466, 472f.; Ⅱ 12f., 22, 47, 74, 78, 81, 84, 87f., 93, 106, 112, 135, 146, 149, 154, 162, 164, 193, 207, 228f., 234f., 244f., 252f., 272, 274f., 276, 280f. u. ö., 287, 289ff., 293f., 298, 302ff., 314ff., 319, 324, 326f., 328f., 338, 357, 361ff., 381, 385, 401f., 415, 418f., 422ff., 433, 455, 459, 461, 467, 469, 473, 478, 484ff., 499f., 503, 506

Aristotelismus 亚里士多德主义 Ⅱ 88, 282, 289, 293f., 298, 305

Arnim 阿尼姆 Ⅰ 437

Assmann, A. u. J. 阿斯曼 A. u. J. Ⅱ 402

Ast, F. 阿斯特, F. Ⅰ 182, 189, 193f., 297; Ⅱ 58f., 463

Augustin 奥古斯丁 Ⅰ 21, 177, 297, 424ff., 487; Ⅱ 58, 93ff., 111, 123, 130, 135, 288f., 295, 298, 300, 371, 443, 491, 502

Austin, J. L. 奥斯汀, J. L. Ⅱ 110, 195f.

Avenarius, R. 阿芬那留斯, R. Ⅰ 250

B

Baader, F. 巴德尔, F. Ⅰ 126

Bach, J. S. 巴赫, J. S. Ⅱ 477

Bachofen, J. J. 巴霍芬, J. J. Ⅰ 15; Ⅱ 390

Bacon, F. 培根, F. Ⅰ 13, 185, 354f., 457; Ⅱ 67, 79, 112, 434

Baeumler, A. 波姆纳, 阿尔弗雷德 Ⅰ 43; Ⅱ 390

Barth, K. 巴尔特, 卡尔 Ⅰ 148; Ⅱ 101f., 125, 391, 403, 481

Bartuschat, W. 巴图沙特, 沃尔夫冈 Ⅱ 493

Bauch, K. 鲍赫, K. Ⅰ 143

Baumgarten, A. 鲍姆加登, A. Ⅰ 36f., 79; Ⅱ 499, 508

Baur, F. Ch. 鲍尔, F. Ch. Ⅱ 405

Becker, O.　贝克尔,奥斯卡　Ⅰ　101f., 247, 260; Ⅱ　14, 411, 437, 440, 472

Beethoven　贝多芬　Ⅱ　89, 482

Beierwaltes, W.　拜尔瓦尔特, W.　Ⅰ　120

Benjamin, W.　本亚明, W.　Ⅱ　441, 472

Benner, D.　贝纳, D.　Ⅱ　457

Bense, M.　本塞, M.　Ⅱ　432

Bentley　本特利　Ⅰ　183

Benveniste, S.　贝弗尼斯特, S.　Ⅱ　92, 295

Berenson, B.　贝伦松, 伯恩哈德　Ⅰ　97

Bergson, H.　柏格森·亨利　Ⅰ　31, 69, 74, 247

Bernstein　伯恩斯坦　Ⅱ　270

Bertram, E.　贝尔特拉姆, 恩斯特　Ⅱ　481

Berve, H.　贝弗, 赫尔姆特　Ⅱ　490

Betti, E.　贝蒂, 埃米里尼奥　Ⅰ　264, 315, 331, 333; Ⅱ　17, 100, 104, 106, 108, 260, 299, 318, 330, 389, 392ff., 399, 406, 426, 437f., 441, 443, 453, 457

Biser, E.　比塞尔, 欧根　Ⅱ　106, 457

Bilfinger, G. B.　比尔芬格尔, G. B.　Ⅱ　404

Blumenberg, H.　布鲁门伯格, 汉斯　Ⅰ　487; Ⅱ　391, 403

Boeckh, A.　伯克, 奥古斯丁　Ⅰ　190, 197; Ⅱ　99, 112, 121, 242, 318, 393, 497f.

Böckmann, P.　伯克曼, 保罗　Ⅰ　77

Boeder, H.　波埃德, H.　Ⅱ　86

Boehm, G.　伯姆, G.　Ⅰ　139, 377; Ⅱ　17, 463

Böhme, J.　波墨, J.　Ⅱ　367

Bollnow, O. F.　博尔诺, O. F.　Ⅰ　126, 197, 223, 230, 267; Ⅱ　100, 395

Bormann, C. v.　波曼, 克劳斯·冯　Ⅱ　256, 266f., 271, 315, 471f.

Bornkamm, G.　博恩卡姆, G.　Ⅰ　199; Ⅱ　102, 403

Brentano, C.　布伦坦诺, C.　Ⅱ　245

Brentano, F.　布伦坦诺, F.　Ⅱ　500

Bröcker, W.　布吕克, W.　Ⅱ　262, 401f., 486

Brunner, O.　布鲁纳, 奥托　Ⅰ　15

Bruns, J.　布龙, J.　Ⅰ　151

Buber, M.　布伯, 马丁　Ⅱ　10, 104, 173, 211

Bubner, R.　布伯纳, R.　Ⅰ　93; Ⅱ　203, 270, 493

Buckle　巴克尔　Ⅰ　216f.

Buddha　释迦牟尼　Ⅱ　208

Budeus　布德斯　Ⅱ　311

Buffier　布菲尔　Ⅰ　31

Bultmann, R.　布尔特曼, 鲁道夫　Ⅰ　267, 336ff.; Ⅱ　101f., 121ff., 135, 297, 391, 403, 406ff., 429f.

Burckhardt, J.　布尔克哈德, 雅各布　Ⅰ　214

Burke, E.　伯克, E.　Ⅰ　277; Ⅱ　243

Buytendijk, F. J.　比登迪伊克, F. J.　Ⅰ　108

C

Cajetan　卡耶坦　Ⅱ　503

Carnap, R.　卡尔纳普, 鲁道夫　Ⅱ　254, 429

Carneades　卡涅阿德斯　Ⅱ　273

Cartesianismus　笛卡尔主义　Ⅰ　30, 242ff., 263

Cartesius　笛卡尔　Ⅰ　71f., 242f., 275, 282ff., 420; Ⅱ　48, 84, 103,

115f., 148, 161, 237, 267, 410, 418, 453

Cassian 卡西安 Ⅱ 94

Cassiodor 卡西奥多 Ⅱ 311

Cassirer, E. 卡西尔,恩斯特 Ⅰ 86, 408, 440; Ⅱ 72, 111, 338, 362

Castiglione 卡斯蒂廖内 Ⅰ 29, 41

Celan, P. 塞兰,保罗 Ⅱ 355, 508

Chartres, Schule von 夏尔特学派 Ⅰ 490

Chladenius 克拉顿尼乌斯 Ⅰ 186f., 301; Ⅱ 95, 267, 463f.

Chomsky, N. 乔姆斯基, N. Ⅱ 112, 265

Chrysipp 克里西普 Ⅰ 79

Cicero 西塞罗 Ⅰ 29; Ⅱ 236, 279f.

Ciceronianismus 西塞罗主义 Ⅱ 284, 288

Cobb, J. B. 可布, J. B. Ⅱ 410, 430

Cohen, H. 柯亨,赫尔曼 Ⅱ 85

Collingwood, R. G. 科林伍德, R. G. Ⅰ 277, 375ff.; Ⅱ 6, 105, 110, 273, 395ff., 408, 418

Collins 柯林斯 Ⅰ 282

Connan, F. 柯纳, F. Ⅱ 311

Conte, A. 孔德, A. Ⅱ 295

Coreth 柯雷特 Ⅱ 106

Cramer, K. 克拉默,科拉德 Ⅰ 66; Ⅱ 203, 493

Cramer, W. 克拉默,沃尔夫冈 Ⅱ 493

Creuzer, F. 克罗伊策, F. Ⅰ 83f.

Croce, B. 克罗齐, B. Ⅰ 86, 376, 474; Ⅱ 105, 110, 112, 392f., 395f.

Curtius, E. R. 库丘斯,恩斯特·罗伯特 Ⅰ 77, 185

Cusanus, N. 库萨的尼古拉 Ⅰ 26, 146, 438ff., 482, 490; Ⅱ 12,

271,298,367,384,461,502

D

Dannhauer, J.　丹恩豪尔,约翰　Ⅱ　93,279,282,284,287f.,292ff.

Darwinismus　达尔文主义　Ⅱ　159

Davidson, D.　戴维森,D.　Ⅰ　300

Demokrit　德谟克利特　Ⅱ　487

Derrida, J.　德希达,雅科斯　Ⅱ　4,7,11,13u. ö.,114,333,335, 368ff.,382

Descartes, R.　笛卡尔,R.　参见 Cartesius

Dessoir, M.　德苏瓦尔,M.　Ⅰ　99

Diem, H.　蒂姆,H.　Ⅱ　406

Dilthey, W.　狄尔泰,威廉　Ⅰ　12f.,66ff.,156,170,177ff.,200,202, 215,222ff.,246ff.；Ⅱ　8,15,28ff.,52,54,56,99ff.,113, 124,133ff.,219,232,264,277ff.,292f.,296f.,298f.,313f., 318,322,327,330ff.,335,358,362,387f.,395f.,405,412, 416,425f.,428,435,445,463f.,474,481,492,494

Dionys von Halikarnass　哈里卡那斯的狄奥尼斯　Ⅱ　96

Dockhorn, K.　多克霍恩,K.　Ⅱ　111,234,236

Dörrie, H.　德里,H.　Ⅰ　362

Dostojewskij　陀思妥耶夫斯基　Ⅱ　482

Droysen, J. G.　德罗伊森,J. G.　Ⅰ　12,202,216ff. u. ö.,391；Ⅱ　99f., 123f.,187,240,264,387,395,426,445

Dubos　迪博斯　Ⅰ　80

Dufrenne, M.　杜弗伦,M.　Ⅱ　432

Duhem, P.　杜恒,皮埃尔　Ⅰ　11,224

E

Ebbinghaus, H. 埃宾豪斯, H. Ⅰ 229; Ⅱ 493

Ebeling, G. 埃贝林,格哈德 Ⅰ 177f., 180, 336; Ⅱ 94, 109, 391, 408, 410, 430, 457

Ebert, Th. 艾伯特,特奥 Ⅱ 493

Meister Eckhart 埃克哈特大师 Ⅱ 367, 461, 482, 502

Ebner, F. 埃伯勒,弗迪南德 Ⅰ 10; Ⅱ 104, 151, 211

Eggebrecht, H. H. 埃格布莱希特, H. H. Ⅱ 385

Einstein, A. 爱因斯坦, A. Ⅱ 480

Engberg-Pederson, T. 恩格伯格-佩德逊, T. Ⅰ 327

Eleatismus 爱利亚学派 Ⅰ 416, 468

Engisch, K. 英吉希,卡尔库特 Ⅰ 335; Ⅱ 107, 392, 430

Ernesti 埃内斯蒂 Ⅰ 180, 188; Ⅱ 97

Ernst, P. 恩斯特,保尔 Ⅱ 480

Esser, J. 埃塞尔,约瑟夫 Ⅱ 392, 400, 457

Euklid 欧几里得 Ⅱ 123

F

Faber, K.-G. 费伯, K.-G. Ⅰ 289; Ⅱ 390

Fechner 费希纳 Ⅱ 99

Fénelon 费内伦 Ⅰ 33

Feuerbach, L. 费尔巴哈,路德维希 Ⅰ 148, 349

Fichte, J. G. 费希特, J. G. Ⅰ 65, 69, 87, 102, 199, 230, 246, 346, 397; Ⅱ 12, 97ff., 187, 366f., 422, 426, 447, 461, 463

Fink, E. 芬克, E. Ⅰ 89, 131, 252

Finkeldei, J. 芬克尔戴,约阿希姆 Ⅰ 376

Flacius, M. 弗兰西斯, M. Ⅰ 276; Ⅱ 95f., 277f., 281f., 284ff.,

292,296,299,463

Fleury 弗勒里 Ⅰ 33

Forget, Ph. 福格特, Ph. Ⅱ 355, 377

Forsthoff, E. 福斯特霍夫, E. Ⅰ 332

Francke, A. H. 弗兰克, A. H. Ⅱ 97, 105, 284, 298

Frank, E. 弗兰克, 埃里希 Ⅰ 276

Frank, M. 弗朗克, 曼福雷德 Ⅰ 190; Ⅱ 11, 13ff., 370, 404, 464

Franz, H. 弗朗茨, H. Ⅱ 278, 410

Freud, S. 弗洛伊德, 西格蒙德 Ⅱ 116, 249, 338, 483

Frey, D. 弗赖, D. Ⅰ 141, 157

Freyer, H. 弗雷耶, 汉斯 Ⅱ 100, 398

Friedemann 弗里德曼 Ⅱ 501

Friedlaender, P. 弗里伦德尔, 保罗 Ⅱ 483, 486, 501

Fuchs, E. 富克斯, 恩斯特 Ⅰ 336; Ⅱ 109, 391, 408f., 430, 457

Fulda, F. 福尔达, 弗里德里希 Ⅱ 493

G

Gadamer-Lekebusch, K. 伽达默尔-莱克布施, K. Ⅱ 494

Gaiser, K. 盖塞尔, K. Ⅱ 413

Galilei 伽利略 Ⅱ 88, 186, 319, 337, 487, 496

Galling, K. 伽宁, K. Ⅱ 430

Gauthier, Th. 戈捷, Th. Ⅰ 321

Gehlen, A. 格伦, A. Ⅰ 284, 448; Ⅱ 416, 432

Geldsetzer, L. 盖尔德塞策, 卢茨 Ⅱ 95, 278, 463

Gellert 盖勒特 Ⅱ 385

Gentile 金蒂尔 Ⅱ 112, 392

George, St.　乔治,斯忒芬　Ⅰ　69;Ⅱ　159,390,481,501

Georgiades, T.　格奥加德斯,T.　Ⅰ　97;Ⅱ　18

Gerigk, H.-J.　格里克,H.-J.　Ⅱ　106

Gethmann-Siefert, A.　格特曼-西弗特,A.　Ⅰ　64

Giegel　齐格尔　Ⅱ　258f.,263,265,267,269f.,273

Goethe,　歌德　Ⅰ　67f.,76,81ff.,99,167,204f.,463;Ⅱ　177,192,
  210,300,357,376,489,491

Gogarten, F.　戈加滕,F.　Ⅱ　10,104,211,406

Gogh, V.　梵谷,V.　Ⅱ　482

Goldmann, L.　哥德曼,卢奇　Ⅱ　477

Görres　格雷斯　Ⅱ　390

Götze, A.　格策,A.　Ⅰ　104

Gottsched　哥特舍德　Ⅰ　37

Gouhier, H.　高里尔,H.　Ⅱ　237

Grabmann, M.　格拉伯曼,M.　Ⅰ　482

Gracian, B.　格拉西安,巴尔塔扎

Griesebach, E.　格里斯巴赫,E.　Ⅱ　104

Grimm, H.　格里姆,赫尔曼　Ⅰ　68,305

Grimm, J.　格林,J.　Ⅱ　362

Groethuysen, B.　克罗图伊森,B.　Ⅱ　100,464

Gründer, K.-F.　格鲁德,卡尔-弗里德里希　Ⅱ　457

Guardini, R.　瓜尔迪尼,R.　Ⅰ　376,492

Gundert, H.　古德特,赫尔曼　Ⅱ　235,420

Gundolf, F.　费多尔夫,弗里德里希　Ⅰ　68,305;Ⅱ　481

Gutzkow, K.　古茨科,K.　Ⅰ　66

H

Habermas, J.　哈贝马斯,约尔根　Ⅰ　284,350;Ⅱ　4,21,110,114,

203,234 238ff.,254f.,256ff.,269f.,272ff.,349,434,452,454,457,465f.,467,470f.,493,498

Haecker,Th. 海克尔,特奥多 Ⅱ 104

Haering,Th. 黑林 Ⅰ 232

Halevy 哈列维 Ⅱ 421

Halpern 哈尔帕 Ⅱ 463

Hamann,J.G. 哈曼,J.G. Ⅱ 130

Hamann,R. 哈曼,理查德 Ⅰ 94f.,134;Ⅱ 432

Harder,R. 哈德尔,理查德 Ⅱ 383f.

Harnack,A.v. 哈纳克,A.v. Ⅱ 406

Hart,H.L.A. 哈特,H.L.A. Ⅱ 430

Harth,D. 哈特,D. Ⅱ 457,459

Hartmann,N. 哈特曼,尼加拉 Ⅰ 46,382;Ⅱ 70,81,112,482f.

Haug,W. 豪格,W. Ⅰ 82

Hebbel,F. 黑贝尔,F. Ⅰ 134,136

Hebel,J.P. 海贝尔,J.P. Ⅱ 297,301

Heer,Fr. 黑尔,弗里德里希 Ⅰ 141,155

Hegel 黑格尔 Ⅰ 16ff.,45,54ff.,641ff.,69,84ff.,103f.,171,172ff.,202u.ö.,209ff.,215u.ö.,231ff.,238,256ff.,291,322,346ff.,359ff.,377,395,417,467ff.;Ⅱ 8,12,28,32,48,67,70,72,78,80,85,88,98,100,105,108,110ff.,130,187,210,220,241,246,254,264,270f.,278,322,328,333f.,336,354,360f.,366ff.,385,389,395,397,407,423,426,433,436f.,447,453,455f.,460f.,464,470,472f.,477,482ff.,491f.,500,502ff.,505f.,508

Hehn,V. 汉,维克多 Ⅱ 148

Heidegger, M. 海德格尔,马丁 Ⅰ 74,102,105ff.,109,129,156, 247,258ff.,267ff.,270ff.,298,360,433,459f.;Ⅱ 8ff., 15ff.,22,33f.,46,48,52u.ö.,59ff.,145,173,203,212, 219,224,245,254,279,297ff.,300,323,328,331ff.,338f., 359f.,361ff.,381f.,388f.,391,399,406ff.,422,425,428, 437,446f.,464,483ff.,500,504ff.

Heinze, R. 海因茨,理查德 Ⅱ 483

Heisenberg, W. 海森堡,维纳 Ⅱ 458

Hellebrand, W. 黑勒布兰德,W. Ⅱ 437,443

Hellingrath 海林格拉斯 Ⅱ 385

Helmholtz, H. 赫尔姆霍茨,H. Ⅰ 11ff.,47,90;Ⅱ 39,228

Henkel, A. 亨克尔,阿图尔 Ⅱ 489

Henrich, D. 亨利希 Ⅰ 100;Ⅱ 62,101,411,493

Heraklit 赫拉克利特 Ⅰ 409;Ⅱ 46,354,363f.,497

Herbart 赫巴特 Ⅱ 99

Herder 赫尔德 Ⅰ 14,32,84,198,204ff.,291f.,406,442;Ⅱ 72, 111,142,147,177,192,328,335,361,433,490

Hermes 赫尔墨斯 Ⅱ 92,294f.

Herodot 希罗多德 Ⅰ 148;Ⅱ 413

Hesiod 赫西俄德 Ⅰ 148

Hesse, H. 赫塞,赫尔曼 Ⅱ 480

Hetzer, Th. 黑策,特奥多尔 Ⅰ 140

Hildebrandt 希尔德布兰特 Ⅱ 501

Hinrichs, C. 欣里希斯,C. Ⅰ 205,213

Hirsch, D. 赫尔施,D. Ⅰ 188;Ⅱ 106

Hitler, A. 希特勒,A. Ⅱ 400

Hitzig 希尔施 Ⅱ 297

Hofer, W. 霍法, W. Ⅱ 390

Hofmann, H. 霍夫曼, H. Ⅰ 146

Hofmann, W. 霍夫曼, W. Ⅰ 377；Ⅱ 405f.

Hölderlin, F. 荷尔德林, F. Ⅰ 93, 149, 474；Ⅱ 10, 75, 140f., 367, 385, 486, 491, 506

Holl, G. 霍尔, G. Ⅰ 178

Holl, K. 霍尔, K. Ⅱ 94

Hölscher, U. 赫尔希, U. Ⅱ 211

Homer 荷马 Ⅰ 78, 148, 279；Ⅱ 46, 92, 94

Hönigswald, R. 赫尼希斯瓦尔德, 理查德 Ⅰ 73, 408；Ⅱ 74, 111, 480

Horaz 贺拉斯 Ⅰ 151

Horkheimer, M. 霍克海默尔, M. Ⅰ 279；Ⅱ 434, 493

Hotho 霍托 Ⅰ 64, 70

Hruschka, J. 胡斯卡, J. Ⅱ 457

Huizinga 赫伊津哈 Ⅰ 109；Ⅱ 129

Humboldt, W. v. 洪堡, W. v. Ⅰ 16, 204, 206, 217, 347f., 406, 419, 442ff.；Ⅱ 72, 99, 147, 187, 201, 338, 362, 393, 481

Hume, D. 休谟 Ⅰ 9, 30, 281, 364f.；Ⅱ 461

Husserl, E. 胡塞尔, E. Ⅰ 71f., 156, 229f., 246ff., 307, 353, 451f.；Ⅱ 12, 15f., 69, 71, 100, 102ff., 110f., 125, 197, 212, 245, 279, 297, 300, 323, 328, 334f., 361ff., 386, 388, 411, 422, 425, 427f., 436, 447, 481, 483, 488, 491, 506

Hutcheson 哈奇森 Ⅰ 30

I

Imdahl, M. 英达尔, M. Ⅱ 17

Immermann, K.　伊默曼，K.　Ⅰ　94，278；Ⅱ　175.
Ingarden, R.　英加登，R.　Ⅰ　124，166；Ⅱ　18
Iser, W.　伊泽尔，W.　Ⅰ　100；Ⅱ　106
Isokrates　伊索克拉底　Ⅰ　23；Ⅱ　235，307

J

Jacobi　雅可比　Ⅰ　346，471；Ⅱ　130
Jaeger, H.　耶格，哈索　Ⅱ　279，287f.，292ff.
Jaeger, W.　耶格，维尔纳　Ⅰ　25，291；Ⅱ　261，307，484，491
Jaensch　杨恩希　Ⅱ　101
James, W.　詹姆士，威廉　Ⅰ　250
Jamme, C.　雅姆，C.　Ⅰ　93
Japp, U.　雅帕，U.　Ⅱ　355
Jaspers, K.　雅斯贝斯，卡尔　Ⅰ　284，307；Ⅱ　54，101，104，135，164，211，427，458，464，492
Jauss, H. R.　尧斯，汉斯·罗伯特　Ⅰ　53，125；Ⅱ　7，13f.，62，106，223，299，441，457，475
Jesus　耶稣　Ⅱ　44，208
Joachim, H. H.　约金姆，H.H.　Ⅱ　401ff.
Joël, K.　乔埃尔，K.　Ⅱ　261
Johannes Damascenus　大马士革的约翰　Ⅰ　145
Johannesevangelium　约翰福音教派　Ⅰ　423ff.；Ⅱ　44，135，192
Johnstone(jr.). H. W.　约翰斯通，H.W.　Ⅱ　111，431
Jonas　约拿斯　Ⅱ　463
Jünger, E.　荣格，恩斯特　Ⅱ　416
Jünger, F. G.　云格尔，F.G.　Ⅰ　112
Junghegelianer　青年黑格尔派　Ⅰ　250，349；Ⅱ　504

Jungius, J.　尤吉乌斯, J.　Ⅱ　276

Justi, C.　尤斯蒂, C.　Ⅰ　154

K

Kahler, E. v.　卡勒, 埃里希·冯　Ⅱ　481

Kallen, G.　卡伦, G.　Ⅰ　146

Kallimachos　卡里马可斯　Ⅰ 293

Kamlah, W.　卡姆拉, W.　Ⅰ　155；Ⅱ　459f.

Kant　康德　Ⅰ　14, 16, 36ff., 48ff., 80f., 103f., 163f., 197ff., 248, 276, 346, 348, 382, 452；Ⅱ　22, 28, 32, 67, 69, 78, 81, 89, 97f., 122, 133, 137, 161, 167, 187, 304, 307, 326ff., 331, 361, 384, 387, 394, 412, 422, 431, 435, 439, 446, 455, 461, 468f., 484, 487, 502, 506

Kapp, E.　卡普, 恩斯特　Ⅰ　371；Ⅱ　307, 397

Kassner, R.　卡斯纳, 鲁道夫　Ⅰ　114f.

Kaufmann, F.　考夫曼, F.　Ⅰ　266

Keckermann　凯克曼　Ⅱ　294

Kerényi, K.　凯伦伊, 卡尔　Ⅰ　128；Ⅱ　390f.

Kierkegaard　克尔凯郭尔　Ⅰ　101, 132, 134 137, 259, 349；Ⅱ　9f., 22, 55, 103, 142, 210f., 271, 362, 368, 471f., 482f.

Kimmerle, H.　基尔默, 海因茨　Ⅰ　190；Ⅱ　15, 404, 462f., 464, 475, 493

Klages, L.　克拉格斯, 路德维希　Ⅰ　433；Ⅱ　390

Klein, J.　克莱因, J.　Ⅱ　489

Kleist, H. v.　克莱斯特, 亨利希·冯　Ⅱ　205

Kleon　克里昂　Ⅱ　263

Klibansky, R.　克里班斯基, R.　Ⅰ　490

Klopstock 克洛普施托克 Ⅰ 15,81,84

Knoll,R. 克诺尔,雷纳特 Ⅱ 130

Koch,J. 柯赫,J. Ⅰ 438,441,490

Koebner,R. 克伯勒,R. Ⅰ 127

Koehler,W. 柯勒,W. Ⅰ 96

Koller 柯勒 Ⅰ 118

Kommerell,M. 科默雷尔,M. Ⅰ 135f.

Konfuzius 孔子 Ⅱ 208

Körte,A. 科尔特,A. Ⅰ 291

Koschacker,P. 柯夏克,P. Ⅱ 106,311

Kosellek,R. 科泽勒克,赖因哈特 Ⅰ 15;Ⅱ 390

Kraft,V. 克拉夫特,维克多 Ⅱ 459

Krauss,W. 克劳斯,W. Ⅰ 40

Krausser,P. 克劳塞,彼得 Ⅱ 464

Kretschmer 克莱希默 Ⅱ 101

Krüger,G. 克吕格尔,格哈德 Ⅰ 130,276,284,484;Ⅱ 70,125f.,406,412f.,423

Kuhn,H. 库恩,赫尔伯特 Ⅰ 88,120,285,324,327;Ⅱ 401f.,403,437,440,442,472,494

Kuhn,Th. 库恩,托马斯 Ⅰ 288;Ⅱ 114,496

Künne,W. 屈内,沃尔夫冈 Ⅱ 493

Kunz,H. 库恩兹,H. Ⅱ 257

L

Lacan,J. 拉康,雅克 Ⅱ 114,249

Lagus,J. 拉古斯,雅克 Ⅱ 276

人名索引(德—汉)

Landgrebe, L. 朗德格雷纳, L. Ⅱ 411

Lang, H. 朗格, 赫尔曼 Ⅱ 249

Langerbeck, H. 朗格伯克, 赫尔曼 Ⅱ 397

Larenz, K. 拉伦茨, K. Ⅱ 392, 400

Lebreton 莱布雷通 Ⅰ 423

Leibholz, G. 莱伯霍尔茨, G. Ⅱ 401

Leibniz 莱布尼茨 Ⅰ 33, 146, 209, 230, 419f. ; Ⅱ 210, 276, 492, 502

Leisegang, H. 莱茨冈, 汉斯 Ⅱ 488

Leonardo da Vinci 莱奥纳多·达·芬奇 Ⅰ 11, 98

Lersch 莱尔希 Ⅱ 101

Lessing, G. E. 莱辛, G. E. Ⅰ 53f., 80; Ⅱ 267

Lessing, Th. 莱辛, 特奥多 Ⅱ 480

Liebing, H. 李宾, H. Ⅱ 404

Lipps, H. 利普斯, H. Ⅰ 431, 462; Ⅱ 54, 110, 195, 338

Litt, Th. 利特, 特奥多 Ⅰ 432; Ⅱ 100f., 328, 390, 423, 491, 498

Lledo, E. 莱多, E. Ⅱ 383, 493

Lohmann, J. 洛曼, 约翰纳斯 Ⅰ 407, 418, 437; Ⅱ 228f., 233, 245

Loof, H. 洛夫, H. Ⅰ 81

Loos, E. 洛斯, 恩里希 Ⅰ 29

Lorenzen, P. 洛伦兹, P. Ⅱ 459f., 462

Lorenzer, A. 洛伦兹, A. Ⅱ 258f.

Löwith, K. 勒维特, 卡尔 Ⅰ 212, 214, 365, 433; Ⅱ 70, 102, 104, 139, 381f., 412f., 415, 423, 493

Lübbe, H. 吕伯, H. Ⅰ 250

Lücke 吕克 Ⅱ 15, 101, 404, 462

Lukács, G. v. 卢卡奇, 格奥尔格·冯 Ⅰ 101, 279

Luther, M.　路德，马丁　Ⅰ　132, 177ff., 198f., 237; Ⅱ　94f., 277, 282, 284, 286, 292, 296, 336, 430

M

Mach, E.　马赫，恩斯特　Ⅰ　71
Machiavelli　马基雅维里　Ⅱ　415
Mahnke, D.　马恩克，D.　Ⅰ　146
Maihofer, K.　迈霍夫，K.　Ⅱ　430
Maimonides, M.　麦蒙尼德　Ⅱ　421
Malebranche　马勒伯朗士　Ⅰ　146
Mallarmé　马拉美　Ⅱ　355, 474
Malraux, A.　马尔罗，安德烈　Ⅰ　93
Mann, Th.　曼·托马斯　Ⅱ　363, 480
Mao-Tse-Tung　毛泽东　Ⅱ　466
Marcuse, H.　马尔库塞，H.　Ⅰ　232; Ⅱ　435, 466
Marc Aurel　马克·奥勒留　Ⅰ　30
Marquard, O.　马尔奈特，O.　Ⅱ　233
Marrou, H. J.　马罗，H. J.　Ⅱ　408
Marx, K.　马克思，卡尔　Ⅰ　279; Ⅱ　116, 246, 466, 483
Marxismus　马克思主义　Ⅰ　337, 327; Ⅱ　263
Masur, G.　马苏尔，格哈德　Ⅰ　207
Meier, G. F.　迈耶，G. F.　Ⅰ　277; Ⅱ　463
Meinecke, F.　梅纳克，F.　Ⅱ　390, 411
Melanchthon　梅兰希顿　Ⅰ　180, 324f.; Ⅱ　96, 277, 281, 282ff., 286, 296, 305, 308, 431
Menzer, P.　门策尔，P.　Ⅰ　37, 48

Merleau-Ponty 梅洛-庞蒂 Ⅱ 425

Mesnnard, P. 梅纳尔 Ⅰ 80

Michelangelo 米开朗琪罗 Ⅱ 482

Mill, J. St. 穆勒,纳翰·斯图加特 Ⅰ 9,12,14;Ⅱ 99,320,451

Misch, G. 米施,格奥尔格 Ⅰ 222,239,242;Ⅱ 100,102f.,388,464

Molière 莫里哀 360

Möller, J. 默勒, J. Ⅱ 437

Mollowitz, G. 莫洛维茨, G. Ⅰ 98

Mommsen, Th. 莫姆森, Th. Ⅰ 289;Ⅱ 222,394

Monan, J. 莫纳 J. 多纳尔德 Ⅱ 253

Mörike, E. 莫里克, E. Ⅱ 359f.

Moritz, K. Ph. 莫里茨,卡尔·菲利普 Ⅰ 81f.,101

Morris, Ch. 莫里斯,查尔斯 Ⅱ 174

Morus 马鲁斯 Ⅰ 35;Ⅱ 297,301

Müller, C. 缪勒,库尔特 Ⅰ 81

Müller, M. 米勒,马克斯 Ⅰ 488

Musil, R. 穆西尔, R. Ⅱ 490

N

Napoleon 拿破仑 Ⅱ 322

Natanson, M 纳汤森, M. Ⅱ 111,431

Natorp, P. 拉托普,保尔 Ⅰ 73,224,247,459;Ⅱ 482f.

Neitzel, H. 奈策尔,海因茨 Ⅰ 363

Neukantianismus 新康德主义 Ⅰ 65f.,225,250,258,381;Ⅱ 29f.,69ff.,81f.,89,133f.,164,210f.,322,328,331,334,338,362,368,388,399,422,479ff.,505f.

Neuplatonismus 新柏拉图主义　Ⅰ　79,145,205,427f.,438,487f.；Ⅱ　94, 293,298,383,384f.,386

Newton,I.　牛顿,I.　Ⅱ　167,177,228,487

Nietzsche　尼采,弗里德里希　Ⅰ　21,69,73,130,165,247,262,267,307, 309f.,421；Ⅱ　11,27,31,38,45f.,103,114,116,202,221,333f., 336,338ff.,363f.,368,372,381f.,414,421,447,481ff.,491,500

Novalis　诺瓦利斯　Ⅱ　463

O

Odebrecht,R.　奥德布莱希特,鲁道夫　Ⅰ　55,98；Ⅱ　463

Oehler,K.　欧勒,K.　Ⅱ　421

Oelmüller,W.　欧尔缪勒,W.　Ⅰ　86

Oetinger,F.　厄廷达尔,F.　Ⅰ　32ff.,489；Ⅱ　177,386,404

Olbrecht-Tyteca　奥尔布莱希特-梯特卡　Ⅱ　431,467

Origines　奥里根　Ⅱ　94

Ortegay Gasset　奥特伽,伽塞特　Ⅱ　29

Osenberg　奥森伯格　Ⅱ　490

Ott　奥特　Ⅱ　391,407f.

Otto,W.F.　奥托,瓦尔特.F.　Ⅰ　128；Ⅱ　390f.,398

Overbeck,F.　奥佛伯克,弗朗茨　Ⅱ　209

Oxfordschule　牛津学派　Ⅰ　376；Ⅱ　397

P

Paatz,W.　帕茨,W.　Ⅰ　141

Pannenberg,W.　帕伦伯格,W.　Ⅱ　246f.,437

Panofsky,E.　巴诺夫斯基,E.　Ⅱ　375

人名索引(德—汉)

Pareyson, L.　帕勒松,路易吉　Ⅰ　66；Ⅱ　433

Parmenides　巴门尼德　Ⅰ　128f. ,465；Ⅱ　85ff. ,363f.

Parry　帕里　Ⅰ　165

Pascal　帕斯卡　Ⅰ　35

Patsch, H.　帕茨 H.　Ⅱ　464

Patzer, H.　帕策尔 H.　Ⅰ　343

Paul, J.　保尔,让　Ⅱ　259

Paulus　保罗　Ⅱ　336

Peirce, Ch. S.　皮尔斯,Ch. S.　Ⅱ　262

Perelman, Ch.　佩雷尔曼,Ch.　Ⅱ　111,317,431,467

Perikles　伯里克利　Ⅱ　263

Perrault, M.　佩拉尔特,M.　Ⅱ　299

Pflaumer, R.　普夫拉奥默,鲁伯莱希特　Ⅱ　493

Phidias　菲迪亚斯　Ⅱ　477,482

Philo v. Alex.　亚里山大的菲洛　Ⅱ　383

Piaget, J.　皮亚杰,J.　Ⅱ　112,204,256

Pietismus　虔信派　Ⅰ　32f. ,313；Ⅱ　97,284,298

Pindar　品达　Ⅰ　151；Ⅱ　128,486

Pinder　品德尔　Ⅱ　101

Plato　柏拉图　Ⅰ　23,27,100,117ff. ,128f. ,131,150,210,276,279,320, 350f. ,368ff. ,381,396,409ff. ,426f. ,433f. ,461f. ,482,484；Ⅱ　12, 22,42f. ,73,80,82,85f. ,90,92f. ,110,126,152,160ff. ,184,200, 209f. ,212,225,234f. ,237,255,275,281,287,293f. ,302,305ff. , 317f. ,329,332f. ,344,369ff. ,379,397,402,413,415,420,422f. ,428, 433,455f. ,461,482,484ff. ,500ff. ,506ff.

Platonismus　柏拉图主义　Ⅱ　7,12,16,223,227,364,456,478,503

Plessner, H.　普莱斯纳, H.　204, 257, 431

Plotin　柏罗丁　Ⅱ　298, 383, 482, 502

Plutarch　普鲁塔克　Ⅰ　78; Ⅱ　321, 413

Pöggeler, O.　珀格勒, 奥托　Ⅱ　437, 447

Polanyi, M.　波兰尼, M.　Ⅱ　256, 431, 505

Pollmann, L.　波尔曼, 列奥　Ⅱ　457

Pontius Pilatus　蓬丁乌斯·彼拉多　Ⅱ　44f.

Popper, K. R.　波普尔, 卡尔·R.　Ⅰ　359; Ⅱ　434, 452

Portmann, F.　波尔特曼, F.　Ⅰ　113

Port-Royal　波尔-罗亚尔　Ⅰ　24

Pragmatismus, amerikanischer　美国实用主义　Ⅱ　53

Protagoras　普罗泰戈拉　Ⅱ　235

Pseudodionys　伪丢尼修　Ⅰ　79, 482

Pythagoreer　毕达哥拉斯派　Ⅱ　319

Q

Quintilian　奎因梯利安　Ⅰ　95; Ⅱ　236, 280

R

Rabeau, G.　拉柏奥, G.　Ⅰ　432

Rabl, E.　拉伯尔, E.　Ⅱ　392, 426

Rad, G. v.　拉德, G. v.　Ⅱ　106

Rahner, K.　拉纳, K.　Ⅱ　390

Rambach, J. J.　兰巴赫 J. J.　Ⅰ　35, 188, 312f.; Ⅱ　97, 105, 284, 298

Ranke, L.　兰克, L.　Ⅰ　202, 206ff., 221, 227f. u. ö.; Ⅱ　21, 99, 187, 221f., 240, 390

Rastier 拉斯蒂尔 Ⅱ 355

Raumer 劳默尔 Ⅱ 263

Redcker,M. 雷德克,马丁 Ⅰ 198;Ⅱ 277,405,425,463

Reich,K. 莱因希,克劳斯 Ⅱ 493

Reid,Th. 里德,托马斯 Ⅰ 30

Reinhardt,K. 赖因哈特,卡尔 Ⅱ 261,489

Riccobini 里可彼尼 Ⅱ 385

Rickert,H. 李凯尔特,H. Ⅰ 225,350;Ⅱ 328,388,428,439

Ricoeur,P. 利科尔,保罗 Ⅱ 114,116,350,435,474

Riedel,R. 里德尔,M. Ⅰ 32;Ⅱ 117,455,464

Rilke 里尔克 Ⅰ 110,397;Ⅱ 128,210,491

Ritschl,O. 里奇尔,O. Ⅰ 179;Ⅱ 405f.

Ritter,J. 里特,J. Ⅰ 15;Ⅱ 117,298,384,402,433

Rittner,F. 黑特纳,F. Ⅱ 456

Robinson,J.M. 罗宾逊,J.M. Ⅱ 410,430

Rohr,G. 罗厄,G. Ⅱ 139,413

Rose,H. 罗斯,H. Ⅰ 400

Rosenkranz,K. 罗森克兰茨,卡尔弗 Ⅰ 65;Ⅱ 447

Rosenzweig,Fr. 罗森茨威格,弗朗茨 Ⅰ 93;Ⅱ 10,211

Rossi,P. 罗西,P. 21

Rothacker,E. 罗特哈克,埃里布 Ⅰ 69,185,238,307;Ⅱ 100,107,340,378,386,389,398

Rousseau 卢梭 Ⅰ 56,8,279,484;Ⅱ 22,69,304,327

Royce 罗伊斯 Ⅱ 262

Runge 龙格 Ⅰ 93

Russell,B. 罗素,柏特兰 Ⅱ 338,425

S

Salin, E. 萨林, E. Ⅱ 481

Salmasius 萨尔马修斯 Ⅰ 30

Santinello, G. 桑梯奈洛, G. Ⅰ 482

Sarter, J.-P. 沙特, 让-保罗 Ⅱ 259, 369, 425

Savingny 萨维尼 Ⅰ 190, 332; Ⅱ 311

Schaarschmidt 沙米施米特, Ⅰ 17

Schadewaldt, W. 沙德瓦尔特, W. Ⅰ 135, 390

Schasler, M. 沙斯勒, M. Ⅰ 65

Scheler, M. 舍勒, 马克斯 Ⅰ 96, 134, 237, 287, 316, 448, 453; Ⅱ 69f., 339, 361, 428, 482

Schelling 谢林 Ⅰ 64, 83, 93, 200, 464, 469; Ⅱ 28, 98f., 103, 334, 376

Scherer, W. 舍勒尔, W. Ⅰ 12

Schiller, F. 希勒, F. Ⅰ 56, 61, 63, 69, 81ff., 397; Ⅱ 99, 151, 300, 456

Schlegel, F. 施莱格尔, F. Ⅰ 64f., 82, 85, 93, 111, 199f., 295, 367, 400; Ⅱ 97f. u. ö., 209, 338, 362, 425, 463

Schleiermacher 施莱尔马赫 Ⅰ 63, 69, 75, 171ff., 182ff., 188ff. u. ö., 283 u. ö., 296ff., 347; Ⅱ 14f., 19, 54, 57ff. u. ö., 95, 97ff., 123, 209, 222, 236, 254, 277, 279, 284, 290, 292, 298f., 301, 312f., 318, 322, 330f., 335, 362, 393, 404ff., 425ff., 436, 462ff., 472, 474, 494, 497

Schlick, M. 石里克, 莫里茨 Ⅱ 3f., 321, 339, 434

Schmidt, E. 施密特, 恩斯特 Ⅱ 253

Schmied-Kowarzik, S. W. 施密特-柯瓦切克, S. W. Ⅱ 457

Schmitt, C. 施密特, 卡尔 Ⅱ 379f.

Schneider, H.	施奈德, H.	Ⅰ 93
Schöne, W.	舍内, 沃尔夫冈	Ⅰ 140
Schopenhauer, A.	叔本华, A.	Ⅰ 65, 84, 464; Ⅱ 297
Schrade, H.	施拉德, 胡贝特	Ⅰ 145
Schuler, A.	舒勒, 阿尔弗雷德	Ⅱ 390
Schulz, W.	舒尔茨, 瓦尔特	Ⅱ 489
Schupp. F.	舒普, F.	Ⅱ 390
Schütz, A.	许茨, 阿尔弗雷德	Ⅰ 255
Sedlmayr, H.	泽德尔迈尔, H.	Ⅰ 98, 101, 126; Ⅱ 108, 377, 441
Seeberg, E.	泽贝格, 埃里希	Ⅰ 377
Seebohm, Th.	西伯姆, 托马斯	Ⅱ 11, 106, 457
Semler	塞梅勒	Ⅰ 180, 188; Ⅱ 97, 404
Senft, Chr.	塞夫特, Chr.	Ⅱ 405
Seume, H.	绍伊默, H.	Ⅱ 297, 301
Sextus Empiricus	塞克斯都·恩彼里柯	Ⅱ 320
Shaftesbury	沙夫茨伯里	Ⅰ 16, 29f.
Shakespeare	莎士比亚	Ⅰ 62; Ⅱ 357, 379, 482, 501
Siep, L.	希普, L.	Ⅰ 18
Simmel, G.	西默尔, 乔治	Ⅰ 69, 228, 247
Simon, R.	西蒙, R.	Ⅱ 96, 284
Sinclair	辛克莱	Ⅱ 385
Singer, S.	辛格, S.	Ⅱ 501
Sinn, D.	辛恩, D.	Ⅰ 254f.
Snell, B.	斯内尔, B.	Ⅰ 294
Sokrates	苏格拉底	Ⅰ 26, 320u. ö., 368ff., 468; Ⅱ 23, 43, 90, 208, 210, 227, 235, 252, 255, 306, 325, 332, 336, 344, 369f., 420, 422, 486, 497f., 501f.

Solger 索尔格 Ⅰ 79

Sophistik 智者派 Ⅰ 23,25,276,350ff.,357,396,410u.ö.；Ⅱ 43,94,160,,227f.,234f.,252,289,305,415

Sophokles 索福克勒斯 Ⅱ 482,489,501

Spengler,O. 斯宾格勒,奥斯瓦尔德 Ⅱ 480

Speusipp 斯鲍锡普 Ⅰ 434ff.

Spiegelberg,H. 斯皮格尔伯格,H. Ⅱ 411

Spinoza 斯宾诺莎 Ⅰ 184f.,189,275,277；Ⅱ 96f.,122f.,267,299,385,415,421,464

Spitzer,L. 皮茨,列奥 Ⅱ 360

Sprague,R.K. 斯帕古,R.K. Ⅱ 421

Spranger,E. 斯潘格,E. Ⅱ 100f.,107,464

Stachel,G. 斯塔克尔,古恩特 Ⅱ 106,457

Staiger,E. 施泰格,埃米尔 Ⅰ 134,271；Ⅱ 108,359

Stegmüller,W. 施特格米勒,沃尔夫冈 Ⅰ 271

Steiger,L. 施泰格,L. Ⅱ 406

Steinthal,H. 施泰因塔尔,H. Ⅰ 190,197,410；Ⅱ 15,99,464

Stenzel,J. 斯坦策尔,J. Ⅰ 434,477,485

Stoa 斯多葛 Ⅰ 423,437,486；Ⅱ 94,308,414

Strauß,E. 斯特劳斯,E. Ⅰ 96

Strauss,L. 斯特劳斯,列奥 Ⅰ 29,275,300,324；Ⅱ 299,334,401,414f.,501

Stroux,J. 施特鲁克斯,J. Ⅰ 291

Sturm,J. 斯图姆,约翰纳斯 Ⅱ 283,289

Sulzer 祖尔策 Ⅰ 54；Ⅱ 385

Sybel 西贝尔 Ⅱ 222

Swift 斯威夫特 Ⅱ 489

T

Tacitus 塔西陀 Ⅰ 293；Ⅱ 290

Tagore, R. 泰戈尔, R. Ⅱ 482

Tate, A. 塔特, A. Ⅱ 94

Taylor, Ch. 泰勒, 查尔斯 Ⅱ 114

Tetens 特滕斯 Ⅰ 28, 36

Themistius 泰米斯修斯 Ⅰ 357, 421；Ⅱ 112

Thibaut, A. F. J. 梯鲍特, A. F. J. Ⅱ 107, 278, 463

Thomas v. Aquinas 托马斯·阿奎那 Ⅰ 28, 426ff., 491；Ⅱ 111, 461, 491

Thomasius, Chr. 托马修斯, Chr. Ⅰ 276

Thukydides 修昔底德 Ⅰ 237；Ⅱ 190, 321

Thurneisen 图尔纳森 Ⅱ 101

Tieck, L. 蒂克, L. Ⅰ 66

Tolstoi 托尔斯泰 Ⅰ 377

Tonelli 托内里 Ⅱ 384

Topitsch, E. 托庇茨, E. Ⅱ 459

Trede, J. H. 特雷德, J. H. Ⅱ 493

Treitshke 特赖奇克 Ⅱ 222

Trier, J. 特里尔, J. Ⅰ 109

Troeltsch, E. 特勒尔奇, 恩斯特 Ⅰ 241；Ⅱ 31, 100, 389, 410, 481

Tugendhat, E. 吐根哈特, E. Ⅱ 254

Tumarkin 图玛金, 安娜 Ⅰ 120

U

Uexkuell, J. v. 于克斯科尔, J. v. Ⅰ 45

Ulrich v. Straßburg 乌利希·冯·斯特拉斯堡 Ⅰ 482

Unamano 乌那马诺 Ⅱ 104

V

Valéry, P.　瓦莱利, 保罗　Ⅰ　98ff.

Vasoli, C.　范苏里, C.　Ⅰ　22

Vattimo, G.　瓦蒂莫, G.　Ⅱ　464, 493

Velasquez, D.　委拉斯开兹, D.　Ⅰ　154

Verigl　维吉尔　Ⅱ　362

Verra, V.　维拉·瓦兰里奥　Ⅱ　493

Vico　维柯　Ⅰ　24ff., 226, 281, 379；Ⅱ　111, 192, 273, 280, 311, 432, 467, 498

Viehweg, Th.　菲维格, Th.　Ⅱ　430

Vischer, Fr. Th.　菲舍, Fr. Th.　Ⅰ　85f.

Volhard, E.　伏尔哈德, E.　Ⅰ　86

Volkmann-Schluck, K.-H.　福尔克曼-施鲁克, K.-H.　Ⅰ　438, 489, 491

Vorsokratiker　前苏格拉底学派　Ⅱ　363

Vossler, K.　弗斯勒, K.　Ⅰ　474

Vossler, O.　福斯勒, O.　Ⅰ　267；Ⅱ　221

Vries, H.　福里斯, H.　Ⅱ　390

Vries, J. de　福里斯, J. 德　Ⅱ　390f.

W

Wach, J.　瓦赫, 约金姆　Ⅰ　186；Ⅱ　100, 277, 463

Wagner, F.　瓦格纳, 弗里茨　Ⅱ　389

Wagner, H.　瓦格纳, 汉斯　Ⅱ　411, 480

Walch, C. F.　瓦尔赫, C. F.　Ⅱ　106

Waehlens, A. de　瓦尔亨斯, A. 德　Ⅰ　258；Ⅱ　437

Wagner, Chr. 瓦格纳, Chr. Ⅰ 427

Walch 瓦尔希 Ⅰ 183, 276, 282

Warburg, M. 瓦堡, M. Ⅱ 355

Watson, L. C. 瓦特松, L. C. Ⅱ 9

Weber, M. 韦伯, 马克斯 Ⅱ 101, 159, 163, 165, 310, 322, 326, 378, 388f., 458ff., 468, 481

Weidlé, M. 韦德勒, M. Ⅰ 192

Weinsheimer, J. C. 威斯海默, J. C. Ⅱ 4, 339

Weischedel, W. 魏舍德尔, W. Ⅰ 141

Weizsäcker, C. F. v. 魏茨泽克, C. F. v. Ⅱ 397

Weizsäcker, V. v. 魏茨泽克, V. v. Ⅰ 255; Ⅱ 10, 104, 129

Wellek-Warren 威莱克-伐伦 Ⅱ 474

Whitehead 怀特海 Ⅱ 425, 456

Wieacker, F. 维亚克尔, 弗兰茨 Ⅰ 25, 332, 335; Ⅱ 108, 390, 392, 437f., 443, 456

Wiehl, R. 维尔, 赖纳 Ⅱ 203, 456, 473, 493

Wieland, W. 维兰德, 沃尔夫冈 Ⅱ 493

Wilamowitz 维拉莫维茨 Ⅰ 342

Winch, P. 温赫, P. Ⅱ 239

Winckelmann 温克尔曼 Ⅰ 77f., 84, 204, 291

Windelband, W. 文德尔班, W. Ⅱ 388, 396, 439

Wittgenstein, L. 维特根斯坦, 路德维希 Ⅱ 4f., 71f., 110, 239, 254, 338, 425, 429, 456, 507

Wittram, R. 维特拉姆, 莱茵哈特 Ⅱ 390

Wolf, F. A. 沃尔夫, F. A. Ⅰ 182; Ⅱ 463

Wolff, Chr. 沃尔夫, Chr. Ⅰ 180, 183; Ⅱ 95, 404

Wölfflin 韦尔夫林 Ⅱ 398

Wolters 沃尔斯特 Ⅱ 481

Wolzogen, C. 沃尔措根, C. Ⅰ 253

Y

Yorck, Graf 约尔克伯爵 Ⅰ 238, 255ff.; Ⅱ 100, 124, 135, 386, 389, 410

Z

Zabarella 察巴雷拉 Ⅱ 281, 295

Zaccaria, G. 察卡里阿, G. Ⅱ 400

Zenon 芝诺 Ⅰ 468; Ⅱ 87

本书所引经典文献

Aristoteles 亚里士多德

Analytica Posteriora 《后分析篇》

  B19，Ⅰ　421；B19，99bff.，Ⅰ　356；B19，99b35ff.，Ⅱ　149；B19，100a3ff.，Ⅱ　200，229

De anima 《论灵魂》

  425a14ff.，Ⅰ　27；425a25，Ⅰ　96；431b21，Ⅰ　462

Ethica Nicomachea 《尼各马可伦理学》

  A1，Ⅰ　116；A4，Ⅰ　317；A7，Ⅰ　303；A1,1094a1ff.，Ⅱ　316；A1,1094a27，Ⅱ　318；A1,1095a3aa.，Ⅱ　326；A4,1096b20，Ⅱ　275；A7,1098b2ff.，Ⅱ　325；A13,1102a28ff.，Ⅱ　315；B5,1106b6，Ⅰ　486；E10,1134b27ff.，Ⅱ　401；E10,1134b27ff.，Ⅱ　401；E10,1134b32—33，Ⅱ　401；14，Ⅰ　323；Z44,1140a19，Ⅱ　1,60；Z5,1140b13，Ⅰ　327；Z8，Ⅰ　323；Z8,1141b15，Ⅰ　327；Z9,1141b33，Ⅰ　27，321；Ⅱ　162,433,485；Z9,1142a25ff.，Ⅰ　327；Z9,1142a30，Ⅰ　321；Ⅱ　162；Z10,1142b33，Ⅰ　327；Z11，Ⅰ　328；Ⅱ　308；Z13,1144a23ff.，Ⅰ　329；H1,1145a15，Ⅰ　328；K6,1176b33，Ⅰ　107；K10，Ⅰ　285；K10,1179b24f.，Ⅱ　317；K10,1180a14f.，Ⅱ　317

Ethica Eudemia 《欧德米亚伦理学》

  B1，Ⅰ　116；Θ2,1246b36，Ⅰ　321

Magna Moralia 《大伦理学》

A33,1194bff.,Ⅰ 324

De interpretatione　《解释篇》

　　Ⅱ 93,293；4,16b31ff.,Ⅱ 74

Metaphysik　《形而上学》

　　A1,　Ⅰ　458；A1,980b23—25,　Ⅰ　466；Γ1,　Ⅱ　78；Γ1,1004b25,　Ⅰ　373；E1,　Ⅱ　291,303；K7,　Ⅱ　303；Λ7,　Ⅰ　129；M4,1078a3—6,　Ⅰ　482；M4,1078b25ff.,　Ⅰ　370

Politik　《政治论》

　　A2,1253a9ff.,Ⅰ 435,449；Ⅱ 146；H1,1337a14ff.,Ⅱ 308；H3,1337b39,Ⅰ 107

Poetik　《诗学》

　　4,1448b 10f.,Ⅰ　119；4,1448b16,Ⅰ　119；9,1451b6,Ⅰ　120；13,1453a29,Ⅰ　134；22,1459am,Ⅰ　435；23,1459a20,Ⅱ　287

Physik　《物理学》

　　Γ6,206a20,Ⅰ 128f.；Δ4,211b14ff.,Ⅰ 437

Rhetorik　《修辞学》

　　A2,1355b,Ⅱ 274；A2,1356a26,Ⅱ 308；B13,1389b32,Ⅰ 135

De sensu　《论感觉》

　　473a3,Ⅰ 466

Topik　《论辩篇》

　　A11,Ⅰ 435；A18,108b 7—31,Ⅰ 435

Heraklit 赫拉克利特

VS 《前苏格拉底残篇》

12,B54,Ⅰ 179

Plato 柏拉图

Apologie　《申辩篇》

　　22d,Ⅰ 320

Charmides 《卡尔米德篇》

 169a，Ⅰ 210

Epinomis 《伊庇诺米篇》

 975c，Ⅱ 93，294，295；991e，Ⅰ 179

Goggias 《高尔吉亚篇》

 Ⅱ 305；456a，Ⅱ 235

Hippias I 《大希庇阿斯篇》

 293e，Ⅰ 150

Ion 《伊安篇》

 534e，Ⅱ 93

Kratylos 《克拉底鲁篇》

 384d，Ⅰ 410；385b，Ⅰ 413；387c，Ⅰ 413；388c，Ⅰ 410；429bc，Ⅰ 414；430a，Ⅰ 414；430d^5，Ⅰ 415；432aff.，Ⅰ 413；436e，Ⅰ 413；438d—439b，Ⅰ 411

Menon 《美诺篇》

 80dff.，Ⅰ 351

Parmenides 《巴门尼德篇》

 131b，Ⅰ 128f.

Phaidon 《斐多篇》

 Ⅱ 498；72，Ⅰ 462；73ff.，Ⅰ 119；96，Ⅰ 357；99e，Ⅰ 443；Ⅱ 73

Phaidros 《斐德罗篇》

 Ⅰ 131；Ⅱ 305，308，317；245c，Ⅱ 383；250d7，Ⅰ 485；262c，Ⅰ 281；264c，Ⅰ 287；268aff.，Ⅰ 307；269b，Ⅰ 306；272a6，Ⅰ 307；275，Ⅰ 396；280b，Ⅰ 307

Protagoras 《普罗泰戈拉篇》

 314a，Ⅱ 225；314a、b，Ⅱ 43；335ff.，Ⅰ 368

Philebos 《斐利布斯篇》

Ⅱ 307;50b,Ⅰ 117;51d,Ⅰ 486

Politikos 《政治家篇》

260d,Ⅱ 92;2294ff.,Ⅰ 324;305e,Ⅱ 86

Nomoi 《法律篇》

907d,Ⅰ 93

Ⅶ. *Brief* 《第七封信》

Ⅱ 507;341c,Ⅰ 396;342ff.,Ⅰ 411;434a7,Ⅱ 255;343c-d,Ⅰ 350;344b,Ⅰ 382;344c,Ⅰ 396

Sophistes 《智者篇》

Ⅰ 486;263e,Ⅰ 411,426;264a,Ⅰ 411

Staat 《国家篇》

508d,Ⅰ 487;601c,Ⅰ 100;617e4,Ⅱ 82

Symposion 《会饮篇》

175d,Ⅱ 501;204a1,Ⅰ 490;210d,Ⅰ 482

Timaion 《蒂迈欧篇》

Ⅱ 86

Sextus Empirikus 塞克斯都·恩彼里柯

Adv. math. 《反数学家》Ⅷ

275,Ⅰ 423

Stoa 斯多葛

StVfr. 《早期斯多葛派著作残篇》

Ⅰ 24,36,36:9,Ⅰ 486;168,11pass.,Ⅰ 179

译 后 记[*]

当我把本书下卷最后一页清样校对完毕,这几年因紧张劳动而疲惫不堪的精神总算暂时得到某种放松。正如我在本书上卷译者序中所说,本书的翻译是从 1986 年开始的,时至今日已整整 8 年之久。尽管在这段时期内,我有一部分时间是为我的论著《斯宾诺莎哲学研究》进行最后的修改和统稿工作,但不可否认我仍把大部分精力和时间投入此书的翻译。我每日清晨伏案耕耘,直至夕阳西下而辍,日继一日,年复一年,其间的酸辣苦涩一时难以尽言。

从某一个意义上说,我花这样长的时间只从事一部著作的翻译工作,似乎有些得不偿失。我的一些亲朋好友也曾经以此指责我说,我本可以利用这几年经常出国与德国哲学家进行直接联系和学术交流的好时机写出一部关于诠释学甚至当代德国哲学的专著。尽管这种批评有一定道理,特别是在当前我国只重论著不重翻译的学术评定倾向下,但我仍要争辩说,需知西方哲学发展至今日,其内容之广泛和其意义之深奥,实非我们仅以几年时间写出的一部学术专著所能涵盖的。与其写一部阐述自己尚未成熟看法的专著,还不如译介一部有影响的经典著作对我国读者来说更为重

---

[*] 这是为《真理与方法》上海译文出版社版本写的译后记。

要一些。正是这样一种看法使我对这几年的辛苦劳作没有感到可惜。扪心自问,反而有一种自慰。如果我国年轻的读者能被这本书引导去踏实研究一下当代西方哲学,译者这几年的苦心就算没有白费了。

诠释学对于我国今天的一些读者来说可能还不算陌生,但不管怎样,这只是最近10年内的事。在20世纪70年代末我们通过一些东德和日本的哲学译文接触到这一名词,但对其内容却是完全不了解的。只是到了20世纪80年代,由于当时所谓存在主义热,一些个别的学者开始对当代西方这一哲学倾向赋予了注意,特别是在1986年《哲学译丛》以"德国哲学解释学"为题出了一期专辑,在一定程度上推动了国内的诠释学研究。在此期间,我国哲学界组织了两次关于诠释学的专题研讨会。一次是1987年在深圳召开的首届诠释学学术讨论会,这次讨论会我们邀请了德国哲学史学家格尔德泽策教授作了题为"什么是诠释学"的学术报告;与会的中外哲学家就诠释学的历史、主要观点以及自然科学和人文科学的区别作了广泛的讨论。一次是1991年在成都召开的第二届诠释学学术讨论会,与会30多名哲学研究学者就海德格尔、伽达默尔、哈贝马斯、利科尔和德里达的思想进行了深入的讨论。这些活动无疑都促进了我国的诠释学研究,以致诠释学在我国今天已成为一个拥有越来越多研究者的专门研究领域。当然,我们也不可否认,诠释学在我国仍是一个研究不足的新领域,有关这方面的一些重要哲学著作尚未完全翻译过来。相对于国外(不仅欧洲,而且包括美国)已经将诠释学主要观点普遍应用于哲学、美学、法学、历史学、语言学、文学批评和宗教各个人文科学领域而言,我们还只是起步，还有待于我国年轻一代哲学工作者今后的努力。

为了便于我国读者理解本书所阐发的诠释学观点，下面我再就几个主要概念的翻译作些说明和解释。

Hermeneutik，相应的英文词是 hermeneutics。该词在我国目前已有好几种译名，如"解释学""诠释学""释义学""阐释学"等。我本人采用了"诠释学"这一译名。我之所以选用"诠释学"这一译名是有一番考虑的。首先，Hermeneutik 来源于古老的希腊文词έρμηνενειν，意即传达、翻译、解释和阐明的技术。Hermeneutik 是从词根 Hermes 引申而来，Hermes 本是神的一位信使的名字，其使命一方面是传达神的指令，将神的指令翻译成人间的语言，另一方面是解释神的指令，把神的指令的意义阐明出来。因此 Hermeneutik 最基本的含义就是通过翻译和解释把一种意义关系从一个陌生的世界转换到我们自己熟悉的世界。我们知道，柏拉图在其《伊庇诺米篇》里就曾经讲到过 Hermeneutik，他把它视为一种与占卜术同属一类的技艺，其目的是用来阐发神的旨意，具有传谕旨意和要求服从的双重功能。同样，在亚里士多德的《工具论》中也有一篇很著名的逻辑论文，就是 Peri hermeneias，我们一般译为《解释篇》。hermēneus（诠释）就是以对被表述东西本来含义的理解为前提，从而把被表述东西的本来意蕴阐发出来，因而理解和解释就构成诠释的两个不可分离的组成因素。近代和现代诠释学家之所以采用 Hermeneutik 这个古老的希腊字作为这一学科名称，我想主要是为了尽量传达出古代的遗风，特别是古代人的思想倾向和思维方式。在我国古代文化里比较接近这一概念的词是"诠释"。早在唐代，诠释就被用来指一种"详细解释、阐明事理"的学问。唐颜师古"策贤良问一"中就有"厥意如何,停问诠释",元稹《解秋十首》中也有"此意何由诠"。因此我在上述几种中译名中选用了"诠释学"这一比较古雅而意蕴似乎又深厚的译名。当然,我也并不是说这一译名就完全正确,因为中国的传统文化和西方的传统文化毕竟还有差别。

不过,这里我要着重说明的是我为什么不采用目前国内大多使用的"解释学"这一译名(当然港台仍用"诠释学")。在德文里关于解释的词有好几个,如 Interpretation、Explanation、Explikation、Erklärung 和 Auslegung,其中 Interpretation、Explanation 和 Explikation 显然是从拉丁文而来;英语里也有相应的词:interpretation、explanation 和 explication。从语言学史上看,Interpretation 可能是最接近 hermeneus 的翻译。我们知道,亚里士多德那篇"Peri hermeneias",后来译成拉丁文就是"De interpretatione"。按照德国语文学家的观点,Interpretation 至少应该有两个基本含义,这两个含义可以用德文自身形成的字来表示,即 Erklärung 和 Auslegung。Erklärung 偏重于从原则或整体上进行说明性和描述性的解释,我们可以译为"说明";Auslegung 偏重于从事物本身出发进行阐发性的揭示性的解释,我们可以译为"阐释"。因此,Interpretation 既有从原则或整体上进行的说明性的外在解释的含义,又有从事物本身揭示出来的阐发性的内在解释的含义。但是,随着近代自然科学的形成和发展,Interpretation 原有的那种从对象本身揭示出来的阐发性的解释含义似乎被淹没在外在的说明性的描述性的解释里面,以致在英语里,interpretation 似乎主要指那种按照某种说明模式进行描述性的因果性的解释，这就成为近现代自然科学通行的解释方法。按照这种方法，所谓解释就是将某一事件或某一过程隶属于或包摄于某个一般法则之下从而作出因果性的说明。这种自然科学的说明方法或解释观念影响相当大，几乎被认为是一切人类科学（包括人文科学）唯一有效的科学方法论。近代诠释学的产生正是对于这种试图统治一切科学的自然科学方法论的反抗。在近现代诠释学家看来，Interpretation 偏重于 Erklärung，乃是近代自然科学发展的产物，而人文科学应当面对自然科学的挑战争取自己与之不同的独立的方法论，因而他们强调了 Interpretation 原本就含有的 Auslegung 的含义，即从事物自身进行揭示性的和阐发性的解释。Auslegung 即 legen aus（展示出来），即把事物自身具有的意蕴释放出来。海德格尔关于这一点讲得最清楚。他在《存在与时间》一书中曾以"Verstehen und Auslegung"（理解和解释）一节来讲述何谓理解和何谓解释。按他的看法，理解作为此在的存在方式，就是此在"向着可能性筹划它的存在"，理解的筹划活动具有造就自身（sich auszubilden）的特有可能性，而解释（Auslegung）就是指"理解的这种造就自身的活动"，因此"解释并不是把某种'意义'抛掷到赤裸裸的现成东西上，也不是给它贴上某种价值标签，而是随世内照面的东西本身一起就一直已有某种在世界理解中展开出来的因缘关系，解释无非就是把这种因缘关系释放出来（herausgelegt）而已"（参见《存在与时间》，德文版，第 148—150 页）。这种解释观念显然与自然科学的说明模式不同，它表现了当代人文科学诠释学方法的基本特征。正是鉴于"解释"一词通常带有自然科学说明模式的含义，我认为选用"诠释学"来翻译 Hermeneutik 就更能表明自然科学的说明方法和人文科学的理解方法,也即科学论和诠释学的对峙,即使我们像达格劳·弗莱施达尔(D. Føllesdal)、冯·赖特(G. H. v. Wright)、罗蒂(R. Rorty)、阿佩尔(OttoApel)和伯恩斯坦(R. J. Bernstein)等那样主张综合的倾向,即尝试在这两个领域或两种方法之间进行沟通,但也应以它们之间的区别为前提。

Bildung,我暂译为"教化"。这是一个很难翻译的德文字,《真理与方法》的两种英译本均未将此字译成英文,只是在括号里加了 culture 以指文化。Bildung 在德文里不仅指一般所谓文化,如英文的 culture,更重要和更本质的是指一种内在的精神造就或陶冶,比较接近于英文中的 cultivation 或 cultivated。伽达默尔在本书第一部分里把它定义为"人类发展自己的天赋和能力的特有方式"(本书第 1 卷,第 12 页)。从语源学上说,Bildung 这个德文词来源于拉丁词 formatio,formatio 是从 forma(形式、形象)衍生而来。这里有一个古老的哲学史背景。我们知道,柏拉图曾提出 eidos 这一概念,eidos 来源于动词 idein,idein 的意思是"看",因此 eidos 即指"所看的东西",所看的东西一般指相型,按照柏拉图,这种相型不是感觉的对象,而是思维的对象,它是永恒不变的存在,而不是变幻无常的现象。因此柏拉图认为在我们这个倏忽即逝的现象世界之外,还存在一个永恒不变的相型世界,相型世界是现象世界的原型,反之现象世界是相型世界的摹本。后来亚里士多德针对柏拉图这种原型和摹本的区分提出形式和质料的区分,他所谓的"质料"(matter)是一种无规定的东西,而"形式"就是给予质料以规定性的东西。他有时用可能性和现实性来区分质料和形式,也就是说,形式乃是使可能性的质料成为现实性的东西。他曾把形式定义为"事物的是其所是及其自身的本质"(《形而上学》,1032b 1)。后来中世纪神学家和哲学家按照亚里士多德这种形式和质料的观点,认为上帝心灵中具有各种事物的形式(Form),他们称之为原型(archetype)、范型(paradigm)或模式(pattern),上帝正是凭借这些原型、范型或模式创造了万事万物。按照中世纪神学解释,人是按照上帝的形象创造的,人在自己的灵魂里都带有上帝的形象,并且必须在自身中去继续造就这种形象,以致在中世纪的哲学家看来,人类认识的获得和德性的培养就在于把形式纳入自身中。现今英语里所谓信息、知识一词information就是这种观点的产物,所谓information,就是把form(形式)纳入(in)自身。

Bildung来源于Bilden(形成),所谓形成(Bilden)就是按照Bild(图像、形象)而造就。Bild既有Vorbild(范本、模本),又有Nachbild(摹本、抄本),因此Bildung就是指按照Vorbild进行摹写(Nachbilden),意即按照人性的理想范本加以铸造。Bildung一词在18世纪末和19世纪初的德国思想家中相当流行。赫尔德曾经从根本上把人类教育规定为"达到人性的崇高教化"(Emporbildung zur Humanität)。按照黑格尔的解释,人之为人的显著特征就在于脱离直接性和本能性,而人之所以能脱离直接性和本能性,乃在于他的本质具有精神性的理性方面,因此人需要教化,人类教化的本质就是使自己成为一个普遍的精神存在,教化从而就作为个体向普遍性提升的一种内在的精神活动。德国哲学家很重视这一概念的内涵。黑格尔说,哲学正是"在教化中获得了其存在的前提条件"(《哲学纲要》,第41节)。狄尔泰自豪地说:"只有从德国才能产生那种可取代充满偏见而独断的经验主义的真正的经验方法,穆勒就是由于缺乏历史性的教化而成为独断的"(《狄尔泰全集》,第 5 卷,第 LXXIV 页)。伽达默尔更发挥说:"我们可以补充说,精神科学也是随着教化一起产生的,因为精神的存在是与教化观念本质上联系在一起的。"(本书上卷,第 14 页)

如果我们把德国思想家关于 Bildung 的论述与我国古代的"文化"概念加以比较,那是很有意思的。在我国古代,"文化"一词并不是像《现代汉语词典》所说的那样,指 Culture 的译名,泛指人类社会的一切物质财富和精神财富,而是指一种内在的精神教化或文治。所谓文,按《说文解字》:"错画也,象交文",即一种象形的东西,其所像物乃事物的理或道,因而《论语集注》曰:"道之显者谓之文,盖礼乐制度之谓。"所谓化,《说文解字》:"教行也";《增韵》曰:"凡以道业诲人谓之教,躬行于上风动于下谓之化。"《老子》曰:"以德化民曰化",《荀子注》:"化,迁善也。"文和化连在一起就自然指教化或文治,故刘向《说苑》曰:"凡武之兴,为不服也,文化不改,然后加诛。"束晳《补亡诗·由仪》曰:"文化内辑,武功外悠。"王融《三月三日曲水诗序》曰:"设神理以景俗,敷文化以柔远。"由此可见,文化一词在我国古代系指相对于武力制服的一种按照道或德进行自我造就的内在精神陶冶,也即指教化,而这一意蕴与德文词 Bildung 非常相近。中国哲学的"道""德"或"理"作为第一原则很类似德国哲学的 Urbild(原型)、Vorbild(范本),因此我采用"教化"一词来翻译 Bildung,更可把人文科学相对于自然科学而特有的那种价值取向和精神意蕴表现出来。

Vorhanden,"现成在手",Zuhanden,"使用上手"。这本是海

德格尔提出的两个重要哲学概念,伽达默尔在此书中也多次使用这对概念来阐发他的哲学诠释学观点。从词义说,Vorhanden 即 Vor-handen,放在手前面的,Zuhanden 即 Zu-han-den,来到手边的或为了什么变为在手的。按照海德格尔的观点,人类认识世界基本上有两种不同的方式,即本体论的方式和现象学的方式。本体论方式是把自然事物看成现成在手的状态(Vorhandenheit),反之,现象学方式则把事物看成使用上手的状态(Zuhandenheit)。他在《存在与时间》一书中这样写道:"从现象学角度把切近照面的存在者的存在展示出来,这一任务是循着日常在世存在的线索来进行的。日常在世的存在我们也称之为在世界中与世界内的存在者打交道。这种打交道已经分散在形形色色的诸繁忙方式中了。我们已经表明了,最切近的交往方式并非一味地进行知觉性的认识,而是操作着的、使用着的繁忙(das hantierende, gebrauchende Besorgen),繁忙有它自己的'认识'。现象学首先问的就是在这种繁忙中照面的存在者的存在。"(《存在与时间》,德文版,第 67 页)因此按照海德格尔的看法,现象学解释不是对存在者的存在着状态上的属性进行认识,而是通过打交道或操作对存在者的存在结构进行规定。他引证希腊人关于物的观点,"希腊人有一个适当的术语用于物:πράγματα,这就是人们在繁忙打交道之际对之有所行事的那种东西。然而希腊人在本体论上却恰恰任这种 πράγματα 所特有的'实用'性质掩蔽不露而把它们'首先'规定为'纯粹的物'。我们把这种在繁忙活动中照面的存在物称为用具(Zeug)。"(同上书,第 68 页)这样,海德格尔引出了与现成在手的东西(Vorhanden)相对立的使用上手的东西(Zuhanden)。他说:"例如用锤子来锤，并不把这个存在者当成摆在那里的物进行专题把握，这种使用也根本不晓得用具的结构本身。锤不仅有着对于锤子的用具特性的知，而且它还以最恰当不过的方式占有着这一用具。在这种使用着打交道中，繁忙使自己从属于那个对当下的用具起组建作用的'为了作'（um-zu）。对锤子这物越少睨目凝视，用它用得越起劲，对它的关系也就变得越原始，它也就越发昭然若揭地作为它所是的东西来照面，作为用具来照面。锤本身揭示了锤子特有的'称呼'。我们称用具的这种存在方式为使用上手状态（Zuhandenheit）。"（同上书，第 69 页）按照海德格尔这里的观点，理解的基本模式不再是那种按规则指导从事物中汲取出它们预先就有的意义，而是与要被理解的用具进行实践的、手工-技术操作的打交道或交往（mit etwas umgehen）。海德格尔认为，只有在这种与事物具体直接的打交道中才能形成全部的意义联系，他由此提出了"事实性的诠释学"（Hermeneutik der Faktizität）。按照海德格尔的看法，自古希腊哲学开始以来的两千多年的形而上学就是以"现成在手的本体论"（Ontologie des Vorhandenen）为基础，从而造成了"存在的遗忘"，他试图通过 Zuhanden 概念"重新唤起对存在问题的意义之理解"。伽达默尔在其《真理与方法》里也遵循海德格尔这一思路，他写道："海德格尔在他早期的研究中就已怀疑亚里士多德的本体论基础，而整个现代哲学，尤其是主体性概念和意识概念以及历史主义的疑难都以这种本体论基础为根据（在《存在与时间》中称之为'现成在手的本体论'）。"（本书下卷，第 711 页）不过，伽达默尔认为，亚里士多德的哲学似乎是个例外，他不是海德格尔的对立面，而应当是海德格尔哲学意图的真正保证人。伽达默尔通过对亚里士多德善的观念的分析，特别是对亚里士多德所谓 phronesis（实践知识）概念的分析，认为亚里士多德"已减轻了我们深入理解诠释学问题的难度"，他写道："亚里士多德对此能给我们以帮助的无论如何是在这一点上，即我们并不坚持自然、自然性和自然法的神圣性，这种神圣性只不过是对历史的一种软弱空洞的批判，相反，我们获得了同历史传承物的更恰当关系，并更好地把握了存在。"（本书下卷，第 713 页）

在今天自然科学和人文科学的方法论争论中，也就是说，自然科学的考察方式和方法是否可以转用于人类文化领域，或者精神科学和社会科学是否需要一种与自然科学方法根本不同的特殊方法，北欧的冯·赖特（G. H. v. Wright）曾提出两种模型说，即因果性模型和目的论模型。按照冯·赖特的看法，因果性模型即所谓包摄模型（Subsumtionsmodell），这是伽利略的传统，它寻求一般性法则，以使单个事件或过程隶属于或包摄于一般法则之中，这是一种因果性的描述性的解释方式；反之，目的论模型即所谓意向性模型（Intentionalitätsmodell），这是亚里士多德的传统，它是以亚里士多德实践三段论为基础的合目的性的解释方式。冯·赖特认为，包摄模型虽然对于自然科学是很适用的，但在关于人的科学中这种模型是不适用的，他主张人文科学应当采用目的论模型。我认为冯·赖特这两种模型的分析正是从海德格尔的 Vorhandenheit 和 Zuhandenheit 的区分而来。不过，海德格尔是否赞成人文科学和自然科学这种明显的方法论区分还是一个有待探讨的问题。至少就伽达默尔来说，由运用科学方法所提供的确实性不足以保证真理，因为从语言作为一切科学的中介看来，对自然事物进行对象化处置的自然科学知识以及与这种知识相符合的自在存在概念被证明只是一种抽象的结果,是对存在于我们语言中的原始世界关系的背离,即使我们承认自然科学有助于人类获取自然知识,但不可否认它愈来愈远离人生,甚至愈来愈成为异化于人和统治于人的手段。

Dekonstruktion,这是当代法国哲学家德里达(Jacques Derrida,1930—2004)提出的哲学术语,我国哲学界通常译为"解构"。按照我的看法,德里达提出这一词乃是表示一种综合倾向,即把 Konstruktion(建构)和 Destruktion(解构)加以综合,形成 Dekon-struktion,因此一般应译为"解—建—构"。在我看来,德里达之所以提出这个概念是针对海德格尔的 Destruktion(解毁)这一概念。Destruktion 在德文里具有从结构上、本质上进行摧毁、捣毁或毁灭之义。海德格尔在《存在与时间》一开始就提出了一项"解毁本体论历史的任务"(Die Aufgabe einer Destruktion der Geschichte der Ontologie),试图利用 Destruktion(解毁、解析)来克服西方哲学从古希腊直到尼采为止一直占统治地位的 konstruktive(建构的)形而上学。海德格尔在书中说,这种占统治地位的传统把承袭下来的东西当作是不言自明的,并堵塞了通达原始"源头"的道路,而流传下来的许多范畴和概念一部分本来曾是以真切的方式从这些源头汲取出来的。传统甚至根本使这样的渊源被遗忘了,传统使人们以为甚至无须去了解一下是否有必要回溯到渊源处去,传统把此在的历史性连根拔除,换句话说,这种传统就是以我们上面所分析的 Vorhanden(现成在手)的东西为出发点,因此他批评说:"希腊本体论及其通过形形色色的分流与变种直到今天仍还规定着哲学的概念思维的历史就是下述情况的证明:此在是从'世界'方面来理解自己本身并且理解一般存在本身,而这样成长起来的本体论沉溺于其中的传统使本体论降低为不言自明之事,降低为只不过有待重新制作一番的材料(黑格尔就是这样)。这种无根的希腊本体论在中世纪变成了固定教材。这份教材的系统化无非只是把承袭下来的诸构件凑合成一座建筑罢了。在教条式地承受希腊对存在的基本看法的限度内,在这个系统的构造中还是出了不少初拙的工作。希腊本体论的本质部分盖上了经院哲学的印记,通过苏阿列兹的形而上学论辩过渡到近代的'形而上学'和先验哲学,并且还规定着黑格尔《逻辑学》的基调和目标。尽管在这个历史过程中,某些别具一格的存在领域曾映入眼帘并在此后主导着问题的提法(笛卡尔的我思故我在、主体、自我、理性、精神、人格),但这些东西同时却与始终把存在问题耽搁了的情况相适应,没有就它们的存在之为存在及其存在结构被追问过。"(《存在与时间》,德文版,第22页)为了揭示传统本体论及其存在问题的虚构,海德格尔提出要把僵硬化了的传统加以松动,要把由传统作成的一切遮蔽打破的任务。他说:"我们把这个任务理解为以存在问题为主线而对古代本体论流传下来的内容所进行的解毁(Destruktion),将这些内容解构为一些原始经验,而那些最初的、以后又起主导作用的存在规定就是根据这些原始经验而获得的。"(同上书,第22页)由此可见,海德格尔所谓解毁,就是对传统本体论进行解析或批判。不过他说,他的这一解毁不要认为是摆脱本体论传统的消极任务,其实"这种解毁工作只是要标明本体论传统的各种积极的可能性"(同上书,第22页)。但是,海德格尔这一解毁任务在德里达看来仍是消极的。例如海德格尔对尼采作为形而上学思想家的批判，在德里达看来，真正把哲学从形而上学的本体论解放出来的正是尼采而不是海德格尔，他认为海德格尔光用 Destruktion 一词还不够，因这词只表示否定，而没有肯定，因此他提出 De-Kon-Struktion，即解—建—构哲学，这种观点在本世纪 60 年代法国兴起的后结构主义思潮中具有重大的影响。

伽达默尔在和德里达的争论中，于 1985 年发表了一篇题为 Destruktion und Dekonstruktion（"解析和解构"）的论战性的文章，在此文章中，伽达默尔重新解释了海德格尔的解析任务，他说，对至今仍影响当代思维的形而上学概念内容进行解析的任务，乃是海德格尔早年就提出的口号，按照伽达默尔的看法，海德格尔所谓把古代本体论流传下来的内容解析为一些原始经验，乃是"对传统的概念语词进行思维性的追溯，追溯至希腊语言，追溯至语词的自然词意和其中可以发现的语言的被隐蔽了的智慧，而这种追溯实际上乃重新唤醒希腊思维及其使我们深受感染的力量"（《伽达默尔著作集》，第 2 卷，第 366 页）。针对德里达把语言看作书写，言说的语词是业已中断的符号，伽达默尔提出了"回到对话和谈话的辩证法道路"（der Weg von der Dialektik zurück zum Dialog und Zurück zum Gespräch），他认为生动的对话和谈话"展开了交往和理解的维度，并超越了语言学上的固定的陈述"，从而使意义在相互的理解和交往事件中得以呈现。他说，词语本身只存在于谈话里，而谈话中的语词本身并不是作为单个的语词存在，而是作为讲话事件和回答事件的整体而存在，因此德里达这条认为被失去的语词意义不能在生动的谈话里重新唤醒的解—建—构道路（der Weg der Dekonstruktion）是不能为他所接受的。

至于其他的一些专门译名,我在本书下卷后面所附的译注里已有说明。不过要说明的是,对于像伽达默尔(甚至像海德格尔)这样的哲学家,我们往往不能用同一个中文词去翻译他们所用的同一个德文词,也就是说,对于他们所使用的同一个德文词,我们不能在任何语境中都以同样的方式去加以解释。这不仅是因为德文词的意义域有其独特之处,在其他语言中找不到意义域完全相等的对应词,更为重要的原因在于伽达默尔本人特别反对任何僵化的语言,他常常对现行通用的词的固定用法保持敌对态度,认为这种用法限制了人们的真正思考。我的译注除了解释一些专门术语外,还包括了两个内容:一个是介绍一些哲学史的背景知识,另一个是补充或摘录一些重要哲学家如康德和黑格尔有关的观点和论述。我们知道,伽达默尔这部书最初是对他的学生进行讲课的讲稿,因此该书是以它的读者已具有某些有关的哲学史知识和熟悉古典哲学家的著作为前提的,这当然在一定程度上给我国读者带来困难。为了便于我国读者了解这方面的情况,我在译注里作了一些知识性的补充。当然,鉴于我本人知识有限和修养不足,可能还有不少问题,这些译注只能作参考之用。

现在谈一下本书翻译所据的版本。《真理与方法》德文版至今已出了5版,除1960年初版外,尚有1965年版、1972年版、1975年的修改版以及1986年著作集版。其中1975年第4版为标准版,一卷本,共553页(约中文60万字),除《真理与方法》正文外,还包括附注、论文"诠释学与历史主义"和第3版后记。1986年著作集版(即第5版)在原有的第4版基础上大大扩充,成为两卷本,

第1卷为《真理与方法》正文，第2卷收集《真理与方法》前后有关论文31篇。这两卷共1027页，约中文120万字。本中译本主要是按第4版篇幅翻译，但译文全部根据第5版加以校对，并增补了三篇重要论文："在现象学和辩证法之间——一种自我批判的尝试"(1985年)、"诠释学"(1969年)和"汉斯-格奥尔格·伽达默尔自述"(1973年)。我认为这些论文，特别是"在现象学和辩证法之间""伽达默尔自述"和"第3版后记"，对于理解《真理与方法》一书可以起到预备性的导读作用。在翻译过程中我们也参考了1989年出版的新英译本（*Truth and Method*, translated by J. Weinsheimer and D. G. Marshall, Crossroad, New York），新英译本对1975年旧英译本作了不少修正。

当本书上卷译文付印时，上海大学文学院夏镇平先生来信说他已在几年前就将《真理与方法》第3部分以及附录中一些论文译出，现在锁在箱子里成为死稿。夏君在研究生学习期间默默无闻埋兴译作，我早有所闻，为了不辜负他的辛勤劳动，我在本书下卷中用了他的三篇译文，即"在现象学和辩证法之间——一种自我批判的尝试""诠释学与历史主义"和"第3版后记"，并且还参考了他的其他一些译文，当然全书最后的统校整理工作仍是由我负责的。在翻译此书的整个过程中我得益最多的是德国杜塞尔多夫大学哲学系卢茨·盖尔德塞策教授，他不仅帮我翻译了原书中所有的希腊文和拉丁文，而且对伽达默尔一些原文难点的翻译给予了通俗的解释。另外，南京大学哲学系张继武和倪梁康先生、商务印书馆张伯幼先生也均对本书的翻译给予了不少的帮助，在此我一并表示衷心的感谢。最后上海译文出版社的刘建荣和赵月瑟同志为本书的编辑、出版做了不少辛苦而又默默无闻的工作，谨向她们表示真诚的谢意。

洪汉鼎
1993 年 11 月北京

《真理与方法》(修订译本)
译后记

《真理与方法》德文原书1975年第4版为一卷本,1986年著作集版扩充为两大卷,第1卷为《真理与方法》正文,第2卷为有关《真理与方法》内容的相关论文,其中包括《真理与方法》出版前以及出版后伽达默尔关于诠释学的重要论文31篇。该书两卷中译本曾于1993年和1995年由台湾时报文化出版公司出版。由于版权问题,国内上海译文出版社只出了相当于第1卷的内容,第2卷绝大部分论文未出版。此次商务印书馆直接从德国出版社购买了该书版权,因此《真理与方法》1986年完整两卷本的修订中译本不久将与内地读者见面。

这次再版,我花了一年多的时间对全书重新做了校订,改正了不少错误,不仅按德文原版重新校阅了全书,而且对第2卷许多论文做了重译,原译者夏镇平先生对部分译稿做了很大修改,那薇女士也帮助校对了部分译稿。在此我首先要向曾经为本书提出修改意见的读者致以衷心的感谢,正是他们的批评和支持,这次中译本的修订版才能问世。当然,像伽达默尔这样的书,误读和误译也是在所难免,以后我将还会不断地修正。

在此,我要再次感谢我的德国老朋友卢茨·盖尔德塞策(Lutz

《真理与方法》(修订译本)译后记

Geldsetzer)教授,正是他陪同我于2001年拜访了本书作者101岁高寿的伽达默尔教授,伽达默尔才会在他去世前一年为本书中译本写了短序,这是他留给我们中国人的一份非常珍贵的遗产。另外也是由于盖尔德塞策教授的努力,该书德文版权才会顺利地转交了商务印书馆。

商务印书馆翻译室陈小文主任自始至终一直关心此书的出版,在此表示深深谢意,责任编辑马冬梅同志为此付出艰辛劳动,在此致以衷心的感谢。

洪汉鼎
2005年中秋前夕
北京怡斋

图书在版编目(CIP)数据

诠释学Ⅰ、Ⅱ:真理与方法/(德)伽达默尔著;洪汉鼎译.
修订译本—北京:商务印书馆,2021(2025.6重印)
ISBN 978-7-100-11807-1

Ⅰ.①诠⋯ Ⅱ.①伽⋯ ②洪⋯ Ⅲ.①阐释学
Ⅳ.①B089.2

中国版本图书馆CIP数据核字(2015)第285246号

权利保留,侵权必究。

诠释学 Ⅰ、Ⅱ
真 理 与 方 法
(修订译本)
〔德〕汉斯-格奥尔格·伽达默尔 著
洪汉鼎 译

商 务 印 书 馆 出 版
(北京王府井大街36号 邮政编码100710)
商 务 印 书 馆 发 行
北京市十月印刷有限公司印刷
ISBN 978-7-100-11807-1

2021年1月第1版　　开本850×1168　1/32
2025年6月北京第5次印刷　印张49¾
定价:248.00元